ALBER THESEN

Zu diesem Buch:
Im historischen Teil wird gezeigt, wie Wilhelm Dilthey und William James dem religionsphilosophischen Denken einen Neuanfang ermöglichen, indem sie alle metaphysischen Begründungsversuche verwerfen und lebensweltliche Erfahrung ins Zentrum rücken. Im systematischen Hauptteil entwickelt Jung Grundzüge einer Philosophie der Religion, in der die Vielfalt religiöser Ausdrucksformen aus der inneren Struktur von Lebenserfahrung verständlich gemacht wird. Religionen als Artikulation von gelebter Erfahrung zu begreifen, ermöglicht – so lautet die These – einen rationalen Umgang mit der unaufhebbaren Spannung von Pluralismus und Universalismus.

The historical section of the book shows how Wilhelm Dilthey and William James facilitate a new beginning for the tradition of the philosophy of religion. This they achieve by rejecting all metaphysical explanations and by making lifewordly experience the central issue. In the systematic section, Jung develops the basic features of a philosophy of religion, which makes the diversity of religious expressions transparent by tracing it back to the inner structure of the experience of life. His proposition is that an understanding of religions as articulations of lifewordly experiences facilitates dealing with the irrevocable tension between pluralism and universalism.

Der Autor: Dr. phil. Matthias Jung, geb. 1960, ist Hochschuldozent für Philosophie und Ethik an der Technischen Universität Chemnitz. *Arbeitsschwerpunkte:* Religionsphilosophie, Kulturtheorie, Hermeneutik, Pragmatismus.

Matthias Jung

Erfahrung und Religion

Alber-*Reihe* Thesen

Band 2

Matthias Jung

Erfahrung und Religion

Grundzüge einer hermeneutisch-pragmatischen Religionsphilosophie

Verlag Karl Alber Freiburg / München

Als Habilitationsschrift auf Empfehlung des
Fachbereichs Philosophie und Geschichtswissenschaften
der Goethe-Universität Frankfurt/Main gedruckt mit
Unterstützung der Deutschen Forschungsgemeinschaft.

Die Deutsche Bibliothek – CIP-Einheitsaufnahme

Jung, Matthias :
Erfahrung und Religion : Grundzüge einer hermeneutisch-
pragmatischen Religionsphilosophie / Matthias Jung. –
Freiburg (Breisgau); München : Alber, 1999
(Alber Thesen Philosophie ; Bd. 2)
ISBN 3-495-47903-1

Texterfassung: Autor

Gedruckt auf alterungsbeständigem Papier (säurefrei)
Printed on acid-free paper

Einbandgestaltung: SatzWeise Trier
Einband gesetzt in der Rotis SansSerif von Otl Aicher
Satzherstellung: SatzWeise Trier
Inhalt gesetzt in der Aldus und Gill Sans
Druck und Bindung: Difo-Druck, Bamberg 1999
ISBN 3-495-47903-1

Inhalt

Einleitung 9

Erster Hauptteil:
Die Genese des Konzepts religiöser Erfahrung in der formativen Phase der neueren Religionsphilosophie 17

1. Wilhelm Diltheys Hermeneutik religiöser Erfahrung . . . 17
   1.1. Objektiver Geist und Erfahrung 23
   1.1.1. Vom absoluten zum objektiven Geist 24
   1.1.2. Erlebnis, Ausdruck und Verstehen 36
   1.1.3. Erfahrung und Struktur 58
   1.2. Diltheys hermeneutischer Wahrheitsbegriff 80
   1.2.1. Lebensphilosophie und Bedeutungstheorie 83
   1.2.2. Kohärenz oder Korrespondenz? 106
   1.2.3. Handlungstheorie und Bedeutungsimmanenz 116
   1.2.4. Die ästhetische Grundform der Erfahrung 127
2. William James' Pragmatismus als religionsphilosophische Begründungsstrategie 134
   2.1. Dilthey und James 134
   2.2. *Esse est percipi?* William James' ›phänomenalistische‹ Erfahrungskonzeption 151
   2.3. Die pragmatistische Rechtfertigung religiöser Überzeugungen 183
   2.4. Die empirizistische Rechtfertigung religiöser Erfahrung 218

Zweiter Hauptteil:
Grundzüge einer hermeneutisch-pragmatischen Theorie religiöser Erfahrung 261

3.1. Religiöse Erfahrung und Artikulation 262
3.1.1. Die Perspektive der Ersten Person 268
3.1.2. Artikulation und Bedeutung 285
3.1.3. Artikulation als Selbstvollzug und Entscheidung . . 312
3.1.4. Strukturen der Prägnanzbildung 329
3.2. Religionsphilosophie als Interpretation von Erfahrung 349
3.2.1. Methodische Konsequenzen des hermeneutischen Erfahrungsbegriffs 350
3.2.1.1. Das Problem des Reduktionismus 350
3.2.1.2. Die Modi des Verstehens 368
3.2.2. Die formale Struktur der Ausdrucksbildung und ihre inhaltlichen Spezifizierungen 379
3.2.2.1. Ästhetische und religiöse Erfahrung 380
3.2.2.2. Strukturanalyse und inhaltliche Bestimmungen 389

Literaturverzeichnis 404

Personenregister 415

Sachregister 418

Einleitung

Was geschieht eigentlich, wenn Menschen eine religiöse Deutung der Wirklichkeit entwickeln oder sich zu eigen machen, sie als gültigen Ausdruck ihres Selbst- und Weltverhältnisses anerkennen? Solange diese Frage nicht beantwortet ist, fehlt es der philosophischen Reflexion auf religiöse Überzeugungen an Bodenhaftung. Die stärksten Argumente der Religionskritik bleiben dann abstrakt, und auch die subtilsten Apologien religiöser Wahrheitsansprüche müssen ihr Ziel verfehlen. Die propositionalen Aspekte eines Glaubens sind nämlich intern mit der Bedeutung verknüpft, die dieser Glaube für die Personen besitzt, die ihn teilen. Und Bedeutungen entstehen für ein Subjekt durch symbolische Formung seines gelebten Lebens. Von dieser Einbindung in die subjektive Perspektive der Ersten Person sind auch die Universalreligionen betroffen, die, wie etwa das Christentum, Geltung für alle Subjekte beanspruchen. In modernen, pluralistischen Gesellschaften gibt es ohnehin keinen universal verbindlichen Sinnhorizont mehr, und so zeigt sich umso deutlicher, daß religiöse Überzeugungen auf ihre Träger verweisen, denen sie als Ausdrucksgestalten ihrer gelebten Erfahrung gelten. Was nichts mehr dazu beiträgt, solche Erfahrungen zu artikulieren, mag im übrigen normativ gehaltvoll und propositional wahr sein – es kann, mit den Worten von William James, nicht länger als eine ›lebendige Option‹ erfahren werden. Wer den Geltungsansprüchen religiöser Überzeugungen nachgehen will, tut gut daran, diesen Zusammenhang ins Zentrum seiner Analysen zu rücken. Denn es nutzt wenig, alle Argumente für und gegen die Existenz Gottes mit logischer Präzision zu erörtern, oder die zivilreligiöse Unentbehrlichkeit eines Glaubens für den Zusammenhalt der Gesellschaft darzutun, solange unverstanden bleibt, was es für einen Menschen oder eine Gruppe von Menschen bedeutet, das eigene Leben im Lichte religiöser Geltungsansprüche zu verstehen.

Vor diesem Hintergrund muß die Karriere des Erfahrungsbegriffs in der Religionsphilosophie der letzten hundert Jahre interpretiert werden. Erfahrung gilt als Titel für eine eigenständige Form der Bezugnahme auf Wirklichkeit, die an individuelle Weltperspektiven gebunden ist und dennoch Geltungsansprüche ausbildet, die über alle Individuen und sozialen Gruppen hinausreichen können. Mit dieser Option schließt die Religionsphilosophie an die gesamtphilosophische Entwicklung an, die ›Erfahrung‹ immer entschiedener zu einem jener orientierenden Leitbegriffe nobilierte, in denen sich die Moderne ihres Selbstverständnisses versichern kann. Vor dem Hintergrund der »Auflösung der metaphysischen Stellung des Menschen zur Wirklichkeit« (Dilthey) seit der Aufklärung sah sich auch das Nachdenken über Religion immer stärker an die erfahrbare Realität verwiesen. Wer sich für konkrete Erfahrung und gegen begriffliche Konstruktionen ausspricht, hat keinen Widerstand zu befürchten. Ob freilich die Türen wirklich weit offenstehen, die mit dieser Parole eingerannt werden, bleibt genauer zu klären. Was unter erfahrbarer Realität verstanden werden soll, läßt sich nämlich seinerseits nie selbst direkt erfahren, es muß rekonstruierend erschlossen werden. Die Berufung auf Erfahrung zielt daher in Abhängigkeit von den jeweiligen Hintergrundüberzeugungen auf höchst Verschiedenes, und der Begriff scheint oftmals als eine semantische Klammer zu fungieren, die Differenzen mehr überdeckt als vermittelt. *Den* »Begriff der Erfahrung in der Philosophie des 20. Jahrhunderts«[1] im Singular, so weiß der Leser nach der Lektüre des gleichnamigen Sammelbandes, gibt es nicht. Jene Autoren, die sich an (natur-)wissenschaftlicher Empirie orientieren, scheinen mit den Theoretikern lebensweltlicher Erfahrung keine Sprache mehr zu teilen und umgekehrt.[2]

An dieser Stelle wird erkennbar, daß die religionsphilosophische Suche nach einem umfassenden Begriff von Erfahrung auch eine allgemeinphilosophische Dimension hat. Denn religiöse Überzeugungen müssen in der lebensweltlichen Perspektive der Ersten Person gewonnen und vertreten werden, beanspruchen aber, sich auf alle

---

[1] so der Titel einer neueren Publikation (hg. v. *J. Freudiger, A. Graeser* u. *K. Petrus*, München 1996).

[2] Nach *A. Burri* besteht *Quines* »präziseste Definition von ›Erfahrung‹« darin, »den momentanen ›Input‹ der Außenwelt … mit der Menge aller zu diesem Zeitpunkt stimulierten neuronalen Außenrezeptoren« gleichzusetzen (*Die Reste des Empirismus*, in: *Der Erfahrungsbegriff* … op.cit., 82). Für *H. G. Gadamer* ist hermeneutische Erfahrung, wie *K. Petrus* zeigt, durch Stichworte wie »wirkungsgeschichtliches Bewußtsein« und »Offenheit« gekennzeichnet (*Hermeneutische Erfahrung*, in: ebd., 210 ff).

Wirklichkeit zu beziehen. Daher können sie in ihren Geltungsansprüchen nicht auf die Befindlichkeiten ihrer jeweiligen Träger eingeschränkt werden. Durch diese Eigentümlichkeit stehen sie quer zu den zahlreichen Versuchen einer schiedlich-friedlichen Dualisierung des Erfahrungsbegriffs – weiche, hermeneutische Erfahrung für die sinnhaft strukturierte soziale Welt, harte, naturwissenschaftliche Empirie für die materielle Realität –, wie sie seit dem späten 19. Jahrhundert um sich greifen. Die bedeutenden Autoren dieser Zeit arbeiten sich oftmals an der Frage ab, wie es gedacht werden kann, daß in individuell geprägter Erfahrung dennoch transsubjektive Geltungsansprüche artikuliert und vertreten werden. So sucht Wilhelm Dilthey lebenslang nach einem umfassenden Begriff von kognitiv, affektiv und voluntativ dimensionierter Erfahrung und gelangt dabei zu Einsichten, die sich auch kritisch gegen die Verkürzungen seines eigenen Religionsbegriffs wenden lassen. Zur selben Zeit erprobt William James seine pragmatistische Konzeption von Erfahrung an religiösen Phänomenen und wendet sie gegen die naturalistischen Weltanschauungen seiner Zeit.

Diese beiden eminenten Autoren haben um die Wende zum 20. Jahrhundert die Weichen für die Debatten unserer Zeit gestellt. Ihre theoretischen Anstrengungen betreffen alle zentralen Aspekte des Erfahrungsbegriffs, und dies in einer Problemoffenheit, die im Zuge der weiteren Auseinanderentwicklung von wissenschaftlicher Empirie und Lebenserfahrung verloren gegangen scheint. Läßt sich innere von äußerer Erfahrung unterscheiden? Was geschieht, wenn ein Subjekt seine gelebte Erfahrung artikuliert? Können private Erlebnisse private oder gar intersubjektive Überzeugungen begründen? Wie lassen sich die Beziehungen von Wollen, Fühlen und Erkennen in lebensweltlicher Erfahrung bestimmen? Gibt es irrtumsimmune Fundamente der Erfahrung, selbstgewisse Erlebnisse oder ähnliches? Solche Fragen werden bei Dilthey und James auch, aber nicht nur unter religionsphilosophischen Gesichtspunkten erörtert. Dabei werden die Konturen eines hermeneutisch-pragmatischen Erfahrungsbegriffs sichtbar, der den Aspekt des individuellen Erlebens mit der Verwendung intersubjektiver Symbole über die Kategorie der Ausdrucksgestalt vermittelt. So läßt sich dann auch ein differenziertes Strukturkonzept religiöser Erfahrung entwickeln, das philosophisches Nachdenken über Religion gegen zwei korrelative Methodenfehler mobilisieren kann: einerseits die unkritische Übernahme der Selbstdeutung der Erfahrungssubjekte, andererseits die Verfehlung des Interpretationsgegenstandes durch reduktionistische Isolierung von Teilaspekten.

Ein solches differenziertes Verständnis von religiöser Erfahrung ist nur durch systematische Analysen zu gewinnen, die sich zuvor des erreichten Problemstandes versichert haben. Weil es nicht um historische Vollständigkeit, sondern um eine möglichst umfassende Rekonstruktion der sachlichen Zusammenhänge geht, beschränke ich mich dabei auf die beiden genannten exemplarischen Autoren. Alle wichtigen Gesichtspunkte der aktuellen Debatten um Reichweite und Bedeutung der Rede von religiöser Erfahrung können an den Arbeiten von Dilthey und James entwickelt und durch werkgeschichtliche Rekonstruktion einer ersten Klärung zugeführt werden. So steht für beide Autoren die Frage im Zentrum, ob und in welchem Ausmaß ›innere‹, also der Binnenperspektive von Individuen zuzuordnende Erfahrung, als eine Begründungsinstanz des Für-wahr-haltens in Anspruch genommen werden kann. Durch den Versuch, Glaubensüberzeugungen in nicht weiter analysierbaren Elementarerlebnissen zu fundieren, finden sich Dilthey und James in Probleme verstrickt, die dieser durch eine handlungstheoretische, jener durch eine kulturphilosophische Einbettung des Erfahrungsbegriffs zu lösen sucht. Weil sie dabei aber auf weite Strecken an einem verkürzten, ›phänomenalistischen‹ Begriff von Realität orientiert bleiben, gelingt die Umstellung auf einen umfassenden Strukturbegriff von Erfahrung nur teilweise.

Einen anderen wichtigen Aspekt bilden die ›lebensphilosophischen‹ Züge des Erfahrungsbegriffs. In der Perspektive der Ersten Person, so zeigen Dilthey und James, ist Realität immer als bedeutsame erschlossen, als Korrelat eines ebensosehr affektiven wie praktischen und kognitiven Weltbezugs. Allein diese Einsicht macht verständlich, wie es möglich ist, daß solche Erfahrungen jeweils einer Person im emphatischen Sinn zugehören können, während doch wissenschaftliche Empirie auf der Ersetzbarkeit des Erfahrungssubjektes bestehen muß. Der Geltungssinn religiöser Überzeugungen wird daher nur einer Analyse zugänglich, die den Zusammenhang von subjektiver Bedeutsamkeit und transsubjektiven Geltungsansprüchen nicht aus dem Auge verliert. Dieser Zusammenhang wiederum macht es erforderlich, religiöse Erfahrung entschiedener als Dilthey und James als einen Prozeß zu begreifen, in dem Bedeutung und Bezug erst im Wechselspiel von Erleben und symbolischer Formung bestimmt werden. Indem Subjekte sich für die Gültigkeit einer bestimmten Ausdrucksgestalt entscheiden, wählen sie zugleich eine Deutung ihres Selbst- und Weltverhältnisses. Wo immer kognitive Gehalte in die Handlungsorientierungen und Überzeugungen einer Person eingehen sollen, ist dieser interpretative Aspekt unverzichtbar. Wer Erfahrung hingegen in einem Wahrnehmungsmodell zu fassen sucht, verbaut sich von vornherein die Möglichkeit, ein Innenverhältnis von Erfahrungssubjekt und -Gegenstand zu denken.

In Weiterführung der Ansätze von Dilthey und James wird also eine hermeneutisch-pragmatische Konzeption religiöser Erfahrung darauf insistieren, daß alle in ihr artikulierten Geltungsansprüche als Interpretationen verstanden werden müssen, als vereindeutigende Symbolisierungen des gelebten Lebens. Jede artikulierte Erfahrung ist von alternativen Deutungsmöglichkeiten gerahmt. So läuft der hermeneutische Erfahrungsbegriff auf die vorbehaltlose Anerkennung von Pluralität auch in religiösen Zusammenhängen hinaus. Ebensosehr steht er aber dafür ein, daß religiöse Ausdrucksgestalten Geltungsansprüche, zumal solche auf propositionale Wahrheit erheben. Die Frage nach der Wahrheit des Glaubens wird also, und hier ist über Dilthey und James hinauszugehen, in einem differenzierten Strukturkonzept von Erfahrung nicht pluralistisch entspannt, sondern vielmehr als wichtiges, aber nicht isolierbares Teilmoment komprehensiver Erfahrung gedeutet. Geltungsprobleme stellen sich *innerhalb* der interpretativ-artikulierenden Struktur von Erfahrung aus der Perspektive der Ersten Person, nicht außerhalb ihrer.

Die hier angedeuteten Zusammenhänge werden zunächst historisch-rekonstruktiv expliziert. Der *erste Hauptteil* behandelt daher die Genese des Konzeptes religiöser Erfahrung in der formativen Phase der neueren Religionsphilosophie. Diltheys Methodologie der Geisteswissenschaften und seine hermeneutische Konzeption stehen zuerst im Mittelpunkt (1.). Beide Aspekte können im Rückgang auf den zentralen Begriff des ›objektiven Geistes‹ expliziert werden (1.1.). Es wird herausgearbeitet, wie Diltheys Erfahrungsphilosophie sich dem Abschied von Hegels Konzeption des ›absoluten Geistes‹ verdankt. Der dabei beanspruchte Begriff einer in innerer Erfahrung gegebenen, phänomenalen Realität wird aber im Bemühen um die eigenständige Begründung der Geisteswissenschaften überstrapaziert. Unter seiner Herrschaft formiert sich auch das Grundverhältnis ›Erlebnis-Ausdruck-Verstehen‹, die in Diltheys Spätwerk zentrale Denkfigur, zu einem geschlossenen Immanenzzusammenhang. Ob sich innerhalb seiner fundierende Elemente ausmachen lassen, wird anhand des von Dilthey eingeführten Strukturbegriffs analysiert. Im zweiten Abschnitt (1.2.) geht es dann um die Frage, inwieweit sich die Eigentümlichkeiten religiöser Erfahrungen im Rahmen eines hermeneutischen Wahrheitsbegriffs analysieren lassen, der Bedeutungen aus dem Lebensprozess hervorgehen läßt, Kohärenz vor Korrespondenz stellt, Wahrheit in Handlungszusammenhänge einrückt und schließlich Erfahrung im ganzen von ästhetischen Phänomenen her zu fassen sucht.

Während Dilthey dazu neigt, Wahrheitsfragen nur aus dem Immanenzzusammmenhang der geschichtlich-gesellschaftlichen Welt heraus zu stellen, ist der pragmatistische Erfahrungsbegriff von William James (2.) vorab auf die Interaktionen von Mensch und Umwelt bezogen. Nachdem die systematischen Bezüge zwischen beiden Autoren expliziert worden sind, geht es zunächst um die ›phänomenalistische‹ Erfahrungskonzeption James'. Ihrem hermeneutischen Pendant vergleichbar, zielt sie auf ein nicht mehr naturalistisch beschränktes Verständnis von Erfahrung, bezahlt dafür aber den hohen Preis eines allzu großzügigen Realitätsbegriffs, der alles psychisch Gegebene unterschiedslos einschließt. Diese ontologische Liberalität sucht James durch einen pragmatistischen Begriff von Begründung wieder zu beschränken, was ihn zu wichtigen Einsichten hinsichtlich der Rolle von Affekt und Wille bei der Formierung subjektiver Überzeugungen führt. Mit Hilfe der pragmatistischen Argumentationsfigur praktischer Konsequenzen des religiösen Glaubens gelingt es James jedoch nicht, den Unterschied zwischen dem wirklichen Bestehen eines Sachverhalts und der bloßen Überzeugung, er bestünde, zu explizieren. Deshalb greift er schließlich doch wieder auf einen empiristischen Begriff des in Erfahrung Selbstgegebenen zurück.

Der sachliche Ertrag der historischen Rekonstruktion fällt damit in einer wichtigen Hinsicht zunächst negativ aus: Die Idee der Begründung religiöser Überzeugungen durch Rückgang auf ein in innerer Erfahrung unmittelbar Gegebenes ist inkonsistent und muß fallen gelassen werden. Erst durch diesen Schritt werden, wie der *zweite Hauptteil* zeigen soll, die *Grundzüge einer hermeneutischen Theorie religiöser Erfahrung* im Anschluß an Dilthey und James erkennbar. Zunächst ist zu verdeutlichen, daß Erfahrung als dreigliedrige Struktur verstanden werden muß, die Erleben und symbolische Form durch Artikulation zusammenschließt (3.1.). Wer seine Erfahrungen artikuliert, der beschreibt nicht einfach ein innerlich Vorgefundenes, er setzt sich in ein bewertendes, interpretierendes und bestimmendes Verhältnis zu seinem gelebten Leben. Am Schlüsselbegriff der Artikulation läßt sich daher genauer bestimmen, in welchem Sinn Erfahrung als eine Bezugnahme auf Realität in der Perspektive der Ersten Person aufzufassen ist. Dies macht eine Analyse des Prozesses der Bedeutungsbildung möglich, die seine expressiven und designativen Komponenten in ein angemessenes Verhältnis setzt. Die Erzeugung symbolischer Prägnanz kann dann im Sinne eines elementaren subjektiven Selbstvollzugs, der ›interpretativen Wahl‹ von Ausdrucksgestalten, verstanden werden. Schließlich sind die Transformationsprozesse genauer zu untersuchen, durch welche qualitatives Erleben und symbolischer Ausdruck in eine Wechselbeziehung treten können.

Vor dem Hintergrund des damit entwickelten hermeneutisch-pragmatischen Strukturentwurfs läßt sich *Religionsphilosophie als Interpretation religiöser Erfahrung* begreifen (3.2.). Die methodischen Konsequenzen dieses Ansatzes (3.2.1.) werden zuerst im Durchgang durch das Problem des Reduktionismus erörtert. Es gilt zu klären, ob – und wenn ja, in welchem Sinn – bei der objektivierenden Deutung religiöser Ausdrucksgestalten mit ihren expressiven, praktischen und kognitiven Aspekten Kriterien der Angemessenheit zu beachten sind. Im Verlauf der Argumentation wird es dann auch möglich, verschiedene Weisen des Verstehens zu unterscheiden, die je unterschiedlich auf solche Ausdrucksgestalten bezogen sind.

Ohne eine genauere Bestimmung der Spezifität religiöser Erfahrung (3.2.2.) bliebe das strukturhermeneutische Konzept unvollständig. Vor allem ist es unerläßlich, das Verhältnis von ästhetischen und religiösen Erfahrungsweisen präziser zu analysieren, als dies in Diltheys Hermeneutik möglich war, die sich als ganze an ästhetischen Phänomenen orientiert. Im Zentrum der Analyse steht hier die jeweils verschiedene Rolle der Referenz von Ausdrucksgestalten. Schließlich bleibt zu erörtern, wie das hier entwickelte Konzept, das sich an der irreduzibel mehrgliedrigen *Struktur* von Erste-Person-Erfahrung orientiert, zu *inhaltlich* ausgerichteten Ansätzen in Beziehung gesetzt werden kann. Dabei können dann noch einmal die methodischen Vorteile erläutert werden, die die Umstellung auf ein differenziertes Konzept der Ausdrucksbildung und des Ausdrucksverstehens mit sich bringt. Die Einsicht in den artikulierenden Charakter religiöser Symbole könnte philosophische Interpretationen von Religion auf den Weg bringen, die endlich den sterilen Gegensatz von affirmativer Religionsphilosophie und Religionskritik hinter sich gelassen haben.

Erster Hauptteil

Die Genese des Konzepts religiöser Erfahrung in der formativen Phase der neueren Religionsphilosophie

1. Wilhelm Diltheys Hermeneutik religiöser Erfahrung

Nicht zu Unrecht gilt das 19. Jahrhundert als die Blütezeit der Religionskritik. Hegels emphatischer Anspruch, die Vorstellungsgehalte der (christlichen) Religion im Medium spekulativen Denkens aufzuheben und so ihre Vereinbarkeit mit den avanciertesten Theoriebildungen des modernen Bewußtseins darzutun, konnte nicht mehr traditionsbildend wirken. Im Gegenteil: die linkshegelianische Destruktion der Geltungsansprüche religiösen Glaubens, wie sie bald nach Hegels Tod einsetzte, bediente sich der Kategorien dialektischen Denkens gerade in der erklärten Absicht, jenes Junktim aufzulösen, das Hegel zwischen dem Philosophieren *über* Religion und einer – als philosophische Theologie – selbst religiösen Philosophie errichtet hatte. Während David Friedrich Strauss in seinem *Leben Jesu* (1835/36) historische Kritik mit spekulativer Christologie noch verband, stand Ludwig Feuerbachs Rekurs auf Hegelsche Philosopheme im *Wesen des Christentums* (1841) bereits unzweideutig im Dienste einer Religionskritik, die affirmative Interpretationen religiöser Praxis ausschloß.

Damit ging für den Rest des Jahrhunderts ein Theorietypus in Führung, der religiöse Überzeugungen nur in der Objektstelle, als Gegenstand ideologiekritischer Untersuchungen zuließ. Neben dieser religionstheoretischen Hauptlinie, die von Feuerbach zu Marx und Engels einerseits, zum Vulgärmaterialismus der Vogt, Moleschott und Büchner anderseits weiterführte, gab es freilich auch eine Seitenströmung pessimistischen Denkens, für die neben ihrem Ahnherrn Schopenhauer Namen wie Eduard v. Hartmann, Bahnsen und Mainländer stehen. Der metaphysische Pessimismus dieser Autoren machte sie zu einer positiveren Einschätzung religiöser Überzeugungen geneigt, erschwerte zugleich aber erheblich die Integration in den philosophischen Diskurs ihrer Zeit, der sich immer entschiedener an den Erfahrungswissenschaften, zumal denen der Natur, orientierte.

In den Jahrzehnten um die Wende zum 20. Jahrhundert kam es dann zu einer Neukonstitution religionsphilosophischen Denkens.

Die *formative Phase* der neueren Religionsphilosophie brachte jene Modelle und Grundbegriffe hervor, von denen auch die aktuelle Diskussion noch geprägt ist. Zwei eminente Beispiele müssen hier genügen:

– Rudolf Otto und Ernst Troeltsch entwickelten in der Auseinandersetzung mit der Ethiko-Theologie des Neukantianismus jenes Konzept eines *religiösen Apriori,* das in der Gegenwart unter dem Titel »Das Heilige« zum religionstheoretischen Grundwort aufgestiegen ist.

– William James lieferte mit seinem berühmten Werk über die *Varieties of Religious Experience* die Gründungsurkunde einer Religionsphilosophie, deren Zentralbegriff die innere Erfahrung des Einzelnen ist.

Die Neukonstitution von Religionsphilosophie folgt, wie an den genannten Autoren exemplarisch zu zeigen wäre, einem Bewegungsmuster, das kritische mit innovativen Impulsen verbindet, nämlich die Distanzierung von den theoretischen Ansprüchen philosophischer Theologie (also vom Schatten Hegels) mit der Neuorientierung am Leitbegriff *religiöser Erfahrung.* Das genannte Muster erweist sich im Blick auf die großen Züge philosophischer Entwicklung als Spezialfall eines globalen Perspcktivenwandels, dessen begrifflicher Bewältigung Wilhelm Diltheys Lebensarbeit galt. Metaphysikkritik und Neubegründung der Geisteswissenschaften aus dem Erfahrungsbegriff: mit diesen Stichworten sind die beiden korrelativen Schwerpunkte seines Schaffens benannt, wie sie schon in der *Einleitung in die Geisteswissenschaften* (1883) programmatisch ausgesprochen werden. Die Überschrift, die dort der 4. Abschnitt des 2. Buches erhalten hat, benennt den ebenso philosophie- wie realgeschichtlichen Prozeß, an dessen Ende Dilthey seine Gegenwart angekommen sah: »Die Auflösung der metaphysischen Stellung des Menschen zur Wirklichkeit«. »Der Beweis wird versucht, daß eine allgemein anerkannte Metaphysik durch eine Lage der Wissenschaften bedingt war, die wir hinter uns gelassen haben, und sonach die Zeit der metaphysischen Begründung der Geisteswissenschaften ganz vorüber ist.« (I, XIX)[1] Dem objektivistischen Erkenntnisideal einer obsoleten Metaphysik setzte Dilthey in der *Einleitung* die eigensinnige Logik des psychischen Innenraums entgegen: »Aus-

[1] Zitate aus den Schriften Diltheys werden im folgenden im Text durch Angabe von Bandnummer und Seitenzahl der *Gesammelten Schriften* belegt.

schließlich in der inneren Erfahrung, in den Tatsachen des Bewußtseins fand ich einen festen Ankergrund für mein Denken ...« (I, XVII) Diltheys weitere Entwicklung von der *Einleitung* bis zum *Aufbau* kann im wesentlichen als der Versuch verstanden werden, diesen Erfahrungsbegriff abzusichern und ihn durch Integration in eine umfassende hermeneutische Konzeption des Ausdrucksverstehens vor intuitionistischen Fehldeutungen zu bewahren.

»Wir verstehen unter Metaphysik«, so schreibt zusammenfassend der späte Dilthey in der Abhandlung *Das geschichtliche Bewußtsein und die Weltanschauungen,* »die Form der Philosophie, welche den in der Relation zur Lebendigkeit konzipierten Weltzusammenhang wissenschaftlich behandelt, als ob er eine von dieser Lebendigkeit unabhängige Objektivität hätte.« (VIII, 51) Metaphysikkritik zielt für Dilthey demnach vor allem anderen auf die metaphysische Prätention eines »standpunktlosen Standpunktes.« Traditionell wurde die Möglichkeit eines solchen »view from nowhere« (Th. Nagel) verbürgt durch die geschöpfliche Teilhabe am perspektivenlosen Blick des göttlichen Auges. Die metaphysikkritischen Einsichten Diltheys schlagen dementsprechend unmittelbar auf die religionsphilosophische Grundlagenproblematik durch: die traditionelle Verankerung dieser Disziplin in einem vernünftigen Wissen um das Göttliche – einer philosophischen Theologie – wird obsolet. Dieser unaufhaltsame Entwertungsprozeß nährt sich aus der krisenhaften Dynamik jenes Verfalls metaphysisch-religiöser Weltbilder, der die entstehenden Geisteswissenschaften zur Umstellung ihrer Grundbegriffe von einer metaphysischen auf eine erfahrungswissenschaftliche Basis nötigt. Indem Dilthey diese Problemkonstellation als die Signatur seiner Zeit erkannte,[2] geriet ihm sein Werk zur Einübung in einen nicht mehr metaphysischen Umgang mit dem Traditions-

[2] Vgl. etwa *Erfahrung und Denken* (V, 88): »... der religiöse Zusammenhang zwischen Schöpfer und Geschöpf [ist] für uns keine zwingende Tatsache mehr ...... eine Ansicht, welche den souveränen Intellekt des Descartes als ein vorübergehendes singuläres Produkt der Natur auf der Oberfläche der Erde und vielleicht anderer Gestirne ansieht, [ist] nicht mehr von vornherein abzuweisen ...« – Eine Interpretation der religionstheoretischen Grundstellung Diltheys, die sich – wie etwa diejenige *Martin Redekers* – fast ausschließlich auf dessen intensive Auseinandersetzung mit Schleiermacher stützt, greift zu kurz und führt zur systematischen Ausblendung der geltungskritischen Implikationen seines Werks. Vgl. dazu Redekers Vorwort zu Diltheys »Leben Schleiermachers«, (Bd. XIII der GS), wo sich die irreführende Behauptung findet, Dilthey habe »Realpsychologie« treiben wollen, »die die objektiven Gehalte und Werte der Religion nicht relativiert, sondern anerkennt« (XIII, XXI).

bestand abendländischer Kultur, den er als Ausdruck geschichtlicher Erfahrung des Humanen, nicht aber als Zeugnis der Wirksamkeit transzendenter Mächte verstand. Schon im Sommer 1891 schrieb Dilthey an seinen philosophischen Freund, den strenggläubigen Protestanten Graf Yorck von Wartenburg: »Ich bin kein Christ, in spezifischem Sinne …« und sprach vom »Standpunkt meiner gleichsam vergleichend geschichtlichen Religiosität«[3]. Die reichlich gewundene Formulierung ist kennzeichnend für eine Ambivalenz, die Diltheys Lebenswerk durchzieht. Einerseits konzeptualisiert er religiöse wie metaphysische Ausdrucksgestalten immer entschiedener als historische Figurationen eines sozial hervorgebrachten und insoweit rein humanen Sinnes; andererseits schreckt er von einer radikal immanenten Deutung der Religion immer wieder zurück. Ich möchte im folgenden aber zeigen, daß Diltheys Begriff religiöser Erfahrung paradigmatisch den argumentativen Spielraum umreißt, der philosophischer Religionstheorie nach dem Niedergang philosophischer Theologie noch geblieben ist. Die grundbegrifflichen Entscheidungen, von denen seine philosophische Fundierung der Geisteswissenschaften geprägt ist, reagieren sensibel auf die Probleme, die das Projekt einer erfahrungswissenschaftlichen Beerbung der Metaphysik mit sich bringt. Für die philosophiegeschichtliche Konstellation, in der sich die nachhegelianische Neubegründung von Religionsphilosophie vollzieht, ist Dilthey der Kronzeuge.[4]

[3] *Briefwechsel Wilhelm Dilthey und Graf Paul Yorck von Wartenburg*, Halle (Saale) 1923, 125. In diesem für die innere Entwicklung Diltheys höchst aufschlußreichen Briefwechsel spielt Yorck gleichsam die Rolle des *advocatus dei*, dem gegenüber Dilthey eine skeptisch-aufgeklärte Position einnimmt: Vgl. ebd., 89, 125, 126, 146, 156, 158, 235.

[4] Dennoch ist die Literatur zum Thema sehr spärlich: Vgl. *E. W. Freigang, Das Problem der Religion bei Dilthey.* Lodz 1937; *J. Höfer, Das Lebenswerk Wilhelm Diltheys in theologischer Sicht.* In: Theologische Quartalsschrift 115 (1934) u. 116 (1935); *P. Hoßfeld, Wilhelm Diltheys Stellung zur Religion und seine philosophischen Voraussetzungen.* In: Theologie und Glaube 52 (1962); *J. H. Krahmer, Wilhelm Dilthey und die religiöse Frage.* Bamberg 1949. – Die vorhandene Literatur leidet zudem oftmals unter ihrer kontroverstheologischen Ausrichtung. So konstatiert *Hoßfeld* mit moralisierendem Unterton – ein Dilthey-Zitat auslegend – dieser sei »sich selbst das ens realissimum …, statt es in einem jenseitigen Leben zu suchen« (a. a. O., 109). – Bislang blieb die Schlüsselrolle, die Diltheys Untersuchungen für die religionsphilosophische Grundlagenproblematik zukommt, weitgehend im Dunkeln. Dies dürfte damit zusammenhängen, daß Dilthey auf explizit religionsphilosophischem Gebiet kaum gearbeitet hat (vgl. aber das späte Fragment *Das Problem der Religion* von 1911 [in: VI, 288–305]). Der religionsphilosophische Rang seiner Untersuchungen zur Metaphysikkritik und zum

Verzicht auf metaphysische Theologie und Neuansatz bei der internen Evidenz religiöser Erfahrung: diese beiden Grundentscheidungen, denen sich die Genese moderner Religionsphilosophie verdankt, schreiben sich in den größeren Zusammenhang eines umfassenden Paradigmenwechsels ein, dessen erkenntnistheoretische Begründung Dilthey schon 1883 in der *Einleitung* programmatisch gefordert hatte (vgl. I, 249 u. passim)[5]. Inwieweit freilich ein erkenntnistheoretisch abgesicherter Begriff religiöser Erfahrung imstande ist, die philosophische Verteidigung religiöser Geltungsansprüche mit tragfähigen Argumenten – etwa gegen den Projektionsverdacht der Religionskritik – zu versorgen, bedarf genauerer Klärung. In jüngster Zeit haben zumal an Hegel orientierte Autoren entschieden für ein Junktim von Religionsphilosophie und philosophischer Gotteslehre argumentiert und damit implizit auch den methodischen Rang des Erfahrungsbegriffs bestritten: »Entweder«, so heißt es etwa bei Walter Jaeschke, »kann sich die Religionsphilosophie auf eine innerhalb ihr selbst entwickelte oder ihr vorgegebene philosophische Theologie stützen. Dann kann sie aus ihrer Erkenntnis des Göttlichen heraus die Religion zum Thema machen und deren Selbstverständnis angemessen explizieren. Oder sie geht mit Gründen davon aus, daß ihr ein solches Fundament nicht zur Verfügung stehe: Dann muß sie sich billigerweise darauf beschränken, die Religion als eine spezifisch menschliche Lebensäußerung zu betrachten.«[6]

Das von Jaeschke benannte Dilemma hat – meist ohne als solches erkannt zu werden – die formative Phase der neueren Religionsphilosophie entscheidend geprägt. Paradigmatisch läßt sich an Diltheys erfahrungswissenschaftlicher Konzeption zeigen, wie religiöse Phänomene methodisch in das geschichtlich sich entwickelnde Selbstbewußtsein der Gattung Mensch einbezogen werden, ohne daß doch die geltungskritischen Implikationen dieser hermeneuti-

---

Begriff der inneren Erfahrung wird indessen unabweisbar, sobald man sich die Problemlage vergegenwärtigt, in die die Religionsphilosophie seit dem Tode Hegels durch die sinnkritische Auflösung ihres Fundamentes, der philosophischen Theologie, geraten war.

[5] Die Stellung Diltheys in diesem Zusammenhang beleuchten die Beiträge zu: *E. W. Orth* (Hrsg.), *Dilthey und der Wandel des Philosophiebegriffs seit dem 19. Jahrhundert* (Phänomenologische Forschungen Bd. 16), Freiburg/ München 1984.

[6] *W. Jaeschke, Die Vernunft in der Religion.* Studien zur Grundlegung der Religionsphilosophie Hegels. Stuttgart-Bad Cannstatt 1986, 15, Vgl. 17.

schen Beerbung von Religion zu voller Klarheit gebracht würden. Ich werde daher im *ersten* Teil die grundbegrifflichen Voraussetzungen untersuchen, in deren Rahmen Dilthey religiöse Erfahrung interpretiert. Im *zweiten* Teil sind dann die wahrheitstheoretischen Konsequenzen dieser Grundgegriffe zu erörtern. Die prinzipiellen – und von Dilthey selbst keineswegs zureichend geklärten – Differenzen zwischen theologischer, religionsphilosophischer und geisteswissenschaftlicher Interpretation religiöser Erfahrung können so schärfer gefaßt werden. Dabei wird sich zeigen, daß der hermeneutische Wahrheitsbegriff wegen seiner Orientierung an ästhetischen Vollzügen der Eigenart des religiösen Wirklichkeitsverhältnisses nur eingeschränkt gerecht zu werden vermag.

1.1. Objektiver Geist und Erfahrung

Die Analyse der Hegel-Rezeption[7] Diltheys liefert einen ersten kategorialen Rahmen für die weitere Untersuchung: Welche religionsphilosophischen Möglichkeiten öffnet und verschließt jene metaphysikkritische Denkbewegung, die man als Rückgang vom *absoluten* auf den *objektiven* Geist – verstanden als *Letztbegriffe*[8] – bezeichnen könnte? (1.1.1.) In einem zweiten Schritt wende ich mich dem Schlüsselbegriff der *Erfahrung* und seiner Präzisierung durch die hermeneutische Trias *Erlebnis-Ausdruck-Verstehen* zu und frage

[7] Diltheys Konzeption des religiösen Erlebnisses ist natürlich in vielfacher Hinsicht nicht von Hegel, sondern von *Schleiermacher* geprägt (vgl. dazu *H. Schrödter, Erfahrung und Transzendenz.* Ein Versuch zu Anfang und Methode von Religionsphilosophie, Altenberge 1987, 10–28; bes 27f.). Die Darstellung seiner Hegel-Rezeption ist dennoch methodisch leitend, weil Dilthey im Rekurs auf den Hegelschen Begriff des *objektiven Geistes* das sachlich zentrale *Immanenzprinzip* (vgl. dazu unten) der Hermeneutik entwickelt. Die innere Entwicklung des Hegelschen Denkens von den Frühschriften zum System wird von ihm als zunehmende Überformung lebendiger geschichtlicher Erfahrung durch die Begriffszwänge der spekulativen Dialektik interpretiert. An Hegel, nicht an Schleiermacher, exemplifiziert Dilthey den metaphysischen Sündenfall der Geisteswissenschaft, dessen Überwindung den Reichtum geschichtlicher Erfahrung erst erschließen soll.

[8] mit diesem Terminus bezeichne ich die letzten, inhaltlich noch gehaltvollen Begriffe einer Theorie, die eben deshalb nicht mehr zu Schlüssen auf noch allgemeinere, fundierende Instanzen verwendet werden können. Von Kategorien als den Grundstrukturen begrifflicher Erkenntnis überhaupt unterscheiden sich Letztbegriffe dadurch, daß sie Gegenstandsgebiete nicht formal konstituieren, sondern inhaltlich interpretieren wollen.

nach seiner religionsphilosophischen Verwendung durch Dilthey. Dabei wird dessen Orientierung an der *Immanenz* des Lebenszusammenhanges im Mittelpunkt stehen (1.1.2.). Der Immanenzgedanke macht schließlich die Präzisierung des Verhältnisses von Erfahrung und Struktur unumgänglich, die dann auch eine Diskussion der geltungstheoretischen Voraussetzungen des Erlebnisbegriffes ermöglicht (1.1.3.).

1.1.1. Vom absoluten zum objektiven Geist

Diltheys Abhandlung zur *Jugendgeschichte Hegels* will als Beitrag zu einer »Phänomenologie der Metaphysik« (IV, 3)[9] verstanden werden. Sie ordnet sich damit in den Zusammenhang jener Untersuchungen ein, die der Herausgeber des Bd. VIII, B. Groethuysen, unter den Titel *Weltanschauunglehre. Philosophie der Philosophie* bringt. Das metaphysische Denken tritt für Dilthey – wenigstens dem Anspruch nach – nur in der Objektstelle auf. Sein typologisierendes Verfahren zielt darauf ab, durch »geschichtliche Selbstbesinnung« (VIII, 7) darzutun, wie die verschiedenen Weltanschauungen und metaphysischen Systeme aus den Grundverhältnissen der »Lebendigkeit des Selbst« (VIII, 8) zu seiner Welt hervorgehen.[10] Diltheys neue Beschäftigung mit Hegel, die mit der großen Rezension von Kuno Fischers bekanntem Buch (1900) einsetzt, muß als integraler Teil des hier skizzierten Projektes verstanden werden, das den Bruch mit den ontotheologischen Wahrheitsansprüchen der Tradition voraussetzt. Auch dort also, wo Dilthey Eigenes gleichsam in Hegel (zumal in dessen frühe Schriften) hineinokuliert, ist Vorsicht am Platze. Selbst der problembeladene Begriff des *objektiven Geistes*, auf dessen

---

[9] In der Abhandlung *Das geschichtliche Bewußtsein und die Weltanschauungen* charakterisiert er seine Methode als »Phänomenologie der philosophischen Systematik« (VIII, 37). Vgl. auch VI, 301.

[10] *Husserls* impliziter Vorwurf, Diltheys Philosophie trage selber weltanschaulichen Charakter (*Philosophie als strenge Wissenschaft*, in: Logos 1 [1911], 323–31; vgl. auch den Briefwechsel Husserl-Dilthey, in: *F. Rodi u. H.-U. Lessing* (Hrsg.). *Materialien zur Philosophie Wilhelm Diltheys*, Frankfurt 1984, 110–120) übersieht, daß die Weltanschauungslehre nicht die Ausbildung einer neuen Weltanschauung bezweckt, sondern eine *metatheoretische* Analyse der notwendigen Perspektivität und Begrenztheit dieser geistigen Gebilde leisten will.

Verwendung im *Aufbau* noch einzugehen ist, kann nicht als Indiz für eine systematische Nähe zu Hegel gelten. Hans-Georg Gadamer hat aus der tragenden Rolle des Geistbegriffes in Diltheys Spätwerk schließen wollen, daß dieser hier in den Sog eines spekulativ-teleologischen Deutungsschemas Hegelscher Provenienz gerate.[11] Diltheys Ablehnung der Metaphysik des absoluten Geistes und sein Festhalten am Begriff des Lebens berechtigen aber wohl zu der Entgegnung, daß – mit den Worten Frithjof Rodis – »gerade vom Begriff des objektiven Geistes her, wie Dilthey ihn gebraucht, eine wirkliche Nähe zu Hegel nicht … vorliegt.«[12]

Bereits Diltheys umfangreiche Kuno Fischer-Rezension ist auf jene Grundgedanken gestimmt, die dann in der *Jugendgeschichte Hegels* entfaltet werden. Hegels Werk im ganzen sieht er durchzogen von einer unauflöslichen Aporie, die sich zwischen den Ansprüchen des Systems auf »Notwendigkeit und Allgemeinheit, sonach aeterne[r] Gültigkeit« (XV, 344) – also den Prätentionen einer obsoleten Metaphysik – und dem Entwicklungsgedanken, dem Platzhalter geschichtlicher Erfahrung, eingenistet hat. Hier stelle sich Hegel die »schwierigste, tiefsinnigste, doch nicht fruchtbarste der Arbeiten, die er im Gang seiner Lebensarbeit zu leisten hatte« (ebd.). Vor Kuno Fischers Darstellung jener Arbeit bekundet Dilthey allen Respekt, setzt aber unübersehbar zwei neue Akzente, in denen sich sein eigenes, distanziert-gebrochenes Verhältnis zu Hegels metaphysischem Entwurf geltend macht.

(1) Er bestreitet nämlich implizit, daß Hegels System – mit Fischer – als Resultat eines teleologischen, auf das Ziel metaphysischer Wahrheit hin ausgerichteten Entwicklungsganges begriffen werden kann (vgl. XV, 350 f.). So interpretiert Dilthey den »Kampf von Schelling und Hegel gegen die Reflexionsphilosophie, nämlich gegen Kant, Fichte und Jacobi« (XV, 350) nicht als diskursive Auseinandersetzung, in welcher der »zwanglose Zwang des besseren Argumentes« (Habermas) sich durchsetzt, sondern als Ausdruck eines »unversöhnlichen, in die letzten Tiefen der Weltansicht zurückrei-

[11] *Wahrheit und Methode.* Grundzüge einer philosophischen Hermeneutik, Tübingen [4]1974, 214 f.

[12] *F. Rodi, »Der Rhythmus des Lebens selbst«.* Hegel und Hölderlin in der Sicht des späten Dilthey, in: *Ders., Erkenntnis des Erkannten.* Zur Hermeneutik des 19. u. 20. Jahrhunderts, Frankfurt 1990, 57.

chenden Gegensatzes« (ebd.) zwischem dem objektiven Idealismus und dem Idealismus der Freiheit. Da solche Gegensätze, wie in den Studien zur Weltanschauungslehre (Bd. VIII) ausgeführt wird, auf letzte, rational nicht mehr aufzulösende Grundoptionen der Lebenserfahrung zurückgehen, ist es unmöglich, zwischen ihnen mit guten Gründen zu entscheiden: die »großen Typen« metaphysischer und religiöser Weltanschauungen »stehen selbstmächtig, unbeweisbar und unzerstörbar nebeneinander aufrecht da« (VIII, 86f.). Ob Dilthey sich mit dieser Perspektive den Vorwurf des Irrationalismus verdient hat, ist hier zweitrangig. Entscheidend bleibt, daß er eine geltungstheoretische Diskussion des Hegelschen Systems – und damit auch dessen philosophischer Theologie – *a limine* abweist.

(2) Dilthey weist darauf hin, daß Fischer auf die Sichtung und Verarbeitung jener Materialien verzichtet habe, die dann 1907 unter dem Titel *Theologische Jugendschriften* von Nohl herausgebracht wurden. Am Ende seiner Rezension umreißt er das Programm einer genetischen Rekonstruktion des Hegelschen Systems aus dem Berliner Nachlaß, wie es zur gleichen Zeit in der Preisaufgabe für die Berliner Akademie der Wissenschaften formuliert wird. Diltheys Abhandlung über die *Jugendgeschichte Hegels* geht bekanntlich auf diesen Plan zurück. Und bereits in der Fischer-Rezension findet sich ein Passus, der das Interesse am frühen Hegel in den Zusammenhang des von Dilthey inaugurierten Paradigmenwechsels zum Primat geschichtlicher Erfahrung stellt. An seinen frühen theologischen Studien, so schreibt Dilthey, habe Hegel »die eigentümliche *Methode*« entwickelt, die er »auf die Gestalten des *geschichtlichen Lebens* anwenden sollte. Ihm wird die einzelne Gestalt des geschichtlichen Lebens, wie die Gesetzgebung des Mose, die Erscheinung Christi, die positive christliche Religiosität zu einem Typus, der ein in dem Menschlichen enthaltenes Moment ausdrückt.« (XV, 352) In Hegels frühen Schriften macht Dilthey also jenen Ansatz bei der geschichtlichen Erfahrung und ihrer typologisierenden Deskription aus, der auch seine eigene Methode kennzeichnet. Schon in der Fischer-Rezension gerät der junge Phänomenologe des geschichlichen Lebens zum Gegenpol des späteren Systemarchitekten.

Diese Tendenz verstärkt sich in der *Jugendgeschichte Hegels.* Einerseits wird er als »Begründer der Geschichte der Innerlichkeit des menschlichen Geistes« (IV, 157) apostrophiert, andererseits habe sein »Panlogismus … dem Gedanken der Begreiflichkeit der Welt die wahre Natur des Wirklichen und der Wissenschaften rücksichtslos

[ge]opfert« (IV, 223)[13]. Hegels dialektische Methode des spekulativen Denkens war das »Verhängnis des Systems« (IV 237): »Das geschichtliche Verständnis wird (für Dilthey spätestens mit den Jenaer Systementwürfen, M. J.) zum Opfer des metaphysischen Schemas.« (249) In die nachmetaphysische Erbmasse des absoluten Idealismus können daher allein Hegels profunde Einsichten in die Beschaffenheit geschichtlicher Erfahrung der Subjektivität Eingang finden. Daß diese Erfahrung Selbstbezüglichkeit konstituiert, stellt dabei einen verbindenden Zug dar. »Trotz aller Metaphysikkritik hält Dilthey mit Hegel daran fest, daß der Geist ein Wissen von sich selber hat.«[14]

Diltheys Zuwendung zum jungen Hegel wird von einem antimetaphysischen Impuls bestimmt. Insofern liegt Georg Lukács nicht ganz richtig, wenn er Dilthey unterstellt, die »reaktionäre Legende« von Hegels theologischer Periode in die Welt gesetzt zu haben.[15] Denn Theologie im hergebrachten Sinne hat der frühe Hegel Dilthey zufolge gar nicht mehr getrieben.[16] Vielmehr waren ihm religiöse Gegenstände das – privilegierte – Medium eines phänomenologisch-deskriptiven Zugriffs auf die geschichtliche Erlebnisstruktur des menschlichen Geistes. Soweit metaphysisch-theologische Fragen vom frühen Hegel überhaupt behandelt werden, geschieht dies – ich halte mich an Diltheys Deutung – *sub specie* ihrer Erfahrbarkeit im geschichtlichen Bewußtseinsleben. Theologie als rationaler Diskurs über transzendente Gegenstände – davon hat sich Diltheys junger Hegel verabschiedet. Die Religion mit ihrer Geschichte erscheint

---

[13] Wesentlich schärfer äußert sich Dilthey in seinen frühen Logik-Vorlesungen (1864–1868). Hegels Logik wird dort – zumal in ihrem Anspruch, ein philosophisches Wissen vom Göttlichen zu entfalten – vernichtend kritisiert: »Nie aber auch in der ganzen Geschichte des menschlichen Denkens hat die Philosophie eine tiefere Niederlage erlitten, als durch den logischen Hochmut dieses Systems.« (XX, 5)

[14] *S. Otto, Rekonstruktion der Geschichte.* Zur Kritik der historischen Vernunft, Erster Teil, München 1982, 24.

[15] Vgl. *G. Lukács, Der junge Hegel.* Über die Beziehungen von Dialektik und Ökonomie, Frankfurt 1973, 13 ff.; 34–56.

[16] Die Beschäftigung mit theologischen Gegenständen ist nicht schon ein hinreichender Beweis für eine affirmative Einstellung zur Theologie. Dies scheint mir Lukács sowohl bei Hegel selbst als auch in Diltheys Interpretation zu übersehen. – Ein paralleler Fall von einiger Prominenz soll hier wenigsten erwähnt werden: Auch *Heideggers* wiederaufgefundene Aristoteles-Einleitung aus dem Jahre 1922, von *H.-G. Gadamer* unter den irreführenden Titel *Heideggers ›theologische Jugendschrift‹* gebracht (in: Dilthey-Jahrbuch 1989, 228–274), beschäftigt sich zwar unter anderem mit Phänomenen, die dem religiösen Leben entsprungen sind, ist methodisch aber von einem entschiedenen A-Theismus (vgl. ebd., 246) geprägt.

nicht mehr als Bereich, in dem überprüfbare Geltungsansprüche erhoben und theologisch diskutiert werden, sondern, nüchterner, als »das Gebiet, in welchem der Gedanke der Entwicklung damals zuerst in Hegel sich ausgebildet hat« (IV, 158).

Die »jenseitige Wirklichkeit« des religiösen »Dramas« (IV, 11) soll schon der Tübinger Stiftler verworfen haben. Es ist deshalb vielleicht keine bloße Äquivokation, wenn Dilthey den jungen Hegel als »objektiven Geist« (IV, 10) bezeichnet. Der Ausdruck zielt in erster Linie wohl auf Hegels persönliche Disposition, sich die Gehalte der metaphysischen Tradition anzueignen und markiert den Differenzpunkt zu Fichtes Subjektivitätspathos. Darüber hinaus freilich benennt er eine philosophische Grundkategorie Diltheys, die allerdings erst im *Aufbau* zum operativen Begriff wird. *Objektiver Geist,* so läßt sich vorgreifend sagen, meint den Inbegriff dessen, was als objektivierte Gestalt geschichtlichen Lebens der Erfahrung zugänglich werden kann. Diltheys Untersuchung der *Jugendgeschichte Hegels* überkreuzt nun die Ebenen in einer vertrackten Weise: halb okuliert er seinen Grundbegriff in die Fragmente aus Hegels Wanderjahren hinein, halb liest er ihn aus den Texten heraus. Am Begriff des *objektiven Geistes* läßt sich exemplarisch zeigen, wie Dilthey mit Hegel und doch gegen ihn religiöse Glaubenszeugnisse unter Verzicht auf eine Prüfung ihrer Wahrheitsansprüche als Dokumente für die schöpferische Kraft des christlichen Bewußtseins auslegt.

»In Jesus«, so interpretiert Dilthey Hegels religionsgeschichtliche Analysen, »fand ein Fortrücken des Geistes der Menschheit statt und an ihm hat Hegel zuerst gezeigt, wie ein Individuum Organ der Entwicklung des Geistes wird und dieser sich in ihm repräsentiert.[17] Indem wir jetzt zum christlichen Gemeindebewußtsein fortschreiten, bereitet sich einer neuer entscheidender Begriff … vor: der des objektiven Geistes« (IV, 171). Das Gemeindebewußtsein ist es, in

[17] Dilthey spielt hier auf seinen Begriff des *religiösen Genies* an (vgl. V, 384; VII, 266; VIII, 89), der auch in der pragmatistischen Religionsphilosophie von *William James* eine tragende Rolle spielt (Eine direkte Beeinflussung ist wahrscheinlich, läßt sich aber nicht sicher nachweisen). Vgl. *W. James, The Varieties of Religious Experience* (1902), New York 1987, 34f. u. Lectures XI–XV. – Zum amerikanischen Pragmatismus (bes. *James* u. *Mead*) unterhält, wie unten noch deutlicher werden wird, Diltheys Ansatz zahlreiche Verbindungen. *F. Fellmann* meint sogar, »Diltheys Grundlegung der Geisteswissenschaften und die pragmatistische Sinnklärungsmethode (seien) aus ein und derselben Quelle gespeist worden« (*F. Fellmann, Symbolischer Pragmatismus.* Hermeneutik nach Dilthey, Reinbeck b. Hamburg 1991, 23).

dem über die Grenzen der subjektiven Erfahrung (in diesem Falle derjenigen Jesu) hinausgegangen wird: »ein einheitliches Bewußtsein …, welches der Träger einer Gesamttätigkeit ist« (IV, 171). Hegel betrachte die »Gemeinde als das Subjekt …, welches die ganze übersinnliche Anschauungs- und Begriffsordnung hervorbringt.« (ebd.). Dilthey sieht deutlich, daß der Gewinn an historischer Einsicht, der so möglich wird, der idealistischen Supponierung eines transzendentalen Subjektes verhaftet bleibt. Hegels Überlegungen bezeichnet er als den »erste[n] bedeutende[n] Versuch, Geschichte aus diesem Grundbegriff des transzendentalen Idealismus … von der schöpferischen Natur des Subjektes … verständlich zu machen« (ebd.).

Seine eigene Interpretation ist freilich durchgängig bemüht, die teleologischen, auf die Metaphysik des absoluten Geistes hindeutenden Implikationen des idealistischen Subjektbegriffs durch den Rekurs auf eine deskriptiv faßbare, einheitliche Struktur intersubjektiven Erlebens zu unterlaufen. Das schöpferische Bewußtsein der Gemeinde wird nicht etwa – wie in Hegels späterer Religionsphilosophie – als transitorisch-notwendige Stufe im teleologischen Prozeß der Selbstentäußerung und Rückkehr des absoluten Geistes gefaßt, sondern eben als *objektiver* Geist: als objektivierte Ausdrucksgestalt einer historisch gewachsenen Einheit des Erlebens, die ebensosehr die Erfahrungen des Individuums präformiert, wie sie ihnen allererst entspringt. Es gibt für Dilthey zwar »nicht eine allgemeine menschliche Natur, die in ihren notwendigen Zügen darstellbar wäre« (IV, 173), wohl aber einen universalen »Zusammenhang des Seelenlebens«, welcher »das in der Geschichte wirksame Wesenhafte ist, das in der Totalität der Einzelzustände zum Ausdruck gelangt« (IV, 177).[18] In seiner Darstellung wird nach der *inneridealistischen* Bedeutung von Hegels Rekurs auf das transzendentale Subjekt Kants und Fichtes gar nicht mehr gefragt. Er erscheint vielmehr als eine Art von heuristischem Kunstgriff, der die Überwindung der individualpsychologischen Religionsdeutung des 18. Jahrhunderts ermöglichte: »Der Pragmatismus der Einzelpsychologie hatte kein Denkmittel besessen, an das Verständnis des christlichen Mythos heranzukommen.

[18] Diltheys Bruch mit der metaphysischen Setzung einer unveränderlichen Menschennatur läßt sich auch als Übergang von einer Theorie der Identitätsverbürgung durch *Wesensbegriffe* zu einem Konzept der *Genidentität* veranschaulichen, in dem der Entwicklungszusammenhang entscheidend ist.

Eben indem Hegel und Schleiermacher die Gemeinde als das mythenbildende Subjekt erfaßten, wurde das große historische Problem der Entstehung der christlichen Glaubenswelt auflösbar.« (IV, 173) Wenn Dilthey in diesem Zusammenhang den »Nachweis, wie die christliche Gemeinde den Christusmythos erzeugt« als die »größte und folgenreichste Konzeption« Hegels (IV, 173) bezeichnet, dann erblickt er dessen eigentliche Leistung in der Vorwegnahme jener Einsichten, aus denen David Friedrich Strauss' epochales Werk über das *Leben Jesu* (1835) hervorgegangen ist (vgl. IV, 172).

Hegels »Versuch, die transzendente christliche Glaubenswelt als ein Erzeugnis der Gemeinde zu begreifen« (IV, 117) führte, so sieht es Dilthey, zur Entdeckung der Zentralkategorie geschichtlichen Verstehens. Objektiver Geist ist, am deutlichsten im *Aufbau* von 1910, sein *terminus technicus* für den geschichtlichen Sinnzusammenhang in Tradition und Gegenwart, dessen eigentümliche Beschaffenheit weder auf die Psychologie der Individuen, noch auf eine Metaphysik des Absoluten zurückgeführt werden kann[19]. Hegels weitere Entwicklung nach der *Phänomenologie* will Dilthey dann, wie die Nachlaßfragmente zur *Jugendgeschichte Hegels* zeigen, nur noch als vergebliche Bemühung um ein illusionäres, metaphysisches Totalwissen verstehen. Wenn er den »endliche[n] Teil« von Hegels »Lebensarbeit« darin findet, daß in ihr das »Gesetz der Wirklichkeit als ein System logischer Relationen ... und diese als Dialektik« (IV, 249) bestimmt werde, so schlägt Dilthey die emphatischsten Stellen seines Werkes allein der Konkursmasse des absoluten Idealismus zu. Von den frühen Fragmenten heißt es dagegen: »Hegel hat nichts Schöneres geschrieben.« (IV, 68)

Diltheys Versuch, Hegels historische Einsichten gegen die Systemzwänge seiner Metaphysik in Schutz zu nehmen, berührt sich in zentralen Punkten mit einer neueren Interpretation aus der Perspektive kommunikativer Handlungstheorie. Axel Honneth beruft sich zwar für seine gesellschaftstheoretische Deutung des frühen Hegel[20] nicht auf Dilthey und konzentriert sich, anders als dieser, auf das Motiv des Kampfes um Anerkennung, wie es in den Jenenser Schrif-

---

[19] Der früheste Beleg für diese Verwendung des Begriffs findet sich in Diltheys *Ideen* von 1894: »In Sprache, Mythos und religiösem Brauch, Sitte, Recht und äußerer Organisation sind Erzeugnisse des Gesamtgeistes vorliegend, in denen das menschliche Bewußtsein, mit Hegel zu reden, objektiv geworden ist und so der Zergliederung standhält.« (V, 180)

[20] *A. Honneth, Moralische Entwicklung und sozialer Kampf.* Sozialphilosophische Leh-

ten entwickelt wird. Honneths Zuwendung zu Hegels früher Philosophie der konkreten Sittlichkeit – dem Medium des christlichen Gemeindebewußtseins, auf das Dilthey abhebt – verdankt sich der Überzeugung, daß in ihr handlungstheoretische Motive zur Geltung gelangen, die im späteren System vom metaphysischen Paradigma des Absoluten verdrängt werden. Im »Handlungsgeschehen des Kampfes« habe Hegel »das zentrale Medium eines sittlichen Bildungsprozesses des menschlichen Geistes erkannt«[21]. Der selbe Bildungsprozeß nun, allerdings *sub specie* seiner Realisierung im religiösen Bewußtseinsleben, stand auch im Zentrum von Diltheys Interpretation. Der sozial- wie geschichtsphilosophisch fundamentale Terminus *objektiver Geist* dient ihm zur Kennzeichnung des sozialen Zusammenhangs, wie er sich einer rein immanenten Analyse darstellt. Es ist das Verdienst Helmut Johachs, in einer Studie mit dem programmatischen Titel *Handelnder Mensch und objektiver Geist* die handlungstheoretischen Implikationen dieses Begriffs deutlich herausgestellt zu haben: »Dilthey faßt die Geschichte als Geschichte *handelnder* Menschen, Gesellschaft als deren Interaktionszusammenhang. Individuelle Handlungen sind nach ihm verknüpft durch übergreifende Zweck- oder Wirkungszusammenhänge kulturell-sozialer Art. Als zusammenfassende Bezeichnung für die Kultursysteme, Organisationen, Zweck- und Wirkungszusammenhänge der gesellschaftlich-geschichtlichen Welt wird die Kategorie des *objektiven Geistes* gewählt.«[22]

Für Dilthey markiert der Übergang Hegels von seinen religionsgeschichtlichen, am sozialen Interaktionszusammenhang orientierten Studien zur Theorie des Absoluten den metaphysischen Sündenfall. Auch Axel Honneths sozialphilosophische Interpretation kann den Bedeutungsverlust des früheren Ansatzes nur als unmotivierten Abbruch des argumentativen Fadens verstehen.[23] Daß die handlungstheoretischen Ansätze des frühen Hegel im abschließenden Werk der

---

ren aus dem Frühwerk Hegels, in: *Ders. et. al.* (Hgg.), *Zwischenbetrachtungen.* Im Prozeß der Aufklärung (FS Habermas), Frankfurt 1989, 549–573.

[21] A. a. O., 551.

[22] *H. Johach, Handelnder Mensch und objektiver Geist.* Zur Theorie der Geistes- und Sozialwissenschaften bei Wilhelm Dilthey. Meisenheim am Glan 1974, 4.

[23] Vgl. *A. Honneth,* a. a. O., 558.

Jenaer Phase, der *Phänomenologie des Geistes,* ihre tragende Rolle einbüßen, bleibt unverständlich.[24]

Eine Reflexion auf die Zusammenhänge von Theorie der Sittlichkeit und Religionstheorie ergibt indessen, daß Hegels Entwicklung *intern,* nämlich als Reaktion auf begründungstheoretische Defizite seines frühen Ansatzes, verständlich gemacht werden kann.[25] Der von Honneth und Dilthey (bei diesem unter dem Titel des objektiven Geistes) hervorgehobene handlungstheoretische Ansatz, wie ihn der frühe Hegel verfolgt, integrierte die Religionsphilosophie in eine Philosophie der Sittlichkeit. Als »innerste[s] Band der Menschen«[26], wie die Schrift zur *Verfassung Deutschlands* formuliert, wird Religion in ihrer Rolle für Prozesse der Vergesellschaftung, der Konstitution sittlicher Totalität eines Volkes gewürdigt. Ebensosehr freilich soll sie jenes Medium sein, in dem das Absolute zur Selbstanschauung gelangt: »absoluter Geist *und* vollkommene Sittlichkeit«[27]. Hegels weitere Entwicklung wird nun von zwei korrelativen Einsichten bestimmt, die einen Bruch mit dem Konzept der Engführung von Religionsphilosophie und Theorie der Sittlichkeit bewirken. *Zum einen* gelangt Hegel durch die Auseinandersetzung mit Naturrechtslehre und Verfassungsrecht zu der Überzeugung, daß die identitätsstiftende, sozialintegrative Kraft der Religion in der Moderne zunehmend durch formal-rechtliche Legitimationsformen ersetzt wird.[28] Die Einsicht in die Depotenzierung von Religion als Medium substanzieller Sittlichkeit[29] verstärkt, *zum anderen,* die Begründungsprobleme, mit denen diese Konzeption vorab behaftet war. Hegels ursprünglicher Ansatz, die vernünftige Rechtfertigung von

---

[24] Vgl. a. a. O., 570f.

[25] Diese Einsicht verdanke ich *Thomas M. Schmidt,* der sie in seinem Vortrag *Religion und Sittlichkeit,* Zum Verhältnis von Religionsphilosophie und Gesellschaftstheorie in Hegels Frühwerk (MS 1991) in Auseinandersetzung mit der These *Honneths* entwickelt hat.

[26] *G. W. F. Hegel, Die Verfassung Deutschlands* (1800–1802), in: *Frühe Schriften* (Werke I), hg. v. E. Moldenhauer u. K. M. Michel, Frankfurt 1986, 518.

[27] *Über die wissenschaftlichen Behandlungsarten des Naturrechts …* (1802/3), in: Werke II, 530 (Kursivierung M. J.).

[28] Die entsprechenden gesellschaftlichen Differenzierungsprozesse analysiert Hegel bereits in seiner Berner Arbeit über die *Positivität der christlichen Religion* (1795/96): Werke I, vgl. bes. 134–178.

[29] Vgl. *W. Jaeschke, Vernunft in der Religion,* a. a. O., 192: »Die geschichtsphilosophische Einsicht in die Differenz der alten und der neuen Zeit erzwingt die systematische Abtrennung der Sphäre der Religion von der Sittlichkeit.«

Religion im Anschluß an die Ethikotheologie Kants – im Sinne einer »Verstärkung der Triebfedern der Sittlichkeit durch die Idee von Gott«[30] – zu liefern, war damit endgültig obsolet geworden, das Junktim zwischen der Religionsbegründung und dem Bereich dessen, was Dilthey mit dem späteren Hegel »objektiver Geist« nennt, zerbrochen. Nur die Ausbildung einer selbständigen Theorie des Absoluten – also einer philosophischen Theologie – konnte Hegel über das so entstandene argumentative Vakuum hinweghelfen. Die Entwürfe Hegels nach dem *Naturrechtsaufsatz* sind daher, so Walter Jaeschke, »gekennzeichnet durch ein kontinuierliches Zurücktreten des Volksbegriffs und die fortschreitende Ausgliederung einer ›Philosophie des absoluten Geistes‹ aus der Philosophie der Sittlichkeit«[31] Wie Jaeschke weiter zeigt, entwickelt Hegel dann am Ende der Jenaer Zeit »den Grundgedanken seiner Metaphysik des Christentums«[32] als der absoluten Religion. An die Stelle des Junktims von Religion und Sittlichkeit tritt die Verbindung von Religionsphilosophie und metaphysischer Theologie. Diese Einbettung der Religion als einer Gestalt substanzieller Sittlichkeit in die Lehre vom absoluten Geist hat Hegel nie mehr aufgegeben. Seine »weitere Entwicklung läßt sich als kontinuierliche Ausarbeitung des hier erreichten Religionsbegriffes deuten.«[33]

Daß Hegels Fortgang zur spekulativen Theorie des Absoluten demnach einer internen Entwicklungslogik folgt und nicht als unmotivierter Bruch mit dem früheren Ansatz verstanden werden muß, hat unmittelbare Folgen für die Frage nach den grundbegrifflichen Voraussetzungen nachmetaphysischer Religionstheorie. Diltheys Bruch mit dieser internen Logik, sein erfahrungswissenschaftlich geleiteter Krebsgang vom absoluten zum objektiven Geist, begibt sich eben damit auch der begrifflichen Mittel, mit denen Hegel den Wahrheitsanspruch der religiösen Überlieferung einer vernünftigen Überprüfung zugänglich machen wollte. Läuft also der metaphysikkritische Verzicht auf die Erkenntnis Gottes auf die Entscheidung hinaus, Religion als ein exklusiv menschliches Phänomen zu behandeln? Diesen Anschein hat es in der Tat, solange die von Jaeschke

---

30 So in den Berner *Fragmenten über Volksreligion und Christentum* v. 1793–1794, Werke I, 88.

31 *W. Jaeschke, Vernunft in der Religion,* a. a. O., 187.

32 Ebd., 197.

33 Ebd., 198.

formulierte Alternative als erschöpfend gilt: »Alle Absicht, dem Göttlichen einen anderen Status als den eines Menschlichen zu verleihen, erfordert [dann] eine ... philosophische Theologie.«[34] Ohne diese träte jener »Seelenlehre ohne Seele« (V, 159), die das 19. Jahrhundert entwickelt hatte, die nicht minder problematische Gestalt einer »Religionsphilosophie ohne Gott« zur Seite. Oder liefert ein hermeneutisches Erfahrungskonzept Gründe dafür, die Disjunktion philosophische Gotteserkenntnis vs. anthropologische Reduktion für unvollständig zu halten und diese Alternative mithin als ganze hinter sich zu lassen? Diese wichtige Frage muß zurückgestellt werden, bis die epistemologischen Konsequenzen des hermeneutischen Ansatzes im vollen Umfang herausgearbeitet worden sind, bis schließlich auch Klarheit über die Reichweite pragmatistischer Begründungsstrategien gewonnen ist. In der Zwischenzeit gilt es, Jaeschkes Dilemma als Warnung vor einer geisteswissenschaftlichen Entspannung der Geltungsprobleme ernst zu nehmen.

Diltheys Neubegründung der Geisteswissenschaften sieht in religiösen Phänomenen tatsächlich exemplarische Manifestationen des *objektiven Geistes*. Von der exponierten Stellung dieses Begriffs im *Aufbau der geschichtlichen Welt* aus, die dort zudem ausführlich in der Auseinandersetzung mit Hegel begründet wird, fällt ein Licht auf seine religionsphilosophischen Implikationen. Dabei gilt es im Auge zu behalten, daß Dilthey den Terminus als Inbegriff dessen versteht, was als objektivierte (symbolisch geformte) Erfahrung den Strukturzusammenhang des inneren Erlebens aufschließt. Damit gibt er dem religionsphilosophischen Neuansatz um die Wende zum 20. Jahrhundert, der durchgängig auf einem meist unreflektiert bleibenden Erfahrungskonzept aufbaut, den entscheidenden Grundbegriff vor.

Daß Dilthey den Terminus *objektiver Geist*, den Hegel »tiefsinnig und glücklich gebildet« (VII, 148) habe, aus seiner Einbettung in die dialektische Trias *subjektiver-objektiver-absoluter Geist* lösen will, macht er unzweideutig klar: »Die Voraussetzungen, auf die Hegel diesen Begriff gestellt hat, können nicht mehr festgehalten werden. Er konstruierte die Gemeinschaften aus dem allgemeinen vernünftigen Willen. Wir müssen heute von der Realität des Lebens ausgehen; im Leben ist die Totalität des seelischen Zusammenhangs wirksam.[35] Hegel konstruiert metaphysisch; wir analysieren das Ge-

---

[34] Ebd., 15.

[35] *H. Marcuses* erstes Hegel-Buch von 1932 (*Hegels Ontologie und die Theorie der*

gebene. (...) Indem so der objektive Geist losgelöst wird von der einseitigen Begründung in der allgemeinen, das Wesen des Weltgeistes aussprechenden Vernunft, losgelöst auch von der ideellen Konstruktion, wird ein neuer Begriff desselben möglich: in ihm sind Sprache, Sitte, jede Art von Lebensform, von Stil des Lebens ebensogut umfaßt wie Familie, bürgerliche Gesellschaft, Staat und Recht.« (VII, 150f.) Die Konsequenz aus dieser erfahrungswissenschaftlichen Neuinterpretation zieht Dilthey in aller Klarheit: »Und nun fällt auch das, was Hegel als den absoluten Geist vom objektiven unterschied: Kunst und Religion und Philosophie unter diesen Begriff, ja gerade in ihnen zeigt sich das schaffende Individuum zugleich als Repräsentation von Gemeinsamkeit, und eben in ihren mächtigen Formen objektiviert sich der Geist und wird in denselben erkannt.« (VII, 151)

Kraft ihrer Verwurzelung in invarianten anthropologischen Bedürfnis- und Erlebnisstrukturen (vgl. VII, 266f. u. VI, 296) nimmt die Religiosität »unter allen Erlebnissen, auf denen die Objektivierung und Organisation des Geistes gegründet ist, ... eine besondere, zentrale Stelle ein« (VII, 266). Sie figuriert als ausgezeichnete Erscheinungsform des menschlichen Lebenszusammenhangs, kann aber eben deshalb ihre transzendenten Wertsetzungen nicht als solche legitimieren. Sehr pointiert spricht Dilthey einmal davon, es gehe um die »vollständige Anerkennung der Immanenz auch der als unbedingt auftretenden Werte und Normen im geschichtlichen Bewußtsein« (VII, 290). Hier trennt sich Dilthey definitiv von Hegel: »er sucht den Menschen konsequent zum Subjekt-Objekt der Geschichte zu machen, indem er den Geist auf das endliche Bewußtsein und seine Objektivationen reduziert.«[36]

Geschichtlichkeit [Schriften I], Frankfurt 1989) stellt den von Heidegger und Dilthey inspirierten, streckenweise recht gewaltsamen Versuch dar, jenen »Seinsbegriff des Lebens« (ebd., 363 u. pass.) als Grundterminus von Hegels eigenem Denken bis zur *Großen Logik* zu erweisen.

[36] *H. Johach, Handelnder Mensch und objektiver Geist*, a. a. O., 5. – Aus dieser Perspektive gerät Dilthey in die theoretische – wenngleich »geisteswissenschaftlich« eingeschränkte – Nachbarschaft zu dem Hegelerben *Karl Marx*, von dem *A. Schmidt* betont, er rücke »anders als Hegel und doch ihm verpflichtet ... den subjektiv-objektiven Doppelcharakter des geschichtlichen Prozesses in den Mittelpunkt seiner Erwägungen« (*A. Schmidt, Geschichte und Struktur*, Fragen einer marxistischen Historik, München/Wien3 1977, 14). Es dürfte diese antitheologische Pointe seines Geschichtsdenkens gewesen sein, die Dilthey zu einem wichtigen Bezugspunkt für die frühe Kritische Theorie (zumal bei Horkheimer und Marcuse) werden ließ. Vgl. dazu *H. Johach, Lebensphiloso-*

1.1.2. Erlebnis, Ausdruck und Verstehen

Der Begriff des *objektiven Geistes* dient Dilthey zur Kennzeichnung des Strukturzusammenhangs, in dem sich menschliche Lebensvollzüge immer schon bewegen. Nach der Seite ihres intentionalen Charakters betrachtet, lassen sich dieselben Vollzüge als *Erfahrungen* oder *Erlebnisse* bezeichnen. Beide Ausdrücke sind allerdings nicht völlig synonym. Während mit dem Terminus *Erfahrung* die »Anschlußfähigkeit« geisteswissenschaftlichen Denkens an die antimetaphysische Grundtendenz der Zeit – zumal in den Naturwissenschaften – betont wird, hebt Dilthey mit der Rede vom *Erlebnis* stärker auf die eigensinnige Logik geisteswissenschaftlich spezifizierter Erfahrung ab. Erlebnisse erweisen sich dabei im Rahmen des hermeneutischen Strukturdenkens als unselbständige, wenngleich unverzichtbare Konstituentien eines zirkelhaften Auslegungsgeschehens. Immer ist es Dilthey aber darum zu tun, die Selbständigkeit des geisteswissenschaftlichen Gegenstandsbereichs ebensosehr gegen den ungeschichtlichen Transzendentalismus im Sinne Cohens[37] wie gegen die empiristische Ansetzung eines *unmittelbar* in der Empfindung Gegebenen im Sinne Avenarius' oder Machs[38] abzugrenzen: »Die Disjunktion: entweder äußere Wahrnehmung oder Denken, hat ein Lücke.« (I, 240) Die Möglichkeit nachmetaphysischer Geisteswissenschaft entspringt aus dieser Lücke.

Gegen jeden Reduktionismus liege daher alles daran, »die geschichtlich-gesellschaftliche Wirklichkeit in ihrer vollen Realität« (I, 124) sichtbar zu machen. Die »ganze, volle, unverstümmelte Erfahrung« (I, 123), in der allein sich solche Wirklichkeit zeigen könnte, »ist aber bisher noch niemals dem Philosophieren zugrunde gelegt worden« (I, 123). Im geisteswissenschaftlichen Erfahrungsbegriff geht es, wie diese emphatischen Stellen belegen, keineswegs allein um die nachmetaphysische Verwaltung der idealistischen Erbmasse. Im Gegenteil: »gegen den herrschenden Empirismus wie gegen die Spekulation« (I, 124) macht Dilthey seine Konzeption geltend, in der die eigenbestimmte Sphäre innerer Erfahrung als

---

phie und Kritische Theorie. Zur Dilthey-Rezeption der Frankfurter Schule, in: Dilthey-Jahrbuch für Philosophie und Geschichte der Geisteswissenschaften, hg. v. *F. Rodi*, Bd. 5/1988.

[37] Vgl. *H. Cohen, Kants Theorie der Erfahrung,* Berlin 1871.

[38] Vgl. *R. Avenarius, Kritik der reinen Erfahrung,* Leipzig 1888–1890; *E. Mach, Beiträge zur Analyse der Empfindungen,* Jena 1886.

Medium eines historischen Befreiungsprozesses erscheint, dessen Möglichkeit sich gerade dem irreversiblen Verbindlichkeitsverlust metaphysischer Weltbilder verdankt: »Das *historische Bewußtsein*« so heißt es später im *Aufbau,* »von der *Endlichkeit* jeder geschichtlichen Erscheinung, jedes menschlichen oder gesellschaftlichen Zustandes, von der Relativität jeder Art von Glauben ist der letzte Schritt zur Befreiung des Menschen. Mit ihm erreicht der Mensch die Souveränität, jedem Erlebnis seinen Gehalt abzugewinnen, als wäre kein System von Philosophie oder Glauben, das Menschen binden könnte. Das Leben wird frei vom Erkennen durch Begriffe; der Geist wird souverän allen Spinneweben dogmatischen Denkens gegenüber.« (VII, 290 f.) Innere Erfahrung, zumal solche religiöser Art, erschließt sich in dieser panhermeneutischen Utopie nur jenem nachmetaphysischen – und in gewissem Sinne auch postreligiösen – Bewußtsein, das über die dogmatische Bindung an die Geltungsansprüche jedes positiven Glaubens, jeder metaphysischen Überzeugung hinaus ist.

Der anti-ontologische Grundzug von Diltheys Erfahrungsbegriff – Gegenstück zum anti-metaphysischen Rekurs auf den objektiven Geist – ist unübersehbar. Daß wir »Realität, wie sie ist, … nur an den in der inneren Erfahrung gegebenen Tatsachen des Bewußtseins« besitzen (I, XVIII), indiziert gerade keine idealistische Ontologie der Bewußtseinsimmanenz,[39] sondern verweist auf jenes entscheidende Merkmal innerer Erfahrung, dem Husserl durch seine Unterscheidung zwischen *Phänomen* und *Natur* gerecht werden wollte. »In der psychischen Sphäre gibt es … keinen Unterschied zwischen Erscheinung und Sein (…) Alles was wir im weitesten Sinne der Psychologie« ein psychisches Phänomen nennen, ist, an und für sich betrachtet, eben Phänomen und *nicht* Natur.«[40] Dilthey

[39] Der Ausdruck »Realität, wie sie ist« bezeichnet an der erwähnten Stelle nicht etwa das Gesamt des Erfahrbaren, sondern den spezifischen Erfahrungsmodus des immanenten Bewußtseinslebens im Unterschied zum gegenständlichen Erkennen, das kritizistisch auf Erscheinungen restringiert wird. »Unser Bild der … Natur« erweist sich nämlich in erkenntnistheoretischer Reflexion »als bloßer Schatten, den eine uns verborgene Wirklichkeit wirft.« (I, XVIII) Noch deutlicher wird Dilthey in der Vorlesung, die er 1883 zur Einleitung in die Geisteswissenschaften gehalten hat: »Die Natur ist gemäß der Relativität der äußeren Wahrnehmung für uns ein System von Zeichen, welches eine uns unbekannte, objektive Ordnung auf eine für das praktische Leben zureichende Weise abbildet.« (XX, 155)

[40] *E. Husserl, Philosophie als strenge Wissenschaft,* a. a. O., 311. Vgl. *Ders., Logische Untersuchungen.* Zweiter Teil. Untersuchungen zur Phänomenologie und Theorie der

selbst spricht in der *Breslauer Ausarbeitung* vom »Satz der Phänomenalität« (XIX, 58). Daß »die Wirklichkeit ... unter den Bedingungen des Bewußtseins« steht (ebd.), ist freilich zunächst ein seit Kant, Reinhold und Fichte fast selbstverständlicher bewußtseinsidealistischer Gemeinplatz, der für innere und äußere Erfahrung zumal gilt, da schließlich auch letztere ins Bewußtsein aufgenommen werden muß. Dilthey macht von diesem Satz dann allerdings einen weiterführenden Gebrauch, indem er ihn, seine transzendentalidealistische Interpretation zurückweisend (vgl. XIX, 71–74), zum Aufweis der epistemischen Sonderstellung innerer Erfahrung nutzt. Innere Erfahrung soll kraft der phänomenalistischen Verschmelzung von Erscheinung und Sein einen Realitätsbereich eigenen Rechtes erschließen, der von dem gegenständlicher Realität scharf unterschieden werden muß. Das »Verhältnis, nach welchem allem im Bewußtsein Gegebenen unmittelbar Realität zukommt, nämlich die Realität von Tatsachen des Bewußtseins, (ist) ganz durchsichtig und klar, und weder wird ein Bedürfnis noch eine Möglichkeit eingesehen, hinter dasselbe zurückzugehen.« (XIX, 62[41]) Entsprechend verwendet Dilthey dann im *Aufbau* den Terminus *Objektiver Geist* nicht als Titel für einen Seinsbereich, sondern für die begriffliche Bestimmheit jener Phänomene, die in der inneren Erfahrung gegeben, im Ausdruck objektiviert werden, und die *als* Phänomene einer ontologisch neutralen Beschreibung zugänglich sein sollen. Innere Erfahrung steht für Dilthey – und hier gibt es keinen Unterschied zwischen Früh- und Spätwerk – nicht in einer Korrespondenzrelation zu gegenständ-

---

Erkenntnis, Halle 1901, 330: »Zwischen dem erlebten oder bewußten Inhalt und dem Erlebnis selbst ist kein Unterschied«.

[41] Dilthey sieht hier allerdings im Interesse seiner Begründung geisteswissenschaftlicher Verfahren von der entscheidenden Differenz innerer und äußerer Erfahrung ab. Das »Erlebnis ..., vom welchem alles, was Realität hat, diese zu Lehen trägt« (XIX, 62) ist in dieser Hinsicht *unterbestimmt*. Denn während etwa ein (inneres) Schmerzerlebnis in der Tat der zureichende Grund seiner Realität ist, weisen äußere Wahrnehmungserlebnisse auf »Erfüllungsintentionen« (Husserl), die von der Beschaffenheit der äußeren Welt abhängen. Natürlich weiß Dilthey selbst am besten um diese Differenz, die er im Text mit Hilfe der Unterscheidung zwischen »Innewerden von Gefühlen« und »Vorsich-stellen von Objekten« (XIX, 68) zu fassen sucht. Es gelingt ihm aber m. E. in der *Breslauer Ausarbeitung* nicht, bewußtseinstheoretische Phänomenalität1 (innere *und* äußere Erfahrung) und Phänomenalität2 als Spezifikum innerer Erfahrung in ein stimmiges Verhältnis zu setzen. So entsteht bisweilen der Anschein, die Geisteswissenschaften hätten Bewußtseinstatsachen als solche, vorgängig zu deren Differenzierung in Korrelate innerer und äußerer Erfahrung, zum Gegenstand.

licher, das Bewußtsein transzendierender Wirklichkeit, so daß diese Relation über die Wahrheit der Erfahrung entschiede. Sie bildet in immediater Weise eine *Einheit,* die nicht im Rekurs auf die gegenständlich-intentionale, mehrstellige Relation des Bewußtseins beschrieben werden kann. »Das, dessen ich innewerde, ist als Zustand meiner selbst nicht relativ, wie ein äußerer Gegenstand. (...) Tatsache des Bewußtseins ist nichts anderes als das, dessen ich innewerde. Unser Hoffen und Trachten, unser Wünschen und Wollen, diese innere Welt ist als solche die Sache selbst.« (I, 394) »Jede äußere Wahrnehmung beruht auf der Unterscheidung des wahrnehmenden Subjektes von seinem Gegenstand. Dagegen ist die innere Wahrnehmung zunächst nichts anderes als eben das innere Bewußtsein eines Zustandes oder Vorganges. Ein Zustand ist für mich da, indem er bewußt ist.« (V, 197) Dieser Verzicht auf die korrespondenztheoretische Deutung der Bewußtseinsimmanenz[42] ruft eine »Ontologie der Harmlosigkeit, eine Para-Ontologie«[43] und mit ihr das Ideal des Deskriptiven, der phänomenologischen Beschreibung auf den Plan: »... es ist der erste und, wie wir hoffen, folgenreiche methodische Kunstgriff dieser Untersuchungen ..., daß sie gänzlich Deskription von Erklärung sondert und in der *gesonderten Deskription* die erste Aufgabe erkennt.« (XIX, 95)[44]

Klärungsbedürftig bleibt allerdings, warum Dilthey die für den

---

[42] In der zitierten Passage kritisiert Dilthey die Adäquationstheorie der Wahrheit auch hinsichtlich gegenständlicher Erkenntnis: »Eine Wahrheit des äußeren Gegenstandes als Übereinstimmung des Bildes mit einer Realität besteht nicht, denn diese Realität ist in keinem Bewußtsein gegeben und entzieht sich also der Vergleichung. Wie das Objekt aussieht, wenn niemand es in sein Bewußtsein aufnimmt, kann man nicht wissen wollen.« (I, 394) Zu Diltheys Wahrheitsbegriff vgl. unten, 1.2.

[43] *E. W. Orth, Einleitung,* in: *Ders.,* (Hrsg.) *Dilthey und der Wandel des Philosophiebegriffs ...,* a. a. O., 11.

[44] In diesem Passus aus der *Breslauer Ausarbeitung* ist der Gegensatz von ›Beschreiben‹ und ›Erklären‹ tragend. Die deskriptive Einstellung wird zum Gegengift gegen einen naturalistischen Kausalismus, dem in den *Ideen* vorgehalten wird, er müsse wegen seiner Fixierung auf wenige distinkte Faktoren den holistischen und strukturalen Charakter seines Explanandums verfehlen (vgl. V, 168ff.). In dem Maße freilich, in dem Dilthey den Strukturbegriff der Erfahrung ausarbeitet und mithin die Einsicht expliziert, daß das phänomenal Gegebene nur unselbständiges Strukturmoment eines auf Ausdruck abzielenden Prozesses ist, verschiebt sich der Fokus. Im *Aufbau* richten sich dann Beschreibungen nicht mehr auf im Innewerden Gewahrtes, sondern auf objektive Ausdrucksgestalten. Insbesondere darf das Verhältnis dieser Gestalten zum instantanen Erleben dann nicht mehr als Beschreibung gedeutet werden. Zur systematischen Bedeutung der Differenz von ›Beschreiben‹ und ›Artikulieren‹ vgl. unten, 3.1.

Geltungsanspruch religiöser Erfahrung fatalen Auswirkungen seiner immanentistischen Deutung zwar erkennt, sie aber einzig dem »falsche[n] Phänomenalismus, ... der auch die eigenen Zustände als Phänomene betrachtet« (XX, 170f.), zuschreiben möchte. Unhaltbar wird Dilthey zufolge die phänomenalistische Position dann, wenn sie (1) die Verwobenheit von (gegenständlicher) Wahrheit und (subjektiver) Interpretation zur ontologischen Abwertung transsubjektiver Realität überzieht[45] und (2) auch die Gehalte innerer Erfahrung zu Erscheinungen einer unbekannt bleibenden Hinterwelt macht. Der Phänomenalismus schlägt dann nach Dilthey in einen Skeptizismus des Humeschen Typs um und ist in dieser Form religionsphilosophisch selbst durch Flucht in den Offenbarungspositivismus nicht mehr zu retten: »Auch der von diesen Nachfolgern Humes beliebte Rückzug auf die Offenbarung ist eine trügerische Maßregel, denn wenn alle inneren Zustände nur Phänomene sind, so wird den inneren religiös sittlichen Erfahrungen jede Erkenntnisdignität entzogen werden. Es können also religiöse Überzeugungen auf sie nicht begründet werden.« (XX, 171)

Allerdings kann Diltheys eigene Position dem begründungstheoretischen Problem, das hier präzise benannt wird, ebensowenig entkommen. Die Einsicht, daß Phänomenalität eine eigene Realitätsform darstellt, baut ihm keine Brücke hin zu den Geltunganspruchen

[45] Die Pointe von Diltheys früher, gegen den Positivismus wie gegen den Idealismus gerichteter Erkenntniskritik besteht gerade in der Annahme, daß die Erkenntnis der gegenständlichen Welt nie auf deren subjektunabhängiges An-sich-Sein durchstoßen kann (»Sie [die Eigenschaften der Außenwelt, M. J.] sind bedingt durch unser Wesen so gut, als durch das des von uns Unabhängigen. Wir können nicht trennen, was in diesem Produkt dem einen und was dem anderen Faktor angehört. Wir können das von uns Unabhängige nie zur Vergleichung heranziehen« [XX, 155]), ohne daß dieser Sachverhalt ontologisch in die Leugnung einer vom Subjekt unabhängigen Wirklichkeit verkehrt werden dürfte. Seine Position berührt sich hier mit den Argumenten, die in der neueren analytischen Philosophie einerseits gegen den sprachrelativistischen Skeptizismus, andererseits gegen die fundamentalistische Auszeichnung des ›Gegebenen‹ vorgebracht werden. Vgl. etwa *D. Davidson, Was ist eigentlich ein Begriffsschema?*, in: *ders., Wahrheit und Interpretation*, Frankfurt 1990, 282: »Indem wir uns der Abhängigkeit vom Begriff einer uninterpretierten Realität (eines Etwas, das außerhalb aller Schemata und aller Wissenschaft liegt) entziehen, verzichten wir nicht auf den Begriff der objektiven Wahrheit – ganz im Gegenteil. (...) Indem wir den Dualismus von Schema und Welt fallenlassen, verzichten wir nicht auf die Welt, sondern stellen die unmittelbare Beziehung zu den Gegenständen wieder her ...« Allerdings formuliert Dilthey seine Einsichten häufig im kantianischen Rahmen der Dualität von Ding an sich und Erscheinung, was dann terminologische wie sachliche Unklarheiten mit sich bringt.

derjenigen psychischen Phänomene, die eine Bezugnahme auf Transsubjektives beinhalten. Die Identifizierung innerer Erfahrung mit der »Sache selbst« kann keine Begründungsfunktion für religiöse Überzeugungen übernehmen. Denn möglich wird sie ja allein dadurch, daß innere Erfahrung unbeschadet ihres Zusammenhangs mit transsubjektiver Realität nicht referentiell gedeutet werden darf. Keine die Immanzenz des objektiven Geistes transzendierende Deutung vermöchte die Merkmale selbstevidenter Gegebenheit und Wahrheit zu bewahren. Innere Erfahrung als solche vermittelt demnach *Bedeutung* ohne *Bezug*. Zwar arbeitet Dilthey in der *Breslauer Ausarbeitung* die Welthaltigkeit innerer Erfahrung klar heraus. Transsubjektive Realität soll in ihr ebenso ursprünglich gegeben sein wie rein subjektive Stimmungen, Phantasmen etc. Es wäre also eine Verkennung der Intentionen Diltheys, wollte man seinen Erfahrungsbegriff auf objektlose Innerlichkeit einschränken.[46]

Wenn jedoch von der selbstevidenten Wahrheit innerer Erfahrung, von ihrer Realität als solcher die Rede ist, die den Geisteswissenschaften einen sicheren Ausgangspunkt bereitstellen soll, dann setzt diese Redeweise eben doch die Beschränkung auf phänomenalisierte Realität voraus, auf den reinen *Gehalt* von Bewußtseinstatsachen. So ist beispielweise eine religiöse Überzeugung *ipso facto* wahr in dem eingeschränkten Sinne, daß sie eine objektiv konstatierbare Bewußtseinstatsache darstellt. In dieser rein intensionalen Form ist sie dann zwar den auf Objektivität abzielenden Geisteswissenschaften zugänglich – die geschichtlich entstandenen Bedeutungen sind intersubjektiv verbindlich und insofern ›objektiv‹ –, wird aber eben dadurch hinsichtlich der Frage nach dem bewußtseinsexternen Bezug, dem transzendenten Referenten religiöser Akte, kognitiv irrelevant. So mag etwa eine innere Erfahrung als artikulierte die Form ›glauben, daß *p*‹ annehmen. Über das Bestehen oder Nichtbestehen des Sachverhalts ›*p*‹ ist aber nicht das mindeste auszumachen, solange ›*p*‹ nur als psychische oder sprachliche Gegebenheit behandelt wird. Hier zeigt sich wieder, daß Dilthey den Rekurs auf innere Erfahrung nutzt, um das Referenzproblem zu umgehen, statt es von der Innenseite phänomenaler Realität aus wieder aufzugreifen.

Diltheys epistemische Auszeichnung des »Innewerdens«[47] und der ihm korrespondierenden methodischen Haltung phänomenologi-

[46] Für hilfreiche Gespräche in diesem Zusammenhang danke ich *Rudolf Makkreel*.

[47] Vgl. V, 170: »Im Gegensatz zur äußeren Wahrnehmung beruht die innere Wahrneh-

scher Betrachtung steht zudem in einem unübersehbaren Spannungsverhältnis zu den *handlungstheoretischen* Implikationen von Diltheys Ansatz, wie sie auch in der Kategorie »objektiver Geist« angelegt sind. Diese fundamentale Kategorie zielt schließlich gerade nicht auf eine Sphäre reiner, wenn auch der Spaltung von Welt und Subjekt vorausliegender Bedeutungen, denen es in innerer Erfahrung zu entsprechen gälte. Vielmehr steht der Terminus in seiner nachhegelschen, von Dilthey inaugurierten Verwendung für die Einsicht in den sozial konstituierten, aus Interaktionszusammenhängen geschichtlich erwachsenen Charakter sinnhafter Strukturen. »Objektiv« ist der Geist nicht etwa deshalb, weil er den Individuen als etwas ihnen äußerliches gegenüberstünde; vielmehr besteht seine Objektivität darin, daß er als immer schon vorfindliches Produkt sozialer Interaktionen allen sinnhaften Vollzügen Einzelner voraus liegt und insofern nicht zur Disposition steht. Im Spätwerk Diltheys wird dieser soziale Interaktionszusammenhang aber vom handelnden Bezogensein auf die gegenständliche Welt zusehends abgekoppelt, so daß der hermeneutische Ansatz in die Gefahr gerät, seine handlungstheoretischen Fundamente zugunsten einer geisteswissenschaftlichen Konzentration auf geschichtlich bereits vorfindliche Erlebnisausdrücke einzubüßen.[48] Mit der grundbegrifflichen Umstellung auf die hermeneutische Trias von Erlebnis, Ausdruck und Verstehen, die sich im *Aufbau der geschichtlichen Welt* vollzieht, verlieren Einsichten der »mittleren« Phase Diltheys tendenziell an Bedeutung. In dieser Phase – am deutlichsten in den *Beiträgen zur Lösung der Frage vom Ursprung unseres Glaubens an die Realität der Außenwelt und seinem Recht* – nimmt Dilthey zwar den »Satz der Phänomenalität« aus der *Breslauer Ausarbeitung* auf, versucht ihn aber handlungstheoretisch zu begründen und so die phänomenalistische Fehldeutung zu vermeiden.[49]

---

mung auf einem Innewerden, einem Erleben, sie ist unmittelbar gegeben.« V, 171 ist vom »Licht des Gewahrwerdens« die Rede.

[48] Allerdings finden sich auch beim späten Dilthey noch gegenläufige Motive, so wenn es im »Aufbau« heißt: »Das Erlebnis ist ein qualitatives Sein = eine Realität, die nicht durch das Innesein definiert werden kann, sondern auch in das hinabreicht, was nicht unterschieden besessen wird« (VII, 230). Hier macht Dilthey von seinem Lebensbegriff einen kritischen Gebrauch, der es ihm ermöglicht, die präreflexiven Komponenten des menschlichen Weltumgangs geltend zu machen und damit das Erlebnis von seiner bewußtseinstheoretischen Identifizierung mit dem »Innewerden« zu befreien.

[49] Eine ausführlichere Darstellung und Deutung der ›pragmatistischen Phase‹ Diltheys

»Der oberste Satz der Philosophie« – davon geht auch dieser Text aus dem Jahre 1890 aus –, »ist der Satz der Phänomenalität: nach diesem steht alles, was für mich da ist, unter der allgemeinsten Bedingung, Tatsache meines Bewußtseins zu sein.« (V, 90) Nur durch »Trugschlüsse« nun gehe dieser Satz in den Phänomenalismus über, jene erkenntnistheoretische Position nämlich, die sich als »bewußte kritische Einschränkung der Wissenschaft auf Erscheinungen« (V, 91) versteht. Unvermeidlich wird dieser phänomenalistische Trugschluß nach Dilthey aber erst durch das Hinzutreten der Voraussetzung, »daß die Bewußtseinstatsache: Ding oder Gegenstand aus *vorstellungsmäßigen* Bestandteilen, sonach aus Empfindungen, Vorstellungen, Denkvorgängen zusammengesetzt sei« (V, 91). Eben diese *petitio principii* zu überwinden ist das Programm des lebensphilosophischen Phänomenbegriffs. Nicht etwa über den Gehalt kognitiver Akte, sondern »aus einem in Trieb, Wille und Gefühl gegebenen Zusammenhang des Lebens« (V, 95) möchte Dilthey dementsprechend unseren Glauben an die Realität der Außenwelt erklären. Die Bewußtseinsimmanenz aller Erfahrungsgehalte liefert also kein Argument gegen ihre gegenständliche Realität, weil diese Gehalte, die »Tatsachen des Bewußtseins«, gar nicht primär kognitiver Art sind, sondern Sedimentierungen von Handlungen bzw. von Impulsen zu solchen, die uns mit der Umwelt verbinden. »Impuls« und »Widerstand« (vgl. V, 98–105) belehren die Handelnden über die Realität, die uns – so die unausgesprochen pragmatistische Pointe dieser Argumentation – für immer verschlossen bleiben müßte, wären die Tatsachen des Bewußtseins ausschließlich kognitiver Art und die Realität uns somit nur kontemplativ zugänglich. Die Eigentümlichkeit innerer Erfahrung erschließt sich für Dilthey allein einem handlungstheoretischen – von ihm allerdings nicht so genannten – Ansatz: »Hiernach besteht die Struktur alles Seelenlebens, der Grundtypus desselben darin: Eindrücke und Bilder rufen in dem System unserer Triebe und der mit ihnen verbundenen Gefühle zweckmäßige Reaktionen hervor; durch diese werden willkürliche Bewegungen ausgelöst, und so wird das Eigenleben an seine Umgebung angepaßt.« (V, 96).

Freilich erschöpft sich Diltheys Neukonzeption der Geisteswissenschaften auch dort, wo die »Tatsachen des Bewußtseins« nicht

---

findet sich in meinem Buch *Dilthey zur Einführung*, Hamburg 1996, 110–131. Auf die *Außenweltabhandlung* wird im Abschnitt 1.2.3. nochmals zurückzukommen sein.

handlungstheoretisch eingebunden werden, keineswegs in methodisch naiver Phänomenologie des »objektiven Geistes«. Sein Erfahrungs- bzw. Erlebnisbegriff hebt nicht nur auf das – mit Husserl zu sprechen – intentionale Korrelat der Erfahrung ab, sondern ebensosehr auf die verschiedenen Modi des Aktes selbst und deren geschichtlich-soziale Präformiertheit. Bereits die *Einleitung* verwendet als *terminus technicus* für die überindividuellen Zusammenhänge, in denen sich individuelle Erfahrung konstituiert, den Begriff des *Systems* (vgl. I, 41 u. 44). Der *Aufbau der geschichtlichen Welt in den Geisteswissenschaften* macht dann schon im Titel deutlich, daß Dilthey Erfahrung primär als *Konstitutionszusammenhang* versteht. Für meine Fragestellung ist es dabei relativ unwichtig, ob Dilthey tatsächlich in der Phase zwischen den beiden großen Entwürfen von seinem Projekt einer »Klärung der Natur des Erlebnisses« (I, 367) noch einmal abgekommen und in rein individualpsychologische Begründungsstrategien zurückgefallen ist, wie Manfred Riedel meint.[50] Die Einbettung des Erfahrungsbegriffes in geschichtlich-gesellschaftliche Kategorien geht jedenfalls schon auf die *Einleitung* zurück.[51]

Erst in den Schriften aus dem letzten Lebensjahrzehnt hat Dilthey dann allerdings, vermittelt durch seine neue Auseinandersetzung mit Hegel versucht, den hermeneutischen Zirkel (vgl. VII, 152 f.) zwischen den verschiedenen Aspekten der Erfahrung präziser zu fassen: als jenes »Lebensverhältnis« (VII, 118) zwischen »Subjekt« und »Objekt« des Erkennens, auf das auch der Begriff des *objektiven Geistes* abzielt. Der geschlossene Immanenzzusammenhang inneren Erlebens läßt zwar keine ontologische Zäsur zwischen Erkenntnis und erkanntem Gegenstand aufkommen: »Im Erlebnis sind Innesein und der Inhalt, dessen ich inne bin, eins.« (VII, 27[52]) Die Immanenz der Erlebnistruktur ist nun aber nicht individualpsychologisch zu fassen, sondern *sub specie* von Diltheys universaler Vermittlungskategorie: »Der Inbegriff dessen, was uns im Erleben und Verstehen aufgeht, ist das *Leben* als ein das menschliche Geschlecht

---

50 Vgl. *ders., Einleitung* zu: Der Aufbau der geschichtlichen Welt in den Geisteswissenschaften, Frankfurt 1981,52 f.

51 Dilthey geht in diesem Text sogar soweit, das Individuum, aus dessen objektivierten Erfahrungen sich die geisteswissenschaftliche Analyse speist, fast strukturalistisch als »Kreuzungspunkt der verschiedenen (sozialen, M. J.) Systeme« (I, 37) zu bezeichnen.

52 Vgl. schon die *Breslauer Ausarbeitung:* »Der psychische Akt *ist*, weil ich ihn erlebe«. (XIX, 63)

umfassender Zusammenhang.« (VII, 131) Auch die *Bedeutung* dessen, was erlebt wird, verdankt sich der Kohärenz des Lebenszusammenhanges und wird nicht etwa metaphysisch durch Rekurs auf transzendente Begründungsinstanzen garantiert. Wenn es isolierte Erlebnisse geben könnte, wären sie streng genommen bedeutungslos. Bedeutung ist eine »Kategorie des Lebens«: »Einheit von Zusammenhang der Teile und Wert des einzelnen.« (VI, 319) »Bedeutung ist die umfassende Kategorie, unter welcher das Leben auffaßbar wird.« (VII, 232) Dilthey spricht daher konsequent von der »Immanenz der Bedeutung in dem, dessen Bedeutung es ist.« (VI, 319) Das Erlebnis ist als unselbständiger Teil des Lebenszusammenhangs damit der Index seiner eigenen Bedeutsam*keit*, die, wenn sie durch Kontexteinbettung zur bestimmten Bedeutung geworden ist, als *Kohärenz*, nicht als *Korrespondenz* gedacht werden muß[53]: »Bedeutung ist die besondere Art von Beziehung, welche innerhalb des Lebens die Teile zum Ganzen haben.« (VII, 233 f.) Daß ein einzelnes Erlebnis Bedeutung hat, wird so in gewissem Sinne tautologisch; ist es doch gerade seine Integrationsfähigkeit in den übergreifenden Kontext des Lebens, die den psychischen Zustand zum Erlebnis qualifiziert. »Jede Lebensäußerung hat eine Bedeutung, sofern sie … als ein Ausdruck auf etwas hinweist, das dem Leben angehört.« (VII, 289)[54]

Dilthey konzeptualisiert Bedeutung als Resultat einer für den psychischen Lebenszusammenhang wie für den sozialen Lebensprozeß konstitutiven Beziehung von Teil und Ganzem. Erlebnisausdrücke sind dementsprechend in dem Maße relevant, in dem sie diese Relation nicht nur ihrer formalen Struktur nach erfüllen, sondern auch in ihren materialen Gehalten explizieren. Künstlerischen Werken und religiösen Ausdrucksformen mißt Dilthey daher besondere Bedeutung zu: »Die Bedeutung des Kunstwerks liegt darin, daß ein

---

[53] Im Abschnitt 1.2. werde ich zeigen, daß Dilthey in seinen Bemühung um die Grundlegung der Geisteswissenschaften implizit mit einer *Kohärenztheorie* der Wahrheit arbeitet.

[54] In seinen letzten Manuskripten hat Dilthey nach *R. Makkreel* zwischen *Bedeutung* (der Beziehung des Ganzen zu seinen Teilen) und *Sinn* (der Beziehung der Teile zum Ganzen) unterschieden (vgl. *ders., Dilthey.* Philosoph der Geisteswissenschaften, Frankfurt 1991, 427). Ob jedoch der Sinn dem Leben von seinen Teilen her immanent ist oder den Teilen vom Leben her ihre Bedeutung zukommt, ändert am Immanenzcharakter der Konzeption nicht das mindeste. – Als systemtheoretischer Kommentar zur hermeneutischen Sinnkonzeption ließe sich *Niklas Luhmanns* lapidares Diktum lesen: »Für sinnkonstituierende Systeme hat alles Sinn; für sie gibt es keine sinnfreien Gegenstände« (*Ders., Soziale Systeme*, Grundriß einer allgemeinen Theorie, Frankfurt 1984, 110).

Singulares ... ausgesondert und zum ideellen Ausdruck der Lebensbezüge erhoben wird.« (VIII, 91) Ähnlich heißt es von der Religiosität, daß ihre anthropologische Zentralstellung auf der Bedeutsamkeit der – integrativen – Relation von Teil und Ganzem gründe: »Der eigene Zug der Religiosität ist, daß das erfahrene Leben zu dem Unsichtbaren in Beziehung tritt. Dieses ist als im Leben selbst über ihm und in ihm wirkend. Es entsteht aber diese Beziehung aus der in großen religiösen Individuen gesteigerten Realität der Erfahrung des Lebens.« (VII, 266) Dilthey selbst begreift Religion nun zwar als ausgezeichnete Ausdruckform jenes (geschichtlich-gesellschaftlichen) Lebens, »hinter welches nicht zurückgegangen werden kann« (VII, 261). Wie die Vagheit seiner Formulierung vom »über und in« dem Leben wirksamen »Unsichtbaren« zeigt, sind ihm aber die theoretischen Konsequenzen seines hermeneutisch geschlossenen Lebensbegriffs nicht klar geworden. Wenn nämlich »das Leben« in der angedeuteten Weise als Letztbegriff fungiert und alle geisteswissenschaftlich zugänglichen Sinneinheiten ihre Verstehbarkeit der Weise verdanken, in der sie sich als Teil ins Ganze des Lebensprozesses fügen, dann bleiben auch religiöse Erfahrungen in den Kreis des gattungsgeschichtlich entstehenden Selbstverhältnisses gebannt. Diese Konsequenz legt sich freilich nur dann nahe, wenn man Dilthey darin folgt, keine anderen Verstehensbedingungen zuzulassen als solche, die ohne Referenz auf eine nicht vom objektiven Geist hervorgebrachte Wirklichkeit auskommen.

Überdies bietet die hermeneutische Fundamentalrelation Teil-Ganzes, mit der Dilthey Hegels Grundgedanken vom Wesen, das erscheinen muß, ebensosehr aufnimmt wie lebensphilosophisch kritisiert, die Möglichkeit einer *immanenten* Interpretation religiösen Erlebens. In diesem Sinn hat, ausgehend von der auch für Dilthey zentralen Annahme einer strukturellen Vergleichbarkeit künstlerischer und religiöser Erfahrung, John Dewey argumentiert: »Ein Kunstwerk erweckt und akzentuiert diese Qualität, daß das Werk ein Ganzes sei und zu einem größeren, alles einschließenden Ganzen gehöre: zum Universum. Diese Tatsache, so scheint mir, ist die Erklärung für jenes Gefühl einer hochgradigen Deutlichkeit und Klarheit, die wir bei der Erscheinung eines Objekts gewinnen, das mit ästhetischer Intensität erfahren wird. Sie erklärt ebenso das religiöse Gefühl, das eine intensive ästhetische Perzeption begleitet. Wir werden sozusagen in eine diese Wirklichkeit transzendierende Welt eingeführt, die gleichwohl die tiefere Wirklichkeit der Welt ist, in der wir mit unseren gewöhnlichen Erfahrungen leben.«[55] Mit Ludwig Feuerbachs Religionskritik im »Wesen des Christentums«, die religiöse Überzeugungen aus der Hypostasierung der Gattungstotalität herleitet, ist die hermeneutische Position Diltheys näher verwandt, als es zunächst scheinen mag,

Im Erlebnis also ist der geschichtlich-gesellschaftliche Zusammenhang des Lebens sich selbst gegeben, wenngleich nicht primär in der Weise kognitiver Reflexion. Diese Selbstgegebenheit wird bei Dilthey als eine fortschreitende Selbstbestimmung und Selbstaufklärung über die Bedeutungshorizonte endlicher Kulturwesen gedacht. Kein absoluter Geist kommt hier im objektiven mehr zu sich selbst. Im Zuge dieses Denkens kann die Selbstbezüglichkeit des objektiven Geistes nur dann als universal gefaßt werden, wenn alle externen Bezüge aus ihr getilgt sind. »Das Leben selber bedeutet nicht etwas anderes. Es ist in ihm keine Sonderung, auf der beruhen könnte, daß es etwas bedeutete, außer ihm selbst.« (VII, 234) Der massive Immanentismus[56] solcher Bedeutungstheorie stellt den pointiertester Ausdruck der grundbegrifflichen Verpflichtungen dar, die Dilthey mit seinem Schlüsselausdruck des Erlebens übernommen hat. Erleben figuriert als Terminus für den »ursprünglichen Modus des Für-Mich-Daseins von Bewußtseinsinhalten«[57] *als solcher,* d.h. unter Absehung von ihrer möglichen Repräsentationsfunktion für etwas, das selbst nicht mehr Bewußtsein ist.[58] »Erleben«, so notiert sich Dilthey in den *Fragmenten zur Poetik,* »ist eine unterschieden charakterisierte Art, in welcher Realität für mich da ist. Das Erlebnis tritt mir

---

[55] *J. Dewey, Kunst als Erfahrung,* Frankfurt 1988, 226.

[56] In einem autobiographischen Text von 1911 spricht Dilthey von dem »herrschende[n] Impuls in meinem philosophischen Denken, das Leben aus ihm selber verstehen zu wollen« (V, 4) und grenzt sich gegen »naturwissenschaftliche Philosophie« wie die »künstliche Restauration einer theologischen Weltanschauung« (ebd.) gleichermaßen ab. – *M. Riedel* sieht Diltheys hermeneutische Logik vom »Prinzip der Verstehensimmanenz« (*Einleitung* zu: *W. Dilthey, Der Aufbau der geschichtlichen Welt in den Geisteswissenschaften,* Frankfurt 1981, 62) geprägt.

[57] *M. Riedel, Einleitung,* a.a.O., 34.

[58] Unter diesem Aspekt gerät Diltheys Konzeption des Erlebnisses in eine unverkennbare Nähe zu der bewußtseinstheoretischen Grundstellung des Neukantianismus. So fordert *Paul Natorp* in seiner *Einleitung in die Psychologie nach kritischer Methode* (Freiburg 1888) programmatisch eine Analyse des Bewußtseins, die »das subjektive Erlebnis bloß als solches, abgesehen von der Frage der objektiven Geltung des Erlebten« (ebd., 8) zum Gegenstand hat. Das schließt freilich nicht aus, daß der spätere Neukantianismus Dilthey eine Konfusion dieses analytischen Projektes mit dem Geltungsproblem zum Vorwurf machte (vgl. dazu unten, Anm. 75).

nämlich nicht gegenüber als ein Wahrgenommenes oder Vorgestelltes; es ist uns nicht gegeben, sondern die Realität Erlebnis ist für uns dadurch da, daß wir ihrer innewerden, daß ich sie als zu mir in irgendeinem Sinn zugehörig unmittelbar habe.« (VI, 313) Das Innewerden des Erlebnisses ist der zureichende Grund seiner Realität. Diesen phänomenalistischen Realismus, der seine Evidenz aus der Untrennbarkeit von Akt und Inhalt im Erlebnis zieht, restringiert Dilthey auf in sich sinnhaft strukturierte Wirklichkeitszugänge: Realität als Selbstbegegnung des Lebens, als objektiver Geist. »Nur was der Geist geschaffen hat, versteht er.« (VII, 148) Die Kehrseite dieses vicoschen Motivs: Was nicht Geist ist – die natürliche Welt – bleibt unverständlich und fremd.[59] Nach dem Ende der traditionellen Metaphysik und ihrer idealistischen bzw. romantischen Nachfolgegestalten darf der Natur nichts Geistiges mehr imputiert werden, hat die zwischen Mensch und Natur vermittelnde Idee der Schöpfung ihre Plausibilität eingebüßt.

Die konzeptuellen Präzisierungen, die Dilthey seinem Erfahrungsbegriff im Laufe der Zeit angedeihen läßt, zielen größtenteils auf den Ausschluß eines methodisch naiven introspektiv-intuitionistischen Verständnisses (vgl. VII, 86f.; 250).[60] Der hermeneutische Immanenzgedanke wird nicht etwa abgeschwächt, sondern eher noch strenger gefaßt. Dies gilt sowohl für die zunehmende Ersetzung von *Erfahrung* durch *Erleben* als auch für die Integration des Begriffes in die dreigliedrige, intersubjektive Grundstruktur hermeneutischer Operationen im weitesten Sinn: *(Er)Leben, Ausdruck* und *Verstehen*. Die Ausbildung dieser Trias verdankt sich Diltheys Frage nach der Weise, in der die Geisteswissenschaften als Medium einer Selbstbeziehung der *Menschheit* verstanden werden können, wenn diese weder im Sinne einer »physische[n] Tatsache« (VII, 86), noch als metaphysische Entität aufgefaßt werden darf. Dieser Perspektive er-

---

[59] Vgl. I, 36: »Die Natur ist uns stumm. (…) Die Natur ist uns fremd. Denn sie ist uns nur ein Außen, kein Inneres. Die Gesellschaft ist unsere Welt.«

[60] Allerdings muß beachtet werden, daß Dilthey auch in seinen späten Schriften gelegentlich – und in deutlicher Spannung zum dominierenden Modell des Ausdrucksverstehens – eine Einfühlungstheorie vertritt. »Das hermeneutische Verstehen bindet den Interpreten an die Rolle eines Dialogpartners. Allein dieses *Modell der Teilnahme an einer eingelebten Kommunikation* kann die spezifische Leistung der Hermeneutik erläutern. Gleichwohl hat Dilthey das entgegengesetzte *Modell des Hineinversetzens*, des prinzipiell einsamen Nachbildens und Nacherlebens, … niemals fallengelassen.« (*J. Habermas, Erkenntnis und Interesse*, Frankfurt ^{9}1988, 226)

schließt sich nun das Erlebnis als unselbständiger Teil einer dreigliedrigen Struktur. Die Menschheit kann sich in den Geisteswissenschaften nur selbst gegenständlich werden, »sofern menschliche Zustände erlebt werden, sofern sie in Lebensäußerungen zum Ausdruck gelangen und sofern diese Ausdrücke verstanden werden. (…) So ist überall der Zusammenhang von Erleben, Ausdruck und Verstehen das eigene Verfahren, durch das die Menschheit als geisteswissenschaftlicher Gegenstand für uns da ist.« (VII, 86f.) Im Begriff des *objektiven Geistes* hebt Dilthey die Gelenkfunktion der mittleren Kategorie heraus. Nur weil das Erleben sich ausdrückt und so objektiviert, ist Verstehen möglich; einzig »seine Handlungen, seine fixierten Lebensäußerungen, die Wirkungen derselben auf andere belehren den Menschen über sich selbst« (VII, 87).

Daß Dilthey hier den Kollektivsingular gebraucht, ist bezeichnend. An den emphatischsten Stellen seines Werkes weitet sich nämlich der hermeneutische Universalismus zum theoretischen Unterbau eines gattungsgeschichtlich dimensionierten Prozesses menschlicher Selbsterfahrung (vgl. bes. V, 406 u. VII, 290f.). Im hermeneutischen Dreischritt von Erleben, Ausdruck und Verstehen soll die Gattung Mensch einen Lernprozeß durchlaufen, der sie als das sinnstiftende Subjekt ihrer Geschichte erweist. »Wir sind der Möglichkeit offen, daß Sinn und Bedeutung erst im Menschen und seiner Geschichte entstehen.« (VII, 291) Dilthey rechnet nicht damit, daß die Menschheit im Verlauf ihrer Geschichte anderem als ihr selbst begegnet. »Alle letzten Fragen nach dem Wert der Geschichte haben schließlich ihre Lösung darin, daß der Mensch in ihr sich selbst erkennt.« (VII, 250) Seine Konzeption der Geisteswissenschaften als Medium geschichtlicher Selbsterkenntnis zeugt von einem säkularen Bewußtsein, in dem der Mensch nachidealistisch als Subjekt-Objekt seiner Geschichte gedacht wird: »Geschichte als Offenbarung des Menschen.«[61] Der Gattungsprozeß hat zwar eine naturale Basis – auf der er sich eigendynamisch entwickelt – aber keinen transzendenten Sinn.[62] Weil Sinn für Dilthey immer Ergeb-

[61] *J. Taubes, Abendländische Eschatologie,* München 1991, 7.

[62] Der von *H. Albert* gegen die Hermeneutik Gadamers gerichtete Vorwurf, sie sei »eine Fortsetzung der Theologie mit anderen Mitteln« (*H. Albert, Traktat über kritische Vernunft,* Tübingen [4]1980, 143) trifft daher den hermeneutischen Ansatz Diltheys nur insofern, als dieses säkulare Selbstverständnis nicht immer konsequent durchgehalten wird.

nis humanspezifischer Verstehensleistungen ist, wird der Begriff des transzendenten Sinns streng genommen sinnlos. Ich möchte im folgenden zeigen, daß seine Interpretation spezifisch religiöser Erfahrung sich diesem Rahmen zwar größtenteils einfügt, vor den theoretischen Konsequenzen des »Immanenzprinzips« (Riedel) aber zurückschreckt.

In der *Einleitung in die Geisteswissenschaften* werden die Termini »religiöses Leben« und »religiöses Erlebnis« im Zuge eines metaphysikkritischen Argumentationsganges eingeführt. Gegen Comte und dessen sich gleichfalls antimetaphysisch gebende Lehre von den drei Stadien des Geschichtsprozesses (vgl. I, 133; 135; 140) betont Dilthey die Notwendigkeit, zwischen den Geltungsansprüchen metaphysischen Denkens und seiner Gründung im geschichtlichen Lebensprozeß zu unterscheiden. Sein sinnkritisches Verfahren zielt nicht auf eine diskursive Auseinandersetzung mit den kognitiven Gehalten metaphysischer Systeme, sondern auf genetische Herleitung durch Aufweis ihrer nichtrationalen »Unterlage« (I, 134). »Denn auch die Metaphysik ist vergänglich, und die Selbstbesinnung, welche die Metaphysik auflöst, findet in ihrer Tiefe abermals – das religiöse Erlebnis.« (I, 136) Metaphysik erscheint aus dieser Perspektive als das kognitivistische Selbstmißverständnis innerer Erfahrung, als falsche Verabsolutierung dessen, was nur in der »Totalität aller Gemütskräfte« (I, 137) gegeben ist. Befreit von seinem metaphysischen Überbau, zeigt sich das religiöse Leben als schlechterdings unbezweifelbarer »Tatbestand« (I, 136), von dem ein »unmittelbare[s] Wissen« (ebd.) besteht und der deshalb einer »erfahrungsmäßigen Darlegung« (ebd.) zugänglich ist. Der Glaube, der solcher Erfahrung entspringt, »ist weder vom Räsonnement getragen, noch kann er von ihm widerlegt werden« (I, 137). Dilthey geht sogar soweit, das »religiöse Leben« als den »dauernde[n] Untergrund der intellektuellen Entwicklung« (I, 138) der Menschheit zu bezeichnen und damit religiöser Erfahrung den Status einer anthropologischen Invariante zu verleihen.

Der methodische Doppelschritt, in dem sich der geisteswissenschaftliche Gegenstandsbereich konstituiert – Verzicht auf metaphysische Welterklärung im Verbund mit der Hinwendung zur inneren Erfahrung –, legitimiert sich durch konsequente Anwendung des Immanenzprinzips. Der späte Dilthey wußte dies selbst am besten. Einzig die Beschränkung auf den *objektiven Geist*, auf das geschichtlich objektivierte Bewußtseinsleben als solches, unter methodischer Ausklammerung jeder Bewußtseinstranszendenz,[63] schien ihm die erstrebte Entlastung von metaphysisch-ontologischen Fragen zu verbürgen. Die Kategorie religiösen Erlebens bringt nun aber einen Erfahrungsbereich ins Spiel, der sich dem Immanentismus des objektiven Geistes nicht ohne weiteres einfügen läßt. Denn als phänomenologisch faßbaren Grundbestand religiösen Erlebens nennt Dilthey, hierin Schleiermacher folgend, die Erfahrung einer »unbedingten Abhängigkeit des Subjekts« (I, 137). Die »Betrachtung religiöser Gemütszustände« führe daher »überall auf die Verwebung der Erfahrung von Abhängigkeit mit der eines höheren und von der Natur unabhängigen Lebens zurück« (ebd.). Das religiöse Erlebnis müßte demnach als derjenige Zustand des endlichen Bewußtseins beschrieben werden, in dem dieses sich auf anderes als es selbst bezogen erfährt. Mit den kategorialen Mitteln einer Phänomenologie des geschichtlichen Bewußtseinslebens ist diese intentionale Struktur des Religiösen freilich kaum adäquat zu fassen. Die trennscharfe Bestimmung des spezifischen Geltungssinnes religiöser Erlebnisse – im Unterschied etwa zu künstlerischer Erfahrung – muß dem geisteswissenschaftlichen Denken zwangsläufig mißlingen, weil seine Kategorien Bewußtseinsphänomene kontextualistisch immer nur auf andere Bewußtseinsphänomene beziehen. Eine Formulierung wie die

---

[63] Die *methodische* Abstraktionsleistung, in der sich das geisteswissenschaftliche Objektgebiet konstituiert, verpflichtet für sich betrachtet natürlich keineswegs auf einen ontologischen Phänomenalismus oder eine dualistische Substanzenlehre im cartesianischen Sinne. So spricht Dilthey vom »lebendigen Zusammenhang« des Psychischen mit dem Physischen und betont sogar: »Wir sind selbst Natur …« (VII, 80). Wenn die Geisteswissenschaften beide Bereiche methodisch unterscheiden, dann arbeiten sie »mit Abstraktionen …, nicht mit Entitäten« (ebd.). – Der abstraktiv aus dem psychophysischen Lebensprozeß herausgehobene »Geist« wird aber in den ihm zugeordneten Wissenschaften gerade nicht – wie etwa in der Sozialpsychologie seines Schüler *G. H. Mead* – hinsichtlich seiner Bezüge zur Welt des Physischen beandelt, sondern rein immanent. Diltheys früherer Versuch von 1890 (in den *Beiträgen zur Lösung der Frage vom Ursprung unseres Glaubens an die Realität der Außenwelt und seinem Recht*), von den Kategorien *Wille* und *Widerstandserfahrung* aus den Phänomenalismus zu überwinden, bleibt insofern, wenn ich recht sehe, für den hermeneutischen Grundansatz folgenlos. Die eigensinnige Entwicklung des objektiven Geistes wird ohne Rekurs auf externe, dem Bewußtsein transzendente Instanzen – sei es die Transzendenz einer gegenständlichen Welt oder diejenige Gottes – untersucht. Insofern erneuert der späte Dilthey den Dualismus von Geist und Materie in einer zwar nicht mehr substanzontologischen, wohl aber konstitutionstheoretischen Variante. Die antidualistischen Impulse seines Handlungsbegriffs finden – wohl unter dem Druck positivistischer Angriffe auf die Möglichkeit eigenständiger Geisteswissenschaft – keine systematische Berücksichtigung mehr.

Dilthey-Schleiermachersche von der »unbedingten Abhängigkeit des Subjekts« verliert damit gewissermaßen ihren kategorialen Rückhalt. Die Differenz des in ihr Gemeinten zu jener – reziprok bedingten – Abhängigkeit, die das Verhältnis der Kosubjekte in der Interpretationsgemeinschaft des objektiven Geistes auszeichnet, verschwimmt. Es kommt hinzu, daß bereits jene basalen Objektivierungen, an denen die theoretische Erfassung religiöser Geltungsansprüche anzusetzen hätte, nach Dilthey zu innerer Erfahrung in einem Verhältnis prinzipieller Defizienz stehen. »Das religiöse Erlebnis bleibt vielmehr das ewig Innere; in keinem Mythos und keiner Vorstellung eines Gottes findet es daher einen adäquaten Ausdruck.« (I, 141) Anders als im *Aufbau* scheint er damit Erlebnis und Ausdruck zu trennen. Wie kann aber der »Erfahrungs*inhalt,* dessen Analysis alsdann Kenntnis und Wissenschaft der geistigen Welt ist« (I, 136, Kursivierung M. J.), vorgängig zu seiner Objektivierung im Ausdruck aufgefaßt werden? Ist es überhaupt sinnlogisch möglich, unartikuliertem Erleben Bestimmtheit zuzuschreiben? Der unklare und intuitionistische Fehldeutungen provozierende Begriff eines »unmittelbare[n] Wissen[s]« (ebd.) muß hier ein argumentatives Defizit überdecken, zu dessen Behebung die spätere, dreigliedrige Struktur des Ausdruckverstehens dient.

Diltheys Konzeption des religiösen Erlebnisses in der *Einleitung* zwingt zwei schwer zu vereinbarende Gesichtspunkte zusammen: Einerseits wird das religiöse Leben als invariante Komponente innerer Erfahrung sinnkritisch vom »Räsonnement« (I, 137) der Metaphysik gelöst (wodurch letztere zugleich als eine Art Sekundärrationalisierung des ursprünglichen Erlebens erscheint), andererseits wird der damit bezogene Standpunkt in der Immanenz des Bewußtseinslebens durch den Hinweis auf die Abhängigkeitserfahrung[64] als Implikat religiöser Vollzüge wieder relativiert.[65] Die gleiche Ambivalenz läßt

[64] Von *Schleiermachers* Konzeption des Abhängigkeitsgefühls entfernt Dilthey sich dadurch, daß er nicht mehr aus der Binnenperspektive einer bestimmten Religion heraus argumentiert. Daß jener diese Perspektive noch bewußt einnimmt, dürfte andererseits die Bestimmtheit begreiflich machen, mit der er dem intentionalen Korrelat dieses Gefühls den Namen »Gott« gibt. (vgl. *F. D. E. Schleiermacher, Der christliche Glaube* [1821/22], § 9).

[65] Die begrifflichen Zwänge, in die eine von der Immanenz des Bewußtseinslebens ausgehende Theorie des Religiösen gerät, hat *E. Husserl* wohl am deutlichsten ausgesprochen: »Auch Gott ist für mich, was er ist, aus meiner eigenen Bewußtseinsleistung, auch hier darf ich aus Angst vor einer vermeintlichen Blasphemie nicht wegsehen, sondern muß das Problem sehen. Auch hier wird wohl … Bewußtseinsleistung nicht besagen,

sich auch in den späten Schriften Diltheys beobachten. Wenngleich die Deutung von Religion als eminente Ausdrucksgestalt des objektiven Geistes dominiert, finden sich doch gelegentlich Formulierungen, in denen Dilthey die transzendente Wirklichkeit Gottes in einem traditionellen Sinn als gegeben zu unterstellen scheint. – Im *Aufbau der geschichtlichen Welt* ist zunächst eine merkliche *Historisierung* des religiösen Erlebens unübersehbar, die ihrerseits den theoretischen Reflex gesellschaftlicher Säkularisierungsprozesse darstellt. Der Konnex von Ausdruck und geschichtlichem Verstehen tritt für ein weitgehend säkularisiertes Bewußtsein an die Stelle der nicht mehr zugänglichen religiösen »Urimpression« (Husserl). »Die Möglichkeit, in meiner eigenen Existenz religiöse Zustände zu erleben, ist für mich wie für die meisten heutigen Menschen eng begrenzt.« (VII, 215) Hermeneutische Vertiefung in die Spuren, die ein *homo religiosus* wie Luther hinterlassen hat, kann aber auch dem religiös unmusikalischen Forscher des 19. Jahrhunderts ein *Nach*erleben ermöglichen. Die so zustande kommende Verständnisleistung zielt allerdings in der panhermeneutischen Perspektive Diltheys nicht etwa auf eine Aktualisierung des religiösen Anspruches, dem sich Luther unterstellt sah; vielmehr wird der Mensch »durch das Verstehen des Geschichtlichen in Freiheit versetzt« (VII, 216): in die Freiheit des Geistes, der sich in allen seinen Objektivationen selbst zu begegnen gelernt hat. Es kann deshalb auch nicht verwundern, daß Dilthey in einem Brief an den Grafen Yorck schon 1897 die Fortdauer religiöser Überzeugungen ganz profan mit der Kulturbedeutung des Christentums erklärt, ohne auf dessen Wahrheitsanspruch überhaupt einzugehen: »Gerade in der Fülle großer religiöser Gestalten, welche das Christenthum hervorgebracht hat, in der Fülle von religiösen Schriften, Theologie, Bildern, Musik, Sitte und Cult aller Art, wie der europäische Boden bedeckt ist mit diesem Allem, wie es uns als Atmosphäre überall umgiebt: *liegt die Macht, welche das Christenthum erhält.*«[66]

Mit solchen Erwägungen nähert sich Dilthey gelegentlich sogar

daß ich diese höchste Transzendenz erfinde und mache.« (Hua XVII, 222) Der letzte Satz kann aber im Rahmen einer transzendentalen Phänomenologie konstitutiver Bewußtseinsleistungen nicht mehr begründet werden. Vgl. dazu *R. A. Mall, The God of phenomenology in comparative contrast to that of philosophy and theology,* in: *Husserl-Studies 8 (1991).*

[66] *Briefwechsel Wilhelm Dilthey und Graf Paul Yorck von Wartenburg,* a.a.O., 235 (Hervorhebungen von Dilthey).

einer *funktionalistischen* Religionsdeutung. Das religiöse Erlebnis erscheint dann als Produkt eines »religiösen Bedürfnisses« (VII, 267) – Schopenhauer winkt aus der Ferne –, und als religiös qualifiziert sich eine »Gemütsstimmung erst dann, wenn in dem Unsichtbaren das *Mittel*, die Gemütswelt auf Grund dieser Gefühle angemessen zu konstituieren, gefunden ist« (ebd., Kursivierung M. J). Dieser Passus, in dem die funktionale Bezogenheit religiöser Praktiken und Erlebnisse auf anthropologische Bedürfnisstrukturen unverblümt ausgesprochen wird, nennt auch das – einigermaßen vage – Stichwort, das Dilthey im *Aufbau* zur Charakterisierung des religiösen Propriums dient: »Die Religion entspringt dem Verkehr mit dem Unsichtbaren.« (VII, 267) »Der eigene Zug der Religiosität ist, daß das erfahrene Leben zu dem Unsichtbaren in Beziehung tritt.« (VII, 266) Rudolf Makkreel sieht Dilthey hier in der Tradition Schleiermachers: was dieser »als religiöses Gefühl einer absoluten Abhängigkeit charakterisiert hatte«, entwickele jener »zu einem allgemeiner gefaßten religiösen Erlebnis des Unsichtbaren«[67]. Anders als Schleiermacher muß sich Dilthey den Rückgriff auf die dogmatische Tradition des Christentums als Interpretament der Abhängigkeitserfahrung aber versagen. Das Nebulöse seiner Formel vom »Verkehr mit dem Unsichtbaren« zeugt von der unlösbaren Schwierigkeit, den Gehalt religiösen Erlebens in seiner Reinheit, vor aller Objektivierung in Bekenntnis und Dogma zu erfassen.[68] Zudem bleibt die Formel in einer zentralen Hinsicht unbestimmt: ist das Unsichtbare, mit dem religiöse Erlebnisse Umgang haben, anderes als der Mensch oder nur eine unbekannte (verkannte?) Tiefendimension der menschlichen Lebenswirklichkeit? Gegen den Projektionsverdacht der Religionskritik

---

[67] *R. Makkreel, Dilthey,* a. a. O., 403.

[68] In potenzierter Form macht sie diese Schwierigkeit bei jenen Autoren bemerkbar, deren Rekurs auf innere Erfahrung ihre gesellschaftliche Vermittlung und Objektivierung weitgehend ausblendet. So heißt es bei *W. James* (*The Varieties of Religious Experience,* Vintage Books: New York 1990, 387): »… feeling ist the deeper source of religion, and … philosophic and theological formulas are secondary products, like translations of a text into another tongue.« Das Bestreben, den Urtext hinter dieser Übersetzung lesbar zu machen, birgt allerdings seine eigenen Tücken. Vor allem setzt es eine methodische naive Unterstellung voraus, der Dilthey als Hermeneutiker niemals zugestimmt hätte: nämlich die exakte Trennbarkeit von Erfahrung und Interpretation. Wie es *J. Pelikan* (*Einleitung* zu: *The Varieties …,* a. a. O., XIII) bündig formuliert: »first the phenomena, then the meaning of the phenomena.« Diltheys Bedeutungstheorie ist hier weitaus differenzierter.

läßt sich vom deskriptiv faßbaren Gehalt religiöser Erfahrung her offenbar nichts vorbringen.

Der späte Aufsatz *Das Problem der Religion* baut die Position des *Aufbaus* im wesentlichen aus, ohne die Ambivalenzen aufzulösen, die sich dort ergeben hatten. Die Entwicklung der Religionen wird aus dem objektiven Geist allein verständlich, der Annahme göttlicher Offenbarungen bedarf es nicht. »… indem das religiöse Leben in seinem Fluß aus der Vergangenheit in die Zukunft sich beständig ändert, eben in seinen Veränderungen aber die Vergangenheit festgehalten wird mitten in neuen Schöpfungen, entsteht das, was wir als Entwicklung der Religion in der Geschichte bezeichnen – eine Form von Veränderung, die ihr Gesetz im Wesen des Geistes und seiner Bestimmtheit durch seine Geschichte hat.« (VI, 288) Kontinuität und Kohärenz, wie Dilthey sie in der Geschichte der Religionen zu finden meint, entspringen demnach der geschichtlichen Selbstbestimmung des Geistes, der sein »Wesen« nicht fertig vorfindet, sondern allererst hervorbringt. Das geschichtliche Verständnis religiöser Erfahrungen wird also durch die selbe gattungsmäßige Subjekt-Objekt-Identität ermöglicht, die jeder Geschichtswissenschaft fundierend vorausliegt: Nur weil »der, welcher die Geschichte erforscht, derselbe ist, der die Geschichte macht« (VII, 278), kann es in ihr allgemeingültige Erkenntnisse geben.

Mit dieser Deutung von Religion im Horizont objektiven Geistes stimmt es nicht zusammen, wenn Dilthey im selben Text ein »Erlebnis von Einssein mit Gott« (VI, 292) als Grundlage aller Universalreligionen ausmacht. Die Formulierung schließt eine rein immanente Deutung zwar nicht kategorisch aus, legt aber eine orthodox-theologische Interpretation gleichwohl nahe. Obwohl nämlich das Erlebnis selbst, verstanden in seinem reinen phänomenalen Gehalt, als Bewußtseinstatsache neben anderen vorfindlich sein mag, suggeriert Diltheys universalistische Formel, in religiöser Erfahrung versichere das Bewußtsein sich seiner Verbindung mit einer transzendenten Realität. Damit überzieht sie freilich das erkenntnistheoretische Immanenz- und Kontextualitätsprinzip, das den Geisteswissenschaften ihren Grundriß vorzeichnen sollte. Dilthey neigt in seinem späten Manuskript dazu, jene Bedeutsamkeit, die dem Erlebnis als unselbständiger Komponente der übergreifenden Struktur des objektiven Geistes immer schon eignet, religionsphilosophisch auszuweiten. Die hermeneutisch prästabilierte Symmetrie zwischen Erlebbarkeit und Verstehbarkeit droht damit in die Selbstverifikation des religiösen Erlebnisses umzuschlagen.[69] Den religiösen Erwekkungsbewegungen des 17. und 18. Jahrhunderts mit ihrer Betonung der Innerlichkeit gilt unverkennbar Diltheys Sympathie. »Die letzte Instanz für die religiöse Wahrheit«, so charakterisiert er die Grundtendenz dieser Bewegungen, »wird nicht in den Zeugnissen der Schrift, sondern im Erlebnis gefunden, und die Schrift ist die Anweisung zu solchen Erlebnissen.« (VI, 293)

Daß Religion eine »eigene Stellung zur Welt« (VI, 296) einnimmt, die nicht aus anderen Erfahrungsmodi des Bewußtseins abgeleitet werden kann, soll bereits ihre Legitimität verbürgen. Darin erblickt Dilthey die wesentliche Einsicht Schleiermachers: »Es gibt ein religiöses Erlebnis, das legitim, selbständig, ursprünglich und unzerstörbar im Seelenleben wirksam ist, und dieses Erlebnis ist der Ursprung aller Dogmen, Zeremonien und Organisationen gemeinsamen religiösen Lebens. (…) Und das ist nun vielleicht das Tiefste in Schleiermachers universaler Intuition: dies religiöse Erlebnis enthält in sich den Erklärungsgrund für die Mannigfaltigkeit der Religionen und den Rechtsgrund für ihre Legitimität. Religion ist Anschauung und Gefühl, welche durch die Wirkungen des Universums auf das individuelle Ich hervorgerufen werden.« (ebd.) Die kantische Unterscheidung zwischen der *quaestio iuris* und der *quaestio facti,* auf die Dilthey mit seiner Rede vom Rechtsgrund anspielt, steht allerdings quer zu den Prämissen geisteswissenschaftlichen Denkens. Insofern nämlich das Spezifikum innerer Erfahrung in ihrer nicht mehr ausweisungsbedürftigen Selbstevidenz als Bewußtseinstatsache gefunden wird, im phänomenalistischen Zusammenfall von Erscheinung und Sein, können *quaestio facti* und *quaestio iuris* gar nicht mehr sinnvoll unterschieden werden. *Daß* etwas erlebt wird *(quaestio facti),* stellt bereits den zureichenden Grund seiner Legitimität *(quaestio iuris)* dar, wenn diese keine anderen Kriterien kennt als die faktische Vorfindlichkeit im Bewußtsein. Den phänomenalen Bewußtseinsgehalten *als solchen* noch eigens Legitimität zuzusprechen, läuft auf eine Tautologie heraus. Der transzendente Überschuß religiöser Erfahrung (Diltheys »Wirkungen des Universums«) entzieht sich freilich dem Legitimationsprinzip der Bewußtseinsimmanenz vollständig.

[69] Seine Position rückt damit in große Nähe zu dem Ansatz von *W. James.* Auf dessen 1907 in deutscher Übersetzung erschienenes Werk *The Varieties of religious Experience* verweist Dilthey in seinem Aufsatz mehrfach zustimmend (vgl. VI, 293 f.; 302). Ausführlich wird das Verhältnis von Dilthey und James im Abschnitt 2.1. behandelt.

Es ist Diltheys antimetaphysische Grundeinstellung, die ihn konsequent zu der Überzeugung führt, daß auch religionsphilosophische Fragestellungen im Rahmen des geisteswissenschaftlichen Erlebnisbegriffes behandelt werden können und müssen. »… sofern die Probleme vom Wert der Religion überhaupt, vom Werteverhältnis der einzelnen Religionen, von der Wahrheit ihrer Aussagen, von der Zukunft der religiösen Entwicklung den Religionsforscher umgeben, in ihnen das letzte Ziel der Forschung erblickt werden muß, kann sie (die Religionswissenschaft, M. J.) diese Probleme nicht der Theologie oder einer spekulativen Religions- oder Geschichtsphilosophie überlassen: sie würde damit freiwillig abdizieren: sie würde den natürlichen Zusammenhang des Wissens … aufgeben und Pseudowissenschaften das Feld überlassen.« (VI, 303) Wie allerdings aus dem »natürlichen Zusammenhang des Wissens« heraus religiöse Geltungsansprüche kognitiver Art einer kritischen Analyse zugeführt werden sollen, bleibt völlig unklar. So ließe sich etwa die Frage nach der Wirklichkeit des Göttlichen im Rahmen einer Theorie des objektiven Geistes wohl erst dann stellen, wenn der Immanentismus dieses Geistes nicht mehr, wie in Diltheys dominierender Deutung, im Sinne einer Beschränkung auf phänomenale Realität, sondern im Sinne eines internen Realismus aufgefaßt würde – als Ausdruck der Einsicht in die Unhintergehbarkeit, nicht aber der Selbstgenügsamkeit (inter-)subjektiver Sinnkonstitution.

Religiöse Erfahrung läßt sich eben nicht in der selben Weise aus der hermeneutischen Autarkie des objektiven Geistes verständlich machen, wie dies im Modell Diltheys etwa für Kunstwerke möglich ist. Dem lebensweltlich eingespielten Verweisungszusammenhang von Erlebnis, Ausdruck und Verstehen gelingt zwar eine Deutung religiöser Vollzüge als eminenter Ausdruckgestalten des Humanen; eine begründete Stellungnahme zu den kognitiven Implikationen dieser Vollzüge oder gar ihre theoretische Ausweisung kann in seinem Rahmen aber nicht geleistet werden. »Even if there are intrinsically religious phenomena …, it is by no means obvious that they necessarily give rise to god-language or need to be interpreted theistically.«[70] Es entspricht nicht den Phänomenen, religiöse Erfahrung als einen epistemischen Modus eigenen Rechts zu rekonstruieren,

[70] *I. U. Dalferth, Theology and Philosophy,* London/New York 1988, 187. Vgl. auch *H. Schrödter, Erfahrung und Transzendenz,* a. a. O., 137: »religiös relevante Erfahrungen (sind) nicht selbstgenügsam«, sie tragen »ihre Bedeutung und ihre Wahrheit nicht

der sich auf phänomenale Realität bezieht. Vor allem gelingt es nicht, ein unbezweifelbar Gegebenes auszuweisen, das dann als fundierende Instanz beansprucht werden könnte. Die geisteswissenschaftlich restringierte, autarke Realität des objektiven Geistes ist mit dem Verzicht auf eine Analyse der referentiellen Dimension kultureller Symbolgebilde erkauft.

1.1.3. Erfahrung und Struktur

Wie sich im vorangegangenen Abschnitt gezeigt hat, sind Diltheys religionstheoretische Erwägungen von einer unaufgelösten Spannung durchzogen. Zwischen seinem immanentistischen, vom objektiven Geist her konzipierten Begriff innerer Erfahrung einerseits und den geltungstheoretischen Implikaten des religiösen Erlebnisses im Sinne Schleiermachers andererseits besteht kein konsistentes Verhältnis. Dieser Sachverhalt gestattet es mir nun, die eingangs vertretene These zu präzisieren, dem geisteswissenschaftlichen Denken Diltheys komme eine paradigmatische Rolle bei der Neuformation religionsphilosophischen Denkens zu.[71] Indem Dilthey innere Erfahrung grundbegrifflich als ein eigensinniges, auf die Erfahrung gegenständlicher Wirklichkeit nicht reduzierbares Phänomen ansetzte, schien die Möglichkeit eröffnet, religionsphilosophischen Untersuchungen eine empirische Basis zu geben. Damit konnte das Eigenrecht von Religionsphilosophie mit dem gleichen Argument verteidigt werden, das auf die methodische Anschlußfähigkeit geisteswissenschaftlicher Theoriebildung abhob. Daß ein im Sinne Diltheys verstandener Erfahrungsbegriff freilich allein auf die Konzeptualisierung humaner Ausdrucksgestalten zugeschnitten ist, wurde

---

»in sich selber«; »Religiöse Erfahrung ist nicht selbstbestätigend, die Berufung auf religiöse Erfahrung ist zwar relevant, aber nicht allein entscheidend …« (ebd., 139).

[71] Hier ist nochmals der Hinweis angebracht, daß meine These nicht etwa auf den Nachweis einer *faktischen* Beinflussung der Religionsphilosophie seiner Zeit durch Dilthey zielt. Dessen Wirkung war größtenteils eine postume, die zudem stark durch die wissenschaftspolitischen Akzentsetzungen seiner Schüler und Herausgeber bestimmt wurde. Meine Behauptung setzt die *geschichtliche* Perspektive auf die Zeit um die Jahrhundertwende in dem Sinne voraus, der nach *A. C. Danto* (vgl. *ders., Analytische Philosophie der Geschichte,* Frankfurt 1980, Kap. VII) für historische Urteile insgesamt kennzeichnend ist: erst *ex post,* nicht aus der Perspektive fiktiver Gleichzeitigkeit können wir die Bedeutsamkeit (Signifikanz) von Ereignissen resp. philosophischen Theoremen beurteilen.

dabei meist übersehen. Den »Bruch mit der Transzendenz«[72], der in Diltheys Neubestimmung des objektiven Geistes vollzogen wird, realisiert freilich auch dieser selbst, wie die an Schleiermacher anknüpfenden Auslassungen zum religiösen Erlebnis zeigen, nicht in seiner ganzen Radikalität. Auch – und gerade – in seiner Neigung, die Zirkelstruktur des hermeneutischen Prozesses im Falle religiöser Erlebnisse als *Selbstverifikation* zu interpretieren, ist Dilthey ein repräsentativer Autor. Zumal sein spätes Manuskript über *Das Problem der Religion* sucht (und findet) den Indifferenzpunkt, an dem es gleichgültig zu werden scheint, ob der Gehalt des religiösen Erlebnisses nun in *phänomenalistischer* oder *realistischer* Terminologie beschrieben wird. Dilthey sieht keinen Kategorienfehler darin, von der Beschreibung der Religion als einem »seelische[n] Zusammenhang« (VI, 304) zu der weiterreichenden Aussage überzugehen, daß sie sich einem »Erlebnis von Einssein mit Gott« (VI, 292) verdanke. Legitim ist diese *Metábasis* vom Innerpsychischen zum Ontologischen jedoch nur unter der Voraussetzung, daß religiöse Erfahrung sich selbst genügt, unabhängig von der begrifflich-systematischen Analyse ihrer Geltungsbedingungen, deren prinzipielle Nachrangigkeit dann schon feststeht. Solche oder ähnliche Hintergrundüberzeugungen lassen sich bei den meisten erfahrungsorientierten Theoretikern der Religion um die Jahrhundertwende aufweisen, ob diese nun, wie William James, stärker auf die empirische Vielfalt religiöser Erfahrung, oder, wie Rudolf Otto, stärker auf ihre inhaltlichen Invarianzen abheben.

In der modernen Erkenntnistheorie wird die Überzeugung, daß Wissen auf einer Basis von unmittelbarer, begrifflich noch nicht bearbeiteter Erfahrung aufruht, gewöhnlich als *epistemologischer Fundamentalismus* bezeichnet.[73] Kann, in Anlehnung an diese Terminologie, Diltheys Position als *geisteswissenschaftlicher Erlebnisfundamentalismus* charakterisiert werden? Zeichnet Dilthey das Erlebnis in einer Weise aus, die mit dem Eigensinn begrifflicher Begründungszusammenhänge und mit seinem Status als unselbständiges Moment einer komprehensiven Erfahrungsstruktur unverträglich ist? Schließlich scheint schon der Terminus selbst, wie Konrad Cramer eindringlich gezeigt hat, alles Begriffliche, symbolisch

---

[72] *G. Misch, Die Idee der Lebensphilosophie in der Theorie der Geisteswissenschaften,* in: *Materialien zur Philosophie W. Diltheys,* a. a. O., 136.

[73] Vgl. *P. Bieri* (Hrsg.), *Analytische Philosophie der Erkenntnis,* Frankfurt 1987, 178 f.

Strukturierte der reinen Vermittlungslosigkeit zu subalternieren: »›Erlebnis‹ verdankt den Aufstieg zu einem philosophischen Grundbegriff des 19. Jahrhunderts der durch seine Semantik sinnfällig bereitgestellten Möglichkeit, gegenüber dem Unternehmen einer vollständigen begrifflichen *Vermittlung* aller Bedeutungsgehalte in der Form ihrer spekulativen Konstruktion auf die *Unmittelbarkeit* hinzuweisen, in der ein Subjekt Zugang zu dem hat, was für es von Bedeutung ist und allein sein kann.«[74] Wirkungsgeschichtlich war es allerdings zuerst kein Rückfall hinter Hegel (wie bei Cramer), sondern hinter Kant, der Dilthey vorgeworfen wurde. Von Vertretern des Neukantianismus wurde dementsprechend schon früh moniert, daß der Erlebnisbegriff Psychologisches mit Geltungslogischem konfundiere: »Von dem psychologischen Geltungswert des Erlebnisses«, so schreibt Arthur Liebert 1914, »führt kein gerader, kein konsequenter Weg zu dem Geltungszusammenhang der Erkenntnis. Es liegt stets eine Erschleichung, eine methodische Entgleisung, ein Verrat an der Autonomie des Logos zu Grunde, wenn man vorgibt, vom Erleben zur Erkenntnis gelangen zu können, wenn man im Leben ein Prinzip der Erkenntnis, ein Argument erblickt.«[75]

Ob und in welchem Ausmaß Dilthey dem geisteswissenschaftlichen Erlebnisbegriff erkenntnistheoretische Begründungslasten aufbürdet, bedarf der genaueren Prüfung. Sie wird sich auf die Frage nach dem Verhältnis von Erlebnis und *Struktur* konzentrieren müssen. Sind Erlebnisse von Hause aus strukturiert und/oder in eine größere Struktur als unselbständige Teile eingebunden? Haben die anderen Bestandteile einer solchen präsumptiven Struktur selbst *begrifflichen* Charakter, oder kommt dieser nur der geisteswissenschaftlichen Theorie zu, die sie zum Gegenstand macht? Die Klärung solcher Fragen ermöglicht nicht nur eine Präzisierung des religionsphilosophischen Erlebnisbegriffs, sie gestattet es auch, die theoretischen Folgen jenes Verzichts auf philosophische Theologie genauer zu untersuchen, der ein konstitutives Merkmal der formativen Phase neuerer Religionsphilosophie bildet.

Der Begriff der *Struktur*, dem ich mich nun zuwende, ist von

---

[74] *K. Cramer*, *»Erlebnis«*. Thesen zu Hegels Theorie des Selbstbewußtseins mit Rücksicht auf die Aporien eines Grundbegriffs nachhegelscher Philosophie, in: *Hegel-Studien* (hg. v. *F. Nicolin* u. *O. Pöggeler*), Beiheft 11, Bonn 1974, 593.

[75] *A. Liebert*, *Das Problem der Geltung*, Berlin 1914, 32. Höchst aufschlußreich ist, daß Liebert Diltheys Philosophie des Erlebens in einem Kapitel über den Pragmatismus behandelt.

Dilthey selbst in die philosophische Diskussion eingebracht worden.[76] Höchst aufschlußreich sind dabei die theoretischen Zusammenhänge, in denen er seine Wirkung entfaltete. Ausgerechnet Rudolf Carnap war es nämlich, der in seinem Werk *Der logische Aufbau der Welt* (1928) den Strukturbegriff (in seiner formalistisch-relationslogischen Präzisierung durch Russell) am wirkmächtigsten geltend machte, und zwar für sein fundamentalistisches Programm einer »rationalen Nachkonstruktion von Begriffen aller Erkenntnisgebiete auf der Grundlage von Begriffen, die sich auf das unmittelbar Gegebene beziehen«[77]. Carnap verwendet den Strukturbegriff, um dem empiristischen Dilemma zu entkommen, daß die Erfahrungsbasis unserer begrifflichen Operationen einerseits Unmittelbarkeit beansprucht, andererseits *als* Erfahrungsbasis nur im Lichte bestimmter Aussagen über sie zugänglich werden kann, die dann aber notwendig der behaupteten Vermittlungslosigkeit widerstreiten. Sofern der frühe Dilthey innere, zumal religiöse Erfahrung als ein schlechthin Selbstevidentes auszeichnet – und einige Passagen speziell in der *Einleitung in die Geisteswissenschaften* deuten in diese Richtung[78] – sieht er sich dem nämlichen Problem konfrontiert. Bei Carnap nun soll der Strukturbegriff, dessen relationstheoretisch präzisierte Verwendung er ausdrücklich auch den Geisteswissenschaften anempfiehlt,[79] eine Beschreibungsart des Gegebenen ermöglichen, die »ohne Einmischung eines begrifflichen Aprioris«[80] auskommt und so den Primat unmittelbarer Erfahrung wahrt. Ich erwähne diesen Gebrauch des Strukturbegriffs bei Carnap, um darauf hinzuweisen, daß der Terminus wirkungsgeschichtlich oftmals für die Möglichkeit einzustehen hatte, begriffliche Vermittlungsprobleme durch Rekurs auf eine vermeintlich basalere Ebene strukturaler Deskription zu unterlaufen. In religionstheoretischer Anwendung (die für Carnap natürlich eine Absurdität darstellte) würde sich daraus ein

---

[76] Vgl. *F. Kambartel, Erfahrung und Struktur.* Bausteine zu einer Kritik des Empirismus und Formalismus, Frankfurt2 1976, 154.

[77] *R. Carnap, Der logische Aufbau der Welt,* Hamburg ²1962, X. Zu Carnaps Fragestellung und ihren Analogien zu Dilthey vgl. *F. Kambartel, Erfahrung und Struktur,* a. a. O., 151–154; 182; 245 f.

[78] Vgl. etwa I, 137: »Der religiöse Glaube verweist allen Angriffen gegenüber auf die innere Erfahrung … Er ist weder vom Räsonnement getragen, noch kann er von ihm widerlegt werden.«

[79] Vgl. *Carnap, Der logische Aufbau der Welt,* a. a. O., 15.

[80] *F. Kambartel, Erfahrung und Struktur,* a. a. O., 154.

Projekt ergeben, wie es etwa von Rudolf Otto tatsächlich inauguriert worden ist: die Strukturbeschreibung des *sensus numinis*, verstanden als »seelisches Urelement«[81].

Dient die Einführung des Strukturbegriffes auch bei Dilthey dem Zweck, innere Erfahrung als schlechthin Selbstgegebenes auszuzeichnen? Wohl eher das Gegenteil ist der Fall. Der Terminus wird von ihm nämlich gerade im Zuge seiner Bemühungen eingeführt, den Erlebnis-Begriff durch seine Integration in die irreduzibel dreigliedrige Struktur von Erlebnis-Ausdruck-Verstehen vor der Gefahr intuitionistischer Mißdeutung zu bewahren. Erlebnis-Fundamentalist ist Dilthey also nur insoweit, als in seinem frühen Hauptwerk, der *Einleitung*, die dreigliedrige Struktur hermeneutischen Verstehens noch nicht ausgearbeitet vorliegt und innere Erfahrung daher tendenziell unter Umgehung des Ausdrucksgedankens explizierbar scheint (1). In den *Ideen über eine beschreibende und zergliedernde Psychologie* (1894) entwickelt Dilthey dann das Konzept einer »psychologischen Grundlegung der Geisteswissenschaften« (V, 139), das den Strukturbegriff ebenfalls noch unabhängig vom Ausdrucksverstehen analysiert (2). Schließlich ist der Erlebnisfundamentalismus auch beim späten Dilthey noch insofern virulent, als die hermeneutische Triade Erlebnis-Ausdruck-Verstehen keine völlig symmetrische Struktur bezeichnet, sondern das Erlebnis in ihr einen noch näher zu bestimmenden Primat behält (3).

(1) In der *Einleitung* konzentriert sich Dilthey darauf, den Bereich innerer Erfahrung ineins mit ihrem Gegenstand, den »Tatsachen des Bewußtseins« (I, XVIII), als die konstitutive Möglichkeitsbedingung der Geisteswissenschaften herauszustellen. Dabei geht es ihm in erster Linie darum, die innere Erfahrung in ihrer ganzen Breite gegen die kognitivistische Verengung des Kritizismus[82] zur Geltung zu bringen. Da der Mensch ein »wollend fühlend vorstellende[s] Wesen« (I, XVIII) ist, muß geisteswisenschaftliches Verstehen neben dem kognitiven auch die voluntativen und emotiven Gehalte innerer Erfahrung[83] und darüber hinaus ihre Interdependenzen berücksichtigen. Die drei Hauptformen menschlichen Wirklich-

---

[81] *R. Otto, Das Heilige*. Über das Irrationale in der Idee des Göttlichen und sein Verhältnis zum Rationalen, München 1979, 151.

[82] In diesen Zusammenhang gehört Diltheys vielzitiertes Diktum: »In den Adern des erkennenden Subjekts, das Locke, Hume und Kant konstruierten, rinnt nicht wirkliches Blut, sondern der verdünnte Saft von Vernunft als bloßer Denktätigkeit.« (I, XVIII)

[83] Vgl. *H. Schnädelbach, Philosophie in Deutschland 1831–1933*, Frankfurt 1983, 156.

keitsbezugs stehen nach Dilthey in einem internen Verhältnis und können deswegen auch in allen mentalen Zuständen aufgewiesen werden. Vorstellen, »Wille, Fühlen sind in jedem status conscientiae enthalten und sind in jedem Augenblick des psychischen Lebens fortgehende Äußerungen desselben in seiner Wechselwirkung mit der Außenwelt.« (XIX, 390) Ich werde diese wichtige These, mit deren Hilfe sich auch die Erfahrungsperspektive der Ersten Person von objektivierenden Sichtweisen abgrenzen läßt, im folgenden als Diltheys *Bedeutungsholismus* bezeichnen. Dieser Holismus führt ihn freilich streckenweise zu einer irrationalistischen Auffassung des Lebensprozesses, in dem sich innere Erfahrung abspielt. Der Schluß geht hier von der notwendigen Verwobenheit kognitiver Erfahrungsgehalte mit voluntativen und emotiven Anteilen, die nicht begrifflich strukturiert sind, auf die Irrationalität des seelischen Lebens im Ganzen: »Was aber in der Totalität der Gemütskräfte gegeben ist, das kann nie von der Intelligenz ganz aufgeklärt werden.« (I, 401) Dilthey neigt dementsprechend in der *Einleitung* dazu, die Ausdrucksgestalten innerer Erfahrung gegenüber dieser selbst als prinzipiell defizient zu verstehen. Zumal vom religiösen Erlebnis gelte, daß es »das ewig Innere« bleibt und »in keinem Mythos und keiner Vorstellung eines Gottes … adäquaten Ausdruck« findet (I, 141). Etwas abgeschwächt heißt es weiter unten: »Zwischen der Idee Gottes, wie sie in der religiösen Erfahrung gegeben ist, und den Bedingungen des Vorstellens besteht eine innere Heterogenität.« (I, 287)[84]

Mit solchen Formulierungen gerät Dilthey in eine augenfällige Nähe zu dem Erlebnisbegriff Hermann Lotzes: Erlebnis als Titel für die innere, begrifflichem Denken vorgeordnete Präsentation von Gehalten, denen unbedingte Bedeutsamkeit für die erlebenden Subjekte zukommt.[85] Der Einfluß Lotzes auf Dilthey ist unübersehbar.[86]

---

[84] Ähnliche Formulierungen finden sich bei Diltheys philosophischem Gesprächspartner und Freund, dem Grafen *Paul Yorck von Wartenburg*, dem die *Einleitung in die Geisteswissenschaften* gewidmet ist: »Insofern nun aber und in dem Grade als der Gemütsrapport (zwischen Gott und dem Subjekt religiöser Erfahrung, M. J.) zum selbständigen, selbstwertigen Vorstellungsinhalt gemacht wird, … tritt die Inkommensurabilität von Gefühl und Vorstellung ein …« (*Paul Yorck von Wartenburg, Bewußtseinsstellung und Geschichte*. Hg. v. *I. Fetscher*, Hamburg 1991, 45).

[85] Einen Überblick über die Semantik des Terminus »Erlebnis« und seiner Derivate bei Lotze gibt *K. Cramer*, Art.: »*Erlebnis*«, in: HWP II (1972), Sp. 705 f.

[86] »Lotzes große Wirksamkeit auf das Bildungsbürgertum der Zeit ist für die Verbreitung des Erlebnis-Begriffs in der philosophischen Literatur des letzten Drittels des 19. Jahrhunderts mitbestimmend, sein wenig gewürdigter Einfluß auf Dilthey unbe-

Darüber hinaus bietet ein Vergleich beider Autoren zudem die Möglichkeit, Diltheys veränderte Grundstellung in religionstheoretischen Fragen schärfer herauszuarbeiten. Lotze entwickelt seine Kategorie des Erlebnisses innerhalb eines theoretischen Rahmens, der durch zwei Akzentsetzungen bestimmt ist: zum einen durch die veränderte Neuaufnahme des Kantischen Dualismus von Erfahrung und Begriff, zum anderen durch eine den kantischen Kritizismus revozierende Erweiterung des rezeptiven Stammes unserer Erkenntnis. Für die Etablierung der Fundamentalkategorie »Erlebnis« ist beides entscheidend: die Dichotomie zwischen einem rezeptiven und einem spontan-tätigen Bestandteil des Erkenntnisaktes wird von Lotze soweit verschärft, daß die kategoriale Formung des Erkenntnismaterials als völlig sekundär gegenüber der passiv aufzunehmenden Selbstrepräsentation des Gegenstandes erscheint. Diese rezeptiv hinzunehmenden Gehalte werden nun aber nicht, wie bei Kant, auf die Affektionen unserer Sinnlichkeit beschränkt; vielmehr sind es gerade die im Kritizismus ausgeschlossenen religiösen, emphatisch sinnerfüllten Erlebnisse, um die es Lotze hier geht. Nur wenn das Denken, so argumentiert Lotze, seine prinzipielle Nachrangigkeit gegenüber dem primären Erleben erkennt, vermag es den selbstpräsentierenden Gehalten dieses Erlebens zu entsprechen: »Denn freilich zeigten sich die lebendigen Kräfte, die der Glaube in Gott angeschaut hatte, dem Denken ebenso unzugänglich, als die sinnlichen Empfindungen, welche die Wahrnehmung bietet; .... ihren Inhalt erleben wir bloß und haben ihn nicht durch Denken.«[87]

Die unterstellte primordiale Qualität der Erlebnisse beschränkt die kategorialen Operationen des Denkens auf ein nachträgliches Ordnen. So spricht Lotze 1868 von »geistigen Urerlebnisse[n], welche, nachdem sie in ihrer Eigentümlichkeit erlebt sind, das Denken in Bezug auf ihre Aehnlichkeiten und Unterschiede vergleichen, aber durch keine seiner eigenen Thaten erklären oder erzeugen kann«[88].

---

streitbar.« (ebd., Sp. 706; Belege vgl. ebd., Sp. 710, Anm. 16–19) – Merkwürdigerweise geht *H. G. Gadamers* Analyse des Erlebnis-Begriffs im 19. Jahrhundert (in: *Wahrheit und Methode*. Grundzüge einer philosophischen Hermeneutik, Tübingen [4]1975, 56–66) mit keinem Wort auf Lotze ein, auf den doch die spezifische, nämlich nachidealistisch-nachromantische Semantik dieses Begriffs, der durch ihn in den Siebziger Jahren des 19. Jahrhunderts als Terminus etabliert wurde, zurückgeht.

[87] *H. Lotze, Mikrokosmos.* Ideen zur Naturgeschichte und Geschichte der Menschheit, Versuch einer Anthropologie, Leipzig [6]1923, Bd. III, 241.

[88] *H. Lotze, Geschichte der Ästhetik in Deutschland,* München 1868, 12.

Auch darin hat Lotze der späteren Entwicklung vorgearbeitet, daß er das Erlebnis durch die Merkmale Rezeptivität, spontanes Auftreten und Vermittlungslosigkeit charakterisiert und von der behaupteten Parallele innerer und äußerer Erlebnisse einen für religiöse Überzeugungen apologetischen Gebrauch macht. »Schon die Sinnlichkeit«, so schreibt er in seinem dreibändigen *Mikrokosmos* (1856–1864), »schenkt uns den Inhalt ihrer Empfindungen völlig wie Offenbarungen, die nur angenommen werden können, wie sie sind; weder die Wirklichkeit eines Farbeneindruckes zu beweisen haben wir Grund, Bedürfnis oder Mittel, noch gibt es für die Erkenntnis irgendeine denkbare Arbeit, darauf gerichtet, zu zeigen wie diese Farbe aussehen müsse. Sie ist, und wie sie ist, durch unmittelbare Offenbarung, der wir zusehen. Was wir nun hier unter dem Einfluß physischer Reize erfahren, das gleiche können wir unter unmittelbarer göttlicher Einwirkung auf das Innere unseres Gemüts erleben; der Glaube würde die Anschauung übersinnlicher Tatsachen sein, welche diese Einwirkung uns offenbarte.«[89] Die gewaltsame Anwendung der religiösen Kategorie »Offenbarung« für das Rezeptivitätsmoment sinnlicher Empfindungen kann hier nur mühsam die Äquivokationen verbergen, die sich von der Sache her geltend machen. Insbesondere setzt Lotzes Argumentation ein individualistisches Erkenntnismodell voraus, das keinerlei Kriterien intersubjektiver bzw. empirischer Überprüfbarkeit kennt und sich Erfahrung nicht als Aktivität, sondern als völlig passives Überkommenwerden durch kategorial noch nicht geformte Gehalte zurechtlegt. Der Unvermitteltheit, mit der solche Gehalte auftauchen, entspricht die Unmittelbarkeit, mit der Lotze einen metaphysischen Seelenbegriff als ontologischen notwendigen Ort der Empfindungen/Erlebnisse einführt.[90] Ebenso, wie Lotze auf die Vermittlung von Rezeptivität und Spontaneität des Erkennntnisvermögens verzichtet, verschließt er sich auch dem Programm einer genetischen Rekonstruktion der »Seele« aus ihren Affektionen[91].

[89] *H. Lotze, Mikrokosmos,* a. a. O., Bd. III, 548. Vgl. ebda., 549.

[90] Vgl. *H. Lotze, Metaphysik,* Leipzig 1879, 471–501.

[91] Die Vorstellung einer unmittelbaren Erschaffung der Seele durch Gott verhindert hier noch jenen Typus von genetisch-rekonstruktiver Analyse, wie er ansatzweise von Dilthey und in ausgeführter Form von seinem Schüler *Mead* entwickelt wurde. So heißt es bei Lotze: »Wie es freilich gemacht werde oder wie die schaffende Kraft des Absoluten es anfange, um ein Wesen zu Stande zu bringen, ... das vorstellend fühlend und strebend sich als verhältnismäßig selbständiger Mittelpunkt von dem Alles umfassenden

Diltheys Distanz zu Lotzes Seelenbegriff und zu seiner abstrakten Hierarchisierung von Rezeptivität und Spontaneität läßt sich am deutlichsten einer 1892 geschriebenen Abhandlung mit dem Titel »Erfahrung und Denken« entnehmen, einem Text aus jener ›pragmatistischen‹ Phase im Schaffen Diltheys, in der er sich auf eine handlungstheoretische Begründung der Geisteswissenschaften hinbewegte. »Die metaphysische Entität einer selbständigen Seelensubstanz«, so kritisiert Dilthey, soll bei Lotze dazu »dienen, erkenntnistheoretische Einsichten zu gewinnen« (V, 82). Damit aber verweigere sich dieser jener Analyse der »Lebendigkeit« – d. h. der konkreten Weltbezüge der Subjektivität –, die allein objektive Erkenntnis möglich macht. Solcher – von Dilthey als »psychologisch« charakterisierten – Analyse erschließe sich dann erst der genetische Zusammenhang zwischen den Komponenten des Wirklichkeitsbezuges, um den es ihm zu tun ist: »Soll es ein nicht bloß hypothetisch gültiges Wissen geben, dann muß zwischen dem Wahrnehmen und Denken ein genetisches Verhältnis bestehen, welches die Dualität der Grundlagen der Erkenntnis aufhebt …« (V, 83 f.). Weil Lotze den »reale[n] Zusammenhang von denkendem Subjekt, Objekten, dasselbe Objekt auffassenden anderen denkenden Subjekten« (V, 87) nicht berücksichtige (und dies wäre nach Diltheys *Beiträgen zur Lösung* … nur durch eine ›handlungstheoretische‹ Interpretation der Bewußtseinstatsachen möglich) schwanke er zwangsläufig »zwischen einer massiven Metaphysik und dem Phänomenalismus« (V, 87).

Dilthey übernimmt also zwar den von Lotze eingeführten Begriff des Erlebens im Sinne der inneren Erfahrung subjektiv bedeutsamer Gehalte, bricht aber mit jener Privilegierung vorgeblich unmittelbarer Innerlichkeit, die bei Lotze religiös-apologetischen Zwecken dient. In der von Lotze nahegelegten Variante kann ja in der Tat von dem fundamentalistisch gegen alle kritischen Einsprüche immunisierten Erlebnis kein methodisch kontrollierter Gebrauch mehr gemacht werden. Religionstheorie bliebe dann allein noch übrig, das Statthaben religiöser Erlebnisse oder aber deren Ausbleiben als *facta bruta* zu konstatieren. Schon die Frage nach den *Kriterien,* denen gemäß ein Erlebnis als religiöses zu qualifizieren wäre, bringt aber die theoretischen Defizite eines psychologistisch-individualistischen Erlebnis-Konzeptes ans Licht. Dilthey verfügt denn

---

Grunde löse: diese Frage werden wir hier so wenig als in anderen ähnlichen Fällen beantworten.« (ebd., 487 f.)

auch bereits in der *Einleitung* über theoretische Ansätze, die die Vermittlungslosigkeit des Erlebnis-Begriffes, wie er ihn von Lotze übernommen hat, relativieren können. Sie bündeln sich im Begriff des *Systems*, dem Vorläufer des späteren *Struktur*-Begriffes.

System wird von Dilthey eingeführt als Titel für den »über das Individuum hinausgreifenden Zweckzusammenhang« (I, 44) des geschichtlich-sozialen Lebens. Einbegriffen sind die Abhängigkeitsverhältnisse, die zwischen den Eigenschaften der »einzelnen psychischen oder psychophysischen Elemente« (ebd.) bestehen. Da die Interaktionsmuster der Individuen nicht allein diskursiv bestimmt sind, kennt das soziale System kategorial verschiedene Beziehungsformen: »je nachdem die psychischen Elemente, welche in dem Zweckzusammenhang verbunden sind, vorwiegend dem Denken oder dem Fühlen oder dem Willen angehören, treten Wahrheiten, Gefühlsaussagen, Regeln auseinander.« (ebd.[92]) Entscheidend ist aber für Dilthey die Einsicht, daß zwischen systemischen Beziehungsmustern und inneren Erlebnissen ein *wechselseitiges* Vermittlungsverhältnis besteht. Die von ihm im gleichen Text verschiedentlich – in Anknüpfung an Lotze – behauptete Einzigartigkeit des Erlebnisses wird damit deutlich relativiert. Der Systemgedanke pointiert die Vermitteltheit dessen, was im Begriff des Erlebnisses gerade als vermittlungsfreies Fundament geltend gemacht werden sollte. Dies gilt auch und gerade für den Bereich religiöser Erfahrung: Dilthey bezeichnet es hier als die Leistung Schleiermachers, »Abhängigkeiten dieser allgemeinsten Art (nämlich in Bezug auf die Grundstruktur eines Systems, M. J.) … innerhalb des Systems der Religion zwischen der Tatsache des religiösen Gefühls und den Tatsachen der Dogmatik und philosophischen Weltanschauung, zwischen der Tatsache dieses Gefühls und denen des Kultus sowie der religiösen Geselligkeit aufgestellt« zu haben (I, 44f.). Obschon diese Abhängigkeiten nicht in-

---

[92] Dilthey nimmt mit solchen Erwägungen bereits andeutungsweise vorweg, was in der modernen handlungstheoretischen Diskussion als sprachpragmatische Differenzierung verschiedener Geltungsansprüche bezeichnet wird (vgl. *J. Habermas, Theorie des kommunikativen Handelns*, Frankfurt 1981, Kap. III). Von diesen Einsichten aus gelingt es ihm in der *Einleitung*, die Moderne als gesellschaftlichen Differenzierungsprozeß in dem später von *M. Weber* genauer entwickelten Sinn zu verstehen (vgl. I, 352f.). – In Diltheys *Breslauer Ausarbeitung* und dem *Berliner Entwurf* finden sich bemerkenswerte Ansätze zu einer Theorie von Sprechakttypen (vgl. XIX, 252 u. 318f.). Allerdings unterscheidet er noch nicht systematisch zwischen verschiedenen Rationalitätstypen, weshalb er die nichtkognitiven Beziehungen innerhalb des sozialen Systems als nichtrationale auffassen muß.

ferentieller Art sind, können sie rational nachkonstruiert werden. Solche geisteswissenschaftlichen Rekonstruktionen sind nur unter Verwendung einer adäquaten Begrifflichkeit möglich, die sich der *symbolisch–sozialen Vorstruktur* der Beziehungsgrößen vergewissert, deren Konstellation das jeweils untersuchte System ausmacht. Den »psychischen oder psychophysischen Inhalten«, mit denen sich die »Wissenschaften von den Systemen der Kultur« befassen, müssen daher Begriffe zugeordnet werden, die »von denen, die von der Individualpsychologie benutzt werden, spezifisch verschieden sind und verglichen mit ihnen als Begriffe zweiter Ordnung im Aufbau der Geisteswissenschaften bezeichnet werden« (I, 45). Dilthey stellt somit zwar die *kategoriale Eigenbestimmtheit* jener Untersuchungen heraus, die sich den »zusammengesetzte[n] Tatsachen« (ebd.) der Kultur – dem später so genannten Bereich des objektiven Geistes – widmen. Andererseits konzipiert er aber die Beziehungen zwischen erfahrungsorientierter Individualpsychologie und systemtheoretisch verfahrender Kulturwissenschaft nach dem Muster des fundamentalistischen Zwei-Stufen-Modells: »Die Tatsachen, welche die Systeme der Kultur bilden, können nur vermittels der Tatsachen, welche die psychologische Analyse erkennt, studiert werden. Die Begriffe und Sätze, welche die Grundlage der Erkenntnis dieser Systeme ausmachen, stehen in einem Verhältnis von Abhängigkeit zu den Begriffen und Sätzen, welche die Psychologie entwickelt.« (I, 46)[93] Erlebnis und Ausdruck, individuelle Erfahrung und sozial-symbolische Artikulation denkt der Dilthey der *Einleitung* also zwar unter dem Titel *System* als wechselbezügliche Größen. »Das Individuum ist … ein Element in den Wechselwirkungen der Gesellschaft, ein Kreuzungspunkt der verschiedenen Systeme dieser Wechselwirkung, in bewußter Willensrichtung und Handlung auf die Einwirkungen derselben reagierend …« (I, 37). Diese den Erlebnisfundamentalis-

[93] Mit seinen knappen Ausführungen deutet Dilthey ein zweistufiges Konstitutionsmodell für den geisteswisssenschaftlichen Bereich nur an. In den *Ideen über eine beschreibende und zergliedernde Psychologie* gelangt dann der Gedanke einer »psychologischen Begründung der Geisteswissenschaften« zu programmatischen Würden. Da der Textbestand der *Ideen* im Falle der Realisierung des von Dilthey geplanten zweiten Bandes der *Einleitung* in dessen Systemarchitektonik Platz gefunden hätte (im Vierten Buch über die »Grundlegung der Erkenntnis«), kann er zur Erläuterung des Begründungsmodells zwanglos herangezogen werden (Zum Verhältnis zwischen Diltheys publizierten Schriften und dem vollständigen Systemkonzept der *Einleitung* vgl. das Schaubild im *Vorbericht der Herausgeber* (*H. Johach* u. *F. Rodi*) zu Bd. XIX, XLf.).

mus aufsprengende Einsicht konterkariert er jedoch sogleich, indem er zwischen Begriffen erster und zweiter Stufe[94] ein nicht reziprokes Begründungsverhältnis ansetzt.

Die Asymmetrie im Aufbau der Geisteswissenschaften, die jede Abhängigkeit der individualpsychologischen Begriffe von den Kulturwissenschaften ausschließt, scheint für den theoretischen Zugriff auf innere Erfahrung die Haltung reiner, von allen Vermittlungen absehender Hinnahme des Gegebenen nahezulegen. Eine derartige Abkoppelung innerer Erfahrung von der symbolischen Reproduktion der Lebenswelt würde sich aber aller Mittel berauben, die eigentümliche Struktur solcher Erfahrung und ihrer Gehalte zu erfassen. In der Beschreibung des Phänomens selbst macht sich zwangsläufig dasjenige wieder geltend, was im fundamentalistischen Zwei-Stufen-Modell ausgeschlossen wurde: das Wechselverhältnis zwischen innerem Erleben und seiner symbolischen, geschichtlich-sozial geprägten Artikulation. So nennt Dilthey zwei Aspekte, die den deskriptiv zugänglichen Kernbestand des »ursprünglichen religiösen Erlebnisses« charakterisieren sollen: »das Bewußtsein von gut und böse und die Beziehung hiervon auf einen Zusammenhang, von dem der Mensch abhängig ist« (I, 138). Moralische Urteilsfähigkeit und ihre Beziehung auf eine transzendente Deutung von Kontingenzerfahrungen stellen aber ersichtlich keine primordialen Bewußtseinsgehalte dar, deren Struktur logisch unabhängig wäre von den religiösen Interpretationsmustern der Tradition, wie sie in den gesellschaftlichen Systemen sedimentiert sind. Das »System der Religion« (I, 44) baut sich nicht aus atomaren religiösen Erlebnissen Einzelner summativ auf, es ist vielmehr, nach Diltheys besserer, an Schleiermacher gewonnener Einsicht, als Netz von Abhängigkeiten zu denken, die nicht nach dem Verhältnis von Fundament und Überbau strukturiert sind.

(2) In den *Ideen über eine beschreibende und zergliedernde Psychologie* konzipiert Dilthey die (Individual-)Psychologie als jene Wissenschaft erster Stufe, die nach der *Einleitung* die Fundierung der höherstufigen Kulturwissenchaft zu übernehmen hätte[95]. Der

[94] Zur Aporetik einer psychologischen Begründung des objektiven Geistes vgl. *A. Schmidt, Geschichte und Struktur,* a. a. O., 25 f.

[95] Auch die *Breslauer Ausarbeitung* nähert sich dem Strukturzusammenhang des Bewußtseins von der Ersten Person Singular aus, mithin individualpsychologisch: »Indem so, was für mich da ist, …, in dem psychologischen Zusammenhange der Totalität meines Bewußtseins aufgefaßt wird, in welchem es primär und originaliter existiert, entsteht der Begriff einer allgemeinen grundlegenden Wissenschaft, welche den Zusam-

im Zuge dieses Programmes eingeführte Begriff des *Strukturzusammenhangs*[96] korrigiert zwar nachhaltig die methodisch naive Vorstellung, eine psychologische Begründung der Geisteswissenschaften habe sich an die elementaren inneren Erlebnisse als solche zu halten. Gleichzeitig ebnet er jedoch die kategoriale Unterscheidung zwischen Begriffen erster und zweiter Stufe wieder ein, indem er von der Annahme übergreifender Strukturzusammenhänge des Psychischen auf die »Konvertibilität von Erleben und Verstehen und die Möglichkeit, durch Introspektion zu Erkenntnissen von genereller Bedeutung zu kommen«[97] (Helmut Johach) schließt.

Bei der Durchsicht seiner *Ideen* notiert Dilthey sich eine von Georg Misch mitgeteilte Definition des Strukturbegriffs, die in ihrer Doppeldeutigkeit charakteristisch ist: »Ich nenne Struktur die Artikulation oder Gliederung eines *Ganzen*.« (V, XCVI)[98] Diese Formulierung hält sich nach zwei Seiten hin offen. Als *Gliederung* gefaßt, könnte die Struktur des Lebenszusammenhangs prinzipiell auch anonym bleiben. Die Bestimmung eines Gegenstandes als gegliedertes Ganzes ist indifferent gegenüber der Frage, ob diese Gliederung in sich schon symbolisch, also über Verstehensleistungen strukturiert ist, oder nicht. Der sprachpragmatischen Zusammenhängen entstammende Begriff der *Artikulation* (vgl. auch V, 217) legt es dagegen nahe, im Sinne der späteren hermeneutischen Trias von einem *symbolischen* Strukturzusammenhang zu sprechen, in dem die Erlebnisse schon immer als interpretierte ihren Weg über den Ausdruck genommen haben. Es dürfte einleuchten, daß mit der Entscheidung für die eine oder andere Variante auch religionsphilosophische Weichenstellungen von erheblicher Tragweite verbunden sind. Zur Entschei-

---

menhang der Tatsachen des Bewußtseins zergliedert und das System der einzelnen Wissenschaften begründet.« (XIX, 77)

[96] Ich beschränke mich hier auf die *Ideen*. Die Ausführungen über den »psychischen Strukturzusammenhang« von 1905 aus den *Studien zur Grundlegung der Geisteswissenschaften* des Bd. VII bewegen sich im Umkreis der in dem früheren Text entwikkelten Konzeption (vgl. VII, 15).

[97] *H. Johach, Handelnder Mensch und objektiver Geist*, a. a. O., 106.

[98] Den Begriff eines *gegliederten, nicht bloß angehäuften Ganzen* hat Dilthey nach *Misch* (vgl. V, XCVI) von *Kant* übernommen. Dessen Erörterung ist freilich bei diesem – innerhalb der »Architektonik der reinen Vernunft« – dem Begriff des *Systems* als der »Einheit der mannigfachen Erkenntnisse unter einer Idee« (KrV, B 861) untergeordnet. Möglicherweise hängt Diltheys Übergang vom System- auf den Strukturbegriff von der *Einleitung* zu den *Ideen* mit der Einsicht in die rationalistischen Implikationen des Systemgedankens zusammen.

dung steht damit nämlich, ob jene – hier um des Argumentes willen einmal unterstellte – religiöse Urerfahrung, an der sich eine empirisch belehrte Religionsphilosophie zu orientieren hätte, *intern* mit den religiösen Symbolen, lehrhaften Formeln und liturgischen Riten verknüpft ist, durch die sich Religionen gesellschaftlich institutionalisieren, oder ob es möglich ist, die Analyse solcher Erfahrungen der Beschäftigung mit dem Ausdrucksaspekt fundierend voranzustellen.[99]

In den *Ideen* trifft Dilthey noch keine eindeutige Option für die Bindung des Verstehens an den Ausdruck. Die innere Wahrnehmung behält den Primat, ergänzt um die analogische Auffassung des Fremdpsychischen »durch Übertragung unseres eigenen Seelenlebens« (V, 198). Hier dominiert eindeutig das intuitionistische Einfühlungsmodell. Zu dieser – offenbar kriterienlosen – Erfassung des psychischen Innenraums tritt aber die Beschäftigung mit geistigen Ausdrucksgestalten, die »Benutzung der gegenständlichen Produkte des psychischen Lebens. In der Sprache, dem Mythos, der Literatur und Kunst, überhaupt allen geschichtlichen Leistungen haben wir gleichsam gegenständlich gewordenes psychisches Leben vor uns« (V, 199). Methodisch bieten solche Objektivationen geistigen Lebens den Vorteil, gegenüber der »beständige[n] Veränderlichkeit« des Erlebnisstroms »feste Gestalten« (V, 200) auszubilden. An den Ausdrucksgestalten des »Seelenlebens« lassen sich jene strukturalen Zusammenhänge, um die es der deskriptiven Psychologie nach Dilthey zu tun ist, methodisch präziser erfassen, als dies der Konzentration

[99] Nur im letzteren Falle (wenn begrifflich unstrukturierte Elementarerlebnisse ein fundamentales epistemisches Privileg beanspruchen können) böte die Orientierung an religiöser Erfahrung die Möglichkeit, den Argumentationsnöten auszuweichen, in die eine theoretische Analyse religiöser Geltungsansprüche zwangsläufig gerät. Nur wenn religiöse Erlebnisse bereits in sich als Garanten religiöser Wahrheit auftreten können, kann der Verzicht auf philosophische Theologie gerechtfertigt werden. Der Fundamentalismus religiöser Erfahrung impliziert daher die Überzeugung, daß zwischen dieser und objektivierter Religion ein *einseitiges* Abhängigkeitsverhältnis besteht. Entsprechend bestimmt *W. James* als Objekt seiner religionsphilosophischen Untersuchungen die »personal religion pure and simple« (*The Varieties of Religious Experience*, a. a. O., 34). Die Beschränkung ist Programm: »I propose to ignore the institutional branch entirely, to say nothing of the ecclesiastic organization, to consider as little as possible the systematic theology and the ideas about the gods themselves.« (ebd.) Für den Vertreter der Konzeption des Ausdrucksverstehens läuft dies auf die methodisch fatale Verselbständigung *eines* unselbständigen Strukturbestandteils und damit auf die Unterbestimmung des Phänomens selbst hinaus.

auf innere Wahrnehmung in ihrer kriterienlosen Faktizität gelingt. Indem Dilthey so den von Hause aus individualpsychologischen Strukturbegriff an den später so genannten Phänomenen des »objektiven Geistes« konturiert, stellt er die Weichen in Richtung auf die Reformulierung des Erlebnisses im Kontext eines dreigliedrigen Beziehungsgefüges, dessen Mittelglied immer die Gestalt symbolischer Artikulation haben muß. Realisiert wird dieser Ansatz freilich erst im Spätwerk Diltheys, vor allem im *Aufbau der geschichtlichen Welt*. In den *Ideen* changiert die Bedeutung des Begriffs »Struktur« zwischen einer psychologistischen und einer eher semiotisch-hermeneutischen Variante, wobei erstere – und mit ihr das fundamentalistische Begründungsmodell – eindeutig dominiert. Dilthey begreift den Strukturzusammenhang als die nur dem Erleben zugängliche Kohärenz und Kontinuität des Innerpsychischen (vgl. V, 206). Kraft seiner teleologischen Ausrichtung auf »Lebensfülle, Triebbefriedigung und Glück« (V, 207) ist er als Zweckzusammenhang bestimmt und so mit größeren Zusammenhängen zu einer teleologischen Struktur gleichsam verzahnt. Der übergreifende, geschichtlich-soziale Kontext des individuellen Strukturzusammenhangs soll aber als dessen höhere ›Aggregationsform‹ in einseitiger Abhängigkeit vom Innerpsychischen verbleiben: »Das ganze System der tierischen[100] und menschlichen Welt stellt sich als die Entfaltung dieser einfachen Grundstruktur des Seelenlebens in zunehmender Differenzierung, Verselbständigung der einzelnen Funktionen und Teile sowie höherer Verbindung derselben untereinander dar.« (V, 211) Daher muß die Strukturbeschreibung des seelischen Zusammenhangs – deskriptive Psychologie als Grundwissenschaft – alle höherstufigen Geisteswissenschaften fundieren.

(3) Erst im *Aufbau der geschichtlichen Welt* ist der Bruch mit dem Fundierungsmodell endgültig vollzogen. Das individuelle Erleben wird dezentriert und dem hermeneutischen Prozeß eingegliedert, in dem es allerdings weiterhin – als performativer Modus des *Lebens* selbst und insofern anonymisiert[101] – einen gewissen Vorrang

[100] In den *Ideen* ventiliert Dilthey gelegentlich die Möglichkeiten einer *biologistischen* Grundlegung der Geisteswissenschaften (vgl. bes. V, 207–211) und gerät dadurch in merkliche Distanz zu seinem späteren, im »objektiven Geist« zentrierten Ansatz. Vgl. dazu *H. Johach, Handelnder Mensch und objektiver Geist*, a. a. O., 100 ff.

[101] Mit dieser Anonymisierung des Erlebnisses (»Die Deskription hat es nur mit dem Erlebnis zu tun und gar nicht mit einer Person, in welcher dasselbe stattfindet.« [VII, 19]) reagiert Dilthey auf *Husserls* V. *Logische Untersuchung* über *Intentionale Erleb-*

behauptet. Der Gesichtspunkt eines strukturalen Beziehungsgeflechtes wechselseitiger Implikationen dominiert die Argumentation und zerstört den individualistischen Erlebnisfundamentalismus vollständig: »*Es sind neue Kategorien, Gestalten und Formen des Lebens, an die wir uns wenden müssen und die am Einzelleben selbst nicht aufgehen.* Das Individuum ist nur der Kreuzungspunkt für Kultursysteme, Organisationen, in die sein Dasein verwoben ist: wie könnten sie aus ihm verstanden werden?« (VII, 251; Kursiv im Orig.). Der religiösen Erfahrung des Einzelnen dürfen dementsprechend keine Begründungslasten mehr aufgebürdet werden; sie liefert, wie auch F. v. Kutschera seine Analyse des Begriffs resümiert, »keine neutrale Basis für die Erstbegründung religiöser Annahmen«. Das »Modell einer Begründung als Einbahnstraße«[102] vom Gegebenen zum Begriff ist in religionstheoretischen Zusammenhängen so untauglich wie anderswo auch.

Was hier unter dem erkenntnistheoretischen Gesichtspunkt der Kritik am Erlebnisfundamentalismus behandelt wird, firmiert in der Dilthey-Literatur als die *hermeneutische Wende* Diltheys. Dieser habe, so lautet die zuerst von Georg Misch in seinem *Vorbericht des Herausgebers* zu Bd. V vertretene gängige These, in seinem letzten Lebensjahrzehnt eine grundbegriffliche Umstellung »von der Psychologie zur Hermeneutik« (V, IX) vorgenommen, durch die sich der Schwerpunkt der Betrachtung auf die verstehende Aneignung objektivierter Ausdrucksgestalten verschiebe. Häufig wird die vernichtende Kritik, die Diltheys *Ideen* durch die berühmte Rezension Hermann Ebbinghaus'[103] zuteil wurde, als Anlaß für den Abbruch des psychologistisch-fundamentalistischen Begründungsprojektes der *Einleitung* angesehen. Im Zusammenhang mit der erneuten Rezeption Hegels und der Lektüre von Husserls *Logischen Untersuchungen* soll Dilthey dann zu dem dreigliedrigen hermeneutischen Modell der Spätzeit gelangt sein. Diese Rekonstruktion ist in den Grundzügen sicher richtig, bedarf aber gleichwohl im Blick auf die religionstheoretische Fragestellung dieser Studie der Differenzierung. Zum einen finden sich im Text des *Aufbaus* – der in seiner

---

nisse und ihre Inhalte (vor allem auf deren 2. Kapitel), in der die phänomenologisch erfaßbare Gegebenheit des intentionalen Bewußtseinslebens gegen den Psychologismus herausgearbeitet wird.

[102] *F. v. Kutschera, Vernunft und Glaube*, Berlin/New York 1990, 209.

[103] *H. Ebbinghaus, Über erklärende und beschreibende Psychologie*, in: *Zeitschrift für Psychologie und Physiologie der Sinnesorgane* 9 (1896), 161–205.

rezeptionsgeschichtlich wirksam gewordenen Form auf die redaktionelle Arbeit des Herausgebers Bernhard Groethuysens zurückgeht[104] – immer wieder Reminiszenzen an die frühere, psychologistische Konzeption innerer Erfahrung und einfühlenden Verstehens. Darauf hat Jürgen Habermas zurecht hingewiesen.[105] Zum anderen hat sich aber gezeigt, daß auch in den früheren Schriften Diltheys der Erlebnisfundamentalismus bereits durch die Betonung strukturaler Zusammenhänge und symbolischer Vermittlungsinstanzen relativiert wird. Wie oben bereits angedeutet wurde, fällt freilich Dilthey selbst im *Aufbau* und dem Fragment über das *Wesen der Religion* hinter die panhermeneutische Aufhebung des Psychologismus zurück, wenn er *religiöse* Erlebnisse fundamentalistisch privilegiert: »Unter allen Erlebnissen, auf denen die Objektivierung und Organisation des Geistes *gegründet* ist, nimmt die Religiosität eine besondere, zentrale Stelle ein.« (VII, 266. Kursivierung M. J.). Ich möchte im folgenden zeigen, daß die hermeneutische Konzeption des Spätwerks den Immanentismus des objektiven Geistes derart verstärkt, daß sie, konsequent durchgeführt, weder mit der fundamentalistischen Ansetzung eines uninterpretiert in innerer Erfahrung Gegebenen noch mit einer Residualmetaphysik transzendenter Wirklichkeiten verträglich ist.[106]

War innere Erfahrung für den frühen Dilthey noch unmittelbares Korrelat eines spezifischen *Gewahrwerdens* (bzw. im Falle des Fremdverstehens einer entsprechenden *Einfühlung*), so schiebt der spätere, hermeneutische Ansatz den sprachlich (oder in anderen kulturellen Symbolen) artikulierten *Ausdruck* als unumgehbares Mittelglied zwischen das Erleben und das Verstehen ein. Deutlichstes Indiz dieser grundbegrifflichen Umstellung ist der Wandel in der Bedeutung des Ausdrucks *Struktur.* Während der Dilthey der *Ideen* den Terminus primär auf den psychischen Zusammenhang bezog und soziale Strukturen – einschließlich der durch sie ermöglichten Ausdrucksformen – als abgeleitet begriff, dominiert im *Aufbau* das Junktim zwischen Struktur und objektivem Geist. Dieser und mit ihm die

[104] Vgl. dazu VII, VIII ff.; 348 ff.

[105] Vgl. Anm. 60.

[106] Auch mit dem *religiös*-antimetaphysisch inspirierten Geschichtsdenken seines Freundes *Paul Yorck von Wartenburg* und dessen Parole »Transzendenz gegen Metaphysik« (*Briefwechsel zwischen Wilhelm Dilthey und dem Grafen Paul Yorck v. Wartenburg*, a. a. O., 42) ist Dilthey späte hermeneutische Konzeption von Geschichte als der Selbstbegegnung des Menschen nicht in Einklang zu bringen.

soziale Welt erscheint nun als ein »Wirkungszusammenhang, der in sich selbst zentriert ist, indem jeder einzelne in ihm enthaltene Wirkungszusammenhang durch die Setzung von Werten und die Realisierung von Werten seinen Mittelpunkt in sich selber hat, alle aber strukturell zu einem Ganzen verbunden sind, in welchem aus der Bedeutsamkeit der einzelnen Teile der Sinn des Zusammenhangs der gesellschaftlich-geschichlichen Welt entspringt: so daß ausschließlich in diesem strukturellen Zusammenhang jedes Werturteil und jede Zwecksetzung, die in die Zukunft reicht, gegründet sein muß.« (VII, 138) Dilthey denkt, wie sich diesem zentralen Zitat entnehmen läßt, an ein Verhältnis der *Reziprozität* zwischen den verschiedenen Aggregationsstufen solcher Wirkungszusammenhänge. Sie erstrecken sich kontinuierlich von der zwecksetzenden Tätigkeit des Individuums bis zum emphatischen Inbegriff dessen, was als subjektives Korrelat des objektiven Geistes gedacht werden kann: der Menschheit. Als Gegenstand der Geisteswissenschaften entsteht diese durch Einnahme der hermeneutischen Binnenperspektive, sofern nämlich »menschliche Zustände erlebt werden, sofern sie in Lebensäußerungen zum Ausdruck gelangen und sofern diese Ausdrücke verstanden werden.« (VII, 86). Diese irreduzibel dreigliedrige Struktur von »Leben, Ausdruck und Verstehen« (ebd.) ist aber nicht nur für die Erkenntnis geschichtlich-gesellschaftlicher Zusammenhänge unhintergehbar, sie bestimmt auch das Selbstverhältnis der Individuen. »Nicht durch Introspektion erfassen wir die menschliche Natur« (VII, 250), sondern allein durch die Vertiefung in den Ausdruck: »nur seine Handlungen, seine fixierten Lebensäußerungen, die Wirkungen derselben auf andere belehren den Menschen über sich selbst; so lernt er sich nur auf dem Umweg des Verstehens selber kennen.« (VII, 87)[107].

Diltheys Insistieren auf der Notwendigkeit objektivierter Ausdruckgestalten erinnert an Wittgensteins Kritik an der Möglichkeit privater Sprachen. So wie in dessen berühmtem Beispiel niemand

---

[107] In jüngster Zeit hat *Ulrich Oevermann* im Zusammenhang seiner ›Objektiven Hermeneutik‹ immer wieder den hermeneutischen Grundsachverhalt betont, »daß wir introspektiv Eigen-Psychisches, erst recht Fremdpsychisches nicht direkt verstehen können, sondern immer nur, soweit es in textförmigen Ausdrucksgestalten sich objektiviert hat« (*U. Oevermann, Genetischer Strukturalismus und das sozialwissenschaftliche Problem der Erklärung der Entstehung des Neuen,* in: *S. Müller-Doohm* [Hg.], Jenseits der Utopie, Theoriekritik der Gegenwart, Frankfurt 1991, 303) Diese Einsicht ist im Spätwerk des hermeneutischen Klassikers Dilthey geradezu systembildend geworden.

wissen kann, ob auch die anderen in ihrer Schachtel einen Käfer haben,[108] so bleibt das innere Erlebnis unidentifizierbar und stumm, solange es nicht in eine intersubjektiv zugängliche symbolische Gestalt transformiert worden ist. Zu wissen, was ich erlebt habe, setzt die Bestimmung des Erlebnisgehalts durch sprachliche oder andere Zeichen voraus. Ob ein bestimmtes Erlebnis etwa als genuin religiöses zu qualifizieren wäre, ist eine Frage, die sich nach dieser Einsicht auf der Erlebnisebene selbst prinzipiell nicht beantworten läßt. Die Eingliederung des Erlebens in die hermeneutische Trias stellt demnach einen wirklichen Bruch mit jener fundamentalistischen Privilegierung des Inneren dar, für die der Ausdruck prinzipiell defizient bleibt. Diltheys Gebrauch des Terminus *objektiver Geist* legimiert sich schließlich nicht zuletzt durch die Einsicht in die relative Selbständigkeit geistiger Gestalten gegenüber ihren psychologisch-erlebnishaften Ursprüngen, wie er sie am Exempel des dichterischen Werkes verdeutlicht: Was in diesem ausgedrückt wird, »sind nicht die inneren Vorgänge (sc. Erlebnisse, M. J.) in dem Dichter, sondern ein in diesen geschaffener, aber von ihnen ablösbarer Zusammenhang. (…) So ist der Gegenstand, mit dem die Literaturgeschichte oder die Poetik zunächst zu tun hat, ganz unterschieden von psychischen Vorgängen im Dichter oder seinen Lesern. Es ist hier ein geistiger Zusammenhang realisiert …« (VII, 85).

Geistige, durch die Kategorien *Sinn* und *Bedeutung* bestimmte Lebensäußerungen – im *Aufbau* unterscheidet Dilthey trichotomisch zwischen begrifflichen Zusammenhängen, Handlungen und Erlebnisausdrücken (vgl. VII, 205 f.) – haben für den hermeneutischen Ansatz des Spätwerks eine interne Struktur, die einzig einem aus der Binnenperspektive rekonstruierenden Verstehen zugänglich ist. Der Begriff des *objektiven Geistes* zielt auf die Eigenbestimmheit dieser Struktur, durch die Dilthey den methodischen Verzicht auf die Thematisierung externer Vermittlungsgrößen legitimiert sieht. An erster Stelle ist hier die Ausschaltung der gegenständlichen Welt zu nennen, näherhin die Beschränkung auf diejenige Klasse von geistigen Erlebnissen (Bewußtseinstatsachen), denen wir nicht, wie den Sinneswahrnehmungen, »zu praktischen Zwecken« physische Gegenstände unterlegen müssen, durch deren Setzung »die Impressionen konstruierbar werden« (VII, 81). In moderner Terminologie aus-

---

[108] Vgl. *L. Wittgenstein, Philosophische Untersuchungen*, Frankfurt [3]1983, Nr. 293 u. Nr. 580: »Ein ›innerer Vorgang‹ bedarf äußerer Kriterien«.

gedrückt, besteht das Abgrenzungskriterium Diltheys in der Differenzierung zwischen inferentiellen (und voluntativen, emotiven etc.) Abhängigkeiten einerseits und kausalen Gesetzmäßigkeiten andererseits. Die physische Seite des jeweils thematischen Sachverhalts ist in den Geisteswissenschaften *als solche* daher nicht relevant, sie wird »in die bloße Rolle von Bedingungen, von Verständnismitteln herabgedrückt« (VII, 82)[109]. Daß geistige Ausdrücke gegenständlicher Realisierung bedürfen, ist der Hermeneutik nicht fremd, aber gleichgültig. So interessiert sie sich beispielsweise nicht für Grapheme oder Phoneme (oder Urkunden, Bücher, Bauwerke) als physische Entitäten, sondern für den in ihnen ausgedrückten *Sinn*. Die – bewußt vollzogene – Abstraktion von der gegenständlichen Komponente unseres Weltverhältnisses ist Methode: sie allein ermöglicht es, jene Binnenstruktur des Geistigen eigensinnig zu entfalten, die nach Dilthey die Gestalt eines hermeneutischen Zirkels hat. »Die Geisteswissenschaften sind so fundiert in diesem Zusammenhang von Leben, Ausdruck und Verstehen. Hier erst erreichen wir ein ganz klares Merkmal, durch welches die Abgrenzung der Geisteswissenschaften definitiv vollzogen werden kann. Eine Wissenschaft gehört nur dann den Geisteswissenschaften an, wenn ihr Gegenstand uns durch das Verhalten zugänglich wird, das im Zusammenhang von Leben, Ausdruck und Verstehen fundiert ist.« (VII, 87).

Die religionsphilosophisch relevante Pointe dieser methodischen Abgrenzung von den Naturwissenschaften besteht darin, daß sie die Innenansicht des »objektiven Geistes« hermeneutisch an den *Immanentismus* von Diltheys Bedeutungstheorie ankoppelt, der den Erlebnisausdruck als Selbstinterpretation des übergreifenden Lebenszusammenhanges deutet. Dabei geht Dilthey unmerklich von der hermeneutischen Einsicht in die *Eigenbestimmtheit* einer lebensweltlichen Sinnperspektive – im Unterschied zu der Dritte-Person-Perspektive der Naturwissenschaften – zu der im schlechten Sinn geisteswissenschaftlich verengten These über, diese Eigenbestimmtheit erlaube es, geistige Symbolgebilde ohne Berücksichtigung ihrer referentiellen Seite zu behandeln. Ist dieser Schritt erst einmal getan, dann kann der Zirkel von Erlebnis, Ausdruck und Verstehen einen Bereich von Ausdrucksgestalten umgrenzen, die über ihre phänome-

[109] Daß der geisteswissenschaftliche Ansatz glaubt, von der Produktion und Reproduktion der materiellen Lebensbedingungen methodisch abstrahieren zu können, ist nur die logische Konsequenz aus dem Immanentismus des objektiven Geistes.

nale Realität hinaus keine Wahrheitsbedingungen haben. Offenkundig beziehen wir uns jedoch auch in den bedeutungsholistischen Artikulationen der Lebenswelt auf eine von uns nicht hervorgebrachte Realität, beispielsweise auf Sachverhalte in der gegenständlichen Welt. Das Referenzproblem kann also nicht gelöst werden, indem man es in die Naturwissenschaften auslagert. *A fortiori* verfehlt es den Eigensinn religiöser Erfahrung, ihr externe Wahrheitsbedingungen abzusprechen.

Die Konstruktion geisteswissenschaftlicher Erfahrung in Diltheys hermeneutischem Spätwerk rückt nun aber auf Kosten des *Bezugs* die Kategorie der *Bedeutung* entschieden ins Zentrum: Bedeutung meint dabei »die besondere Art von Beziehung, welche innerhalb des Lebens dessen Teile zum Ganzen haben.« (VII, 233 f.). *Terminus ad quem* der einzelnen Bedeutungseinheiten ist der objektive Geist: jene von den Interaktionen der Individuen zwar hervorgebrachte, deren Partikularität aber gattungsgeschichtlich übersteigende Struktur, die den hermeneutischen Prozeß von Erlebnis, Ausdruck und Verstehen ermöglicht und offenhält. Das in diesem Prozeß geschichtlich entstehende Selbstverhältnis der Subjekte kann auf keine transzendenten Garantien zurückgreifen und ist daher, für das Individuum wie für die Gattung, nie vollständig realisiert: »Man müßte das Ende der Geschichte erst abwarten, um für die Bestimmung ihrer Bedeutung das vollständige Material zu besitzen.« (VII, 233)

Diltheys konzipiert Bedeutung als die dem Leben eigentümliche Relation, die, vermittelt über die Kategorie des Ausdrucks, zwischen den Teilen – den Erlebnissen – und dem Ganzen – dem psychischen Strukturzusammenhang bzw. dem objektiven Geist – besteht. Die reziproke Verweisungsstruktur von Teil und Ganzem sichert dem geisteswissenschaftlichen Verstehen für Dilthey seine Autarkie, indem sie es ermöglicht, die Kategorie der Bedeutung vollständig immanent zu bestimmen: ohne Zusammenhang mit der Kategorie des *Bezugs*. Mit den Worten Ferdinand Fellmanns: »Der erkenntnistheoretische Standpunkt wird hermeneutisch bis an die Grenze der Referenz aufgelöst.«[110] Diltheys hermeneutisches Modell muß daher als

[110] *F. Fellmann, Symbolischer Pragmatismus,* a.a.O., 205. Fellmann knüpft ausdrücklich an Droysen und Dilthey an, wenn er die von ihm selbst inaugurierte »Interpretation nach den Bildern« dadurch charakterisiert, daß sie »den Bezug der Bedeutungen auf einen Gegenstand, die Referenz sistieren« müsse (ebd., 213).

eine Revision der klassischen Bedeutungstheorie verstanden werden, wie sie im Modell des *semiotischen Dreiecks*[111] zum Ausdruck kommt. Dieses Modell dient der Veranschaulichung einer dreistelligen Relation:[112]

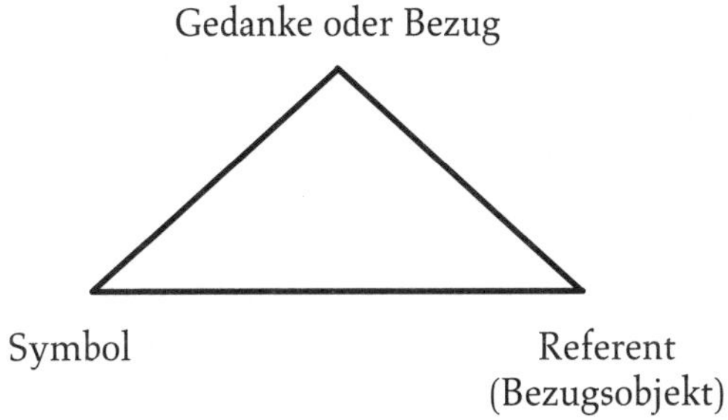

Auch der hermeneutische Ansatz des späten Dilthey geht von einer dreistelligen Relation aus:

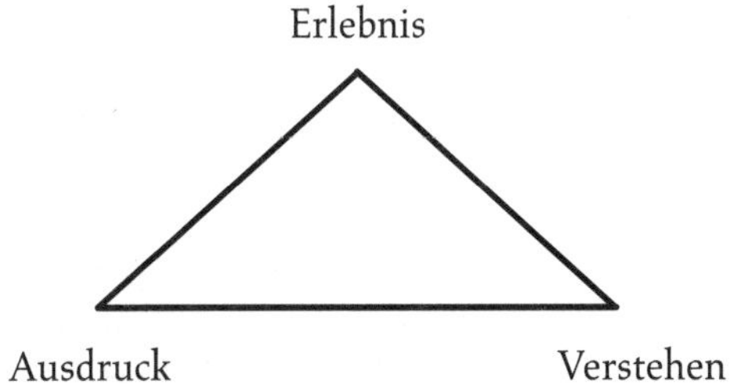

Daß die Kategorie des *Ausdrucks* der des *Symbols* im Dreieck von Ogden/Richards zugeordnet werden kann, bedarf keiner Erläuterung. Die Substitution der traditionellen Kategorie des geistigen Gehalts (»Gedanke«) durch die des Erlebnisses[113] verdankt sich Diltheys

---

[111] Vgl. dazu die bekannte Arbeit von *C. K. Ogden, I. A. Richards, Die Bedeutung von Bedeutung,* Frankfurt 1974. *H.-H. Lieb* hat nachgewiesen, daß die Konzeption des semiotischen Dreiecks bei diesen Autoren in Kontinuität zum klassischen Zeichenmodell des *Aristoteles* steht (*Das »semiotische Dreieck« bei Ogden und Richards: eine Neuformulierung des Zeichenmodells von Aristoteles, in: Logos Semantikos.* Studia Linguistica in Honorem Eugenio Coseriu, Vol. I, Berlin/New York/Madrid 1981, 137–156).

[112] Nach Ogden/Richards, a. a. O., 18.

[113] Die semiotische Konzeption des *Aristoteles* korrespondiert hier eigentümlich mit Diltheys Erlebnis-Begriff. Zwar kann auch Aristoteles – in der Symbolik von Ogden/

lebensphilosophischer Erweiterung des Kognitiven um Gehalte voluntativer und emotiver Art. Die dritte Modifikation ist nun aber entscheidend: an die Stelle des Bezugsobjektes tritt das *Verstehen:* daß der Erlebnisausdruck verstanden werden kann (d. h. als Teil in das größere Ganze des objektiven Geistes gehört), verschafft ihm eben jene Bedeutung, die sich in der traditionellen Bedeutungstheorie dem Gegenstandsbezug verdankt. Anders gesagt: der Bezug auf das Medium des Verstehens, den objektiven Geist, vertritt den Bezug auf Gegenständliches. Unten (1.2.4. u. 3.2.2.1.) wird noch zu zeigen sein, wie diese Verschiebung damit zusammenhängt, daß Dilthey sich am Modell des Ästhetischen orientiert. Der Bereich objektiven Geistes ist damit in der auf gattungsgeschichtliche Selbstbesinnung hin konzipierten Semiosis (Peirce), dem Prozeß der Zeichenbildung und -Interpretation, grundbegrifflich abgeschlossen. Ein transzendenter Gott findet im hermeneutischen Dreieck Diltheys daher sowenig einen Ort des Erscheinens wie die gegenständliche (Außen-)Welt. Im geistesgeschichtlichen Denken gilt für religiöse Erfahrungen kein anderes Sinnkriterium als das des hermeneutischen Wechselverhältnisses von Teil und Ganzem. Dieses Ganze steht nachhegelianisch nur noch unter dem Titel des objektiven, nicht mehr unter dem des absoluten Geistes. Das diachronisch allererst hervorzubringende Selbstverhältnis des Menschen, als dessen theoretisches Medium Dilthey die Geisteswissenschaften konzipiert, kennt keine Epiphanie des Absoluten, sondern allein die geschichtliche Konstitution desjenigen Sinnes, den handelnde Menschen der eigenen und der Gattungsgeschichte zu verleihen im Stande sind.

Richards gesprochen – die Spitze des Dreiecks mit dem Terminus »Gedanke« (νόημα) bezeichnen (vgl. De Interpretatione 1.16a 9 ff.); im Zentrum seiner Argumentation (vgl. De Interpretatione 1. 16a 3–8) findet sich aber ein von Diltheys »Erlebnis« nicht weit entfernter Ausdruck: die »Widerfahrnisse in der Seele« (τὰ ἐν τῂ ψυχή παθήματα).

1.2. Diltheys hermeneutischer Wahrheitsbegriff

»Wird Religion um eines anderen als ihres eigenen Wahrheitsgehaltes willen angenommen, so unterminiert sie sich.«
Th. W. Adorno, Vernunft und Offenbarung

Daß Diltheys bedeutungstheoretische Konzeption, wie sie im Spätwerk klar hervortritt, den traditionellen Zusammenhang von Bedeutung und Bezug unterläuft, ist oben deutlich geworden. Ausdrucksgestalten, auch solche religiösen Sinnes, erhalten ihre Bedeutung nicht etwa durch ihren Gegenstandsbezug, sondern durch ihre Integrierbarkeit als Teile eines umfassenden Ganzen, für welches Dilthey den Titel ›objektiver Geist‹ wählt. Als Leitvorstellungen fungieren *Konsistenz* und, umfassender, *Kohärenz*, nicht etwa *Korrespondenz*. Angesichts der seit Tarski allgemein akzeptierten Einsicht in den systematischen Zusammenhang der Begriffe *Wahrheit* und *Bedeutung*[114] ist es offensichtlich, daß diese Konzeption weitreichende Auswirkungen auf das hermeneutische Verständnis von Wahrheit hat. Was bedeutet es, wenn, wie H. G. Gadamer treffend bemerkt, selbst dem philosophischen Begriff (als Teil des objektiven Geistes) »nicht Erkenntnis-, sondern Ausdrucksbedeutung«[115] zukommt? Handelt es sich hier wirklich um eine vollständige Disjunktion? Und würde sich Diltheys eigenes Projekt einer »Philosophie der Philosophie«, wenn dies der Fall wäre, nicht selbst entwerten? Ich möchte die wahrheitstheoretischen Implikationen von Diltheys lebensphilosophisch-hermeneutischem Ansatz in einer Folge von thematisch locker aufeinander verweisenden Analysen herausarbeiten. Zunächst ist zu fragen, in welcher Weise die Kritik metaphysischer und religiöser Geltungsansprüche mit der theoretischen Vorrangstellung des Lebens und seiner Artikulation in Erlebnisausdrücken zusammen-

---

[114] Eine klare Darstellung bietet das Kapitel »Wahrheit und Bedeutung« in: *M. Dummett, Ursprünge der analytischen Philosophie,* Frankfurt 1988. – *Ch. Tayolor* kennzeichnet in seinem Aufsatz *Bedeutungstheorien* (in: *Negative Freiheit?* Zur Kritik des neuzeitlichen Individualismus, Frankfurt 1992, 56) die traditionelle Position als »Designativismus«, dem auch noch dessen analytische Revisionen in soweit treu blieben, als sie »die Repräsentation als das grundlegende Sprachphänomen und als den zentralen Gegenstand der Bedeutungstheorie ansehen« (ebd., 60). Taylors Position wird unten, Abschnitt 3.1.2, noch ausführlicher behandelt werden.
[115] *H. G. Gadamer, Wahrheit und Methode,* 216.

hängt. Diese Fragestellung ermöglicht es, die lebensphilosophischen und die hermeneutisch-bedeutungstheoretischen Aspekte des Problems schärfer zu unterscheiden, gleichzeitig aber auch aufeinander zu beziehen (1). Im nächsten Schritt werden dann die unaufgelösten Ambivalenzen in Diltheys eigenem systematischen Begründungsversuch im Vordergrund stehen. Die Doppeldeutigkeit seiner Basiskategorie ›Bewußtseinstatsache‹ wird sich als der eigentliche Grund dafür zeigen, daß Dilthey implizit einem kohärenztheoretischen Wahrheitsverständnis zuneigt, ohne sich doch radikal von der klassischen Korrespondenztheorie zu verabschieden (2). Schließlich wird zu zeigen sein, daß auch der ›pragmatistisch‹ geprägte Versuch des ›mittleren‹[116] Dilthey, die angedeutete Ambivalenz mit Hilfe des Handlungsbegriffs aufzulösen, problematisch und in religionsphilosophischer Hinsicht defizitär bleibt (3). Die wahrheitstheoretischen Defizite der Diltheyschen ›Bedeutungsimmanenz‹ – so zeigt sich damit nochmals – erlauben es nicht, religiöser Erfahrung einen Wirklichkeitsbezug zuzusprechen, der jenseits des gattungsgeschichtlich sich objektivierenden menschlichen Geistes läge. Der hermeneutische Ansatz bei der Teil-Ganzes-Relation entnimmt seine bedeutungstheoretischen Vorgaben zu weitgehend ästhetischer Erfahrung, assimiliert damit religiöse Erfahrung an diese und erschwert so seine Integration in das methodische Repertoire der Religionsphilosophie (4).

[116] Ich benutze diese Kennzeichnung im folgenden nur hilfsweise – immerhin war Dilthey fast 60 Jahre alt, als die hier behandelten Schriften entstanden –, und zwar zur einheitlichen Charakterisierung jener Texte, die Anfang der neunziger Jahre verfaßt wurden und deren verbindendes Merkmal in einem neuen Interesse für die Einbettung des Bewußtseinslebens in den handelnden Weltbezug besteht. Die fraglichen Texte sind die *Beiträge zur Lösung der Frage vom Ursprung unseres Glaubens an die Realität der Außenwelt und seinem Recht* (1890), die Studie *Erfahrung und Denken* (1892), schließlich die *Ideen über eine beschreibende und zergliedernde Psychologie* (1894) (alle Bd. V). Zu berücksichtigen ist auch die Ethik-Vorlesung von 1890 (*System der Ethik*, Bd. X der GS). – In meiner Schrift *Dilthey zur Einführung* habe ich die dreigliedrige Periodisierung seines Denkens werkgeschichtlich entwickelt: vgl. zur mittleren Periode ebd., 87–138.

1.2.1. Lebensphilosophie und Bedeutungstheorie

›Leben‹ ist für Dilthey, modern ausgedrückt, ein autopoietisches, sinnkonstituiertes und sinnkonstituierendes System. Freilich ist zu beachten, daß sein Lebensbegriff nicht biologistisch getönt ist: »Der Inbegriff dessen, was uns im Erleben und Verstehen aufgeht, ist das Leben als ein das menschliche Geschlecht umfassender Zusammenhang.« (VII, 131) »Ich gebrauche den Ausdruck ›Leben‹ in den Geisteswissenschaften in der Einschränkung auf die Menschenwelt; er ist hier durch das Gebiet, in dem er gebraucht wird bestimmt und keinem Mißverständnis ausgesetzt.« (VII, 228) Diltheys Lebensbegriff impliziert demnach keineswegs – wie der Standardvorwurf gegen die sogenannte ›Lebensphilosophie‹ lautet – eine weltanschauliche Parteinahme für das Irrationale im Sinne des begrifflich nicht Faßbaren. Im Gegenteil: die Kategorie ›Leben‹ entspringt jenem historistischen Aufklärungsschub zweiter Stufe, als welcher der Historismus des 19. Jahrhunderts eben *auch* begriffen werden muß.[117] In der theoretischen Vorrangstellung des Lebens artikuliert sich primär eine Kritik an dem traditionellen Primat theoretischer Vernunft, an der begrifflichen Auszeichnung des kognitiven Weltzugangs[118] und dessen Isolierung vom praktisch-begehrenden und praktisch-wertenden Weltverhältnis. Dilthey hielt es für einen methodischen Fehler, die Perspektive der dritten Person mit ihrem objektivierenden Wirklichkeitsverständnis auch für jene lebensweltlich geprägten Perspektiven der ersten Personen (Singular und Plural) zur Norm zu machen, für die ein Bedeutungsholismus konstitutiv ist. Mit solcher Kritik liegt Dilthey ganz auf der Linie des amerikanischen Pragmatismus, dessen philosophisches Profil sich wie das der Lebensphilosophie einerseits in Reaktion auf den Niedergang der traditionellen Metphysik mit ihrem kontemplativen Theorieverständnis, andererseits in der Gegenstellung zu reduktionistischen Deutungen des Empirismus ausgebildet hat. Es ist daher kein Zufall, daß die von Dilthey unterschiedenen Aspekte menschlichen In-der-Welt-Seins (»Wirklichkeitserkenntnis, Wertbestimmung, Zwecksetzung« [VIII, 176])

---

[117] *Herbert Schnädelbach* betont zurecht, daß der Historismus des 19. Jahrhundert, als dessen herausragender Vertreter Dilthey gilt, »Aufklärung über die Aufklärung« betrieben habe und als »Aufklärungskritik nicht einfach *Gegenaufklärung*« sei (*Philosophie in Deutschland 1831–1933*, op. cit., 54).

[118] In der *Breslauer Ausarbeitung* heißt es dazu prägnant: »Die Philosophie wurde von dem Schein einer isolierten Gestaltung der Intelligenz getäuscht« (XIX, 76).

den aus pragmatistischer Sicht bestimmten Rationalitätstypen genau entsprechen, wie sie in der gegenwärtigen rationalitätstheoretischen Debatte diskutiert werden.[119]

Das *proton pseudos* aller Metaphysik erblickt Dilthey dementsprechend in jener Abstraktion vom menschlichen Lebensprozeß, »welche den in der Relation zur Lebendigkeit konzipierten Weltzusammenhang wissenschaftlich behandelt, als ob er eine von dieser Lebendigkeit unabhängige Objektivität wäre« (VIII, 51). In dieser Frage gibt es eine Kontinuität von der *Einleitung* zum *Aufbau.* Das metaphysische Objektivitätsideal unterstellt fälschlich, so läßt sich Diltheys Kritik zusammenfassen, daß die Wirklichkeit prinzipiell auch unabhängig von unserer wertenden und begehrenden Verstricktheit in sie, also rein kognitiv zugänglich werden könnte. Metaphysik ist für Dilthey ein kognitivistisches Selbstmißverständnis des menschlichen In-der-Welt-Seins. Bereits die geistesgeschichtlichen Analysen des zweiten Buchs der *Einleitung* sind von dieser Einsicht geprägt. Erst die ›Totalität des Gemüts‹ (Diltheys Kurzformel für das bedeutungsholistische Zusammenwirken kognitiver, affektiv-wertender und voluntativer Aspekte im Weltbezug der Subjekte) soll auch die metaphysischen Systeme hervorgebracht haben, in deren Selbstverständnis die Kontingenz menschlicher Perspektiven prinzipiell verlassen ist. *Sub specie aeterni* läßt sich nach Dilthey Wirklichkeit nicht einmal denken, geschweige denn objektiv gültig erkennen. Kognitive Aktivitäten sind für ihn nämlich nur unselbständige Bestandteile unseres dreifach differenzierten Weltbezugs, dessen Geltendmachung das semantische Feld ›Leben‹ (mit den Begriffsbildungen ›Erlebnis‹, ›Lebenszusammenhang‹, ›Lebenseinheiten‹, ›lebendig‹ etc.) dient. Es sind die nicht-kognitiven Aspekte des ›Lebens‹, die wegen ihrer historischen Kontingenz und Veränderlichkeit, vor

[119] Besonders deutlich sind die Parallelen etwa zu *N. Reschers* pragmatistisch orientierter Unterscheidung zwischen kognitiver, evaluativer und praktischer Vernunft. Vgl. *Ders., Rationalität.* Eine philosophische Untersuchung über das Wesen und die Begründung der Vernunft, Würzburg 1993. Was Rescher unter dem Titel der »systemischen Einheit der Vernunft« (vgl. Kap. 8) behandelt, nämlich die Untrennbarkeit der drei Dimensionen von Rationalität, wird von Dilthey unter den Titel der »Totalität der menschlichen Gemütskräfte« gebracht, die erst in ihrer Verbindung einen – bedeutungsholistischen – Weltbezug stiften. – Freilich steht Dilthey noch im Bann eines theoretizistischen Vernunftbegriffs. Die Dimensionen des Voluntativen und Affektiv-Werthaften, deren welterschließende Rolle im Zentrum des Lebensbegriffes steht, vermag er demensprechend nicht als Filiationen der *einen* Vernunft zu begreifen, sondern nur als externe Begrenzungen theoretisch-kognitiver Rationalität.

allem aber wegen ihrer inneren Verbindung mit der Perspektive je eines Individuums,[120] eine radikal objektive Wirklichkeitserfassung unmöglich machen. ›Radikale Objektivität‹ in dem von Dilthey kritisierten Sinn käme einem System von Erkenntnissen dann zu, wenn in ihm die subjektunabhängige Realität auf eine Weise vorstellig würde, die genetisch *und* sachlogisch von dem affektiven und wertenden Weltbezug endlicher, individueller Subjekte völlig unabhängig wäre. Diltheys Kritik metaphysischer Geltungsansprüche terminiert in dem Nachweis, daß – zumindest auf der Ebene komprehensiver Systeme von Meinungen, also metaphysischer Weltanschauungen, – Propositionen immer mit Volitionen und Wertungen *intern* verknüpft sind. Der sachliche Gehalt solcher Deutungssysteme ist daher nicht rein kognitiven Ursprungs, sondern verdankt sich der je spezifischen Verbindung der drei Weltbezüge zu einem Ganzen: »Die ganze Phänomenologie der Metaphysik hat gezeigt, daß die metaphysischen Begriffe und Sätze nicht aus der reinen Stellung des Erkennens zur Wahrnehmung entsprangen, sondern aus der Arbeit desselben an einem durch die Totalität des Gemüts geschaffenen Zusammenhang. In dieser Totalität ist zugleich mit dem Ich ein Anderes, ein von ihm Unabhängiges gegeben: dem Willen, welchem es widersteht und der die Eindrücke nicht ändern kann, dem Gefühl, das von ihm leidet: unmittelbar also, nicht durch einen Schluß, sondern als Leben.« (I, 395).

Selten hat Dilthey den theoretischen Ort der Kategorie ›Leben‹ so klar benannt wie in diesem Zitat, das *in nuce* schon die spätere ›Weltanschauungslehre‹ enthält. Deren Klassifikationsmethode – die Unterscheidung von Typen philosophischer Wirklichkeitsdeutung nach der Vorrangstellung jeweils einer Dimension des menschlichen Weltbezuges – ist hier bereits präfiguriert. Diltheys Argumentation erweist sich in der zitierten Schlüsselstelle zudem als eine radikalisierende Weiterführung der Transzendentalphilosophie Kants. Dieser hatte zwar bereits metaphysikkritisch die objektive Gültigkeit von Erkenntnissen, deren Wahrheit, an das Zusammenwirkung von Sinnlichkeit und Verstand gebunden, der Einbettung

[120] Diltheys Einsichten in die epistemische Rolle von Individualität (vgl. bes. die *Beiträge zum Studium der Individualität*, in: V, 241–316) sind für seine Kritik metaphysischer Geltungsansprüche entscheidend. Sie präludierten in manchen Aspekten der Diskussion des Objektivitätsproblems, wie sie durch die Arbeiten von *Thomas Nagel* in Gang gekommen ist (vgl. *ders.*, *Der Blick von nirgendwo*, Frankfurt 1992; *Die Grenzen der Objektivität*, Stuttgart 1991).

von Erkenntnisprozessen in die Gesamtheit menschlicher Weltbezüge aber – wenigstens aus der lebensphilosophischen Perspektive Diltheys – nicht genügend Beachtung geschenkt.[121] Dilthey radikalisiert schon in der *Einleitung* das erkenntniskritische Programm Kants insofern, als er kognitive Leistungen nicht nur prinzipiell auf (sinnliche) Erfahrung bezieht, sondern auch auf Wertungen und Willensimpulse. Programmatisch besteht Dilthey daher in der Vorrede zu diesem Buch darauf, anders als »Locke, Hume und Kant« Erkenntnistheorie nicht kognitivistisch verkürzt zu betreiben, sondern »den ganzen Menschen ..., dies wollend fühlend vorstellende Wesen auch der Erklärung der Erkenntnis und ihrer Begriffe (...) zugrunde zu legen, ob die Erkenntnis gleich diese ihre Begriffe nur aus dem Stoff von Wahrnehmung, Vorstellung und Denken zu weben scheint.« (I, XVIII). Zwischen dieser Ankündigung und dem oben zitierten metaphysikkritischen Resümee sind die historischen Analysen der *Einleitung* aufgespannt.

Die grundbegriffliche Integration des wertenden und willentlichen Wirklichkeitsbezuges führt Dilthey zu einer Kritik an der korrespondenztheoretischen Auffassung von Wahrheit.[122] Diese Kritik kann in zwei Schritten rekonstruiert werden: (1) Realität ist, wie dies der Ausgang von Bewußtseinstatsachen impliziert, immer nur phänomenal gegeben. Dieser Aspekt wurde weiter oben schon ausführlich behandelt und bildet den Ausgangspunkt der Kritik an der Vorstellung von Wahrheit als Übereinstimmung: »Eine Wahrheit des äußeren Gegenstandes als Übereinstimmung des Bildes mit einer Realität besteht nicht, denn diese Realität ist in keinem Bewußtsein gegeben und entzieht sich also der Vergleichung. Wie das Objekt

---

[121] Dies gilt zumindest von der *Kritik der reinen Vernunft*. In der *Kritik der Urteilskraft* hingegen reflektiert Kant auf die systematischen Beziehungen zwischen der kognitiven und der praktisch-wertenden bzw. praktisch-begehrenden Dimension des menschlichen Weltbezuges. *R. Makkreel* hat in seinem Dilthey-Buch wohl zuerst auf die zentrale Bedeutung der Dritten Kritik für Diltheys eigene Konzeption hingewiesen (vgl. *ders.*, *Dilthey*, op. cit., bes. 270–291).

[122] Vgl. dazu *C. Cüppers*, *Die erkenntnistheoretischen Grundgedanken Wilhelm Diltheys*, dargestellt in ihrem historischen und systematischen Zusammenhange, Leipzig/Berlin 1933, 20ff. Cüppers rekonstruiert zwar treffend Diltheys Kritik an der Korrespondenztheorie der Wahrheit, möchte diese aber auf die Erkenntnis der Außenwelt beschränken. Er übersieht, daß die »Verhältnisse von Übereinstimmung ..., in der inneren Welt des erkennenden Subjekts« (ebd., 21) durch Dilthey keine korrespondenz-, sondern eine *kohärenztheoretische* Deutung erhalten.

aussieht, wenn niemand es in sein Bewußtsein aufnimmt, kann man nicht wissen wollen« (I, 394). (2) Da aber auch die phänomenale Gegebenheit der Realität nicht als ihre rein kognitive Repräsentation verstanden werden darf – dies wäre eine »intellektualistische Umdeutung des Satzes der Phänomenalität« (V, 92) – sondern Willensimpulse und Wertungen als konstitutive Bestandteile immer einschließt, kann theoretische Erkenntnis nur im Verbund mit der »Totalität des Bewußtseins« operieren. Diese »ist die Bedingung des Daseins von Gegenständen für uns, nicht aber unser bloß vorstellendes Verhalten. Realität, Wirklichkeit bedeutet das für das Ganze unseres geistigen Lebens Gegebensein.« (XX, 152 f.) Wenn nur die ›Totalität des Bewußtseins‹ Wirklichkeitsbezug ermöglicht, dann kann dieser nicht mehr als Korrespondenz gefaßt werden. »Der *Begriff des Entsprechens,* der Korrespondenz zwischen Wahrnehmung und Denken einerseits, Wirklichkeit und Sein andererseits, … ist vollständig dunkel. Wie ein Gedachtes einem draußen wirklich Existierenden entsprechen könne, davon kann sich niemand eine Vorstellung machen.« (I, 198)

Auf die nichtkognitiven Aspekte des menschlichen Weltverhältnisses kann der Korrespondenzgedanke *a fortiori* keine Anwendung finden. Ein abbildrealistisches Verständnis wäre im Fall von Wertungen offensichtlich ebenso abwegig wie bei Willensimpulsen. Zumal letzteren liegt auch keineswegs die Intention zugrunde, die subjektive Meinung der Wirklichkeit anzupassen (›*adaequatio rei et intellectus*‹); die *direction of fit* (Austin) ist hier genau umgekehrt: die Wirklichkeit soll dem Subjekt angepaßt werden. Indem Dilthey kognitive Prozesse als unselbständige Teilfunktionen eines dreifach dimensionierten Weltbezuges auffaßt, attackiert er nicht nur das aristotelische Ideal theoretischer Autarkie, wie es metaphysischen Weltdeutungen zugrunde lag, er stellt auch die Weichen in Richtung auf ein kohärentistisches Verständnis von Wirklichkeit und Wahrheit. Nicht mehr das ›Passen‹ eines Bildes zu der abgebildeten Wirklichkeit (Korrespondenz), sondern das ›Passen‹ eines unselbständigen Teiles in die übergreifende Ganzheit des ›Lebens‹, resp. des ›objektiven Geistes‹ (Kohärenz), fungiert damit als Leitvorstellung. Diltheys begriffliche Vorliebe für das semantische Feld ›Leben‹ hat daher eine in erster Linie *erkenntnistheoretische* Bedeutung und dient nicht etwa dem Ausdruck vitalistischen Ressentiments gegen Theorie. Die zumal im Spätwerk zentrale Kategorie des ›Erlebnisses‹ etwa muß als bewußte Parallelbildung zur traditionellen Kategorie der ›Erkenntnis‹, als ›kohärentistische‹ Alternative zur Isolierung des kognitiven Weltzugangs in der Tradition aufgefaßt werden.

Zwischen Diltheys Kritik metaphysischer Geltungsansprüche, seiner wahrheitstheoretischen Konzeption und der grundbegrifflichen Zentralstellung des ›Lebens‹ besteht nach dem Gesagten bereits in der *Einleitung* und der sie erkenntnistheoretisch begleitenden *Breslauer Ausarbeitung* ein innerer Zusammenhang, der durch den programmatischen Rekurs auf die »Totalität unseres Wesens« gestiftet wird. Modern ausgedrückt ist es die epistemische Rolle nichtkognitiver Verhaltensweisen, die Dilthey gegen die bisherige Erkenntnistheorie geltend macht: »die wichtigsten Bestandteile unseres Bildes und unserer Erkenntnis der Wirklichkeit (...) können aus dieser ganzen Menschennatur erklärt werden, deren realer Lebensprozeß am Wollen, Fühlen und Vorstellen nur seine verschiedenen Seiten hat.« (I, XVIII) An diesem 1883 formulierten Programm hat Dilthey bis an sein Lebensende festgehalten. Die kohärentistische Deutung von Wahrheit muß ebenso wie die Kritik metaphysischer Geltungsansprüche als seine konsequente Ausgestaltung betrachtet werden. So schließt Dilthey nicht etwa induktiv vom faktischen Mißlingen bisheriger Metaphysik auf ihre prinzipielle Unmöglichkeit,[123] was auf den logischen Fehler hinausliefe, aus einer endlichen Anzahl von Fällen eine generelle Aussage ableiten zu wollen. Vielmehr zielt sein Zentralargument darauf ab, daß eine korrespondenztheoretische Erfassung der Wirklichkeit in ihrem An-sich-sein an der epistemisch konstitutiven Rolle praktisch-wertenden und praktisch-handelnden Wirklichkeitsbezuges scheitern muß: »Was wir Wirklichkeit nennen, ist etwas anderes als diese tote und passive Gegenständlichkeit, welche dem Bild im Spiegel gleicht. Es ist das Innewerden durch den Druck des Gefühls, durch den Widerstand des Willens ...« (XIX, 163). Objektivität im dem oben erläuterten ›starken‹ Sinne ist demnach unmöglich, weil Realität nicht kognitiv unabhängig von den – historisch, sozial und individuell mannigfach variablen – affektiven und voluntativen Modi der Welterschließung zugänglich wird.

Als unübersehbare Schwäche dieser theoretischen Konzeption muß es freilich erscheinen, daß Dilthey in der Frage des Objektivitätsanspruches nicht zwischen gegenstandsbezogenen,einzelwissenschaftlichen Aussagen und den komprehensiven Generalisierungen

---

[123] Wie dies *Husserl* in seiner Kritik unterstellt (vgl. *Ders., Philosophie als strenge Wissenschaft,* 50–55).

der Metaphysik unterscheidet. Die argumentative Kraft seiner These, Erkenntnisakte seien von Willensorientierungen und Wertungen stets mitbestimmt, ist nämlich vom Allgemeinheitsgrad der im betreffenden Akt gewonnenen Behauptung keineswegs unabhängig, sowenig wie von dem behandelten Gegenstandsgebiet. Daß alle Bezugnahmen auf Wirklichkeit lebensweltlich-sinnstrukturierten Zusammenhängen entspringen, erlaubt noch nicht den Schluß auf die Unmöglichkeit einer naturalistisch-objektivierenden Perspektive. Es ist denn auch, um mit letzterer zu beginnen, wenig plausibel, die Struktur etwa einer mathematischen Formel in einen internen Zusammenhang mit dem nichtkognitiven Weltverhältnis ihres Entdekkers zu bringen, so sehr auch ästhetische Valeurs wie Einfachheit und Eleganz hier ihre Rolle spielen mögen. Einleuchtender ist es schon, die Weise, in der etwa ein Geschichtswissenschaftler die Regierung Friedrichs des Zweiten deutet, mit der spezifischen Beschaffenheit seiner affektiven und voluntativen Dispositionen zu korrelieren. Der Unterschied zum ersten Fall liegt darin, daß der Gegenstand geistes- und sozialwissenschaftlicher Aussagen in sich bereits sinnhaft strukturiert ist, also als objektivierter Ausdruck des spezifisch menschlichen Weltverhältnisses begriffen werden muß. Diltheys Argument zielt daher auch im Grunde nicht auf die Bestreitung der Möglichkeit, sich naturalistisch-objektivierend von einer lebensweltlichen Sichtweise zu lösen, sondern auf die weltanschaulichen Versuche, solche Objektivierungen zu totalisieren, aus ihnen eine komprehensive Realitätsdeutung abzuleiten.

Er attackiert daher den Wahrheitsanspruch metatheoretischer Deutungssysteme (Weltanschauungen), die das Spätwerk in dichterische, metaphysische und religiöse differenziert.[124] Von diesen möchte er zeigen, daß sie nicht in dem Sinne objektiv wahr sind, in dem sie sich selbst verstehen, daß sie nicht subjektunabhängige Realität widerspiegeln, sondern »Bilder des eigenen Selbst« liefern, »Bilder des psychischen Lebens« (I, 405) in seinem dreifach dimensionierten Weltbezug. Der Versuch, wissenschaftliche Erkenntnis in einen Gesamtzusammenhang zu bringen, führt nach Dilthey unvermeidlich auf die Subjekte und deren wollendes und wertendes Weltverhältnis zurück. Mag also zwar ein geometrisches Axiom unabhängig von der Weise verständlich sein, in der endliche Vernunftwesen in ihrer Welt leben, so gilt dies von generalisierten Weltdeutungen

[124] Vgl. VIII, 26–42.

nicht mehr. Daher ist, um ein prominentes Beispiel zu bemühen, Spinozas Vorsatz, »die menschlichen Handlungen und Triebe ebenso [zu] betrachten, als wenn die Untersuchung es mit Linien, Flächen und Körpern zu tun hätte«[125], ein Versuch zur Abstraktion von der Binnenperspektive handelnder und fühlender Menschen, der nur als Ausdruck eben dieser Perspektive überhaupt verständlich wird und damit ihre Unhintergehbarkeit nur bestätigt. Am Ende der *Einleitung* findet sich daher der erstaunliche Satz: »Die Verwandlung der Welt in das auffassende Subjekt ... ist gleichsam die Euthanasie der Metaphysik« (I, 405).

Diese »Inversion der Metaphysik in das meta-physische Bewußtsein«[126] begreift Dilthey als Resultat einer historischen Entwicklung, die Metaphysik an ihr unwiderrufliches Ende bringt, indem sie diese *selbstreflexiv* werden läßt, das erkennende Subjekt also zur Anschauung seines eigenen Lebensprozesses *im Medium* gegenständlicher Erkenntnis führt: »... das ist das Ende: der metaphysische Geist gewahrt sich selber in phantastischer Vergrößerung, gleichsam in einem zweiten Gesicht« (I, 405). In den hier zitierten Formulierungen macht sich allerdings sofort eine begriffliche Unklarheit geltend, die sich bis ins Spätwerk hinein durchhält und die hermeneutische Konzeption von Wahrheit mit Mehrdeutigkeiten belastet. Daß Metaphysik in ihrem Endstadium mit Erkenntnistheorie in der Wendung zum Lebensprozeß der Subjekte zusammentreffe (vgl. ebd.), läßt *sub specie* des Wahrheitsproblems nämlich mindestens drei verschiedene Interpretationen zu. Was bedeutet die »Verwandlung der Welt ins auffassende Subjekt« erkenntnistheoretisch? Eine radikal subjektivistische Auffassung (1) würde auf eine Art Konstruktivismus *avant la lettre* hinauslaufen: Wirklichkeit als Konstrukt von Subjektivität. Mit Diltheys ständigem Insistieren auf der Möglichkeit objektiver Erkenntnis stimmt Deutung (1) allerdings so wenig zusammen wie mit seinem ›pragmatistischen‹ Versuch, Wirklichkeitserfahrung in dem handelnd erfahrenen Widerstand der

[125] *Baruch de Spinoza, Die Ethik nach geometrischer Methode dargestellt,* hg. v. Carl Gebhardt, Hamburg 1976, 109.

[126] *M. Riedel, Verstehen oder Erklären.* Zur Theorie und Geschichte der hermeneutischen Wissenschaften, Stuttgart 1978, 61. – Unverständlich bleibt mir, warum Diltheys metaphysikkritische Wende zum Lebensprozeß ihrerseits eine »Metaphysik des Daseins« (ebd.) implizieren soll, wie Riedel meint.

Außenwelt zu fundieren.[127] Moderater wäre eine Position (2), die an objektiver Wahrheit festhielte, sie aber als Produkt des Zusammenwirkens von Gegenstand und Subjekt bestimmte, ohne sich aber noch länger eine begriffliche Trennung von Gegenstands- und Subjektanteil der Erkenntnis zutrauen zu wollen, wie Kant sie mit der starren Unterscheidung von rezeptiver Sinnlichkeit und spontanem Verstand intendiert hatte. Terminologisch müßte eine solche Position als Verbindung kohärenz- und korrespondenztheoretischer Aspekte charakterisiert werden, und manches spricht dafür, daß Dilthey ihr tatsächlich zuneigte. Allerdings ist noch eine weitere Interpretation möglich (3), von der ich glaube, daß sie beim späten Dilthey dominiert, nämlich die immanent-kohärentistische. Wahrheit wird in ihr als ›Passungsrelation‹ des Teils zum Ganzen des ›objektiven Geistes‹ verstanden, ohne daß – dies unterscheidet Position (3) von Position (1) – der Bereich phänomenaler Realität noch verlassen würde: *Bedeutung* ohne *Bezug*. Im zweiten Abschnitt dieses Kapitels, in dem die wahrheitstheoretischen Implikationen des ›Satzes der Phänomenalität‹ untersucht werden, gehe ich detailiert auf die hier nur angedeuteten Mehrdeutigkeiten ein und analysiere ihre religionsphilosophischen Implikationen.

Zuvor ist jedoch noch genauer zu untersuchen, wie Diltheys schon im *Aufbau* manifeste grundbegriffliche Option für das ›Leben‹ in der weiteren Entwicklung seines Werkes das Verständnis von Wahrheit und Bedeutung prägt. Es sind zwei Aspekte, auf die sich die Untersuchung hier konzentrieren muß: *zum einen* Diltheys Interesse an einer (Neu)begründung der Geisteswissenschaften in klarer Abgrenzung von den naturwissenschaftlichen Disziplinen, *zum anderen* die systematische Verbindung zwischen Leben und Ausdruck.

Daß die erkenntnistheoretische und historische Fundierung der Wissenschaften von der sinnhaft strukturierten, historisch-sozialen Welt die systematische Mitte des Diltheyschen Werks bildet, ist allgemein anerkannt. Ebenso dürfte unstrittig sein, daß Dilthey um eben dieser Fundierung willen eine trennscharfe Unterscheidung von Geistes- und Naturwissenschaften für erforderlich hielt: hier die sinnhafte Welt des Sozialen, in der wir leben und deren Strukturen wir von innen *verstehen* können, dort die kausalen Zusammen-

[127] Vgl. dazu die *Beiträge zur Lösung der Frage vom Ursprung unseres Glaubens an die Realität der Außenwelt und seinem Recht*, bes. V, 98–105.

hänge der Natur, die lediglich einer *Erklärung* von außen zugänglich sind. Dieser schon in der *Einleitung* zu beobachtende Dualismus, der die cartesianische Zwei-Substanzen-Lehre in eine nicht mehr ontologische, sondern methodologische Unterscheidung transformiert, verbindet sich bei Dilthey mit einer an Vico erinnernden wertmäßigen Betonung der menschlichen Wirklichkeit und einem resignativen Naturverhältnis, das radikal mit der Naturphilosophie der Romantik gebrochen hat: »Die Natur ist uns fremd. Denn sie ist uns nur ein Außen, kein Inneres. Die Gesellschaft ist unsere Welt.« (I, 36) Nie ist Dilthey auf den Gedanken gekommen, die Kategorie des Verstehens zu universalisieren – wie dies der »Satz der Phänomenalität« nahegelegt hätte – und damit die Hermeneutik des objektiven Geistes um eine solche der Natur zu ergänzen. Diese ontologische Radikalisierung des hermeneutischen Grundgedankens blieb dem frühen Heidegger vorbehalten, der dabei an die ›pragmatistische‹ Phase des mittleren Dilthey[128] und an die Universalität der Kategorie ›Leben‹[129] anknüpfen konnte. Daß Dilthey niemals in die genannte Richtung weitergegangen ist, hat wohl auch eine *theoriestrategische* Komponente: Gegen das naturwissenschaftlich geprägte Methodenverständnis seiner Zeit[130] wollte er die sachliche Notwendigkeit einer – im Spätwerk *hermeneutisch* genannten – Methode dartun, die der Eigenbestimmtheit des ›objektiven Geistes‹ gerecht wird. Er konzentrierte sich daher vollständig auf die innere Erfahrung und deren gegenständliches Korrelat, den Erlebnisausdruck, dessen Bedeutung sich aus seiner Rolle im gewordenen Zusammen-

---

[128] Ich denke hier besonders an die im Bd. V versammelten Arbeiten Diltheys aus der ersten Hälfte der Neunziger Jahre, von denen Heidegger die *Beiträge zur Lösung der Frage vom Ursprung unseres Glaubens an die Realität der Außenwelt und seinem Recht* sowie die *Ideen über eine beschreibende und zergliedernde Psychologie* kannte (vgl. *Sein und Zeit*, Tübingen [15]1975, 205, 209f., 397–404). Schon 1920 bezog Heidegger sich in einer Vorlesung auf Diltheys *Beiträge*, in denen dieser das »Korrelatverhältnis von Selbst und Milieu« (*M. Heidegger, Phänomenologie der Anschauung und des Ausdrucks.* Theorie der philosophischen Begriffsbildung [Frühe Freiburger Vorlesung 1920, GA Bd. 59], hg. v. C. Strube, Frankfurt 1993, 158) betont und damit »wertvolle Vorgriffe« (ebd.) geliefert habe. – Zur hermeneutischen Universalität des Verstehens vgl. *Sein und Zeit*, §§ 31 u. 43.

[129] Vgl. ebd., 46 u. 398.

[130] *Schnädelbach* spricht von der »paradigmatischen Bedeutung der Naturwissenschaften für das Wissensverständnis der Epoche« und charakterisiert deren Grundtendenz als »*Theorie- und Methodenvereinheitlichung bei gleichzeitiger Explosion des experimentellen Wissens*« (*Philosophie in Deutschland 1831–1933*, 98).

hang des Seelenlebens bzw. aus seiner Stellung im sinnhaften sozialen Ganzen ergibt. Aus dieser begründungsstrategischen Option ergibt sich fast zwangsläufig ein *immanentistisches* Verständnis von Wahrheit und Bedeutung, das geistige Gebilde losgelöst von ihrem Bezug zur subjektunabhängigen Realität behandelt: »Das Erleben ist … *wahr in sich selbst*«, heißt es dazu prägnant in Bollnows Dilthey-Buch[131].

Der methodologische Dualismus Diltheys schränkt die Geisteswissenschaften auf die »Tatsachen des Bewußtseins« in ihrem phänomenalen Gehalt ein. Diese zeichnen sich dadurch aus, daß sie als solche real sind, zwischen Ontologie und Epistemologie hier also gar nicht sinnvoll unterschieden werden kann. Bewußtseinstatsachen »sind eben, weil ich sie erlebe, sie bilden in erster Linie das Reich des Wirklichen, weil sie mein ganzes Leben ausmachen« (XIX, 63). Im folgenden werde ich mit dem Terminus ›phänomenale Realität‹ diese psychische Gegebenheitsform innerer und äußerer Wirklichkeit bezeichnen. Der Ausdruck scheint mir dadurch gerechtfertigt, daß Dilthey selbst den gemeinten Sachverhalt im Rückgriff auf den ›Satz der Phänomenalität‹ entwickelt. So bezeichnet er in den *Berliner Logik-Vorlesungen der achtziger Jahre* die »Realität der inneren Erfahrung« als die »positive Seite des Satzes der Phänomenalität« (XX, 170), von dem es dann weiter heißt, er lasse sich in die beiden Aspekte des ›Innewerdens‹ und des ›Vorstellens‹ zerlegen. Diltheys eigener Sprachgebrauch ist jedoch in mehreren Hinsichten inkonsistent. So verwendet er den Begriff des ›Innewerdens‹ meist für den Gegebenheitsmodus von Bewußtseinstatsachen überhaupt, als epistemisches Korrelat der Phänomenalitätsthese, manchmal aber auch in einem auf die Präsenzform innerer (nicht-gegenständlicher) Erfahrung restringierten Sinn. Von letzterer, die er doch analytisch aus der Zergliederung des ›Satzes der Phänomenalität‹ gewonnen haben will, heißt es dann: »Das im Innewerden Gegebene darf nicht mit Kant als Erscheinung oder Phänomen bezeichnet werden« (XX, 170); im Innewerden kann nichts mehr erscheinen, weil in ihm die Sache selbst unmittelbar präsent – nicht etwa *repräsentiert* – ist. Der Begriff der Phänomenalität wird für Dilthey nur in der eingeschränkten Hinsicht zentral, daß er auf ihn die Eigenbestimmtheit geistiger Gebilde gründen möchte: ihre psychische, später dann vor

[131] *O. F. Bollnow, Dilthey.* Eine Einführung in seine Philosophie, Stuttgart etc. ³1955, 104.

allem objektiv-geistige Realität. Daß der Terminus ›Phänomen‹ bei Kant, seinem begriffsgeschichtlich wohl wichtigsten Verwender, gerade die subjektiv-kategoriale Erscheinungsform *gegenständlicher* Sachverhalte benennt,[132] kommt Dilthey daher nicht zupaß. ›Phänomenalität‹ dient ihm allein als Titel für den spezifischen ›Realitätsmodus‹ von Bewußtseinstatsachen, und in diesem Sinne wird der Ausdruck ›phänomenale Realität‹ auch hier verwendet.

Die vielfache kausale Verflechtung geistiger Tatsachen mit Naturprozessen leugnet Dilthey zwar keineswegs;[133] sein *methodischer* Dualismus kommt ohne die Setzung qualitativ verschiedener Regionen der Wirklichkeit aus. Doch während die psychophysischen Zusammenhänge in den ›pragmatistisch‹ getönten Schriften seiner mittleren Periode über die Betonung des Handlungsbegriffs in den Mittelpunkt rücken,[134] treten sie im hermeneutischen Spätwerk völlig in den Hintergrund. In den Texten nach der Jahrhundertwende versteht Dilthey, wie ich oben gezeigt habe, Geisteswissenschaften als die Selbstauslegung des objektiven Geistes, dessen innerer Zusammenhang kaum mehr systematisch an den handelnden Weltbezug des Menschen rückgekoppelt wird. Der ›Widerstand‹ der materiellen Wirklichkeit, dem die ›pragmatistische‹ Abhandlung von 1890 über die *Frage vom Ursprung unseres Glaubens an die Realität der Außenwelt* eine zentrale Bedeutung eingeräumt hatte, wirkt im Spätwerk nicht mehr theoriebildend. In wahrheitstheoretischer Hinsicht bewirkt dieses Durchgreifen des hermeneutischen Immanenzprinzips einerseits eine Akzentverschiebung von der Korrespondenz zur inneren Kohärenz, andererseits eine folgenschwere ›Entlastung‹ der Geisteswissenschaften von dem Realitätsproblem, dieses verstanden als die Frage nach dem Verhältnis (inter)subjektiver Überzeugungen zur subjektunabhängigen Realität. »Der Gegenstand der Geisteswissenschaften ist keine objektiv existierende Realität, sondern eine solche, die immer schon durch das Nadelöhr des Bewußtseins hindurchgegangen ist.«[135] Wenn Geisteswissenschaften nur mit Be-

[132] Es liegt »in unserem Begriffe, wenn wir gewisse Gegenstände, als Erscheinungen, Sinnenwesen (phaenomena) nennen, indem wir die Art, wie wir sie anschauen, von ihrer Beschaffenheit an sich selbst unterscheiden …« (*KrV* B 306)

[133] Dies gilt für das Früh- ebenso wie für das Spätwerk: vgl. aus der *Einleitung* I, 14–21, aus dem *Aufbau* VII, 80.

[134] Vgl. dazu den dritten Abschnitt dieses Kapitels.

[135] *F. Jaeger, J. Rüsen, Geschichte des Historismus.* Eine Einführung, München 1992, 148.

wußtseinstatsachen bzw. ihren symbolischen Objektivationen zu tun haben, dann stellt sich das Wahrheitsproblem für sie in einer qualititativ veränderten Weise: nicht mehr als die Frage nach dem Bezug propositionaler Einstellungen auf eine von ihnen unabhängige Realität, sondern als Frage danach, ob eine gegebene Objektivation *Bedeutung* hat, also als Teil eines umgreifenden Ganzen verstehbar ist. Diese Totalität, die sich subjektiv als der ›erworbene Zusammenhang des Seelenlebens‹, intersubjektiv als der diesem vorausliegende ›objektive Geist‹ darstellt, vertritt im hermeneutischen Ansatz Diltheys den externen Bezug des Korrespondenzmodells. Auch für den späten Dilthey ist es zwar die Wirklichkeit, auf deren objektive Beschaffenheit alle wissenschaftliche Erkenntnis abzielt; ›Wirklichkeit‹ wird in der geisteswissenschaftlich enggeführten Hermeneutik aber synonym mit Verstehbarkeit: »Nur was der Geist geschaffen hat, versteht er. Die Natur, der Gegenstand der Naturwissenschaft, umfaßt die unabhängig vom Wirken des Geistes hervorgebrachte Wirklichkeit. Alles, dem der Mensch wirkend sein Gepräge aufgedrückt hat, bildet den Gegenstand der Geisteswissenschaften.« (VII,148)

Im begrifflichen Rahmen dieser methodischen, keineswegs substanzontologischen Unterscheidung von Natur- und Geisteswissenschaften bewegt sich auch Dilthey mit seiner Interpretation religiöser Erfahrung. Indem er ihre Bedeutung als eine zentrale Komponente des objektiven Geistes (»Unter allen Erlebnissen, auf denen die Objektivierung … des Geistes gegründet ist, nimmt die Religiosität eine besondere, zentrale Stelle ein« [VII, 266]) anerkennt wird, begrenzt er diese daher gleichzeitig auf den Binnenraum des geisteswissenschaftlichen Verstehens. Soviel mir bekannt ist, versucht Dilthey nirgends, religiöse Erfahrung von den phänomenalistischen Prämissen seines umfassenden Erlebnis- und Erfahrungskonzeptes frei zu halten – was freilich keineswegs bedeutet, daß er sich auch über die geltungstheoretischen Probleme klar gewesen wäre, die ihm hieraus erwachsen. Die Objektivationen solcher Erfahrung bilden eine – wenngleich die bedeutendste – Spezies des Genus ›Bewußtseinstatsache‹, das in den Geisteswissenschaften allein hinsichtlich seiner *phänomenalen* Realität Gegenstand wird. Die »vollständige Anerkennung der Immanenz auch der als unbedingt auftretenden Werte und Normen im geschichtlichen Bewußtsein« (VII, 290) ist nur der konsequente Ausdruck für diese Restringierung des Religiösen auf die Welt des objektiven Geistes und die mit ihr verbundene bedeutungstheoretische Konzeption.

Es spricht für den theoretischen Rang Diltheys, daß diese Einordnung religiöser Erfahrung in ein geisteswissenschaftliches Theorieprofil auch das wissenschaftliche Selbstverständnis der Theologie in den Jahrzehnten um die Wende zum zwanzigsten Jahrhundert weithin geprägt hat. »Ernst Troeltschs geisteswissenschaftliche Grundlegung der Theologie«[136] kann als wohl wichtigster Versuch in dieser Richtung gelten. Pannenberg, der Theologie unter Rückgewinnung religiöser Geltungsansprüche als »Wissenschaft von Gott«[137] verstanden sehen möchte, unterzieht Troeltschs Ansatz einer weitgreifenden Kritik, die das geisteswissenschaftliche Selbstverständnis dieser Disziplin und damit den theologischen Primat phänomenalistisch begrenzter Erfahrung im Sinne Diltheys radikal in Frage stellt. Pannenberg insistiert mit Recht auf dem »*kognitiven* Charakter … theologische[r] Sätze«[138], betont also, daß diese einen *Wahrheitsanspruch* erheben, der als Bezug auf eine nicht allein vom Subjekt geschaffene Wirklichkeit zu verstehen ist. Der »kognitive[n] Intention religiöser und theologischer Sprache«[139] wird es offenkundig nicht gerecht, die Artikulationen religiösen Erlebens *allein* geisteswissenschaftlich-immanentistisch, als individuelle und kulturelle Tatsachen zu interpretieren. Sobald aber solche Artikulationen in ihrem *transzendenten* Wahrheitsanspruch analysiert werden, wird die phänomenalistische Einschränkung des objektiven Geistes aporetisch. Daß die Überzeugung ›Gott existiert‹ millionenfache phänomenale Realität als Bewußtseinstatsache beanspruchen kann, verbürgt schließlich sowenig die Existenz Gottes, wie die Wirklichkeit des Einhorns als Bewußtseinstatsache diese Spezies ins wirkliche Leben zu rufen vermag.

Diltheys geisteswissenschaftliche Methodik des Verstehens interpretiert religiöse Überzeugungen, Praktiken, Institutionen etc. als phänomenale Gegebenheiten, in denen sich die »menschlich-gesellschaftlich-geschichtliche Wirklichkeit« (VII, 81) objektiviert, läßt deren Bezug zur transphänomenalen Realität aber vollständig außer

---

136 *W. Pannenberg, Wissenschaftstheorie und Theologie,* Frankfurt 1987, 105. – Die Bedeutung von *Dilthey* und *James* für *Troeltsch* betont schon *Heidegger* in seiner Vorlesung *Einleitung in die Phänomenologie der Religion* (Frühe Freiburger Vorlesung Wintersemester 1920/ 21), hrsg. v. Matthias Jung u. Thomas Regehly, in: *Phänomenologie des religiösen Lebens,* HGA Bd. 60, Frankfurt 1995, 19ff.

137 Ebd., 299.

138 Ebd., 330.

139 Ebd., 331.

acht. Während für Dilthey Bewußtseinstatsachen ontologisch damit verschmelzen, daß ein Subjekt ihrer – wenigstens prinzipiell – innewerden kann (sie »sind eben, weil ich sie erlebe« [XIX, 63]), sind jedoch die in solchen mentalen Ereignissen vermeinten Sachverhalte, wenn sie transsubjektiven Charakter haben, ontologisch selbstständig: »Daraus, daß der Gegenstand nur im Wahrnehmungsvorgang, im percipi für mich da ist, folgt nicht, wie Berkeley schloß, daß in dies percipi sein esse aufgeht.« (XIX, 74) Die methodologische Reichweite der Immanenzprinzips endet dementsprechend dort, wo Realität nicht mehr nur als phänomenale, *esse* nicht allein als Merkmal des *percipi* verstanden werden kann. Die von Dilthey immer wieder betonte Fremdheit der Natur gründet gerade in ihrer Unabhängigkeit vom Gegebensein als Bewußtseinstatsache – einer Unabhängigkeit, die uns ihrerseits nur als Bewußtseinstatsache gegeben ist, ohne daß dies ihren ontologischen Sinn beseitigen würde: »So ist die Natur uns fremd, dem auffassenden Subjekt transzendent, in Hilfskonstruktionen vermittelts des phänomenal Gegebenen zu diesem hinzugedacht.« (VII, 90) Daß auch die Frage nach der transphänomenalen Realität Gottes sich dem methodischen Zugriff des geisteswissenschaftlichen Immanenzprinzips entwindet, wird von Dilthey nicht unverblümt ausgesprochen. Es folgt jedoch aus seiner Konzeption innerer Erfahrung unter der Voraussetzung, daß Wahrheit bedeutungskonditional[140] verstanden wird und Bedeutung im Sinne des hermeneutischen Kohärenzmodells als »die besondere Art von Beziehung« gilt, »welche innerhalb des Lebens dessen Teile zum Ganzen haben« (VII, 233 f.).

Mit dem Begriff ›Leben‹ bezeichnet Dilthey jene Kategorie höchster Allgemeinheit, deren Totalität in den Geisteswissenschaften als Bezugpunkt aller Einzelanalysen dient. ›Leben‹ wird als fundierender *Letztbegriff* operationalisiert, der nicht mehr durch subsumtionslogische Befassung unter noch allgemeinere Kategorien verständlich gemacht werden kann, sondern seinen Sinn allein durch die Art und Weise erhält, in der er die Beziehung seiner Substrukturen organisiert und vereinheitlicht. »Jede Lebensäußerung hat eine Bedeutung« (VII, 234),[141] denn ›Bedeutung‹ tritt überhaupt erst in-

[140] dieses Prädikat soll veranschaulichen, daß Diltheys Konzept als eine Inversion wahrheitskonditionaler Bedeutungstheorien verstanden werden kann.

[141] In Diltheys Konzeption ist dieser Satz *analytisch* wahr. ›Bedeutsamkeit‹ bedeutet nämlich nichts anderes als die gelingende Einordnung eines Bewußtseinsphänomens in

nerhalb des Lebens auf und meint dann »das Verhältnis von Teilen des Lebens zum Ganzen, das im Wesen des Lebens gegründet ist« (VII, 233). Die Bedeutung des Lebens ist diesem daher immanent; sie kommt ohne *Bezug* auf externe Instanzen aus: Im Leben gibt es »keine Sonderung, auf der beruhen könnte, daß es etwas bedeutete, außer ihm selbst.« (VII, 234)

Daß sich aus dieser Auffassung eine Depotenzierung des Referenzproblems – und aus ihm wiederum eine immanentistische Konzeption der Geisteswissenschaften – ergibt, habe ich bereits erläutert. Klärungsbedürftig bleibt jedoch, warum Dilthey dennoch meinte, seinen ›lebensphilosophischen‹ Wahrheitsbegriff mit dem wissenschaftlichen Anspruch auf methodisch kontrollierte, objektiv gültige Erkenntnis vereinbaren zu können. *Prima facie* scheint nämlich die hermeneutische Autarkie des Lebens – deren erkenntnistheoretischer Ausdruck die phänomenale Realitätshaltigkeit *aller* Bewußtseinstatsachen ist –, jedes Wahrheits*kriterium* von sich abzuweisen. Phänomenale Realität ist nach Dilthey *ipso facto* wahr (hat eine Bedeutung innerhalb des Lebenszusammenhangs), wenn ein Subjekt ihrer innegeworden ist und kann insofern gar nicht falsifiziert werden. Von Wünschen, Gefühlen und Stimmungen gilt dies aus dieser Perspektive nicht minder wie von kognitiven Überzeugungen, ob diese nun im psychischen Haushalt eines einzigen Individuums realisiert sind oder in den kollektiven Gewißheiten ganzer Völker. Die phänomenale Realität der Bewußtseinstatsache ›*S* glaubt, daß *p*‹ wird vom Bestehen oder Nichtbestehen des geglaubten Sachverhaltes ›*p*‹ überhaupt nicht betroffen – ein Problem, das sich auch angesichts der pragmatistischen Begründungsstrategien William James' wieder geltend machen wird.[142] In der Tat bedeutet es beispielsweise für die soziale und innerpsychische Wirksamkeit religiöser Überzeugungen nicht den geringsten Unterschied, ob diese auf eine subjektunabhängige Realität bezogen sind oder nicht. Von dieser Einsicht machen religionskritische Argumente ausgiebigen Gebrauch. Damit aber scheinen die Geisteswissenschaften den Beliebigkeiten einer ontologisch entlasteten Binnensphäre von Subjektivität zu erliegen. Das hermeneutische Verständnis von Wahrheit und Bedeutung führt zwangsläufig zum Ausweichen vor der Frage nach objektiver Refe-

die Totalität des Lebens – auf der Ebene des Individuums den psychischen Strukturzusammenhang, gattungsgeschichtlich den objektiven Geist.

[142] Vgl. dazu den Abschnitt 2.3.

renz, sofern es mit einem Begriff phänomenal-selbstgenügsamer Realität abgestützt wird. Wie können die Geisteswissenschaften sich intersubjektiv nachvollziehbar und methodisch kontrolliert entwickeln, wenn ihr Basisbegriff, die ›Bewußtseinstatsache‹, im ›Innewerden‹ bereits den Garant ihrer phänomenalen Realität und Wahrheit hat?

Dilthey hat dieses Problem deutlich gesehen und auch seine religionsphilosophische Relevanz erkannt. Daß religiöse ›Erlebnisse‹ einzelner Subjekte sowenig wie die sozial stabilisierten Überzeugungen geschichtlich entstandener Religionen als solche bereits sachliche Beweiskraft haben, macht er im *Briefwechsel mit dem Grafen* Yorck skeptisch gegen dessen Protestantismus geltend: »Das aber bleibt ja letzte Differenz: die Positivität des Christentums, dann der lutherischen Glaubensform ist mir für sich kein letztes Datum …« Vom »*bloßen* religiösen Erlebnis der einzelnen Person« heißt es einschränkend, »dessen Zeugniskraft reich[e] nicht über dies Individuum hinaus«[143]. Noch schärfer arbeitet Dilthey diesen Gesichtspunkt im *Wesen der Philosophie* heraus: »Religiosität ist subjektiv, in den sie bestimmenden Erlebnissen partikular, ein Unauflösliches, höchst Persönliches ist in ihr, das jedem, der nicht an den Erlebnissen teilnimmt, als ›eine Torheit‹ erscheinen muß.« (V, 390) Allerdings müßte diese Formulierung konsequenterweise auf Erlebnisse überhaupt ausgeweitet werden, sofern diese an die Binnenperspektive eines Individuums gebunden bleiben. Wenn Erste-Person-Zuschreibungen von Erlebnissen als kriterienlos wahre Selbstbeschreibungen verstanden werden müßten, als pragmatische Realisierungen eines epistemischen Privilegs, das aller Intersubjektivität vorgelagert wäre, dann drohte ihnen die Theoriefähigkeit verloren zu gehen. Im Frühwerk Diltheys ist es vor allem der schon diskutierte Strukturbegriff, mit dessen Hilfe die Geisteswissenschaften der Beliebigkeit subjektiver Perspektiven entgehen sollen. Die antipsychologistische Kategorie des objektiven Geistes wird dann im Spätwerk zentral. Nur noch die objektivierten Ausdrucksgestalten des Lebens, nicht mehr die ihnen möglicherweise zugrundeliegenden subjektiven Erlebnisse, gelten dem späten Dilthey als mögliche Gegenstände des Verstehens. Dadurch gelingt es ihm zwar, wie ich nun zeigen möchte, den Objektivitätsanspruch geisteswissenschaftlichen Erkennens ungleich besser zu fundieren, als durch die erkenntnistheoretischen Reflexionen

---

[143] *Briefwechsel Wilhelm Dilthey und Graf Paul Yorck von Wartenburg*, a.a.O., 146.

der *Breslauer Ausarbeitung;* die Frage nach der transphänomenalen Wahrheit intersubjektiver Überzeugungen bleibt aber weiterhin ungestellt, weil Artikulationsprozesse ingesamt nach dem Vorbild des autonomen, in sich bedeutsamen Kunstwerks modelliert werden.

Im zweiten Buch seines frühen Hauptwerks, der *Einleitung in die Geisteswissenschaften,* entwickelt Dilthey eine historische Kritik am metaphysischen Wirklichkeitsverständnis, die in der These terminiert, dessen Auflösung begründe zugleich die Notwendigkeit der geisteswissenschaftlichen Methode. Als systematisches Gegenstück dieser historischen Argumentation kann die *Breslauer Ausarbeitung* zum geplanten zweiten Band der *Einleitung* gelten. Dort unternimmt Dilthey den Versuch, die Geisteswissenschaften auf ein neues und seiner Überzeugung nach nichtmetaphysisches Fundament zu stellen: die Kategorie der Bewußtseinstatsache in ihrer phänomenalen Realität: »So schreibt der Satz der Phänomenalität allem, was für mich da ist, … implicite Existenz zu, nämlich die einer Tatsache des Bewußtseins« (XIX, 61). »Sonach öffnet sich in diesen Tatsachen des Bewußtseins das Reich der unmittelbaren Wirklichkeit: die Tore der Realität sind aufgetan: allem Forschen ist ein δος μοι που στω gegeben …« (XIX, 64)[144] Bewußtseinstatsachen sind die ›atomaren‹ Elemente des Seelenlebens, in dessen – psychologisch analysierbarem – Zusammenhang sie stehen (vgl. XIX, 75). Der epistemische Modus, den Dilthey ihnen zuordnet, ist das »Innewerden«[145] (vgl. XIX, 66 f.), in dem das Subjekt den Gehalt einer Bewußtseinstatsache realisiert, ohne daß es zu einer Subjekt-Objekt-Spaltung, zur Externalisierung des Gehaltes käme. »An einem von dem Bewußtsein unterschiedenen Gegenstande kann ich, da er Tatsache des Bewußtseins ist und doch von ihm unabhängig existieren soll, dasjenige, was ihm für sich zukommt, von demjenigen absondern wollen, was meinem auffassenden Vermögen angehört, kann sonach das erstere als die Realität von dem zweiten als der Erscheinung unterscheiden. Eine solche Un-

[144] Mit der unmittelbaren Selbstgegebenheit der Bewußtseins und dem Primat phänomenaler Realität sind zwei zentrale Aspekte benannt, die Diltheys bewußtseinstheoretischen Ansatz in die Nähe *Bergsons* führen. Dessen *Essai sur les donées immédiates de la conscience* (Paris 1889) konnte allerdings in dem wohl schon Anfang der 80er Jahre geschriebenen Manuskript der *Breslauer Ausarbeitung* (vgl. den *Vorbericht der Herausgeber,* XIX, S. XVI) nicht mehr verarbeitet werden.

[145] Eine detaillierte Analyse dieses schillernden Terminus findet sich bei *H. Ineichen, Erkenntnistheorie und geschichtlich-gesellschaftliche Welt.* Diltheys Logik der Geisteswissenschaften, Frankfurt 1975, 103–124.

terscheidung wird Nonsens gegenüber den Tatsachen des Bewußtseins.« (XIX, 64) Im Abschnitt 2.2. werde ich zeigen, daß die Theorie des ›Perzepts‹ in William James' ›radikalem Empirismus‹ mit ähnlichen Argumentationsfiguren arbeitet und daher vergleichbare Schwierigkeiten mit sich bringt.

Was Dilthey hier ausführt, läßt sich im übrigen auch zwangslos an die zeitgenössische Diskussion des Selbstbewußtseins anschließen, für die ›kriterienlose Selbstvertrautheit‹ ein Schlüsselwort bildet. »Die Existenz psychischer Zustände«, so heißt es etwa bei Manfred Frank, »hat ihr notwendiges und zureichendes Maß im Bewußtsein, das ich von ihnen habe.«[146] »Jeder ψ-Zustand *ist* so, wie er *fürs Bewußtsein* sich darstellt (oder wie er phänomenal erscheint).«[147] Dilthey macht von dieser Einsicht jedoch, anders als die modernen Theoretiker, einen *inhaltlich-begründungstheoretischen* Gebrauch; er möchte – wenigstens in der *Breslauer Ausarbeitung* – den sachlichen Gehalt geisteswissenschaftlicher Erkenntnis auf das ›Innewerden‹ zurückführen, in dem sich das »Reich der unmittelbaren Wirklichkeit« erschließt.[148] Damit bindet er in letzter Konsequenz den Anspruch auf wissenschaftliche Objektivität an eine Gruppe von Phänomenen, für die es konstitutiv ist, nur innerhalb der Binnenperspektive eines einzigen Subjektes und *für dieses* realisiert zu sein. Sprachpragmatisch kommt dies schon darin zum Ausdruck, daß das Verbum ›innewerden‹ an die Perspektive der ersten Person Singular gebunden bleibt. ›Ich‹ werde mir eines Gefühl, Gedankens, Willensimpulses inne. Schon der Plural der ersten Person ist hier sinnlogisch falsch, und *a fortiori* sind Aussagen über das ›Innewerden‹ in der dritten Person nur soweit möglich, als sie auf aufrichtigen Äußerungen der ersten Person fundiert sind. »Innewerden als subjektiver Befund ist keiner intersubjektiven Überprüfbarkeit zugänglich.«[149] In religionswissenschaftlicher Perspektive müßten diesem Phänomenbereich daher vor allem *mystische* Erlebnisse zugeordnet werden,[150] deren notorische Nicht-Objektivierbarkeit ihre

---

[146] *M. Frank, Selbstbewußtsein und Selbsterkenntnis.* Essays zur analytischen Philosophie der Subjektivität, Stuttgart 1991, 237.

[147] Ebd., 238.

[148] Freilich sind für Dilthey Bewußtseinstatsachen durch ihre Stellung im gewordenen Zusammenhang des Seelenlebens *struktural* bestimmt; darin liegt ein systematisches Gegengewicht zu der Auszeichnung des ›Innewerdens‹.

[149] *H. Ineichen, Erkenntnistheorie und geschichtlich-gesellschaftliche Welt,* 110.

[150] *W. James'* religionsphilosophischer Versuch über die *Varieties of Religious Experi-*

geltungstheoretische Diskussion verbietet. Die Aussage ›S hat eine Gotteserfahrung gemacht‹ hätte dann keine andere epistemische Stütze als die in der pragmatischen Einstellung der ersten Person geäußerte Behauptung ›Ich habe eine Gotteserfahrung gemacht‹[151]. Auf der kategorialen Basis des Gewahrens von Bewußtseinsgehalten ließen sich Äußerungen bestenfalls auf ihre expressive Aufrichtigkeit hin, niemals aber hinsichtlich ihrer intersubjektiven oder gar transphänomenalen Geltungsansprüche analysieren und bewerten. Erst die Transformation eines psychischen Zustandes in einen symbolisch geformten Ausdruck erlaubt es, etwa den möglichen intentionalen Gehalt dieses Zustands als solchen zu identifizieren, auf ihn als ein Identisches zurückzukommen und ihn einer rationalen Überprüfung zu unterwerfen.

Vermutlich hat Dilthey bald erkannt, daß eine Fundierung geisteswissenschaftlicher Wahrheitsansprüche auf dem Innewerden von Bewußtseinstatsachen jede methodische Erkenntnisleitung und -kontrolle unmöglich macht. Daß es nie zur Fertigstellung des zweiten Bandes der *Einleitung* kam, spricht ebenso für diese Vermutung[152] wie die weitere Entwicklung seines Werks, die durch wachsende Konzentration auf *objektivierte* Erlebnisausdrücke gekennzeichnet ist. An die Stelle der Fundamentalrelation Bewußtseinstatsache-Innewerden tritt die Beziehung zwischen Erlebnis und Ausdruck,[153] auf die im systematischen Teil dieser Studie noch aus-

---

ence widmet folgerichtig mystischen Erfahrungen breiten Raum. Daß James' Konzeption in dem durch Diltheys Erfahrungsbegriff geprägten Theorieprofil verbleibt, möchte ich im folgenden Kapitel meiner Arbeit zeigen.

[151] Natürlich ist eine solche Aussage bereits Interpretation, in der sich das ursprüngliche Innewerden *sprachlich objektiviert*. Sie hat in Wirklichkeit die Gestalt ›Ich bin mir einer Bewußtseinstatsache innegeworden, die ich als Gotteserfahrung interpretiere‹. Offensichtlich können auch gewahrte Bewußtseinstatsachen nur als schon *artikulierte* geisteswissenschaftliche Operationen in Gang setzen. Die von Dilthey bewußtseinstheoretisch getilgte Differenz von Wahrheit und Gewißheit macht sich also schon dadurch wieder geltend, daß die – einmal zugestandene – irrtumsimmune Gewißheit des ›Innewerdens‹ bei der symbolischen Artikulation des fraglichen Gehalts wieder verloren geht, genauer gesagt: sich in einen Geltungs*anspruch* verwandelt, der auch fehlgehen kann.

[152] Aus einer etwas anderen Perspektive heben auch *H. Johach* und *F. Rodi* in ihrem *Vorbericht der Herausgeber* diesen Punkt hervor (vgl. XIX, S. XXXI).

[153] Dilthey ist terminologisch nicht immer ganz klar. Er differenziert zwar im Kontinuum des psychischen Lebens zwischen Erlebnissen, ihrem Ausdruck und dessen Verstehen nach wachsendem Geformtheitsgrad (vgl. VII, 86f.); gelegentlich wird aber der Ausdruck ›Erlebnis‹ als Gattungsbegriff verwendet, der die genannten Kategorien als

führlich zurückzukommen ist. Zwar bleibt auch der Ansatz des späten Dilthey noch an phänomenaler Realität orientiert: »Den Ausgangspunkt für die Feststellung des Wirklichkeitswertes geisteswissenschaftlicher Aussagen fanden wir im Charakter des Erlebens, das ein Innewerden von Wirklichkeit ist.« (VII, 218) Die Verstehensoperation setzt nun aber nicht beim Innewerden des Erlebnisses selbst an, sondern erst bei dessen Ausdruck. Der Umfang der Geisteswissenschaften »reicht so weit wie das Verstehen, und das Verstehen hat seinen einheitlichen Gegenstand in der Objektivation des Lebens« (VII, 148) Dilthey sieht klar, daß erst durch die Beschränkung auf Erlebnis*ausdrücke* methodisch kontrolliertes Verstehen möglich wird. Was er in diesem Zusammenhang gegen den »historischen Skeptizismus« vorbringt, darf als implizite Kritik auch an seiner eigenen früheren Position gedeutet werden. Der Skeptizismus nämlich werde »nur überwunden, indem an die Stelle des psychologischen Raffinements das Verstehen geistiger Gebilde tritt. Diese liegen als ein äußerlich Objektiviertes da und können so zum Gegenstand kunstmäßigen Verstehens gemacht werden« (VII, 260). Im scharfen Gegensatz zu dem Innewerden von Bewußtseinstatsachen, das an die Binnenperspektive von Individuen gebunden bleibt, ist der Ausdruck eines Erlebnisses streng objektiv gegeben. Bereits ihrer sinnlichen Seite nach – als artikulierte Tonfolge, niedergeschriebener Text, bildliche Gestalt etc. – gehören Erlebnisausdrücke der gegenständlichen Welt an und sind deshalb allen Subjekten prinzipiell zugänglich. Ebenso ist die Bedeutung solcher Ausdrücke nicht etwa ins subjektive Belieben ihrer Produzenten gestellt, sondern durch die Allgemeinheit symbolischer Artikulationssysteme, letztinstanzlich der Sprache, vorgegeben.[154]

Für die »Modellgeisteswissenschaften« (R. Makkreel) Literargeschichte und Poetik hat Dilthey das besonders prägnant herausgearbeitet. Die genannten Wissenschaften haben nämlich »... nur zu tun mit dem Bezug dieses sinnfälligen Zusammenhanges von Worten auf das, was durch sie ausgedrückt ist. Und nun ist entscheidend: dieses sind nicht die inneren Vorgänge in dem Dichter, sondern ein in diesen geschaffener, aber von ihnen ablösbarer Zusammen-

---

Arten unter sich befaßt, so wenn es heißt, daß »zunächst alles, sofern es im Bewußtsein auftritt, Erlebnis [ist], also Ausdrücke und ihr Verstehen ebenso wie Begriffe« (VII, 318)

[154] Vgl. dazu die Kritik von *J. Habermas* an der intentionalistischen Semantik, in: *Ders., Nachmetaphysisches Denken,* Frankfurt 1988, 106 ff.

hang. (…) So ist der Gegenstand, mit dem die Literargeschichte oder die Poetik zunächst zu tun hat, ganz unterschieden von psychischen Vorgängen im Dichter oder seinen Lesern. Es ist hier ein geistiger Zusammenhang realisiert …« (VII; 85). Das ›Innewerden‹ von Bewußtseinstatsachen – offensichtlich ein psychischer Vorgang – kann nach dieser Einsicht keine Begründungslasten mehr übernehmen. Der späte Dilthey setzt sein hermeneutisches Vertrauen in die objektive Sinnstruktur des historisch-sozialen Geistes und nicht mehr in die Binnenperspektive subjektiven Erlebens. Diese wird jedoch nicht einfach verabschiedet, sondern findet das Maß ihrer Zugänglichkeit an den symbolischen Gestalten, in denen sie sich objektiviert hat. Diltheys ausgeprägtes Objektivitätspathos hat ihm bei Gadamer[155] (und noch bei seinem Schüler Habermas[156]) den Vorwurf des Objektivismus eingebracht: der Verkennung historisch-subjektiver Relativität und praktischer Bedingtheit geisteswissenschaftlichen Erkennens. Beide Autoren beachten jedoch nicht genügend, daß Dilthey Objektivität primär als das objektive Vorliegen von Ausdrucksgestalten versteht. »In der Objektivation des Lebens [sieht Dilthey] die Objektivität des historischen Wissens geradezu garantiert.«[157] Diese Überzeugung will aber ein historisch variables, praktisch interessiertes Subjekt als Quelle und Verstehensinstanz der Objektivationen nicht etwa ausschließen, sondern letztere lediglich seinem Selbstzugang als vermittelnde Glieder vorschalten: »nur seine Handlungen, seine fixierten Lebensäußerungen, die Wirkungen derselben auf andere belehren den Menschen über sich selbst; so lernt er sich nur auf dem Umweg des Verstehens selber kennen« (VII, 87).

Was bedeutet diese Umstellung von der Innerlichkeit des Gewahrwerdens auf die Objektivität von Ausdrucksgestalten für die Deutung religiöser Erfahrung und die Bewertung ihres Wahrheitsanspruches? Zunächst ist ihr methodischer Vorteil für die intersubjektive Kontrollierbarkeit und Ausweisbarkeit geisteswissenschaftlichen Erkennens offensichtlich. Die bedeutungsbestimmende Transformation des *Gewahrten* zum *Gemeinten* und schließlich zum *Gesagten*, die Einbeziehung sozialer Institutionen und Ver-

---

155 Vgl. *Ders., Wahrheit und Methode*, 205–228, bes. 223.

156 Vgl. *Ders., Erkenntnis und Interesse*, Frankfurt 91988, 224f. (unter Verweis auf Gadamer).

157 *S. Otto, Rekonstruktion der Geschichte.* Zur Kritik der historischen Vernunft. Zweiter Teil: Systematische Ausarbeitung, München 1992, 79.

kehrsformen eröffnet überhaupt erst einen Bereich intersubjektiv zugänglicher und insofern objektiver Sinngebilde, an denen Verstehensoperationen ansetzen können. Auch der Bereich religiöser Phänomene wird erst durch den hermeneutischen Ansatz beim objektiven Geist in seinem ganzen Umfang gegenständlich. Von den religionsstiftenden Erlebnisausdrücken der ›religiösen Genies‹ bis zu den komplexen Strukturen kirchlicher Zeremonien und Institutionen reicht das Kontinuum seiner Ausdrucksformen, die im Prozeß des Verstehens auf ihre Bedeutung hin befragt werden können. Bedeutsam sind solche Gestalten dadurch, daß geschichtlich sich objektivierendes Leben in ihnen zur Selbstgegebenheit gelangt. Hermeneutik gerät dem späten Dilthey, wie Gadamer prägnant formuliert, zum »universale[n] Medium des geschichtlichen Bewußtseins, für das es keine andere Wahrheitserkenntnis mehr gibt als die, Ausdruck und im Ausdruck Leben zu verstehen«[158]. Die methodische Umstellung auf Lebensausdrücke erlaubt es zwar, religiöse Phänomene in ihrer ganzen Weite hermeneutisch dem Selbstverstehen des Lebens zuzuführen, ohne dabei auf Introspektion oder psychologische Einfühlung rekurrieren zu müssen; transphänomenale Wahrheitsansprüche bleiben aber ebenso ausgeschlossen, solange die Frage nach objektiver Referenz nicht in die Selbstinterpretation des Lebens aufgenommen wird. Ob religiöse Erfahrungen also primär als psychologisches Erleben konzeptualisiert werden oder ob ihre historisch-sozialen Objektivierungen die Begriffsbildung bestimmen, ist für eine angemessene *Phänomenologie* des Religiösen zwar entscheidend; beide Positionen sind aber mit einer immanent-phänomenali-

---

[158] *H. G. Gadamer, Wahrheit und Methode,* 228. Den ›Immanentismus‹ von Diltheys Bedeutungstheorie hat Gadamer, wie das Zitat zeigt, klar gesehen. Deshalb verwundert es, daß er wenige Seiten vorher das Objektivitätsproblem mit dem Problem des Absoluten konfundiert und behauptet, Dilthey habe »eine Auflösung auf die Frage gesucht, wie in aller Relativität Objektivität möglich sei und wie sich die Beziehung des Endlichen zum Absoluten denken läßt. ›Die Aufgabe ist, darzulegen, wie sich diese relativen Wertbegriffe der Zeitalter zu etwas Absolutem erweitert haben.‹« (ebd., 223). Dieser nicht ganz korrekt zitierte Satz zielt bei Dilthey aber nicht etwa – wie Gadamer insinuiert – auf den Umschlag in eine Theorie transzendenter Wertgeltung, sondern ist rein deskriptiv gemeint. Dilthey ist keineswegs »immer schon unterwegs zum Absoluten« (ebd.), sondern möchte im Gegenteil zeigen, daß auch absolute Geltungsansprüche ihre Genese in der historisch-gesellschaftlichen Wirklichkeit haben. Auf den zitierten folgt dementsprechend ein von Gadamer nicht zitierter Satz, der lautet: »Zusammengefaßt heißt dies die vollständige Anerkennung der Immanenz auch der als unbedingt auftretenden Werte und Normen im geschichtlichen Bewußtsein« (VII, 290).

stischen Deutung von Objektivität verträglich. So hat es bei Dilthey stets den Anschein, die Geisteswissenschaften könnten von dem *Bezug* der in ihnen interpretierten Ausdrucksgestalten auf Transphänomenal-Reales einfach absehen und sich auf den geschlossenen Verweisungszusammenhang humaner Bedeutungsbildungen beschränken. Diese Position führt aber zu einer ›Vergeisteswissenschaftlichung‹ bedeutsamer, also lebensweltlich erschlossener Realität, die Diltheys Intention auf unreduzierte Lebensfülle konterkariert. Sie schottet Bedeutung und Referenz gegeneinander ab, statt die Bezugnahme auf Außersymbolisches als eine genuine Leistung des objektiven Geistes zu explizieren.

1.2.2. Kohärenz oder Korrespondenz?

Im ersten Abschnitt dieses Kapitels hatte ich Diltheys Kritik am korrespondenztheoretischen Wahrheitsbegriff als direkte Folge seiner Erfahrungskonzeption entwickelt, die nur phänomenalisierte Realität als epistemisch zugänglich betrachtet: »… den Anfang aller ganz ernstlichen und folgerichtigen Philosophie [bildet] die Einsicht: all die[.] Gegenstände, selbst die Personen mit einbegriffen, mit denen ich in Beziehung stehe, sind für mich da nur als Tatsachen meines Bewußtseins: Bewußtseinstatsachen sind das einzige Material, aus welchem die Objekte aufgebaut sind. Bewußtseinstatsache ist der Widerstand, den sie üben, der Raum, welchen sie einnehmen, ihr schmerzhaft empfundener Anprall, wie ihre wohltätige Berührung.« (XIX, 59) Dieses erkenntnistheoretische, in der *Breslauer Ausarbeitung* entfaltete Axiom bleibt auch im Spätwerk – in einer revidierten, auf Ausdrucksgestalten bezogenen Form – noch gültig. Die Unterscheidung zwischen dem Bewußtsein und der externen Realität fällt, so argumentiert Dilthey in der Tradition des deutschen Idealismus, ihrerseits ins Bewußtsein, ohne daß – und damit verabschiedet er sich vom idealistischen Denkstil – dieser *erkenntnistheoretische* Grundsachverhalt *metaphysisch* gedeutet werden dürfte. Entschieden nachidealistisch fällt dann auch sein Versuch aus, den bewußtseinsimmanenten Index bewußtseinstranszendenter Realität zu bestimmen. Er greift dazu nämlich, wie schon mehrfach gezeigt, auf die nichtkognitiven Dimensionen des menschlichen Weltverhältnisses zurück. Volitionen und affektive Haltungen sind nach Dilthey elementare Komponenten intentionaler Bewußtseinszustände, in denen die

Unabhängigkeit der äußeren Welt vom Subjekt – modern gesprochen – mental repräsentiert ist.

An dieser Stelle der Argumentation wird bereits eine irritierende Unklarheit in Diltheys bewußtseinstheoretischen Analysen sichtbar. Zwar gilt ihm der Satz der Phänomenalität als philosophischer Grundsachverhalt schlechthin: »Dieser hier entwickelte Tatbestand, welchem gemäß Gegenstände so gut als Willensakte, ja die ganze unermeßliche Außenwelt so gut als mein Selbst, welches sich von ihr unterscheidet, zunächst Erlebnis in meinem Bewußtsein (ich nenne das Tatsache des Bewußtseins) sind, enthält die allgemeinste Aussage, welche über Dinge wie Gedanken oder Gefühle ausgesprochen werden kann.« (XIX, 59) Der Satz der Phänomenalität ist demnach der methodischen Unterscheidung von Natur- und Geisteswisssenschaften *vorgängig.* Begründungsstrategisch jedoch macht Dilthey von diesem Satz einen höchst einseitigen Gebrauch, indem er ihn lediglich für die Fundierung geisteswissenschaftlichen Erkennens in seiner Eigenbestimmtheit nutzt, ohne ihn auf Naturerkenntnis im selben Sinne anzuwenden. Daß Wirklichkeit nur als mental repräsentierte dem Subjekt gegenständlich werden kann, legt den Terminus ›Bewußtseinstatsache‹ aber noch keineswegs auf jene phänomenale Realität im Sinne Diltheys fest, auf der die Geisteswissenschaften gegründet werden sollen. Denn offensichtlich vermögen wir uns durch den Gebrauch von Zeichen und unser dadurch vermitteltes Bewußtsein auf etwas zu beziehen, das nicht von Subjektivität geschaffen worden ist.

Daß mir »jeder Gegenstand so gut als das Gefühl als Tatsache des Bewußtseins gegeben ist und unter dessen Bedingungen steht« (XIX, 66), ist zunächst eine ganz formale Feststellung, die die heterogensten Sachverhalte gleichmäßig betrifft. Eine erste Unterscheidung ergibt sich im Hinblick auf den *Gegenstandsbezug* von Bewußtseinsgehalten. Sofern diese sich, wie Willensakte und kognitive Überzeugungen, auf die subjektexterne Wirklichkeit beziehen, können sie in zwei Hinsichten analysiert werden: hinsichtlich dieses Bezugs (Korrespondenz) und hinsichtlich ihres Zusammenhangs im Bewußtsein selbst (Kohärenz). Damit macht sich schon eine zweite Unterscheidung geltend, denn die erstgenannte Möglichkeit entfällt bei solchen Bewußtseinsgehalten, die, wie etwa Leibgefühle oder reflexive Einstellungen, gar nicht auf vom Subjekt unabhängige Wirklichkeit bezogen sind. Diltheys Grundkategorie bedarf also der Differenzierung nach zwei Hinsichten, die sich überschneiden: einmal ist zwischen Bewußtseinstatsachen *ohne* (1) und solchen *mit* (2) Referenz auf externe Realität zu unterscheiden; zum anderen können letztere *sub specie* ihrer Referenz (2a) und *sub specie* des Bewußtseinszusammenhangs (2b) betrachtet werden, in dem sie stehen. Die erste Unterscheidung benennt zwei Arten von Bewußtseinstatsachen, die andere zwei methodische Hinsichten innerhalb einer Art. Diltheys begriffliche Unklarheit besteht nun darin, daß er den Satz der Phänomenalität als alle diese Unterscheidungen übergreifend einführt, ihn aber insgeheim für seine geisteswissenschaftlichen Methodenreflexion in einer restringierten Bedeutung verwendet, in der er nur die Aspekte (1) und (2b) umfaßt. Die ständige Rede von der unbezweifelbaren Realität der Bewußtseinstatsachen, vom »Reich der unmittelbaren Wirklichkeit« (XIX, 64), wird nur unter dieser Bedingung sinnvoll. Unbezweifelbar sind Bewußtseinstatsachen nicht in ihrem ganzen Umfang und schon gar nicht hinsichtlich des unter (2a) genannten Aspektes der Referenz. Für den phänomenalen Gehalt als solchen hat Dilthey allerdings recht: er »ist, weil ich ihn erlebe« (XIX, 63), hat also keinerlei externe Wahrheitsbedingungen: Bedeutung ohne Bezug.

Wie wenig es Dilthey gelungen ist, die hier skizzierten Unterscheidungen terminologisch klar zu fassen, belegt sein mehrdeutiger Gebrauch des Begriffs ›Innewerden‹. Er bezeichnet bei ihm normalerweise den epistemischen Modus von Bewußtseinstatsachen überhaupt, vorgängig zu allen Unterscheidungen. Auch die Herausgeber der *Breslauer Ausarbeitung* kommen zu diesem Ergebnis: »Die Art des Im-Bewußtsein-gegeben-seins charakterisiert Dilthey als ›Innewerden‹. Dieser Terminus wird in der *Breslauer Ausarbeitung* parallel zum Terminus ›Erlebnis‹ verwandt, um das primäre Gegebensein des Psychischen vor aller Zergliederung in Denken, Fühlen, Wollen, Akt und Inhalt usw. zu bezeichnen.«[159] Dennoch findet sich in diesem Text der Versuch, ›Innewerden‹ als *terminus technicus* für die Gegebenheitsform derjenigen Bewußtseinstatsachen einzuführen, die nicht auf gegenständliche Realität referieren (1), bzw. – diese Unterscheidung bleibt unklar – unter Abstraktion von ihrem referentiellen Aspekt betrachtet werden: »Also ich fand mich schon bei der Feststellung des Satzes der Phänomenalität beständig genötigt, die Bewußtseinstatsache Gefühl von der zu sondern, die ich Gegenstand nenne. Ich bezeichne nun den durchgreifenden Unterschied,

[159] *H. Johach u. F. Rodi, Vorbericht der Herausgeber,* Bd. XIX, S. XXX.

welchem sich alle Fälle solcher Art unterordnen, als den zwischen Innewerden und zwischen Vorstellen ...« (XIX, 66). ›Innewerden‹ bezeichnet also sowohl die Gegebenheitsform *aller* Bewußtseinstatsachen als auch den spezifischen Modus *innerer* im Unterschied zu äußerer Wahrnehmung. Diese Konfusion ist zum einen Teil Ausdruck eines Sprachproblems. Dilthey unternimmt hier in einer bewußtseinstheoretisch-traditionellen Sprache den Versuch, die Subjekt-Objekt-Spaltung durch Aufweis eines noch basaleren Phänomenbereiches zu überwinden. Seine Argumentation nimmt hier dieselbe Richtung, die auch William James einschlägt, wenn er auf eine Theorie der präreflexiven »pure experience« hinarbeitet.[160] Zum anderen Teil zeugt sie freilich von der sachlichen Schwierigkeit, geisteswissenschaftliche Erkenntnis auf der selbstevidenten Realität von Bewußtseinstatsachen gründen zu wollen. Wenn H. Ineichen darin rechtbehalten sollte, daß die Kategorie des ›Innewerdens‹ den »›gordische[n] Knoten‹ des Diltheyschen Denkens«[161] darstellt, dann trifft dieses Bild wohl auch insofern zu, als der Knoten nur durchhauen, nicht gelöst werden kann.

Die *Breslauer Ausarbeitung* hält sich terminologisch – und auf weite Strecken auch sachlich – im Rahmen eines bewußtseinsphilosophischen Ansatzes. Indem ›Bewußtsein‹ aber als der selbstbezügliche Ausdruck des Lebens aufgefasst wird, verschieben sich die Akzente. Willensakte und affektive Wertungen sind nach Dilthey für den Begriff der ›Bewußtseinstatsache‹ ebenso wesentlich wie kognitive Überzeugungen. Das Bewußtsein gehört mit seinen wechselnden Gehalten nicht einem isolierten Erkenntnissubjekt zu, dem die objektive Welt gegenüberstünde. Als ›Erleben‹ ist es immer schon, mit Heidegger zu sprechen, In-der-Welt-Sein, weil es durch praktische Bedürfnisse auf diese verwiesen ist. Bewußtsein steht demnach in einem ursprünglichen Zusammenhang mit gegenständlicher Realität. R. Makkreel schlägt daher vor, »den ursprünglichen Nexus der Bewußtseinstatsachen einen *Lebenszusammenhang* zu nennen, der dann in den *Zusammenhang des Seelenlebens* einerseits und den *Zusammenhang der Welt* andererseits differenziert wird. Diese Umformulierung soll unterstreichen, daß das Selbst nicht der Ausgangspunkt von Diltheys Theorie des Bewußtseins ist, sondern das Ergeb-

---

160 Vgl. dazu unten, Abschnitt 2.2.

161 *H. Ineichen, Erkenntnistheorie und geschichtlich-gesellschaftliche Welt,* op. cit., 104.

nis eines Vorgangs, in welchem der umfassende Nexus in zwei voneinander abhängige Gegenstücke aufgespalten wird: Selbst und Welt.«[162] Solche ›lebensphilosophischen‹ Einsichten Diltheys gehen im Frühwerk mit der bewußtseinstheoretischen Argumentation eine schwierige Verbindung ein, der sich auch die Mehrdeutigkeiten im Gebrauch der Kategorie ›Innewerden‹ verdanken. Dem Lebensphilosophen Dilthey nämlich gilt der ursprüngliche Zusammenhang von Selbst und Welt als das basale Phänomen, wohingegen dem bewußtseinstheoretischen Rekurs auf phänomenale Realität der psychische Innenraum als primär, die gegenständliche Welt aber als sekundär erscheint. Innere Erfahrung steht für den letztgenannnten Denkansatz der äußeren gegenüber; jene ist wahr, soweit sie der Totalität des Seelenlebens eingeordnet werden kann (Kohärenz), diese bewahrheitet sich durch lebenspraktische Konfrontation mit subjekttranszendenter Wirklichkeit. Dagegen liegt im lebensphilosophischen Ansatz die Tendenz, Subjektivität von vornherein als In-der-Welt-sein zu fassen und den Begriff der Wahrheit entsprechend aus dem vorgängigen Zusammenhang von Welt und Subjekt zu entwikkeln. Wahrheit als Korrespondenz stellt aus dieser Perspektive keinen Gegensatz zur Kohärenz dar, sondern lediglich die Form, die Kohärenz dann annimmt, wenn der ursprüngliche Zusammenhang in subjektive und objektive Bestandteile aufgespalten worden ist.

In den fragmentarischen Entwürfen zum fünften Buch der *Einleitung* aus den achtziger Jahren versucht Dilthey, »Denken, Erkennen und ihnen korrespondierend: Sein und Wahrheit« (XIX, 230) in ein Verhältnis zu bringen, das den oben skizzierten lebensphilosophischen Einsichten gerecht wird. Ihrer großen Bedeutung wegen wird die Textstelle hier ausführlich zitiert:

»Wirkliches, volles Denken ist Vorstellen des in der Wahrnehmung inhaltlich Gegebenen in der gesteigerten Absicht, das Wirkliche, d.h. Wirkende aufzufassen.

Daher ist das Denken nicht zu sondern von der Wirklichkeit, welche durch es gedacht wird. (…) Wir stellen also im Denken das Wirkliche vor, welches dem Wahrnehmungsflusse zugrunde liegt. Die einfachste Art, in welcher ein in der Wirklichkeit Enthaltenes vorgestellt wird, oder der primäre Akt, durch welchen das geschieht, die Grundform allen Erkennens ist *das Urteil*. Das Urteil ist *wahr*, weil und sofern das in ihm Angesprochene in der Wirklichkeit enthalten ist, sonach schließlich diese repräsentiert. Aus der Natur aller

---

162 *R. Makkreel, Dilthey*, op. cit., 90.

Wahrheit, Vorstellungen, welche in der Wirklichkeit enthalten sind und sie repräsentieren, zu enthalten, folgt, daß in diesem einfachsten Erkenntnisakte des Urteils in der Wirklichkeit Enthaltenes zu abgesondertem und darum deutlichem Bewußtsein gebracht wird und daß, verallgemeinert, in letzter Instanz die Wirklichkeit Repräsentierendes in allem Denken überhaupt zum Bewußtsein gebracht wird.

Diese Beziehung zwischen der Wirklichkeit und der Wahrheit bildet den Untergrund der ganzen Tätigkeit unserer Intelligenz. Faßt man, wie hier versucht, das reale Verhältnis, in welchem wir als erkennende Wesen stehen, auf, und legt man es der Logik zugrunde, anstatt bloßer Denkformen, für welche alsdann ein Inhalt allmählich aus dem Stoffe der Wirklichkeit gewonnen wird: alsdann sieht man in der *Wahrheit* nur die Eigenschaft einer Vorstellung oder eines Urteils, gemäß der sie in der Wirklichkeit enthalten und mit aller Wirklichkeit in Übereinstimmung ist; alsdann sieht man wohl, daß *Sein* nicht vom Denken getrennt werden kann und nur ein Ausdruck für diejenige Beschaffenheit des Denkinhaltes [ist], vermöge deren dieser die Wirklichkeit teilweise oder ganz in sich enthält; *Realität* endlich bezeichnet gleicherweise Wahrheit und Wirklichkeit.« (XIX, 230 f.; Hervorhebungen von Dilthey)

Alle wichtigen Motive seiner Konzeption von Wahrheit hat Dilthey hier versammelt, ohne sie allerdings in einen durchsichtigen Zusammenhang gebracht zu haben: die Verbindung von Kohärenz und Korrespondenz, den vorgängigen Nexus zwischen Welt und Subjekt, den phänomenalistischen Realismus, schließlich das lebensphilosophische Motiv. Einige Formulierungen wirken traditionell – so die Betonung des Zusammenhangs von Denken, Vorstellung und Urteil oder der Gedanke der Repräsentation – und lassen sich korrespondenztheoretisch deuten; auf der anderen Seite scheint Dilthey sogar die Unterscheidbarkeit von *esse* und *percipi* zu leugnen, wenn er ›Sein‹ als eine Qualität von Denkakten bezeichnet. Die Vagheit seiner Formulierungen spiegelt die Mehrdeutigkeit des Begriffs der Bewußtseinstatsache wider, vor allem hinsichtlich der Unterscheidung von phänomenaler und externer Realität. Daß etwa, wie es gleich eingangs heißt, »das Denken nicht zu sondern [ist] von der Wirklichkeit, welche durch es gedacht wird«, nimmt ganz verschiedene Bedeutungen an, je nachdem, von welchen Bewußtseinstatsachen in welcher Hinsicht die Rede ist. Für Tatsachen des Bewußtseins ohne Referenz auf externe Realität (1) wäre der Satz trivialerweise wahr, denn der Bereich des Psychischen wird hier gar nicht verlassen. Der Kontext der Stelle, vor allem der Bezug auf Wahrnehmung, legt allerdings nahe, daß von gegenständlicher Realität die Rede sein soll. Der Satz erlaubt dann wiederum mehrere Deutungen: wenn er sich auf *phä-*

nomenalisierte gegenständliche Realität bezieht, ist seine Wahrheit wiederum trivial, weil Akt und Aktinhalt dann derselben ›Realitätsschicht‹ angehören: dem Psychischen. Rein als Bewußtseinstatsache aufgefaßt (2b), hat beispielsweise die kognitive Überzeugung ›Die Erde ist eine Scheibe‹ keine externen Wahrheitsbedingungen. Ihr psychischer Realitätsgehalt wird durch das Bestehen oder Nichbestehen des behaupteten Sachverhaltes gar nicht berührt. Die *Vorlesung zur Einleitung in die Geisteswissenschaften* (1883) formuliert dazu bündig: »Unsre inneren Zustände sind uns als Realität in objektiver Wahrheit gegeben.« (XX, 153) Daß Realität nicht im Bewußtsein aufgeht, bleibt in dieser Formulierung ausgeklammert. Wo allein von epistemisch selbstgenügsamen Bewußtseinstatsachen die Rede ist, kann das Problem der Referenz (2a) gar nicht erst aufkommen.

Nachdem er in recht traditioneller Weise das Urteil als »Grundform allen Erkennens« herausgestellt hat, nimmt Dilthey die Urteilswahrheit selbst in den Blick: »Das Urteil ist wahr, weil und sofern das in ihm Angesprochene in der Wirklichkeit enthalten ist, sonach diese schließlich repräsentiert.« Es ist nicht leicht zu entscheiden, ob mit dieser Formulierung eine *Definition* oder ein *Kriterium* der Urteilswahrheit angegeben werden soll.[163] Wahrscheinlich hat Dilthey beide Aspekte im Sinn, was auch sein systematisches Schwanken zwischen kohärenz- und korrespondenztheoretischen Formulierungen besser erklärlich machen würde. Wenn man mit N. Rescher davon ausgeht, daß der Aspekt der Korrespondenz auf die ontologische Ebene bezogen werden muß und Wahrheit *definitorisch* bestimmt, während auf der erkenntnistheoretischen Ebene Kohärenz als *Kriterium* fungiert,[164] dann spricht einiges für die Vermutung, daß Dilthey hier

---

[163] *N. Rescher* hat die sachliche Bedeutung dieser Unterscheidung klar herausgearbeitet: »Es gibt grundsätzlich zwei Möglichkeiten, die Wahrheit von Propositionen zu explizieren. Die eine ist der *definitorische* Weg: der Versuch, eine Definition des Begriffs ›ist wahr‹ als eines Charakteristikums von Propositionen zu geben. Der andere Weg ist der Weg *über die Kriterien:* der Versuch, die Überprüfungsbedingungen anzugeben, von denen abhängt, ob es berechtigt ist, die Bezeichnung ›ist wahr‹ auf eine bestimmte Proposition anzuwenden. Über die Wahrheitstheorie läßt sich erst verbindlich diskutieren, wenn Klarheit darüber besteht, welche diese Fragen die Theorie beantworten soll.« (*N. Rescher, Die Kriterien der Wahrheit,* in: *Wahrheitstheorien.* Eine Auswahl aus den Diskussionen über Wahrheit im 20. Jahrhundert. Hg. *G. Skirbekk,* Frankfurt 1977, 337)

[164] Vgl. ebd., 339. – In einem späten Text zur *Weltanschauungslehre* zeigt sich Dilthey als entschiedener Anhänger des Kohärenzkriteriums: »… wir haben kein Merkmal wahrer Erkenntnis, als daß unsere Denkregeln und Denkformen bei ihrer richtigen Benut-

die ontologische Problematik kohärentistisch zu entschärfen sucht. Daß das im Urteil Angesprochene ›in der Wirklichkeit enthalten‹ sein soll, ist zwar recht vage formuliert, setzt aber doch die Korrespondenzvorstellung offensichtlich voraus. ›Wirklichkeit‹ scheint hier den Sinn von externer, subjekttranszendenter Realität zu haben. Der mit der Konjunktion ›sonach‹ angeschlossene Satzteil wendet aber den Sinn des Ganzen in die umgekehrte Richtung: Das im Urteil Angesprochene kann nur dann gleichermaßen in der Wirklichkeit enthalten sein *und* sie repräsentieren, wenn der Terminus ›Wirklichkeit‹ nicht *auch* für ihre Subjekttranszendenz einsteht, sondern *allein* phänomenale Realität meint. Die folgenden Formulierungen stützen diese Interpretation. In der »Natur aller Wahrheit« soll es liegen, daß sie »Vorstellungen [enthält], welche in der Wirklichkeit enthalten sind und sie repräsentieren«; in letzter Instanz soll gar »die Wirklichkeit Repräsentierendes in *allem* Denken überhaupt zu Bewußtsein gebracht«[165] werden. Inwiefern auch Trugschlüsse, Phantasmen, unbegründete Behauptungen Wirklichkeit repräsentieren sollen, bleibt unverständlich, wenn hier von nicht-phänomenalisierter, externer Realität die Rede sein soll. Selbst die Beschränkung auf solche Realität könnte allerdings den Repräsentationscharakter des Denkens im Grunde nicht verständlich machen. Denn das phänomenal Reale repräsentiert nichts, ist keine Erscheinung von etwas, sondern nach Diltheys wiederholter Versicherung eben die Sache selbst. Es läßt sich daher der Verdacht nur schwer vermeiden, daß jene »*Beziehung zwischen der Wirklichkeit und der Wahrheit*«, die den »*Untergrund der ganzen Tätigkeit unserer Intelligenz*« bilden soll, von Dilthey nach dem Muster des Gewahrens (Innewerdens) von Bewußtseinstatsachen konzipiert worden ist.

Ein neuer Aspekt kommt dann durch die Forderung ins Spiel, kognitive Operationen nicht auf bloßen Denkformen, sondern auf dem »realen Verhältnis« von Mensch und Welt zu fundieren – *re*konstruktiv und nicht konstruktiv vorzugehen. Diese Forderung zielt, im Zusammenhang von Diltheys ›lebensphilosophischer‹ Erkenntnistheorie betrachtet, auf die Einbeziehung des affektiv-wertenden und praktisch-wollenden Weltzugangs. In den *Berliner*

zung das Gegebene zu Theorien verknüpfen, die auch allen nicht einbezogenen oder kommenden Erfahrungen entsprechen« (VIII, 228).

[165] Hervorhebung von mir, M. J.

Logik-Vorlesungen der achziger Jahre hat Dilthey in diesem Sinne näher erläutert, was unter dem realen Verhältnis zu verstehen sei: »… die Ausdrücke Vorstellung, Fühlen und Wollen [bezeichnen] drei Klassen von Seelenvorgängen, die wir nicht aufeinander zurückzuführen imstande sind. Und zwar finden wir beinahe in allen Gesamtzuständen, die einen Lebensmoment ausmachen, diese drei Seiten des seelischen Prozesses. (…) So kann schon hieraus vermutet werden, daß der Vorgang, in welchem wir von einem Selbst Gegenstände unterscheiden und diese dem Selbst gegenüberstellen, ebenfalls Gefühls- und Willensanteile in sich [faßt].« (XX, 172) Von dieser antiintellektualistischen, holistischen Deutung des Erkenntnisprozesses erhofft sich Dilthey eine tiefgreifende Integration des epistemischen Subjekts in die von ihm erkannte, freilich dann ebensosehr auch gewollte und bewertete Wirklichkeit, die das Referenzproblem entschärfen soll. Der lebensphilosophische Gedanke eines ursprünglichen, lebenspraktischen Nexus von Subjekt und Welt führt ja in der Tat zu einer veränderten Ausgangslage, die in wahrheitstheoretischer Hinsicht den Kohärentismus begünstigt.

Freilich erweisen sich Diltheys einschlägige Formulierungen wiederum als vage, weil sie nicht auf einer klaren Unterscheidung zwischen subjektiver und transsubjektiver Realität basieren – eine Unterscheidung, die ja durch die These vom ursprünglichen Nexus keineswegs überflüssig gemacht wird. Wahrheit wird als »die Eigenschaft einer Vorstellung oder eines Urteils« verstanden, »gemäß der sie in der Wirklichkeit enthalten und mit aller Wirklichkeit in Übereinstimmung ist.« Der in den vorhergegangenen Zitaten dominierende Aspekt der Repräsentation erscheint hier gegenüber dem Kohärenzaspekt zurückgedrängt. Die Übereinstimmungsbeziehung soll nach dieser Formulierung nämlich nicht zwischen einer Behauptung und dem behaupteten Sachverhalt bestehen, wie in der klassischen Adäquationstheorie, sondern zwischen dem (einzelnen) Urteil und »aller Wirklichkeit«. Unverkennbar hat hier die hermeneutische Basisrelation von Teil und Ganzem Pate gestanden. Daß Dilthey die *adaequatio* von Aussage und Sache nicht einmal erwähnt, sondern Übereinstimmung gleich »mit aller Wirklichkeit« fordert, ergibt nur dann einen Sinn, wenn ›Wirklichkeit‹ mit dem übergreifenden Ganzen der seelischen bzw. – wie im Spätwerk – objektiv-geistigen Realität identifiziert wird. Im Fortgang der Argumentation scheint er dann sogar den ontologischen Aspekt erkenntnistheoretisch auflösen zu wollen – und damit dem Einwand zu verfallen, den er selbst in der

Breslauer Ausarbeitung gegen Berkeleys Idealismus erhoben hat.[166] ›Sein‹ als »Ausdruck für diejenige Beschaffenheit des Denkinhaltes« zu verstehen, »vermöge deren dieser die Wirklichkeit teilweise oder ganz in sich enthält«, würde auf die Leugnung transsubjektiver Realität hinauslaufen, wenn von ihr überhaupt die Rede wäre. Da ein solches Resultat nach allem Gesagten freilich keineswegs im Sinne Diltheys wäre – schließlich besteht er darauf, daß die »Realität der Außenwelt … eine ebenso unmittelbare Erfahrung als die unseres Selbst« (XX, 174) ist –, kann die Formulierung sich eigentlich nur auf das Innewerden von Erlebnissen, also auf phänomenale Wirklichkeit beziehen. ›Sein‹ ist dann eine analytische Komponente jedes gewahrten Gehalts, nicht aber semantischer Index seiner transphänomenalen Realität.

Daß die Unklarheiten der Diltheyschen Wahrheitskonzeption mit den begrifflichen Voraussetzungen seines theoretischen Projektes ›Grundlegung der Geisteswissenschaften‹ eng zusammenhängen, ist ein wichtiges Ergebnis der vorstehenden Analysen. Ebenso dürfte aber auch deutlich geworden sein, wie diese Unklarheiten den Versuch belasten, religiöse Phänomene allein aus dem geschlossenen Binnenraum innerer Erfahrung heraus verstehen zu wollen. Denn es gelingt nicht, den Wahrheitsanspruch religiöser Erfahrung auf die selbstevidente und selbstgenügsame Realität innerer Zustände zu beschränken und das Referenzproblem auszuklammern. Über die Warheitsbedingungen religiöser Aussagen ist in der neueren, zumal der analytischen Religionsphilosophie eine breite, noch keineswegs abgeschlossene Debatte geführt worden.[167] Vor allem Autoren in der Tradition der Spätphilosophie Wittgensteins haben dabei geltend gemacht, daß solche Bedingungen *innerhalb* der entsprechenden Lebensform (bzw. des entsprechenden Sprachspiels) analysiert werden müssen, in der sie entstanden sind, und nicht insgeheim den Wahrheitsbedingungen anderer Kontexte assimiliert werden dürfen.[168] Diltheys Hermeneutik religiöser Erfahrung kommt dieser Forderung insofern nach, als sie mit Schleiermacher den Bereich des Religiösen

---

[166] Vgl. XIX, 74.

[167] Einen Überblick vermittelt *H. Schrödter, Analytische Religionsphilosophie,* Hauptstandpunkte und Grundprobleme, Freiburg/München 1979, Kap. 4.

[168] Vgl. das Kap. »Bedeutung und religiöse Sprache« in: *P. Winch, Versuchen zu verstehen,* Frankfurt 1992. – Im Abschnitt 3.2.1. des systematischen Teils werde ich auf die Frage eingehen, inwiefern die Forderung nach einer Analyse aus der Innenperspektive vor dem Hintergrund des Reduktionismusvorwurfs gerechtfertigt ist.

als eine »eigne Provinz im Gemüte«[169] auffaßt. Der so spezifizierte Subkontext religiöser Lebensformen verschwindet dann faktisch allerdings vollständig im Makrokontext des objektiven Geistes, in dem sich der geschichtlich-gesellschaftliche Lebenszusammenhang der Menschen ausdrückt. Die eigenbestimmte Realität geistiger Gebilde – genauer: die in ihnen waltende reziproke Sinnbeziehung von Teil und Ganzem – fungiert dementsprechend als ein *selbstgenügsamer* Verifikationszusammenhang, der auch religiösen Phänomenen Sinn und – humane – Wahrheit zuspricht. Mit dem kohärentistischen Wahrheitsbegriff des objektiven Geistes bleiben die Geltungsansprüche religiöser Erfahrung auch dann unterbestimmt, wenn man ihre Einbettung in den Kontext entsprechender Lebensformen berücksichtigt; schließlich zählt es zu den offensichtlichsten Eigentümlichkeiten solcher Formen, daß sich in ihnen der menschliche Lebensprozeß *sub specie* einer transsubjektiven und transphänomenalen Realität auslegt. Dieser zentrale Aspekt entzieht sich einem hermeneutischen Verständnis von Wahrheit zumindest solange, als dieses – wie bei Dilthey – an einen phänomenalistisch reduzierten Realitätsbegriff gebunden bleibt.

1.2.3. Handlungstheorie und Bedeutungsimmanenz

›Innere Erfahrung‹ bildet den bleibenden Ausgangspunkt von Diltheys lebenslangen Bemühungen um eine Begründung der Geisteswissenschaften als methodologisch selbständiger Disziplinen. Im Laufe der Entwicklung seines vielschichtigen Werks tritt diese Kategorie allerdings in wechselnde Konstellationen ein, wodurch es zu Akzentverschiebungen kommt. So konzentriert sich Dilthey in der *Einleitung in die Geisteswissenschaften* auf die Beziehung zwischen innerer Erfahrung und dem Strukturzusammenhang des Seelenlebens, während der *Aufbau der geschichtlichen Welt* primär an den objektivierten Ausdrucksgestalten dieser Erfahrung interessiert ist. In der mittleren Phase Diltheys dagegen, seinen Arbeiten aus der ersten Hälfte der neunziger Jahre, dominiert der Zusammenhang zwischen den in innerer Erfahrung zugänglichen Tatsachen des Bewußtseins und der Kategorie der *Handlung*. Die Auswirkungen die-

[169] *F. Schleiermacher, Über die Religion.* Reden an die Gebildeten unter ihren Verächtern, Hg.: *R. Otto*, Göttingen [6]1967, 40.

ses ›pragmatistischen‹ Ansatzes auf den geisteswissenschaftlichen Wahrheitsbegriff bedürfen einer genaueren Klärung. Gelingt es Dilthey, mit handlungstheoretischen Kategorien die Beschränkung auf phänomenale Realität gewissermaßen von innen zu durchbrechen? Und vor allem: Trägt die systematische Verkoppelung von Erlebnis und Handlung etwas zur geltungstheoretischen Beurteilung religiöser Erfahrung bei? Mit den vorstehenden Formulierungen habe ich schon meine ›pragmatistische‹ Interpretation der zur Rede stehenden Phase des Diltheyschen Werkes angedeutet.[170] Die einschlägigen Texte sind deshalb bisher weitgehend ausgeklammert worden, weil es mir zunächst um die Herausarbeitung der wahrheitstheoretischen Konsequenzen ging, die sich Dilthey mit seinem Konzept innerer Erfahrung eingehandelt hat. Nun ist noch zu prüfen, ob die pragmatistischen Arbeiten der frühen neunziger Jahre den geisteswissenschaftlichen Wahrheitsbegriff in der Frage des transphänomenalen Bezugs korrigieren. Das Ergebnis dieser Prüfung wird auch für die Diskussion des Konzeptes religiöser Erfahrung bei William James von Interesse sein, die sich an den Dilthey-Teil dieser Arbeit anschließt.

Die fraglichen Arbeiten Diltheys – also vor allem die *Beiträge zur … Realität der Außenwelt* und die *Ideen …* – haben in der Sekundärliteratur meist keine günstige Beurteilung erfahren. Von der scharfen Kritik Ebbinghaus' an den *Ideen*[171] über Mischs Parole von der hermeneutischen Wende Diltheys[172] führt hier eine Linie zu der These Riedels, Dilthey habe sich in den genannten Arbeiten »in die Aporien einer psychologischen Begründung der Geisteswissenschaften«[173] verirrt. Dabei wurde aber oftmals übersehen, daß die psychologische Terminologie jener Arbeiten keineswegs auf einen naiven Psychologismus hinausläuft, der geistige Bedeutungen unmittelbar aus psychischen Prozessen abzuleiten beansprucht.[174] Besonders in

[170] Vgl. dazu oben., S. 49 ff.

[171] *H. Ebbinghaus, Über erklärende und beschreibende Psychologie,* a. a. O.

[172] *G. Misch, Vorbericht des Herausgebers,* in: V, IX.

[173] M. *Riedel, Einleitung,* in: *Der Aufbau der geschichtlichen Welt in den Geisteswissenschaften,* Frankfurt 1981, 52.

[174] Die sorgfältige Studie von *Klaus Sachs-Hombach, Philosophische Psychologie im 19. Jahrhundert,* Entstehung und Problemgeschichte (Freiburg/München 1993) gelangt hier zu einem differenzierteren Urteil und betont besonders die Leistungsfähigkeit des Diltheyschen *Struktur*begriffs (vgl. ebd., 17). Sachs-Hombach deutet jedoch die *Ideen* nicht in ihrem Zusammenhang mit den *Beiträgen* und übersieht daher auch den ›handlungstheoretischen‹ Einschlag der mittleren Phase Diltheys.

den *Beiträgen* erweist sich die psychologisierende Sprechweise Diltheys als Sekundäreffekt einer Fragestellung, die sich am besten als *handlungstheoretische* charakterisieren läßt und die ihrerseits das lebensphilosophische Motiv weiterentwickelt. Bereits in der *Breslauer Ausarbeitung* hatte Dilthey ja die Fundierung der Geisteswissenschaften auf Bewußtseinstatsachen zwar emphatisch betont, seine Zentralkategorie aber *antiintellektualistisch* gedeutet: nicht Kognitionen allein, sondern vor allem Volitionen und affektive Haltungen sollten den Kern dieser Kategorie ausmachen und sie so in Richtung auf den handelnden Lebensvollzug erweitern. Nichts kennzeichnet Diltheys theoriegeschichtliche Stellung genauer als die Entschiedenheit, mit der er am bewußtseinstheoretischen Ausgangspunkt festhält, während er zugleich nicht minder entschieden darauf insistiert, daß nicht isolierte Denkprozesse im Verbund mit sinnlicher Wahrnehmung unser kognitives Weltbild konstituieren, sondern allein die »ganze Menschennatur, ... deren realer Lebensprozeß am Wollen, Fühlen und Vorstellen nur seine verschiedenen Seiten hat.« (I, XVIII). Um 1890 hat Dilthey dieses lebensphilosophische Zentralmotiv am deutlichsten zu einem Ansatz fortentwickelt, der kognitive Prozesse konsequent als unselbständige Teile eines umgreifenden Ganzen – nämlich der handelnden Auseinandersetzung von Mensch und Umwelt – betrachtet. Am prägnantesten ist diese Einsicht in der berühmten Ethik-Vorlesung formuliert worden, unter deren Hörern auch G. H. Mead zu finden war: »Im Strukturzusammenhang des Seelenlebens ist das Denken gleichsam eine Einschaltung zwischen Eindruck und Reaktion: es muß in Handlung umgesetzt werden. Darauf beruht das Spiel des Kindes wie die gesamte Kultur.« (X, 13)[175] Der Zusammenhang des Seelenlebens ist nach diesem Zitat als *Handlungs*zusammenhang zu begreifen, der kognitive Akte als eine seiner charakteristischen Phasen enthält. »Die Vorgänge von Wahrnehmung und Denken [schalten] sich zwischen dem Reiz und der Willensreaktion auf den höheren Stufen des Lebens ein ...« (V, 96)

Es ist von hohem systematischen Interesse, daß dieses von Dilthey hier mehr angedeutete als ausgeführte handlungstheoretische Modell des »Seelenlebens« als Prozeß kreativer Anpassung an die

---

[175] In der Einleitungspassage der *Beiträge* heißt es programmatisch, an den »Prinzipien des individuellen und sozialen Handelns« hafte »das wesenhafte Interesse der Philosophie, ja aller Wissenschaft, zumal in unseren Zeiten« (V, 90).

Umwelt[176] bis in Einzelheiten auf den entsprechenden, erst zwischen 1903–1913 entwickelten Ansatz von G. H. Mead[177] vorausweist.[178] Mead studierte zwischen 1889 und 1891 in Berlin bei Dilthey und übernahm bei diesem eine Dissertation mit dem Thema einer Kritik am empiristischen Raum-Begriff, die den kantischen Phänomenalismus in Bezug auf die Konstitution des Raumes überwinden sollte. Weil Mead im Jahr 1891 überraschend eine Stelle in den USA angeboten wurde, kam diese Dissertation nicht zustande.[179] Die Arbeit hätte sich aber offensichtlich im Umkreis der von Dilthey eröffneten Problemperspektive handlungstheoretischer Betrachtung der »Tatsachen des Bewußtseins« bewegt. Daß Meads Studium bei Dilthey exakt in jene Zeit fällt, in der dieser – dokumentiert durch die *Beiträge* – einer pragmatistisch-handlungstheoretischen Fundierung der

---

[176] Auch Diltheys *Ideen über eine beschreibende und zergliedernde Psychologie* von 1894 operieren mit dieser antidualistischen Konzeption, die den bewußtseinstheoretischen Phänomen-Begriff konterkariert: »Die Lebenseinheit steht mit der äußeren Welt in Wechselwirkung; die besondere Art dieser Wechselwirkung kann mit einem sehr allgemeinen Ausdruck … als Anpassung zwischen der psychophysischen Lebenseinheit und den Umständen, unter welchen sie lebt, aufgefaßt werden.« (V, 212)

[177] Vgl. meine ausführlichere Darstellung in: *From Dilthey to Mead and Heidegger.* Systematical and Historical Relations, in: *Journal of the History of Philosophy* XXXIII (Number 4), October 1995, 661–677. Vgl. auch *H. Joas, Praktische Intersubjektivität,* Die Entwicklung des Werkes von G. H. Mead, Frankfurt 1989, 91–119. – Joas betont die Nähe von Mead und Dilthey, meint aber, »daß Mead vom Ansatz her den Punkt überwinde[.], an dem Dilthey scheitert: Mead hält nicht wie Dilthey an einer ursprünglichen Selbstgegebenheit des Ich oder des seelischen Strukturzusammenhangs fest. Bei allen tiefliegenden Gemeinsamkeiten von Dilthey und den Pragmatisten findet Dilthey nicht zur selben Radikalität, das Ich selbst als Produkt eines gesellschaftlichen Zusammenhangs zu denken.« (ebd., 46) Allerdings müßte Diltheys späte Ausdruckshermeneutik wohl als der Versuch verstanden werden, die Unmittelbarkeit und Ursprünglichkeit des »Innewerdens« durch seine prinzipielle Bindung an den sprachlich-sozial-geschichtlich vermittelten Erlebnisausdruck zu relativieren. Die Einschaltung der Ausdruckshandlung zwischen Erleben und Verstehen ist – darauf wird noch ausführlich einzugehen sein – motiviert gerade durch die Einsicht in die prinzipielle Unmöglichkeit jeder *unvermittelten* Selbstbeziehung: »Nicht durch Introspektion erfassen wir die menschliche Natur« (VII, 250).

[178] Meads Handlungskonzept ist – nach einer Systematisierung der Herausgeber (*Ch. W. Morris* et al.) der *Philosophy of the act* – vierphasig: es unterscheidet die Stadien des Handlungsimpulses (bei Dilthey das »System unserer Triebe«), der Wahrnehmung (bei Dilthey »Eindrücke und Bilder«), der Manipulation (bei Dilthey die »zweckmäßige[n] Reaktionen«, die »willkürliche Bewegungen« auslösen) und der bedürfnisbefriedigenden Handlungsvollendung (bei Dilthey die Anpassung des »Eigenleben[s] an seine Umgebung«).

[179] Vgl. die entsprechenden Angaben bei *Joas,* op. cit., 24 f.

Geisteswissenschaften am nächsten kam, ist schon im Blick auf die meist übersehenen historischen Zusammenhänge zwischen der pragmatistischen und der hermeneutischen Kritik an metaphysischer Philosophie bemerkenswert. Es erhält aber darüber hinaus theoretische Brisanz noch dadurch, daß Dilthey selbst in seinem Spätwerk diesen pragmatistischen Ansatz nicht weiterführt. Zwar wird dort der »objektive Geist« eindeutig als historisches Produkt sozialer Interaktionen gefaßt und der Handlungsbegriff insoweit gewahrt. Was aber fast vollständig verloren geht, ist der Versuch, die Genese intersubjektiv und transhistorisch stabiler Bedeutungen an die handelnde Auseinandersetzung mit der Umwelt anzuschließen. Meads Konzept symbolvermittelter Interaktion, das geistige Prozesse in der sprachvermittelten Auseinandersetzung von Organismus und Umwelt situiert[180], führt in dieser Hinsicht Einsichten des mittleren Dilthey weiter. Dessen *antidualistische* Grundstellung tritt im Spätwerk zugunsten einer Betonung der Eigensinnigkeit geistiger Zusammenhänge stark zurück. Aus religionstheoretischer Perspektive dürfte dies mit Diltheys inkonsequenter Deutung religiöser Erlebnisse zusammenhängen, die diese nicht vollständig in den Deutungszusammenhang intersubjektiver Sinnkonstitution einzieht. Der Bereich des Religiösen ist damit handlungstheoretisch unterbestimmt und steht der konsequenten Durchführung dieses Ansatzes im Wege. Mead selbst hat in seinem *Brief über Religion* von 1918 den sozialgeschichtlich-genetischen Ansatz mit einer agnostischen Position verknüpft. Dort arbeitet er heraus, daß die religiöse »Erfahrung ihren besonderen religiösen Wert aus dem gesellschaftlichen Gehalt gewinnt und daß dieser Gehalt nicht notwendig von der persönlichen Beziehung zu einem Gott abhängig ist«.[181]

Dilthey postuliert in den *Beiträgen*, den bewußtseinstheoretischen Ansatz lebensphilosophisch umdeutend, eine *interne* Beziehung zwischen Denken und Handeln,[182] eine Beziehung, die funktional dadurch bestimmt ist, daß »das Eigenleben an seine Umgebung angepaßt« (V, 96) wird[183]. Mit der Einsicht, daß Denken in Handeln

---

[180] *Vgl. G. H. Mead, Geist, Identität und Gesellschaft*, Frankfurt 1973, bes. Kap. 17: Das Verhältnis von Geist zu Reaktion und Umwelt, 166–175.

[181] *G. H. Mead, Gesammelte Aufsätze,* hg. v. *H. Joas,* Bd. 1, Frankfurt 1980, 394.

[182] Vgl. zusätzlich in den *Beiträgen:* V, 95, 96, 98, 109, 133.

[183] Daß Dilthey hier an ein dynamisches System denkt, in dem Anpassungsvorgänge *reziprok* ablaufen, macht ein Zitat aus der Rede über *Dichterische Einbildungskraft und Wahnsinn* deutlich, die schon 1886 gehalten wurde: Die »beständige Wechselwirkung

umgesetzt werden *muß*, der Zusammenhang beider also nicht kontingent, sondern intern ist, gerät er, über den speziellen Bezug zu Mead hinaus, in eine sachliche Nähe zu den Grundannahmen des amerikanischen Pragmatismus. Zu Peirce' ›pragmatischer Maxime‹ von 1878[184] eröffnet seine Einsicht ebenso einen lebensphilosophischen Zugang wie zu James' Verteidigung des »pragmatistic view that all our theories … are mental modes of *adaption* to reality«[185]. Freilich beläßt er es bei wenigen, höchst bemerkenswerten Formulierungen, die allesamt auf eine vom Handlungsbegriff getragene immanente Revision des Phänomenalismus abzielen. In diesem Zusammenhang wird auch deutlich, daß Diltheys *Beiträge zur Lösung der Frage vom Ursprung unseres Glaubens an die Realität der Außenwelt und seinem Recht* mit ihrem barocken Titel keineswegs auf ein eher abseitiges Spezialproblem zielen, dessen Verbindung mit den geisteswissenschaftlichen Grundlegungsproblemen uneinsichtig bliebe. In den *Beiträgen* arbeitet sich Dilthey an der Frage ab, wie der ›Satz der Phänomenalität‹ eine nicht-phänomenalistische Deutung erfahren, die Unhintergehbarkeit von Bewußtseinstatsachen also mit der Anerkennung transsubjektiver Realität verbunden werden kann. Sprachanalytisch gewendet, ist es der Zusammenhang von Bedeutung und Bezug, der hier im Zentrum steht. Da Dilthey wegen seiner einseitigen Orientierung an ästhetischer Erfahrung diesem Zusammenhang meistens nicht genügend Beachtung schenkt, sind die *Beiträge* für hermeneutisch inspirierte Zugänge zu religiösen Phänomenen, die den geisteswissenschaftlichen Immanentismus nicht übernehmen wollen, von besonderem Interesse.

Bewußtseinsphilosophisch-traditionelle Terminologie und handlungstheoretischer Neuansatz gehen in ihnen eine schwierige, oft widersprüchliche Verbindung ein. Dafür liefert schon der sperrige Titel der Abhandlung ein schlagendes Beispiel: Diltheys eigentliche Absicht ist es zwar, die Unterscheidung von Subjekt und Welt als Derivat eines ursprünglichen, im praktischen Lebenszusammenhang

---

zwischen unserem Eigenleben und dem Milieu, in dem es atmet, leidet und handelt: das ist unser Leben« (VI, 95)

[184] »Consider what effects, that might conceivably have practical bearings, we conceive the object of our conception to have. Then, our conception of these effects is the whole of our conception of the object.« (*Ch. S. Peirce, Über die Klarheit unserer Gedanken [How to Make Our Ideas Clear]*, Frankfurt ^{3}1985, 62)

[185] *W. James, Pragmatism,* Indianapolis/Cambridge: Hackett Publishing Company ^{4}1988, 87.

wurzelnden Nexus beider begreiflich zu machen. »Der ganze Sinn der Worte Selbst und Anderes, Ich und Welt, Unterscheidung des Selbst von der Außenwelt liegt in den Erfahrungen unseres Willens und der mit ihm verbundenen Gefühle. Alle Empfindungen und Denkprozesse umkleiden gleichsam nur diese Erfahrungen.« (V, 130) Das kognitive Resultat dieses praktisch-willentlichen Weltzugangs drückt der Titel der *Beiträge* aber in einer traditionellen Sprache aus, für die Innen und Außen, Selbst und Welt durch den cartesianischen Hiatus zweier Substanzen getrennt scheinen. Gleich zu Beginn seiner Abhandlung stellt Dilthey diese Prämisse heraus: »Denn soll es für den Menschen eine allgemeingültige Wahrheit geben, so muß, nach der zuerst von Descartes angegebenen Methode, das Denken sich einen Weg von den Tatsachen des Bewußtseins entgegen der äußeren Wirklichkeit bahnen.« (V, 90). Vom »Glauben an die Realität der Außenwelt« zu sprechen, insinuiert die ontologische Selbständigkeit eines extramundanen Subjektes, das als bereits in sich konstituiertes dann auch zur Anerkennung der korrelativen Selbständigkeit äußerer Wirklichkeit gelangt. Im begrifflichen Rahmen einer solchen Terminologie ist von dem der Subjekt-Objekt-Spaltung vorgängigen Lebenszusammenhang gar nicht die Rede, bleibt der Primat phänomenaler Realität, unbeschadet aller gegenteiligen Beteuerungen, unangetastet.

Es gelingt Dilthey in seiner Arbeit nicht, den bewußtseinstheoretischen Ansatz mit den handlungstheoretischen Prämissen wirklich zu vermitteln. So finden sich beispielsweise in dem Abschnitt über »Impuls und Widerstand« hochinteressante Überlegungen zur Ontogenese der Dualität von Subjekt und Objekt: »Das Schema meiner Erfahrungen, in welchem mein Selbst von sich das Objekt unterscheidet, liegt in der Beziehung zwischem dem Bewußtsein der willkürlichen Bewegung und dem des Widerstandes, auf welchen diese trifft.« (V, 99) Diese These sucht Dilthey mit zahlreichen Hinweisen auf die Embryonalentwicklung und das Verhalten Neugeborener ontogenetisch zu untermauern. In solchen Erwägungen ist ein ursprünglicher, nichtkognitiver Weltbezug als fundamental angesetzt, aus dem die Unterscheidung von Subjekt und Objekt hervorgeht. Die »harten Willenstatsachen von Impuls und Hemmung« (V, 134) sind es, denen die ›harten Fakten‹ im kognitiven Sinn allererst entspringen.[186] Indem die Realität unsere Erwartungen enttäuscht, belehrt sie

[186] Eine vergleichbare Argumentation findet sich bei *Peirce:* »Wir sprechen von *harten*

uns über ihre Unabhängigkeit: »Die Explosion überzeugt den erschreckten Chemiker am besten von der unabhängigen Natur des Objektes« (V, 116) So kann Dilthey der Meinung sein, den »*Phänomenalismus aufgehoben*« zu haben, »indem das Bewußtsein von der Realität der Außenwelt den Tatsachen des Willens, der Triebe und Gefühle eingeordnet wird, welche das Leben selber ausmachen. Der Gegensatz von Spekulation und Leben oder Handeln ist aufgelöst.« (V, 133) Diese emphatische Formulierung verbleibt in unaufgelöster Spannung zu dem phänomenalistischen Ausgangspunkt, daß »alles, was für mich da ist, unter der allgemeinsten Bedingung [steht], Tatsache meines Bewußtseins zu sein« (V, 90) Nirgends wird von Dilthey klar herausgearbeitet, daß er einerseits die Kategorie der Bewußtseinstatsache als die übergreifende Superstruktur ansetzt, andererseits eben diese Struktur dem handelnd-praktischen Weltverhältnis ein- und *unter*ordnet. Im § 43 a) von *Sein und Zeit* hat Heidegger auf diese Unklarheiten aufmerksam gemacht. Indem Dilthey die Forderung nach einem Beweis für die Realität der Außenwelt mitmache, bleibe er im traditionellen Dualismus gerade verhaftet: »Wäre aber das im Beweis vorausgesetzte Ganze des Unterschieds und Zusammenhangs des ›Innen‹ *und* ›Außen‹ gesehen, wäre ontologisch begriffen, was mit dieser Voraussetzung vorausgesetzt ist, dann fiele die Möglichkeit in sich zusammen, den Beweis für das ›Dasein der Dinge außer mir‹ für noch ausstehend und notwendig zu halten.«[187]

In den *Beiträgen* zielt Dilthey auf eine Überwindung der bewußtseinsphilosophischen Beschränkung aufs weltenthobene Subjekt mit lebensphilosophischen und ›handlungstheoretischen‹ Mitteln. Die Problematik des transphänomenalen Bezugs subjektiver Erlebnisse tritt daher ins Zentrum der Argumentation. Sie wird von Dilthey, wie ich schon angedeutet habe, besonders in dem Abschnitt

---

Tatsachen. (...) Eine Tür steht ein wenig offen. Ich versuche sie zu öffnen. Etwas hindert mich daran. Ich presse mich gegen sie und erfahre ein Gefühl der Anstrengung und ein Gefühl des Widerstandes ...« (zit. bei: *L. Nagl, Charles Sanders Peirce,* Frankfurt/New York 1992, 95) In Diltheys *Beiträgen* vollzieht sich eine Annäherung des hermeneutisch-geisteswissenschaftlichen Denkens an pragmatistische Argumentationsfiguren. die nicht nur von theoriegeschichtlichem Interesse ist. Die systematischen Bezüge zwischen Hermeneutik und Pragmatismus sind bisher jedoch nur selten analysiert und sachlich weitergeführt worden. Eine wichtige Ausnahme bilden die neueren Schriften *F. Fellmanns,* besonders *Symbolischer Pragmatismus.* Hermeneutik nach Dilthey, Reinbeck 1991.

[187] *M. Heidegger, Sein und Zeit,* a. a. O., 205.

über Impuls und Widerstand (V, 96–105) in einer Weise behandelt, die für die hermeneutische Tradition höchst originell ist. Er konzentriert sich nämlich gerade auf jenen Aspekt, den sein übriges Werk fast vollständig vernachlässigt: auf die ontologische Selbständigkeit der Realität, die eben deshalb unsere Annahmen über sie durchkreuzen kann. So kann Dilthey einen Satz formulieren, der auch von Peirce stammen könnte: »Alle unsere Handlungen sind Experimenten zu vergleichen …«. (V, 115) Mit phänomenaler Realität läßt sich nun freilich nicht experimentieren. Es gibt hier eine klare Alternative, die Dilthey selbst allerdings keineswegs klar geworden zu sein scheint: *entweder* werden Bewußtseinstatsachen in ihrem Bezug zu dem betrachtet, was seinerseits zwar nur im Bewußtsein auftauchen kann, aber nicht Bewußtsein *ist:* die transsubjektive Wirklichkeit. Dann hat es aber keinen Sinn, sich in apologetischer Absicht darauf zu berufen, daß »unsere inneren Zustände … uns als Realität in objektiver Wahrheit gegeben« (XX, 153) sind. *Oder* von Realität ist nur als bewußtseinsimmanenter die Rede; dann ist auch der Widerstand der Außenwelt nur als phänomenalisierter da, ›Innewerden‹ ein hinreichendes ›Wahrheitskriterium‹[188] und die Rede von Experimenten völlig sinnlos. Das zum Bewußtsein gebrachte Erlebnis von Diltheys Chemiker (›Ich werde mir dessen inne, daß dieser Gegenstand gerade explodiert‹) ist als solches davon unabhängig, ob es als Traumprotokoll oder als Niederschlag sinnlicher Erfahrung aufgefaßt wird.

Der ›pragmatistische‹ Argumentationsstil der *Beiträge* ist mit den bewußtseinstheoretischen Grundannahmen Diltheys nicht vereinbar und hat auch, soweit ich sehe, in den späteren Schriften keine Aufnahme gefunden. Die Konzentration auf das *handelnde* Weltverhältnis der Subjekte bringt Dilthey wohl zunächst dazu, die Weise zu erörtern, in der Tatsachen Propositionen korrigieren können; das Verhältnis von Impuls und Widerstand – die *»Hemmung der Intention«* (V, 103) der Handlung – wird als lebenspraktische Basis des kognitiven Realitätsbezuges aufgezeigt. Entsprechend tritt auch der sonst so häufig betonte Gegensatz zwischen dem *Erklären* natürlicher und dem *Verstehen* geistiger Gebilde völlig zurück. Das Re-

[188] Von einem Kriterium läßt sich hier eben nur in dem eingeschränkten Sinne sprechen, daß es des Innewerdens bedarf, damit die Bewußtseinstatsache als sie selbst gegeben sein kann. Hingegen ist ›Innewerden‹ gerade *kein* Kriterium in dem wahrheitstheoretisch relevanten Sinn eines Maßstabes, der zwischen wahren und *falschen* Aussagen zu unterscheiden ermöglicht. Falsche Aussagen über Tatsachen des Bewußtseins sind gar nicht möglich, sondern nur expressiv unaufrichtige.

sümee dieser Erwägungen ziehen die *Beiträge* dann zwar in der Sprache der Bewußtseinsphilosophie; eine wirkliche Vermittlung mit dem phänomenalistischen Begriff geisteswissenschaftlicher Realität gelingt jedoch nicht[189] – sie hätte auch den radikalen Bruch mit der epistemischen Privilegierung des Innewerdens erforderlich gemacht. So zeigt sich an den *Beiträgen* noch deutlicher, daß Dilthey die Frage nach dem transphänomenalen Bezug von Erlebnissen nur in dem Maße thematisieren kann, in dem er von seiner bewußtseinstheoretischen Prämisse gerade absieht, die den Zusammenfall von Wahrheit und Innewerden postuliert.

Mit Blick auf die religionsphilosophische Fragestellung entsteht an dieser Stelle ohnehin ein grundsätzliches Problem. Dilthey wollte zwar durch die – an Peirces »outward clash« erinnernden – Begriffe des Widerstandes und der Intentionshemmung die semantische Geschlossenheit des Bewußtseins bzw. des objektiven Geistes aufbrechen. Die Stimmigkeit seiner Argumentation setzt aber eine Beschränkung auf überschaubare Handlungsabläufe in der unmittelbaren Umgebung des Aktors voraus, in denen Intentionen im sinnlich zugänglichen Hier und Jetzt erfüllt oder aufgehalten werden. ›Merkwelt‹ und ›Wirkwelt‹ im Sinne J. v. Uexkülls dürfen nicht auseinandertreten, wenn das Modell einer direkten Rückkoppelung des intentionalen Bewußtseins an die bewußtseinsexterne Realität seine Plausibilität behalten soll. Hier ergeben sich bereits hinsichtlich der komplexen Struktur sozialer Interaktionen prinzipielle Schwierigkeiten, die vor allem von den Vertretern systemtheoretischer Ansätze gegen die Handlungstheorie ins Feld geführt worden sind.[190] Noch problematischer scheint es freilich, sich der transsubjektiven

---

[189] Heideggers Fundamentalontologie in *Sein und Zeit* kann in gewisser Weise als Versuch verstanden werden, durch Universalisierung des Auslegungsgedankens eben dies zu leisten, also die *ontologische* Abhängigkeit des Seienden vom Seinsverständnis des Daseins mit seiner *ontischen* Unabhängigkeit zu vermitteln. Die Einbeziehung der Dingwelt in das verstehende Weltverhältnis erzwingt die Preisgabe des bewußtseinsphilosophisch-cartesianischen Dualismus und mit ihm der Sonderstellung geisteswissenschaftlicher Wahrheit. »Wahrsein als Entdeckend-sein« (*Sein und Zeit*, a.a.O., 219) wäre dann ein ferner Nachklang von Diltheys ›Gewahren‹, in dem die bewußtseinsphilosophische Prämisse der Immanenz überwunden ist und »das aussagende und sich bewährende Erkennen seinem ontologischen Sinn nach« als »ein *entdeckendes Sein* zum realen Seienden selbst« (ebd., 218; Kursivierungen von Heidegger, Unterstreichung von mir, M. J.) verstanden wird.

[190] Vgl. dazu *O. Schwemmer, Handlung und Struktur*, Zur Wissenschaftstheorie der Kulturwissenschaften, Frankfurt 1987, 248 ff.

Realität des Göttlichen über die handlungstheoretischen Begriffe von Impuls und Widerstand versichern zu wollen. Denn nur derjenige wird bereit sein, im Zuge einer religiösen Handlung – beispielsweise eines Gebets – bestimmte Geschehnisse in seiner Umwelt als Zeichen der Wirksamkeit transzendenter Mächte zu deuten, der zuvor schon von deren Existenz überzeugt war. Dem Gläubigen mag in diesem Sinne etwa das Ausbleiben einer erhofften Veränderung der Wirklichkeit als Ausdruck eines göttlichen ›Nein‹ zu den eigenen Gebetswünschen erscheinen. Solche religiöse Wirklichkeitsdeutung kann jedoch nicht an dem epistemischen Status jener ›brute facts‹ partizipieren, die sich unseren Handlungsimpulsen entgegenstellen, weil sie nicht auf der Ebene unseres ›experimentellen‹ Umgangs mit der im Trieb erschlossenen Nahwelt liegt. Sie hat den Charakter einer *Interpretation* sinnlich-handlungsbezogener Erfahrung und läßt sich mit den handlungstheoretischen Kategorien von Impuls und Widerstand daher nicht angemessen erfassen.

Der handlungstheoretische Ansatz bleibt im Schaffen Diltheys denn auch Episode. Erlebnisse werden im Spätwerk nicht mehr als unselbständige Phase eines übergreifenden *Handlungs*zusammenhanges konzeptualisiert, sondern als Momente des hermeneutischen Zirkels zwischen Erlebnis, Ausdruck und Verstehen. Dilthey selbst hat niemals versucht, seine pragmatistische Deutung des Lebenszusammenhangs religionstheoretisch zu wenden. Ob die Betrachtung religiösen Erlebens unter dem sachlichen Primat praktischer Auseinandersetzung von Mensch und Umwelt religionsphilosophische Argumentationsvorteile einbringt, kann deshalb nicht anhand seiner geistesgeschichtlichen Analysen diskutiert werden. Dagegen erlaubt es der pragmatistische Ansatz von James, den ich im nächsten Hauptteil untersuchen möchte, diese Frage an einem rezeptionsgeschichtlich eminenten Autor zu erörtern und damit auch zugleich die Beziehungen zwischen phänomenologischen Beschreibungen religiöser Erlebnisse und ihren grundbegrifflichen Voraussetzungen besser zu klären. Das Scheitern von Diltheys Versuch, innere, selbstevidente Erfahrung (Bewußtseinstatsachen) als begriffliche Basis dem praktisch-handelnden In-der-Welt-sein zugrunde zu legen, birgt freilich auch in sich betrachtet schon eine religionsphilosophische Konsequenz, auf die ich hier noch hinweisen möchte: wer religiöse Erscheinungen (ausschließlich) im kategorialen Rahmen innerer Erlebnisse interpretiert, der begibt sich damit der Möglichkeit, ihre transphänomenalen Aspekte zu untersuchen. Wenn hingegen die

Frage nach transphänomenaler Realität und Wahrheit ins Spiel gebracht werden soll, muß der Erlebnisbegriff mit seinem Prinzip der ›Verstehensimmanenz‹ verlassen werden. An seine Stelle hätte dann eine Konzeption ausdrucksbildender Erfahrung zu treten, die Bedeutung und Bezug nicht mehr gegeneinander isoliert.

1.2.4. Die ästhetische Grundform der Erfahrung

Für innere Erfahrung im phänomenalistischen Sinne des Zusammenfalls von Gehalt und Innewerden gibt es streng genommen kein Wahrheitskriterium, weil sie keine intentionale Struktur hat, sich also gar nicht auf etwas von ihr verschiedenes bezieht. Innere Erfahrungen können nicht in dem Sinne mißglücken, in dem Bezugnahmen auf äußere Gegenstände mißglücken können. Daß Dilthey ihnen dennoch, in höchst emphatischen Formulierungen Wahrheit zuspricht,[191] impliziert einen Bedeutungswandel des Wahrheitsbegriffs. ›Wahrheit‹, bezogen auf die Bewußtseinstatsachen der Geisteswissenschaften, meint das nicht irrtumsgefährdete ›Gewahrtsein eines geistigen Gehalts‹. Die Behauptungen der von Dilthey inaugurierten ›beschreibenden Psychologie‹ sollen daher »durch innere Wahrnehmung eindeutig verifiziert werden« (V, 152) können. Der Gegensatz von Wahrheit und Falschheit, seit der berühmten Formulierung des Aristoteles im Buch G der Metaphysik[192] selbstverständlicher Bezugspunkt wahrheitstheoretischer Diskussionen,[193] spielt für diese Konzeption gar keine entscheidende Rolle mehr. Die methodologisch fatalen Konsequenzen dieses ›evidentialistischen‹ Wahrheitsbegriffs – Subjektivismus und Unkontrollierbarkeit – hat Dilthey schon früh gespürt und zunächst vor allem den Begriff des seelischen Strukturzusammenhangs, später den des objektiven Geistes gegen sie mobilisiert. Innere Erlebnisse sollen zwar selbstevident

---

[191] Der schon zitierte *locus classicus* findet sich in der *Vorlesung zur Einleitung in die Geisteswissenschaften von 1883:* »Unsre innren Zustände sind uns als Realität in objektiver Wahrheit gegeben.« (XX, 153)

[192] »Zu sagen nämlich, das Seiende sei nicht oder das Nicht-Seiende sei, ist falsch, dagegen zu sagen, das Seiende sei und das Nicht-Seiende sei nicht, ist wahr.« (Met. G 1011b 26 f.)

[193] Vgl. den Abschnitt »Zur Geschichte der Korrespondenztheorie«, in: *W. Franzen, Die Bedeutung von ›wahr‹ und ›Wahrheit‹*. Analysen zum Wahrheitsbegriff und zu einigen neueren Wahrheitstheorien, Freiburg/München 1982, 40–48.

sein, können geisteswissenschaftlich aber nicht als isolierte Vorkommnisse, sondern nur im Zusammenhang des Seelenlebens analysiert werden. Diesen Totalitätsbegriff deutet der späte Dilthey weitgehend im Sinne einer Ganzheit geistiger, nicht mehr psychologisch, sondern sinnhaft zu deutender *Ausdrucks*gestalten. Der hermeneutische Interpretationszusammenhang von Erlebnis, Ausdruck und Verstehen führt in den geisteswissenschaftlichen Wahrheitsbegriff wieder eine Art von *Übereinstimmungsbeziehung* ein: das reziproke Verhältnis von Ganzem und Teil, das als innerhermeneutische Entsprechung zur Korrespondenz von Aussage und Tatsache verstanden werden muß. Den »Vertrag zwischen Wort und Gegenstand«[194], den G. Steiner so wortreich als das Fundament der abendländischen Kultur beschwört, hat auch Dilthey gekündigt, um ihn – im Spätwerk – durch einen Vertrag zwischen Erlebnis, Ausdruck und Verstehen zu ersetzen. Dilthey konzipiert, wie ich nun zum Abschluß des Wahrheitskapitels zeigen möchte, dieses hermeneutische Fundamentalverhältnis am Modell ästhetischer Erfahrung und assimiliert damit die Deutung religiöser Erlebens an das ästhetische Verstehen.

In seiner großen Dilthey-Studie schlägt R. Makkreel vor, die zeitlich und thematisch weitgespannten Arbeiten Diltheys unter dem vereinheitlichenden Gesichtspunkt seines Strebens nach einer »Ästhetik der Geschichte«[195] zu verstehen. Makkreel tritt für die »Zentralität der ästhetischen Schriften Diltheys«[196] ein und meint, die »Poetik oder allgemeine Ästhetik [müsse] als Modellgeisteswissenschaft betrachtet werden«[197]. Diese These ist deshalb so einleuchtend, weil Dilthey tatsächlich an der dichterischen Einbildungskraft modellhaft jene Strukturen entwickelt hat, die für den sinnhaften Aufbau der geschichtlich-gesellschaftlichen Wirklichkeit im ganzen gelten sollen. Makkreel führt den detaillierten Nachweis, daß Diltheys Konzept dichterischer Einbildungskraft – als Vermittlungsinstanz zwischen dem Erleben und der psychischen wie sozialen Totalität – an die reflektierende Urteilskraft aus Kants dritter Kritik anknüpft.[198] Kant hatte dort zunächst die Urteilskraft als das Vermö-

---

[194] *G. Steiner, Von realer Gegenwart.* Hat unser Sprechen Inhalt?, München/Wien 1990, 124.

[195] *R. Makkreel, Dilthey,* a. a. O., 16.

[196] Ebd., 12 f.

[197] Ebd., 114.

[198] Vgl. ebd., 249–291. – Ob Dilthey wirklich auch die transzendentalphilosophischen und begründungslogischen Impulse aus Kants dritter Kritik aufgenommen hat, ist in der

gen bestimmt, »das Besondere als enthalten unter dem Allgemeinen zu denken«[199], und dann zwei verschiedene Weisen der Beziehung des Besonderen aufs Allgemeine unterschieden: *bestimmende* und *reflektierende* Urteilskraft. Während erstere subsumtionslogisch verfährt, indem sie das Besondere – ich interpretiere: *erklärend* – einem gegebenen Allgemeinen unterordnet, verfährt letztere anders, indem sie einem gegebenen Besonderen – ich interpretiere: *verstehend* – ein Allgemeines zuordnet. Dilthey macht nun von Kants reflektierender Urteilskraft wie Makkreel zeigt, einen originellen und weiterführenden Gebrauch – er bezieht sie nämlich auf die Geschichte und deutet die dichterische Einbildungskraft als modellhafte Realisierung jener nicht-subsumierenden Beziehung von Besonderem und Allgemeinem, die eine verstehende Aneignung der geschichtlich-sozialen Realität erst möglich machen soll.

Aus der hermeneutischen Perspektive des Spätwerks konstituiert sich der menschliche Lebensprozeß im »Zusammenhang von Erleben, Ausdruck und Verstehen« (VII, 87). Zwischen den drei Elementen dieses Zusammenhangs bestehen, so hatte ich argumentiert, Beziehungen des ›Passens‹, der größeren oder geringeren Adäquatheit, die eine Art hermeneutisches Pendant zum Korrespondenzgedanken der tradtionellen Wahrheitstheorie darstellen. Diese Beziehungen müssen formal als die Weisen verstanden werden, in denen sich das Besondere – Erlebnisse, ihre Ausdrücke und Verstehensoperationen – mit dem Allgemeinen des übergreifenden Zusammenhangs (›objektiver Geist‹) vermittelt. Der hier skizzierte hermeneutische Prozeß zerfällt nun wieder in zwei Phasen, nämlich (1) den Übergang vom Erlebnis zum Ausdruck und (2) den Übergang vom

---

Forschung heftig umstritten. So betont *S. Otto (Rekonstruktion der Geschichte.* Zur Kritik der historischen Vernunft, Erster Teil: historisch-kritische Bestandsaufnahme, München 1982) mit Recht, jener bleibe »bei der *Phaenomenalität* des Zusammenhangs von Einzelnem, Besonderem und Allgemeinem stehen« (27), behauptet dann aber wenig überzeugend gegen die Thesen Makkreels, daß Dilthey sich wie die Neukantianer des 19. Jahrhunderts »mit einem Studium der *Kritik der reinen Vernunft* [begnügt habe], ohne die Erweiterung der Kantischen Fragestellung in der *Kritik der praktischen Vernunft* und vor allem in der *Kritik der Urteilskraft* zur Kenntnis zu nehmen« (ebd., 28). Auf der nicht subsumptionslogischen, sondern verstehenden Zuordnung von Teil und Ganzem – als Leistung der reflektierenden Urteilskraft – gründet Dilthey seine hermeneutische Konzeption von *Bedeutung* und argumentiert insoweit auch begründungslogisch, ohne dabei doch die Beschränkung auf phänomenalisierte Realität zu durchbrechen.

[199] *KdU*, A XXIV.

Ausdruck zum Verstehen.[200] Phase (1) bezeichne ich hilfsweise als die *produktions*ästhetische, Phase (2) als die *rezeptions*ästhetische. Schon in seiner Arbeit über *Die Einbildungskraft des Dichters (Bausteine für eine Poetik)* von 1887 hat Dilthey den ersten Aspekt vom Phänomen des Ästhetischen her begriffen und ihn sogar in den Rang einer psychologischen Gesetzmäßigkeit erhoben. »Ich werde den Satz, daß der ästhetische Vorgang die im Gefühl genossene Lebendigkeit in der Gestalt erfaßt …, daß also Übersetzung von Erlebnis in Gestalt und von Gestalt in Erlebnis hier beständig stattfindet, als das Schillersche Gesetz bezeichnen …« (VI, 117) Liegen objektivierte Erlebnisausdrücke erst einmal vor, so können sie auch – wenigstens prinzipiell – verstanden werden. Das Verstehen als eine »an sich dem Wirkungsverlauf selbst inverse Operation« (VII, 214) konzipiert Dilthey im *Aufbau* dann ebenfalls (rezeptions-)ästhetisch,[201] wobei wiederum das Verhältnis des Teils zum Ganzen entscheidend ist: »Die Stellung, die das höhere Verstehen seinem Gegenstande gegenüber einnimmt, ist bestimmt durch seine Aufgabe, einen Lebenszusammenhang im Gegebenen aufzufinden.« (VII, 213). Im Lebensprozeß selbst vollzieht sich dauernd, von der Einbildungskraft der ›Lebenseinheiten‹ innerviert, der hermeneutische Zirkel von Erlebnis, Ausdruck und Verstehen[202] und stiftet so einen geschichtlichen Zusammenhang. Dieser erlaubt es uns, objektivierte Erlebnisausdrücke auch unabhängig von ihrem aktuellen Lebenskontext zu verstehen.

Dilthey illustriert diese Überlegung mit einem Beispiel aus der für ihn offenbar schon versunkenen Welt religiösen Erlebens: »Das Verstehen öffnet ein weites Reich von Möglichkeiten, die in der Determination seines [sc. des Zeitgenossen Diltheys, M. J.] wirklichen Lebens nicht vorhanden sind. Die Möglichkeit, in meiner eigenen

---

[200] Die hier getroffenen Unterscheidungen stellen argumentationstechnische Hilfsmittel dar. Die Differenzierung zwischen dem Erlebnis, seinem Ausdruck und dem Verstehen dieses Ausdrucks dient bei Dilthey nicht etwa der Kennzeichnung scharf voneinander geschiedener Phänomene, sondern der Verdeutlichung von *Verlaufsphasen*.

[201] Dabei fällt er öfter in psychologistische Formulierungen zurück. »Hineinversetzen, Nachbilden, Nacherleben« (VII, 213) werden empathiehermeneutisch als die Operationen des Verstehens herausgestellt, obwohl Dilthey doch andererseits ein klares Bewußtsein davon hat, daß der Gegenstand des Verstehens gerade bei der Dichtung nicht »die inneren Vorgänge in dem Dichter [ist], sondern ein in diesen geschaffener, aber von ihnen ablösbarer Zusammenhang« (85).

[202] Das Bild des Zirkels ist unglücklich, insofern es Geschlossenheit andeutet. Diltheys Zirkel ist zukunftsoffen, hat also bildlich gesprochen eher die Gestalt einer *Spirale*.

Existenz religiöse Zustände zu erleben, ist für mich für die meisten heutigen Menschen eng begrenzt. Aber indem ich die Briefe und Schriften Luthers, die Berichte seiner Zeitgenossen, die Akten der Religionsgespräche … durchlaufe, erlebe ich einen religiösen Vorgang von einer solchen eruptiven Gewalt, von einer solchen Energie, in der es um Leben und Tod geht, daß er jenseits jeder Erlebnismöglichkeit für einen Menschen unserer Tage liegt.« (VII, 215) Verstehbar sind Luthers ›religiöse Zustände‹ nach dieser Deutung genau in dem Maße, in dem sie im Kontinuum des objektiven Geistes liegen, also als Ausdrucksgestalten des Humanen verstanden werden. Ihre mögliche Bedeutsamkeit verdankt sich ihrer Stellung im Ganzen des menschlichen Lebenszusammenhangs, nicht etwa ihren transsubjektiven Wahrheitsansprüchen. Bedeutungen realisieren sich im Leben selbst und bleiben ihm immanent.

Für die *ästhetische* Struktur dieses Zusammenhangs ist es kennzeichnend, daß Dilthey im *Aufbau* seine grundsätzlichen Überlegungen zur Genese von Bedeutung völlig übergangslos auf künstlerische Hervorbringungen beziehen kann, gleichsam, ohne das Thema zu wechseln: »Die Bedeutsamkeit, die so die Tatsache empfängt als die Bestimmheit des Bedeutungsgliedes aus dem Ganzen, ist ein Lebensbezug … Die Bedeutsamkeit ist aus dem Leben selbst herausgeholt. Bezeichnet man als Sinn eines Lebensganzen den Zusammenhang, wie er sich aus der Bedeutung der Teile ergibt, dann spricht das dichterische Werk vermittels des freien Schaffens des Bedeutungszusammenhangs den Sinn des Lebens aus.« (VII, 240) Der Dichter ist für Dilthey eben der »wahre Mensch« (V, 307), und dies in dem sehr genauen Sinn, daß die Charakteristika des hermeneutischen Wahrheitsbegriffs – Orientierung am Kohärenzgedanken, Primat der Bedeutung vor dem Bezug, Betonung expressiver Wohlgeformtheit – in einer Analyse des poetischen Schaffensprozesses gewonnen werden. Hermeneutische Wahrheit rückt damit in größte Nähe zu subjektiver *Wahrhaftigkeit*. Sprechakttheoretisch ausgedrückt, könnte man sagen, daß Diltheys Bedeutungs- und Wahrheitsverständnis *expressive* und *assertive (konstative)* Sprechhandlungen[203] konfundiert, bzw. letztere von ersteren her deutet. Diese *expressive* Deutung von Wahrheit als Ausdruck ist dennoch nicht-subjektivistisch, weil sie die subjektive Qualität expressiver Aufrichtigkeit mit der intersub-

[203] Nach der Klassifikation von *J. Searle*, in: *Ausdruck und Bedeutung*. Untersuchungen zur Sprechakttheorie, Frankfurt 1982, 31–39.

jektiven – in Diltheys Sprache dem objektiven Geist zugehörigen – Verbindlichkeit symbolischer Artikulationen verknüpft. Der Dichter erscheint zwar als der »wahre Mensch«, weil ihm die Objektivation seines Erlebens am besten gelingt; er verdient dieses Prädikat aber nicht etwa deshalb, weil er den Beliebigkeiten einer weltentrückten Innerlichkeit Ausdruck verleiht, sondern weil er jene intersubjektiv entstandene und deshalb auch objektiv-geistig verstehbare Bedeutsamkeit artikuliert, die dem einzelnen Erlebnis kraft seines Verhältnisses zum Lebenszusammenhang zukommt. Das Erlebnis wird also »dann erst ganz zum Besitz gebracht, indem es zu anderen Erlebnissen in innere Beziehung gesetzt und so seine Bedeutung erfaßt wird.« (VI, 131) Der hermeneutische Prozeß, wie er im Dichter sich paradigmatisch vollzieht, zielt darauf ab, das partikulare Erlebnis »durch Nachdenklichkeit, insbesondere durch Verallgemeinerung und Herstellung der Beziehungen, mit dem Ganzen des menschlichen Daseins in Verhältnis [zu setzen] und so in seinem Wesen, d. h. seiner Bedeutung« (ebd.) zu verstehen. Das aufs Subjekt ›Mensch‹ bezogene Prädikat ›wahr‹ expliziert sich demnach als Dispositionsprädikat, das die Fähigkeit zur Artikulation objektiv vorhandener Beziehungen zwischen dem Teil und dem Ganzen bezeichnet. Diesen Aspekt der Kohärenz, der sinnhaften Vermittlung eines Lebens*zusammenhangs* hat Dilthey auch vor Augen, wenn er in der Sprache des 19. Jahrhunderts darauf besteht, daß der Dichter »der volle, ganze, gesunde[204] Mensch« (VI, 131) sei.

Anläßlich der Diskussion des hermeneutischen Verhältnisses von Teil und Ganzem hatte sich schon gezeigt, daß Dilthey von einer strukturellen Affinität zwischen religiösem und ästhetischem Erleben ausgeht.[205] Diese Affinität läßt sich nun genauer bestimmen, nämlich als zwingende Konsequenz aus der *ästhetischen Grundform des Lebenszusammenhangs als solchem*. Dichter sind die ›wahren‹ und ›ganzen‹ Menschen schließlich gerade deshalb, weil ihre Könnerschaft sich auf jenes Verhalten bezieht, das die geschichtlich-gesellschaftliche Wirklichkeit fundamental konstituiert: die Selbstaus-

---

[204] Wie der Vortrag *Dichterische Einbildungskraft und Wahnsinn* zeigt, geht es Dilthey mit dieser etwas befremdlichen Charakterisierung nicht etwa um das vitalistische Lob des ›Gesunden‹, sondern darum, das spezifische Vermögen des Dichters als schärfsten Ausdruck der allgemeinen Struktur menschlichen In-der-Welt-seins zu fassen: »*Das Genie ist keine pathologische* Erscheinung, sondern *der gesunde, der vollkommene Mensch.*« (VI, 94)

[205] Vgl. oben, S. 31 ff.

legung des Lebens als Artikulation der Bedeutsamkeit seiner Teile.[206] Künstlerische Wirklichkeitserfahrung steht in Kontinuität zur alltäglichen, deren *integrative* Struktur sie gleichsam auf die Spitze treibt.[207] Religiöse Erfahrung wird damit kategorial der ästhetischen untergeordnet, die allererst Bedeutung konstituiert. Der hermeneutisch-ästhetische Bezugssrahmen innerer Erfahrung präjudiziert die Deutung religiöser Phänomene, indem er dazu nötigt, sie vorab als Ausdrucksgestalten zu betrachten, die der bedeutungsstiftenden Immanenz des objektiven Geistes zugehören. In seinem Reich kann sich Schleiermachers ›eigne Provinz im Gemüte‹ nur mit der geborgten Stimme des Künstlers Gehör verschaffen.

---

206 Vergleichbares findet sich bei dem amerikanischen Pragmatisten *J. Dewey*, dem es um die »Wiederherstellung der Kontinuität zwischen der ästhetischen Erfahrung und den gewöhnlichen Lebensprozessen« (*Kunst als Erfahrung*, a. a. O., 18) zu tun ist. Auch Dewey betont die hermeneutische Dimension des Lebenszusammenhangs: »Der Sinn eines umfassenden und zugrunde liegenden Ganzen bildet den Kontext für jede Erfahrung und ist das Wesen des gesunden (sic!) Verstandes.« Das Kunstwerk verhilft dazu, diesen Sinn, »der jede gewöhnliche Erfahrung begleitet, zu vertiefen und zu großer Deutlichkeit zu erheben« (ebd., 226) Das »religiöse Gefühl, das eine intensive ästhetische Perzeption begleitet« (ebd.), erklärt sich dann ganz zwanglos: als Derivat der ästhetisch geglückten Vermittlung von Teil und Ganzem.

207 Entsprechend groß ist die Schwierigkeit, innerhalb eines hermeneutischen Theorieprofils der kritisch-utopischen Funktion von Kunst gerecht zu werden. – Allerdings ist auch zu bedenken, daß Diltheys objektiver Geist eine Sedimentierung geschichtlichen Lebens darstellt, die nicht einfach die gesellschaftliche Realität in ihrem So-sein affirmiert. Vielmehr schließt der objektive Geist als letzter und umgreifender Zusammenhang aller einzelnen Sinngebilde auch Hoffnungsbilder, Utopien und die Arbeit der Kritik ein, weshalb Verständnis und Einverständnis innerhalb seiner keineswegs identifiziert werden müssen.

2. William James' Pragmatismus als religionsphilosophische Begründungsstrategie

2.1. Dilthey und James

Im vergangenen Kapitel wurde der Begriff religiöser Erfahrung analysiert, wie er sich im Traditionszusammenhang des hermeneutisch-lebensphilosophischen Denkens entwickelt hat. Diltheys Erfahrungskonzeption terminiert in einem dreigliedrigen Relationsgefüge mit den Elementen Erlebnis-Ausdruck-Verstehen, dem wiederum das hermeneutische Grundverhältnis zwischen Teil und Ganzem zugrunde liegt. Die sich auf dieser Basis historisch differenzierenden Auslegungs- und Strukturzusammenhänge bilden die Welt des ›objektiven Geistes‹, deren epistemischen und ontologischen Status Dilthey nicht hinreichend zu klären vermochte. Einerseits verbietet ihm seine nachmetaphysische und zumal nachidealistische Grundstellung, den ›objektiven Geist‹ zu einer eigenständigen Substanz zu hypostasieren. Nur in den neuronalen Aktivitäten der Individuen ist ›objektiver Geist‹ Realität – freilich in einer Form, die sich eben nicht naturalistisch durch Gehirnprozesse erklären läßt, sondern historischen Wirkungszusammenhängen entspringt, deren Reduktion auf naturwissenschaftliche Kausalgesetze unmöglich ist. Insofern ist Dilthey, mit einer modernen Unterscheidung, im Hinblick auf das Geist-Körper-Problem kein *Substanz*–, wohl aber ein *Eigenschafts*dualist. Auf der anderen Seite hat er, motiviert durch seine Suche nach erkenntnistheoretischer Begründung der Eigenständigkeit der Geisteswissenschaften, den Wahrheitsbegriff des ›objektiven Geistes‹ rein immanent konstruiert: Nicht die gelingende Bezugnahme auf außersymbolische – vorsichtiger gesagt: auf symboltranszendente – Sachverhalte oder Dinge, sondern einzig die gelingende Einordnung der Ausdrucksgestalten von Erlebnissen in den bedeutungshaften Zusammenhang einer begrenzten Totalität soll für geisteswissenschaftliche Wahrheitsansprüche entscheidend sein. Der hermeneutische Zirkel Diltheys ist insofern semantisch geschlossen, als er – vermittelt durch die symbolischen Ausdrucksgestalten des Erlebens – Realität immer nur als internen Bestandteil des diskursiven Universums zugänglich macht, den referentiellen Aspekt also aus den Geisteswissenschaften verbannt.

Diltheys Versuch aus seiner ›pragmatistischen‹ Phase, die symbolischen Weltinterpretationen der Subjekte durch ein Kriterium des Handlungserfolgs bzw. -Mißerfolgs an dye natürliche Welt anzuschließen, blieb Episode, ist aber mit Blick auf die grundbegrifflichen Schwierigkeiten des nachidealistischen Denkens symptomatisch. Wie läßt sich ›Geist‹ gleichzeitig antinaturalistisch/antireduktionistisch *und* antiidealistisch/antidualistisch deuten? Wie läßt sich vor allem der höchste Begriff ›geistiger‹ Erfahrung, ihre Totalität und Transzendenz, nach der Verabschiedung des ›Absoluten Geistes‹ noch darstellen? Kann eine hinreichend umfassende und radikale Konzeption humaner Erfahrung ihre religiösen Gehalte angemessen beschreiben oder gar, wie schon Schleiermacher es anstrebte, rechtfertigen? Diltheys hermeneutische Deutung unseres Weltverhältnisses expliziert zwar, so die hier vertretene Überzeugung, die begrifflichen Voraussetzungen des ›nachmetaphysischen‹ Verständnisses von ›Geist‹, läßt aber ihre geltungstheoretischen Konsequenzen weitgehend im Dunkeln. So ist Dilthey selbst sich nicht darüber im klaren gewesen, daß seine Konzeption der Immanenz aller Bedeutungen im ›objektiven Geist‹ religiösen Wirklichkeitsauffassungen widerstreitet. Der Glaube an ein die ›hausgemachte‹ Realität der Subjekte transzendierendes Göttliches wird in der geisteswissenschaftlichen Hermeneutik als Vollzugsgestalt einer letzten Endes ästhetisch modellierten Wirklichkeitsbeziehung verstanden, die sich der kontext und totalitätsbildenden Kraft endlicher, symbolverwendender Wesen verdankt.

In den Jahrzehnten um die Wende zum zwanzigsten Jahrhundert, zur selben Zeit, als Dilthey seine lebensphilosophisch-historistische Wahrheits- und Bedeutungskonzeption entwickelte, entstand auch der amerikanische Pragmatismus. Seine theoretischen Grundannahmen sind mit der deutschen hermeneutischen Tradition weitaus näher verwandt, als es beim ersten Hinsehen scheinen mag.[1] Sachlich liegen diese inhaltlichen Bezüge darin begründet, daß so-

[1] In jüngster Zeit hat vor allem der amerikanische Neopragmatist *Richard Rorty* auf Gemeinsamkeiten der beiden Traditionen hingewiesen. Vgl. *Ders., Der Spiegel der Natur.* Eine Kritik der Philosophie, Frankfurt 1981. Für Rorty liegt die Stärke von Hermeneutik und Pragmatismus allerdings gerade darin, daß sie die korrespondenztheoretische Auffassung der Wahrheit überwunden haben.

wohl die Pragmatisten als auch Dilthey mit seinen Vorgängern und Schülern eine doppelte Frontstellung einnahmen: ihre Argumentationen richten sich einerseits gegen restaurative Metaphysik (wie sie im angelsächischen Sprachraum von Autoren wie Bradley und Royce betrieben wurde), andererseits gegen naturalistische Reduktionismen. Die Alltagserfahrung vergesellschafteter Subjekte bildet für beide Denkrichtungen den Ausgangspunkt einer zu bewahrenden Vielzahl von Wirklichkeitszugängen. Diese »lebensweltliche« Perspektive tritt bei Charles S. Peirce, dem Begründer des Pragmatismus, hinter seiner Orientierung an naturwissenschaftlichen Verfahren weitgehend zurück, bildet jedoch im Werk von William James, dem populärsten Vertreter der pragmatistischen Grundidee, eine prägende Konstante. Anders als Dilthey hat James seine Konzeptionen von Wahrheit und Bedeutung explizit auf die Rechtfertigung religiöser Überzeugungen hin ausgelegt. Zwischen den Konzeptionen von James und Dilthey besteht, wie ich noch zeigen werde, eine systematische Beziehung, aufgrund deren die Diskussion des pragmatistischen Erfahrungsbegriffs religionsphilosophisches Interesse auf sich zieht. Kann James mit seinem radikalen Empirizismus der wahrheitstheoretischen Sackgasse entkommen, in die Dilthey durch seinen immanentistischen Geistbegriff geraten war? Bietet der pragmatistische Gedanke zukünftiger Bewährung eine Möglichkeit, den Immanenzzusammenhang des objektiven Geistes aufzusprengen?

Formuliert sind diese Fragen wiederum mit Blick auf Hegels fundamentale These vom inneren Zusammenhang zwischen (affirmativer) Religionsphilosophie und philosophischer Theologie. Dieser zufolge vermag allein eine Theorie des Absoluten, eine philosophische Gotteslehre, Gründe dafür beizubringen, daß Religion eine nicht bloß humane Realität hat.[2] Hegels Rehabilitierung des ontologischen Gottesbeweises ist nur der pointierteste Ausdruck seiner Überzeugung, daß der Glaube sich nur *begrifflich*, durch das Denken Gottes (*gen. subj.* u. *gen. obj.!*) letztlich als gerechtfertigt erweisen könne: »In der Philosophie erhält die Religion ihre Rechtfertigung vom denkenden Bewußtsein aus. (…) Das Denken ist der absolute Richter, vor dem der Inhalt sich bewähren und beglaubigen soll.«[3] Diese These

---

[2] Vgl. dazu die schon genannte Studie von *W. Jaeschke, Die Vernunft in der Religion,* op. cit., S. 15, 17 u. passim.

[3] *G. W. F. Hegel, Vorlesungen über die Philosophie der Religion II* (Werke, hrsg. v. E. Moldenhauer u. K.-M. Michel. Bd. 17), Frankfurt 1986, S. 341.

Hegels wird von den lebensphilosophisch-hermeneutischen Autoren der Jahrhundertwende ausdrücklich zurückgewiesen. Die schematisierenden und urteilenden Funktionen des Denkens gelten dort als Sekundärinstanz, gegenüber der die erlebnishaften Präsentationen der Wirklichkeit und ihre nicht bloß begrifflichen Ausdrucksgestalten den Vorrang bewahren. Das »unmittelbare Innesein« in Diltheys *Breslauer Ausarbeitung* wie seine spätere Konzeption des dreigliedrigen Verstehensprozesses richten sich gegen die idealistische Überzeugung vom Primat des Begrifflichen vor den durch affektive, kognitive und voluntative Komponenten bestimmten Lebensvollzügen. Und im Denken von William James wird ausdrücklich eine Vorstellung rationaler Rechtfertigung entwickelt, die sich an affektiven Qualitäten, an unmittelbarem Vertrautsein und zukünftiger Bewährung, jedenfalls aber nicht an einer einsichtigen Folge dialektischer Begriffsoperationen orientiert. James' Argumentation zur Rationalität religiöser Überzeugungen schließt sich an die Innenperspektive religiös interessierter Subjekte an. Sie nötigt zu einer kategorialen Differenzierung zwischen der *binnenperspektivischen*, der *religiös-gemeinschaftlichen* und der *religionsphilosophisch-hermeneutischen* Deutung des Glaubensvollzugs. Bietet sich damit im Rahmen eines radikalisierten Erfahrungsbegriffes die Möglichkeit, Hegels unbequeme Konsequenz – entweder begriffliche Rechtfertigung religiöser Überzeugungen oder konsequente Reduktion auf rein humane Gehalte – zu umgehen? Lassen sich solche Überzeugungen gar auf der Basis reiner, d.h. begrifflich uninterpretierter Erfahrung und ihrer zukünftigen Konsequenzen rechtfertigen? Um diese Fragen geht es in den folgenden Analysen zu William James' pragmatistisch-empirizistischer Religionstheorie.

Dabei wird sich zeigen, daß die philosophischen Ansätze von Dilthey und James eine Reihe grundlegender Annahmen gemeinsam haben, die sich der Verpflichtung auf einen lebensweltlichen Erfahrungsbegriff und der Ablehnung empirisch ungesättigter Systemkonstruktionen verdanken. Zwischen Pragmatismus und lebensphilosophischer Hermeneutik liegt keine *coupure épistémologique* im Sinne Bachelards. Damit soll das Bestehen wesentlicher Differenzen, etwa hinsichtlich der Bewertung des Geschichtlichen, nicht geleugnet werden. Der vielleicht philosophiehistorisch, nicht jedoch systematisch überraschende Befund deutet gleichwohl, soviel sei hier vorweggenommen, auf eine sachliche Nähe in den Bereichen der Wahrheits-, Bedeutungs-, Handlungs-, Affekt- und Religionstheorie, in denen die konvergierenden Diskussionen unserer Gegenwart zwischen (post)-analytischen und phänomenologisch-hermeneutischen Positionen schon präfiguriert sind. Wenn sich heutzutage etwa Hilary Putnam für seine Bedeutungstheorie und die Annahme einer Interdependenz von Fakten, Werten, Theorien und Interpretationen auf James beruft,[4] dann akzentuiert er einen Aspekt, der das pragmatistische Denken mit Diltheys lebensphilosophischer Theorie des Verstehens verbindet. Mit guten Gründen läßt sich im übrigen auch daran zweifeln, daß die religionsphilosophische Diskussion um den Begriff der Erfahrung über den in Hermeneutik und Pragmatismus erreichten Problemstand, von technischen Präzisierungen abgesehen, wesentlich hinausgekommen ist. Historisch wie vor allem systematisch verweist der aktuelle Diskussionsstand ständig auf jene Debatten um die Zeit der Jahrhundertwende, in denen sich die noch heute variierten religionsphilosophischen Grundargumente herausgebildet haben.[5]

Wie läßt sich die Topographie jenes Terrains skizzieren, auf dem Dilthey und James ihre erfahrungswissenschaftlichen Konzeptionen entfaltet haben? Ich erinnere dazu an einige Hauptgesichtspunkte, die sich bei der Diskussion Diltheys ergeben hatten.

(1) Für Dilthey bildet innere Erfahrung eine unmittelbare Einheit, die erst nachträglich in subjektive und objektive Komponenten zerlegt wird. Mit dieser Position, die vor allem in der *Breslauer Ausarbeitung* zur erkenntnistheoretischen Fundamentalthese ausgebaut wird, gerät er in die Nähe des *Phänomenalismus.* Innere Erfahrung ist als solche wahr, der Unterscheidung von Sein und Schein vorgängig, Subjekt und Objekt vorgängig, unmittelbar gewiß, schlechthin evident, Wahrgenommes und Wahrnehmender in ungeschiedener Identität, schließt die Wirklichkeit in unreduzierter Fülle auf usw. Da Dilthey mit dem Terminus ›innere Erfahrung‹ gelegentlich die

[4] Vgl. *H. Putnam, Die bleibende Aktualität von William James,* in: Dtsch. Z. Philos. 41 (1993), 189–199; vgl. auch *ders., Realism with a Human Face,* Harvard University Press, Cambridge 1990, 217–251.

[5] Besonders deutlich ließe sich das etwa an einer 1991 erschienenen, großangelegten Studie zum Begriff religiöser Erfahrung zeigen, die mit großer technischer Exaktheit und analytischer Akribie eine Art von religiös gewendetem epistemischen Fundamentalismus verteidigt, von dessen Unhaltbarkeit schon Diltheys Suche nach einem bedeutungstheoretisch integrierbaren Erlebnisbegriff Zeugnis ablegt: *William P. Alston, Perceiving God.* The Epistemology of Religious Experience, Cornell University Press, Ithaca/N.Y. 1991. Auf Alston Monographie wird noch verschiedentlich zurückzukommen sein (vgl. vor allem 3.2.1).

Gegebenheitsweise von Realität überhaupt, gelegentlich aber auch nur die von äußerer (Wahrnehmungs-)Erfahrung verschiedene Selbstwahrnehmung des Bewußtseinslebens bezeichnet, läßt sich sein Denken dennoch nicht auf eine phänomenalistische Ontologie festlegen. Seine Grundbegriffe sind phänomenalistisch getönt, lassen aber an vielen Stellen auch eine realistische Deutung zu. Der häufig beschworene ›Satz der Phänomenalität‹ rückt die Bewußtseinstatsachen ontologisch ins Zentrum: in ihnen eröffnet sich für Dilthey »das Reich der unmittelbaren Wirklichkeit: die Tore der Realität sind aufgetan« (XIX, 64). Es bleibt aber ungeklärt, ob diese mental repräsentierte Wirklichkeit auf transsubjektive Realitätsschichten verweist (Intentionalismus), ob sie mit diesen im Wahrnehmungsfalle unmittelbar identisch sein soll (direkter Realismus), oder ob Dilthey diese Fragen phänomenalistisch in der Schwebe läßt. Entsprechend stellt sich auch in der Religionsphilosophie das Problem, wie denn die phänomenal erschlossenen Gehalte der religiösen Erfahrung ontologisch zu bewerten sind.

Das für Dilthey charakteristische Schwanken zwischen phänomenalistischen und realistischen Argumentationen läßt sich noch ausgeprägter bei James beobachten. Dessen Spätphilosophie des radikalen Empirismus terminiert im Konzept einer ›direct awareness‹, die begrifflicher Ausweisung weder fähig noch bedürftig ist und den harten Kern unseres Realitätsbezuges ausmacht. Diltheys Begriff des ›unmittelbaren Innewedens‹ bzw. ›Gewahrens‹ bietet sich geradezu als Übersetzung des Jamesschen Terminus an. Der radikale Empirismus zeichnet das Bild einer Welt, »where experience and reality come to one thing.«[6]. Ist das Phänomenalismus? Wie die ›direct awareness‹ ontologisch zu deuten sei, darüber besteht jedenfalls in der Literatur zu James ein charakteristischer Dissens. So rückt etwa Eilert Herms den radikalen Empirismus in die Nähe einer phänomenalistischen Position ontologischen Urteilsenthalts: »Die mit der Annahme eines vom Erfahren selbst abzuhebenden Gehaltes gestellte Frage nach der realistischen oder idealistischen Interpretation dieses Gehalts bleibt nach James unentscheidbar.«[7] Hilary Putnam dagegen deutet zumindest die Wahrnehmungstheorie des späten James als

[6] *W. James, A World of Pure Experience,* in: Writings 1902–1910, ed. Bruce Kuklick, The Library of America: New York 1987, 1168.

[7] *E. Herms, Radical Empiricism,* Studien zur Psychologie, Metaphysik und Religionstheorie William James', Gütersloh 1977, 104.

eine Apologie des direkten, ja sogar des naiven Realismus[8]: Wer einen Baum sieht, der sieht wirklich »den Baum da draußen«, ein externes und vom Subjekt unabhängiges Etwas. Läßt sich aber ein direkter Realismus der Erfahrbarkeit Gottes plausibel machen? Ist religiöse Erfahrung in Analogie zur alltäglichen Wahrnehmungserfahrung konstruierbar? Hat sie demnach – wie James nahelegt – eine eher perzeptiv-punktuelle oder – wie vom späten Dilthey vertreten – eher eine kontextbildend-artikulierende Form? Die phänomenalistischen Züge des Erfahrungsbegriffes machen Differenzierungen nötig, ohne die ein sachliches Urteil über seine religionstheoretische Bedeutung nicht gefällt werden kann.

(2) Die *lebensphilosophische* Betonung affektiver und voluntativer Komponenten im menschlichen Weltverhältnis ist Dilthey und James unübersehbar gemeinsam. Beide Autoren richten, wie dies in religionskritischer Absicht auch schon Ludwig Feuerbach getan hatte, einen skeptischen Blick auf die Versuche der philosophischen Tradition, die kognitiven Anteile unseres Wirklichkeitsbezugs zu isolieren und zu privilegieren. So gilt Diltheys Ehrgeiz als Philosophiehistoriker dem Nachweis, daß die Konstrukteure der philosophischen Systeme »von dem Schein einer isolierten Gestaltung der Intelligenz getäuscht« (XIX, 76) worden sind. Nicht isolierten rational-begrifflichen Operationen, sondern dem Zusammenwirken von Denkakten, Willensimpulsen und affektiven Dispositionen verdanke sich die Entstehung unserer Realitätsdeutungen, einschließlich ihrer umfassendsten und abstraktesten Formen in der Metaphysik: »Die Metaphysik entsprang in der Totalität der menschlichen Gemütskräfte.« (XIX, 76) Daß Dilthey die phänomenale Realität unserer Erfahrung ins Zentrum rückt, hat auch eine anti-kognitivistische Pointe. Einzelne Erkenntnisakte müssen ihm zufolge ebenso wie die begrifflichen Leistungen des Ordnens, Vergleichens und logischen Verknüpfens erst abstraktiv aus dem Lebenszusammenhang herausgelöst werden, in den sie phänomenal eingebettet sind. Sie erscheinen deshalb als eine Reduktion der erlebnishaften Fülle innerer Erfahrung. Erst eine Art von kognitivistischem Fehlschluß erzeugt dann den trügerischen Anschein, die Welt der Propositionen und des Diskurses sei sachlich wie genetisch vom affektiven und begehrenden Realitätsverhältnis unabhängig.

---

[8] *H. Putnam, James' Theory of Perception,* in: Realism with a Human Face, op. cit., 232-251, bes. 248.

Die Interdependenz von Gefühlen, Willensleistungen und Erkenntnisanstrengungen hat auch William James immer wieder betont. So stellt er beispielsweise in seinem Essay *The Sentiment of Rationality* einen internen Zusammenhang zwischen bestimmten Gefühlen der Zufriedenheit und der Rationalität von Erkenntnisvollzügen her. Dort findet sich auch die – lebensphilosophisch inspirierte – Konstruktion eines Gegensatzes zwischen »ontological emotion« (!) und »ontological speculation«[9]. Bekannt wurde James' ›dezisionistische‹ Rechtfertigung religiösen Glaubens in der Schrift *The Will to Believe*, die damit argumentiert, daß willentliche Entscheidungen als unentbehrliche Komponenten in kognitive Überzeugungen eingehen. »The entire man«, zufrieden nur noch mit der »fulness of living itself«[10], soll den Ausgangspunkt philosophischer Bedeutungsklärungen bilden, ähnlich wie Dilthey den »ganzen Menschen … in der Mannigfaltigkeit seiner Kräfte, dies wollend fühlend vorstellende Wesen auch der Erklärung der Erkenntnis« (I, XVIII) zugrunde legen wollte. Das transzendentale Subjekt der reinen Erkennens, höchste Kategorie der neukantianischen Erkenntnistheoretiker, muß dem empirischen Subjekt des gelebten Lebens Platz machen, dem Kognitionen nur noch als unselbständige Teilaspekte seiner Lebenspraxis gelten.

Wo Erkennen, wie bei Dilthey und James, als abstrahiertes Derivat des Erlebens gilt, da verschiebt sich die Aufgabe der Philosophie von der fundierenden begrifflichen Vermittlung zu einer Klärung und Deutung der erlebnishaft gegebenen Realität, die keine starken Begründungsansprüche mehr erhebt. Bei Dilthey hat allerdings die Distanzierung vom metaphysischen Modell begrifflicher Begründung eine skeptische und kritische Pointe, die bei James so nicht zu finden ist. Aus der lebensphilosophischen Einsicht in die Verwobenheit unserer kognitiven Überzeugungen mit unkontrollierbaren affektiven und voluntativen Impulsen folgert er die prinzipielle Unmöglichkeit einer umfassenden, alle Aspekte des menschlichen Weltumgangs einschließenden Wirklichkeitsdeutung. Die Suche nach der vollständigen *Weltanschaung* ist sinnlos, weil die divergierenden Weltperspektiven an kontingente Individuen und deren affektive und willentliche Dispositionen gebunden bleiben, weshalb

[9] *W. James, The Sentiment of Rationality,* in: The Will to Believe and other essays in popular philosophy, Dover: New York 1956, 74.
[10] Ebd., 69.

sie nur klassifizierbar, nicht aber universalisierbar sind.[11] In der *Weltanschaungslehre* des späten Dilthey kommt daher der Begriff *Weltanschauung* allein in der Objektstelle vor: die hermeneutische Lebensphilosophie bietet keine umfassende Synthese – eine lebensphilosophische Weltanschauung gibt es nicht[12] –, sondern die Einsicht in deren Unmöglichkeit und damit eine Art Demokratisierung via Relativierung der bestehenden Weltanschauungen.

Auch William James vertritt zwar, zumal in seinen Spätschriften[13], einen pluralistischen Perspektivismus, der sich in vielem mit der Position Diltheys deckt, teilt aber nicht dessen prinzipiellen Zweifel an der Integrierbarkeit der weltanschaulichen Perspektiven. So übernimmt er ganz unbefangen den deutschen Ausdruck: »I give the name of ›radical empiricism‹ to my Weltanschauung.«[14] Die sprachliche Differenz indiziert ein sachliches Problem: Macht die lebensphilosophische Einbeziehung des Affektiven und Voluntativen den Weg frei für eine nichtreduktionistische Deutung von Erfahrung, die sich unbeschadet ihrer pluralistischen Züge zu einer umfassenden, das Religiöse einbeziehenden Weltsicht zusammenschließt? In diese Richtung scheint die Entwicklung bei James manchmal zu gehen. Oder markiert der Übergang vom Erkennen zum Erleben das definitive Ende der philosophischen Suche nach einer verbindlichen, universalisierbaren Wirklichkeitsdeutung? So sieht es bei Dilthey aus, der mit seinem Projekt einer »Phänomenologie der Metaphysik« (IV, 3) die Beschreibung des irreduzibel Verschiedenen an die Stelle synthetisierender Betrachtungsweisen setzen wollte. Die religionsphilosophische Relevanz dieser Frage liegt auf der Hand. Schließlich kann die Bewertung religiöser Erfahrungen nicht davon unabhängig sein, wie ihre Verallgemeinerbarkeit beurteilt wird. Für Dilthey bleiben solche Erfahrungen in ihrer Überzeugungskraft an die Binnen-

---

[11] In meinem Aufsatz *Der Blick von Nirgendwo – Wilhelm Dilthey zur Perspektivität von Weltanschauungen* (in: *Im Netz der Begriffe*, Religionsphilosophische Analysen, *hrsg. v. Linus Hauser u. Eckhard Nordhofen*, FS Hermann Schrödter, Altenberge 1994) habe ich diesen oft übersehenen Aspekt der Spätphilosophie Diltheys mit Blick auf die aktuelle Diskussion entwickelt, die *Thomas Nagel* mit seinem Buch *The View from Nowhere* (op.cit.) angestoßen hat.

[12] Was Diltheys Schüler nicht daran gehindert hat, seine Einsichten ins Weltanschauliche umzubiegen und zu verflachen. Vgl. dazu *O. F. Bollnow, Die Lebensphilosophie*, Berlin/Göttingen/Heidelberg 1958.

[13] Vgl. bes. *A Pluralistic Universe* (1909), dt.: *Das pluralistische Universum*, Darmstadt (Neuausgabe) 1994.

[14] *A World of Pure Experience*, in: Writings 1902–1910, 1160.

perspektive einzelner Subjekte gebunden (wenn auch ihr *Ausdruck* auf die Symbolformen des objektiven Geistes angewiesen ist), während James einem Modell kumulativer Evidenz zuneigt, in dem das religiöse Erleben Vieler eine religiös getönte Weltanschauung stützt.

(3) Die lebensphilosophische Bestreitung der Möglichkeit isolierter kognitiver Prozesse findet ihren pointiertesten Ausdruck im *Handlungsbegriff*. Er dient bei Dilthey wie James der Kritik an der traditionellen Dualität von Theorie und Praxis im Sinne einer Gegenüberstellung zweier unabhängiger Weltbezüge, von denen die Theorie den Primat beanspruchen könnte. Erfahrung und Erlebnis sind nicht Resultat einer kontemplativen Distanzierung vom Lebensprozeß, sondern dessen unselbständige Teilmomente, Prozeßphasen in jenem Kreislauf von Impuls und Reaktion, mit dem sich das Individuum mit seiner Umwelt auseinandersetzt. Bei James, dem prominenten Pragmatisten, ist dies nicht weiter überraschend. Ich erinnere nur an die berühmt-berüchtigte Formulierung aus den Pragmatismus-Vorlesungen, es gelte, den »practical cash-value«[15] jedes Begriffes zu ermitteln. Aber auch Dilthey, dem Theoretiker der Geisteswissenschaften, ist die interne Verknüpfung von Erfahrung, Denken und praktischem Weltumgang wohl bewußt, wenngleich diese Einsicht nur in seiner mittleren, ›pragmatistischen‹ Phase theoriebildend gewirkt hat: »Im Strukturzusammenhang des Seelenlebens ist das Denken gleichsam eine Einschaltung zwischen Eindruck und Reaktion: es muß in Handlung umgesetzt werden. Darauf beruht das Spiel des Kindes wie die gesamte Kultur.« (X, 13)

Der Handlungsbegriff orientiert die begriffliche Bedeutungsanalyse auf die Handlungseffekte, auf das, was ›herauskommt‹. Nicht die ›roots‹, sondern die ›fruits for life‹ bestimmen die Bedeutungen. In dieses Handlungskonzept läßt sich aber ein Verständnis des Erlebens nur schwer einfügen, das Bedeutsamkeit an die präreflexive Erlebnisqualität des unmittelbaren Gewahrseins oder Innewerdens anbindet. Hier stehen Dilthey – vor allem in seinem Frühwerk – und James vor ähnlichen Problemen, sofern sie von der symbolischen Vermittlung des Erlebens absehen Das Erlebnis soll dann dadurch gekennzeichnet sein, daß sich in ihm ein bestimmter Gehalt als für das erlebende Subjekt unmittelbar bedeutsam – will sagen: affektiv, voluntativ und kognitiv gehaltvoll – darstellt. *A fortiori* scheint dies vom religiösen Erleben zu gelten: die von James in seinen *Varieties of*

[15] *W. James, Pragmatism,* op. cit, 28.

Religious Experience vielfältig versammelten Protokolle solcher Eindrücke verzeichnen ausnahmslos den phänomenalen Charakter einer instantanen Erfülltheit, gleichsam einer *hic et nunc*-Evidenz, die sich des Erfahrenen im Akt der Erfahrung so sicher ist, daß beide Aspekte nur rekonstruktiv, im protokollarischen Niederschlag, unterscheidbar werden. Wenigstens in der Selbstinterpretation ihrer Subjekte sind religiöse Erfahrungen *präsentisch* bedeutsam und insofern einer futurischen Bedeutungsfestlegung durch die Effekte der aus ihnen resultierenden Handlungen kaum erschließbar. Es käme deshalb entscheidend darauf an, zwischen dem phänomenalen Unmittelbarkeitscharakter des Erlebens, wie er sich in der Perspektive der Ersten Person darbietet, und seiner strukturellen Einbindung in den Prozeß sich artikulierender Erfahrung möglichst klar zu unterscheiden. In die konsequentialistische Begrifflichkeit des Pragmatismus lassen sich andernfalls die deskriptiv faßbaren Konstanten religiöser Erfahrungen, wie existentielle Bedeutsamkeit des Augenblicks, Überwältigung durch Sinnfülle, extreme affektive Betroffenheit nur sehr gewaltsam einfügen. Zwischen dem phänomenalen Eigensinn solcher Erfahrungen und dem pragmatistischen Bedeutungs- und Wahrheitsverständnis besteht, weil die genannte Unterscheidung nicht klar getroffen wird, ein Spannungsverhältnis, dessen Auflösung James sowenig wie Dilthey gelungen ist. Im Falle von James ist noch genauer zu untersuchen, wie sich das Verhältnis zwischen den pragmatistischen und empirizistischen Komponenten seiner philosophischen Anschauungen gestaltet. Dabei wird sich zeigen, daß er diesen Theorieteilen entsprechend zwei verschiedene und nur partiell vereinbare Konzeptionen der rationalen Rechtfertigung von Glaubensüberzeugungen entwickelt: eine im »Will to Believe« gründende (Abschnitt 2.3) und eine wahrnehmungstheoretische (Abschnitt 2.4).

(4) Für eine hermeneutisch inspirierte Religionsphilosophie, die dennoch das Geltungs- und Wahrheitsproblem nicht schamhaft ausklammern möchte, ziehen die sachlichen Berührungspunkte zwischen dem hermeneutischen und dem pragmatistischen Wahrheitsverständnis besonderes Interesse auf sich. Entgeht das konsequentialistische Wahrheitskriterium James' (›fruits‹ statt ›roots‹) dem Referenzproblem, das in Diltheys Bedeutungstheorie ausgeklammert bleibt? Läßt sich aus den lebenspraktischen Früchten religiösen Erlebens ein Argument dafür gewinnen, daß den erlebten Gehalten eine subjekttranszendente Wirklichkeit zukommt? Der heftig umstrittene Wahrheitsbegriff von James erscheint als beson-

ders geeigneter Kandidat für die Klärung solcher Fragen, weil er zwar – wie derjenige Diltheys – Wahrheit als *Kohärenz* auffaßt, gleichzeitig aber den Gedanken der *Korrespondenz* nicht fallen lassen möchte. Dilthey hatte Wahrheit als die hermeneutisch zu erschließende Passungsbeziehung zwischen einem zunächst fraglichen Teil der Erfahrung und ihrer jeweiligen Totalität verstanden, dabei aber der Frage nach den Kriterien für diese ›Passung‹ kaum Aufmerksamkeit geschenkt. Da unsere Erfahrung immer kontextbildend ist und sich über die Vermittlung von Teil und Ganzem überhaupt erst konstituiert, scheint ›Wahrheit‹ im Sinne gelingender Vermittlung fast ein sich von selbst verstehendes Nebenprodukt des verstehenden Lebensprozesses zu sein. Unwahrheit würde dann zum Grenzfall mißlingender Kontextbildung, zu dem, was den hermeneutischen Zirkel *von außen* durchbricht.

Bei James hingegen steht die Frage nach den Wahrheits*kriterien* so im Zentrum, daß ihr gegenüber die *Definition* dessen, was Wahrheit sei, völlig zurücktritt. Er sucht nach einer inneren Verbindung zwischen dem Erfahrungs- und dem Handlungsbegriff und findet sie in seinem Verständnis von Wahrheit als einer Funktion praktischer Bewährung. Getreu seinem pragmatistischen Credo (»… we neglect the substantive content of the concept, and follow its function only«[16]) identifiziert er Wahrheit und Bedeutung und setzt beide in die konkreten Konsequenzen eines Begriffs: »… particular consequences are the only criterion of a concept's meaning, and the only test of its truth.«[17] Wenn der für die Erfahrungen religiöser Subjekte einstehende Begriff einer transzendenten Realität *Bedeutung* hat, dann liegt diese in denselben zukünftigen Handlungen, deren idealisierte Hervorbringung auch als *Wahrheits*kriterium dient. Ich werde unten noch ausführlich auf die Frage eingehen, inwieweit James mit diesem Konzept seinem eigenen Erfahrungsbegriff, vor allem aber dem phänomenologisch-deskriptiven Teil der *Varieties of Religious Experience* gerecht wird. Jedenfalls lohnt der pragmatistische Wahrheitsbegriff schon deshalb eine genauere Untersuchung, weil er, wie Diltheys hermeneutisches Verfahren, Wahrheit kohärenztheoretisch als Verhältnis von Aspekten der Erfahrungstotalität faßt, aber viel ›anwendungsorientierter‹ ist und deshalb nach Maßstäben der Kohärenz sucht. Diesen Maßstäben wird auch die religiöse Erfahrung un-

[16] *W. James, Some Problems of Philosophy,* in: Writings 1902–1910, 1014.
[17] Ebd.

terstellt. An die Stelle der *begrifflichen* Rechtfertigung religiöser Überzeugungen im Rahmen einer philosophischen Theologie – Hegels Projekt – tritt die *empirische* Rechtfertigung über den internen Zusammenhang von Erfahrung und Handlung bzw. von begrifflichen und perzeptiven Komponenten der Erfahrung.

Die hier genannten Stichworte – Phänomenalismus, Lebensphilosophie, Handlungsbegriff, Wahrheitskonzept – sollten die sachlichen Gemeinsamkeiten zwischen hermeneutischem und pragmatistischem Denken soweit sichtbar machen, daß der Übergang von Dilthey zu James systematisch plausibel wird. Dabei hat der Vergleich dieser Positionen auch eine klärungsbedürftige Mehrdeutigkeit des Erfahrungsbegriffes mitsamt seinen Hintergrundannahmen sichtbar gemacht. Zwei wichtige Differenzierungen legen sich nahe, von denen ich mich im folgenden leiten lassen will:

Die *erste* Differenzierung betrifft die Semantik des Begriffsfeldes ›Erfahrung‹. An ihr fällt eine Vagheit und semantische Breite ins Auge, die zwar sachliche Gründe für sich hat, aber auch begriffliche Konfusionen fördert.[18] ›Erfahrung‹ kann, wenigstens in der deutschen Umgangssprache, den Akt des Erfahrens und seinen Gegenstand, das Erfahrene gleichermaßen umgreifen. Sie kann den Ertrag biographischer Lern- und Reifungsprozesse, (›Lebenserfahrung‹) ebenso bezeichnen wie technisch-praktische Kompetenzen (›Berufserfahrung‹) oder prägnante Eindrücke von speziellen, oft extremen Situationen (›Todeserfahrung‹). Solche sprachlichen Mehrdeutigkeiten sind nicht als reine Äquivokationen zu verstehen. Sie verweisen auf ›Familienähnlichkeiten‹ innerhalb eines semantischen Feldes, das der Bezeichnung alltäglichen Wirklichkeitsumgangs dient, und können auf inhaltliche Bezüge zwischen den einzelnen Bedeutungskomponenten aufmerksam machen.[19] Der vage Erfahrungsbegriff der Umgangssprache wird allerdings nicht selten in der philosophischen Terminologie zum Gegenstand mißglückter Transformationsversuche, indem jeweils bestimmte seiner Komponenten isoliert und

---

[18] Für den deutschen Ausdruck verweise ich auf die Untersuchungen von *Hermann Schrödter: Erfahrung und Transzendenz,* op. cit., 54–63. Die semantische Struktur des englischen ›experience‹ hat *J. M. Hinton* einer differenzierten Analyse unterzogen: *Experience. An Inquiry into Some Ambiguities,* Oxford: Clarendon Press 1973, 13–21.

[19] Ich schließe mich hier der Auffassung *Hermann Schrödters* an, der das semantische Potential der Umgangssprache im Sinne eines Korrektivs reduktionistischer Theoriebildungen nutzbar machen möchte. Vgl. ders., *Erfahrung und Transzendenz,* op. cit., 58 f.

als die ›eigentliche‹ Bedeutung gegen ihr konnotatives Umfeld herausgehoben werden. Bei Carnap z. B. dient ›Erfahrung‹ als Titel für die sinnlichen Elementarerlebnisse, auf denen sich dann der ›logische Aufbau der Welt‹ erhebt; in der existenzphilosophischen Tradition ist in einem ganz andern Sinn häufig von der ›Erfahrung des Nihilismus‹, der ›Erfahrung vom Tod Gottes‹ und ähnlichem die Rede. Auf der Suche nach Familienähnlichkeiten zwischen diesen Begriffsverwendungen müßte man schon an eine weitverzweigte Großfamilie mit Vettern dritten Grades denken. Es sind dennoch, um im Bild zu bleiben, gerade die Verwandtschaftsbeziehungen zwischen den Komponenten des Begriffs, die ein systematisches Interesse auf sich ziehen.

Mit Blick auf die religionstheoretische Fragestellung und die sachlichen Bezüge von Hermeneutik und Pragmatismus ergibt sich hier eine Grundpolarität des Erfahrungsbegriffs, die sich teilweise, aber keineswegs vollständig als theoretische Differenz zwischen den beiden philosophischen Richtungen darstellen läßt: In der deutschen hermeneutischen Tradition seit Schleiermacher wird Erfahrung überwiegend als *Kontext*erfahrung gedeutet. Sie gilt als eine Funktion des Zusammenhangs zwischen den einzelnen Elementen und dem Ganzen einer sinnhaften Einheit, ob diese Einheit nun von der individuellen Psyche gebildet wird, ob sie sich auf einen konkreten Überlieferungszusammenhang oder auf den objektiven Geist im ganzen bezieht. Erfahrung als die verstehende Einordnung einer aktuellen Impression in die sich dadurch bildende und fortentwickelnde Totalität des Lebenszusammenhangs – um diesen Nukleus herum hat sich Diltheys Theorie hermeneutischer Sinnkonstitution entwickelt. Zumal in dessen frühen Schriften und in der wichtigen *Breslauer Ausarbeitung* spielt aber auch Erfahrung im Sinne des spontan, aktuell und unvermittelt psychisch Gegebenen eine wichtige Rolle. Sie figuriert dann als ›innere Wahrnehmung‹ und wird von der kontextbildenden Weiterverarbeitung im Strom des seelischen Lebens deutlich unterschieden. Diese eher ›präsentistische‹ Auffassung von Erfahrung wird im Radikalempirizismus bei James entschieden ins Zentrum gerückt. Sie entspricht einer von John Locke herstammenden Tradition des angelsächsischen Empirismus, von elementaren, gleichsam atomaren Impressionen aus unsere Erkenntnisprozesse zu deuten.[20] ›Erfahrung‹ gilt also einmal als Titel für die kontinuitäts- und

[20] Besonders in der angelsächsischen Diskussion zum (religiösen) Erfahrungsbegriff

zusammenhangsbildende Wechselbeziehung von Teil und Ganzem (geschichtliche Erfahrung), dann als Bezeichnung für die aktuell-perzeptive Präsentation von relevanten Gehalten (Wahrnehmungserfahrung)[21]. Diese beiden Aspekte des Begriffs sind sorgfältig zu unterscheiden, nicht aber voneinander zu isolieren. Sie indizieren einen internen Zusammenhang zwischen dem Auftreten von Neuem und seiner kontextuellen Verständlichkeit, zwischen Unmittelbarkeit und Vermittlung, Gegenwart und zeitlicher Erstreckung, präreflexivem Erleben und sprachlichem Ausdruck, der allererst die Konturen eines nicht-reduktionistischen Erfahrungsbegriffs sichtbar werden läßt. Im systematischen Teil dieser Arbeit werde ich eine ›strukturhermeneutische‹ Deutung von Erfahrung vorschlagen, die erlebte Präsenz und symbolische Allgemeinheit im Begriff der prägnanzbildenden Artikulation vermittelt.

Eine *zweite* Differenzierung hängt mit der skizzierten Polarität eng zusammen. Die religionsphilosophische Frage nach den Geltungsansprüchen religiöser Erfahrung und ihrer Ausweisbarkeit stellt sich nämlich für die jeweils verbindlichen Basiskonzepte in ganz unterschiedlicher Weise. Zwar ist allen Konzeptionen gemeinsam, daß der Gedanke einer begrifflich-reflektierenden Geltungsanalyse scharf zurückgewiesen wird. Für das nachidealistische Erfahrungsdenken gibt es eben keine vom Lebensprozeß unterscheidbare Ebene theoretischer Begründung mehr. Erfahrung muß sich imma-

---

wird oft als selbstverständlich vorausgesetzt, ›Erfahrung‹ beziehe sich auf isolierbare, zeitlich eng begrenzte mentale Phänomene. Vgl. z.B. *K. E. Yandell, Religious Experience and Rational Appraisal,* in: Religious Studies 10 (1974), 173–187, bes. 176. Die für das Phänomen charakteristische Dialektik zwischen Kontextbildung und instantaner Präsenz (in der Sprache Diltheys: zwischen objektivem Geist und Erlebnis) kann unter dieser Voraussetzung gar nicht in den Blick geraten.

21 Sachlich sehr unbefriedigend erscheint es mir, die alltagssprachlichen Mehrdeutigkeiten des Erfahrungsbegriffs als bloße Äquivokationen und nicht als Indices systematischer Probleme zu deuten. Besonders deutlich zeigt *William P. Alstons* Monographie *Perceiving God* (op. cit.), wie sprachanalytische Vereindeutigung zur systematischen Verengungen führen kann. Alston findet die semantische Weite und Vagheit des Begriffs (religiöser) ›Erfahrung‹ »obfuscating« (34). Er verspricht deshalb seinem Leser, ihn so weit wie möglich zu vermeiden und sich vollständig auf die perzeptive »direct awareness of God« (35) zu konzentrieren. Damit verschenkt er vorab die Chance, sich von der Weite des Begriffes zur Reflexion über den systematischen Zusammenhang zwischen geschichtlich gewachsener Erfahrung und aktueller Impression anleiten zu lassen. Indem er das eine von dem anderen isoliert, gewinnt er eine Klarheit, deren Kehrseite phänomenwidrige Abstraktheit ist.

nent rechtfertigen, nicht vor dem Gerichtshof einer spekulativen Vernunft. Wie diese immanente Rechtfertigung jedoch vonstatten gehen soll, hängt direkt davon ab, ob perzeptive oder kontextuelle Erfahrung als Leitbegriff angesetzt wird.

In der kontextuell-geschichtlichen Erfahrungskonzeption Diltheys taucht das Geltungsproblem nur in einer eigentümlich ›entschärften‹ Variante auf. Die Frage danach, ob die Elemente des individuellen Bewußtseinslebens bzw. des objektiven Geistes denn auch ›wahr‹ seien, hat keinen korrespondenztheoretischen Sinn mehr. Auf der Ebene des Individuums bewährt sich ein phänomenaler Gehalt dadurch, daß er in die Totalität des Lebensvollzugs integriert werden kann, auf der Ebene kollektiver Sinnzusammenhänge liegt die Wahrheit entsprechend in dem Beitrag, den eine bestimmte kulturelle Sinngestalt zum Ganzen des objektiven Geistes leistet. Weil Dilthey Glaubensvollzüge mitsamt ihren kognitiven Implikationen als sinnkonstituierende Leistungen geschichtlicher Subjektivität behandelt, gibt es für ihn – wenigstens im Rahmen der hermeneutischen Theorie – im Grunde gar kein Rechtfertigungsproblem. Ob es vernünftig, gerechtfertigt, verantwortbar sei, an Gott zu glauben, ist keine hermeneutisch sinnvolle Frage, denn der Glaube an Gott ist als referentiell entschärftes Phänomen des objektiven Geistes dann auch *ontologisch harmlos*. Seine *phänomenale* Realität – als handlungsleitende Bewußtseinstatsache, als psychisches Überzeugungssystem – werden schließlich auch hartnäckige Atheisten zähneknirschend zugestehen müssen. Überspitzt könnte man sagen: Dilheys Interpretation religiöser Erfahrung entgeht dem Rechtfertigungsdruck der Religionskritik nur dadurch, daß sie alle transzendenten Wahrheitsansprüche vorab einzieht und Religion ausschließlich als kulturelle Ausdruckform behandelt. Damit wird sie freilich, wie ich verschiedentlich betont habe, dem kognitiven Gehalt religiöser Überzeugungen nicht gerecht. Daß von ihr dennoch entscheidende Impulse für eine nichtreduktionistische, hermeneutische Religionstheorie ausgehen, werde ich später noch ausführlich zum Thema machen. Hier möchte ich vorgreifend nur darauf hinweisen, daß es Diltheys Konzeption eines inneren, reziproken Zusammenhangs von Erlebnis, Ausdruck und Verstehen möglich macht, die Genese und Struktur religiöser Ausdrucksgestalten im Kontrast zu den Wahrnehmungsmodellen von Erfahrung präzise zu analysieren. Damit läßt sich dann auch die Perspektive der Ersten Person als eine spezifische, irreduzible Weise der Bezugnahme auf Wirklichkeit explizieren. Diltheys Immanenzprinzip kann vor diesem Hintergrund als eine Überziehung des ästhetischen Paradigmas kritisiert werden.

Während Dilthey der Religion durch ›Vergeisteswissenschaftlichung‹ einen gesicherten Platz im kulturellen Leben und im Wissenschaftsbetrieb einräumen wollte, verfolgte James eine andere Strategie. Ihm ging es darum, angesichts der im akademischen Milieu seiner Zeit geläufigen Abwertung religiöser Überzeugungen Standards der Rechtfertigung zu entwickeln, durch die eine gläubige Haltung als rational begründet erscheinen sollte. Das Wahrheitsproblem verändert damit nochmals seine Form: an die Stelle des traditionellen Gedankens einer theoretisch-begrifflichen Analyse der Wahrheit von Glaubensaussagen tritt die Untersuchung der Gründe, durch die ein Subjekt x darin rational gerechtfertigt sein kann, eine affektiv-voluntativ-kognitive Einstellung einzunehmen, die den ›Glauben, daß p‹ einschließt. Für die metaphysische Tradition mit ihrem korrespondenztheoretischen Wahrheitsbegriff ist die Überzeugung eines Subjektes von der Existenz Gottes dann und nur gerechtfertigt, wenn es einen Gott gibt. Für letzteres wird aber eben nicht wiederum im Rekurs auf die Rationalität Glaubender argumentiert, sondern mit Hilfe begrifflicher Schlußfiguren (der traditionellen Gottesbeweise), die ihrem Anspruch nach auf die Sache selbst, keineswegs auf Akte des subjektiven Für-wahr-haltens bezogen sind. James hingegen entwikkelt ein Konzept epistemischer Rechtfertigung, das auf individuelle Glaubensüberzeugungen zugeschnitten ist[22] und eine davon unterschiedene Ebene theoretischer Argumentation gar nicht mehr zuläßt. Das religiöse Wahrheitsproblem fällt für ihn mit der Frage zusammen, unter welchen Umständen Individuen sich in ihren religiösen Einstellungen rational gerechtfertigt sehen können. Damit stellt James die Weichen für die aktuelle Diskussion vor allem in der analytischen Religionsphilosophie, die im Gedanken des ›justified belief‹ eines ihrer Zentren hat.[23] *Perzeptive religiöse Erfahrung* ist ein

[22] *J. Bixler* (*Religion in the Philosophy of William James,* Boston 1926) sieht in der Rechtfertigung religiöse Überzeugungen sogar das vereinheitlichende Motiv, das die verschiedenen Aspekte des Jamesschen Denkens miteinander verbindet: »… the threads of his philosophy converge at one point into a defense of religious faith …« (ebd., 4).

[23] Vgl. die Darstellung in *J. Meyer zu Schlachtern, Glaube-Sprache-Erfahrung. Zur Begründungfähigeit der religiösen Überzeugung.* Frankfurt etc. 1978. Aus fundamentaltheologischer Perspektive vgl. *Armin Kreiner, Demonstratio religiosa,* in: *Heinrich Döring, Armin Kreiner, Perry Schmidt-Leukel, Den Glauben denken.* Neue Wege der Fundamentaltheologie (Quaestiones disputatae 147), Freiburg/Basel/Wien 1993, 9–48.

Schlüsselbegriff dieser Auffassung, deren Grundargumente der radikale Empirizismus und Pragmatismus bereits um die Jahrhundertwende durchgespielt hat.

Im folgenden möchte ich die Position von James in drei Schritten rekonstruieren. Zunächst wird es darum gehen, seine phänomenalistische Erfahrungskonzeption zu analysieren (2.2). Dem schließt sich eine kritische Untersuchung der beiden Modelle an, die James zur Rechtfertigung religiöser Erfahrungen entwickelt hat, ohne sie freilich vollständig einander integrieren zu können. Zuerst wird auf die pragmatistische (2.3.), dann auf die empiristische (2.4.) Argumentationslinie eingegangen.

2.2. Esse est percipi? William James' ›phänomenalistische‹ Erfahrungskonzeption

In der Auszeichnung von ›Erfahrung‹ als der alleinigen Weise unseres Wirklichkeitszugangs sind sich die nachidealistischen Philosophien des ausgehenden 19. Jahrhunderts weitgehend einig. Unter dem weiten Mantel diesen vagen Begriffs ist freilich sehr Verschiedenes versammelt. So radikalisiert der Neukantianismus mit Hermann Cohens Buch über *Kants Theorie der Erfahrung*[24] (1871) die kantische Trennung zwischen transzendentalem und empirischem Subjekt, greift den Konstitutionsgedanken in neuer Schärfe auf und setzt allen erkenntnispsychologischen Erwägungen einen geltungstheoretischen Apriorismus entgegen. Cohen läßt den Begriff der Erfahrung »nur in dem eminenten Sinne einer durch die apriorischen Formen erzeugten Erfahrung gelten, ... die ausschließlich in den Wissenschaften anzutreffen ist«[25]. Gegenüber diesem szientifischen Reduktionismus ist das Erfahrungsverständnis in Hermeneutik und Pragmatismus von vornherein auf lebensweltliche Erfahrung zugeschnitten. Kognitive Akte gelten als unselbständige Komponenten im Lebensvollzug empirischer Subjekte, die sich mit ihrer Umwelt auch durch affektive Reaktionen und Willensimpulse auseinandersetzen. Das psychische Leben der Individuen erscheint als ein unhin-

[24] Berlin 1871.

[25] *K. Ch. Köhnke, Entstehung und Aufstieg des Neukantianismus.* Die deutsche Universitätsphilosophie zwischen Idealismus und Positivismus, Frankfurt 1986, 281.

tergehbarer Ausgangspunkt, von dem sich auch geltungsorientierte Reflexionen nicht ablösen können.

Damit stellt sich mit neuer Schärfe die Frage nach dem Verhältnis von Philosophie und Psychologie. Für William James gibt es keine transzendentalen Bedingungen der Erfahrung, die ihrem konkreten Verlauf begründend und geltungsverbürgend vorgeordnet wären. Empirische Erfahrungen sind ›alles was wir haben‹, und die Bewußtseinsströme menschlicher Individuen der einzige ›Ort‹, an dem solche Erfahrungen gegeben sind. Das empirische Selbst avanciert somit zum Dreh- und Angelpunkt aller philosophischen Fragestellungen. Die Wissenschaft von den Strukturen des psychischen Lebens aber ist die Psychologie. William James gilt als einer ihrer Gründerväter. Bereits 1875, vier Jahre, bevor Wilhelm Wundt die Experimentalpsychologie in Leipzig etablierte, gründete er das erste psychologische Forschungslabor der Welt, dessen Leitung später Wundts Schüler Hugo Münsterberg übernahm.[26] 1890 erschienen die zwei umfangreichen Bände seines Standardwerks *Principles of Psychology*, an denen James zwölf Jahre gearbeitet hatte. Die *Principles* orientieren sich zwar durchgängig an einem experimentalpsychologischen Ansatz, behandeln aber auch philosophische Fragen und enthalten den Keim zu jener radikalen Theorie reiner Erfahrung, in die das Denken des späten James einmündet.[27] Hat James also Psychologie und Philosophie restlos identifiziert? Tritt die Beschreibung des Bewußtseinsstroms an die Stelle der Reflexion auf seine Bedingungen? Vor allem: Kann die psychologische Erhellung religiöser Erfahrung geltungstheoretische Aufgaben übernehmen, gar deren Objektivität begründen?

---

[26] Vgl. *G. E. Myers, William James*, His Life and Thought, Yale University Press: New Haven/ London 1986, 6.

[27] Zur Bestimmung des Verhältnisses von Philosophie und Psychologie liefert das umfangreiche Lebenswerk von William James einen gewichtigen und rezeptionsgeschichtlich eminenten Beitrag. Um so befremdlicher wirkt es, daß zwei neuere deutschsprachige Untersuchungen dieses Verhältnisses auf James und den amerikanischen Pragmatismus mit keinem Wort zu sprechen kommen. Vgl. *K. Sachs-Hombach, Philosophische Psychologie im 19. Jahrhundert*. Entstehung und Problemgeschichte, Freiburg-München 1993; *N. D. Schmidt, Philosophie und Psychologie*. Trennungsgeschichte, Dogmen und Perspektiven, Reinbeck bei Hamburg 1995. Schmidt begründet ihre Einschränkung auf den deutschen Sprachraum damit, daß »die Forschungsdisziplin Psychologie im Deutschland des letzten Jahrhunderts entstand und von hier eine weltweite Ausbreitung erfahren hat« (ebd., 10). Mit Blick auf die oben genannten Aktivitäten James' müßte diese Einschätzung freilich differenziert werden.

In den *Principles* nimmt James hinsichtlich des Verhältnisses von Psychologie und Philosophie eine differenzierte – und auch ambivalente – Position ein. Psychologie gilt ihm als eine Naturwissenschaft, deren Gegenstand die »finite individual minds« darstellen. »Every natural science assumes certain data uncritically …«[28], und so auch die Psychologie. Sie hat es mit den Daten des psychisch Gegebenen zu tun, die sie als solche hinnimmt, die mit Metaphysik gleichgesetzte Philosophie hingegen mit der *Erklärung* dieser Daten. »Psychology … assumes as its data (1) *thoughts and feelings*[29], and (2) a *physical world* in time and space with which they coexist and which (3) *they know*. Of course these data themselves are discussable; but the discussion of them (as of other elements) is called metaphysics and falls outside the province of this book. (…) All attempts to *explain* our phenomenally given thoughts as products of deeper-lying entities (whether the latter be named ›Soul‹, ›Transcendental Ego‹, ›Ideas‹ or ›Elementary Units of Consciousness‹) are metaphysical.«[30] Dieser programmatische Passus läßt offen, ob die von der Psychologie als unproblematisch hingenommene Datenbasis für James *frei* von metaphysischen Präsuppositionen ist, oder ob diese innerhalb der empirischen Wissenschaft nur nicht eigens *thematisiert* werden. Die Intention ist klar: ein »strictly positivistic point of view«[31] soll von metaphysischen Spekulationen unterschieden werden. Impliziert dieser Positivismus aber die Möglichkeit einer klaren Trennung von Gegebenem und Interpretation, somit der Beschränkung auf Ersteres? Damit führt diese Untersuchung Fragestellungen weiter, die sich in der Diskussion um Diltheys Auszeichnung des unmittelbar Gewahrten bzw. Erlebten ergeben hatten. Vom ›Erlebnisfundamentalismus‹ konnte sich Dilthey durch den Strukturbegriff und vor allem die Einbettung des Erlebens in geschichtlich-soziale Artikulationszusammenhänge distanzieren. Zu klären ist daher in erster Linie, ob James selbst das Verhältnis von Gegebenem und Erklärung fundamentalistisch verstanden hat.

---

[28] *W. James, The Principles of Psychology,* Volume I, Harvard University Press: Cambridge/London 1981, 6.

[29] James ist hier in seiner Terminologie nicht konsequent. Im Verlauf der Untersuchung entschließt er sich nämlich, den Terminus ›thought‹ als Sammelbezeichnung für »every form of consciousness« (ebd., 219) zu verwenden. In dieser Sprechweise ist ›feeling‹ also in ›thought‹ enthalten.

[30] Ebd.

[31] Ebd.

In der oben genannten Stelle differenziert James die empirischen Ausgangsdaten der Psychologie nach drei Hinsichten. Diese Differenzierung ist derart mit metaphysischen Hintergrundüberzeugungen gesättigt, daß es schwerfällt zu glauben, James habe seine drei Datenklassen als Ergebnis reiner Beschreibung aufgefaßt. Er unterscheidet zwischen (1) dem Bereich des Mentalen, (2) des Physikalischen und (3) einem kognitiven Bezug von (1) auf (2) – wobei es besonders schwierig erscheint, diese Wissensrelation einfach als eine dritte Klasse von phänomenalen Daten zu behandeln. Offensichtlich ist jedenfalls, daß James sich mit dieser Klassifizierung mindestens auf den Leib-Seele-Dualismus und auf die Intentionalität des Psychischen festgelegt hat. Daß es überhaupt nötig wird, das reine Gegebene nach drei Hinsichten zu differenzieren, spricht bereits gegen die Annahme seiner deutungsfreien Positivität. James weist denn auch die Idee zurück, die von ihm versuchte Klassifizierung des psychischen Datenmaterials sei endgültig oder bezeichne gar eine fixe Trennungslinie zwischen den gesicherten Phänomenen und ihrer metaphysischen Erklärung. »Of course this point of view is anything but ultimate. Men must keep thinking; and the data assumed by psychology, just like those assumed by physics and the other natural sciences, must sometimes be overhauled. The effort to overhaul them clearly and thoroughly is metaphysics.«[32] James hat einen verhalten *positiven* Begriff von Metaphysik, die er als eine Art von Platzhalterin für die Problemoffenheit und Revidierbarkeit einzelwissenschaftlicher Forschung deutet. Die Unklarheit in seinem Begriff des phänomenal Gegebenen wird freilich dadurch nicht beseitigt. In der Regel unterstreicht James die metaphysische und auch ontologische Enthaltsamkeit seiner empirischen Forschungen. Wenn er sich etwa zum Kategorienproblem äußert, kann er aber auch in eine realistische Sprechweise verfallen, die ihm massive ontologische Verpflichtungen einträgt: »Nature … acts as if some of her realities werde identical with these mental terms.«[33] Die *Principles* sind eben keineswegs nur »a mass of descriptive details«[34], sondern lassen an zahlreichen Stellen die Konturen eines umfassenden Erfahrungsbegriffs sichtbar werden, den James später – allerdings mit wesentlichen Kor-

---

32 Ebd.

33 *The Principles of Psychology*, Volume II, 1269.

34 *The Principles of Psychology*, Volume I, 7.

rekturen an seinen früheren Positionen – in den *Essays in radical Empiricism* ausgearbeitet hat.

Daß James mit offensivem Positivismus die Psychologie als Naturwissenschaft interpretiert, wurde bereits erwähnt. Dennoch war er keineswegs der Ansicht, das ›mentalistische‹ Vokabular unserer Alltagssprache ließe sich restlos in eine neurophysiologische oder gar physikalische Terminologie übersetzen. James' ›Naturalismus‹ koexistiert – in einer schwierigen Weise – mit einem entschiedenen Anti-Reduktionismus, der die psychischen Prozesse in der Differenziertheit ihres phänomenalen Eigensinns zur Geltung kommen lassen will. Das Verfahren der Introspektion, mithin die Einnahme einer subjektiven Binnenperspektive hielt James für eine unentbehrliche Komponente psychologischer Theoriebildung: »… how are ideas [about brain function] to be understood or talked about without what introspection tells us of their formation …?«[35] Introspektion darf allerdings nicht mit dem unmittelbaren psychischen Zustand verwechselt werden, auf den sie sich richtet. Mit Franz Brentano betont James diesen Unterschied »between the immediate *feltness* of a feeling, and its perception by a subsequent reflective act. (…) If to *have* feelings or thoughts in their immediacy were enough, babies in the cradle would be psychologists, and infallible ones. But the psychologist must not only *have* his mental states, he must report them and write about them, name them, classify and compare them and trace their relations to other things. Whilst alive they are their own property; it is only *post mortem* that they become his prey.«[36] Ungleich schärfer als Dilthey hat James gesehen, daß das unmittelbare Gewahrsein psychischer Zustände mitsamt der ihm anhaftenden Gewißheit nicht in den theoretischen Diskurs hinübergerettet werden kann. »Introspection is difficult and fallible …«[37] Reflexives Gewahrsein bildet das präreflexive Bewußtseinsleben nicht einfach ab, sondern interpretiert es durch Kontextualisierung, Klassifikation etc. Darin kann es fehlgehen und unterliegt deshalb den fallibilistischen Vorbehalten aller Theoriebildung. Weil ›awareness‹ als Wahrheitskriterium nichts taugt, muß sie aus dem Zusammenhang unseres Wissens heraus beurteilt werden. Erfahrung bewährt sich durch ihre

[35] *W. James, The Mind and the Brain,* Nation 24 (1877), zit. bei *Gerald E. Myers, William James,* op. cit., 8.

[36] *W. James, Principles of Psychology,* Volume I, 189.

[37] Ebd., 191.

interne Konsistenz als ganzes, wie James in Vorwegnahme seiner späteren Wahrheitstheorie formuliert: »The only safeguard ist in the final *consensus* of our farther knowledge about the thing in question, later views correcting earlier ones, until at last the harmony of a consistent system is reached.«[38]

Mit der zentralen »distinction between preintrospective and introspective awareness«[39] betont James, daß uns das phänomenal Gegebene – als Gegenstand von Wissenschaft – eben nicht in seiner Unmittelbarkeit vorliegt, sondern schon durch den Filter begrifflicher Strukturierungen gegangen sein muß. Auf Introspektion kann nicht verzichtet werden, weil sie einen Zugang zur psychischen Innenwelt eröffnet. Ihr retrospektiver Blick vermag jedoch nicht das gelebte Leben in seinem Vollzug zu erfassen, er bekommt nur seinen durch Reflexion vermittelten Niederschlag zu Gesicht. An diese fundamentale Differenzierung wird im Hinblick auf James' Analyse der religiösen Erfahrung in den *Varieties of Religious Experience* wieder zu erinnern sein. Auf der Suche nach einer angemessenen Phänomenologie der Mystik zitiert er dort zahlreiche Texte, in denen aus der Perspektive der ersten Person mystische Erlebnisse geschildert werden. Solche Erlebnisprotokolle sind nach James' eigener Einsicht nicht Ausdruck unmittelbaren Gewahrseins, sondern Resultat fehlbarer Introspektionsakte. Damit wird bereits ein erkenntnistheoretischer Vorbehalt in die Analyse religiöser Erlebnisse eingeführt, dessen Bedeutung für die Kritik fundamentalistischer Begründungsversuche kaum zu überschätzen sein dürfte.

James' methodisches Faible für den ›Blick nach innen‹ findet seinen deutlichsten Ausdruck in dem berühmten Kapitel 9 der *Principles* über den ›Stream of Thought‹. Dort ist es ihm darum zu tun, in einer deskriptiv-phänomenologischen Einstellung die Charakteristika des subjektiven Bewußtseinslebens herauszuarbeiten. Für die Interpretation religiöser Erfahrung ist damit eine wichtige Weiche gestellt: diese soll jedenfalls unter eine Beschreibung gebracht werden, die in Kontinuität mit der Binnenperspektive ihrer Subjekte steht.[40]

---

[38] Ebd.

[39] *G. E. Myers, William James,* op. cit., 66.

[40] James' Unterscheidung von präreflexivem und introspektivem Gewahrsein schlägt natürlich auf den Begriff der internen Perspektive selbst durch. Innerhalb ihrer müßte streng genommen zwischen dem präreflexiven Vollzug und seinen phänomenalen Qualitäten einerseits, dessen introspektiver Auffassung andererseits deutlich unterschieden werden. Von dieser Grunddifferenz aus wäre dann noch einmal zwischen der beide

Reduktionistische, z. B. psychiatrische oder ideologiekritische, Beschreibungsversuche im Stil von ›x ist ›nichts anderes als …‹‹ sind damit ins zweite Glied zurückverwiesen. Sie müssen sich daran messen lassen, ob sie mit dem introspektiven Befund kompatibel sind.

Das phänomenal Gegebene also bildet für James den Ausgangspunkt aller theoretischen Analysen. Die ›mental facts‹ sollen so, wie sich sich von sich selbst her darbieten, zur Auffassung gelangen. Der Psychologe tritt als Phänomenologe *avant la lettre*[41] auf und James warnt dementsprechend vor dem, was er »*The Psychologist's Fallacy*« nennt: »… the *confusion of his own standpoint with that of the mental fact* about which he is making his report.«[42] Wie Gerald E. Myers betont, führt dieser Fehlschluß zu der Annahme, ein außenstehender Beobachter könne Bewußtseinszustände besser beurteilen als das jeweilige Erfahrungssubjekt: »What a mental state is can be known only from within, by introspection, and our direct acquaintance with it through introspection must not be confused with the knowledge an external observer may have *about* it.«[43]

Der Psychologe ist gehalten, sein Studium der psychischen Phänomene »from within«[44] zu beginnen, ausgehend vom unreduzierten empirischen Befund. Als erstes Faktum bieten sich in dieser Perspektive nicht etwa isolierte Sinnesdaten an, die jeweils schon das Ergebnis selektierender Aufmerksamkeit sind, sondern die schlichte Tatsache, »*that thinking of some sort goes on*«[45]. ›Thought‹, im weiten, Emotionen einschließenden Sinn, ist die Grundtatsache, an der sich nach James fünf Aspekte unterscheiden lassen: *Erstens* ist das Denken Teil eines personalen Bewußtseins, *zweitens* ist es innerhalb dieses Bewußtseins in ständiger Veränderung begriffen, *drittens* als zusammenhängend erfahrbar. *Viertens* erscheint es als bezogen auf von ihm unabhängige Objekte, *fünftens* wählt es durch Aufmerksamkeit ständig einzelne Gegenstände aus und weist andere zurück. Dieser

---

Aspekte umfassenden internen Perspektive der ersten Person und ihrer wissenschaftlichen Differenzierung aus der Perspektive der dritten Person zu differenzieren. So könnte ein Wissenschaftler (1) eine bestimmte Erfahrung machen, sich diese (2) introspektiv vergegenwärtigen und schließlich (3) den Ertrag von (2) zum Gegenstand einer begrifflichen Bestimmung machen.

[41] wenigstens bevor Husserl dem Wort seinen terminologisch bestimmten Sinn verliehen hat.

[42] *W. James, The Principles of Psychology,* Volume I, 195.

[43] *G. E. Myers, William James,* op. cit., 69.

[44] *W. James, The Principles of Psychology,* Volume I, 219.

[45] Ebd.

letzte Punkt ist für die pragmatistische Religionsbegründung von großer Bedeutung, weil er einen internen Zusammenhang zwischen der freien Wahl des Bewußtseins und seinen ›objektiven‹ Überzeugungen herstellt. Der erste Aspekt drückt den Empirismus James' aus – genauer seine Weigerung, ›Geist‹ in anderen als psychologischen Begriffen zu beschreiben –, die Punkte zwei und drei sind entscheidend für die phänomenologische Auffassung des Bewußtseins als ›Strom... »Consciousness, then, does not appear to itself chopped up in bits. Such words as ›chain‹ or ›train‹ do not desribe it fitly as it presents itself in the first instance. It is nothing jointed; it flows. A ›river‹ or a ›stream‹ are the metaphors by which it is most naturally described. *In talking of it hereafter, let us call it the stream of thought, of consciousness, or of subjective life.*«[46] Mit dem vierten Punkt hebt James hervor, was Dilthey geisteswissenschaftlich ausblendet: die Referentialität des Bewußtseins.

Die Einbeziehung der subjektiven Innenperspektive führt James zu seinem Konzept des Bewußtseinsstroms. Gleichzeitig bewirkt sie eine wichtige Modifikation seines Empirismus, die auch religionsphilosophisch höchst folgenreich ist. Während nämlich in der empiristischen Tradition das ›Gegebene‹ meist in diskreten und nicht weiter zerlegbaren Elementen der Erfahrung gesucht wurde – paradigmatisch dafür ist John Lockes Begriff der ›simple idea‹ –, geht James von einer introspektiv erfahrbaren *Totalität* aus: dem Bewußtseinsleben als einem zeitlich erstreckten Prozeß. Am Anfang stehen nicht elementare Sinneseindrücke oder ähnliches, sondern die Erfahrung einer komplexen Mannigfaltigkeit. »Consciousness, from our natal day, is of a teeming multiplicity of objects and relations, and what we call simple sensations are results of discrimative attention, pushed often to a very high degree.«[47] Der philosophierende Psychologe und psychologisierende Philosoph William James bekennt sich zu einer recht eigentümlichen, man könnte sagen *holistischen* Variante von Empirismus und Positivismus. Direkte ›Beobachtbarkeit‹ dient ihm, ganz wie den klassischen Empiristen, als Kriterium zur Selektion wissenschaftlich relevanter Sachverhalte. Dieses »Observabilitätspostulat«[48] faßt er aber in einem sehr weiten Sinn, der die psychische Innenwelt einschließt und der Erfahrung des Ganzen – des Bewußt-

---

46 Ebd., 33.

47 Ebd. 219.

48 *E. Herms, Radical Empiricism*, op. cit., 114.

seinsstromes – sogar den Primat vor einzelnen Impressionen zuerkennt. Damit orientiert sich James bereits in Richtung auf den kohärentistischen Wahrheitsbegriff seiner Spätphilosophie, die Wahrheit als eine Passungsrelation innerhalb des Bewußtseinsstroms deutet und sie eng mit der ›Flüssigkeit des Denkens‹ zusammenbringt. Nur das innerhalb des Bewußtseinsstroms empirisch Observable kann auf Wahrheitsansprüche hin überprüft werden; andererseits ist dann aber auch alles so Gegebene potentiell wahrheitsfähig – ob es sich nun um Sinneseindrücke, religiöse Erfahrungen oder parapsychologische Erlebnisse[49] handelt. James behandelt alle psychischen Phänomene prinzipiell *egalitär;* sein Empirismus ist dezidiert antifundamentalitisch in dem genauen Sinne, daß er *innerhalb* des Gegebenen keinen Elementarbereich auszeichnet, dessen Gewißheiten fundierend allen weiteren Erkenntnissen zugrunde gelegt werden könnten. Was beobachtet werden kann, hat Realität – zumindest phänomenale Realität als Beobachtungstatsache. Innerhalb des Beobachtbaren gibt es keine Hierarchie. Allerdings konstruiert James, am deutlichsten im Radikalempirizismus des Spätwerks, eine Fundierungsordnung zwischen den beobachtbaren Tatsachen des Bewußtseinslebens, die Begriffe *(concepts)* assymetrisch auf ihre Erfüllung in Wahrnehmungen *(percepts)* hin bezogen sein läßt. Auf diesen ›fundamentalistischen‹ Aspekt seines Denkens werde ich in diesem Abschnitt später noch zu sprechen kommen.

Der *vierte* von James genannte Aspekt des psychologischen Basisphänomens ›thought‹ ist für die geltungstheoretische Fragestellung der Religionsphilosophie von besonderer Brisanz: Bewußtsein ist *intentional,* auf anderes als es selbst bezogen. »*Human thought appears to deal with objects independent of itself; that is, it is cognitive, or possesses the function of knowing.*«[50] James identifiziert also den kognitiven Charakter des Denkens mit seinem Bezogensein auf extramentale Gegenstände. Gedanken können Objekte haben, die

[49] James zählte zu den Gründungsmitgliedern der *American Society of Psychic Research.* Seine radikale Bereitschaft, phänomenale Realitäten aller Art anzuerkennen, brachte auch eine gewisse Nähe zu spiritistischen Spekulationen mit sich. Vgl. etwa den Abschnitt über *Gustav Theodor Fechner* in seiner Spätschrift *A Pluralistic Universe,* in: *Writings 1902–1910,* op. cit., 690–710. – Es kann daher nicht verwundern, daß die Protagonisten der New-Age-Bewegung James zu einem ihrer Säulenheiligen gemacht haben. Vgl. *M. Ferguson, Die sanfte Verschwörung,* Basel 1982, 54 f., 80, 98, 204 Anm., 422, 428, 441. Für diesen Hinweis danke ich *Dieter Stoodt.*

[50] Ebd., 262.

nicht ihrerseits Gedanken sind. Diese realistische Auffassung des Erkenntnisprozesses steht in deutlicher Spannung zum Phänomenalismus der *Principles*. Sie nötigt James dazu, einen konsequenten Subjekt-Objekt-Dualismus zu vertreten: »*The psychologist's attitude toward cognition … is a thoroughgoing dualism.* It supposes two elements, mind knowing and thing known, and treats them as irreductible.[51] (…) The thing remains the same whether known or not. And when once there, the knowledge may remain there, whatever becomes of the thing.«[52] Sogar die Annahme einer »pre-established harmony«[53] zwischen Subjekt und Objekt zählt James zu den unabdingbaren Voraussetzungen der psychologischen Forschung – eine schwere metaphysische Last, die ausgerechnet der Philosoph vom empirischen Psychologen aufgebürdet bekommt. In seiner Spätphilosophie wird er dann tatsächlich explizit den Dualismus verwerfen, den die *Principles* bis auf Widerruf angenommen hatten, und die Unterscheidung zwischen Subjekt und Objekt der Erkenntnis in den Innenraum reiner Erfahrung einziehen. Festzuhalten bleibt aber, daß James die Kognitivität des Bewußtseins mit dem Bezug auf bewußtseinsunabhängige Gegenstände verbindet. Falls religiöse Überzeugungen kognitiv gehaltvoll sind, müssen sie demnach auf etwas gerichtet sein, dessen Existenz unabhängig vom subjektiven Wissen um eben diese Existenz ist. Durch ihre Intentionalität durchbrechen mentale Zustände den Bereich des phänomenal Gegebenen. Ein basales strukturelles Merkmal des Psychischen bringt eben jene metaphysischen Fragen nach ontologischer Realität wieder ins Spiel, die der methodische Positivismus ausblenden sollte. James selbst hat sich von diesem Problem zum Wechsel auf eine prinzipiellere, philosophische Argumentationsebene genötigt gesehen, den er dann immer entschiedener vollzogen hat.

In vielen Hinsichten sind die Argumente seiner späten Essays freilich nur Radikalisierung des psychologischen Realitätsbegriffs der *Principles*. Was diese noch unter dualistischem Vorbehalt und ›ontologisch enthaltsam‹ entwickeln, verschärfen jene später zu einer umfassenden Theorie der Erfahrungsrealität. Doch schon für den

---

51 Schon R. B. Perry urteilte daher in seinem zweibändigen *opus magnum* über James' *Principles:* »The profession of dualism, combined with an inner tendency to monism, led to confusion and ambiguity.« (*R. B. Perry, The Thought and Charakter of William James*, Volume II, Boston/Toronto 1935, 73.)

52 Ebd., 214 f.

53 Ebd., 216.

frühen James steht fest, daß Realität als Korrelat bestimmter perzeptiver Zustände gefaßt werden muß. Der Dualismus der *Principles* verbietet es ihm zwar, Existenz und Erfahrbarkeit zu identifizieren; gleichwohl kennt er einzig und allein psychologische Existenz*kriterien*. Im Rückgriff auf eine an Dilthey bereits erprobte Unterscheidung[54] zwischen *definitorischen und kriteriologischen* Wahrheitstheorien könnte man sagen: Hinsichtlich der Definition von Wahrheit vertritt James implizit, getreu seiner Lehre von der Intentionalität des Psychischen, eine Adäquationstheorie. Hinsichtlich der Kriterien für diese Übereinstimmung argumentiert er aber konsequent in Begriffen der Kohärenz und Konsistenz. Der individualpsychologischen Perspektive der *Principles* entsprechend, werden diese Begriffe jedoch nicht semantisch-pragmatisch, als Zielpunkte intersubjektiver Verständigungsprozesse, sondern eben psychologisch interpretiert. Die Frage nach der Realität der intentionalen Korrelate mentaler Zustände wird zur Frage nach der inneren Qualität solcher Phasen des Bewußtseinsstroms, in denen Subjekte vom Bestehen bestimmter Sachverhalte überzeugt sind. James dezidierter Positivismus schließt vorab die Möglichkeit aus, diese Phasen in einer reflexionsphilosophischen Terminologie darzustellen. Realität ist gemäß dem empiristischen Observabilitätspostulat das Korrelat von Wahrnehmungen, nicht von Schlußfolgerungen, und das einschlägige Kapitel der *Principles* trägt daher den Titel »The Perception of Reality«[55].

Ausgangspunkt der Analyse ist die Differenz der psychologischen Verben des Vorstellens und Glaubens: »Everyone knows the difference between imagining a thing, and believing in its existence, between supposing a proposition and acquiescing in its truth. In the case of acquiescence or belief, the object is not only apprehended by the mind, but is held to have reality. Belief is thus the mental state or function of cognizing reality.«[56] Mentale Zustände des Glaubens (Überzeugtseins) dienen nicht allein als Fixpunkt der psychologischen Bestimmung von ›Realität‹, sie bieten auch Anlaß zu einer folgenschweren Erweiterung des Erkenntnisbegriffs. Wahrnehmungen können nicht als isolierte kognitive Akte betrachtet werden, sie sind vielmehr, wie James ganz im Sinne der Diltheyschen Lebensphi-

---

[54] Vgl. oben, S. 83.
[55] *W. James, The Principles of Psychology,* Volume II, 913.
[56] Ebd.

losophie betont, *intern* mit einer bestimmten affektiven Qualität, einem Gefühl der Zustimmung, Überzeugung, innerlichen Bereitschaft verknüpft. »In its inner nature, belief, or the sense of reality, is a sort of feeling more allied to the emotions than to anything else.«[57] In seiner phänomenalen Eigenart läßt sich dieses Gefühl des Überzeugtseins nicht reduzieren oder durch externe Beschreibungen aufschließen: »Belief, the sense of reality, feels like itself – that is about as much as we can say.«[58]

Mit Brentano betont James die Differenz zwischen nur vorgestellten und geglaubten Sachverhalten. Glauben setzt Vorstellen voraus, nicht aber umgekehrt. Der Unterschied zwischen einem bloß vorgestellten und einem für wahr gehaltenen Sachverhalt besteht demnach psychologisch betrachtet im Hinzutreten des nur innerpsychisch zugänglichen Realitätsgefühls. So hält ein Subjekt die Proposition »There-exists-an-all-wise-creator-of-the-world«[59] – James' Beispiel – dann für wahr, wenn ihr Gedacht-werden vom Gefühl des Glaubens begleitet ist. Nun unterscheidet James zwar strikt zwischen externer und innerpsychischer Existenz. Während die Dinge der Welt unabhängig davon existieren, ob sie wahrgenommen werden, gilt von intentionalen Gegenständen: »mental objects have existence as mental objects«[60]. Sein psychologisches Realitätskriterium macht diese Differenzierung aber gerade nicht mit. Daß ein bestimmter Erfahrungsgehalt psychologisch den Gegenstand eines zwingenden Glaubens darstellt, dient als Kriterium für das Vorliegen einer Erfahrung, die sich selbst bewahrheitet.[61] Ob ich jedoch eine Fiktion meiner Einbildungskraft für wahr halte oder einen wahren Sachverhalt in der gegenständlichen Welt, macht für die phänomenale Qualität

---

[57] Ebd.

[58] Ebd., 916.

[59] Ebd.

[60] Ebd., 919.

[61] *K. E. Yandell* hat die Differenz dieser beiden Sachverhalte und ihre religionstheoretische Relevanz klar herausgearbeitet: Vgl. *ders., Religious Experience and Rational Appraisal,* op. cit, 178: Psychische Gewißheit kann den Charakter einer »compulsory belief« annehmen, von dem gilt: »*Ralph believes C compulsively but C is false* and *C has been conclusively refuted by every philosopher since Socrates* are perfectly consistent sentences. A self-authenticating experience, by contrast, provides *cognitive* certainty; *S's experience E is self-authenticitating with respect to C* entails … both *S knows C* and (thereby) *C is true.*« Solche im strengen Sinn »self-authenticitating experiences« kann es, wie Yandell zeigt (ebd., 178–180) schon wegen der Verwobenheit individueller Erfahrung mit den begrifflichen Schemata unserer Welterschließung nicht geben.

des Glaubensgefühls gar keinen Unterschied. Wäre es anders, dann trüge jeder ein irrtumsimmunes Kriterium für objektive Realität mit sich herum. Natürlich will auch James keineswegs sagen, daß subjektives Für-wahr-halten und objektive Wahrheit koinzidieren; sein psychologisches Realitätskriterium ist aber *prima facie* indifferent gegenüber dem ontologischen Realismus der *Principles*.

Im übrigen beläßt er es keineswegs bei der These, das Realitätsgefühl sei nur tautologisch erfaßbar. In einem Abschnitt, der »The Influence of Emotion und active Impulse on Belief«[62] betitelt ist, stellt James den Zusammenhang dieses Gefühls – mithin des einzigen psychologischen Realitätskriteriums! – mit eigenleiblichen Regungen heraus. Das Argumentationsmuster ist gegenüber dem früheren Abschnitt auf den Kopf gestellt. Nicht die perzeptive Gegebenheit eines bestimmten Sachverhaltes ruft hier das Glaubensgefühl hervor, es ist vielmehr umgekehrt: propositionale Überzeugungen *gründen* in affektiven, leiblich gespürten Regungen. Auch das Zustandekommen religiöser Anschauungen kann für James nach diesem Muster erklärt werden: »The reason of the belief is undoubtedly the bodily commotion which the exiting idea sets up. ›Nothing which I can feel like *that* can be false.‹ All our religious and supernatural beliefs are of this order. The surest warrant for immortality is the yearning of our bowels for our dear ones; for God, the sinking sense it gives us to imagine no such Providence of help.«[63] Mit der Religionskritik des 19. Jahrhunderts vertraute Leser finden hier einen Hauptgesichtspunkt ihrer Argumentation fast unverändert wieder – mit dem entscheidenden Unterschied freilich, daß er bei James affirmativ gewendet ist. »Der Wunsch«, so heißt es in Feuerbachs *Theogonie*, »ist die Urerscheinung der Götter. Wo Wünsche entstehen, erscheinen, ja erstehen die Götter. (…) … der Glaube ist nichts anderes als die Überzeugung oder Gewißheit des Wunsches von seiner Erfüllung …«[64] Dem hätte James nur zustimmen können. Was allerdings bei Feuerbach im Dienste der Transformation von Theologie in Anthropologie, der Reduktion transzendenter auf humane Gehalte steht, soll in den *Principles* die Berechtigung des reli-

[62] Ebd., 935.
[63] Ebd., 936 f.
[64] *L. Feuerbach, Theogonie nach den Quellen des klassischen, hebräischen und christlichen Altertums,* in: Werke in sechs Bden, hg. v. E. Thies, Bd. 4, Frankfurt 1975, 274 u. 283.

giösen Glaubens gerade erhärten. Mit vorsätzlicher Plattheit formuliert: Es muß Gott geben, weil wir uns seine Existenz mit solcher Heftigkeit wünschen.

Die Affinität bestimmter Überzeugungen zu unseren Wünschen gibt für James offensichtlich keinen Anlaß ab, an der realen Existenz ihrer intentionalen Objekte zu zweifeln; eher schon ist das Gegenteil der Fall: affektive Betroffenheit fungiert als – psychologischer – Index von Realität. Dieser Ansatz stellt die Argumentationsstruktur der anthropologischen Religionskritik in den Dienst einer affirmativen Religionstheorie.[65] Wenn Glaubensüberzeugungen – so ließe sich das religionskritische Schlußschema rekonstruieren – aus menschlichen Bedürfnissen kausal hergeleitet werden können, dann wird damit die Annahme eines transzendenten Grundes solcher Überzeugungen zumindest redundant. Nach diesem Schema hat es Feuerbach im *Wesen des Christentums* unternommen, die dogmatischen Kernstücke des christlichen Glaubens – u. a. Schöpfungsgedanke, Inkarnation, Trinität, Auferstehungsglaube – als Projektionen menschlicher Wesenszüge zu dechiffrieren. Mit dem »anthropologischen Materialismus«[66] Feuerbachs hat der Psychologismus James' nicht nur die These von der strengen Korrelativität zwischen humanen Bedürfnissen und religiösen Überzeugungen gemein. Gleichwohl weist er die religionskritischen Argumentationsfiguren weit von sich, die im Anschluß an diese Korrelativität zumal von den Linkshegelianern entwickelt worden sind.[67] Warum hat James psychologische Erklärungen religiöser Phänomene in einer Weise affirmativ interpretiert, die religionskritisch versierten Lesern als höchst naiv erscheinen muß?

Verständlich wird diese Position nur, wenn man innerhalb des psychologischen Erklärungsrahmens verbleibt. Gibt es keine anderen Kriterien für Realität als psychologische, dann sind wir genötigt, alle

---

[65] Auch im Spätwerk ändert sich daran nichts. Aus dem Projektions*verdacht* wird, überspitzt gesagt, ein Projektions*prinzip*. Am Beispiel der polytheistischen Neigungen des späten James hat *A. Funkenstein* im Detail gezeigt, wie die Pluralität und Diversität der menschlichen Subjekte als empirische Basis für einschlägige Spekulationen dient: vgl. *ders., The Polytheism of William James,* in: *Journal of the History of Ideas* 55 (1994), 103–105.

[66] So die Charakterisierung *A. Schmidts;* vgl. *ders., Emanzipatorische Sinnlichkeit.* Ludwig Feuerbachs anthropologischer Materialismus, München/Zürich 1988.

[67] James war, wie ein flüchtiger Blick in seine Vita oder auf die einschlägigen Zitate seiner Schriften belegt, mit der deutschen philosophischen Tradition des 19. Jahrhunderts bestens vertraut. Unkenntnis kommt also als Erklärungsgrund nicht in Frage.

mit Realitätsgefühl auftretenden Überzeugungen als wahr anzusehen. Da reduktionistische Erklärungen im Stil von ›in Wirklichkeit ist der Glaube an die Schöpfung aus dem Nichts nur der Glaube an das Prinzip menschlicher Subjektivität‹[68] zwangsläufig metapsychologisch über dieses Gefühl hinausgehen müssen, fallen sie aus dem Raster des psychologischen Deskriptivismus einfach heraus. Hätte James sich nun konsequent auf deskriptive Aussagen beschränkt, dann entstünde dabei gar kein Problem. Sofern er aber dazu neigt, das deskriptiv erfaßte Realitäts*gefühl* auch als Realitäts*kriterium* zu deuten, überschreitet er selbst den Rahmen phänomenaler Beschreibung und erhebt implizit Geltungsansprüche, die von religionskritischen Argumenten bestritten werden können.

James' *Principles* sind in dieser Hinsicht nicht eindeutig: das psychologisch-praktische Realitätskriterium wird sowohl relativiert – auf die Innenperspektive des Bewußtseinsstroms eingeschränkt – als auch in erweiterter Form verabsolutiert. »*In the relative sense*«, so kann James im Blick auf praktische Interessen formulieren, »*reality means simply relation to our emotional and practical life.* (…) *In this sense, whatever excites and stimulates our interest is real* …«[69] Diese Bedeutung des Begriffs erläutert er im Rückgriff auf Kants These, Existenz sei kein reales Prädikat. Realität wird hier mit subjektiver Bedeutsamkeit gleichgesetzt und von objektiver Existenz unterschieden. Das Hinausgehen über den Begriff, von dem Kant sagt, daß es unverzichtbare Bedingung der Existenzaussage sei, identifiziert James mit dem »establishment of immediate practical relations«[70]. Damit führt er das konsequentialistische Wahrheitskriterium des Pragmatismus ein, das vom psychologischen Realitätsgefühl unterschieden werden muß. Daß eine Überzeugung objektiv, im Zusammenhang des praktischen Lebensvollzugs spürbare Konsequenzen hat, geht aus dem Gefühl des »belief« als solchem, das diese Überzeugung anzeigt, noch gar nicht hervor. Dieser Argumentationslinie werde ich erst im kommenden Abschnitt weiter nachgehen, weil sie in den Principles noch nicht ausgezogen wird. Aber die Unterscheidung von Realität und Existenz, die James hier andeutet, ändert nichts am Primat des Psychischen. Praktische Interessen

[68] Vgl. *L. Feuerbach, Das Wesen des Christentums,* in: Werke in sechs Bänden, hg. v. E. Thies, Bd. 5, Frankfurt 1976, 122.
[69] *The Principles of Psychology,* Volume II, 924.
[70] Ebd., 925.

konkreter Subjekte determinieren auch jenen Sinn von Realität und Wahrheit, der über die affektiven Qualitäten des Überzeugtseins hinausgeht. »*The fons and origo of all reality, whether from the absolute or the practical point of view, is thus subjective, is ourselfes.*«[71]

Die Subjektivität, von der hier die Rede ist, hat keine transzendentalphilosophischen Konturen. Der ›absolute‹ Standpunkt läßt sich einem theoretischen Ansatz kaum integrieren, der durch die Zentralstellung praktischer, empirischer Subjektivität konstituiert wird. Auch wenn James in den *Principles* mit den realen praktischen Konsequenzen eine Kontrollinstanz gegenüber dem psychischen Realitätsgefühl andeutet,[72] schließt er die Möglichkeit einer jenseits des Konsequentialismus liegenden geltungstheoretischen Argumentation aus, wie sie die Religionskritik entwickelt hat. Ein Vorstellungsgehalt ist real in dem Maße, indem er für den Vollzug des Lebens einen Unterschied macht. Zudem neigt James im Zeichen dieses praktischen Interesses dazu, die beiden Aspekte des präsentischen Realitätsgefühls (»belief«) und der handlungsleitenden objektiven Relationen einander zu assimilieren. Zu diesem Zweck deutet er die affektiven Qualitäten des Realitätsgefühls (›interessant‹ und ›wichtig‹) als eine Art psychischer Antizipation der zu erwartenden praktischen Konsequenzen eines Vorstellungsgehaltes. »The mere fact of appearing as an object at all is not enough to constitute reality. That may be metaphysical reality, reality for God; but what we need is practical reality, reality for ourselfes; and, to have that, an object must not only appear, but it must appear both *interesting* and *important.*«[73]

In den *Principles of Psychology* werden ontologische und geltungstheoretische Fragen ausgespart. Ohne entsprechende Hintergrundannahmen kommt James dennoch nicht aus, wie sich wohl am deutlichsten am Primat praktisch-empirischer Subjektivität zeigt.

---

[71] Ebd.

[72] Daß diese Unterscheidung für den Pragmatismus völlig unverzichtbar ist, läßt sich an einem elementaren Beispiel klar machen. Solange nämlich das Realitätsgefühl empirischer Individuen als Realitätskriterium dient, kann zwischen gegensätzlichen Überzeugungen keine Entscheidung herbeigeführt werden. So mag A mit der Überzeugung leben: ›Die Bremsanlage unseres Wagens hat ein Leck und ist daher funktionsunfähig‹; B hingegen könnte mit der gleichen Intensität von »belief« der Meinung sein, die Bremsanlage desselben Wagens sei völlig intakt. Erst die – in diesem Fall leicht zu antizipierenden – praktischen Konsequenzen der beiden Überzeugungen erlauben es dann, über ihre Wahrheit zu entscheiden.

[73] *The Principles of Psychology*, Volume II, 924.

Daß solche Subjektivität *fons et origo* aller Realität sein soll, läßt sich beim besten Willen nicht mehr als eine rein beschreibende Aussage deuten. Und daß die praktischen Bezüge unserer Begriffe nach James den einzigen Maßstab ihrer Wahrheit abgeben, hat ebenso offensichtlich ontologische Konsequenzen. Eingespannt sind diese pragmatistischen Grundüberzeugungen in einen dualistischen Rahmen, dem sie sich nur schwer einfügen. Wie ist die Verabsolutierung der Erfahrung, die Immanenz aller Weltbezüge im Bewußteinsstrom, mit einer ursprünglichen Dualität vereinbar? Wenn das phänomenal Gegebene wirklich alles ist, was wir haben, muß es dann nicht als *vor* jeder Dualität liegend interpretiert werden? Solche Fragen haben James bei der Entwicklung seiner späten Erfahrungstheorie des *Radical Empiricism* geleitet. In den einschlägigen Essays ist er auf der Suche nach einer umfassenden Realitätstheorie, die nirgends mehr aus der Immanenz reiner Erfahrung ausbricht. Den ontologischen Realismus möchte diese Theorie mit einem radikalisierten Phänomenalismus – Gerald E. Myers spricht von James' »*esse est sentiri* doctrine of consciousness«[74] – versöhnen. ›Pure Experience‹ lautet die emphatische Losung, unter der sich auch Empirismus und Mystizismus, ›hard science‹ und ›psychic research‹ friedlich die Hände reichen sollen.

In ihrem Kern kann die Lehre des radikalen Empirismus als eine philosophische Konsequenz aus jener epistemischen Vorrangstellung des Bewußtseinsstromes verstanden werden, für die James schon in den *Principles* energisch eingetreten war. Daß der ›stream of consciousness‹ dort derart in den Mittelpunkt gerückt wird, ist seinerseits bereits Resultat zweier methodischer Entscheidungen, durch die sich James vom empiristischen ›mainstream‹ distanziert: zum einen verzichtet er darauf, nur bestimmte Klassen von Erfahrungsgegebenheiten – etwa sinnliche Wahrnehmungen – als ›wissenschaftsfähig‹ gelten zu lassen, zum anderen bricht er mit der Vorstellung, das erfahrungsmäßig Gegebene zerfalle in diskrete Einheiten, in Empfindungsatome. Mit dem klassischen Empirismus eines Locke oder Mill teilt er hingegen die Überzeugung von dem derivativen Charakter begrifflicher Reflexion. Die genannten drei Akzente – ›Egalitarismus‹ des Gegebenen, ›Holismus‹ seiner Gegebenheit, Primat des Gegebenen über begriffliche Vermittlungen – präfigurieren schon in den *Principles* eine Erfahrungskonzeption, die Realität und Erfahr-

[74] *G. E. Myers, William James,* op. cit., 310.

barkeit identifiziert. Dem steht dort freilich der Dualismus von Leib und Seele, Gedanke und Gegenstand, Subjekt und Objekt entgegen, den James, gedrängt von der offenkundigen Intentionalität des Mentalen, *nolens-volens* akzeptiert hatte. Wie läßt sich die These, Realität sei einzig im Bewußtseinsstrom erfahrbar, mit der dualistischen Intuition verbinden, daß dem Gegenstand der Erfahrung Realität im Sinne von Bewußtseinstranszendenz zukommt?

James' *Essays on Radical Empiricism* sind auf der Suche nach einem Erfahrungsbegriff, der die Differenz von Bewußtseinsimmanenz und -transzendenz übergreift und damit den vorläufigen Dualismus der *Principles* obsolet macht. Dazu greift er auf seine Unterscheidung zwischen retrospektiver und unmittelbarer innerer Erfahrung zurück. Der Dualismus, so argumentiert James, ist nicht ursprünglich. Er entsteht erst dann, wenn Erfahrung in ihrer Unmittelbarkeit von einer ihr folgenden reflexiven Erfahrung zum Objekt gemacht wird: »… no dualism of being represented and representing resides in the experience *per se*. In its pure state, or when isolated, there is no self-splitting of it into consciousness and what the consciousness is ›of‹. Its subjectivity and objectivity are functional attributes solely, realised only when the experience is ›taken‹, *i. e.*, talked-of, twice, considered along with its two differing contexts respectively, by a new retrospective experience, of which that hole past complication now forms the fresh content.«[75]

Die Argumentation ist derjenigen Diltheys in der *Breslauer Ausarbeitung* vergleichbar, wo ein ursprünglicher Nexus zwischen Selbst und Welt, der Lebenszusammenhang, von seiner späteren Differenzierung in den Zusammenhang des Seelenlebens und den Zusammenhang der gegenständlichen Realität unterschieden wird.[76] Wo Dilthey allerdings nur an eine Art von primordialer Korrelativität der beiden Pole denkt – vergleichbar mit Heideggers Rede vom In-der-Welt-sein des Daseins –, sieht James radikaler eine ursprüngliche Einheit, in die erst nachträglich eine Dualität eingeführt wird. Damit handelt er sich ein Problem ein, auf das in der Forschungsliteratur schon verschiedentlich aufmerksam gemacht wurde:[77] Wenn ursprüngliche Erfahrung nicht binär strukturiert ist, son-

---

[75] *W. James, Does ›Consciousness‹ exist?*, in: *Writings 1902–1910*, op. cit., 1151.
[76] Vgl. oben, S. 109.
[77] Vgl. *G. E. Myers, William James*, op. cit., 308 ff.; *G. Bird, William James* (The Arguments of the Philosophers), Routledge and Kegan: London/New York 1986, 96 f.

dern Akt und Gegenstand in undifferenzierter Einheit enthält, wie kann dann ein auf sie gerichteter reflexiver Akt eine Dualität an ihr auffinden? Wie können überhaupt außermentale Gegenstände (Der Baum ›da draußen‹) und mentale Abläufe (Ich sehen ›da draußen‹ einen Baum) eine solche Einheit bilden? Unsere cartesianischen Intuitionen sträuben sich hartnäckig gegen die Vorstellung, reale Bäume und menschliche Baumwahrnehmungen könnten ursprünglich eines sein. In religionsphilosophischer Hinsicht läuft James' Position im übrigen auf die Annahme der *unio mystica* als dem Normalfall der Gotteserfahrung voraus: In ursprünglicher Erfahrung bildeten Gott und Mensch dann eine ununterscheidbare Einheit, die erst durch die retrospektive Sekundärerfahrung in Transzendenz und Immanenz, Himmel und Erde, Gnadenspender und -empfänger etc. zerlegt würde.[78] Jene Hochschätzung der mystischen Tradition, die James in den *Varieties* so deutlich bekundet, hat ihre erkenntnistheoretischen Wurzeln in der antidualistischen Ausrichtung seines Erfahrungsbegriffs. Bevor das Problem der objektiven Referenz aber angemessen diskutiert werden kann, müssen die Konturen des radikalen Empirismus noch schärfer herausgearbeitet werden.

Mit der Tilgung des Dualismus – genauer gesagt: mit seiner Umdeutung zum retrospektiven Sekundäreffekt – hat James das entscheidende Hindernis beseitigt, das der Verabsolutierung von Erfahrung entgegenstand. Erfahrung avanciert vom einzigen Medium unserer Welterschließung zum Stoff der Wirklichkeit selbst – Epistemologie schlägt in Ontologie um, wenn die Intentionalität des Bewußtseins zugunsten einer primordialen Einheit hintergangen wird. Die Doktrin des radikalen Empirismus verpflichtet ihre Fürsprecher auf eine Welt, »where experience and reality come to the same thing.«[79] Deshalb verteidigt James die »supposition that there is only one primal stuff or material in the world, a stuff of which everything is composed, and if we call that stuff ›pure experi-

[78] In der neueren Literatur zum Thema »Mystik« wird häufig zwischen zwei Formen mystischer Erfahrung unterschieden, wobei der Akzent entweder – »unitive« – auf dem Erleben der Einheit oder – »communitive« – dem der Selbstdarstellung des Göttlichen liegt (vgl. *John Hick, An Interpretation of Religion.* Human Responses to the Transcendent. New Haven: Yale University Press 1989, 165 f.). Diese Differenzierung findet in James' »radical empiricism« keine Entsprechung, weil sie jene variable Intentionalitätsstruktur mystischer Erfahrung bereits voraussetzt, die diesem zufolge erst durch die »retrospective awareness« hervorgebracht wird.

[79] *W. James, A World of Pure Experience,* in: *Writings 1902–1910,* op. cit., 1168

ence‹, than knowing can easily be explained as a particular sort of relation towards one another into which portion of pure experience may enter.«[80] Erkenntnis wird also weiterhin als eine Relation – mithin als binär – rekonstruiert, deren Pole sich freilich innerhalb des homogenen Feldes reiner Erfahrung befinden. Reine Erfahrung meint den Bewußtseinsstrom in seiner Selbstgegebenheit (›direct awareness‹), *bevor* irgendwelche Dualismen oder begriffliche Differenzierungen in ihn eingeführt werden. Unmittelbare Erfahrbarkeit ist das notwendige *und* hinreichende Realitätskriterium in jener »World of Pure Experience«[81], die nach James unsere ganze Wirklichkeit ausmacht. »I give the name of ›radical empiricism‹ to my *Weltanschauung.* (…) To be radical, an empiricism must neither admit into its constructions any element that is not directly experienced, nor exclude from them any element that is directly experienced.«[82]

›Empirismus‹ ist James' späte Metaphysik demnach insofern, als sie direkte – unvermittelte, wahrnehmungsmäßig gegebene, nicht begrifflich erschlossene – Erfahrung zum kognitiven Maßstab erhebt[83]; das Prädikat ›radikal‹ kommt ihr hingegen dadurch zu, daß sie schlechterdings alles unmittelbar Erfahrene als real anerkennt. Als *Empirist* distanziert sich James von jenen, zumal idealistischen, Denktraditionen, die von dem Primat des Begrifflich-Reflexiven gegenüber aller Unmittelbarkeit ausgehen, als *radikaler* Empirist distanziert er sich von den materialistischen Deutungen des Empirismus, die das erfahrungsmäßig Gegebene mit sinnlicher Wahrnehmung gleichsetzen. Diese Identifizierung überschreitet für ihn ebenso die Grenzen der Erfahrung wie jener implizite Schluß vom epistemischen Vorrang der Sinneswahrnehmung auf den ontologischen Vorrang der Materie, durch den das traditionelle Junktim von

---

80 *W. James, Does ›Consciousness‹ exist?,* in: *Writings 1902–1910,* op. cit., 1142.

81 *W. James, A World of Pure Experience,* op. cit., 1159–1182.

82 Ebd., 1160.

83 Dieser Aspekt seines Denkens ist mit seinen pragmatistischen Zügen nicht in Einklang zu bringen. Zumal bei Peirce versteht sich der Pragmatismus nicht zuletzt als eine Kritik am »Mythos des Gegebenen« (Sellars). »The pragmatist is hence led to reject the notion of simple sense- data experience of a non in-inferential sort. If he grants that such sense events do at all occur, he argues against the view that these occurences in themselves have any cognitive significance. (…) James sometimes did not subscribe to this view.« *(H. S. Thayer, Meaning and Action.* A Critical History of Pragmatism, Indianapolis/New York 1968, 360 u. 360, Anm. 19) »Sometimes« muß sich hier auf alle empirizistischen Schriften James' beziehen.

Empirismus und Materialismus erst möglich wird. Der Rekurs auf reine Erfahrung sollte demgegenüber eine Dimension aufschließen, die den Dualismen von Idealismus und Materialismus, Seele und Leib, ja sogar Erkenntnistheorie und Ontologie vorausliegt. Begriffe wie »psychisch« oder »physikalisch« erscheinen dann als derivative Prädikate, die nicht der reinen, sondern nur der retrospektiven Erfahrung zugesprochen werden können. »Instead of portraying the universe as consisting of two kinds of ›stuff‹, one mental and the other physical, the metaphysics of radical empiricism view mind and body as different arrangements of one kind of stuff – pure experience – which in itself is neither mental nor physical.«[84] Damit erweist sich James als Spinozist in empiristischer Verkleidung. Daß sich durch die Absolutsetzung reiner Erfahrung das Referenz- und Dualitätsproblem allerdings nicht erledigen läßt, zeigt schon das terminologische Inventar des radikalen Empirismus. Es sucht eine vorgeblich ursprüngliche Einheit durch Begriffe zur Darstellung bringen, die allesamt dem ›mentalistischen‹ Vokabular entnommen sind und mithin den einen Aspekt der binären Struktur Subjekt/Objekt zuungunsten des anderen favorisieren: Bewußtseinsstrom, Erfahrung, Gewahrsein, etc. In die gleiche Richtung geht eine Beobachtung, der ich unten noch nachgehen werde: die verbannte Intentionalität des Bewußtseins taucht nämlich in der Form eines inneren Bezugs von Begriffen auf sie bewahrheitende Perzeptionen wieder auf.

Letzten Endes terminiert die gesamte Konzeption des radikalen Empirismus im Begriff einer ›direkten Erfahrung‹, in der Realität nicht mehr symbolisch repräsentiert wird, sondern tatsächlich als sie selbst dem empirischen Subjekt gegenwärtig ist. Was ist unter dieser ›reinen‹ oder ›direkten‹ Erfahrung genauer zu verstehen? »An experience is pure, James thought, when it occurs as it is innately, prior to being analyzed or conceptualized.«[85] Freilich war James kein naiver Erfahrungsfundamentalist, der an die Möglichkeit geglaubt hätte, solche reinen Erfahrungen unmittelbar zur Basis unserer Wirklichkeitserkenntnis zu machen. Sehr genau weiß er um die Verwobenheit aller Unmittelbarkeit mit begrifflichen Strukturen. ›Reine Erfahrung‹ ist ein Grenzbegriff, der Gedanke eines nackten »daß«, frei von jedem kategorial bestimmten »was«. »Pure experience«, so schreibt James, »is the name which I gave to the immediate

[84] *G. E. Myers, William James,* op. cit., 308.
[85] Ebd.

flux of life which furnishes the material to our later reflection with its conceptual categories. Only newborn babes, or men in semi-coma from sleep, drugs, illnesses, or blows, may be assumed to have an experience pure in the literal sense of a *that* which is not yet any definite *what* (…) purity is only a relative term, meaning the proportional amount of unverbalized sensation which it still embodies.«[86]

Genetisch betrachtet, ist reine Erfahrung also ein *terminus a quo*. Mit ihr *beginnt* unsere Wirklichkeitsbeziehung, um alsbald einen immer vermittelteren, symbolisch strukturierten und ausdifferenzierten Charakter anzunehmen. In diesem Sinne hat Hegel in der *Phänomenologie des Geistes* die sinnliche Wahrnehmung gedeutet: als eine anfängliche, transitorische Phase innerhalb der Dynamik der Erfahrung des Bewußtseins. Die radikalempirizistische Gleichsetzung von direkter Erfahrung und Realität impliziert allerdings, daß erstere auch als *terminus ad quem* verstanden werden muß. Für James ist direkte, reine Erfahrung der Endpunkt, in dem alle Wirklichkeitsdeutung terminieren muß. In solcher Erfahrung sind Subjekt und Objekt ungeschieden eins; die Frage nach der Realitätshaltigkeit unseres Bewußtseinsstroms stellt sich gar nicht mehr, weil es sinnlos ist, nach dem Realitätsgehalt der Realität selbst zu fragen. James' Reinlichkeitsmetaphorik suggeriert, daß es die Kontamination mit begrifflichem Wissen ist, durch welche der unmittelbare Realitätskontakt verlorengeht. Dafür, daß die Erfahrung reiner *Quodditas* gegenüber begrifflichen Schlüssen einen privilegierten Wirklichkeitszugang eröffnen soll, führt er allerdings weniger Argumente als – brilliante! – persuasive Rhetorik ins Feld.[87] Zudem scheinen sich in seinem Begriff reiner Erfahrung zwei verschiedene Aspekte in einer unklaren Weise zu überschneiden.

Zum *einen* kann das Prädikat ›rein‹ sich auf solche Erfahrungen

---

[86] *W. James, The Thing and its Relations,* in: *The Writings of William James,* ed. *J. J. McDermott,* Chicago: University of Chicago Press, 1977, 179.

[87] Vgl. etwa folgende Passage aus *The Meaning of Truth,* in: Writings 1902- 1910, op. cit., 851: »These percepts, these *termini,* these sensible things, these mere-matters-of-acquaintance, are the only realities we ever directly know and the whole history of our thought is the history of our substitution of one of them for another; and the reduction of the substitute to the status of a conceptual sign. Contemned though they be by some thinkers, these sensations are the mother-earth, the anchorage, the stable rock, the first and last limits, the *terminus a quo* and the *terminus ad quem* of the mind. To find such sensational *termini* should be our aim with all our higher thought. They end discussion; they destroy the false conceit of knowledge; and without them we are all at sea with each other's meaning.«

beziehen, in denen der Anteil begrifflicher Vorstrukturierung und Verarbeitung möglichst klein ist. In diesem Sinne sind Säuglinge exponierte Vertreter reiner Erfahrung. ›Rein‹ hat hier die Bedeutung von präreflexiv, vorsprachlich, präkategorial etc. (rein[1]) Die Reinheit solcher Erfahrung ist mit ihrer Sprachlosigkeit erkauft und sie erscheint daher als unbrauchbarer Kandidat für die Begründung gesicherten Wissens. Zum *anderen* kann ›rein‹ die Bedeutung von ›direkt gegeben‹ haben, im Unterschied zu ›Objekt einer reflexiv-introspektiven Einstellung sein‹ (rein[2]). In diesem Sinne ist Reinheit einfach eine intrinsische Eigenschaft des in der *intentio recta* vollzogenen bewußten Lebens. Jede Phase des Bewußtseinsstroms stellt insofern eine reine Erfahrung da, als sie eine bestimmte phänomenale Qualität hat, die erst retrospektiv unter kategoriale Bestimmungen gebracht wird. ›Reinheit‹ bedeutet dann nicht den Ausschluß symbolischer Vermittlungen, im Gegenteil: es ist gerade die spezifische Leistung der Reflexion, jene Strukturierungsleistungen hervorzuheben, die in einer gegebenen Phase des bewußten Lebens – für den *Vollzug* unbewußt – wirksam gewesen sind. Gefühle bieten gute Beispiele für die hier gemeinte Differenz: jede eigenleiblich gespürte Regung hat *als* solche (im Modus des Vollzugs) eine konkrete, einheitlich-einfach erlebte Qualität. Es fühlt sich so oder so an, *diesen* Schmerz oder *diese* Freude zu spüren. Das schließt aber keineswegs aus, daß für die Reflexion, die sich auf dieses Gefühl bezieht, das Gegebene einen höchst komplexen Charakter offenbart: es wird sich dann zeigen, in welchem Ausmaß Affekte mit sozialen Dispositionen, mit schichtenspezifischen Voraussetzungen, mit historisch gewachsenen Selbstverhältnissen usw. innerlich verknüpft sind. Ob ich zum Beispiel eine diffuse eigenleibliche Regung als Wut oder Trauer bezeichne, hängt von zahlreichen Determinanten ab, die mit der phänomenalen Qualität des Gespürten kaum etwas zu tun haben. Es ist eine Frage der bedeutungsbestimmenden Artikulation. In aller Knappheit gesagt: ›Reinheit‹ in diesem Sinn bezieht sich nicht auf die Abwesenheit symbolischer Vermittlungen im Erfahrungs*gehalt*, sondern auf die Gegebenheits*form* von Erfahrung – direkt im Unterschied zu retrospektiv. Zwischen diesen beiden Aspekten hat James nicht klar unterschieden und damit zahlreiche Konfusionen verursacht.

Die Relevanz der genannten Unterscheidung für die religionsphilosophische Problematik dürfte unübersehbar sein. So kann sich reine Erfahrung im erstgenannten Sinn – Abwesenheit begrifflicher

Komponenten – nicht als religiöse Erfahrung qualifizieren. Als nacktes »daß« hat sie zwar eine phänomenale Eigenbestimmtheit – etwa jene leibliche Erregung, die Rudolf Ottos Begriff des »mysterium tremendum«[88] faßbar machen will – aber keinen intentionalen Gehalt. Erst durch die Einbettung der phänomenalen *Qualia* in die symbolischen Sinnsysteme der sozialen und geschichtlichen Welt – Diltheys ›objektiven Geist‹ – kann Erfahrung als Erfahrung *von etwas* verstanden werden. Wenn zum Beispiel ein Mystiker bestimmte affektive Erregungszustände vor dem Hintergrund einer Tradition als Zeichen der Präsenz Gottes auffaßt, erhält seine Erfahrung eben erst durch ihr Verwobensein mit symbolischen Deutungen eine spezifisch religiöse Qualität. Dieser Sachverhalt darf freilich nicht dazu verleiten, nun die mystische Erfahrung selbst als Produkt einer nachträglichen Synthese affektiver Qualitäten mit religiösen Interpretamenten zu deuten. Denn solche Erfahrungen sind tatsächlich ›rein‹ in dem oben skizzierten zweiten Sinn, daß sie sich ihrer Gegebenheitsweise in der Binnenperspektive des Erfahrungssubjektes nach als unmittelbar, einfach und direkt gegeben darstellen. Ihre Abhängigkeit von kulturellen Voraussetzungen ist keine direkt erfahrbare Komponente ihrer phänomenalen Qualität, sondern wird in reflexiven Akten *erschlossen.* Religiöse Erfahrung kann also ›rein‹ nicht im erstgenannten, wohl aber im zweiten Sinn sein. Sie ist dann für die Selbstwahrnehmung in der Kontinuität des Vollzugs, nicht aber für die retrospektive Analyse von symbolischen Voraussetzungen frei. Daß James diese Differenzierungen nicht beachtet, macht auch die erkenntnistheoretische Blauäugigkeit begreiflich, mit der er in den *Varieties of Religious Experience* von der Deskription der phänomenalen Qualität religiöser Erfahrungen zu ihrer Interpretation in ontologischen Begriffen übergeht.

Für das Anliegen einer nichtreduktionistischen Religionsphilosophie ist der erste Aspekt unentbehrlich: es gilt zunächst, jene Erfahrungen (rein[2]) in einer angemessenen Sprache zu identifizieren, die sich in den Selbstzuschreibungen ihrer Subjekte als ›religiös‹ oder ›mystisch‹ qualifizieren.[89] In diesem Sinne kann James' Hinweis

---

[88] vgl. *R. Otto, Das Heilige.* op.cit., bes. 18.

[89] Dabei stellt sich bereits ein schwieriges methodisches Problem: wie können phänomenale Qualitäten, deren Erfahrung an die Binnenperspektive der ersten Person Singular gebunden ist, in der neutralen Perspektive der dritten Person dargestellt werden? Das Problem stellt sich *mutatis mutandis* auch für die Selbstbeschreibung eines Individuums und betrifft eben jenen Übergang vom Erlebnis zu seinem Ausdruck, dem Dilthey

auf die Unterscheidung von ›direct‹ und ›retrospective awareness‹ vor einer simplifizierenden Analyse religiöser Erfahrungen schützen. Gleichzeitig muß diese Unterscheidung aber auch kritisch gegen James selbst gewendet werden. Daß in der Vollzugsperspektive eine gespürte Qualität (etwa ein psychosomatischer Erregungszustand) mit einer intentionalen Deutung (etwa durch die Präsenz Gottes) zu einer phänomenalen Einheit verschmolzen ist, erlaubt nicht die unkritische Übernahme dieser Deutung. Sobald eine Erfahrung objektive Referenz einschließt, kann sie nicht mehr rein[1] sein, sondern nur noch rein[2]. Wenn ich zum Beispiel Kopfschmerzen fühle, dann hat dieser Schmerz eine bestimmte Qualität, er fühlt sich so-und-so an. Insofern ist der Schmerz die Sache selbst und Realität und Erfahrung fallen, wie James sagt, zusammen – ›direct awareness‹. Insofern aber mein Verhalten zu diesen Kopfschmerzen (›retrospective awareness‹) bestimmte Überzeugungen über seine Ursachen an den Tag fördert – ich kann den Schmerz als Ausdruck psychischer Belastungen, als Resultat meines gestrigen Fahrradunfalls, als gerechte Strafe für unmäßigen Alkoholkonsum etc. deuten – verknüpfe ich die subjektive Erfahrungsrealität mit der von meiner Erfahrung nicht hervorgebrachten Wirklichkeit, und damit fallen Erfahrung und Realität eben nicht mehr zusammen. Sobald objektive Referenz ins Spiel kommt, besteht grundsätzlich die Möglichkeit der Täuschung, die beim direkten Gewahrsein phänomenaler Qualitäten wegfällt.

Im begrifflichen Rahmen der radikalen Empirizismus stellt sich also die entscheidende Frage: ist religiöse Erfahrung *direkt* oder ist sie *retrospektiv?* Weiter unten werde ich dafür argumentieren, daß James schon durch den methodischen Ansatz seiner *Varieties* die zweite Alternative nahelegt, obwohl dies für seine theoretischen Bemühungen fatale Konsequenzen hat. Alle nicht direkten Formen von Wissen verhalten sich der radikalempiriziſtischen Doktrin gemäß parasitär zur reinen, direkten Erfahrung. Es ist daher in methodischer Hinsicht aufschlußreich, daß James den Primat solcher Erfahrung zwar vehement verteidigt, seine eigenen religiösen und religionsphilosophischen Überzeugungen aber ausschließlich durch indirekte Schlüsse und sekundäre Evidenzen stützt. In einem Fragebogen gibt der Autor der *Varieties of Religious Experience* frei-

---

so viel Aufmerksamkeit geschenkt hat. Im Abschnitt 3.1. schlage ich eine Auflösung dieser Schwierigkeit vor, die mit der Unterscheidung von Beschreiben und Artikulieren arbeitet.

mütig Auskunft über seine persönlichen Anschauungen: »Why do you believe in God? Is it (1) from some argument? *Emphatically, no.* Or (2) because you have experienced His presence? *No, but rather because I need it so that it ›must‹ be true.* (…) Do you feel that you have experienced His presence? If so, please describe what you mean by such an experience. *Never.*«[90] Diese persönliche Bekenntnisse werden hier nicht in der Absicht zitiert, mit *ad hominem*-Argumenten die theoretische Arbeit ihres Verfassers zu kritisieren. Sie sind jedoch für das Verständnis des eigentümlichen ›Aromas‹ (Adorno) der Jamesschen Religionsphilosophie unentbehrlich. James wollte das Recht direkter Erfahrung des Religiösen verteidigen, ohne diesen Königsweg zum Glauben für sich selbst in Anspruch nehmen zu können. Wie Dilthey sah er sich als ›religiös unmusikalisch‹ (Weber) und trat gleichwohl für die Nichtreduzierbarkeit religiöser Erfahrung ein. Das religionsphilosophische Werk von James verteidigt den substanziellen, gelebten Glauben aus der Perspektive einer Distanz, die von der Gebrochenheit des theoretischen Bewußtseins zeigt – sehnsüchtig einer Unmittelbarkeit zugewandt, über die es durch dauernde Reflexion ein für allemal hinausgelangt ist. Sein erkenntnistheoretisches Lob direkter Erfahrung ist tief mit Skepsis imprägniert. George Santayana hat diesen Aspekt klar zum Ausdruck gebracht: »All faiths were what they were experienced as being, in their capacity of faiths; these faiths, not their objects, were the hard facts we must respect. We cannot pass, exept under the illusion of the moment, to anything firmer or on a deeper level. There was accordingly no sense of security, no joy, in James's apology for personal religion. He did not really believe; he merely believed in the right of believing that you might be right if you believed.«[91]

›Faiths‹, also reine[2] Erfahrungen sind die harten Fakten, die der Jamessche Empirismus respektieren muß. Im Unterschied zum klassischen Empirismus besteht die ›Härte‹ dieser Fakten aber nicht mehr darin, daß sie das Subjekt unmittelbar mit der dinglichen, materiellen Welt in Berührung bringen; ›hart‹ sind sie vielmehr deshalb, weil sie, als unmittelbar gegebene mentale Tatsachen, ihrer begrifflichen Manipulation vorgängig und insofern entzogen sind. Da aber, wie Santayana betont, die phänomenale Evidenz dieser Fakten nicht

[90] *W. James, Answers to a Questionnaire,* in: *Writings 1902–1910,* op. cit., 1184.
[91] *G. Santayana, Charakter and Opinion in the United States,* Garden City: Anchor Books 1956, 47, zit. bei: *Gerald E. Myers, William James,* op. cit., 454.

auf ihre Objekte übertragen werden kann, ergibt sich ein Problem, das in allgemeinerer Form die gesamte Erfahrungskonzeption von James betrifft: Wenn direkte Erfahrung und Realität identifiziert werden, wie läßt sich dann noch objektive Referenz von den Figmenten unserer Einbildungskraft unterscheiden? Im grundbegrifflichen Rahmen des radikalen Empirizismus nimmt die Frage nach der Intentionalität des Bewußtseins, seinem Bezogensein auf extramentale Entitäten, von vornherein eine paradoxale Form ein, deren Scheincharakter zu entlarven ist: »The paradox of self-transcendency in knowledge«[92] soll durch die Reformulierung der Differenzen von subject/object, body/mind, knower/known, internal/external etc. – konsequenterweise hinzuzufügen wäre dann auch das Begriffspaar Gott/Mensch – als transitorischer Stadien *innerhalb* der Selbstgegebenheit des Bewußtseinsstroms aufgelöst werden. Diese Position entfaltet James in einem Abschnitt seines programmatischen Essays über *A World of Pure Experience* mit dem Titel »What Objective Reference is«. Seine Argumentation läßt sich in drei Schritten rekonstruieren:

(1) Wahrheit, Realität, direkte Gegebenheit fallen zusammen. Im Falle reiner Erfahrung wird die Frage nach objektiver Referenz sinnlos, weil sie eine Differenzierung von Akt und Gegenstand impliziert, die dort gar nicht vorgefunden werden kann. Reine, präsentische, direkte Erfahrung ist nicht etwa intentional auf Realität *bezogen*, sie *ist* diese selbst. »The instant field of the present is always experience in its ›pure‹ state, plain unqualified actuality, a simple *that*, as yet undifferenciated into thing and thought, and only virtually classifiable as objective fact or as some one's opinion about fact. This is as true when the field is conceptual as when it is perceptual. ›Memorial Hall‹ is ›there‹ in my idea as much as when I stand before it.[93] I proceed to act on its account in either case. Only in the later

[92] *W. James, A World of Pure Experience*, op. cit., 1171.

[93] James spielt hier auf ein früheres Beispiel an, indem es um die sinnliche Wahrnehmung eines auf dem Campus von Harvard stehenden Gebäudes, eben der ›Memorial Hall‹, ging. An dieser Stelle wird im übrigen die Konfusion besonders deutlich, in die James durch die fehlende Unterscheidung zwischen den beiden oben spezifizierten Bedeutungen von ›Reinheit‹ gerät. Während nämlich Formulierungen wie ›plain unqualified actuality‹ und ›a simple that‹ Reinheit im ersten, inhaltlichen Sinn zu verwenden scheinen, sind die letzten beiden Sätze nur dann verständlich, wenn hier von ›rein[2]‹ die Rede sein soll. Es ist unsinnig, von einer begrifflichen Bewußtseinstatsache zu behaupten, sie sei in dem Sinne rein, daß in ihr nur ›a simple *that*‹ gegeben ist. Dagegen scheint es durchaus konsistent, auch hinsichtlich begrifflich vermittelter Bewußtseins-

experience that super-sedes the present one is this *naif* immediacy retrospectively split into two part, a ›consciousness‹ and its ›content‹, and the content corrected or confirmed. While still pure, or present, any experience – mine, for example, of what I write about in these very lines – passes for ›truth‹.[94]

(2) Direkte Gegebenheit ist nicht immer erreichbar und, gravierender, auch nicht immer möglich. »Where direct acquaintance is lacking, ›knowledge about‹ is the next best thing, and such knowledge an acquaintance with what actually lies about the object, and is most closely related to it, puts within our grasp.«[95] Solches indirekte Wissen ist repräsentiert in Begriffen. Die Unterscheidung von ›direct acquaintance‹ und ›knowledge about‹ ist derjenigen von ›percept‹ und ›concept‹ streng parallel. James erkennt also die kategoriale Differenz zwischen begrifflichem Wissen und Wahrnehmung durchaus an, gibt ihr aber sogleich eine charakteristische Färbung. Begriffe haben nämlich ihm zufolge keinen anderen Sinn als den, in perzeptive Erfahrungen einzumünden. Sie sind unumgängliche und höchst nützliche, gleichwohl aber sekundäre und parasitäre Elemente des Bewußtseinsstroms. Ihr Nutzen erschöpft sich darin, unsere perzeptive Aufmerksamkeit, allgemeiner unser gesamtes Handeln, auf die Erlangung jener direkten Wahrnehmungen hin zu orientieren, in denen begriffliches Wissen schließlich terminieren muß, wenn es realitätshaltig bleiben will: »The deeper features of reality are found only in perceptual experience.«[96]

Dies gilt selbst in solchen Fällen, in denen perzeptive Erfüllungen im Vollsinn ausgeschlossen scheinen. James illustriert die ausschließlich wahrnehmungsfunktionale Rolle von Begriffen an zwei sehr unterschiedlichen Beispielen: »Ether-waves and your anger, for example, are two things in which my thoughts will never perceptually terminate, but my concepts of them lead me to their very brink, to the chromatic fringes and to the hurtful words and deeds which are their really next effects.«[97] Wenn perzeptiv-direkte Gegebenheit freilich als einziges Realitätskriterium fungiert, dann ist das Recht dieser Argumentation gar nicht mehr einzusehen. James behandelt hier

phänomene zwischen ihrer direkten Gegebenheit (rein[2]) und ihrem Vorkommen in einem Reflexionsakt, der auf sie gerichtet ist, zu unterscheiden.

[94] *W. James, A World of Pure Experience,* op. cit., 1175.

[95] Ebd., 1174.

[96] *W. James, Some Problems of Philosophy,* in: *Writings 1902–1910,* op. cit., 1031.

[97] *W. James, A World of Pure Experience,* op. cit., 1174.

Ätherwellen und subjektive Affekte wie wahrnehmungsunabhängige, selbständige Entitäten (»two things«), denen es sich perzeptiv so weit als möglich anzunähern gilt, wobei Begriffe diesem Bemühen als regulative Instanzen dienen. Damit führt er implizt genau jene Unterscheidung von Realität und direkter Gegebenheit wieder ein, die zu überwinden der radikale Empirizismus angetreten war. Begriffe etablieren eine Differenz zwischen dem in aktualer Erfahrung zugänglichen und der Sache selbst, die dem phänomenalistischen Programm gefährlich wird. Der Pragmatismus von Charles S. Peirce hat deshalb die Erfahrungsrealität als den *terminus ad quem* der zukunftsoffenen ›community of investigators‹ gedeutet,[98] und auch bei James selbst finden sich zahlreiche Versuche in dieser Richtung. Die ›präsentistische‹ Fassung des Erfahrungsbegriffs in den *Essays on Radical Empiricism* und seine ›futurische‹ Konzeption in den pragmatistischen Arbeiten stehen aber letzlich unvermittelt nebeneinander. ›Fruits‹ und ›roots‹ finden nicht zusammen.

(3) Unter den beiden Voraussetzungen, daß (1) Perzept und Realität koinzidieren und (2) konzeptuelles, indirektes Wissen auf seine Auflösung in direkter Erfahrung hin finalisiert ist, kann objektive Referenz innerhalb des Bewußtseinstroms reformuliert werden: als Bezogenheit der suchenden, unfertigen, indirekten, begrifflichen Formen des Wirklichkeitsbewußtseins auf seine präsentischen und direkten Gegenspieler. »The key to the difficulty lies in the distinction between knowing as verified and completed, and the same knowing as in transit and on its way.«[99] Das Problem objektiver Referenz stellt sich überhaupt nur deshalb, weil nur ein Bruchteil unserer Erfahrung ›direct awareness‹ ist. Neugeborene und Mystiker kennen deshalb kein Referenzproblem. Im Grunde handelt es sich nach James hier, wie auch beim ›Paradox‹ der Selbsttranszendenz des Bewußtseins, um einen bloßen Sekundäreffekt, der dem fließenden und prozessualen Charakter des Bewußtseinsstroms entspringt. »Objective reference, I say then, is a mere incident of the fact that so much of

---

[98] ›Real‹ ist nach Peirce deshalb derjenige »Sachverhalt, von dem wir in dieser letzlichen Meinung überzeugt sein werden« (*Ch. S. Peirce, Was heißt Pragmatismus,* in: *Pragmatismus.* Ausgewählte Texte von Ch. S. Peirce, W. James, F. C. S. Schiller und J. Dewey, hrsg. v. *E. Martens,* Stuttgart 1992, 119), und nicht eine Funktion direkter perzeptiver Erfahrung. In dem hier genannten Essay hat Peirce seine eigene Position als »Pragmatizismus« (ebd., 105) gekennzeichnet, um sich auch terminologisch von James zu distanzieren.

[99] *W. James, A World of Pure Experience,* op. cit., 1172.

our experience comes as an insufficient and is of process and transition.«[100] Die Argumentationsstrategie von James läuft also darauf hinaus, die Differenz Wissen/extramentaler Gegenstand auf die Differenz begrifflich-vorläufiges/perzeptiv-endgültiges Wissen zu projizieren und beide gleichzusetzen. Damit hat er die Welt der Erfahrung in einer Weise semantisch geschlossen, die deutliche Parallelen zu Diltheys hermeneutischem Dreieck von Erlebnis, Ausdruck und Verstehen aufweist. Ein wichtiger Unterschied besteht freilich darin, daß Dilthey Realität nur als bereits symbolisch strukturierte zuläßt – seine methodische Einschränkung auf die Geisteswissenschaften von der geschichtlich-gesellschaftlichen Welt –, James jedoch gerade die gegenständliche Welt in der reinen Erfahrung unterbringen möchte.

Dieses Bemühen bringt ihn im übrigen in eine unwillkommene Nähe zu der Position Berkeleys. Daß im Fluß reiner Erfahrung Perzept und Gegenstand ungeschieden eins sein sollen, läßt sich nur dann halbwegs plausibel machen, wenn der Erfahrungsgegenstand vorab spiritualistisch gedeutet worden ist. Wirkliche Bäume sind entschieden zu sperrig, um in das Gehirn des Erfahrungssubjektes zu passen. »James followed Berkeley to the letter in reducing physical things to sensations, considering them the stuff of our inner life. Consequently, he faced the same problem that Berkeley had solved theologically: How, if physical things are pure experiences or sensations, can they exist, independendly of anyone's experience …«[101] *Mutatis mutandis* stellt sich dieses Problem auch für nichtsinnliche Erfahrungen religiöser Art: Wie kann Gott außerhalb der Erfahrungswirklichkeit existieren? Dafür, daß die phänomenalistische Epistemologie des radikalen Empirizismus eine ontologische *petitio principii* voraussetzt, spricht bereits die mentalistische Terminologie James, der vom Bewußtseinsstrom – anstelle des Stroms der Realität – etc. spricht. Es gelingt James unter dem Problemdruck objektiver Referenz nicht, eine neutrale, sozusagen spinozistische Beschreibungssprache zu entwickeln, die den Phänomenen ihre Ungeschiedenheit beließe. Um die materialistische Variante mit ihren unerwünschten religionskritischen Konsequenzen zu vermeiden, neigt er sich daher einer idealistischen Position zu – eben der Annahme

---

100 Ebd., 1173.

101 *G. E. Myers, William James,* op. cit., 322. Für eine genaue Diskussion der ambivalenten Berkeley-Interpretation von James vgl. ebd., 319–324.

einer Welt, »in which experience and reality come to the same thing«[102].

In der Erfahrungsrealität dieser Welt sollen aber unsere common-sense-Überzeugungen von der Differenz zwischen dem ›nur‹ Psychischen und der externen Realität ihr ungeschmälertes Recht behalten. Objektive Referenz ist nicht fingierbar, Dinge und Gedanken sind nicht identisch: der Gedanke eines Hundes bellt nicht, oder, mit James eigenem Beispiel: »Mental fire is what won't burn real sticks.«[103] Wodurch lassen sich also mentale Feuer von wirklichen unterscheiden? Hier bringt James nun jenes konsequentialistische Kriterium ins Spiel, das für die pragmatistische Rechtfertigung religiöser Überzeugungen von entscheidender Bedeutung ist. »Mental knives may be sharp, but they won't cut real wood. Mental triangles are pointed, but their points won't wound. With ›real‹ objects, on the contrary, consequenzes always accrue; and thus the real experiences get sifted from the mental ones, the things from our thoughts of them, fanciful or true, and precipitated together as the stable part of the whole experience-chaos, under the name of the physical world.«[104]

Offensichtlich fällt dieses Kriterium nicht mit dem Realitätsbegriff des Empirizismus zusammen sondern steht vielmehr in merklicher Spannung zu ihm. James verwendet das Prädikat ›real‹ hier in einer Weise, die durch den Begriff perzeptiv-reiner Erfahrung gar nicht abgedeckt ist. Für dieses Konzept ist ›Realität‹ eine Funktion direkter Gegebenheit. ›Direct awareness‹ jedoch fungiert als ein Gegebenheitsmodus, der hinsichtlich ›realer‹ Konsequenzen im Sinne des obigen Zitats vollständig indifferent ist. Zwar müssen, wenn der konzeptuelle Rahmen des radikalen Empirizismus nicht vollständig aufgegeben werden soll, auch die nicht antizipierbaren Konsequenzen unserer Anschauungen letzten Endes wiederum als Perzept gegeben sein. Ob es sich jedoch bei einem gegebenen Perzept um die realitätsverbürgende Konsequenz im Sinne des pragmatistischen Kriteriums handelt, oder um phänomenale Realität im Sinne des empirizistischen Kriteriums, bleibt dem Wahrnehmungscharakter des Perzeptes äußerlich. Daß externe Konsequenzen als Maßstab zur Unterscheidung von Realität und Illusion geltend gemacht wer-

---

102 *W. James, A World of Pure Experience,* op. cit., 1168.

103 *W. James, Does ›Consciousness‹ exist?,* in: *Writings 1902–1910,* op. cit., 1155.

104 Ebd., 1155 f.

den, ist ja gerade durch diese Indifferenz motiviert. Wenn am phänomenalen Gehalt als solchem abzulesen wäre, ob er eine objektive Referenz hat oder nicht, dann könnten sich die epistemischen Subjekte wie Münchhausen an den eigenen Haaren aus dem Sumpf des Irrtums ziehen. James hat dieses Problem deutlich gesehen und einen Lösungsvorschlag gemacht, der am Begriff der Handlungskonsequenzen ansetzt. Dieser Vorschlag wird freilich dadurch sofort wieder relativiert, daß James das Kriterium der Konsequenzen aus der Innenperspektive seines radikalen Empirizismus formuliert. Die realen, konsequenzhaltigen Erfahrungen nämlich werden im Anschluß an die oben zitierte Passage mit den perzeptiven Erfahrungen identifiziert, »they being the originally *strong* experiences«[105]. ›Direct awareness‹ soll sich also durch eine bestimmte Qualität, durch spezifische Stärke und zwingenden Charakter auszeichnen. Die ungenannte Prämisse dieses Arguments besteht darin, daß allein reale, mit Konsequenzen in der wirklichen Welt einhergehende bzw. diese anzeigende Erfahrungen im Modus des direkten, wahrnehmungsmäßigen Gegebenseins vorkommen können. Gegen diese Annahme spricht die offensichtliche Unmöglichkeit, allein auf der Basis einer Differenz in der phänomenalen Qualität eines bestimmten Bewußtseinsinhaltes dessen objektive Referenz zu verifizieren.

Pragmatisch-konsequentialistische und empirizistisch-perzeptive Strategien zur Rechtfertigung einer Überzeugung bleiben auch dann verschieden, wenn man, wie James, erstere in dem begrifflichen Rahmen letzterer formuliert. Die unaufgelöste Spannung zwischen diesen beiden Aspekten durchzieht das gesamte Werk des amerikanischen Autors. In religionstheoretischer Hinsicht ist sie Ausdruck eines Konfliktes zwischen zwei verschiedenen Auffassungen von Religion, zwischen denen James keinen Ausgleich herzustellen vermochte: religiöse Überzeugungen können einmal als Korrelat einer rezeptiven, in praktischer Hinsicht quietistischen Einstellung betrachtet werden. Das Göttliche erscheint in dieser Perspektive als die Macht, an die das an seiner Ohnmacht verzweifelnde Subjekt sich vertrauensvoll hingibt. Dieser Einstellung entspricht die empirizistisch-perzeptive Begründungsrichtung hin zu den ›roots‹: Gott ist real, wenn er in mystischer Versenkung als real erfahren wird. Andererseits kann religiöser Glaube aber auch als Movens und Stütze unserer aktiven, Veränderung erstrebenden Impulse verstanden wer-

[105] Ebd., 1156.

den. Gott spielt dann die Rolle einer jenseitigen Instanz, die das weltverbessernde Handeln der Menschen motiviert und ihrem Optimismus einen transzendenten Rückhalt verleiht. In dieser Einstellung nehmen Begründungsversuche für religiöse Überzeugungen eine pragmatisch-konsequentionalistische Form an. Gott ist real, wenn der Glaube an ihn reale und moralisch erwünschenswerte Konsequenzen zeitigt: die ›fruits for life‹ sind wahrheitsverbürgend. Wie Julius S. Bixler gezeigt hat, charakterisiert eine unvermittelte Dualität dieser beiden Tendenzen das Gesamtwerk William James'.[106] In den beiden folgenden Abschnitten werde ich die begriffliche Struktur der daraus resultierenden Argumentationslinien genauer untersuchen. Zunächst wird vornehmlich anhand der Schrift *The Will to Believe* -James' pragmatistische Rechtfertigung des religiösen Glaubens analysiert (Abschnitt 2.3), dann die wahrnehmungstheoretische Konzeption der *Varieties* (Abschnitt 2.4).

2.3. Die pragmatistische Rechtfertigung religiöser Überzeugungen

In zentralen Aspekten ist James' empirizistische Konzeption einer Welt reiner Erfahrung mit Diltheys Ansatz verwandt, wie er besonders in der *Breslauer Ausarbeitung* entwickelt wird. Dilthey geht aus vom *Satz der Phänomenalität:* »Bewußtseinstatsachen sind das einzige Material, aus dem die Objekte aufgebaut sind. Bewußtseinstatsache ist der Widerstand, den sie üben, der Raum, welchen sie einnehmen, ihr schmerzhaft empfundener Anprall, wie ihre wohltätige Berührung.« (XIX, 58) Für William James bildet, wie der vergangene Abschnitt gezeigt hat, in vergleichbarer Weise reine Erfahrung den einzigen Stoff der Realität. Beide Autoren ordnen dieser epistemologischen Fundamentalannahme einen bestimmten Modus des Gegebenseins zu, nämlich das ›unmittelbare Gewahrsein‹ – ›direct awareness‹ –, das prinzipiell von der reflektierenden Einstellung des begrifflichen Denkens unterschieden wird. Im erlebnishaft-unmittelbaren Gewahren relevanter Gehalte sollte das Subjekt jene Sicherheit seines Weltverhältnisses wiederfinden, die der Idealismus, zumal derjenige Hegels, als Resultat einer die Unmittelbarkeit abstreifen-

[106] Vgl. *J. S. Bixler, Religion in the Philosophy of William James,* op. cit., 2f., 6, 138, 208, bes. 212.

den – genauer: in Vermittlungsprozessen aufhebenden – ›Erfahrung des Bewußtseins‹ gedacht hatte. Dabei werden die Bewußtseinstatsachen bzw. die reinen Erfahrungen als primordiale Einheiten behandelt, die den Dualismen der Reflexion vorgängig sein sollen. Als Fokus der theoretischen Analyse dienen daher die im empirischen Bewußtseinsstrom erfahrbaren phänomenalen Qualitäten in ihrer präreflexiven Reinheit.[107] Dilthey und James insistieren darauf, daß die von den Subjekten ungeschmälert erfahrene phänomenale Realität nicht etwa *defizient* ist, kein bloßes Abbild einer externen Wirklichkeit, sondern *suffizient:* die Sache selbst, vorgängig zu ihrer Disjunktion in die entgegengesetzten Pole des Subjektiven und Objektiven. Damit geraten ihre Erfahrungskonzeptionen, deren Intention gerade auf die Überwindung der idealistischen Vergeistigung von Realität geht, ironischerweise unvermeidlich in die Nachbarschaft Berkeleys. Dieser hatte bekanntlich die Realität überhaupt mit ›Geist‹ gleichgesetzt und konnte daher die Subjektunabhängigkeit der äußeren Welt nur noch im Rückgriff auf die Annahme Gottes denken.

Dilthey hatte auf dieses Problem eines Rückfalls in den Idealismus, dessen Ursache gerade in einer Radikalisierung des anti-idealistischen Erfahrungsbegriffes zu suchen ist, mit zwei verschiedenen Argumentationsstrategien reagiert: In den Schriften aus dem Umkreis der *Außenweltabhandlung* versuchte er, die im Bewußtsein gewahrten Gehalte durch das Kriterium der Handlungskonsequenzen an eine realistische Ontologie anzuschließen. In den späten Arbeiten nach der Jahrhundertwende tritt der Gedanke des *objektiven Geistes* in den Vordergrund: Das im Erlebnis Gewahrte ist nur unselbständiger Teil einer dreigliedrigen Struktur von Erlebnis, Ausdruck und Verstehen, die dem Erlebnissubjekt nicht zur Disposition steht. Die Welt dieses objektiven Geistes ist zwar semantisch geschlossen, aber begrenzt. Sie macht nicht die ganze Wirklichkeit aus, sondern bleibt auf eine materielle und vor allem biologische Realität bezogen, die

[107] Wobei beide Autoren nicht hinreichend darüber reflektieren, ob diese Reinheit präreflexiv ist im Sinne faktischer Abwesenheit symbolischer Vermittlung (rein1), oder ob die gewahrten Gehalte ungeachtet ihrer instantanen und direkten Gegebenheit (aus der Vollzugsperpektive) Aspekte einer Vermittlungsstruktur darstellen, die die Reflexion sichtbar machen kann (rein2). – Dieser Differenzierung parallel ist die von *W. Proudfoot* vorgeschlagene Unterscheidung »between the phenomenological and theoretical senses of *immdiate« (Ders., Religious Experience,* Berkeley/Los Angeles: Univ. of California Press, 1985, 3).

sich den Begriffen der Geisteswissenschaft entzieht. In meinem Dilthey-Kapitel habe ich gezeigt, daß diese hermeneutische Position des Spätwerks religiöse Überzeugungen als integrale Komponenten des objektiven Geistes behandeln muß, ihre Geltungsansprüche dadurch aber vergleichgültigt. Der pragmatistische Argumentationsstrang wird von Dilthey selbst nie in religionsphilosophischer Absicht ausgearbeitet. Ganz anders dagegen James, der den Gedanken einer Begründung religiöser Überzeugungen auf der Basis ihrer ›fruits for life‹ in mehreren prominenten Arbeiten ins Zentrum gerückt hat. Seine Schriften seit der Aufsatzsammlung *The Will to Believe* (1897) reflektieren den Problemdruck, unter den der in den *Principles of Psychology* (1890) schon umrissene empirizistische Ansatz geraten war. Wie lassen sich unter der Prämisse des Zusammenfalls von Realität und reiner Erfahrung Wahrheit und Irrtum noch unterscheiden? Wie wird der Empirizismus mit dem ›Paradox‹ der Selbsttranszendenz des Bewußtseins fertig? Wie kann man objektive Referenz verstehen, ohne die Immanenz des Bewußtseinstroms zu verlassen?

Diese Fragen umreißen einen Problemkomplex, der James zur begrifflichen Integration von Empirizismus und Pragmatismus bewog. Die Perzepte der reinen Erfahrung sollen intern mit Handlungen und deren Konsequenzen verknüpft werden: »All feeling is for the sake of action, all feeling results in action …«[108] Ob diese Integration gelungen ist, kann hier freilich allein unter dem religionsphilosophischen Gesichtspunkt der Rechtfertigung religiöser Überzeugungen erörtert werden. Für die Wirkungszusammenhänge von Diltheys geschichtlich-gesellschaftlicher Welt hatte es sich nämlich als gleichgültig erwiesen, ob religiöse Überzeugungen nur intentionale bzw. grammatische Objekte haben, oder ob sie sich auf eine subjektunabhängige Realität beziehen. Der im Geist der pragmatischen Methode unternommene Versuch James' erweckt daher ein besonde-

---

108 *W. James, The Meaning of Truth,* in: *Writings 1902–1910,* op. cit., 842 f. – *E. Herms* formuliert den fraglichen Sachverhalt folgendermaßen: Die »… eigentümliche Realitätsbeziehung der *End*terme von Erkenntnisrelationen zwischen Bewußtseinsmomenten besteht für James darin, daß sie in Handlungen in der Außenwelt auslaufen.« (*E. Herms, Radical Empiricism,* Studien zur Psychologie, Metaphysik und Religionstheorie William James, Gütersloh 1977, 126). In dieser Darstellung wird aber das eigentliche Problem hinsichtlich der Vereinbarkeit von Empirizismus und Pragmatismus gerade zum Verschwinden gebracht. Innerhalb reiner Erfahrung gibt es nämlich keine Außenwelt. Diese entsteht ebenso wie das Subjekt erst in der retrospektiven Sekundärerfahrung.

res Interesse: Eine nachidealistische und dennoch affirmative Religionstheorie wäre möglich, wenn religiöse Überzeugungen, wie James glaubte, mit Hilfe empirischer Konsequenzen überprüft und damit validiert werden könnten.

In dem populären Essay *The Will to Believe* bekennt sich James gleich am Anfang ausdrücklich dazu, »the lawfullness of voluntarily adopted faith«[109] zu verteidigen. Diese Formulierung ist in mehrfacher Hinsicht aufschlußreich. Sie setzt eine apologetische Defensivsituation voraus, bringt die Rechtfertigung des Glaubens in einen inneren Zusammenhang mit den nichtkognitiven Dimensionen des Lebensprozesses und stellt das Rechtfertigungsproblem *sub specie* des Übergangs zum Glauben. Der erste und der dritte Aspekt hängen eng zusammen. Für James ist religiöser Glaube nicht in der Form substanzieller Sittlichkeit gegeben, sondern als *eine* pragmatische Möglichkeit unter anderen, die ergriffen sein will. Dementsprechend geht es ihm auch in seinen religionsphilosophischen Analysen nicht um die theoretische Rekonstruktion oder gar Rechtfertigung aus der Innenperspektive des bereits angenommenen Glaubens. Verteidigt wird die rationale Möglichkeit des Glaubens, das Recht zum Glauben, nicht unmittelbar dieser selbst.

Die dabei in Anspruch genommene Konzeption des Rationalen ist unübersehbar lebensphilosophisch getönt. Vor allem wird Rationalität keineswegs mit den kognitiven Komponenten unseres Wirklichkeitsverhältnisses identifiziert. Affektive Qualitäten sind nach James nicht nur irreduzible, in ihrem Eigenrecht anzuerkennende Bestandteile der Lebenswirklichkeit, sie spielen auch bei unseren kognitiven Orientierungen eine entscheidende Rolle. Gleiches gilt für die willentliche Komponente. Affekte und Volitionen steuern den Erkenntnisprozeß mit, beeinflussen die Richtung der Suche nach Evidenzen und gehen schließlich auch in die Kriterien ein, mit deren Hilfe Evidenzen als überzeugend oder zweifelhaft bewertet werden. Eine unverzichtbare Komponente der pragmatistischen Begründung religiöser Überzeugungen besteht in der Interpretation dieser lebensphilosophischen Einsicht im Licht eines modifizierten Rationalitätsbegriffs.

James entwickelt seine Argumentation in dem Essay *The Sentiment of Rationality*. Dabei knüpft er an die psychologischen Reali-

---

[109] *W. James, The Will to Believe,* in: *The Will to Believe and other Essays in popular philosophy. Human Immortality.* Both books bound as one, New York: Dover 1956, 2.

tätskriterien der *Principles* – affektive und voluntative Involviertheit – an: nur ein ›holistisches‹, Affekte, Volitionen und Kognitionen integrierendes Weltverhältnis kann der Realität in ihrer Fülle entsprechen – ein von Dilthey her wohlvertrautes Motiv: »The entire man, who feels all needs by turns, will take nothing as an equivalent for life but the fulness of living itself.«[110] Konkret nimmt dieses Entsprechungsverhältnis die Form eines freien, ungehinderten Strömens bewußter Existenz an. Der störungslose Fluß des Bewußtseins ist das psychische Indiz für seine Realitätshaltigkeit und daher *ipso facto* rational, weil er indiziert, daß der bewußtseinsimmanente Begründungsprozeß an seinem perzeptiven Ziel instantan-unmittelbaren Gewahrseins angekommen ist. Weil die ›fluency of thought‹ nach James regelmäßig von einer spezifischen Gefühlsqualität begleitet wird, sind Rationalität und Affektivität intern verbunden. »This feeling of the sufficiency of the present moment, of its absoluteness, – this absence of all need to explain it, account for it, or justify it, – is what I call the Sentiment of Rationality. As soon, in short, as we are enabled from any cause whatever to think with perfect fluency, the thing we think of seems to us *pro tanto* rational.«[111] James konfundiert hier ganz bewußt zwei Aspekte, die dem unbefangenen Leser zunächst deutlich unterschieden scheinen. Im ersten Satz wird das Gefühl der Rationalität als eine innere Qualität reiner Erfahrung beschrieben. Die Selbstgenügsamkeit des gegenwärtigen Moments, gar seine Absolutheit, schließlich die Abwesenheit inferentieller Bezüge sind Eigenschaften der präsentistischen, reflexionsfreien ›direct awareness‹, wie James sie in den *Essays* als die Quelle unseres Wirklichkeitsbezuges beschrieben hat. Die ›fluency of thought‹, von der im zweiten Satz die Rede ist, pointiert demgegenüber eine Qualität des Bewußtseinsstroms im ganzen, die eng mit den zukünftigen Konsequenzen seiner präsenten Momente zusammenhängt. Flüssigkeit des Denkens meint die erlebte innere Stimmigkeit einer Sequenz von mehrereren Bewußtseinstatsachen – eine Stimmigkeit, die implizit das pragmatistische Kriterium voraussetzt, weil sie an die Beachtung von Handlungsfolgen geknüpft ist. Im Gefühl der Suffizienz instantaner Erfahrungmomente dominiert dagegen der radikalempiristische Strang des Jameschen Denkens. Das ›sentiment of rationality‹ wird an der fraglosen, selbstevidenten Einheitserfahrung des My-

[110] *W. James, The Sentiment of Rationality,* in: *The Will to Believe …, op. cit.,* 69.
[111] Ebd., 64.

stikers modelliert, ebenso aber auch an der eingeschliffenen Effizienz konsquenzbewußten Handelns. Daß James den zweiten Aspekt mit dem ersten verschmilzt, indem er mentale Ablaufsequenzen auf direkte Erfahrung hin finalisiert, ändert nichts an ihrer Verschiedenheit.

Für die religionsphilosophische Argumentationsweise James' ist es entscheidend, daß Rationalität in ihrer empirizistischen wie in ihrer pragmatistischen Variante als ›feeling‹ dargestellt wird. James behandelt das Adjektiv ›rational‹ nicht, wie in der gegenwärtigen Diskussion üblich,[112] als ein Dispositionsprädikat, das die Disponiertheit einer Person zur Beachtung aller relevanten Evidenzen, zur logischen Folgerichtigkeit bei ihren Schlüssen etc. bezeichnet. Das Prädikat des ›rationalen‹ gebührt für ihn allen Verhaltensweisen und Denkakten, in denen sich eine Harmonie, ein Passungsverhältnis von Mensch und Wirklichkeit im Subjekt geltend macht. Dieser Aspekt wird leicht übersehen, wenn James nur als Anwalt des Pragmatismus in den Blick gerät. Da der Pragmatismus – am deutlichsten bei seinem Gründer Peirce – primär ein sinnkritisches Verfahren zur Klärung von Begriffen sein will[113], ließe sich auch sein Rationalitätsverständnis in den nachmetaphysischen Bahnen einer rein subjektiven Vernunft rekonstruieren. Dieses Verfahren wäre aber schon hinsichtlich der metaphysischen Kategorienlehre von Peirce problematisch und erscheint vollends unangemessen, wenn man den Jamesschen Pragmatismus mit seinem Empirizismus in Verbindung bringt. Dessen Pointe bestand schließlich darin, daß die Perzepte der reinen Erfahrung weder subjektiv noch objektiv sind, dieser Disjunktion vielmehr vorausliegen. Entsprechend ist auch das Gefühl der Rationalität, sei es in Form gespürter Flüssigkeit des ›stream of thought‹, sei es als Begleitgefühl von Perzepten, nicht subjektiv im Sinne etwa der klassischen Deutung Kants. Dieser hatte bekanntlich in der *Kritik der Urteilskraft* die ästhetische Lust – phänomenal dem Rationalitätsgefühl eng verwandt – als Ausdruck eines harmonischen Verhältnisses unserer Gemütskräfte deutet, der freilich nichts über

---

[112] Vgl. z. B. *S. Gosepath, Aufgeklärtes Eigeninteresse.* Eine Theorie theoretischer und praktischer Rationalität, Frankfurt 1992, 22 f.

[113] Vgl. dazu die programmatischen Aufsätze von *Peirce: Über die Klarheit unserer Gedanken (How to Make Our Ideas Clear)*, Frankfurt [3]1985; *Die Festlegung einer Überzeugung (The Fixation of Belief)*, in: Pragmatismus, hg. v. E. Martens, op. cit., 61–98.

die Gegenstände der Erfahrung verrate.[114] Der Empirizismus James' nötigt ihn hingegen dazu, affektive Qualitäten von Perzepten *ontologisch* zu interpretieren. Im Gefühl der Rationalität erschließen sich die Sachen selbst.[115]

Das geheime Modell solcher emphatischen Erfahrung ist eine Art von affektiver – mit Plotin zu sprechen – *Henosis*, in der diskursive Operationen zugunsten einer höheren Rationalität sistiert sind. ›The Sentiment of Rationality‹ erweist sich schlußendlich als eine ›ontological emotion‹. »The peace of rationality may be sought through ecstasy when logic fails. To religious persons of every shade of doctrine moments come when the world, as it is, seems so divinely ordered, and the acceptance of it by the heart so rapturously complete, that intellectual questions vanish; nay, the intellect itself is hushed to sleep, as Wordsworth says, ›thought is not; in enjoyment it expires.‹ Ontological emotion so fills the soul that ontological speculation can no longer overlap it and put the girdle of interrogation-marks round existence.«[116] Spekulation und Emotion verhalten sich wie Frage und Antwort, wie Begriff und Perzept. Rationalität im Sinne diskursiver (Selbst-)-Verständigung über fragliche Sachverhalte ist auf ihr Verschwinden in direkter Erfahrung hin angelegt. Solche affektiv herausgehobenen Erfahrungsmomente sind – dieser Aspekt ist für die religionsphilosophische Diskussion von besonderer Bedeutung – immer auf vorausgegangene Fragen, auf Phasen der Verunsicherung, des Suchens bezogen, in denen, um im Bild zu bleiben, der Fluß des Denkens ins Stocken gerät. James deutet diese kognitiven Dissonanzen als Zeichen mangelnder Übereinstimmung zwischen dem erkennenden Individuum und der Realität im ganzen. Das Gefühl der Rationalität, als ein Subjekt und Objekt übergreifendes Prädikat, indiziert die Restitution dieser Übereinstimmung, der ›fluency of thought‹ – ›thought‹ hier verstanden als Vollzug der reinen Erfah-

---

114 Vgl. *Kant, Kritik der Urteilskraft, (Erste Fassung der Einleitung)* hrsg. v. W. Weischedel (Werkausgabe Bd. X), Frankfurt [5]1981, bes. 40–45.

115 Hinsichtlich der vorausgesetzten Grundannahmen metaphysischer und ontologischer Art erweist sich James als der – verglichen mit Dilthey – traditionellere Denker. Zumal religionsphilosophisch zehrt sein Pragmatismus von einer »presumed harmony between our subjective interests and the objective world. (…) James's trust that subjectivity is obliquely cognitive, a blurry apprehension of objective realities, was the constant underpinning of his mysticism and his pragmatic equation of truth with what is satisfactory.« (*G. E. Myers, William James*, op. cit., 455.)

116 *W. James, The Sentiment of Rationality*, op.cit., 74. Ähnlich auch in den *Varieties of Religious Experience*, op. cit., 83.

rung – und hat daher eine ontologische Qualität. Diese und verwandte Gedankengänge interpoliert James in dem Essay *The Will to Believe* zu einem religionsphilosophischen Argument, um dessen kritische Rekonstruktion es in den folgenden Abschnitten nun gehen wird.

Aus der Perspektive eines pragmatisch zu motivierenden Übergangs zum Glauben haben religiöse Überzeugungen den Status von Hypothesen in einem sehr weiten Sinn (»… anything that may be proposed to our belief«[117]). Die Überprüfung dieser Hypothesen erfolgt jedoch nicht *sine ira et studio* in einer praxisabstinenten Laborsituation, sondern im Zusammenhang des alltäglichen Lebensvollzugs. James konzentriert seine Argumentation von vornherein auf die Frage nach der spezifisch lebensweltlichen Rationalität der Glaubensannahme. Dem liegt die wichtige Einsicht zugrunde, daß die Bedingungen, unter denen existenziell relevante, tief in den Lebensvollzug eines Individuums eingreifende Entscheidungen getroffen werden, nicht aus den Bedingungen wissenschaftlicher Hypothesenbildung abgeleitet werden können. James sucht nach einem begrifflichen Rahmen, der es erlaubt, die Rationalität von Glaubensentscheidungen aus der Binnenperspektive der Entscheidungssubjekte zu beurteilen, ohne ihr die Maßstäbe einer existenziell neutralisierten Wissenschaft zu unterlegen. In dieser Einstellung liegt ein bedeutender methodischer Fortschritt. Keine ernstzunehmende Religionstheorie kann es sich leisten, die kategorialen Differenzen zwischen den Perspektiven des lebensweltlichen Vollzugs und der theoretisch-distanzierten Reflexion zu ignorieren, auf die James als erster in aller Klarheit hingewiesen hat. Allerdings nötigt diese Einsicht keineswegs dazu, in der Religionstheorie die sachlichen Vorteile praxisabstinenter Reflexion nun aufzugeben und die Binnenperspektive der lebensweltlichen Entscheidungssubjekte schlicht als unhinterfragbar zu übernehmen. Was sich im Vollzug als unmittelbar darstellt, etwa religiöse Erfahrung, kann sich in reflexiver Distanz durchaus als vielfältig vermittelt erweisen.

James' methodische Einstellung auf die lebensweltliche Perspektive bestimmt seine bekannte Unterscheidung zwischen ›lebendigen‹ und ›toten‹ Hypothesen. ›Lebendig‹ ist eine Hypothese, wenn ihre Annahme für ein bestimmtes Subjekt eine reale Möglichkeit darstellt. »… deadness and liveness in an hypothesis are not intrinsic

---

[117] *W. James, The Will to Believe,* op. cit., 2.

properties, but relations to the individual thinker. They are measured by his willingness to act. The maximum of liveness in an hypothesis means willingness to act irrevocably. Practically, that means belief.«[118] Auch die beiden anderen der von James angeführten Unterscheidungen formulieren Kriterien existenzieller Relevanz: insgesamt gilt, daß die Option für eine von zwei alternativen Hypothesen entweder »1, *living* or *dead;* 2, *forced* or *avoidable; 3, momentuos* or *trivial*«[119] sein kann. Der zweite Aspekt bezieht sich darauf, ob es möglich ist, der Entscheidung überhaupt zu entgehen. Logisch formuliert: ist die Disjunktion eine vollständige? Religionstheoretisch: muß ich zwischen Glaube oder Unglaube wählen, oder bleibt mir eine andere Möglichkeit? Im dritten Aspekt, der sich mit dem ersten teilweise überschneidet, geht es explizit um die Relevanz einer Unterscheidung für die Lebensführung von Individuen. In der wissenschaftlichen Hypothesenbildung und -Überprüfung spielt dieses Kriterium gar keine Rolle, denn wenn sich eine Hypothese als falsch erweist, kann sie aufgegeben werden, »no vital harm being done«[120]. Wenn eine Entscheidung hingegen *living, forced* und *momentuos* ist, dann handelt es sich um eine »*genuine* option«[121]. Dieser Begriff ist auf die pragmatische Rechtfertigung existenziell relevanter Entscheidungen zugeschnitten. Er erlaubt es, lebenspraktische Situationen unter Entscheidungsdruck vor den unangemessenen Evidenzforderungen der praxisfernen »scientific absolutists«[122] zu sichern.

Mit der »genuine option« führt James eine Kategorie lebensgeschichtlicher Situierung ein, die nur begrenzt willentlichem Einfluß unterliegt. Daß eine bestimmte Möglichkeit für ein konkretes Subjekt, real, lebendig und mithin genuin ist, hängt außer von seinen Willensentscheidungen auch von unverfügbaren Ausgangsbedingungen ab: von Zeit und Ort seiner Geburt, von seiner religiösen oder areligiösen Sozialisation und ähnlichem. Die Freiheit der Glaubensentscheidung ist also kontextuell relativiert. »If I say to you: ›Be a theosophist or be a Mohammedan,‹ it is probably a dead option, because for you neither hypothesis is likely to be alive. But if I say: ›Be an agnostic or be a Christian,‹ it is otherwise: trained as you are,

118 Ebd., 3.
119 Ebd.
120 Ebd., 4.
121 Ebd., 3.
122 Ebd., 25.

each hypothesis makes some appeal, however small, to your belief.«[123] James' Argumentation zur Rechtfertigung religiöser Überzeugungen ist in ihrer Geltung bewußt auf solche Subjekte eingeschränkt, für die es sich tatsächlich um eine »genuine option« handelt. Sie redet nicht etwa einem religiösen Dezisionismus das Wort, der sich beliebiger Inhalte annehmen könnte, sondern der Freiheit, sich im Falle epistemischer Unentscheidbarkeit zwischen realen Möglichkeiten nach Maßgabe der Bedürfnisse von Wille und Gefühl zu entscheiden. Dieser Aspekt ist in der Diskussion um James' Begründungsverfahren häufig übersehen worden, was zu unhaltbaren Einwänden geführt hat.[124]

Im nächsten Argumentationsschritt konzentriert sich James auf die affektiven und willentlichen Komponenten des Erkenntnisprozesses, die seiner lebensphilosophischen Anschauung zufolge mit den im engeren Sinn kognitiven Anteilen intern verknüpft sind. Insbesondere könne die Entscheidung darüber, ob eine Hypothese tot oder lebendig ist, unabhängig vom emotional-volitionalen Kontext gar nicht getroffen werden. Wille und Leidenschaft entscheiden nicht nur darüber, ob kognitive Überzeugungen den Kriterien existenzieller Relevanz genügen, sie formen auch diese Überzeugungen selbst mit, indem sie die Suche nach Evidenzen lenken (»*... faith in a fact can help create the fact*«[125]) und im Falle intellektueller Unentscheidbarkeit den Ausschlag geben. »Evidently, then, our non-intellectual nature does influence our convictions. There are passional tendencies and volitions which run before and others which come after belief, and it is only the latter that are too late for the fair; and they are not to late when the previous passional work has been already in their own direction.«[126] Diesen Sachverhalt wertet James positiv. Da Wille und Affekt, so lautet sein Argument, für das Zustandekommen der ›genuine options‹ konstitutiv sind, müssen sie auch in den Entscheidungsprozeß selbst konstitutiv eingehen. So gelangt er zu seiner zentralen These: »*Our passional nature not only lawfully may, but must, decide an option between propositions, whenever it is a gen-*

---

[123] Ebd., 3.

[124] Vgl. die Darstellung bei *H. S. Thayer, Meaning and Action*, op. cit., 154. Der prominenteste Kritiker, der James in der skizzierten Weise mißverstanden hat, war *Bertrand Russell*. Vgl. dessen *History of Western Philosophy*, New York: Simon and Schuster 1943, 815.

[125] The Will to Believe, op. cit., 3.

[126] Ebd., 12.

uine option that cannot by its nature be decided on intellectual grounds; for to say, under such circumstances, ›Do not decide, but leave the question open‹, is itself a passional decision – just like deciding yes or no, – and is attended with the same risk of losing the truth.«[127]

Natürlich fungiert der religiöse Glaube als Modellfall für eine »genuine option that cannot by its nature be decided on intellectual grounds«. Die pragmatistische Rechtfertigung religiöser Überzeugungen vollzieht sich in einem Argumentationsbereich, der zwischen den beiden Ausgangsbedingungen ›epistemische Unentscheidbarkeit‹ und ›existenzieller Entscheidungsdruck‹ aufgespannt ist. Gegen beide Prämissen ließen sich zahlreiche Einwände vorstellen. Vertreter eines radikal szientifischen Weltbildes könnten damit argumentieren, die Hypothese Gottes sei wissenschaftlich widerlegt, Anhänger der verschiedenen Gottesbeweise könnten sich auf deren jeweils neueste Versionen berufen und beide Seiten somit die rationale Entscheidbarkeit der Gottesfrage verteidigen. Auch gegen die Annahme, daß religiöse Überzeugungen existenziell überhaupt relevant sind und also zur Entscheidung für oder gegen sie nötigen, sind Einwände vorstellbar. Ich werde aber weder auf solche Einwände noch auf Gründe *für* die Prämissen des Jamesschen Argumentes weiter eingehen, weil es mir um die Analyse der Argumentations*struktur* im ganzen geht. Kann Religionsphilosophie mit Hilfe des pragmatischen Verfahrens die Geltungsansprüche von Glaubensaussagen bestätigen und damit affirmativ werden? Diese Frage ist entscheidend. Natürlich würden falsche Prämissen auch die Konklusion des Arguments falsch machen. Da aber die beiden Annahmen ›epistemische Unentscheidbarkeit‹ und ›existenzieller Entscheidungsdruck‹ sicherlich zumindest nicht *prima facie* zu verwerfen sind, werde ich ihre Richtigkeit im folgenden probeweise unterstellen. *Wenn* religiöse Fragen eine persönliche Entscheidung erfordern, mit Hilfe rein rationaler Verfahren aber nicht geklärt werden können, ist es *dann* rational, sich auf der – noch genauer zu bestimmenden – Basis ihrer affektiven und willentlichen Implikationen für die »religious hypothesis«[128] zu entscheiden?

Genau genommen wären hier freilich zwei Aspekte zu unterscheiden, die James nicht immer mit der nötigen Klarheit ausein-

[127] Ebd., 11.
[128] Ebd., 25.

anderhält. Wenn nämlich die These zutreffen sollte, daß »our passional nature« die legitime Entscheidungsinstanz im Fall ansonsten nicht begründbarer, sich aber aufdrängender Hypothesen darstellt, dann ist damit noch nicht das mindeste über das Ergebnis dieser Entscheidung gesagt.[129] Wer ein Verfahren zur Entscheidung zwischen mehreren Optionen legitimieren will, kann nicht gleichzeitig eine dieser Optionen privilegieren. Diese Vorgehensweise wäre argumentativ durch nichts gedeckt und würde zudem dem Prozeß der Entscheidung selbst jeden Sinn nehmen, weil ja dann ein Präjudiz für eine der Alternativen schon versteckt in die Prämissen der Entscheidung eingeflossen wäre.[130] Für sich betrachtet, präjudiziert also James' These in keiner Weise eine positive oder negative Stellung-

---

[129] James' Gedankengang beruht auf der nicht weiter problematisierten Hintergrundüberzeugung, daß Wille und Affekt gleichsam naturwüchsig *für* eine gläubige Weltdeutung optieren. Daß sich aber auf der Basis einer kognitiven Aufwertung von Wille und Affekt (»our passional nature«) auch zu der gegenteiligen Überzeugung gelangen läßt, zeigt in höchst eindrucksvoller Weise die Religionsphilosophie *Schopenhauers*. Das elementare Gefühl des Mitleids sowie die eigenleiblich gespürten Regungen des Willens eröffnen für diesen tief pessimistischen Denker den trostlosen Blick auf eine »zappelnde, leidende, blutende, sterbende Welt, deren Wesen eins das andre fressen und nur dadurch bestehn. Eine herrliche *Theophanie!*« (*Arthur Schopenhauer, Der handschriftliche Nachlaß*, IV. Band, 1. Teil, hrsg. v. A. Hübscher, Frankfurt 1966, 142) Affektive Betroffenheit mache daher nicht etwa zum Pantheismus, sondern zum *»Pandiabolismus«* (ebd., 190) geneigt. Der im Gefühl erfahrenen »offenkundigen Negativität des Weltlaufs« (*A. Schmidt, Die Wahrheit im Gewande der Lüge*. Schopenhauers Religionsphilosophie, München/Zürich 1986, 108) sucht Schopenhauer durch die konsequente Verabschiedung jedes Theismus gerecht zu werden (vgl. dazu ebd., 105). Pessimismus, verstanden als *metaphysisches* Grundgefühl, durchherrscht Schopenhauers Philosophie mit derselben Konsequenz, mit der James den – affektiv begründeten! – metaphysischen Optimismus zur Basis seines Denkens macht. Enstprechend gering schätzt dieser den Beitrag Schopenhauers ein: vgl. *W. James, Pragmatism*, op. cit., 128.

[130] Die irrige Gleichsetzung der beiden Sachverhalte ›Entscheidung überhaupt‹ und ›Entscheidung *für* …‹ tritt im Zusammenhang fundamentaltheologisch-apologetischer Argumentationen epidemisch auf. Man glaubt, durch den Aufweis des Entscheidungscharakters einer bestimmten Situation auch bereits die Entscheidung für *eine* der zur Auswahl stehenden Optionen, nämlich die gläubige, legitimiert zu haben. Dieses Verfahren setzt voraus, daß die Offenheit der Entscheidungssituation gleichzeitig behauptet und doch, durch Einführung versteckter Voraussetzungen, insgeheim schon geschlossen worden ist. Konkret bedeutet das dann etwa, daß die Entscheidung für oder gegen eine gläubige Wirklichkeitsauffassung von vornherein als Entscheidung für oder gegen Gott rekonstruiert wird. Damit wird der offenen Entscheidungssituation eine Deutung im Licht der schon vollzogenen Entscheidung *für* den Glauben unterschoben. Wer nämlich gegen eine gläubige Realitätsdeutung optiert, bestreitet damit gerade die Auffassung, es gebe einen Gott, für oder gegen den man sich zu entscheiden hätte. – Ein eklatantes Beispiel für diese apologetische Denkungsart bietet *Karl Rahner:* vgl. *ders., Grundkurs*

nahme. Die Rationalität des Entscheidungsprozesses darf nicht mit der Rationalität seines positiven Ausgangs identifiziert werden. Wenn es im Falle religiöser Überzeugungen rational gerechtfertigt ist, auf der Basis von Affekten zu entscheiden, dann hat die Option *gegen* den Glauben den selben Grad an Rationalität für sich wie die Option *für* den Glauben. James führt zwar, am ausführlichsten in dem frühen Essay *Reflex Action and Theism*, auch eine Reihe von zusätzlichen Argumenten an, die – über die genannte These hinaus – die gläubige Alternative pragmatisch rechtfertigen sollen. Darauf wird noch einzugehen sein. Es ist aber nicht zu übersehen, daß er bereits in dem Aufweis der Legitimität affektiver Entscheidung als solcher die stärkste Stütze der gläubigen Einstellung erblickt. Dies wird verständlich, wenn man den »will to believe« mit dem »sentiment of rationality« zusammenbringt. »Our passional nature« ist von vornherein zum Glauben inkliniert, weil sie die affektiv gespürte Harmonie zwischen Mensch und Welt als zentralen Bestandteil enthält – jene religiös gefärbte »ontological emotion«, der nach James im emphatischen Sinn Rationalität zukommt.

Worin genau bestehen nun aber die religiösen Überzeugungen, für die wir uns kraft unserer affektiven Bedürfnisse entscheiden können – und sollten? Die gläubige Lebenseinstellung, so führt James aus, sei durch zwei Grundannahmen bestimmt, die er in forciert saloppen Formulierungen folgendermaßen charakterisiert: »First, she says that the best things are the more eternal things, the overlapping things, the things in the universe that throw the last stone, so to speak, and say the final word. (…) The second affirmation of religion is that we are better off even now if we believe her first affirmation to be true.«[131] James vermeidet jede theistische Festlegung und ist sichtlich um deskriptive Neutralität bemüht. Es geht ihm um eine möglichst breit konsensfähige Minimalbestimmung religiöser Überzeugungen. Dennoch fällt auf, daß er sorgfältig jeden Bezug auf ein Verständnis der jenseitigen Realität als Ursprung, Quelle, Wurzel, Wovonher, *terminus a quo* vermeidet und den transzendenten Bezugspunkt des Glaubens allein als Ziel, Woraufhin, *terminus ad quem* beschreibt. Die pragmatistische Begründungsstruktur, die religiöse Orientierungen im Kontext einer teleologisch-

---

des Glaubens. Einführung in den Begriff des Christentums, Freiburg/Basel/Wien 1976, Kapitel 3, 3. Abschnitt: »Die Möglichkeit der Entscheidung gegen Gott«, 104–113.

[131] *W. James, The Will to Believe*, op. cit., 25 f.

praktischen Lebensauffassung situiert, ist hier in den deskriptiven Teil des Argumentationsganges verzeichnend eingedrungen und hat dazu geführt, daß diejenigen Aspekte des religiösen Selbstbewußtseins ausgeschlossen bleiben, die sich um die Ursprungs-Metaphorik gruppieren. Mit dem zweiten Aspekt benennt James schließlich explizit ein pragmatistisches Kriterium, nämlich die positiven, schon im Diesseits eintretenden Wirkungen des Jenseitsglaubens.

Die religiöse Hypothese mit ihren zwei Komponenten – transzendente Finalität, Lebensförderlichkeit des Glaubens an diese – erfüllt nun im emphatischen Sinn alle Kriterien existenzieller Relevanz. Darin besteht ihre Rationalität, getreu der pragmatischen Maxime: »… we have the right to believe at our own risk any hypothesis that is live enough to tempt our will.« Dennoch ist »the freedom to ›believe what we will‹« keineswegs beliebig; sie bezieht sich ausschließlich auf »living options which the intellect of the individual cannot by itself resolve.«[132] Was bedeutet es nun genau, daß die religiöse Lebenseinstellung eine »living option« darstellt? Das ist genau dann der Fall, wenn ein bestimmtes, für unser Leben bedeutsames Gut mit ihr verbunden ist (»*momentous* option«) und die einzige Möglichkeit, in den Besitz des Gutes zu gelangen, in der Einnahme dieser Lebenseinstellung besteht (»*forced* option«). »We are supposed to gain, *even now*, by our belief, and to lose by our nonbelieve, a certain vital good.«[133] Worin das zu gewinnende Gut genauer besteht, bleibt an dieser Stelle unerörtert. James macht aber unzwei-

---

[132] Ebd., 29.

[133] Ebd., 26. Die pragmatistische Pointe dieses Satzes steckt in dem – von mir deshalb kursivierten – »even now«. James insistiert darauf, daß die rationale Rechtfertigung des Glaubens allein in den »fruits for life« gesucht werden kann, wobei mit »life« dieses irdische, endliche Leben, nicht etwa seine prospektive jenseitige Fortsetzung, gemeint ist. Wäre das vom Glauben in Aussicht gestellte »vital good« erst *post mortem* zu erwarten, würde es der pragmatischen Sinnkritik verfallen. Diese Einsicht James deckt sich im übrigen mit der zumal von *Feuerbach* in seiner Religionskritik immer wieder variierten These, der humane Ertrag aller Jenseitshoffnungen bestehe in seiner diesseitigen Trostfunktion. – Das pragmatistische Argument, daß der Glaube sich im Hier und Jetzt des endlichen Lebens zu rechtfertigen habe, könnte auch in der Diskussion um das epistemologische Konzept einer »eschatologischen Verifikation« eine kritische Rolle spielen. Dieser von *John Hick* entwickelte Gedanke (zuerst in: *ders., Faith and Knowledge.* A Modern Introduction to the Problem of Religious Knowledge, Ithaca 1957) hat in der neueren angelsächsischen Religionsphilosophie große Popularität erlangt. Hick geht wie der Pragmatismus davon aus, daß Glaubensausssagen kognitiv gehaltvoll sind und es daher einen realen Unterschied machen muß, ob sie wahr oder falsch sind, verlegt ihre Verifikation jedoch ins Jenseits der Todesschwelle.

deutig klar, wodurch wir es gewinnen oder verlieren können: nämlich durch unseren Glauben bzw. Unglauben. Die kognitive Überzeugung auf der Seite des Subjektes ist konstitutiv, denn sie produziert das für den Glauben spezifische Verhältnis zur Wirklichkeit.

Aus dieser Einsicht läßt sich ein religionskritisches Argument gewinnen, das Nietzsche unübertrefflich formuliert hat. »Ein Christ«, so heißt es in *Menschliches, Allzumenschliches,* »der auf unerlaubte Gedankengänge geräth, könnte sich wohl einmal fragen: ist es eigentlich *nöthig,* dass es einen Gott, nebst einem stellvertretenden Sündenlamme, wirklich *giebt,* wenn schon der *Glaube* an das *Dasein* dieser Wesen ausreicht, um die gleichen Wirkungen hervorzubringen? Sind es nicht *überflüssige* Wesen, falls sie doch existieren sollten? Denn alles Wohlthuende, Tröstliche, Versittlichende, ebenso wie alles Verdüsternde und Zermalmende, welches die christliche Religion der menschlichen Seele giebt, geht von jenem Glauben aus und nicht von den Gegenständen jenes Glaubens.«[134] Nietzsches Einsicht wäre zu präzisieren: zum Glauben gehören seine Gegenstände hinzu. Glaube hat eine intentionale Struktur, er ist Glaube *an etwas,* und ohne die Erwähnung dieses *etwas* ist gar nicht verständlich zu machen, warum man eine bestimmte Überzeugung als Glaube bezeichnen sollte. Zum Glauben gehört ein *Credendum,* ein – normativer – geglaubter Gehalt. Nietzsche macht nun darauf aufmerksam, daß es für die pragmatische Wirksamkeit des Glaubens völlig hinreichend ist, wenn dieser geglaubte Gehalt als *intentionales Objekt* vorliegt. Er *kann,* muß aber nicht ein reales Objekt sein, braucht keine von seinem Gegebensein für den Glaubenden unabhängige Existenz zu haben. Mentale Realität reicht aus, so wie auch die mentale Realität von UFOs ausreicht, um in den Subjekten, die von ihrer Existenz überzeugt sind, höchst reale Wirkungen hervorzubringen. Wie Nietzsche ebenfalls gesehen hat, ist mit dieser Einsicht über die tatsächliche Existenz des Geglaubten nicht das geringste gesagt. Wenn sich aber die in Rede stehenden Wirkungen bereits durch das Vorhandensein intentionaler Objekte erklären lassen, kann aus ihnen kein Argument für eine darüber hinausgehende Existenzweise mehr gewonnen werden. Immer dann, wenn sich die »fruits for life« bereits durch das schlichte mentale Vorhandensein einer Überzeugung – verstanden als Einheit von Akt und Inhalt, Glaube und intentiona-

[134] *F. Nietzsche, Menschliches-Allzumenschliches,* in: KSA (Hg.: G. Colli u. M. Montinari), Bd. 2, München 1988, 480.

lem Objekt – ernten lassen, büßt das pragmatistische Sinnkriterium seine Fähigkeit ein, uns mit einer unabhängigen Realität zu konfrontieren.

James verwischt, wie ein von ihm gewähltes Beispiel zeigt, diese entscheidende Differenz. Um die Unsinnigkeit skeptischer Urteilsenthaltung in religiösen Dingen zu illustrieren, greift er zu einem humoristischen Vergleich und beschwört die präsumptiv analoge Situation eines heiratswilligen, aber zögerlichen Mannes. »It is as if a man should hesitate indefinitely to ask a certain woman to marry him because he was not perfectly sure that she would prove an angel after he brought her home.«[135] Was den Zauderer zurückschrecken läßt, ist, nun völlig humorlos formuliert, die Befürchtung, das pragmatische Kriterium der realen Handlungsfolgen könnte eine fatale Inkongruenz zwischen dem *intentionalen* Objekt – dem *Bild,* das er sich von der geliebten Frau gemacht hat – und dem *realen* Objekt – der Frau, wie sie unabhängig von seinen Vorstellung von ihr *ist* – an den Tag bringen. Der religiös Zaudernde ist in einer anderen, damit unvergleichbaren Situation: als philosophisch gebildeter Skeptiker weiß er bereits, daß das »vital good« des Glaubens schon von seinem intentionalen Objekt hervorgebracht werden kann und deshalb seine pragmatischen Wirkungen keine Konfrontation mit subjektunabhängiger Realität bedeuten müssen. Ehekrisen und Glaubenskrisen sind strukturell verschieden: während jene einem pragmatischen Realitätstest gleichkommen, weil sie intentionale mit realen Objekten konfrontieren, können diese auch als Ereignisse innerhalb des Mentalen beschrieben werden. Ob sie *nur* dies sind, muß pragmatisch dahingestellt bleiben.

Hinsichtlich religiöser Überzeugungen ist das Kriterium der »vital goods« bzw. »fruits for life« zu vage, um dem kognitiven Kern dieser Überzeugungen – den Glauben an die transsubjektive Realität des Göttlichen – pragmatisch zu testen. Ihm fehlt die nötige Trennschärfe, weil es nicht zwischen intentionalen und realen Objekten unterscheidet. Die Realität Gottes verschmilzt daher in ihm restlos mit der Realität des Glaubens an Gott: Diesen Unterschied ums Ganze scheint James nicht bemerkt zu haben. »James's reasoning seams to confuse the beneficial implications if *p* (that God exists) is actually true with those derived merely from believing *p* to be true. Conse-

---

[135] *W. James, The Will to Believe,* op. cit., 26.

quently, it is obscure what is gained if *p* is true, over and above what is gained from believing it even if it is false.«[136]

Erleichtert wird diese Verwechslung durch einen bislang unerwähnten Zug der Argumentation von James, der die Abhängigkeit der Erfahrungsgegenstände von den willentlichen Komponenten des bewußten Lebens betont. Die Welt der empirischen Fakten ist für ein bestimmtes Individuum von seinen Willensleistungen, affektiven Orientierungen und kognitiven Vor-Urteilen abhängig. So deutet James Willensfreiheit »im Sinne der Fähigkeit zu willkürlicher attentionaler Fixierung dieses oder jenes Bewußtseinsinhaltes«[137]. Die im Bewußtseinsstrom gegebenen Perzepte und Konzepte sind demnach durch willentliche Einflußnahme, die wiederum affektive Impulse aufnimmt, teilweise bestimmbar. In diesem Sinn kann der »Will to Believe« sich seine eigenen Evidenzen schaffen, können Glaubensüberzeugungen ihre Verifikation möglich machen. Die Wissenschaftsgeschichte ist voll von Beispielen dafür, daß eine empirisch unbestätigte, aber hartnäckig weiter verfolgte Hypothese durch eben diese Hartnäckigkeit schließlich doch noch empirische Bestätigungen finden kann. Man könnte hier von der ›*schwachen* Beeinflussungsthese‹ sprechen. James hat aber einen darüber noch hinausgehenden Einfluß des Willens auf die Fakten im Auge, der nicht nur Evidenzen *für* bestimmte Sachverhalte, sondern diese selbst betrifft. Im subjektiven Selbstverhältnis und in intersubjektiven Beziehungen kann eine Überzeugung selbstverifizierend in dem *starken* Sinne sein, daß sie ihr *intentionales* Objekt in ein *reales* zu verwandeln imstande ist. Auch hier sind seine Beispiele dem Bereich erotischer Aktivitäten entnommen: »How many women's hearts are vanquished by the mere sanguine insistence of some man that they *must* love him! he will not consent to the hypothesis that they cannot. The desire for a cer-

---

[136] *Gerald E. Myers, William James,* op. cit., 452 vgl. 473. – Wie Myers berichtet, hat bereits *A. O. Lovejoy* James vorgeworfen, er verwechsle »the consequences of a proposition itself with the consequences of believing in that proposition« (ebd., 604, Anm. 16). James habe die Berechtigung dieses Vorwurfs freimütig eingestanden und eine entsprechende Änderung der einschlägigen Formulierungen in Aussicht gestellt, die aber dann nie erfolgt sei. Angesichts dessen, daß es sich hier um einen zentralen Punkt seiner Argumentation zur Rechtfertigung religiöser Überzeugungen handelt, ist diese unpragmatische Inkonsequenz bemerkenswert und wird wohl als verstecktes Eingeständnis unbehebbarer Schwierigkeiten gedeutet werden. Der Briefwechsel zwischen Lovejoy und James ist dokumentiert bei *R. B. Perry, The Thought and Charakter of William James,* vol. 2. op. cit., 480.

[137] *E. Herms, Radical Empiricism,* op. cit., 80.

tain kind of truth here brings about that special truth's existence; and so is it in innumerable cases of other sorts. Who gains promotions, boons, appointments, but the man in whose life they are seen to play the part of live hypotheses, who discounts them, sacrifices other things for their sake before they have come, and takes risks for them in advance? His faith acts on the powers above him as a claim, and creates his own verification.«[138]

Die *starke* Beeinflussungsthese ist nur für personale (Selbst-) Verhältnisse plausibel, in denen die intentionalen Objekte unserer Überzeugungen in Handlungssequenzen bestimmend eingehen, die diese Objekte als reale hervorbringen können. Ihre *schwache* Version, die sich nur auf subjektive Evidenzen, nicht auf objektive Sachverhalte bezieht, kann für alle Erkenntnisprozesse Gültigkeit beanspruchen. In der von James gewählten Formulierung »The belief creates its verification«[139] steckt eine unausgewiesene Zweideutigkeit, mit deren Hilfe die starke These an der Plausibilität ihrer schwachen Variante partizipieren kann. Der Satz kann nämlich *entweder* bedeuten: »Überzeugungen können die Suche nach angemessenen Evidenzen auslösen und sie motivieren«, *oder* »Überzeugungen können die Sachverhalte hervorbringen, von denen sie überzeugt sind«. James assimiliert diese beiden Aspekte einander in derselben Weise, in der er Sachverhalte dem Glauben an eben diese Sachverhalte assimiliert. Dadurch entsteht der Eindruck, die Verifikation religiöser Überzeugungen verlaufe analog dem psychologischen Mechanismus der ›self-fullfilling prophecy‹. »... James came close to treating religious hypotheses as if they were truths dependent on personal action or instances where faith creates its own verification; This emphasis misleadingly suggests that faith in a god will somehow help to create that god.«[140]

Daß der Wunsch, es möge einen Gott geben, uns die Welt mit anderen Augen sehen läßt und uns dafür sensibilisiert, die Zeichen seiner Gegenwart wahrzunehmen, leuchtet ein – ebenso allerdings die gegenteilige, von James nicht gezogene Schlußfolgerung, daß dieser Wunsch auch blind machen kann, kritische Instanzen ausschaltet und uns voreilige religiöse Interpretationen dort akzeptieren läßt, wo auch naturalistische Erklärungen möglich wären. Daß aber eben der-

---

[138] *W. James, The Will to Believe,* op. cit., 24.
[139] *W. James, The Sentiment of Rationality,* op. cit., 103.
[140] *G. E. Myers, William James,* op.cit., 452.

selbe Wunsch die *Existenz* des Göttlichen selbst befördern sollte, läßt sich zumindest mit den traditionellen Glaubenslehren schwerlich vereinbaren und setzt voraus, daß die *starke* Beeinflussungsthese auch auf Sachverhalte jenseits (inter-)subjektiver Handlungszusammenhänge ausgeweitet wird. James hat diese Überzeugung dennoch, wenngleich in sehr behutsamen Formulierungen, vertreten: »I confess that I do not see why the very existence of an invisible world may not in part depend on the personal response which any one of us may make to the religious appeal. God himself, in short, may draw vital strength and increase of very being from our fidelity.«[141] Diese metaphysische Spekulation entzieht sich vollständig der pragmatischen Maxime konkreter Handlungskonsequenzen. *Es macht keinen Unterschied* für die Lebensorientierung eines Menschen, ob er nur *glaubt,* daß sein eigener Glaube die Realität des Göttlichen mit hervorbringt, oder ob dies darüber hinaus auch tatsächlich der Fall ist.

In dem Essay über den Willen zum Glauben läßt James die Natur des »vital good«, das durch ihn errungen werden kann, ebenso im Dunkeln wie die Art und Weise, in der Glaubensüberzeugungen der pragmatischen Grundstruktur menschlichen In-der-Welt-seins entsprechen sollen. Sein Rechtfertigungsverfahren für diese Überzeugungen plausibilisiert zwar die Rationalität affektiv bestimmter Entscheidungen, kann aber für die transsubjektive Realität des Göttlichen keine Argumente beibringen, weil es bereits dann bestanden werden kann, wenn das Geglaubte eine nur intentionale Existenz hat. Im folgenden wird es um die Frage gehen, ob es James an anderer Stelle gelingt, das pragmatische Testverfahren so zu konkretisieren, daß sein Bestehen die subjektunabhängige Existenz Gottes voraussetzt oder – in einer abgeschwächten Variante – wenigstens den Glaubenden rational in seinen Überzeugungen rechtfertigt. Als zentrales Kriterium dient ›workableness‹. »If religious hypotheses about the universe be in order at all, then the active faith of individuals in them, freely expressing themselves in life, are the experimental test by which they are verified, and the only means by which their truth or falsehood can be wrought out. The truest scientific hypothesis is that which, as we say, ›works‹ best; and it can be no otherwise with religious hypotheses.«[142]

Den frühesten Vorstoß in diese Richtung stellt der Essay *Reflex*

[141] *W. James, Is Life Worth Living?,* op. cit., 61.
[142] *W. James, The Will to Believe,* op. cit., Preface, XII.

Action and Theism von 1881 dar. James unternimmt dort den Versuch, in einer Art transzendentalpragmatischer Argumentation aufzuweisen, daß theistische Überzeugungen Möglichkeitsbedingungen des handelnden Weltumgangs darstellen. Wenn dieser Aufweis gelänge, würde er ein indirektes Argument für die Notwendigkeit des Glaubens liefern: Der Verzicht auf eine religiöse Lebenseinstellung beraubte dann nämlich die Individuen einer pragmatisch, motivational und rational unentbehrlichen Prämisse ihres Handelns: der Annahme nämlich, sie befänden sich im Einklang mit der Wirklichkeit. An den Beginn seines Gedankengangs stellt James zwar die Versicherung, er wolle die Existenz Gottes nur in der modal neutralisierten Form von wenn-dann-Sätzen annehmen (*wenn* es Gott gibt, *dann* hat dies für unser Handeln die-und-die Konsequenzen); da sich jedoch aus der Negation des ersten Gliedes dieser konditionalen Aussage ein – nicht logischer, aber pragmatischer – Widerspruch ergibt, stellen sich die Ausführungen von James dennoch als eine Art von indirektem pragmatischem Gottesbeweis dar. Gott soll als die letzte und höchste, in der Struktur rationaler Handlungen vorausgesetzte Objektvorstellung erwiesen werden:

»I … limit my ambition to showing that a God, whether existent or not, is at all events the kind of being which, if he did exist, would form the *most adequate possible object* for minds framed like our own to conceive as lying at the root of the universe. My thesis, in other words, is this: that *some* outward reality of a nature defined as God's nature must be defided, is the only ultimate object that is at the same time rational and possible for the human mind's contemplation. *Anything short of God is not rational, anything more than God is not possible,* if the human mind be in truth the triadic structure of impression, reflection, and reaction which we at the outset allowed.

Theism, whatever its objective warrant, would thus be seen to have a subjective anchorage in its congruity with our nature as thinkers … God may be called the normal object of the mind's belief. Whether over and above this he be really the living truth is another question. If he is, it will show the structure of our mind to be in accordance with the nature of reality.«[143]

[143] *Reflex Action and Theism*, in: *The Will to Believe and other essays in popular philosophy*, op. cit., 115 f. – James' Argumentationsweise erinnert an *Kant*, in dessen Kritizismus Gott als regulativer Begriff der theoretischen Vernunft, als Postulat praktischer Vernunft, und schließlich – implizit – als transzendentales Korrelat einer in der Urteilskraft unterstellten »Zweckmäßigkeit der Natur zum Behuf unseres Vermögens, sie zu erkennen« (*Kritik der Urteilskraft*, op. cit., 16) eingeführt wird. Auch bei Kant wird der Gottesbegriff in inneren Zusammenhang mit einer Art transzendentaler Nötigung der Subjekte gebracht, das An-sich der Realität als dem Für-sich der Subjekte verwandt zu

Der Dreischritt von *Impression, Reflexion* und *Reaktion* wird von der »reflex theory of mind«[144], ganz ähnlich wie in Diltheys *Außenweltabhandlung*[145], als die Fundamentalstruktur des menschlichen Weltverhältnisses angesetzt. Der mittlere Term dieser triadischen Struktur – »the conceiving or theorizing faculty«[146] – erfüllt eine vermittelnde Rolle, indem er Impressionen so auf eigenleibliche Affekte und Willensregungen bezieht, daß eine angemessene Handlung möglich wird. Wie James gegen die naturwissenschaftliche Skepsis hinsichtlich der *causa finalis* betont, ist die Reflextheorie des Bewußtseins auf eine streng *teleologische* Auffassung des seelischen Lebens verpflichtet. Sein Argument: nur weil Subjekte Bedürfnisse, Wünsche, Präferenzen usw. haben, gibt es überhaupt ein *Motiv*, von der Impression vermittels der Reflexion zur zielgerichteten Aktion überzugehen. Alle mentalen Akte sind bezogen auf die Zwecke, die »our volitional nature«[147] hervorbringt und insofern teleologisch strukturiert. Die Zweckursache wirkt als Motiv: sie fungiert als der in Handlungen einmündende Wunsch, einen bestimmten, nach Maßgabe unserer Bedürfnisse dem *status quo* vorzuziehenden Weltzustand realisiert zu sehen.

Der pragmatistische Gedanke einer Beurteilung von Überzeugungen nach ihren praktischen Folgen wird damit, um seiner religionsphilosophischen Verwendbarkeit willen, motivational interpretiert und so wieder in die Binnenperspektive der Subjekte eingezogen. Damit wird der Akzent von den realen Folgen einer

---

denken. Was James freilich von Kant radikal unterscheidet, ist die konsequente Subordinierung auch der theoretischen Vernunft unter pragmatische Wahrheitskriterien. Daß im vorliegenden Essay pragmatische Rationalität und Existenz nicht identifiziert werden, sollte darüber nicht hinwegtäuschen. James sieht gar keine Möglichkeit vor, die Wahrheit einer rationalen Überzeugung noch zu bestreiten, also, wie Kant es tut, zwischen transzendentalen Erfordernissen und objektiv wahren Sachverhalten zu differenzieren. Wer demnach die Rationalität der Glaubensüberzeugung eingestanden hat, hat den Spielraum pragmatischer Argumentation erschöpft. Die Entkoppelung von Rationalitätskriterium und Existenzproblem ist eine rein rhetorische.

[144] Ebd. 117.

[145] Vgl. z. B. V, 96: »Hiernach besteht die Struktur alles Seelenlebens, der Grundtypus desselben darin: Eindrücke und Bilder rufen in dem System unserer Triebe und der mit ihnen verbundenen Gefühle zweckmäßige Reaktionen hervor; durch diese werden willkürliche Bewegungen ausgelöst, und so wird das Eigenleben an seine Umgebung angepaßt. (…) Die Vorgänge von Wahrnehmung und Denken … (schalten sich) zwischen dem Reiz und der Willensreaktion auf den höheren Stufen des Lebens …« ein.

[146] *Reflex Action and Theism*, op. cit., 117.

[147] Ebd.

Handlung auf die Handlung selbst *als* Folge einer bestimmten, sie motivierenden Überzeugung verlagert. Die praktischen Konsequenzen einer in der äußeren Welt vollzogenen Handlung sollen eine Überprüfung jener Begriffe erlauben, die ihr zugrundeliegen. Die praktischen Konsequenzen eines Handlungs*motivs* hingegen bestehen in Handlungen. Ihnen läßt sich nur entnehmen, ob eine bestimmte Person dieses Motiv wirklich gehabt hat, nicht aber, ob sie objektiv darin gerechtfertigt war, es zu haben – objektiv in dem Sinn, daß die im Motiv unterstellten Sachverhalte auch tatsächlich existieren. Ein unverfängliches Beispiel: Die Überzeugung, das gebuchte Flugzeug starte um 12:00, ist in Verbindung mit entsprechend fortgeschrittener Zeit für einen Reisenden das einsichtige Motiv, sich bei der Anreise zum Flughafen zu beeilen. Wenn keine entsprechenden Handlungskonsequenzen vorliegen, der Reisende etwa ohne Zeichen von Eile herumbummelt, wird man ihm auch das Motiv absprechen müssen. Ob jedoch die angenommene Abflugszeit mit der tatsächlich vorgesehenen übereinstimmt, ist für dessen psychische Virulenz ganz gleichgültig. Eine Überzeugung motiviert ihren Inhaber nicht weil sie wahr *ist*, sondern weil er sie *hat*, also für wahr *hält*. Ihre motivierende Kraft wird durch die objektive Wahrheit des Überzeugungsinhalts nicht gesteigert. Diese Einsicht nötigt vorab zur Skepsis gegenüber dem Versuch, im pragmatistischen Überprüfungsverfahren auch motivationale Maßstäbe für praktische Konsequenzen zuzulassen.

Genau in diese Richtung geht jedoch James. Wenn die tätigen Subjekte, so entwickelt er seinen Gedankengang weiter, davon ausgehen müßten, daß die Eigenbeschaffenheit der subjektunabhängigen Realität der Verwirklichung humaner Zielvorstellungen dauerhaft im Weg stünde, müßten sie am Erfolg ihrer Bemühungen verzweifeln. Nur die gegenteilige Annahme verhindert, daß unsere aktiven Impulse paralysiert werden und motiviert uns zum Handeln. »… the man of affairs, the artist or the man of science … all postulate in the interest of their volitional nature a harmony between the latter and the nature of things. The theologian does no more.«[148] Zwischen diesen beiden Sätzen kommt eine versteckte Zusatzannahme ins Spiel, die James nicht weiter begründet. Er geht nämlich davon aus, daß Menschen nur dann ein Leben im Einklang mit der (inneren und äußeren) Natur zu führen imstande sind, wenn hinter dieser, als »the

[148] Ebd., 120.

deepest power in the universe«, eine »mental personality«[149] steht. Für James versteht sich von selbst, daß Menschen supranaturalistische Bedürfnisse – insbesondere das Bedürfnis nach Unsterblichkeit[150] – haben, die dann auch einer entsprechenden Befriedigung bedürfen. Die von unserem handelnden Selbst postulierte, motivationspsychologisch unentbehrliche Harmonie zwischen Subjekt und Natur erhält von daher ihre religiösen Konturen. Sie erscheint vorab als Harmonie zwischen einem Wesen, dessen Bedürfnisse über das Endliche hinausgehen, und einer auf das Göttliche hin transparenten Natur. Daß sich diese Annahmen freilich keineswegs von selbst verstehen, hat die Religionskritik des anthropologischen Materialismus gründlich gezeigt. So entwickelt Feuerbach in seinem umfangreichen Werk eine Hermeneutik der anthropologischen Interpretation theologischer Aussagen, die sich gegen den Reduktionismusverdacht vehement zur Wehr setzt.[151]

Wie steht es um die Stringenz der Jamesschen Argumentation, wenn man ihre versteckte Prämisse akzeptiert? Die überlegene praktische Rationalität des theistischen Glaubens besteht dann darin, daß sie die Wirklichkeit im Ganzen auf eine optimal zum Handeln motivierende, der affektiven Dynamik des bewußten Lebens entgegenkommende Weise deutet. Ein personaler Gott steht für die Affinität des Weltgrundes zur menschlichen Personalität ein, seine große Macht sichert die Finalität des Weltprozesses und verhindert sein Mißlingen, die uns gewährte Freiheit verbürgt die existenzielle Relevanz unserer eigenen Bemühungen.[152] James vertritt in seinem frühen Essay die Auffassung, daß ein Optimum an Rationalität dort gegeben ist, wo alle menschlichen Handlungen, nicht nur die im

---

[149] Ebd., 122.

[150] Vgl. dazu den Essay *Human Immortality*, in: *The Will to Believe/Human Immortality* (both books bound as one), op. cit., bes. 2: »Immortality is one of the great spiritual needs of man.«

[151] Feuerbachs Schrift *Das Wesen des Christentums* ist das prominenteste Exempel einer *sinnverstehenden* Religionskritik. Vgl. dazu unten, 3.2.1. – Besonders ergiebig schiene mir auch eine Konfrontation der Ingersoll-Lectures über *Human Immortality* mit Feuerbachs früher Schrift *Gedanken über Tod und Unsterblichkeit*, die eine schneidende Kritik des Unsterblichkeitsglaubens aus – noch – religiöser Perspektive enthält.

[152] Unter diesem letzten Gesichtspunkt können Prädestinationslehren vor dem pragmatischen Sinnkriterium nicht bestehen. So ist der Calvinismus nach James eine irrationale Lehre, weil er außerstande ist, unserem aktiven Einsatz für das persönliche Heil und das Gelingen des evolutiven Prozesses genügend Schubkraft zu verleihen (vgl. *Reflex Action and Theism*, op. cit., 126).

engeren Sinn intersubjektiven, als Ausdruck eines personalen Verhältnisses zur Wirklichkeit verstanden werden können. Genau dies soll der Theismus leisten: »At a single stroke, it changes the dead blank *it* of the world into a living *thou*, with whom the whole man may have dealings. (…) Our volitional nature must then, until the end of time, exert a constant pressure upon the other departments of the mind to induce them to function to theistic conclusions. No contrary formulas can be more than provisionally held.«[153] Agnostizismus und Materialismus können nach James keine universelle Anerkennung finden, weil sie irrational sind – irrational in dem pragmatischen Sinn, daß sie ein zentrales Bedürfnisses des Willens unberücksichtigt lassen: das Verlangen, sich als handelnde Person im Einklang mit dem Universum zu wissen. Eine theistische Wirklichkeitsdeutung, so läßt sich sein Gedankengang resümieren, stellt unserer *vita activa* das optimale Stimulans bereit und setzt sich kraft ihrer überlegenen praktischen Rationalität im Kampf der Weltanschauungen gegen ihre Konkurrentinnen durch. Gott ist der natürliche Gegenstand des menschlichen Geistes, sein letztes ›Woraufhin‹ (›ultimate object‹), weil er für unsere »active powers« das einzige »proper object on which to vent their energy«[154] darstellt. Theismus und Rationalität sind deckungsgleich, weil allein der Theismus unseren mächtigsten Impulsen Schubkraft verleiht. Der Begriff Gottes ergibt sich als Antwort auf die Frage danach, welche Grundstruktur der Wirklichkeit dem freien Einsatz aller humanen Kräfte zur Gestaltung eben dieser Wirklichkeit am besten entgegenkäme.

Ungeachtet ihrer pragmatistischen Prämissen ist die Fragestellung von *Reflex Action and Theism* extrem artifiziell und abstrakt. James konzentriert sich auf einen einzigen Faktor – die motivationale Wirksamkeit von Religion, mit der ihre ›fruits for life‹ identifiziert werden – und sieht von den konkreten Mechanismen religiöser Überzeugungsbildung völlig ab. Dabei geht er davon aus, daß Religionen einem evolutionären Selektionsprozeß unterliegen, dessen primäres Kriterium ihre motivationale Tauglichkeit liefert.[155] Mit solchen Vereinfachungen ließe sich freilich die Religionsgeschichte nicht einmal

153 *Reflex Action and Theism*, op. cit., 127.

154 Ebd., 126 f.

155 Vgl. ebd., 126: »Well, just as within the limits of theism some kinds are surviving others by reason of their greater practical rationality, so theism itself, by reason of its practical rationality, is certain to survive all lower creeds.« James plausibilisiert seine Prognose dadurch, daß er in die Kennzeichnung der mit dem Theismus konkurrierenden

ihren gröbsten Zügen nach rekonstruieren; epochale Veränderungen wie etwa der Prozeß der neuzeitlichen Säkularisierung sprechen gegen James' Konstruktion eines notwendigen internen Zusammenhangs zwischen theistischen Überzeugungen und aktiver Wirklichkeitsgestaltung. Die Abstraktheit des Motivationsargumentes raubt ihm alle Trennschärfe, denn konkret sind es allein die differenzierten, geschichtlich variablen, von Fall zu Fall mühsam zu rekonstruierenden Konstellationen des ›objekten Geistes‹, in denen sich entscheidet, welchen religiösen oder religionskritischen Schlußfolgerungen aus je spezifischen affektiven und willensmäßigen Bedürfnissen gezogen werden. Eine globale Argumentation, die sich auf invariante Zusammenhänge beruft, kann nicht verständlich machen, warum es beispielsweise theistische (G. Marcel) und atheistische (J.-P. Sartre) Varianten jener Philosophie der Existenz gibt, die in unserem Jahrhundert am deutlichsten die Unersetzbarkeit des persönlichen Handelns betont hat.

Es kommt hinzu, daß auch im Rahmen der Jamesschen Fragestellung die spezifische Überlegenheit des Theismus nicht plausibel gemacht werden kann. Hier ist vor allem an zwei Einwände zu denken: *zum einen* läßt seine Argumentation im Dunkeln, warum die Erfordernisse unserer »volitional nature« allein durch den Glauben an *eine einzige* göttliche Kraft, *ein* göttliches Du befriedigt werden können. In *Reflex Action and Theism* identifiziert James Theismus und Monotheismus, ohne daß dies aus den motivationspsychologischen Prämissen seines Gedankenganges zu schließen wäre. Im Gegenteil: die Pluralität und Diversität der empirischen Subjekte scheint eher eine korrespondierende Vielfalt religiöser Entitäten nahezulegen. Diese Konsequenz hat der späte James auch in der Tat gezogen und seine polytheistischen Sympathien offen einbekannt – eine singuläre Erscheinung in der Geschichte des modernen Denkens. Darauf hat A. Funkenstein aufmerksam gemacht: »The empirical grounding of such a polytheism«, erläutert er, »consists precisely in that its divinity is an extension, or projection, of the self; since there are many selfes, it benefits them to have many deities adjusted to their various tempers.«[156] Eine *spezifische* innere Affinität etwa zwischen den monotheistischen Überzeugungen der Offen-

---

Überzeugungssysteme eine Bewertung (»lower creeds«) hineinbringt, die ihre Inferiorität schon begrifflich sicherstellt.

156 *A. Funkenstein, The Polytheism of William James,* op. cit., 104f.

barungsreligionen und den motivationalen Voraussetzungen einer aktiven Lebensführung ist also nicht zu erweisen.

Zum anderen besteht eine unverkennbare Spannung zwischen der von James aufgezeigten praktischen Rationalität des Glaubens und einer der traditionellen Eigenschaften Gottes, nämlich seiner *Allmacht*. James führt den Gottesbegriff im Zuge einer ›transzendentalpsychologischen‹ Frage ein: was müssen wir glauben, um handeln zu können? »The whole array of active forces of our nature stands waiting, impatient for the word which shall tell them how to discharge themselves most deeply and worthily upon life.«[157] Dieses Wort ist der theistische Glaube an einen persönlichen Gott, der den subjektiven Handlungssinn der Individuen in eine kosmisch-teleologische Perspektive einbettet. Wenn dieser Gott jedoch als allmächtig verstanden werden muß, dann scheint dem menschlichen Handeln seine Bedeutung und Unersetzbarkeit genommen zu werden. Damit stellt sich das traditionelle Problem der Vereinbarkeit von göttlicher Allmacht (und Allwissenheit) und menschlicher Freiheit. James hat sich später auch hier konsequent gegen die Orthodoxie entschieden. Das Göttliche ist mächtig, kann aber nicht *all*mächtig sein. Die Schriften nach 1900 zeichnen das Bild eines offenen Weltprozesses, in dem göttliche und menschliche Kräfte in ein synergetisches Verhältnis treten. Mit orthodoxem Theismus haben solche Anschauungen nur noch wenig gemein. In der frühen Schrift *Reflex Action and Theism* glaubte James zwar noch, seine pragmatisch-motivationspsychologische Argumentation in den Dienst einer Apologie traditionellen Glaubens stellen zu können. Doch ist die Art und Weise, in der er sich auf die Seite des Theismus schlägt, kaum dazu angetan, bei dessen gläubigen Vertretern Zustimmung hervorzurufen. Schließlich sind es zentrale Traditionsbestände der (christlichen) Religion, die im Verlauf ihrer philosophischen Begründung nach pragmatischen Kriterien[158] als unverdauliche Reste wieder ausgeschieden werden.

---

[157] *W. James, Reflex Action and Theism*, op. cit., 126.

[158] In diesem Abschnitt habe ich das Prädikat »pragmatisch« (auch »pragmatistisch« etc.) zur Kennzeichnung der Arbeiten verwendet, die James in dem Sammelband *The Will to Believe* zusammengefaßt hat. Obwohl James den Begriff zum erstenmal 1898 in dem Vortrag *Philosophical Conceptions and Practical Results* gebraucht,scheint mir dieser Sprachgebrauch unproblematisch, solange man ihn nicht zu eng terminologisch auffaßt. James hat bereits in den *Principles* ausgiebigen Gebrauch von der – lediglich noch nicht so genannten – pragmatischen Methode gemacht und ist kein bloßer Epigone

In den *Pragmatismus*-Vorlesungen von 1906/07, seiner bekanntesten Publikation, faßt James die religionstheoretischen Motive der früheren Arbeiten zusammen und entfaltet ihren Zusammenhang mit den methodischen Grundannahmen des Pragmatismus. Die technischen Details dieser Position bleiben zugunsten einer globalen Darstellung der erstrebten Denkungsart im Hintergrund. James konzentriert sich, ganz im Sinne des lebensphilosophischen Impulses, auf die innere Verbindung von philosophischen Überzeugungen mit affektiven Dispositionen und willentlichen Attitüden. Der Begriff der Philosophie hat dementsprechend in seiner Vorlesung keine terminologisch enge Bedeutung, sondern bezeichnet die – zumeist implizite – Grundhaltung eines Individuums gegenüber der Realität, »our more or less dumb sense of what life honestly and deeply means.«[159] Für James' Auffassung des Pragmatismus kommt der Binnenperspektive konkreter Subjekte ein *normativer Vorrang* gegenüber den Forderungen objektiver Wissenschaftlichkeit zu. Nicht, daß James mit der Möglichkeit eines unschlichtbaren Konfliktes zwischen dem persönlichen Blick ›von innen‹ und dem wissenschaftlichen ›view from nowhere‹ (Th. Nagel) gerechnet hätte – dazu erscheint ihm die wissenschaftliche Forschung noch viel zu sehr als eine Verlängerung alltäglicher Weltorientierung –; entscheidend ist aber, daß seine pragmatistischen Erfolgskriterien weniger am wissenschaftlichen Experiment als an den Sinn- und Orientierungsbedürfnissen von Individuen ihr Maß nehmen. Diese Einstellung, die James von dem latenten Szientifismus Peirce' unterscheidet, bestimmt seine Exposition der pragmatischen Denkungsart und zumal seine Bewertung religiöser Überzeugungen. Das Medium ihrer Rechtfertigung ist – um eine terminologisch anachronistische, sachlich aber angemessene Formel zu wählen – die *Lebenswelt* in ihrer spezifischen, praktischen Rationalität. Gibt es *lebensweltliche* Kriterien, deren Erfülltsein als eine pragmatische Verifizierung religiösen Glaubens aufgefaßt werden könnte?

Die bejahende Antwort auf diese Frage knüpft James an eine

der Ideen von Peirce, dessen Artikel *The Fixation of a Belief* und *How to Make Our Ideas Clear* von 1877/78 als »Geburtsurkunde des Pragmatismus« (*E. Martens, Einleitung* zu: Pragmatismus, op. cit., 12) gelten. – Zur Entstehungsgeschichte des Pragmatismus und speziell zur Verwendung des Terminus bei James vgl. *Klaus Oehler, Der Pragmatismus des William James,* in: *ders., Sachen und Zeichen.* Zur Philosophie des Pragmatismus, Frankfurt 1995, 34–57.

[159] *W. James, Pragmatism,* op. cit., 7.

Konzeption des pragmatischen Denkens, die dieses als Vermittlung zwischen zwei konträren psychischen Grunddispositionen präsentiert. Den Gegensatz zwischen den epistemologischen Positionen des Empirismus und des Rationalismus deutet er als Ausdruck tieferliegender Temperamentunterschiede zwischen den »Tender-minded« und den »Tough-Minded«[160]. Während erstere einer intellektualistischen, rationalistischen, idealistischen, optimistischen, religiösen, die Willensfreiheit betonenden, monistischen und dogmatischen Einstellung zuneigen sollen, schreiben letztere nach James den Empirismus, Sensualismus, Materialismus, Pessimismus, Fatalismus, Pluralismus, Skeptizismus und die Irreligiosität auf ihre Fahnen. Diese disjunktive Liste von affektiv determinierten -Ismen wirkt krude und teilweise willkürlich[161] (Warum soll tender-mindedness mit Optimismus, tough-mindedness mit Pessimismus korreliert sein und nicht gerade umgekehrt?), zumal dann, wenn man sie mit den ungleich differenzierteren Ausführungen der Weltanschauungslehre Diltheys vergleicht, die ebenfalls Grundtypen affektiv-kognitiv-voluntativer Gesamtorientierung zu klassifizieren sucht. James will jedoch mit seinem Schema nicht suggerieren, die sachlichen Differenzen zwischen den genannten Positionen ließen sich auf affektive Präferenzmuster reduzieren. Vielmehr zielt seine Gedankenführung darauf ab, das pragmatische Bedeutungskriterium als ein Verfahren zu offerieren, das starre Gegensätze aller Art verflüssigen kann, indem es überprüfbar macht, in welchem Sinn überhaupt im konkreten Fall von Gegensätzen gesprochen werden kann. Die ›nothing-but‹-Attitüde des reduktiven Materialismus soll ebenso pragmatischer Evaluierung zugänglich gemacht werden wie die idealistischen Höhenflüge der englischen Hegelschule. Als ein »mediating way of thinking«[162] verheißt der Pragmatismus die Überwindung festgefahrener Gegensätze im Bereich von Epistemologie, Religionsphilosophie und Metaphysik: »The pragmatic method is primarily a method of settling metaphysical disputes that otherwise might be interminable.«[163] Herbeigeführt werden soll die Entscheidung durch Interpre-

[160] Ebd., 10.

[161] James hat diesen Einwand vorausgesehen (»Tender-minded and tough-minded, what a barbaric disjunction!« [ebd., 18]) und seine Berechtigung teilweise eingestanden (»The picture I have given is indeed monstrously over-simplified and rude.« [ebd., 19]), insistiert aber auf dem prinzipiellen Recht der Einsicht in die affektiven und willentlichen Determinanten philosophischer Theoriebildung.

[162] Ebd., 21.

tation der kontroversen Begriffe »by tracing its respective practical consequences.«[164]

Obwohl James sich explizit und zustimmend auf Peirce bezieht, weicht seine eigene Formulierung der pragmatischen Maxime erheblich von dessen ursprünglicher Version ab – ihr fehlt vor allem, was K. O. Apel den »normativen Idealcharakter«[165] der Peirceschen Grundregel genannt hat. »To attain perfect clearness in our thoughts of an object, then«, so schreibt James, »we need only consider what conceivable effects of a practical kind the object may involve – what sensations we are to expect from it, and what reactions we must prepare. Our conception of these effects, whether immediate or remote, is then for us the whole of our conception of the object, so far as that conception has positive significance at all.«[166] Der pragmatische Bedeutungstest besteht demnach darin, daß Begriffe auf durch sie mögliche Sinneswahrnehmungen oder von ihnen veranlaßte mögliche Handlungen bezogen werden. James formuliert eine empirizistische Version der pragmatischen Maxime, die den Verifikationsprozeß von Bedeutungen in unmittelbaren, instantanen Realitätsbegegnungen terminieren läßt. Wie Peirce deutlich gesehen hat, geht es James um eine kontrollierbare Zurückführung begrifflicher Allgemeinheit auf empirische Besonderheit. »My point is that the meaning of a *concept* … lies in the manner in which it could *conceivably* modify purposive action, and in *this alone*. James, on the contrary, whose natural turn of mind is away from generals … in defining pragmatism, speaks of it as refering ideas to *experiences*, meaning evidently the sensational side of experience, while I regard *concepts* as affairs of habit or disposition, and of how we should react.«[167] Der Hinweis von Peirce verdeutlicht, daß James den pragmatischen Bedeutungstest mit der *Möglichkeit* – nicht mit dem faktischen Gelungensein – direkter empirischer Verifikation identifiziert. James' Variante der pragmatischen Maxime knüpft auch die Bedeutsamkeit religiöser Vorstellungen an solche empirischen Konsequenzen.

---

[163] Ebd., 25.
[164] Ebd., 26.
[165] *K. O. Apel, Der Denkweg von Charles S. Peirce.* Eine Einführung in den amerikanischen Pragmatismus, Frankfurt 1975, 120.
[166] *W. James, Pragmatism,* op. cit., 26.
[167] *Ch. Ladd-Franklin, Charles S. Peirce at The John Hopkins,* in: Journal of Philosophy and Scientific Methods 12 (1916), 718 (Brief von Peirce an die Autorin), zit. bei: *K. Oehler, Der Pragmatismus des William James,* op. cit., 44 f. (Kürzungen von Oehler).

Alles hängt nun aber an der genauen Bestimmung letzterer, die schließlich nicht nur über Sinn und Sinnlosigkeit von Glaubensüberzeugungen entscheiden sollen, sondern auch über deren *Wahrheit*. In James' Formulierung des Pragmatismus fallen Wahrheit und Bedeutsamkeit zusammen, denn dieselben Kriterien, die einen Begriff als praktisch bedeutsam ausweisen, verbürgen auch dessen Wahrheit. Wahr ist das, was zu glauben für uns gut ist.[168] Daher gilt: »*If theological ideas prove to have a value for concrete life, they will be true, for pragmatism, in the sense of being good for so much. For how much more they are true, will depend entirely on their relations to the other truths that also have to be acknowledged.*«[169] Begriffe werden durch ihren konkreten Lebenswert verifiziert, unterliegen aber gleichzeitig dem Kriterium gelingender Integration in den Gesamtzusammenhang des bewußten Lebens.[170]

James unterscheidet in seiner pragmatischen Maxime zwei Formen, in denen sich die empirischen, realen Konsequenzen eines Begriffs ausdrücken können: »sensations« und »reactions«. Diese beiden Formen gehen auch in das Sinnkriterium ein, dem die philosophische Debatte zwischen Materialismus und Theismus unterworfen werden soll. Der Streit dieser Positionen werde »quite idle and insignificant … if no future detail of experience or conduct is to be deduced from our hypothesis«[171]. In *Pragmatism* zieht James durchgängig die Dualität sensations/experience – reactions/conduct heran, um die vage Formel von den ›fruits for life‹ zu konkretisieren. Beide Glieder des Begriffspaares werden im nämlichen Sinn verwen-

---

[168] Vgl. *W. James, Pragmatism,* op. cit., 37: »*The true is the name of whatever proves itself to be good in the way of belief* … ›What would be better for us to believe‹! This sounds very like a definition of truth. It comes very near to saying ›what we *ought* to believe… and in *that* definition none of you would find any oddity.« (Kursiv im Original) – Der letzte Satz zeigt, daß James' Begriff der Wahrheit sehr wohl eine normative Komponente beinhaltet. Wahrheit ist kein Produkt individueller Wünschbarkeiten, sondern Korrelat einer optimalen Verwirklichung des Humanums.

[169] Ebd., 36 (Kursiv im Original).

[170] Diese beiden Aspekte lassen sich auch bei *Dilthey* finden. Im unmittelbaren Gewahrsein werde ich der Sache selbst in ihrer phänomenalen Realität inne (direkte Verifizierung), durch Einordung in die Totalität des Bewußtseinszusammenhangs bzw. des objektiven Geistes mache ich mir einen Erlebnisausdruck verständlich (Kontextkriterium). Allerdings ist Dilthey durch seine hermeneutische Einsicht in die Universalität symbolischer Vermittlung später dazu bewogen worden, die Idee einer direkten und unmittelbaren Erkenntnis aufzugeben.

[171] Ebd., 48.

det, um mögliche, reale Konsequenzen von Überzeugungen zu bezeichnen. Damit suggeriert James eine Vergleichbarkeit beider Fälle, die ihre prinzipielle Differenz verdeckt. Die Ambiguität seiner Formel von den praktischen Effekten einer Überzeugung erneuert jene fatale Konfusion, auf die ich oben anläßlich des Aufsatzes *Reflex Action and Theism* bereits hingewiesen hatte. Dort hatte James die empirisch-praktischen und die motivationalen Konsequenzen von Überzeugungen auf der selben Ebene behandelt und dabei übersehen, daß Konsequenzen der letzteren Art schon von *intentionalen* Objekten hervorgerufen werden können, während erstere das Vorhandensein *realer* Objekte voraussetzen. Hilary Putnam hat kürzlich auf James' Unterscheidung zwischen den ›intentionalen‹ Eigenschaften mentaler und den ›adjektivischen‹ Eigenschaften realer Objekte aufmerksam gemacht.[172] Motivationale Konsequenzen einer Überzeugung werden nun bereits von den intentionalen Eigenschaften ihrer Objekte verursacht und verraten deshalb nicht das mindeste über deren ›adjektivisches‹ Bestehen oder Nichtbestehen. Die Furcht vor einem strafenden Gott beispielsweise wirkt unabhängig davon verhaltensformend, ob ein Wesen mit den entsprechenden Eigenschaften auch tatsächlich existiert.

Die Formulierung »future detail of experience or conduct« in *Pragmatism* ist von vergleichbarer Unklarheit. Daß nämlich eine bestimmte Überzeugung zu einer bestimmten (sinnlich-perzeptiven) Erfahrung führen soll, beinhaltet die Idee einer Konfrontation des Erfahrungssubjektes mit der von ihm unabhängigen Realität. (Ob es unter der Voraussetzung dieser Idee dann möglich ist, daß Perzeptionen Begriffe direkt verifizieren, ist eine andere Frage.) Wenn aber eine Überzeugung Konsequenzen lediglich für das *Verhalten* des Überzeugungsinhabers hat, findet gar keine direkte Konfrontation mit externer Realität statt. Im ersten Fall soll »Glauben, daß *p*« zu einer direkten Wahrnehmung – im einfachsten Fall der Wahrnehmung von *p* – führen. Im zweiten Fall führt »Glauben, daß *p*« zu einem Verhalten, das ohne diesen Glauben nicht möglich gewesen wäre. Der für die Verhaltensänderung notwendige *und* hinreichende Sachverhalt ist »Glauben, daß *p*«, nicht etwa »*p*«. Wenn man das Modell direkter Verifikation akzeptiert, dann besteht ein wahrheitsverbürgender Zusammenhang zwischen dem intentionalen und dem

---

172 Vgl. *H. Putnam, James's Theory of Perception,* in: *Realism with a Human Face,* op. cit., 240f.

realen Objekt *p*. Zwischen dem intentionalen Objekt *p* und den Verhaltenskonsequenzen des Glaubens an *p* besteht aber kein vergleichbarer Zusammenhang, der die Wahrheit dieses Glaubens verbürgen könnte. Mein Glaube an Gott kann mich zwar nur dann zu einer direkten Wahrnehmung Gottes führen – gesetzt, eine solche sei möglich –, wenn es Gott tatsächlich gibt. Die wirkliche Existenz des Glaubensgegenstandes ist jedoch auf der anderen Seite gar nicht erforderlich, um reale Konsequenzen für mein Handeln hervorzubringen. Dazu reicht es aus, daß ich wirklich an ihn glaube. Die Formulierungen, in denen James sein konsequentialistisches Kriterium expliziert, verdanken ihre Suggestivität zu einem erheblichen Teil der Mißachtung dieser kategorialen Differenz. So stellt er es beispielsweise in den *Varieties* als Aufgabe der Religionstheorie dar, den folgenden »instinctive belief of mankind« in eine begriffliche Sprache zu übersetzen: »God is real since he produces real effects.«[173] Statt die Ambiguitäten des präreflexiven religiösen Bewußtseins einfachhin zu übernehmen, stünde Theorie hier wohl eher vor der Aufgabe, zwischen der Realität Gottes und der Realität des Glaubens an ihn in angemessener Weise zu unterscheiden.[174]

Unter dem weiten Mantel des Fundamentalbegriffs ›reale Konsequenzen‹ verbergen sich demnach zwei grundlegend verschiedene Sachverhalte: nämlich einerseits die perzeptiv-erfahrungsmäßige Bestätigung einer Vorstellung (»what sensations we are to expect from it«), andererseits ihre Fähigkeit, Handlungen auszulösen und zu modifizieren (»what reactions we must prepare«). Die Subsumption beider Sachverhalte unter das pragmatistische Konsequenzkriterium suggeriert, daß auch im zweiten Fall die Idee einer direkten Konfrontation von Begriffen mit subjektunabhängiger Realität Anwendung finden kann, was aber nicht zutrifft. Dementsprechend sind von Fall zu Fall auch die Anforderungen sehr unterschiedlich, denen die zu testenden Überzeugungen genügen müssen. Das Kriterium

[173] *W. James, The Varieties of Religious Experience*, op. cit., 461.

[174] Welche Verwirrung hinsichtlich des Wahrheitsbegriffs entsteht, wenn diese Differenzierung unterbleibt, läßt sich an *J. S. Bixlers* Behandlung des Konsequenzkriteriums zeigen. Vgl. *ders., Religon in the Philosophy of William James*, op. cit., 211: »A necessary requirement for the ›working‹ which for pragmatism constitutes the truth of a religious belief is a transcendent *reference*, a pointing to a transcendent realm on the part of that belief itself. No consequences will flow from the belief unless the believer himself is convinced of the reality of its object. (…) Religious pragmatism cannot deny the ontological reference …«

perzeptiver Konsequenzen ist ›hart‹ und restriktiv, das Kriterium der Handlungskonsequenzen ›weich‹ und permissiv. Darauf hat Arthur O. Lovejoy schon 1908 hingewiesen. Er vertrat die Ansicht, »that James's doctrine of meaning involves a radical ambiguity in that James sometimes interprets ›effects of a practical kind‹ as (a) sensible consequenzes of the proposition itself, whether believed or not, and sometimes as (b) ›future experiences which will occur *only upon condition that the proposition be believed*‹. According to Lovejoy, not two doctrines could be more dissimilar. Interpreted in sense (a), for instance, James's pragmatic maxim ›very narrowly‹ limits the range of meaningful propositions. When used in sense (b), however, the criterion is ›the mildest of truisms‹, since it is then so ›blandly catholic, tolerant and inclusive a doctrine that it can deny real meaning to no proposition whatever which any human being has ever cared enough about to believe.‹«[175] Hinzuzufügen wäre, daß James für sein empirizistisches Selbstverständnis gänzlich auf (a) angewiesen ist. Indem er jedoch (b) ebenso an (a) assimiliert wie Handlungskonsequenzen an perzeptive Erfahrung, sucht er die empiristische Nähe zu den Fakten auch auf motivationale Sachverhalte zu übertragen. So wird verdeckt, in welchem Ausmaß der religionstheoretische Gebrauch der pragmatischen Maxime sich von ihrer Verwendung im Kontext einer empiristischen Epistemologie der Perzepte unterscheidet.

Die lebensweltlichen Kriterien für die Bedeutsamkeit und Wahrheit des Glaubens, nach denen James in *Pragmatism* sucht, bleiben in dieser entscheidenden Hinsicht unterbestimmt. Dem Gottesbegriff wird eine »practical superiority«[176] zugesprochen, die in seiner Affinität zu den tiefsten menschlichen Bedürfnissen gründet. Gott verbürgt die Existenz einer moralischen Weltordnung und mit ihr den Ernst des menschlichen Einsatzes für eine bessere Welt.[177] Damit dieser Einsatz ein realer bleibt, darf Gott nicht als allmächtig vorgestellt werden. Der Weltprozeß ist weder zum Guten (Optimismus) noch zum Schlechten (Pessimismus) hin entschieden, sondern

---

[175] *R. G. Meyers, Meaning and Metaphysics in James,* in: *William James. Pragmatism in Focus,* ed. by *Doris Dolin,* London/New York: Routledge 1992, 144. Die Lovejoy-Zitate sind entnommen aus: *ders., The thirteen pragmatisms,* in: The Journal of Philosophy 5 (1908), 8 f.
[176] *W. James, Pragmatism,* op. cit.,51.
[177] Vgl. ebd., 51.

offen zum Besseren hin *(Meliorismus)*[178]. Gott wirkt nicht alleine, sondern handelt als »but one helper, *primus inter pares*, in the midst of all the shapers of the great world's fate«[179]. Der so skizzierte Gottesbegriff soll sich als eine ›working hypothesis‹ qualifizieren. Auf diese wird dann die konditionale Voraussetzung angewandt: »On pragmatistic principles, if the hypothesis of God works satisfactorily in the widest sense of the word, it is true.« Verbunden mit der empirischen Behauptung »experience shows that it certainly does work«[180] ergibt sich daraus die Rationalität, Sinnhaftigkeit und Wahrheit des Gottesglaubens.

Hat James mit seiner Darstellung der religiösen Lebenshaltung tatsächlich den pragmatischen Kern konkreter Religiosität getroffen? Stellenweise wirken seine Ausführungen im letzten Kapitel von *Pragmatism* sehr gesucht. Die ›working hypothesis‹ des Glaubens an Gott präsentiert sich nicht als Resultat einer pragmatisch inspirierten Rekonstruktion empirisch nachweisbarer Glaubensüberzeugungen und -Praktiken, sie ist *konstruiert* – eine künstliche Antwort auf die künstliche Frage: »Was müßten wir glauben, um die moralisch-aktiven Kräfte in uns optimal zur Geltung bringen zu können?« Die Inkongruenz der Jamesschen Konstruktion mit faktischer Religiosität zeigt sich besonders deutlich in jenen Formulierungen, in denen Gott als *»primus inter pares«*, als eine Art mächtiger Verbündeter unseres moralischen Kampfes vorgestellt wird. Wenn aber der Zusammenhang der pragmatistischen Gotteshypothese mit konkreten Glaubensinhalten zumindest problematisch ist, wie soll dann die Erfahrung *gelebten* Glaubens die Hypothese des *konstruierten* Glaubens bestätigen können?

Der hier vorgetragene Einwand ist zwar schwerwiegend, aber nicht prinzipiell. Es wäre vielleicht möglich, die monierte Inkongruenz durch ein stärker rekonstruktives Vorgehen, durch methodische und sachliche Anleihen bei den Religionswissenschaften usw. zu beseitigen. Das prinzipielle Problem pragmatistischer Begründungsverfahren für religiöse Überzeugungen verbirgt sich im Konzept der Bestätigung durch Erfahrung. Was bedeutet es genau, zu sagen, daß die Hypothese des Gottesglaubens durch ihre praktischen Konsequenzen in der Erfahrung bewahrheitet werden kann? Wie ich ge-

---

178 Vgl. ebd., 128.
179 Ebd., 133.
180 Ebd.

zeigt habe, ist diese Redeweise hochgradig unklar und ambivalent, weil sie perzeptive und motivationale Konsequenzen konfundiert. In *Pragmatism* schlägt James als empirisches Kriterium die Folgen für das Handeln vor, die es hat, eine Überzeugung zu haben: Wenn ich an Gott glaube, werde ich *deshalb* im moralischen Kampf nicht verzweifeln, mich mit ganzer Kraft für das Gute einsetzen können, mit der nötigen Gelassenheit meine Grenzen anerkennen, meinem Tod mit Zuversicht entgegensehen und ähnliches mehr. In diesem Sinn verstanden, sagen praktische Konsequenzen jedoch nichts über Wahrheit oder Falschheit jener Überzeugungen aus, die als dem Handeln zugrundeliegend unterstellt werden.[181] Die ›fruits for life‹ des Glaubens an eine transzendente Realität stellen noch kein Wahrheitsargument dar. Wenn sie geltend gemacht würden, müßte zunächst ausgeschlossen werden, daß die handlungsleitenden Maßstäbe, die der Gläubige aus seinen Glauben gewinnt, nicht auch auf eine andere Weise – etwa durch eine agnostisch-humanistische Einstellung – zu erlangen wären. Und selbst wenn dieser Nachweis gelänge, wäre damit ›nur‹ gezeigt, daß Gott ein intentionales Objekt des menschlichen Bewußtseins ist, das moralisch-praktisch nicht entbehrt werden kann. Die Religionsphilosophie fände sich dann dort wieder, wo sie in der Moderne recht eigentlich begonnen hat: bei Kant und seinen Postulaten der praktischen Vernunft.[182]

Die pragmatische Maxime ist, wenigstens soweit sie sich am Begriff der Konsequenzen einer Überzeugung für das Verhalten ihres Inhabers orientiert, zur Überprüfung der Geltungsansprüche religiö-

[181] Die Formulierung ist in voller Absicht so umständlich gewählt. Denn selbst dann, wenn Handlungen die Wahrheit der sie motivierenden Überzeugungen verbürgen könnten, wäre es keineswegs selbstverständlich, daß eine bestimmte Handlungsweise *tatsächlich* Resultat jener Überzeugung sein müßte, die sie nach Meinung des Handelnden verursacht hat. Wirkliche und vermeintliche Motive können divergieren, wie die vielfältigen Möglichkeiten der Selbsttäuschung belegen.

[182] Da James sich allem Anschein nach über die innere Spannung zwischen dem empiristisch-perzeptiven und dem pragmatistisch-konsequentialistischen Realitätskriterium niemals klar geworden ist, hat er diese sachliche Nähe nicht erkannt. In den *Varieties* findet sich eine Passage, in der Kant wegen seiner scharfen Unterscheidung zwischen dem Begriff Gottes als Gegenstand – unmöglicher – perzeptiver Erkenntnis und als praktisches Ideal kritisiert wird. Kants praktischer Vernunftglaube ohne epistemisches Objekt erscheint als »particularly uncouth part of his philosophy« (*The Varieties of Religious Experience*, op. cit., 57). Hätte James jedoch bemerkt, daß direkte Wahrnehmung und moralisch wünschenswerte Konsequenzen sich nicht wechselseitig stützen können, weil letztere gar keine realen Objekte einer Vorstellung voraussetzen, dann hätte er den Postulaten der praktischen Vernunft sicherlich mehr Respekt erwiesen.

sen Glaubens ungeeignet. Wie steht es aber mit der zweiten Komponente des Konsequenzkriteriums, den empirisch-perzeptiven Folgen eines Begriffs? James hat diesen Aspekt des Pragmatismus nach dem Erfahrungskonzept seines radikalen Empirismus modelliert: Begriffe und Vorstellungen (»concepts«) stellen sich aus dieser Perspektive als Handlungsanweisungen dar, deren Sinn völlig darin aufgeht, direkte Wahrnehmungen (»percepts«) zu ermöglichen, in denen die Sache selbst mit ihren Gegebensein für das Erfahrungssubjekt koinzidiert. In *Pragmatism* konzentriert sich James völlig auf die verhaltensmäßigen Konsequenzen des Glaubens.[183] Die *Varieties of Religious Experience* sind dagegen sehr viel stärker dem Gedanken direkter Verifikation verpflichtet. Kann der empiristische Ansatz jene philosophische Rechtfertigung religiöser Geltungsansprüche übernehmen, die der pragmatische Ansatz beim Verhalten nicht zu leisten vermochte? Um diese Frage geht es im folgenden Abschnitt.

2.4. Die empirizistische Rechtfertigung religiöser Erfahrung

Im Zuge des pragmatischen Begründungsverfahrens wird der Begriff Gottes – oder allgemeiner der Gedanke einer transzendenten Wirklichkeit – als ein letztes ›Woraufhin‹ unseres tätigen Lebens eingeführt. Gott erscheint nicht als ›the Absolute‹, sondern als ›the Ultimate‹, nicht als Anfang und Ursprung, sondern als Ende und Ziel.[184] Der funktionalistische Argumentationsstil bringt es mit sich, daß James diesen beiden Aspekte des Göttlichen, die in der religiösen Tradition meist als komplementär betrachtet wurden, in ein antagonistisches Verhältnis bringt. Ein an der Idee ursprünglicher Vollendung orientierter Glaube würde nämlich, so stellt es sich ihm dar, den Ernst und Entscheidungscharakter unserer Existenz untergraben, indem er das Heil als schon realisiert darstellen müßte. Bei dem Gedanken eines ausschließlich final, teleologisch, ultimativ und approximativ sich realisierenden Göttlichen kann James jedoch nicht stehen bleiben. Wäre Gott nämlich lediglich in der Gestalt eines re-

---

[183] Mit dem Duktus der handlungstheoretischen Argumentation kaum vermittelt finden sich dann doch gelegentliche Hinweise auf die Bedeutung direkter Erfahrung. Vgl. etwa ebd., 52: »I myself believe that the evidence for God lies primarily in inner personal experiences.«

[184] Vgl. *W. James, Pragmatism*, op. cit., 132: »I can believe in the ideal as an ultimate, not as an origin …«

gulativen, motivationspsychologisch unentbehrlichen Ideals erfahrbar, dann käme die pragmatistische Einstellung nur den aktiven Impulsen der seelisch Robusten (›tough-minded‹) entgegen, könnte aber jene sensibler veranlagten (›tender-minded‹) religiösen Menschen nur abschrecken, denen an einer tröstlichen *Präsenz* Gottes gelegen ist. Der Pragmatismus wäre somit keine vermittelnde, sondern eine höchst einseitige Denkungsart.

Was hier im Hinblick auf die etwas krude Charaktertypologie James' formuliert ist, läßt sich genauso auch als epistemologische Kluft zwischen den pragmatistisch-futurischen und den empiristisch-präsentischen Zügen seines philosophischen Denkens darstellen. Indem James das pragmatische Sinnkriterium der Handlungsrelevanz (›reactions‹) durch die empiristische Kategorie perzeptiver Relevanz (›sensations‹) ergänzt, sucht er beide Aspekte aufeinander zu beziehen. Dies gelingt jedoch, zumal in religionstheoretischer Hinsicht, nur sehr ungenügend, weil die beiden Kriterien zu stark divergieren. Im Verbund können sie nur bei der Anwendung auf Konkreta wirksam werden, denn das zweite, empiristische Kriterium vermag abstrakte Terme gar nicht zu erfassen. Als neutrales Beispiel mag der von Marx ins Zentrum seiner Analysen gerückte Begriff der ›kapitalistischen Produktionsweise‹ dienen. Das erste pragmatische Sinnkriterium, die Handlungsrelevanz, wird er ohne weiteres erfüllen, wie die politische Geschichte der letzten einhundertfünfzig Jahre zur Genüge illustriert. Am Perzeptionskriterium müßte er aber zwangsläufig scheitern, denn niemand hat jemals eine direkte Wahrnehmung von der kapitalistischen Produktionsweise als solcher gehabt. Nun besteht die Pointe der Jameschen Position gerade in der *Verbindung* dieser beiden Kriterien, die den Pragmatismus erst zu seiner Vermittlungsrolle qualifizieren soll. Deutet man die pragmatistischen Schriften gar im Lichte der *Essays on Radical Empiricism*, so schiebt sich der Gedanke eines perzeptiven Sinnkriteriums vollends in den Vordergrund. »Pragmatism relies«, so formuliert es Julius S. Bixler, »for the completion of its process of verification on a perceptual experience, an experience of immediacy, a face-to-face presentation.«[185] Motivationale Konsequenzen einer Überzeugung erscheinen dann als sekundär gegenüber direkter Wahrnehmung, wodurch sich eine folgenschwere Akzentverschiebung ergibt: die praktischen Folgen, die es mit sich bringt, eine bestimmte Überzeu-

---

[185] *J. S. Bixler, Religion in the Philosophy of William James,* op. cit., 179.

gung zu haben, werden dann mit denjenigen Operationen identifiziert, durch die das Überzeugungssubjekt zu einer direkten Wahrnehmung seines intentionalen Objekts geführt wird. In diesem empirizistischen Sinne kommen praktische Konsequenzen der Art, wie James sie selbst im *Will to Believe* und in *Pragmatism* skizziert hat, gar nicht in Frage. Es geht dann nicht so sehr darum, welche moralisch ermutigenden Folgen mein Gottesglaube gehabt haben mag, sondern darum, ob er dazu imstande ist, mich zu einer direkten Wahrnehmung seines Gegenstands zu führen, ob er, als mentales ›concept‹, schließlich in einem unmittelbar präsenten ›percept‹ terminieren kann. Die, traditionell gesprochen, ›guten Werke‹ dienen aus der empiristischen Perspektive einer unentbehrlichen, aber nachgeordneten ethischen Qualifizierung jener religiösen Lebenseinstellung, die sich aus der ›Schau Gottes‹ begründet.

In seinen berühmten, 1902 als Buch veröffentlichten Gifford-Lectures über die *Varieties of Religious Experience* entfaltet James eine solche empiristische Auffassung von Religion, die sich an der Wahrnehmungserfahrung orientiert.[186] Die Schrift gilt als »the most famous of all American treatises on religion«[187] und hat eine außerordentliche Wirkungsgeschichte, vor allem im englischen Sprachraum gehabt. Auch die religionsphilosophische und -phänomenologische Diskussion in den deutschsprachigen Ländern wurde von James nachhaltig beeinflußt. Schon 1907 erschien eine von dem Theologen G. Wobbermin besorgte, freilich sehr tendenziöse und zudem nicht vollständige Übersetzung.[188] Ihre Wirkung stand im Zei-

[186] In James' umfangreicher Schrift kommen zahlreiche Aspekte seines Religionsverständnisses zur Sprache, die mit dem Empirizismus nur mittelbar zusammenhängen: die Theorie des Unterbewußtseins (›subliminal self‹), das Problem der Freiheit, Konversion und Heiligkeit, kosmologische Spekulationen, Panpsychismus, Polytheismus und weiteres. Auch die pragmatistischen Argumentationsfiguren nehmen breiten Raum ein. Ohne die Bedeutung dieser Themen zu verkennen, werde ich mich im folgenden weitestgehend auf den Gesichtspunkt religiöser Wahrnehmungserfahrung konzentrieren. Dieser Ansatz stellt nämlich, neben der schon behandelten pragmatistischen Religionsdeutung, den zweiten innovativen Beitrag James' zur Religionsphilosophie dar.

[187] *J. Pelikan, Introduction,* zu: *William James, The Varieties of Religious Experience,* New York: Vintage Books, 1990, XI.

[188] *Die religiöse Erfahrung in ihrer Mannigfaltigkeit.* Materialien und Studien zu einer Psychologie und Pathologie des religiösen Lebens, Leipzig 1907. *E. Herms* ist es zu verdanken, daß – über siebzig Jahre später – nun auch eine vollständige und genaue deutsche Übersetzung vorliegt: *Die Vielfalt religiöser Erfahrung.* Eine Studie über die menschliche Natur, hrsg. v. E. Herms, Olten/Freiburg 1979.

chen jener ersten Rezeption des Pragmatismus, die der Heidelberger Philosophenkongreß von 1908 ausgelöst hatte. Dilthey weist dann in seinem späten Aufsatz *Das Problem der Religion* (1911) auf die *Varieties* hin und bezeichnet sie als das »bedeutendste Werk ... [der] auf das religiöse Erlebnis gegründeten Forschung« (VI, 293). Wenig später hat Ernst Troeltsch sehr differenziert zu James' Religionsphilosophie Stellung genommen,[189] während Rudolf Otto die Gifford-Lectures nur am Rande und recht pauschal kritisierend erwähnt.[190] Spuren einer mehr oder minder einläßlichen Beschäftigung mit James ließen sich bei den meisten zeitgenössischen Autoren nachweisen. Häufig wurden die *Varieties* jedoch, dem damaligen Rezeptionsstand entsprechend, als eine rein religions*psychologische* Studie aufgefaßt, die keine weitergehenden religionsphilosophischen Ansprüche erhebt.

Dieser Fehleinschätzung hat James selbst Vorschub geleistet, indem er sich die theoretische Einstellung des Psychologen zuschreibt und einen »descriptive survey«[191] religiöser Phänomene als psychischer Tatbestände in Aussicht stellt. Die *Varieties* gelten denn auch in der Forschung unbestritten – zusammen mit den einschlägigen Arbeiten Edwin D. Starbucks und James H. Leubas – als Gründungsdokument der empirischen Religionspsychologie.[192] James insistiert auf dem rein deskriptiv-phänomenologischen Charakter seiner Studie und schlägt eine klare begriffliche Trennung von Beschreibungen und Bewertungen vor: »The question, What are the religious propensities? and the question, What is their philosophic significance? are two entirely different orders of question ...«[193] Mit dieser methodischen Kautele sucht er sich einen ontologisch-geltungstheoretisch entlasteten Bereich neutral beschreibbarer Phänomenqualitäten zu sichern, der eben deshalb auch gegen geltungskritische Einwände immun sein sollte.

Die ontologische Harmlosigkeit der psychologischen Analysen

---

[189] Vgl. *ders., Empirismus und Platonismus in der Religionsphilosophie.* Zur Erinnerung an William James, in: *ders., Zur religiösen Lage, Religionsphilosophie und Ethik* (Gesammelte Schriften II), Tübingen ²1922, 364–385.

[190] Vgl. R. *Otto, Das Heilige,* op. cit., 11.

[191] *W. James, The Varieties of Religious Experience,* op. cit., 12.

[192] Vgl. *H. Zinser,* Art.: *Religionspsychologie,* in: *Handbuch religionswissenschaftlicher Grundbegriffe,* hrsg. v. *H. Cancik, B. Gladigow* u. *M. Laubscher,* Band I, Stuttgart etc. 1988, 88 f.

[193] *W. James, The Varieties of Religious Experience,* op. cit., 13.

läßt sich jedoch nicht halten, wenn man die *Varieties* im Zusammenhang der empiristischen und pragmatistischen Hintergrundüberzeugungen von James deutet. Mit den früheren *Principles of Psychology* vergleichbar, erweist sich seine späte Religionspsychologie als ein philosophisch gesättigter Ansatz, der keineswegs theorieneutral ist, sondern im Gegenteil eine direkte Konsequenz aus den epistemologischen und ontologischen Anschauungen ihres Verfassers darstellt. »Es handelt sich eben James gegenüber«, so muß E. Troeltsch bereits 1912 betonen, »nicht bloß um Religionspsychologie, sondern um die Religionsphilosophie des Psychologismus überhaupt, bei der eines mit dem anderen untrennbar zusammenhängt …«[194] Was Troeltsch hier knapp, aber treffend als ›Psychologismus‹ charakterisiert, läßt sich, nach den beiden Kriterien der pragmatischen Maxime differenziert, präziser fassen: *zum einen* geht das Sinnkriterium der motivationalen Handlungsrelevanz bereits in die *identifizierende Beschreibung* der Phänomene ein. Anders gesagt: ob ein bestimmtes subjektives Phänomen als religiös gewertet und damit der psychologischen Beschreibung zugeführt wird, ist von den Annahmen über seine Folgen für das Verhalten des betreffenden Subjektes nicht unabhängig. Da aber die ›fruits for life‹ nach James für Bedeutung und Wahrheit der Phänomene konstitutiv sind, ist deren Beschreibung nicht mehr geltungstheoretisch neutral, wenn das pragmatistische Kriterium ins Spiel kommt. Die Bewertung präjudiziert also die Kategorien der Beschreibung. Dieser Sachverhalt ist oben schon anläßlich der Diskussion des *Will to Believe* erörtert worden. Dort hatte sich gezeigt, daß James religiöse Phänomene in einer Weise *beschreibt,* die alle Ursprungsmetaphern sorgfältig vermeidet und sich auf die pragmatistisch adaptierbaren Vorstellungen Gottes als Ziel, Woraufhin usw. einschränkt. Noch deutlicher zeigt sich, *zum anderen,* die Untrennbarkeit von psychologischer Beschreibung und ontologischer Bewertung am zweiten, dem empiristischen Sinnkriterium. Die Pointe des radikalen Empirizismus besteht schließlich in der Identität von Perzept und Realität. Wenn also ein Begriff eine Handlungssequenz auslöst, die in direkter Wahrnehmung einmündet, dann hat das dem Subjekt phänomenal Präsente als solches ontologische Bedeutung. Erst *post festum,* retrospektiv, wird nach James durch Einbeziehung in einen mentalen bzw. ontologischen Kontext die Dualität von Akt und transzendentem Inhalt konstituiert. Überall

[194] *E. Troeltsch, Empirismus und Platonismus in der Religionsphilosophie,* op. cit., 383.

dort, wo die Deskription psychischer Tatbestände auf unmittelbare Erfahrung stößt, sind demnach die ›Sachen selbst‹ gegeben; der Phänomenalismus fällt dann mit dem direkten Realismus zusammen.

Diese Hinweise auf die innere Verbindung des ›Psychologismus‹ der *Varieties* mit den beiden – konfligierenden – Aspekten des pragmatistischen Sinnkriteriums können auch die beiden wichtigsten methodischen Voraussetzungen des Werks erhellen: die paradigmatische Rolle, die direkter Wahrnehmung zugestanden wird – sie führt zur Konzentration auf *mystische* Phänomene –, sowie die Geltendmachung des moralisch-praktischen Konsequenzkriteriums für Glaubensüberzeugungen. James terminologisiert diese beiden Kriterien als *»immediate luminousness«* und *»moral helpfullness«;* als dritten Gesichtspunkt nennt er *»philosophical reasonableness«*[195]. Die philosophische Vernunftgemäßheit muß als zusätzliches, vermittelndes Kriterium gerade deshalb eingeführt werden, weil Konflikte zwischen den beiden ersten Aspekten auftreten können. Wenn etwa die präsentischen Affektqualitäten eines bestimmten Bewußtseinszustandes, auf lange Sicht betrachtet, keine versittlichenden Wirkungen oder sogar deren Gegenteil hervorbringen, muß die Instanz vernünftiger Reflexion einschreiten, um ihr retrospektives Veto einzulegen. James' Beispiel: »The difference between Philip drunk and Philip sober is the classic instance in corroboration. If merely ›feeling good‹ could decide, drunkenness would be the supremely valid human experience. But its revelations, however acutely satisfying at the moment, are inserted into an environment which refuses to bear them out for any length of time. The consequence of this discrepancy ot the two criteria is the uncertainty which still prevails over so many of our spiritual judgments.« Auch der »enormous sense of inner authority and illumination«[196], der viele mystische Erfahrungen auszeichne, sei daher als solcher ungenügend.

Wie ist diese Diskrepanz aber genauer zu verstehen? Können sich die intrinsischen Qualitäten einer direkten Erfahrung als trügerisch herausstellen? Im Beispiel scheint die Sache klar zu sein: der Euphorie des alkoholisierten Zustandes folgt mit bedauerlicher Regelmäßigkeit ein Kater, der als negatives Konsequenzkriterium die präsentisch gefühlte Lebensdienlichkeit falsifiziert. In der gleichen Weise, so insinuiert James, können auch religiöse Erfahrungen durch

---

[195] *W. James, The Varieties of Religious Experience,* op. cit.,25.
[196] Ebd., 23.

entsprechende Konsequenzen falsifiziert werden. Die Parallele ist jedoch trügerisch. Das Beispiel bezieht sich nämlich auf eine eigenleibliche Affektion, die gar keine kognitiven Aspekte hat. Im Zustand des Betrunkenseins wird nichts *erkannt;* es gibt keinen spezifischen *Gegenstand* der Trunkenheit. Durch das von der Vernunft in Geltung gesetzte Kontextkriterium können einfach verschiedene affektive Zustände im Verlauf des Bewußtseinsstroms miteinander verglichen werden, woraus sich dann eine Korrektur der alkoholisierten Weltsicht ergibt. Dabei spielen intentionale Objekte nicht die geringste Rolle. Bei religiösen Erfahrungen ist das ganz anders: sie werden gerade dadurch etwa von einfachen eigenleiblichen Erregungszuständen unterscheidbar, daß ihnen aus der Sicht des Erfahrungssubjektes ein intentionaler Gehalt, eine kognitive Qualität zukommt. Wenn zudem, wie James selbst verschiedentlich betont, die für ihn zentrale mystische Erfahrung perzeptiven Charakter hat, dann ist in dieser die ›Sache selbst‹ direkt und unmittelbar gegeben. In diesem Punkt lassen die *Essays on Radical Empiricism* keinen Zweifel zu. Die pragmatistische Beurteilung nach Maßgabe der ›fruits for life‹ wird damit epistemisch in den zweiten Rang verwiesen. Ihr Verhältnis zu direkter Wahrnehmung bleibt unklar – eine Unklarheit, die das Changieren James' zwischen intrinsischen und konsequentialistischen Erkenntniskriterien widerspiegelt.

Mit James' lebensphilosophischer Betonung der subjektiven Binnenperspektive gegenüber begrifflichen Verallgemeinerungen geht ein weiteres methodologisches Charakteristikum der *Varieties* einher: ihr nominalistischer Pluralismus hinsichtlich der Bestimmung ihrers Gegenstandsbereiches. Die empirische Diversität religiöser Phänomene verhindere nämlich einheitliche Begriffsbestimmungen und zwinge zu einem rein extensionalen Sprachgebrauch: »… the word ›religion‹ cannot stand for any single principle or essence, but is rather a collective name«.[197] Diese Kautele dient hauptsächlich der Absicherung gegen monopolistische Definitionsversuche von Seiten der positiven Religionen und gegen den Hang der Theoretiker zur begrifflichen »over-simplification«[198]. Nicht apriorische Konstrukte oder partikularistisch-konfessionelle Konzepte, sondern allein empirisch gesättigte und möglichst ›inklusive‹ Begriffe können

---

[197] Ebd., 32.
[198] Ebd.

zu wirklicher Erkenntnis ihres Gegenstandes beitragen.[199] James möchte die reale Vielfalt der Phänomene vor ihrer systematischen Vereinfachung retten. Freilich kommt er selbst als radikaler Empiriker mit einer rein extensionalen Begrifflichkeit nicht durch. Sein methodischer Pluralismus ist zwar auf der Hut vor einer Deduktion des Religiösen aus einem einheitlichen Prinzip, bedarf aber dennoch inhaltlicher Bestimmungen. Ohne konkrete, also intensionale Kriterien könnte nämlich ein »collective name« seiner Aufgabe gar nicht gerecht werden, aus der Fülle von Phänomen diejenigen herauszugreifen, die sinnvollerweise als ›religiös‹ bezeichnet werden können. Hier hilft es auch nicht weiter, die Selbstinterpretation der religiösen Subjekte normativ zu setzen und das Prädikat etwa immer dann zu gebrauchen, wenn es in deren Selbstzuschreibungen auftaucht. Davon abgesehen, daß solche Verwendungen von ›religiös‹ offenkundig eng mit positiven Glaubensvorstellungen verbunden sind, muß der Begriff der Religion als ein kulturspezifisches Produkt der abendländischen Geistesgeschichte verstanden werden. ›Religion‹ bezeichnet eine Deutungskategorie, die zahllosen aus der Perspektive dieses Konzepts religiösen Menschen gar nicht zur Interpretation ihrer Überzeugungen und Verhaltensweisen zur Verfügung gestanden hätte.[200]

Auch der methodische Pluralist und Empirist kommt daher nicht umhin, eine inhaltlich gehaltvolle Definition seines Untersuchungsgegenstandes zu liefern. Er kann sich dabei weder auf einen fraglosen Konsens, noch auf die Selbstdeutung der betroffenen Subjekte stützen. Daß es keine allgemein akzeptierte *inhaltliche* Defini-

---

[199] Der Nachdruck, mit dem James Anfang unseres Jahrhunderts auf empirischer Breite und Inklusivität bestand, brachte ihn, wie *Ernst Troeltsch* gezeigt hat, in Gegensatz zu dem in Europa dominierenden »platonischen« Typus der Religionsphilosophie. (Vgl. *ders., Empirismus und Platonismus in der Religionsphilosophie,* op. cit., 372.) Auch Troeltsch selbst weist die antiplatonische Einstellung James' zwar zurück, nimmt aber seinen empiristischen Impuls auf und sucht ihm durch eine Integration der Religionspsychologie in die Metaphysik der Religion gerecht zu werden.

[200] Daß es schon aus begriffsgeschichtlichen und sprachlichen Gründen nicht angeht, das *Konzept* der ›Religion‹ als eine Art anthropologischer Invariante zu unterstellen, betont *U. Dierse* im Artikel »Religion«, in: Historisches Wörterbuch der Philosophie, hrsg. v. *J. Ritter* u. *K. Gründer,* Bd. 8, Basel 1992, Sp. 633. »Es gibt«, so faßt er zusammen, »a) keinen Oberbegriff für alle Religionen der Menschheit; b) es gibt keinen Begriff, der als einziger all das umfaßt, was heute mit ›Religion‹ bezeichnet wird; auch zusammengenommen decken sie nicht alles das ab, was mit dem modernen Religionsbegriff gemeint ist …«

tion des Religiösen gibt, heißt also nicht, daß man auf sie verzichten und eine rein umfangslogische Begriffsbestimmung vornehmen könnte. James verwirft deshalb die traditionelle Suche nach einem Wesenskern der Religion zwar als naiv und verdinglichend, arbeitet bei seinem eigenen Definitionsversuch aber dennoch mit der traditionellen, inhaltlichen Unterscheidung zwischen wesentlichen und marginalen Phänomenen, man könnte auch gut aristotelisch sagen: zwischen Substanz und Akzidenz. Religion ist für James nämlich – und damit wird ein weiterer methodischer Vorgriff der *Varieties* erkennbar – im Kern eine Sache von Individuen. Soziale Institutionen, Gemeinden, Kirchen, Gottesdienste, Riten, Sakramente und Theologie zählen zu der »institutional branch« der Religion, die von den Gifford-Lectures in voller Absicht gänzlich außer Acht gelassen wird. »Personal religion pure and simple …, nakedly considered«[201] soll den alleinigen Gegenstand der Untersuchung bilden. Diese Grundentscheidung schließt natürlich Überzeugungen hinsichtlich der ›eigentlichen‹ Beschaffenheit der fraglichen Phänomene ein und ist daher inhaltlich keineswegs neutral. Daß die *Varieties* eine Religions*psychologie* und keine Religions*soziologie* enthalten, bringt die theoretische Option ihres Verfassers für den Primat individuellen Glaubens zum Ausdruck.[202] Und diese Option konstituiert – allen nominalistischen Vorbehalten zum Trotz – einen *vereinheitlichenden Gesichtspunkt*, der es überhaupt erst möglich macht, bestimmte Phänomene als Paradigmen des Religiösen auszuzeichnen, andere hingegen als marginal und unwesentlich auszugrenzen. In diesem Sinne ist James' Definitionsversuch zu verstehen: »Religion … shall mean for us *the feelings, acts, and experiences of individual men in their solitude, so far as they apprehend themselves to stand in relation to whatever they may consider the divine.*«[203] Religiöse Erfahrungen und Verhaltensweisen sind demnach, technisch formuliert,

---

[201] *W. James, The Varieties of Religious Experience,* op. cit., 34.

[202] *G. H. Mead* hat auf die mentalitätsgeschichtlichen Vorausssetzungen dieser methodischen Option in der nordamerikanischen Kultur aufmerksam gemacht: *The Philosophies of Royce, James and Dewey in Their American Setting,* in: *Selected Writings,* Chicago: University of Chicago Press 1981, 371–391. Den ebenso methodischen wie ›existenziellen‹ Individualismus James' charakterisiert Mead treffend folgendermaßen: »The principle of his solution was found in the individual soul. His was a lofty individualism. He was ready to go to the help of the Lord against the mighty, and called on others to go with him, but it was as individuals they were to go, to bring more moral order into a pluralistic unfinished universe.« (Ebd., 385)

[203] *W. James, The Varieties of Religious Experience,* op. cit., 36.

stets individuell, intentional und müssen in der Selbstzuschreibung ihrer Subjekte das Göttliche als intentionales Objekt haben. Auf die letzten beiden Punkte wird anläßlich der konkreten Erörterung mystischer Erfahrung noch ausführlich einzugehen sein; der erste Punkt jedoch – der methodische Individualismus – betrifft die *Struktur* des Begründungsverfahrens selbst.

Die empiristische Vorrangstellung persönlicher Glaubensüberzeugungen verbindet sich bei James nämlich mit einem unverkennbar *ursprungsphilosophischen* – jedenfalls keinesfalls pragmatistischen – Argument: Personale Religiosität sei insofern »the primordial thing« (!) und »more fundamental« (!), als sie, in Form einer »direct personal communion with the divine«[204], für die Gründer aller Religionen ausschlaggebend war, während die im Gefolge etablierten Kirchen aus zweiter Hand von der Tradition leben müssen. Personale Religiosität ist demnach nicht allein das charakteristischere Phänomen, sie stellt auch die maßgebliche Quelle dar, aus der sich die institutionellen Erscheinungsformen des Glaubens speisen. Hier macht sich gegen das pragmatistische Konsequenzkriterium ein epistemologischer Fundamentalismus geltend, der komplexere, stärker symbolisch strukturierte, sozial differenzierte Manifestationen auf ihre Basis in individueller Erfahrung zurückführen möchte. Die Realitätsauffassung des radikalen Empirizismus wirft ihre Schatten voraus: reine, perzeptive, präreflexive Erfahrung ist der originäre Stoff der Wirklichkeit, Vorstellungen und Begriffe (›concepts‹) gelten als sekundäre Realitäten, als – unentbehrliche – Hilfsmittel zur Erlangung von Perzepten. Mit dieser Orientierung an einem Modell direkter Wahrnehmung geht eine methodische Bevorzugung der außeralltäglichen Formen von Religion einher. Das »second-hand religious life« des »ordinary religious believer« gilt als unergiebig, weil es sich im Rahmen von »suggested feeling and imitated conduct« abspielt. Methodisch komme es daher auf die »original experiences« der »›geniuses‹ in the religious line« [205] an. Deren Erfahrungszeugnisse müssen den Leitfaden der religionspsychologischen Analyse bilden. Wie Dilthey kennt James den Begriff des religiösen Genies und stellt ihn den religiös ›unmusikalischen‹ Zeitläuften entgegen. Wenn das religiöse Virtuosentum den Kern des Phänomens ausmacht, können auch Sinnverluste im Bereich der re-

[204] Ebd., 35.
[205] Ebd., 15.

ligiösen Sekundärrealitäten der Alltagswelt unschwer neutralisiert werden – sie tangieren diesen Kern dann gar nicht. Mit der pragmatischen Grundthese freilich, es komme stets auf die lebenspraktischen Resultate an, stimmt James' methodische Konzentration auf die Zeugnisse außeralltäglicher Einzelner schlecht zusammen.

Der sachliche Grund für diese Spannung ist im Begriff der Erfahrung selbst zu suchen. Schon die Analyse der hermeneutischen Erfahrungskonzeption bei Dilthey hatte ja gezeigt, daß die beiden Pole ›präsentische‹ und ›kontextuelle‹ Erfahrung eine irreduzibles, »aufgespanntes Verhältnis« (H. Schrödter) bilden. So muß das Spätwerk Diltheys mit seiner Zentrierung in der Trias ›Erlebnis/Ausdruck/Verstehen‹ als ein Versuch verstanden werden, die Aspekte des Unmittelbaren, Präsentischen und Instantanen (›Erlebnis‹) über die Ausdruckskategorie mit dem Bedeutungskontext des objektiven Geistes zu vermitteln. In den Arbeiten von James ist der erste Aspekt durch seinen Empirismus, der zweite hingegen durch seinen Pragmatismus repräsentiert. Daß die Idee einer unmittelbaren Gegebenheit der Wirklichkeit im Perzept präsentische Erfahrung akzentuiert, liegt auf der Hand. Ebenso deutlich ist aber auf der anderen Seite die pragmatische Maxime einem kontextualistischen Erfahrungsmodell verpflichtet. Der Gedanke nämlich, die Bedeutung eines Begriffs bestimme sich aus seinen Konsequenzen für zukünftiges Verhalten bzw. zukünftige Erfahrung, setzt ein Verständnis des Lebensvollzugs als dynamischer *Zusammenhang* voraus. Nur weil der Bewußtseinsstrom *kontextbildend* ist, können Bedeutungen in Relation zu nachkommenden Handlungen und Wahrnehmungen festgelegt werden. Auch im Werk von James sind also beide Aspekte des Erfahrungsbegriffes präsent. Anders als Dilthey hat er aber kaum versucht, ein Integrationsmodell zu entwickeln. Pragmatismus und Empirizismus, präsentische und kontextuelle Erfahrung stehen oftmals unvermittelt nebeneinander. In den *Varieties* ist dieses Vermittlungsdefizit unübersehbar. Es nimmt dort die Gestalt zweier gegenläufiger methodischer Bewegungen an, die ich hilfsweise als *Dekontextualisierung* und *Rekontextualisierung* bezeichnen möchte.

Dekontextualisierung: Der empiristische Individualismus faßt religiöse Phänomene, technisch formuliert, als zweistellige Relation zwischen einem empirischen Subjekt und einem transzendenten Gehalt auf. (Bei konsequent radikalempiristischer Interpretation müßte sogar diese elementare Relation noch als retrospektive Disjunktion einer ursprünglichen Einheit verstanden werden.) Er abstrahiert damit von den vielfältigen Kontexten und symbolischen Vermittlungen, in die religiöse Erfahrung stets eingebettet ist. So hat jedes individuelle Erfahrungsmoment einen *sozialen* Bezug: es ist durch soziale Praktiken mit bedingt, in einen institutionellen Rahmen eingebunden, mit den Erfahrungen der Kosubjekte vergleichbar, im Rahmen dieser oder jener Kirche oder Sekte angesiedelt, sozialen Wertschätzungen unterworfen, Teil einer intersubjektiven Erfahrungstotalität usw. Ebenso steht es in einem *historischen* Kontext: es setzt, um nur wenige wichtige Aspekte zu nennen, eine geschichtlich gewordene Auffassung von Subjektivität, eine lange Tradition sprachlicher Verständigung über Erfahrung, die Riten und Dogmen der vorherrschenden Religionen, oft auch die spezifischen Eigenheiten partikularer Frömmigkeitsformen voraus. Sofern der epistemische Präsentismus sich auf punktuelle Erfahrung konzentriert, wird auch der *biographische* Kontext eines Individuums, die bedeutungspräformierende Vorgeschichte dieser Erfahrung vernachlässigt. Die methodische Orientierung an exemplarischen, außeralltäglichen Wahrnehmungserfahrungen (›face-to-face presentations‹) hat einen Abstraktionsprozeß zur Folge, der religiöse Erfahrung von ihrem sozialen, historischen und biographischen Kontext isoliert. Auch die elementare Tatsache gerät damit aus dem Blick, daß Erfahrungen nur als symbolisch geformte auf Dauer gestellt werden können und erst dadurch imstande sind, Überzeugungen und Gewohnheiten zu prägen.

Rekontextualisierung: Das empirizistisch herauspräparierte Moment der ›pure experience‹ wird im pragmatistischen Gegenzug wieder in den Zusammenhang des Bewußtseinslebens, der sozialen Tatsachen und geschichtlichen Entwicklungen eingefügt. Im Fall religiöser Vollzüge wirkt eine Isolierung punktueller Erfahrungsmomente besonders sachwidrig, denn schließlich ist Religion auch nach der Auffassung von James »a man's total reaction upon life«[206]. Die religiösen Perzepte der Mystiker müssen daher einem biographischen Kontextkriterium unterworfen werden, und außeralltägliche Lebensformen haben sich in der sozialen Praxis zu bewähren. Der pragmatische Test erfordert die »confrontation with the total context of experience«[207]. Wie die Gedankenführung im *Will to Believe* gezeigt hat, ist dieser Zusammenhang inklusiv und universalistisch zu

---

[206] Ebd., 39.
[207] Ebd., 384.

denken: er geht weit über den biographischen Bereich hinaus und schließt die soziale Gegenwart ebenso ein wie eine geschichtsphilosophisch-menschheitliche Perspektive. Das Konsequenzkriterium soll die perzeptiv erfahrene Realität in die komplexen Zusammenhänge individuellen, sozialen und historischen Lebens einfügen: »By their fruits ye shall know them, not by their roots.«[208] Allerdings läßt James seine Leser darüber im unklaren, daß das Perzeptionsmodell *für sich* gar nicht auf eine nachkommende Kontrollinstanz hin angelegt ist. Wenn die ›Sache selbst‹ in direkter Wahrnehmung präsent ist – und an dieser Vorstellung ist, wie ich noch zeigen werde, James' Interpretation mystischer Erfahrungen orientiert –, wie kann sie dann durch mangelnde Konsequenzen überhaupt noch falsifiziert werden? Wenn es Bewußtseinszustände geben kann, in denen Akt und Gehalt präreflexiv zusammenfallen, scheint es nicht mehr möglich, nachträglich dem Akt seinen Gehalt abzusprechen, also etwa auf der Basis fehlender sittlicher Wirkungen zu urteilen, das im mystischen Erlebnis direkt Gegebene habe nur scheinbar die Züge des Göttlichen getragen. Auch in dieser Hinsicht bleiben präsentische und kontextuelle Erfahrung bei James unvermittelt.

Dieses Vermittlungsdefizit ändert freilich nichts daran, daß ›Erfahrung‹ in seinem Denken den Status eines unhintergehbaren Letztbegriffs hat. Als punktuelle Aktualität wie als diachrone Beziehung zwischen verschiedenen Abschnitten des Bewußtseinsstroms bildet sie die einzige Realität, zu der menschliche Individuen einen Zugang haben. Insbesondere verbietet es das empiristische Ideal reiner Gegebenheit, die Gehalte der Erfahrung von ihrer empirischen Präsenz zu lösen und sie zum Gegenstand systematisch-begrifflicher Erörterungen zu machen. James' Religionsphilosophie kennt daher kein intersubjektiv verallgemeinerbares Woraufhin des Glaubens (wollte man diesen Sachverhalt positiv ausdrücken, müßte man von seinem ›Polytheismus‹ sprechen) und vor allem keine philosophische Theologie. Theologische Reflexionen über ein normatives *Credendum* sind sinnlos, weil sie die empirische Basis individueller Erfahrung und damit die Möglichkeit direkter Verifikation aufgegeben haben. Diese Möglichkeit wiederum setzt einen ontologisch aufgeladenen Erfahrungsbegriff voraus, für den Perzept und Perzipiertes die gleiche Seinsform haben. Für James *ist* die »Existenzverfassung von Erfahrung« nichts anderes als die »Existenzverfassung welthafter

---

[208] Ebd., 26.

Wirklichkeit«.[209] Die Erfahrungsgehalte werden damit der Struktur des Erfahrungsprozesses so weit assimiliert, daß die Charakteristika des subjektiven Vollzugs mit den Eigenschaften seiner intentionalen Objekte verschmelzen. Die »Religion (wird) selber ihrer Substanz nach als ›*religiöse Erfahrung*‹ bestimmt«[210], und erst *nach* dieser Grundentscheidung und *durch* sie wird der Deskriptivismus der *Varieties* wirksam. Die Gleichsetzung von Religion mit religiöser Erfahrung selbst ist keineswegs deskriptiv neutral, sondern hochgradig selektiv und normativ. Inspiriert wird sie von einer Theorie der Erfahrungsrealität, für welche die Beschreibung von reinen Perzepten *uno actu* eine Beschreibung der wahrgenommenen Wirklichkeit selbst ist.

Wenn man die methodische Architektur der *Varieties* unter diesem Gesichtspunkt betrachtet, dann zeigt sich, daß der argumentative Duktus insgesamt auf die Präsentation direkter religiöser Wahrnehmungserfahrung abzielt, wie James sie in den Zeugnissen der Mystiker vorliegen sah. Soziale und institutionelle Erscheinungsformen der Religion verweisen auf personale Vollzüge, und »personal religious experience has its root and centre in mystical states of consciousness«[211]. Die methodische Einschränkung auf mystische Bewußtseinszustände ist aus radikalempirizistischer – keineswegs aus pragmatistischer! – Sicht nur konsequent, bringt aber mindestens zwei gravierende Nachteile mit sich. *Zum einen* wird damit das Kriterium für persönliche Religiosität so restriktiv angesetzt, daß es vermutlich von der Mehrzahl jener Individuen, die sich selbst als religiös bezeichnen würden, nicht zu erfüllen wäre. Unmystische Formen des religiösen Selbstverständnisses müßten dann konsequent als parasitär und defizient aufgefaßt werden. Ein empiristisches Kriterium für Religiosität, das in der Mehrzahl von Fällen von der Selbstzuschreibung der betreffenden Subjekte abweichende Ergebnisse bringt, diskreditiert sich jedoch selbst. Hier zeigt sich wieder der prinzipielle, von James aber nicht erkannte Bruch in seiner Kriteriologie, auf den zuerst Arthur Lovejoy hingewiesen hatte:[212] Das pragmatistische Konsequenzkriterium ist ›weich‹ und inklusiv. Wer

---

209 *E. Herms, Nachwort* zu: *W. James, Die Vielfalt religiöser Erfahrung,* op. cit., 500.

210 Ebd., 508.

211 *W. James, The Varieties of Religious Experience,* op. cit. 342. Die dem Pragmatismus fremde Ursprungsmetaphorik klingt in diesem Zitat unüberhörbar an (»root and centre«).

212 Vgl. oben, S. 161.

ihm zufolge nach eigener Einschätzung sein Handeln an religiösen Überzeugungen orientiert, erfüllt es vollständig. Das empirizistische Kriterium perzeptiver Erfahrung hingegen ist außerordentlich restriktiv. In unserem Fall nötigt es dazu, allein den durch mystische Bewußtseinszustände ausgezeichneten Subjekten Religiosität im eigentlichen Sinn zuzusprechen, den religiösen Normalverbraucher aber von den Quellen eigentlichen Glaubens auszusperren.

Diese zweistufige Begründungsstrategie (direkt/abgeleitet) bindet die Rechtfertigung religiöser Überzeugungen streng an die Binnenperspektive besonderer, mit mystischen Fähigkeiten ausgestatteter Individuen. Dadurch wird aber, *zum anderen,* die Argumentation als solche zwangsläufig *indirekt,* wenn Subjekt der Erfahrung und Argumentationssubjekt auseinanderfallen. Die deskriptive Annäherung an mystische Phänomene, die James ins Zentrum der *Varieties* rückt, hat den Status der externen, aus der Perspektive der dritten Person erfolgenden Artikulation eines Phänomenbereichs, der direkt einzig aus der Perspektive der Ersten Person zugänglich ist.[213] Der ›second-hand‹-Religiosität des gläubigen Durchschnittsmenschen tritt damit methodisch ein ›second-hand‹-Zugang zur Seite, der die unterstellte Direktheit und Unmittelbarkeit der mystischen Bewußtseinszustände rekonstruktiv erschließen muß, ohne auf Perzepte zurückgreifen zu können. James läßt, wie schon in der oben zitierten Anwort auf einen religionspsychologichen Fragebogen, keinen Zweifel daran, daß er sich in dieser, für einen radikalen Empiristen besonders mißlichen Lage befindet: »… my own constitution shuts me out from their (mystical states, M. J.) enjoyment almost entirely, and I can speak of them only at second hand. But though forced to look upon the subject so externally, I will be as objective and receptive as I can …«[214] Was James hier als eine Art von zufälligem persönlichen Mangel an mystischer Sensibilität hinstellt, ließe sich allerdings auch objektiver betrachten. Im Sinne der Hegelschen Grundannahme, bewußte Erfahrung bestehe in der fortschreitenden Vermittlung des scheinbar Unmittelbaren, könnte die Arbeit des theoretischen Bewußtseins im Erfahrungssubjekt gerade jene Bereitschaft zur

---

[213] Wenigstens gilt dies dann, wenn man, wie James in seiner Unterscheidung zwischen ›first-hand‹- und ›second-hand‹-Religiosität, einen privilegierten Zugang von Individuen zu ihren privaten Erlebnissen annimmt. Ob und in welchem Sinn ein solcher Zugang besteht und ob er als eine Erste-Person-Beschreibung der phänomenalen Qualia aufgefaßt werden muß, werde ich unten, im Abschnitt 3.1.1., ausführlicher behandeln.

[214] *W. James, The Varieties of Religious Experience,* op. cit. 342.

präreflexiven Hinnahme eines existenziell bedeutsamen Gehalts zerstören, die dem mystischen Erlebnis ermöglichend vorausgeht. Daß es dem empirischen Subjekt William James an Sinn für mystische Erfahrungen mangelte, wäre dann nicht kontingent, sondern Ausdruck einer notwendigen Dialektik von unmittelbarem Vollzug und vermittelnder Reflexion.

Unbeschadet dieser eingestandenen Schwierigkeit bilden mystische Bewußtseinszustände für James den Kern des religiösen Phänomens und die Basis seiner rationalen Rechtfertigung. Wie schon die Rede von »mystical *states*« verdeutlicht, wird damit bestimmten, zeitlich recht eng begrenzten Phasen des Bewußtseinsstroms eine herausragende Bedeutung zuerkannt. Bereits unser alltägliches Weltverhältnis hat größtenteils den abgeleiteten Charakter des ›knowledge-about‹. Nicht Perzepte, sondern Begriffe und Vorstellungen im weitesten Sinn vermitteln uns in der Regel die Realität. Menschliche Überzeugungen stellen nach James ein »credit system« dar, das auf »direct face-to-face verifications« angewiesen ist, »without which the fabric of truth collapses like a financial system with no cash-basis whatever«[215]. ›Direct acquaintance‹ in perzeptiver Form hat in diesem kognitiven Kreditsystem, um im Bild zu bleiben, die selbe Funktion, die in seinem monetären Pendant einmal von der Goldreserve erfüllt wurde. Für religiöse Überzeugungssysteme übernehmen mystische Erfahrungen diese Funktion. Sie dienen als die perzeptiven Fixpunkte, durch die der größere Rest des religiösen Wissens vom Typus ›knowledge about‹ mit der Realität verknüpft bleibt. ›Direct acquaintance‹ hat stets punktuellen, transitorischen und präsentischen Charakter: »the instant field of the present …[,] experience in its ›pure‹ state …«[216] Sie gehört jedoch, als herausgehobene Phase, in den psychischen Kontext des Bewußtseinsstroms mit seiner zeitlichen Erstreckung hinein und ist daher ohne ein *vorher* und *nachher* gar nicht zu denken.[217] Dieser Gesichtspunkt bestimmt

---

[215] *W. James, Pragmatism*, op.cit., 95.

[216] *W. James, A World of Pure Experience*, op.cit., 1175.

[217] Vgl. ebd., 1169: »According to radical empiricism, experience as a whole wears the form of a process in time.« Dieser Prozeß ist nur an den Präsenzstellen *reiner* Erfahrung *direkt* mit der Realität verbunden. – Das von James hier zugrundegelegte Modell einer zeitlichen Prozessualität mit herausgehobenen Jetztpunkten ist in ganz ähnlicher Weise von *Husserl* in seinen *Vorlesungen zur Phänomenologie des inneren Zeitbewußtseins* (Tübingen ^{2}1980) entwickelt worden. James' Begriff des Perzeptes korrespondiert der Husserlschen »Urimpresssion«: »Die Urimpression ist das absolut Unmodifizierte, die

den Aufbau der *Varieties*. Das begründungstheoretisch zentrale mystische Erlebnis ist von zwei Seiten kontextuell situiert: es erscheint als *Schlußpunkt* einer zu ihm hinführenden psychodynamischen Sequenz und als *Ausgangspunkt* einer pragmatistischen Evaluierung nach Maßgabe des Konsequenzkriteriums. Da diese Bewertung sich gar nicht auf die Spezifität des mystischen Gehalts richtet, sondern den bereits bekannten allgemeinmenschlichen Kriterien der ›fruits for life‹ folgt, braucht sie hier nicht behandelt zu werden. Auf die vorgeordnete Psychodynamik des religiösen Bewußtseins ist aber noch kurz einzugehen, bevor James' Deutung mystischer Erfahrungen diskutiert werden kann.[218]

Das religiöse Wirklichkeitsverständnis siedelt James im Spannungsfeld zweier Grundtypen affektiver bzw. willentlicher Gestimmtheit an, die in etwa der Unterscheidung zwischen den »tough-minded« und den »tender-minded« aus *Pragmatism* entsprechen: der ››healthy-mindedness« bzw. der »sick soul«[219]. Erstere entspricht einer optimistischen Geisteshaltung, »which looks on all things and sees that they are good«[220]. Diese Einstellung kann das Naturell eines Menschen betreffen und ist dann nicht willkürlich eingenommen, sondern spontan. Sie kann aber auch den festen Willen reflektieren, negative Ereignisse und Sachverhalte gar nicht erst zuzulassen. In dieser degenerierten Form verkörpert sie einen Zweckoptimismus, den James für unmoralisch hält, weil er das Problem des Bösen nicht ernst nimmt. Für den naiven Optimismus des positiven Denkens und des ›mind-cure movement‹ hat er daher nur beißenden Spott übrig.[221]

Urquelle für alles weitere Bewußtsein und Sein [!]« (ebd., 423). In religionstheoretischer Hinsicht nötigt dieses Modell dazu, die zeitliche Verlaufsform religiöser Erfahrung als Vor- und Nachgeschichte eines herausgehobenen Erlebnisses zu rekonstruieren.

[218] Meine knappe Darstellung ist vollständig auf den methodischen Aufbau der *Varieties* konzentriert. Der beeindruckenden Fülle an empirischem Material und religionspsychologisch höchst subtilen Einsichten, durch die sich James' Studie auszeichnet, sucht sie erst gar nicht gerecht zu werden.

[219] Vgl. die Vorlesungen IV u. V bzw. VI und VII der *Varieties*.

[220] *W. James, The Varieties of Religious Experience*, op. cit., 86 f.

[221] Vgl. ebd., 92: »One hears of the ›Gospel or Relaxation‹, of the »Don't Worry Movement‹, of people who repeat to themselves ›Youth, health, vigor!‹ when dressing in the morning, as their motto for the day. Complaints of the weather are getting to be forbidden in many households ...« Von solchen Exzessen des positiven Denkens urteilt James, sie seien »moonstruck with optimism.« Der Einfluß des Willens auf die Wahrnehmung darf nicht so weit gehen, daß über die offenkundige Präsenz des Negativen und Sinnwidrigen einfach hinweggegangen wird.

Mit der »world-sick soul«[222] hingegen, einer nahen Verwandten des »unglücklichen Bewußtseins« aus Hegels *Phänomenologie des Geistes*, verhält es sich gerade umgekehrt: »pity, pain, and fear, and the sentiment of human helplessness«[223] machen ihre Grundstimmung aus. Dominant ist die Erfahrung der Vergeblichkeit menschlichen Strebens, sind Bedürfnisse nach Ruhe, Frieden, Trost und Erlösung vom Lebenskampf: »Here is the real core of the religious problem: Help! Help! Help!«[224] Die ›kranke Seele‹ wird von einem Gefühl der Trennung zwischen ihr und den tieferen Aspekten der Realität zerrissen. Ihr Selbst ist gespalten[225] und kann daher nur nach einer radikalen Konversion, einer religiösen Wiedergeburt, zur Ruhe kommen. In den *Varieties* wird die Psychodynamik des religiösen Lebens ganz überwiegend nach dem Modell dieser Konversion entwickelt, deren zentrale Komponente in einem zu mystischer Erfahrungen disponierenden Akt des »*self-surrender*«[226] besteht. In der Terminologie der radikalen Empirizismus könnte man sagen, daß das Konversionserlebnis den Charakter eines glückhaften Terminierens mentaler Begriffe, Vorstellungen, und affektiver Dispositionen (›concepts‹) in

---

[222] Ebd., 135.

[223] Ebd., 128. Auch die von Hegel betonte mentalitätsgeschichtliche Affinität des resignativen Bewußtseins zur antiken Philosophie des Skeptizsmus (vgl. den Abschnitt IV B der *Phänomenologie*) ist James nicht entgangen: »Stoic insensibility and Epicurean resignation were the farthest advance which the Greek mind made in that direction« (ebd., 134)

[224] Ebd., 151. In seiner eindringlichen psychologischen Analyse religiöser Erlösungsbedürftigkeit bezieht sich James auf das biographische Zeugnis eines vorgeblich anonymen Schriftstellers, bei dem es sich, wie die Forschung herausgefunden hat, höchstwahrscheinlich um James selbst handelt. Dem entspricht, daß in den *Varieties* (1902) die innere Spannung zwischen den aktiven und passiven Elementen der Jamesschen Religionslehre weitgehend zugunsten letzterer getilgt ist. Anders als im *Will to Believe* (1880–95) stehen dort »God's saving power« und die ihr korrespondierende Stimmung des »passive mood« im Zentrum. In *Pragmatism* (1907) dominiert dagegen wieder die aktive Komponente. Es geht daher nicht an, wie *J. S. Bixler* (in: *Religion in the Philosphy of William James* op. cit., 122 ff.) eine zeitliche Sukzession ›aktiver‹ und ›passiver‹ Stadien der Religionstheorie zu vertreten. – Einen biographisch-psychologischen Versuch, aktive ›healty-mindedness‹ und passive ›sick-soul‹ als Generalisierungen eines Lebenskonfliktes zu deuten, hat *H. W. Schneider* unternommen: *Healthy minds with sick souls*, in: *The Philosophy of William James*, hrsg. v. *W. R. Corti*, Hamburg 1976, 357–377.

[225] Vgl. Lecture VIII der *Varities:* »The Divided Self, and the Process of its Unification« (ebd., 155). Auch in dieser Vorlesung finden sich zahlreiche sachliche Bezüge zu dem unglücklichen, weil gespaltenen Bewußtsein Hegels.

[226] Ebd., 192.

einem plötzlichen, Evidenz gewährenden Perzept hat. Strukturell wird damit die Konversion vom mystischen Erlebnis ununterscheidbar: »The keynote … is invariably a reconciliation.«[227] Alle Fäden laufen in der Erörterung des Mystizismus zusammen, der ich mich nunmehr zuwende.[228]

Nach James sind mystische Erfahrungen oder Bewußtseinszustände durch zwei konstitutive und zwei weniger scharf konturierte, in aller Regel aber doch vorfindliche Eigenschaften ausgezeichnet: zur ersten Gruppe gehören »*Ineffability*« und »*Noetic quality*«, zur zweiten »*Transciency*« und »*Passivity*«[229]. »These four characteristics are sufficient to mark out a group of states of consciousness peculiar enough to deserve a special name and to call for special study. Let it then be called the mystical group.«[230] James läßt keinen Zweifel daran, daß es sich um notwendige *und* hinreichende Merkmale handeln soll. Immer dann und nur dann, wenn eine bestimmte Erfahrung unaussprechlich ist, wenn in ihr etwas erkannt wird, wenn sie vorübergehenden und passiven Charakter hat, soll sie das Prädikat des »mystischen« zugesprochen bekommen. Vor dem Eintritt in eine Erörterung dieser vier Merkmale fällt bereits auf, daß keines von ihnen explizit auf den religiösen Bereich Bezug nimmt. Das Göttliche (der Gott, die transzendente Realität, jenseitige Wirklichkeit, moralische Weltordnung …) wird gar nicht explizit erwähnt. Bei der genaueren Untersuchung ist also darauf zu achten, ob James den spezifisch religiösen Bezug möglicherweise als analytisches Implikat eines der genannten Merkmale (etwa der »noetic quality«) betrachtet hat.

»*Ineffability*«: Dieses rein negative Kriterium behauptet die – prinzipielle? – Inkongruenz zwischen dem Gehalt mystischer Bewußtseinszustände und den sprachlichen Symbolsystemen, die dem

---

227 Ebd., 350.

228 Auch wirkungsgeschichtlich ist James' philosophische Verteidigung der Mystik der eminente Teil seines Werks. Schon 1919 brachte *B. Russell* die – von ihm nicht geteilten – mystischen Neigungen *Wittgensteins* mit dessen James-Lektüre in Zusammenhang: »It all started from William James's *Varieties of Religious Experience*« (Brief an Lady Ottoline Morrell vom 20.12.1919, in: *Wittgenstein's Letters to Russell, Keynes, and Moore*, ed. *G. H. von Wright*, Ithaca: Cornell University Press 1974, 82; zit. bei: *G. E. Myers, William James*, op. cit., 461). Russells eigenes Urteil fiel nüchterner aus: »-- everything good about the book except the conclusions« (*The Autobiography of Bertrand Russell*, vol. 1, Boston: Little, Brown & Company 1967, 252; ebenfalls zit. bei *Myers*, 461).

229 *W. James, The Varieties of Religious Experience*, op. cit., 344.

230 Ebd., 344.

Ausdruck dieses Gehalts dienen könnten.[231] Es hat zur Konsequenz, daß mystische Erfahrungen nicht durch Schlußfolgerungen oder Berichte Dritter, sondern allein durch ›direct acqaintance‹ in der ersten Person Singular zugänglich sind. »The subject of it immediately says that it defies expression, that no adequate report of its content can be given in words. It follows from this that its quality must be directly experienced; it cannot be imparted or transferred to others.«[232] James vergleicht diese Qualität mit dem phänomenalen Gehalt eines Gefühls, dessen Identifizierung in sprachlicher Kommunikation voraussetzt, daß der Adressat der Gefühlsäußerung auf entsprechende eigene Gefühle zurückgreifen kann: »No one can make clear to another who has never had a certain feeling, in what the quality or worth of it consists. One must have musical ears to know the value of a symphony; one must have been in love one's self to understand a lover's states of mind.«[233]

Dieses Beispiel konterkariert jedoch den illustrierten Sachverhalt in einem wichtigen Aspekt. Wenn es nämlich auf der Basis analoger eigener Gefühle prinzipiell möglich sein soll, die Gefühle anderer zu verstehen – und diese Möglichkeit unterstellen wir in alltäglicher Kommunikation andauernd –, kann die »ineffability« von Gefühlen keine vollständige sein. Offenkundig ist dann der gelingende Gefühlsausdruck imstande, den spezifischen phänomenalen Gehalt wenigstens soweit getreu zu artikulieren, daß einem durch eigenes Gefühlsleben empathisch dazu qualifizierten Adressaten eine *Identifizierung* des betreffenden Gefühls gelingen kann. Bestünde, mit Dilthey zu sprechen, überhaupt kein Passungsverhältnis zwischen dem Erlebnis und seinem sozialen Ausdruck, dann wäre es gar nicht mehr möglich, den Ausdruck gerade als Ausdruck *dieses* Erlebnisses zu verstehen. Die Basis des Verstehens ist die intersubjektive Allgemeinheit des ›objektiven Geistes‹, und es besteht keinerlei Veranlassung, bestimmten Erfahrungen hier einen Ausnahmestatus ein-

---

[231] Eine klassische Formulierung stammt von *Schopenhauer*, dessen eigene Philosophie, wie *A. Schmidt* gezeigt hat, (in: *Wahrheit im Gewande der Lüge*. Schopenhauers Religionsphilosphie, München 1986, 59 ff.), sich immer wieder an der Dialektik von diskursiver Darstellung und Negation des Diskursiven abarbeitet: »Mystik, im weitesten Sinne, ist jede Anleitung zum unmittelbaren Innewerden Dessen, wohin weder Anschauung noch Begriff, also überhaupt keine Erkenntnis reicht.« (*Schopenhauer, Sämtliche Werke*, hrsg. v. *A. Hübscher*, Bd. 3, Wiesbaden 1949, 701 f.

[232] Ebd., 343.

[233] Ebd.

zuräumen. Diese Einsicht berührt sich mit Wittgensteins bekannter Argumentation gegen private Sprachen, an die schon anläßlich von Diltheys hermeneutischer Betonung objektiver Ausdrucksgestalten zu erinnern war.[234] Ein nur auf sich gestelltes, einsames Subjekt könnte gar nicht wissen, daß es gerade eine mystische Erfahrung gemacht hat, wenn es nicht prinzipiell dazu in der Lage wäre, sich über das intentionale Objekt dieser Erfahrung intersubjektiv zu artikulieren. Vorgängig zu einer Beschreibung seiner Erlebnisse nach sozial etablierten Kriterien könnte auch das Erlebnissubjekt niemals deren Gehalt durch Zuordnung zu einem Gattungsbegriff wie dem des ›Mystischen‹ identifizieren, d. h. vom Gehalt anderer, benachbarter Erlebnisse unterscheiden.[235] »Wenn man sagt ›Er hat der Empfindung einen Namen gegeben‹, so vergißt man, daß schon viel in der Sprache vorbereitet sein muß, damit das bloße Benennen einen Sinn hat.«[236] Streng genommen sind die beiden Prädikate ›mystisch‹ und ›unsagbar‹ nicht kompatibel.

»Ineffability« läßt freilich eine *starke* und eine *schwache* Lesart zu, zwischen denen James nicht unterschieden hat. In der *schwachen* Variante geht es darum, daß auf dem Weg vom Erlebnis zum Ausdruck etwas verlorengeht, daß die phänomenale Qualität Aspekte hat, die tatsächlich an die subjektive Erfahrung gebunden bleiben und deshalb jeder sprachlich-allgemeinen Darstellung durch die Maschen schlüpfen (bei James: »no *adequate* report of its contents can be given in words« [Kursivierung durch mich, M. J.]). Diese intuitiv plausible These impliziert keine prinzipielle Verschiedenheit von mystischer ›direct acquaintance‹ und sprachlich oder durch andere

---

[234] Vgl. oben, S. 54.

[235] Dieser interne Zusammenhang von innerlichem Gefühl und intersubjektiver Identifizierung ließe sich gut an der Entstehung der christlichen Beichtpraktiken exemplifizieren, deren Voraussetzung er bildet. Die sprachliche Artikulation der sündigen Gedanken und Gefühle dient dort nicht etwa nur der rituellen Äußerung eines schon feststehenden Inhalts zum Zwecke von Buße und Absolution, vielmehr wird der Inhalt selbst – die phänomenalen Qualitäten des subjektiven Bewußtseinsstroms – erst durch den Prozeß seiner Artikulation identifiziert und damit hinsichtlich seiner Sündhaftigkeit klassifiziert. Dadurch erklärt sich die große Bedeutung der individuellen Ohrenbeichte in Frömmigkeitformen, die einen starken Akzent auf ›innerliche‹ Reinheit legen. So sind aus der vorreformatorischen Zeit *Martin Luthers* seine exzessiven Beichtpraktiken überliefert. Sie lassen sich aus der hier skizzierten Perspektive im Sinne einer dauernden Suche nach intersubjektiver Identifizierung innerlicher, als heilsbedeutsam betrachteter Zustände verstehen.

[236] *L. Wittgenstein, Philosophische Untersuchungen,* Frankfurt ^{3}1981, I, 257 (S. 145).

Symbolsysteme vermitteltem ›knowledge about‹. Sie schließt allerdings die Behauptung ein, daß Subjekte private Erlebnisse haben können. Wenn es für ein Individuum eine bestimmte Qualität hat, sich *so-und-so* anfühlt, in einem bestimmten Zustand zu sein, dann ist die Artikulation dieses Innenaspekts von Erfahrung eben nur aus der Innenperspektive des betreffenden Individuums möglich: »... subjective aspects of the mental can be apprehended only from the point of view of the creature itself.«[237] Auf diese prinzipielle Grenze der Objektivierbarkeit hat Thomas Nagel immer wieder mit guten Gründen aufmerksam gemacht. Ein adäquater, nichtreduktionistischer Zugang zum Phänomen der Mystik wird sie sorgfältig beachten müssen. Daraus ergibt sich dann auch eine schwache Variante des Kriteriums »ineffability«: Unsagbar sind mystische Erlebnisse in dem Sinn, daß sie irreduzibel subjektive Aspekte haben, die nicht verallgemeinert werden können. Nach dieser Interpretation kann sich James' erstes Kriterium nur auf die affektiv-phänomenale Qualität des Erlebnisses beziehen, nicht jedoch auf seinen möglichen intentionalen Gehalt. Sofern dieser nämlich überhaupt identifiziert werden kann, muß er sprachlich identifiziert werden und kann deshalb nicht unsagbar sein. Damit scheidet allerdings »ineffability« als Kriterium für die spezifische Differenz mystischer von anderen Erlebnissen aus und wird zu einer Eigenschaft, die sich unmittelbar daraus ergibt, daß Subjektivität nicht auf Objektivität reduziert werden kann. Indirekt bestätigt sogar James selbst diese Deutung, indem er mystische Bewußtseinszustände mit Gefühlen vergleicht. Wenn die Unsagbarkeit des Mystischen der Unsagbarkeit des Affektiven analog ist, dann kann sie für sich genommen keine trennscharfe Charakterisierung ermöglichen.

Wie steht es mit der *starken* Variante des Kriteriums? In ihr wird eine prinzipielle Trennung von Erlebnis und Ausdruck behauptet, und James scheint sich dieser Variante durchaus zuzuneigen. Wenn der Terminus »ineffability« wörtlich genommen wird, die Behauptung »the mystical state of mind *defies* expression« (Kursivie-

---

[237] *Th. Nagel, Subjective and objective,* in: *ders., Mortal Questions,* Cambridge: Cambridge University Press 1779, 201. Der klassische Aufsatz zu diesem Thema stammt ebenfalls von *Nagel: What is it like to be a bat?,* in: *Mortal Questions,* op. cit., 165–180. Er behandelt das Problem der Innenperspektive am Beispiel der Schwierigkeiten, die sich bei dem Versuch ergeben, über die Gattungsgrenze hinweg andere Lebensformen zu verstehen. Daß die Realität irreduzibel subjektive Aspekte einschließt, hat Nagel am ausführlichsten in seinem Buch *The View from Nowhere* op. cit.) dargelegt.

rung durch mich, M. J.) im strengen Sinn gelten soll, dann sind mystische Bewußtseinszustände in einem so eminenten Sinn privat, daß jede sprachliche Verständigung über sie vorab als sinnlos erscheinen muß. Die starke Variante des Kriteriums der Unsagbarkeit kommt einer *reductio ad absurdum* gleich. Denn worüber dann auch immer gesprochen würde, es wäre, als Sagbares, *ex definitione* nicht dasjenige, um das es in der Mystik geht. Streng genommen verbietet »ineffability« die Herstellung jedes Zusammenhangs zwischen phänomenalen Erlebnisqualitäten und sprachlich artikulierbaren Überzeugungen, also auch die Kennzeichnung *bestimmter* solcher Qualitäten als mystisch – eine Konsequenz, die nicht im Sinne des Erfinders liegen kann. Dem Begriff der Unsagbarkeit liegt häufig eine unhermeneutische Auffasssung von Erfahrung zugrunde, die übersieht, in wie hohem Maße jedes scheinbar unmittelbare Erlebnis in den Kontext einer symbolischen Tradition eingebettet ist und sein muß, um überhaupt als ein Erlebnis *von etwas* verständlich zu sein. Einen ähnlichen Einwand gegen die mystische Sprachbegrenzung hat Georg Misch formuliert: »Die Mystiker reden von dem αρρητον, der Unsagbarkeit des Geheimnisses des Sich-in-eins-Findens mit der Gottheit …« Dieser Sprechweise hält er entgegen: »Es muß doch der, der so spricht, dasjenige in Sicht haben, … wovon er erklärt: es auszusagen, reichen Worte der Sprache nicht aus. Eben damit, daß er es als unaussagbar bezeichnet, fixiert er es doch, deutet hin auf es, richtet unseren Blick auf dieses Dunkel oder, wie Platon sagt, blendend helle Licht.«[238]

Wie Stewart R. Sutherland gezeigt hat, kann die vorgebliche Transsymbolizität mystischer Phänomene benutzt werden, um eine scheinbare Immunität des erfahrenen Gehalts gegen kritische Einwände zu erreichen.[239] Präsentische Erfahrung wird dann als etwas bereits in sich sinnhaftes betrachtet, dessen Beziehungen zu seiner Artikulation und Interpretation kontingenter Natur sind. So kann ein identischer Kern mystischen Erlebens von seinen wechselnden Einkleidungen durch die religiösen Traditionen der Menschheit scheinbar unterschieden werden und es kommt zu der synkretisti-

---

[238] *G. Misch, Der Aufbau der Logik auf dem Boden der Philosophie des Lebens,* Göttinger Vorlesungen über Logik und Einleitung in die Theorie des Wissens, hrsg. v. *G. Kühne-Betram u. F. Rodi,* Freiburg/ München 1994, 80 f.
[239] Vgl. *St. R. Sutherland, Religion, Experience and Privacy,* in: Religious Studies 20 (1980), 121–132.

schen Behauptung, Meister Eckhart, der Mahayana-Buddhismus und die Upanishaden (usw. *ad infinitum*) hätten im Grunde die gleiche Erfahrung gemacht.[240] ›Unsagbarkeit‹ dient dabei als ein Mittel zur Abweisung von Kritik. Diese stoße nämlich immer nur auf die semantischen Unterschiede zwischen den Texten verschiedener religiöser Traditionen und verfehle damit das Wesentliche, den unsagbar-identischen Kern. Ist der Kern freilich wirklich unsagbar, dann muß seine Beschaffenheit ebenso offen bleiben wie die Frage seiner transkulturellen und transreligiösen Identität. Erst dort, wo die lange Kette historischer Bemühungen um eine Artikulation religiöser Erfahrungen als wesentliche Komponente ihres Begriffs betrachtet wird, werden überhaupt die sachlichen Voraussetzungen sichtbar, auf deren Grundlage eine Erörterung dieser Frage möglich wird. Im übrigen hat der apologetische Versuch, sich durch eine vorgeblich unmittelbare, vorsprachliche Erkenntnis des Religiösen gegen die differenzierende und kritische Arbeit des Begriffs zu immunisieren, schon im frühen Hegel einen scharfen Kritiker gefunden: »Dies eine Wissen,« so schreibt er in der Vorrede der *Phänomenologie des Geistes,* »daß im Absoluten alles gleich ist, der unterscheidenden und erfüllten oder Erfüllung suchenden und fordernden Erkenntnis entgegenzusetzen oder sein *Absolutes* für die Nacht auszugeben, worin, wie man zu sagen pflegt, alle Kühe schwarz sind, ist die Naivität der Leere an Erkenntnis.«[241]

Die hermeneutischen Interpreten und Kritiker Hegels – namentlich Dilthey – haben die idealistische Einsicht in die Universalität einer sprachlich-begrifflichen Vermittlung, die Differenzierungen geltend macht, gleichermaßen aufgenommen und modifiziert. So ist auch Diltheys Lehre vom ›objektiven Geist‹ von der Überzeugung geprägt, daß wir keinerlei Zugang zu uninterpretierter Wirklichkeit

---

[240] Als Beispiel für diese synkretistisch-apologetische Einstellung bringt Sutherland ein Zitat aus *Bede Griffiths* Buch *Return to the Centre:* »This is the mystery upon which both Indian and Chinese thought lighted in the sixth century before Christ. They called it Brahman, Atman, Nirvana, Tao, but these are only names for what cannot be named. We speak of ›God‹, but this also is only a name for this *inexpressible* Mystery. This Mystery lies behind all religion, from the most primitive to the most advanced.« (ebd., 122. Kursivierung M. J.) Die – auch von William James inspirierte – New-Age-Literatur bietet noch krassere Beispiele für hemmungslose Identifizierungen auf der Basis vager Analogien – einer Basis, deren Bestehen zudem noch gleichzeitig durch die Behauptung der Unsagbarkeit des Transzendenten wieder in Abrede gestellt wird.

[241] *G. W. F. Hegel, Phänomenologie des Geistes* (Bd. 3 der *Werke in 20 Bden,* hrsg. v. *E. Moldenhauer* u. *K. M. Michel*), Frankfurt 1970, 22.

haben, daß symbolische Strukturen noch die elementarsten Wahrnehmungsakte durchdringen.[242] Gegen Hegel macht die Hermeneutik aber die Irreduzibilität spontaner, instantaner, präsentischer, subjektiver Erfahrung geltend. Daß es keine uninterpretierte Erfahrung gibt, heißt nicht, daß Erfahrung nur Interpretation ist, oder, in der Sprache Hegels: die Vermitteltheit des Unvermittelten reduziert dieses nicht auf die dialektische Bewegung seiner Vermittlung. Diltheys Lehren von der schlechthinnigen Realität der gewahrten Bewußtseinstatsache, dem Zusammenspiel von Impuls und Widerstand, der irreduziblen Trias von ›Erlebnis-Ausdruck-Verstehen‹ deute ich als Ausdruck dieser Einsicht. Seine Hermeneutik grenzt sich gegen den empiristischen Fundamentalismus unvermittelter Wahrnehmungsgehalte genauso ab wie gegen die idealistische Tendenz, spontane Erfahrung in transitorische Stufen begrifflicher Vermittlung umzuwandeln. Die Religionstheorie von James hingegen ist bei allem Reichtum an Differenzierungen durch ein unvermitteltes Schwanken zwischen pragmatistischer Betonung des Kontextes und empiristischer Hochschätzung ›reiner‹ Erfahrung gekennzeichnet.

»Ineffability« kommt also nur in einem *schwachen* Sinn als Merkmal religiöser Erfahrung in Frage. Sie steht für den Eigensinn subjektiver Erfahrung gegenüber sprachlicher Intersubjektivität, für die Nichtreduzierbarkeit des Konkreten aufs Allgemeine *(»individuum est ineffabile«)* ein, darf jedoch nicht so verstanden werden, als ob mystische Erlebnisse aus dem Kontinuum unseres verstehenden Weltumgangs herausfielen. Meine Deutung bringt »ineffability« also zwar nicht mit einem spezifischen Merkmal mystischer Bewußtseinszustände, wohl aber mit einem inneren Merkmal jeder indivi-

---

[242] Im Gefolge der ›hermeneutischen‹ Aspekte von *Wittgensteins* Spätphilosophie hat sich auch in der analytischen Religionstheorie die Tendenz durchgesetzt, die ›fundamentalistische Epistemologie‹ des präsentischen Erfahrungsbegriffs zu kritisieren. Sehr differenziert und in großer begrifflicher Klarheit hat dies etwa *W. Proudfoot* (*Religious Experience*, op. cit.) geleistet. Aus der Perspektive einer hermeneutisch inspirierten Religionsphilosophie sind solche Analysen höchst wichtig, jedoch in zweifacher Hinsicht ergänzungsbedürftig. Zum einen müßte der Erfahrungsbegriff um seine historisch-soziale Komponente (objektiver Geist) erweitert werden, zum anderen darf die Einsicht in die zentrale Rolle von Begriffsschemata, grammatischen Regeln usw. von Erfahrung nicht dazu führen, daß ihre präsentische und subjektive Dimension völlig ausgeklammert wird. So bleibt nach der Lektüre von Proudfoots Buch die Frage unbeantwortet, warum es überhaupt sinnvoll ist, nicht nur von religiösen Sprachspielen, sozialen Interpretationen, expressiven Konventionen etc., sondern eben auch von religiöser Erfahrung zu sprechen.

duellen Erfahrung in Zusammenhang. In der Analyse von Wayne Proudfoot hingegen erscheint sie gänzlich auf eine Funktion innerhalb des religiösen Sprachspiels reduziert: »I shall argue that ineffability … is an artifact of the peculiar grammatical rules that govern the use of certain terms in particular religious contexts. (…) If it is to be an identifying characteristic of mystical experiences that they are ineffabile, then the rules that govern the use of the concepts that inform those experiences must be such as to preclude the experience being captured in words.«[243] Diese Interpretation hat ihre Berechtigung; nimmt man sie jedoch als *hinreichende* Erklärung, so verbaut man sich den hermeneutischen Zugang zu religiösen Phänomenen, der gerade das ›aufgespannte Verhältnis‹ zwischen dem individuellen Erlebnis und dem objektivem Geist als Deutungsrahmen fruchtbar machen will. Wenn Proudfoot gar behauptet: »direct acquaintance is neither *necessary* nor sufficient for understanding religious experience«[244], dann wird der subjektive Innenaspekt der Sache systematisch eliminiert. Nach meiner Auffassung hingegen ist ›direct acquaintance‹ für das Verständnis der *phänomenalen Qualität* religiöser Erfahrung in genau demselben Sinne erforderlich, in dem beispielsweise die phänomenale Qualität einer Migräneattacke nur von einem Migräniker verstanden werden kann. Der Alltagssprachgebrauch hat diesen Punkt sehr genau getroffen, wenn er das ›Mitreden-Können‹ an eigene Erfahrungen bindet.

Zusammenfassend läßt sich feststellen, daß »Unsagbarkeit« affirmative und negative Konnotationen hat: affirmativ kann das Prädikat gebraucht werden, weil es impliziert, daß es Aspekte der Wirklichkeit gibt, die einzig vorsprachlicher individueller Erfahrung zugänglich sind.[245] Negativ gewendet, meint der Begriff, daß Erfahrung auch Dimensionen beinhaltet, die von dem symbolischen Universum identifizierbarer Bedeutungen und Referenzen ausgeschlossen bleiben müssen.

»*Noetic quality*«: Sie unterscheidet mystische Erlebnisse nach James von affektiven Zuständen. »Although so similar to states of feeling, mystical states seem to those who experience them to be also

[243] *W. Proudfoot, Religious Experience*, op. cit., 125 f.; vgl. 124–136.

[244] Ebd., 132 (Kursivierung M. J.). Proudfoots Behandlung dieses Problems wird im Abschnitt 3.2.1. noch ausführlicher diskutiert.

[245] Ein unverfängliches Beispiel für einen solchen Aspekt: wie sich dasjenige für mich anfühlt, das ich unter einer medizinischen Beschreibung als »meine Migräne« identifizieren kann.

states of knowledge. They are states of insight into depths of truth unplumbed by the discursive intellect. They are illuminations, revelations, full of significance and importance, all inarticulate though they remain; and as a rule they carry with them a curious sense of authority for after-time.«[246] Wie ist dieses in mystischen Zuständen realisierte unmittelbare Wissen genauer zu verstehen? Schon die Abgrenzung zum gewöhnlichen affektiven Leben ist alles andere als einfach, denn schließlich haben alle Gefühle, seien sie intentional (Beispiel: Furcht) oder nicht (Beispiel: Angst) eine kognitive Komponente,[247] genau wie, nach der lebensphilosophischen Grundeinsicht, auch alle Kognitionen affektive Komponenten haben. Wer sich vor etwas fürchtet, dem ist der Gegenstand seiner Furcht eben als gefürchteter präsent, und auch wer ein nichtintentionales Gefühl der Angst empfindet, erfährt *etwas* über die Beschaffenheit seiner Psyche. Daß überhaupt etwas erkannt wird, reicht also als Unterscheidungskriterium nicht aus. Hier führt James' Hinweis weiter, daß die »noetic quality« im mystischen Erlebnis *als solche* erfahren wird. Bei profanen Gemütszuständen und Affektionen ist dies nicht der Fall; der kognitive Gehalt bleibt in der Regel unthematisch, wird nicht explizit miterfahren, sondern erst durch eine nachfolgende Reflexion ans Licht gebracht. Es bietet sich daher an, die *differentia specifica* des kognitiven Gehalts mystischer Erlebnisse in seinem expliziten Charakter zu sehen: die Selbstbeschreibungen solcher Bewußtseinzustände drücken die Überzeugung des Erlebnissubjektes aus, durch sie etwas über die Beschaffenheit der Realität erfahren zu haben. Ein weiterer Gegensatz zu den *nichtintentionalen* Gefühlen besteht dann darin, daß Realität hier eine objektive Bedeutung hat. Niemand würde einen Zustand als mystisch bezeichnen, dessen »noetic quality« sich ausschließlich auf innerpsychische Realitäten bezieht.

Weiterhin deutet James einen Gegensatz oder wenigstens prinzipiellen Unterschied zwischen mystischem und diskursivem Wissen an. Er scheint sich hier auf die seit Philon terminologisch geläufige,

---

[246] *W. James, The Varieties of Religious Experience,* op. cit., 343.

[247] Einen differenzierten Definitionsversuch, der diese Zusammenhänge berücksichtigt, hat *H. Fink-Eitel* vorgelegt: »Affekte sind leiblich fundierte, lebensgeschichtlich-psychisch vermittelte und *propositional-kognitiv geprägte,* innere Zustände, die zudem den überindividuellen Verhältnissen sozialer und kultureller Determination unterstehen.« (*Angst und Freiheit.* Überlegungen zur philosophischen Anthropologie, in: *Zur Philosophie der Gefühle,* hrsg. v. *H. Fink-Eitel* und *G. Lohmann,* Frankfurt 1993, 57)

aber schon bei Platon und Aristoteles der Sache nach vorhandene Unterscheidung von intuitiven und diskursiven Erkenntnisformen zu beziehen. Die Art und Weise, in der er das mystische Erkennen, ausgestattet mit den Attributen der Tiefe, Innerlichkeit und existenziellen Relevanz, dem Intellekt kontrastiert, erinnert unverkennbar an den lebensphilosophischen Dualismus Bergsons, wie er ihn am deutlichsten in seinem Werk *Die beiden Quellen der Moral und Religion* dargestellt hat.[248] James selbst äußert sich in der sechsten Vorlesung seiner Hibbert-Lectures (publiziert 1909 unter dem Titel *A Pluralistic Universe)* emphatisch zustimmend zu Bergsons Intuitionismus.[249] Für ein genaueres Verständnis dessen, was mit der »noetic quality« mystischer Zustände genau gemeint sein soll, ist diese Nähe zu Bergson aufschlußreich. Im *Pluralistic Universe* wird der französische Philosoph vor allem als Kritiker des Intellektualismus vorgestellt. James sieht in Bergson einen Gesinnungsgenossen im Kampf für die Einsicht, daß die disjunktiven Verfahrensweisen des begrifflich-logischen Denkens mit der unmittelbaren Gegebenheit der Realität im kontinuierlichen Fließen des Bewußtseinsstroms nicht kompatibel sind. Diese Position führt zur Abwertung begrifflicher Schemata und zur korrelativen Aufwertung unmittelbarer, direkter Erfahrung, die James in Anlehnung an Bergson als »Intuition« bezeichnet: »Thought deals thus solely with surfaces. It can name the thickness of reality, but it cannot fathom it, and its insufficiency here is essential and permanent, not temporary. – The only way in which to apprehend reality's thickness is either to experience it directly by being a part of reality one's self, or to evoke it in imagination by sympathetically divining some one else's inner life.«[250]

[248] Vgl. *H. Bergson, Die beiden Quellen der Moral und der Religion,* Jena 1933, bes. 243 ff.

[249] Abdruck in: *Writings 1902–1910*, op. cit., 731–755, bes. 741 ff. (Die deutsche Ausgabe [*Das Pluralistische Universum*. Vorlesungen über die gegenwärtige Lage der Philosophie, Leipzig 1914; Nachdruck Darmstadt 1994] ist editorisch und aufgrund ihrer ungenauen Übersetzung unbefriedigend.) Das oben erwähnte zusammenfassende Spätwerk Bergson erschien erst 1932. Über die Quellen seiner Bergson-Kenntnisse äußert James sich nicht; es steht jedoch zu vermuten, daß er sich in erster Linie auf den *Essai sur les donées immédiates de la conscience* (1889) und auf *Matière et mémoire* (1896) stützt. Vermutlich konnte er auch *L'évolution créatrice* (1907) noch heranziehen, ein Werk, dessen Affinität zu James' eigenem pragmatistischen Entwicklungsdenken offensichtlich ist.

[250] *W. James, A Pluralistic Universe*, op. cit., 745. – Mit dem der Hermeneutik spätestens seit *Schleiermacher* vertrauten Begriff der *Divination* macht James *ad hoc* eine

Die Bergson-Rezeption von James steht im engsten Zusammenhang mit der Entwicklung des radikalen Empirizismus und hat ihren sachlichen Kern darin, daß die empirizistisch fundamentale Relation von Konzept und Perzept mit der Bergsonschen Unterscheidung von Intellekt und Intuition parallelisiert wird. Intellektuelle Erkenntnis ist als pragmatischer Ersatz für ›direct acquaintance‹ unentbehrlich, aber die ›deeper features of reality‹ erschließen sich nur der instantanen Intuition, dem unmittelbaren Perzept. Auch die individuellen Bewußtseinszustände, um die es sich bei mystischer Erfahrung handelt, werden nicht durch Reflexion, sondern durch Wahrnehmung erkannt: »We know the inner movements of our spirit only perceptually.«[251] Der kognitive Charakter mystischer Erlebnisse wird von James, wie diese Überlegungen zeigen, nach dem Muster perzeptiv-intuitiver Erfahrung konzipiert. Den Kern mystischer Phänomene bildet die direkte Wahrnehmung des Göttlichen, und die Rechtfertigung von Glaubensüberzeugungen stellt einen Spezialfall der allgemeineren Frage dar, wie Wahrnehmungen ihr Subjekt darin rechtfertigen können, sich über die Präsenz des Perzeptes hinaus Vorstellungen und Begriffe von ihm zu bilden.[252] Auch die »noetic quality« kommt demnach als *spezifisches* Merkmal mystischer Erfahrung nicht in Frage. Der radikale Empirizismus des Jamesschen Spätwerks jedenfalls gebraucht das Vokabular der emphatischen Realitätsbegegnung für reine Erfahrung überhaupt. Autorität, Tiefe, Fülle, Gewißheit und ähnliches gelten als Attribute der ›direct acquaintance‹ im Unterschied zum bloß abgeleiteten ›knowledge

Möglichkeit geltend, unter Umgehung des Begrifflichen empathisch an der ›direct acquaintance‹ anderer Subjekte zu partizipieren. Daß die Konzepte des ›Sich-Hineinversetzens‹ und der ›Einfühlung‹ nicht zwangsläufig intuitionistisch verstanden werden müssen, habe ich am Beispiel *Diltheys* gezeigt. Vgl. vom Verf., *Dilthey zur Einführung*, op. cit., 170f.

251 *W. James, A Pluralistic Universe*, op. cit., 741.

252 *Bergsons* Überlegungen zum Problem der Existenz Gottes in der Schrift *Die beiden Quellen der Moral und der Religion* hätten sicherlich die volle Zustimmung James' gefunden: »Wenn die Mystik wirklich das ist, was wir oben gesagt haben, muß sie auch das Mittel darbieten, an das Problem der Existenz und der Natur Gottes gewissermaßen experimentell heranzugehen. Wir sehen übrigens nicht, wie die Philosophie es auf andre Weise angreifen könnte. Ganz allgemein glauben wir, daß ein existierendes Objekt ein solches ist, das wahrgenommen wird oder wahrgenommen werden könnte. Es ist also in einer wirklichen oder möglichen Erfahrung gegeben.« (Ebd., 238) *Mögliche* Erfahrung wird nach James durch ›concepts‹ repräsentiert, *wirkliche* durch ›percepts‹. Die Möglichkeit muß jedoch eine reale sein, d. h. in Wahrnehmung terminieren können.

about‹. Die emphatische Begrifflichkeit muß daher nochmals in einem *existenziell* zugespitzten Sinn interpretiert werden, um überhaupt die von James angezielte Eigentümlichkeit mystischer Erfahrungen zu treffen. Während nämlich Perzepte überhaupt Bedeutungen konstituieren, erfüllen doch nicht alle Bedeutungen das Kriterium existenzieller Relevanz. So sind beispielsweise für den empirizistischen Nominalismus die phänomenalen Qualitäten der entsprechenden Perzepte zwar das autoritative Kriterium für die Bedeutung des Begriffes ›Geranie‹; der existenziell-appellative Charakter mystischer Erfahrungen fehlt hier jedoch völlig. Die »noetic quality« muß eine das Erfahrungssubjekt in seinem Selbstvollzug betreffende Komponente haben. Eine Person, die von sich behauptete, sie habe Gott geschaut, diesem Ereignis gegenüber jedoch ganz gleichgültig bliebe, würde niemand als Mysiker bezeichnen.

James deutet, wie ich gezeigt habe, den Erkenntnischarakter des Mystischen seiner Erfahrungstheorie entsprechend im Sinne direkter Wahrnehmung. Die überragende Bedeutung mystischer Phänomene im religiösen Bereich erscheint einfach als eine Spezifizierung jenes Vorrangs, den ›direct acquaintance‹ in menschlicher Realitätserschließung überhaupt beanspruchen kann. Daraus ergibt sich nun das *Kardinalproblem der empiristischen Begründung religiösen Glaubens:* Wie ist es möglich, daß im mystischen Erleben, vorgängig zu allen begrifflichen Vermittlungen, nicht nur ein phänomenaler Gehalt *wahrgenommen,* sondern eine vom Subjekt unabhängige Realität *erkannt* wird? An dieser Frage scheitert der Versuch, religiöse Überzeugungen auf isolierte individuelle Erlebnisse begründen zu wollen. Das vorsprachliche Gewahren einer bestimmten Qualität läßt sich gar nicht in ein religiös signifikantens Wissen von etwas *als* etwas überführen, ohne dabei die Deutungssysteme einer kulturellen Tradition heranzuziehen. Unmittelbare Intentionalität und Referenz gibt es nicht, also auch keine Identifizierung von Erlebnissen als mystisch und glaubensbegründend, die von sprachlichen Voraussetzungen unabhängig wäre.

Die späten *Essays on Radical Empiricism* zeigen, daß James selbst sich der Schwierigkeit bewußt gewesen ist, den Gehalt einer Erfahrung sprach- und symbolfrei zu identifizieren. Vermutlich ist seine Identitätstheorie der ›pure experience‹ – also die These, daß reine Erfahrung keine Subjekt/Objekt-Unterscheidung kennt und daher nicht intentional ist – gerade als Lösungsversuch für diese Schwierigkeit konzipiert worden. Wie im zweiten Abschnitt dieses

Kapitels ausführlich gezeigt worden ist, besteht die Pointe seiner Konzeption darin, die Probleme der Identifizierung (Worum handelt es sich bei diesem Bewußtseinszustand eigentlich?) und der Referenz (Worauf bezieht sich dieser Bewußtseinszustand eigentlich?) als ein Sekundärprodukt der Reflexion darzustellen und damit aus dem Grundbegriff der Theorie fernzuhalten. Wenn ursprüngliche und reine Erfahrung, »undifferentiated into thing and thought«[253], die Sache selbst nicht nur *hat*, sondern *ist*, dann kann diese natürlich gar nicht verfehlt werden. So soll ein und dieselbe Sache, beispielsweise das Perzept eines Raumes, in epistemologischen und ontologischen Kontexten auftreten können. Je nachdem, welcher Kontext dominiert, findet dieser Vorstellung zufolge, wenn das Bild erlaubt ist, eine Art Wechsel von Stand- und Spielbein statt. »The room thus … gets counted twice over. It plays two different rôles, being *Gedanke* und *Gedachtes*, the thought-of-an-object, and the object-thought-of, both in one.«[254] Auf diese Art wäre es unmöglich, sich in reiner Erfahrung zu irren, weil Irrtum jene Differenz zwischen Gedanke und Gedachtem voraussetzt, die erst später hinzutritt.

Daß James' radikaler Lösungsversuch aporetischen Charakter hat, ist in der Literatur klar gesehen worden.[255] Für die religionsphilosophische Fragestellung dieser Studie kommt es aber vor allem auf die Einsicht an, daß er einer Umgehung des Referenzproblems dient. Wenn Erfahrung ursprünglich keine mehrstellige Relation, sondern eine differenzlose Einheit darstellt, ist die Frage »Wie können sich subjektive Bewußtseinszustände auf subjektunabhängige Realität beziehen?« sinnlos. Wird das empirizistische Identitätsmodell also auf mystisches Erleben angewandt, so folgt daraus dessen Nicht-Intentionalität. Mystik meint dann ursprünglich keine intuitive Erkenntnis *des* Göttlichen, sondern die *unio mystica:* Vorstellung und Sache, Subjekt und Objekt in primordialer Indifferenz. So betrachtet, kann sie jedoch niemals den Charakter eines Wissens haben, das immer Wissen *von* etwas ist. Zum Wissen wird reine Erfahrung erst dadurch, daß sie durch die Unterscheidung zwischen Subjekt und intentionalem Objekt ›verunreinigt‹ wird. Und wenn irgendeine Erfah-

[253] *W. James, A World of Pure Experience,* op. cit., 1175.

[254] *W. James, Does Consciousness Exist?,* op. cit., 1151.

[255] So nötigt er James beispielsweise dazu, perzeptiven Sinneseindrücken wie Gerüchen, Klängen oder Bildern physikalische Eigenschaften wie Ausdehnung, Härte oder Undurchdringlichkeit zuzuschreiben. Vgl. die kritischen Anmerkungen von *G. E. Myers, William James,* op. cit. 315 f.

rung als ›mystisch‹ spezifiziert wird, setzt dies immer schon eine bestimmte Charakterisierung ihres intentionalen Objektes voraus. Die Prädikate ›rein‹ und ›mystisch‹ sind miteinander unverträglich, weil letzteres eine Bestimmung des Erfahrungsgehalts impliziert, die unmöglich bleibt, solange gar kein vom Akt unterscheidbarer Gehalt angenommen wird. Jeder Versuch also, mystische Erfahrung von anderen Lebensvollzügen zu unterscheiden, muß durch die Hintertür eben jene Dualität von Subjekt und Objekt wieder einführen, die durch den Begriff des reinen Perzepts gerade unterlaufen werden sollte.

Die Rede von einer »noetic quality« der mystischen Bewußtseinszustände ist mehrdeutig. Wenn sie sich allein auf die phänomenale Qualität bezieht, die ein bestimmter Zustand aus der Innenperspektive des Subjektes hat, ist diese zwar in einem gewissen Sinne tatsächlich gegen Irrtum immun, weil Wahrnehmung und Sein dann zusammenfallen, wie eine Gefühlsqualität damit zusammenfällt, *daß* ich sie fühle: ich kann etwas nicht als etwas anderes *fühlen*. Sobald dieses ›etwas‹ jedoch *als* etwas identifiziert werden soll, das reine Gewahren in ein Erkennen übergeht, muß es sprachlich fixiert und von anderem unterschieden werden. Die Möglichkeit eines doppelten Irrtums wird damit unabweisbar: eine Sache kann falsch identifiziert werden (ich kann eine phänomenale Qualität einer beginnenden Migräneattacke zuordnen, die sich dann als banaler Übermüdungskopfschmerz erweist) und ein intentionales Objekt kann fälschlich als real genommen werden (die drohende Gestalt am dunklen Wegesrand kann sich als Baumstumpf erweisen). Es ist klar, daß die »noetic quality« von mystischen Bewußtseinszuständen nur dann irgendwelche Begründungsfunktionen – und sei es auch nur für das Subjekt dieser Zustände – übernehmen kann, wenn sie in diesem zweiten Sinn verstanden wird. In mystischer Erfahrung muß *etwas Bestimmtes* erfahren worden sein, damit sie überhaupt mit den Vorstellungen des Göttlichen, Transzendenten, Jenseitigen in Zusammenhang gebracht werden kann. Sofern mystische Bewußtseinszustände einen intentionalen Gehalt haben, sind sie untrennbar mit den symbolischen Strukturen unseres Weltverständnisses verbunden und können daher diesen nicht fundierend zugrunde gelegt werden. Mit bewußter Umkehrung der radikalempirizistischen Argumentation formuliert: erst durch ›knowledge about‹ erweist sich ›direct acquaintance‹ als Vertrautheit mit *etwas*. Der zweite Begriff ist zwar von James auf die vermeintlich prädisjunktive reine Erfahrung zugeschnitten worden, hat aber dennoch relationalen Charakter. Vertrautheit ist ohne ein Subjekt und einen von ihm unterschiedenen Gegenstand bzw. Sachverhalt, mit dem dieses Subjekt vertraut ist, gar nicht vorstellbar. Und nur deshalb, weil symbolische Bedeutungen schon in die Beschreibung des Erlebnisses eingehen, kann das Erlebnis als etwas angesehen werden, das subjektunabhängige Realität erschließt.[256]

Für sich und isoliert von den symbolischen Formen der Kultur betrachtet, können mystische Bewußtseinszustände also nur eine schwache »noetic quality« haben, die nicht über das reine Spüren der phänomenalen Qualität hinausgeht. Wie kommt es dann aber, daß James ihnen eine darüber hinausgehende Bedeutung für die Begründung des religiösen Glaubens zuerkennt, sie gar zum argumentativen Mittelpunkt seiner Religionstheorie macht? Diese Frage gewinnt an Dringlichkeit, wenn man James' Position als theoretischen Ausdruck einer vermutlich weithin konsensfähigen common-sense-Überzeugung erkennt: des Glaubens nämlich, die Stimme persönlicher Erfahrung spreche mit zwingender, rechtfertigender Evidenz. Ihm liegt die wichtige Einsicht zugrunde, daß individuelle Lebensvollzüge auch aus der unvertretbaren Innenperspektive der betreffenden Person gerechtfertigt werden müssen. Im besonderen Maße gilt dies von religiösen Lebensentwürfen, weshalb wohl niemand jemals durch einen Gottesbeweis zum Glauben gebracht worden ist. James scheint diese Einsicht nun aber so zu interpretieren, als ob der sachliche Vorrang der Innenperspektive eine methodische Abwertung des sprachlich und kulturell Allgemeinen (Diltheys objektiver Geist) erzwänge. Möglich wird eine solche isolierende Behandlung des Individuellen nur durch ein Mißverständnis hinsichtlich der Reinheit direkter Erfahrung. ›Rein‹ ist diese nämlich, wie ich oben gezeigt habe, nur in dem Sinn, daß ihre Vermitteltheit durch den objektiven Geist im Akt der Erfahrung selbst nicht miterfahren wird. Die Absenz der Vermittlungen im Vollzug qualifiziert diesen zu einer Erfahrung der Unmittelbarkeit, was jedoch nicht mit einer un-

[256] Die hermeneutische Bedeutungstheorie erlaubt es, dieses Verhältnis noch sehr viel differenzierter, nämlich als eine Reziprozität von Erlebnis, Ausdruck und Verstehen zu denken. Das spontan-präsentische Moment der Erfahrung ist in disponierende, nicht jedoch determinierende Kontexte eingebettet, die ihrerseits durch den aktuellen Verlauf von Erfahrung modifiziert und weiterbestimmt werden. So besteht zwischen symbolischen Strukturen und individuell-konkretem Erleben ein wechselseitiges Bedingungsverhältnis, das nicht in ein einseitiges Abhängigkeitsverhältnis umgedeutet werden darf.

mittelbaren Erfahrung verwechselt werden darf.[257] In den *Principles of Psychology* hat James selbst die hilfreiche Unterscheidung zwischen ›direct‹ und ›retrospective awareness‹ eingeführt.[258] ›Direct awareness‹, Erfahrung in ihrem Vollzug, geht in diesem distanzlos auf und kann daher phänomenal den Anschein von ›Reinheit‹ im starken Sinn (Abwesenheit aller symbolischen Vermittlungen) hervorrufen. Die ›retrospective awareness‹ macht jedoch diese Vermittlung sichtbar, indem sie es unternimmt, den intentionalen Gehalt der Erfahrung zu bestimmen. Der methodische Fehler besteht nun meines Erachtens darin, daß James diesen symbolisch artikulierten Gehalt als eine immanente Qualität direkter Erfahrung betrachtet, die ihr bereits unabhängig von allen Symbolsystemen zukommen soll. Die Beziehung retrospektiver auf reine Erfahrung ist nach dem paradoxen Modell der Lektüre eines vorsprachlichen Textes gedacht: der religiöse Sinn des mystischen Erlebnisses erscheint als etwas in sich bereits Bestimmtes, das durch adäquate Beschreibung nur noch zu möglichst klarem Ausdruck gebracht werden muß.

Mit dieser Idee einer streng privaten und doch intentional gehaltvollen Erfahrung ist James empirizistischer Begründungsversuch für religiöse Überzeugungen eng verknüpft. Wie später Bergson möchte er – in einem Zuge mit individueller Rechtfertigung – die *Wahrheit* solcher Überzeugungen dem mystischen Prüfverfahren unterwerfen. Damit soll gleichzeitig der Zusammenhang mit dem pragmatistischen Kriterium der Lebensdienlichkeit wieder hergestellt werden. Nützlichkeit gilt James eben nur deshalb als Indikator für Wahrheit, weil jene diese seiner Meinung nach zur Voraussetzung hat. »Mystical condition may, therefore, render the soul more energetic in the lines which their inspiration favors. But this could be reckoned an advantage only in case the inspiration were a true one. If the inspiration were erroneus, the energy would be all the more mistaken and misbegotten.[259] So we stand once more before that problem of truth which confronted us at the end of the lectures on saintliness. You will remember that we turned to mysticism pre-

[257] Vgl. *W. Proudfoot, Religious Experience,* op. cit., 62: »A moment of consciousness may seem to be immediate and noninferential, but that in itself provides no assurance that it is not the result of inference or that it does not assume antecedent concepts.«

[258] Vgl. oben, S. 174f.

[259] Dieser Satz würde, wie ich oben im Abschnitt 2.3 gezeigt habe, nur gelten, wenn der Glaube an einen Sachverhalt nur unter der Voraussetzung reale Wirkungen hervorbringen könnte, daß letzterer auch tatsächlich besteht. Dies ist natürlich keineswegs der Fall.

cisely to get some light on truth. Do mystical states establish the truth of those theological affections in which the saintly life has its root?«[260]

Mystischen Erfahrungen kommt eben deshalb kardinale Bedeutung zu, weil sie eine empirische Begründung der Wahrheit religiöser Überzeugungen ermöglichen sollen. Andere als empirische Begründungsformen sind im radikalen Empirizismus schon darum nicht vorgesehen, weil begriffliche Konstruktionen immer auf perzeptive Einlösung abzielen. Diesem Verhältnis epistemischer Abkünftigkeit entspricht in der sozialen Realität der ›second-hand‹-Charakter des religiösen Alltagslebens, das allein durch Partizipation am mystischen Bewußtsein gerechtfertigt werden kann.[261] Die Struktur des damit angenommenen Begründungsmodells erläutert James in drei Schritten:

»(1) Mystical states, when well developed, usually are, and have the right to be, absolutely authoritative over the individuals to whom they come.

(2) No authority emanates from them which should make it a duty for those who stand outside of them to accept their revelations uncritically.

(3) They brake down the authority of the non-mystical or rationalistic consciousness, based upon the understanding and the senses alone. They show it to be only one kind of consciousness. They open out the possibility of other orders of truth, in which, so far as anything in us vitally responds to them, we may freely continue to have faith.«[262]

---

[260] *W. James, The Varieties of Religious Experience,* op. cit., 375.

[261] Dieser Zug des Empirizismus läßt sich am wenigsten mit den pragmatistischen Grundannahmen von James vereinbaren. Denn in sozialphilosophischer Hinsicht ist das pragmatistische Denken ganz von jener »Affirmation of Ordinary Life« durchdrungen, die *Ch. Taylor* treffend als einen Grundzug der Moderne herausgearbeitet hat (vgl. ders., *Sources of the Self.* The Making of the Modern Identity, Cambridge: Harvard University Press 1989, Part III). Der epistemologische Individualismus ist zwar prinzipiell egalitär, solange er auf perzeptive Erfahrung angewandt wird: es gibt keine Unterschiede zwischen der Masse und wenigen Auserwählten, was sinnliche Wahrnehmungen betrifft. Sobald jedoch dieses Wahrnehmungsmodell auf den religiösen Bereich ausgedehnt wird, schlägt es in eine elitäre Konzeption um. An die Stelle einer durch jedes Individuum möglichen direkten Verifizierung (»Überzeuge Dich selbst!«), tritt die Fundierung des Glaubens der Vielen durch die perzeptiven Erfahrungen der Mystiker.

[262] *W. James, The Varieties of Religious Experience,* op. cit., 381.

(1) Nach James sind mystische Erfahrungen für ihre Subjekte von absoluter Autorität. Wenn sich diese Autorität nicht in dem trivialen Sachverhalt erschöpfen soll, daß am Gewahren einer phänomenenalen Qualität kein Zweifel möglich ist, dann muß sie sich auf die *Wahrheit* des intentionalen Gehalts beziehen. Wer beispielsweise glaubt, in einem mystischen Bewußtseinszustand dem auferstandenen Christus begegnet zu sein, der ist nach dieser These autoritativ darin gerechtfertigt, daran zu glauben, daß Jesus wirklich auferstanden ist. Problematisch an These (1) ist nicht etwa die Behauptung, individuelle Erfahrung sei für das betreffende Subjekt autoritativ, sondern der vorgeblich *absolute* Charakter dieser Autorität: »The mystic is … *invulnerable*, and must be left, whether we relish it or not, in undisturbed enjoyment of his creed.«[263] Bei James sieht es so aus, als ob religiöse Überzeugungen unabhängig von sozialen, traditionellen, ganz allgemein von symbolisch repräsentierten Voraussetzungen identifiziert und gerechtfertigt werden könnten. Ich habe nun schon darauf hingewiesen, daß es ohne Rückgriff auf symbolische Strukturen unmöglich ist, auch nur den intentionalen Gehalt von Erfahrungen zu bestimmen. Der Mystiker kann also allein durch die Vermittlung einer bestimmten religiösen Tradition überhaupt wissen, *was* er im mystischen Erlebnis erfahren hat. Dieser Sachverhalt wird durch die zahlreichen Erlebnisprotokolle, die James in den *Varieties* versammelt hat, nachdrücklich bestätigt. Die Innenperspektive des mystischen Erlebnisses können sie nur in einer doppelten Brechung erschließen. Es handelt sich nämlich a.) um sprachliche Ausdrucksgestalten, die b.) nicht aus dem Erlebnis selbst, sondern aus einer ›retrospective awareness‹ gewonnen sind, die sich auf die ›direct awareness‹ erinnernd bezieht. Schon deshalb ist die Beschreibung des Erlebnisgehalts immer durchdrungen von den spezifischen Vorstellungen der jeweiligen religiösen Herkunftstradition. Im Falle des theoretischen Zugriffs auf solche Protokolle kommt noch erschwerend hinzu, daß keine Identität der Person erlebendes und verstehendes Subjekt verbindet. Ob zwischen der phänomenalen Qualität des Erlebnisses und seinem symbolischen, von der Tradition mitgeprägten Ausdruck überhaupt ein Passungsverhältnis besteht, kann nun aber auch für das Subjekt selbst nicht Gegenstand eines autoritativen Evidenzerlebnisses sein – dieses müßte dann wiederum zwecks Bestimmung seines Gehalts sprachlich gedeutet werden und

[263] Ebd., 382.

dadurch das Problem reproduzieren. Die Autorität des mystischen Erlebnisses ist, soweit sie sich auf Geltungsansprüche bezieht, nicht absolut, sondern stellt die religiöse Erscheinungsform desselben Strukturmoments von Subjektivität dar, das ebenso der »Ineffability« zugrunde liegt. Dieses Moment besteht in der Nichtobjektivierbarkeit der subjektiven Innenperspektive.

(2) Sie ist es auch, von der die Autorität des Mystikers beschränkt wird. James selbst hat deutlich gesehen, daß die Beziehung zwischen dem phänomenalen Aspekt – den Gefühlszuständen, leiblichen Erregungen etc. – und dem intentionalen Gehalt der Erlebnisse *kontingent* ist. »The fact is that the mystical feeling of enlargement, union and emancipation has no specific intellectual content whatever of its own. It is capable of forming matrimonial alliances with material furnished by the most diverse philosophies and theologies, provided only they can find a place in their framework for its peculiar emotional mood.«[264] Dennoch läßt er diese wichtige Einsicht nicht als Einwand gegen seine These (1) gelten, die mystischen Erlebnissen absolute Autorität für den Glauben der betreffenden Individuen zuerkennt. James gerät hier in eine schwierige Situation: Gesteht er zu, daß solche Erlebnisse unabhängig von ihrer Deutung im Rahmen einer religiösen Tradition überhaupt keinen bestimmbaren Bezug auf außersubjektive Realität haben können, dann wird die Begründungslast wieder auf diese Tradition zurückverlagert und der empirizistische Ansatz bei individueller Erfahrung muß aufgegeben werden. Behauptet er aber umgekehrt, im mystischen Bewußtseinszustand werde ein intentionaler Gehalt präreflexiv und traditionsunabhängig erschlossen, dann kommt er mit seiner eigenen Einsicht in Konflikt, daß es keinen »specific intellectual content« solcher Zustände gibt. James behilft sich mit der Annahme einer vagen – und dann eben doch vorsprachlichen – Intentionalität mystischer Erfahrung, die keinen bestimmten Glauben, sondern nur eine religiöse Lebenseinstellung überhaupt legitimieren soll. »We have no right, therefore, to invoke its prestige as distinctively in favor of any special belief, such as that in absolute idealism, or in the absolute monistic identity, or in the absolute goodness, of the world. It is only relatively in favor of all these things – it passes out of the common human consciousness in the direction in which they lie.«[265]

---

[264] Ebd., 383 f.
[265] Ebd., 384.

Damit wird freilich die Begründungsleistung der Mystik erheblich relativiert, und zwar auch hinsichtlich der Glaubensüberzeugungen des Mystikers selbst. Warum sollten seine entsprechenden Erfahrungen ihn – über eine allgemein-religiöse Disposition hinaus – in der Annahme eines konkreten Glaubens rechtfertigen, wenn die Verbindung von mystischem Gefühl und geistigem Gehalt nur kontingent ist? Von der Wahrheit seines *speziellen* Glaubens kann also der Mystiker – und *a fortiori* der an seinen Erfahrungen partizipierende normale Gläubige – nicht allein aufgrund mystischer Bewußtseinszustände überzeugt sein. Fraglich muß darüber hinaus auch bleiben, ob es überhaupt möglich ist, bestimmte Bewußtseinszustände unabhängig von diskursiven Voraussetzungen als ›religiös‹ oder ›mystisch‹ in einem allgemeinen Sinn zu klassifizieren. Bei dem Begriff einer konfessionell unspezifischen, allgemein religiösen Erfahrung handelt es sich nämlich um eine geschichtlich erst spät entstandene Interpretationskategorie, die eng mit den universalistischen Zügen der abendländischen Geistesgeschichte verknüpft ist.

(3) Mit der dritten These zieht sich James auf das nackte »daß« mystischer Bewußtseinszustände zurück, deren Bestehen die Möglichkeit einer anderen, supranaturalistischen Ordnung der Dinge eröffne: »the existence of mystical states absolutely overthrows the pretension of non-mystical states to be the sole and ultimate dictators of what we may believe.«[266] Die Begründungsfunktion mystischer Erfahrungen erscheint hier in einer neuen Beleuchtung, die sich dann einstellt, wenn die unter (2) diskutierten Einwände in ihrem vollen Gewicht berücksichtigt werden. Von Begründung in dem fundamentalistischen Sinn des radikalen Empirizismus ist hier gar nicht mehr die Rede, sowenig wie von dem Zweistufenmodell, in dem die mystischen Perzepte der religiösen Genies den sekundären Glaubensüberzeugungen ihrer Nachfolger als Grundlage dienen. James reagiert mit seiner dritten These darauf, daß die Innenperspektive des mystischen Subjektes keine intersubjektiven Verbindlichkeiten zu stiften imstande ist. Was dem Mystiker autoritative Gewißheit sein mag, stellt sich aus der Perspektive des mystisch interessierten Nichtmystikers – James' eigenem Standpunkt – als eine *Hypothese* dar, zu der zustimmend oder ablehnend Stellung genommen werden

[266] Ebd., 385.

muß.[267] Der Übergang vom mystischen ›Ich‹ zur Sichtweise eines nicht direkt betroffenen Subjekts, das nach einer verantwortbaren Urteilsbildung in religiösen Fragen sucht, wird damit als eine Art von ›modaler Transformation‹[268] beschrieben. In ihr verwandeln sich private Erfahrungen in öffentliche, reale Möglichkeiten der Wirklichkeitsdeutung, die einen identifizierbaren Gehalt aufweisen und kritisierbare Geltungsansprüche erheben. Diesen Grundgedanken werde ich im folgenden Teil weiter ausbauen.

Die beiden noch nicht behandelten Kriterien mystischer Erfahrung, »*transiency*« und »*passivity*«, spezifizieren allgemeine Eigenschaften von Wahrnehmungen. »*Transiency*« bezieht sich auf den präsentischen Charakter einschlägiger Erlebnisse, die gewöhnlich nur kurze Zeit andauern, um bald dem gewöhnlichen Bewußtseinszustand zu weichen. So können sie nur in Gestalt tief eingeprägter Erinnerungsspuren ihre lebensorientierende Kraft entfalten, die, wie James betont, nicht davon abhängt, ob das betreffende Individuum die phänomenale Qualität des Erlebnisses vollgültig reproduzieren kann.

Problematischer ist die Auslegung, die James dem letzten Kriterium, der »*passivity*«, zuteil werden läßt: »Although the oncoming of mystical states may be facilitated by preliminary voluntary operations, as by fixing the attention, or going through certain bodily performances, or in other ways which manuals of mysticism perscribe; yet when the characteristic sort of consicousness once has set in, the mystic feels as if his own will were in abeyance, and indeed sometimes as if he were grasped and held by a superior power.«[269] Daß mystische Erlebnisse normalerweise zeitlich in einen sehr spezifischen, von Traditionen geformten Kontext disponierender Praktiken eingebettet sind,[270] soll an der reinen Passivität ihres präsentischen Kerns nichts ändern. James unterscheidet hier nicht zwischen

---

[267] Vgl. ebd., 386: »Mystical states … offer us *hypotheses*, hypotheses which we may voluntarily ignore, but which as thinkers we cannot possibly upset.«

[268] Den Begriff übernehme ich von *H. Schrödter*, der damit die Eigenart des philosophischen Zugangs zu religiösen Vollzügen kennzeichnet, eine »Transformation von Wirklichkeit in Möglichkeit« (*Erfahrung und Transzendenz*, op. cit., 154.) darzustellen. – Vgl. auch unten, 3.1. u. 3.2.1.

[269] *W. James, The Varieties of Religious Experience*, op. cit., 343 f.

[270] Einen transkulturellen Überblick über die Vielzahl und inhaltliche Diversität solcher Praktiken vermittelt das Kap. »Die Psychologie der Mystik«, in: *H. Sundén, Religionspsychologie*. Probleme und Methoden, Stuttgart 1992. – Sundén hat auch eine psychologische Theorie religiöser Erfahrung ausgearbeitet, die den inneren Zusammenhang

dem subjektiven Eindruck von Passivität und der faktischen Abwesenheit aktiver Impulse und ist daher gezwungen, die Selbstinterpretation des mystischen Subjekts zu übernehmen. Deskriptiv ist es sicher zutreffend, daß sich mystische Erfahrungen durch ein Gefühl des Überwältigtwerdens auszeichnen; daraus folgt aber nur, daß das Subjekt im Vollzug kein Bewußtsein von aktiv-formenden Komponenten der Erfahrung gehabt hat und daher alle Erfahrungsgehalte dem intentionalen Objekt, nicht etwa den strukturierenden Perzeptionsschemata zuschreibt. Hier sind die gleichen Bedenken angebracht, die ich oben im Hinblick auf die Kategorie der »Unmittelbarkeit« entwickelt hatte: Sowenig, wie die Erfahrung von Unmittelbarkeit auch eine unmittelbare Erfahrung sein muß, sowenig nötigt der subjektive Eindruck von Passivität dazu, mystische Erfahrungen auch tatsächlich so zu verstehen. Eine angemessene Deutung hat zwar die Passivität als deskriptives Merkmal gelten zu lassen, kann sie aber durchaus als notwendigen Schein des Vollzugs interpretieren, der durch die reflexive Wendung auf den Akt selbst zum Verschwinden gebracht wird. Dieser Hinweis ist nicht unwichtig. Wird die These von der Passivität mystischer Erfahrung nämlich akzeptiert, ist der Interpret gezwungen, ihren Gehalt als Produkt ihres intentionalen Objektes vorzustellen. Religionskritische Erklärungen wären damit gegenstandslos. Wenn mystische Erfahrung jedoch, wie hier vertreten, vom Subjekt in einer Weise mitgeformt wird, die diesem *intentione recta* gar nicht bewußt ist, dann besteht die Möglichkeit, diesen Gehalt auch areligiös zu erklären. Ob solche Erklärungen, etwa mittels sozialpsychologischer, sexualtheoretischer oder tiefenpsychologischer Kategorien,[271] stichhaltig sind, ist eine völlig andere Frage. Ihre Möglichkeit ist jedenfalls prinzipiell einzuräumen, wenn die Erfahrung von Unmittelbarkeit und Passivität kein sicheres Indiz für das tatsächliche Vorliegen dieser Eigenschaften darstellt.

Unaussprechlichkeit, noetische Qualität, Flüchtigkeit und *Passsivität* bilden nach James die notwendigen und hinreichenden Krite-

---

zwischen individueller Religiosität und traditionell-institutioneller Religion mit Hilfe des Strukturbegriffs der ›Rolle‹ bzw. ›Rollenübernahme‹ (vgl. ebd., 33–49) expliziert.

[271] Durch das Werk des Religionspsychologen *James H. Leuba*, das er häufig zitiert (vgl. in den *Varieties* 32, 187, 189, 227,453), war James mit solchen reduktionistischen Erklärungen wohl vertraut. Leuba hatte in zahlreichen Studien seit 1896 (*A Study in the Psychology of Religious Phenomena*) eine sozialpsychologische Deutung religiöser Phänomene vorgeschlagen. In der 1929 erschienen Schrift *The Psychology of Religious Mysticism* werden dann mystische Ekstasen auf sexuelle Defizite zurückgeführt.

rien, durch die ein bestimmter Bewußtseinszustand als ›mystisch‹ identifiziert werden kann. Die genauere Untersuchung dieser Kriterien hat freilich ergeben, daß es sich um allgemeine Strukturmerkmale menschlicher Subjektivität bzw. um Eigenschaften binnenperspektivischer Wahrnehmung handelt, die es für sich genommen nicht gestatten, mystische Erfahrungen als eine Bewußtseinsform eigenen Rechts zu begreifen. Häufig gelingt nun die trennscharfe Identifizierung eines mentalen Zustandes durch die Bestimmung seines intentionalen Objekts. Appetit auf Äpfel unterscheidet sich von Appetit auf Pfirsiche durch die Differenz der begehrten Gegenstände. Im Hinblick auf die gegenständliche Bestimmung des Mystischen vertritt James jedoch keine klare Position. Soweit er sich konsequent im argumentativen Rahmen des radikalen Empirizismus bewegt, gelten mystische Phänomene – wie Perzepte überhaupt – als nichtintentional. Sie *haben* kein Objekt, sie *sind* es – ebensosehr, wie sie subjektiv sind. Erst retrospektiv wird ihnen ein bestimmter Bezug zugeschrieben, wobei unklar bleibt, wie und nach welchen Kriterien das retrospektive Bewußtsein es zustande bringt, die primordiale Einheit von Wissen und Gewußtem aufzuspalten. Diese Position hat – von ihren sonstigen Schwierigkeiten abgesehen – den Nachteil, eine ›Differentialdiagnose‹ des Mystischen unmöglich zu machen. Deshalb neigt sich James in den *Varieties* eher einer anderen Deutung zu, für die mystische Zustände intrinsisch mit einer vagen, präreflexiven Intentionalität ausgestattet sind. Wie diese als solche unabhängig von sprachlichen Bestimmungen des intentionalen Gehalts zu identifizieren sei, läßt er ebenfalls im Unklaren. Mit dem obigem Beispiel wären mystische Erfahrungen dann dem Appetit auf Obst an sich zu vergleichen, den schon Hegel als falsche Abstraktion kritisiert hatte. Bei James sieht es, um im Bild zu bleiben, gelegentlich so aus, als ob dieser unspezifische Appetit dem konkreten Verlangen nach Äpfeln, Pfirsichen uw. fundierend vorausläge. Die Glaubensüberzeugungen der einzelnen Religionen werden dabei als Sekundärbildungen der urspünglichen Transzendenzorientierung verstanden, deren Begriff sich doch seinerseits erst aus einer Abstraktionsleistung ergibt, die geschichtliche Religiosität zu ihrer Voraussetzung hat.

In den *Varieties* hat William James versucht, den *Wahrheitsanspruch* religiöser Erfahrung im Rekurs auf mystische Phänomene zu begründen, die nach dem Modell individueller direkter Wahrnehmungen rekonstruiert werden. Motiviert ist diese Wendung zum mystischen Perzept von der empirizistischen Überzeugung, symbolisch vermittelte Zugänge zur Realität seien gegenüber unmittelbarer Erfahrung zweitrangig. Die Analyse des Jamesschen Rekonstruktionsversuchs hat jedoch zum Resultat, daß die »noetic quality« des mystischen Erlebens, soweit sie das Subjekt mit einer von ihm unabhängigen Wirklichkeit verbinden soll, nicht unmittelbar gegeben ist, sondern eine religiöse Tradition voraussetzt, durch deren Begriffe der kognitive Gehalt identifiziert werden kann. Ohne diese Identifizierung läßt sich die Wahrheitsfrage nicht einmal stellen, weil dann gar kein intentionales Objekt vorliegt, nach dessen transsubjektiver Realität gefragt werden könnte. Dem empirizistischen Begründungsversuch muß die Bestimmung dessen, was eigentlich begründet werden soll, mißlingen, weil er die spontane und präsentische Komponente der Erfahrung von ihrem symbolisch vermittelten Kontext isoliert. Verstanden werden können, mit Dilthey zu reden, nur Erlebnis*ausdrücke,* nicht die unartikulierten Erlebnisse selbst. Daß ein nichtintentionales mystisches Bewußtsein keine Referenzprobleme kennt, gereicht ihm in dieser Hinsicht sehr zum Nachteil, denn jedes Begründungsverfahren bedarf eines geglaubten *Gehalts.* Solange religiöser Glaube Glaube *an etwas* ist, kann er durch präreflexive Einheitserlebnisse nicht begründet werden. Nur umgekehrt funktioniert die Sache: mystische Erlebnisse bedürfen der artikulierten und differenzierten Welt sozialer Bedeutungen als ›Widerlager‹, von dem sie sich in Gestalt einer bestimmten Negation abstoßen. Nur dort kann sinnvoll von religiöser Erfahrung gesprochen werden, wo ihr Subjekt sich der Anstrengung unterzieht, den Gehalt seines Erlebens durch intersubjektiv gebräuchliche Zeichen zu bestimmen.

Zweiter Hauptteil

Grundzüge einer hermeneutisch-pragmatischen Theorie religiöser Erfahrung

3.1. Religiöse Erfahrung und Artikulation

Wilhelm Dilthey und William James suchen am Ende des 19. Jahrhunderts, weitgehend unabhängig voneinander und doch in sachlicher Verwandtschaft, nach einer philosophischen Konzeption unreduzierter Erfahrung jenseits von Metaphysik und szientifischem Naturalismus. Beide sehen in religiös geprägten Wirklichkeitszugängen exemplarische Fälle dieses lebensweltlichen Typs von Erfahrung und arbeiten auf eine Revision epistemologischer Traditionen hin, die deren eigensinnige Rationalität zu denken gestattet. Diese Bemühungen sind jedoch in hohem Maß von fundamentalistischen Hintergrundannahmen verzerrt, die den Begriff des unreduzierten Phänomens mit Begründungslasten befrachten, die er zu tragen außerstande ist. So hält Dilthey selbst dann noch, als er die Orientierung an der Idee eines vermittlungsfrei Gegebenen als Begründungsinstanz aufgegeben hat, an der Immanenz des objektiven Geistes fest und entwickelt eine Theorie der Bedeutung ohne Referenz. Und auch James bleibt, mit dem pragmatistischen Konsequentialismus unzufrieden, an der Idee der Begründung durch Rekurs auf Selbstgegebenes orientiert. Das Resümee des rekonstruktiven Teils muß in dieser Hinsicht negativ ausfallen: Es gelingt auch mit Hilfe eines lebensphilosophisch-pragmatistisch erweiterten Erfahrungsbegriffs nicht, das empiristische Fundierungskonzept in die Religionsphilosophie zu integrieren. Die Vorstellung, innere Erlebnisse, reine Erfahrungen, prädiskursive Perzepte, gewahrte Bewußtseinstatsachen oder ähnliche Phänomene könnten also solche ein sicheres Fundament für religiöse Überzeugungen abgeben, muß rückhaltlos aufgegeben werden. Ein *fundamentum inconcussum* ist aus der Analyse lebensweltlicher Erfahrung nicht zu gewinnen – selbst dann nicht, wenn man seine Tragkraft auf jeweils einzelne Personen, die Subjekte entsprechender Erlebnisse, beschränken wollte.

Diese Analyse, wie sie Dilthey und James weit vorangetrieben haben, belehrt im Gegenteil darüber, daß religiöse Überzeugungen und zumal die in ihnen enthaltenen Geltungsansprüche nicht an den Phänomenen gleichsam abgelesen sind, sondern daß sie im strukturierten Prozeß der Erfahrung durch Artikulation des gelebten Lebens hervorgebracht werden. Es gilt also, die hermeneutischen und pragmatistischen Einsichten in diesen Prozeß, in die Logik der Bedeutungsbildung und die Eigentümlichkeiten der lebensweltlichen Perspektive weiterzuentwickeln. Die besonders von Dilthey ausgeklammerte Frage nach transphänomenaler Referenz, nach den entsprechenden Wahrheitsansprüchen religiöser Rede muß in die Struktur des hermeneutischen Erfahrungsbegriffs selbst aufgenommen werden. Dabei kann an Diltheys bedeutungsholistische These angeknüpft werden – etwa durch die Einsicht, daß artikulierte Bedeutungen stets kognitive und referentielle Aspekte einschließen, die sich einer geisteswissenschaftlich-immanenten Behandlung entziehen. Einen anderen wichtigen Anknüpfungspunkt liefert James' pragmatistische Einsicht in den internen Zusammenhang von kognitiven Überzeugungen und Willensentscheidungen. Die hermeneutisch-pragmatistische Konzeption von Erfahrung offenbart ihre religionsphilosophische Bedeutung, sobald sie konsequent ihrer immanentistischen und fundamentalistischen Züge entkleidet wird. In dem nun folgenden systematischen Teil werde ich versuchen, einige Schritte in die angedeutete Richtung zu gehen. Zielpunkt ist eine Theorie religiöser Erfahrung, die Erleben und kulturelle Symbolform im Begriff der Artikulation systematisch vermittelt.

Menschliche Erfahrung bewegt sich durchgängig in einem Horizont von Ausdrucksmöglichkeiten, dessen Ränder durch die binnenperspektivische Wahrnehmung von Individuuen einerseits, die kulturell verfügbaren Symbolsysteme andererseits bezeichnet werden. In diesem Horizont bringt sie Ausdrucksgestalten hervor, die der Lebenserfahrung konkreter Einzelner verhaftet bleiben, diese gleichzeitig aber auch auf die geteilte Welt sozialer Bedeutungen hin überschreiten. Genau genommen muß das Verhältnis von – mit Dilthey zu reden – Individuum und objektivem Geist *reziprok* verstanden werden: der Versuch, individuelle Erfahrung mit Hilfe symbolischer Ausdrücke zu artikulieren, ist auf die kulturellen Deutungsangebote ebensosehr angewiesen, wie diese umgekehrt als Sedimente früherer Artikulationsleistungen verstanden werden müssen. Die zentralen Strukturmomente von Erfahrung dürfen daher nicht als isolierte Bestandstücke unseres mentalen bzw. sozialen Inventars verstanden werden. Reine, subjektive, unmittelbare, spontan erlebte Qualitäten ohne die mindeste Beimengung vermittelnder Symbole sind nur als regulative Grenzbegriffe denkbar. Ebensosehr verschwindet umgekehrt freilich das im Begriff der Erfahrung zu Denkende, wenn die symbolischen Formen unserer sozialen Realität von ihrem Bezug auf die Ausdrucksbemühungen der Subjekte abgelöst werden. Wenn die Kant-Paraphrase gestattet ist: Symbole ohne (individuelle oder kollektive) Erfahrungen sind blind, Erfahrungen ohne Symbole sind leer. Diese hermeneutische Binsenweisheit – die Reziprozität und Kontinuität von Erlebnis, Ausdruck und Verstehen – läßt den Begriff *religiöser* Erfahrung nicht unberührt.

Von einem solchen, spezifisch religiösen Erfahrungsmodus zu sprechen, setzt nämlich dann ein hinreichend weit angelegtes Erfahrungskonzept voraus, dessen Umrisse soeben skizziert wurden. Es gilt, »Erfahrung« als den Titel für jenen humanen Grundvollzug zu verstehen, in welchem Subjekte ihres Welt- und Selbstverhältnisses gewahr werden, *indem* sie es in öffentlich zugänglichen Ausdrucksgestalten für sich und andere faßbar machen. Nur im Rahmen eines solchen »holistischen« Erfahrungsbegriffs ist es sinnvoll, bestimmte regelmäßig auftretende Korrelationen von subjektiven Erlebnisqualitäten und symbolischen Formen zu spezifizieren und als »religiös«, »sittlich«, »ästhetisch«, »alltagspraktisch« usw. zu klassifizieren. Solche Korrelationen beziehen dann freilich keine Relate aufeinander, die auch unabhängig von ihrem Bezogensein verstanden werden könnten, sie markieren Phasen eines zirkulären hermeneutischen Prozesses. Die Rede von religiöser Erfahrung ist also dadurch legitimiert, daß zwischen subjektivem Erleben und religiösen Deutungstraditionen *interne* Beziehungen bestehen. Erfahrungen können nicht in Primärerlebnis und sekundäre Interpretationen zerlegt werden, weil die Interpretation – die Artikulation mit Hilfe kulturell verfügbarer Symbole – allererst die Bestimmung des erlebten Gehalts möglich macht. Dieser Sachverhalt läßt affirmative Konzeptionen religiöser Erfahrung als unbefriedigend erscheinen, die mit einem starren Gegensatz von Erfahrung und Interpretation operieren, um den spezifisch religiösen Gehalt allein der uninterpretierten Erfahrung zuschreiben zu können.[1]

---

[1] So ist etwa bei *R. Schaeffler, Erfahrung als Dialog mit der Wirklichkeit.* Eine Untersuchung zur Logik von Erfahrung, Freiburg/München 1995, 432, davon die Rede, im Falle »religiöser Begegnung mit der Wirklichkeit« sei »der Unterschied zwischen Erfahrung und Interpretation absolut geworden.« Weiter heißt es: »*Wenn es überhaupt einen spezifisch religiösen Akt und eine diesem Akt korrelierende Wirklichkeit gibt, dann kann die originäre Beziehung zwischen beiden nicht den Charakter einer Interpretati-*

Auf der anderen Seite wird hierdurch jedoch auch ein bestimmter Typus reduktionistischer Erklärung religiöser Erfahrung von vornherein ausgeschlossen. Allgemein gilt nämlich, daß das Explanandum einer solchen Erklärung dem Kriterium deskriptiver Angemessenheit unterliegt. Konkreter gesagt: die Phänomene, die beispielsweise eine naturalistische Erklärung in neurophysiologischen Begriffen finden sollen, müssen zunächst mittels eines deskriptiven Vokabulars erfaßt werden, das die symbolisch artikulierte Bedeutung, die ein bestimmtes Erlebnis für sein Subjekt hat, in die Beschreibung aufnimmt. Eine naturalistische Erklärung, die diese Bedingung nicht beachtet, kann nicht als Erklärung des Explanandums gelten, weil sie außer Acht läßt, daß das erklärungsbedürftige Phänomen durch seine sinndeutende Artikulation überhaupt erst hervorgebracht wird. Nichtbeachtung dieser Kautele führt unweigerlich dazu, daß das Explanandum unter der Hand durch etwas anderes ersetzt wird. Ein Beispiel mag den gemeinten Zusammenhang erläutern: Hildegard von Bingen ist eine der bekanntesten Mystikerinnen der christlichen Tradition. Ihre religiösen Visionen hat sie in zahlreichen Bildern beschrieben, in denen kompentente Medizinhistoriker das neurophysiologisch erklärbare Phänomen der »Migräneaura« wiedererkannt haben.[2] Eine naturalistisch-reduktionistische Erklärung

on, sondern nur den einer Erfahrung haben.« (ebd., kursiv im Original) Die Entgegensetzung dieser beiden Aspekte übersieht jedoch, daß Subjekte sich ihr Erleben nur dadurch als ein Gehaltvolles und Bedeutsames erfahrbar machen können, daß sie es artikulieren. Diese Artikulation schließt, wie unten noch ausführlich zu zeigen sein wird, immer ein interpretatives Moment ein. Es ist nicht konsistent, zugunsten religiöser Überzeugungen die Hintergehbarkeit des Zusammenhangs von Erlebnis, Ausdruck und Verstehen zu postulieren, diesen Überzeugungen aber dennoch einen intentionalen Gehalt zuzuschreiben. Warum sollten zudem Geltungsansprüche nicht genauso auch als Aspekte von Interpretationsleistungen auftreten können? Was spricht beispielsweise dagegen, die Überzeugung eines Individuums, Gott sei in seinem Leben vorsorgend und beschützend wirksam, als deutende Artikulation seiner Lebenserfahrung zu begreifen? Durch eine solche Auffassung wird lediglich im Sinne einer ›formalen Anzeige‹ der Status dieser Überzeugung – ihr Verstehenshorizont – gekennzeichnet, nicht aber über ihre Wahrheit oder Falschheit entschieden.

[2] vgl. *O. Sacks, Migräne.* Evolution eines häufigen Leidens, Stuttgart/Berlin/Köln/Mainz 1985, 111: Sacks zitiert zunächst Hildegards Beschreibung einer Vision vom »Fall der Engel« aus dem Codex *Scivias:* »Ich sah einen herrlichen, wunderbaren Stern und dann eine unübersehbare Menge fallender Sterne, denen der Stern nach Süden folgte … Und plötzlich waren sie alle ausgelöscht, verwandelt in schwarze Kohle … und in den Abgrund geschleudert, so daß ich sie nicht mehr sehen konnte.« Sein Kommentar: »Soweit Hildegards allegorische Interpretation. Unsere nüchterne Interpretation meint, daß sie einen Schauer von Phosphenen sah, die durchs Gesichtsfeld wanderten, und denen

dieses Sachverhalts könnte demnach ungefähr folgende Form haben: »Die vorgeblichen religiösen Visionen der Hildegard von Bingen waren in Wirklichkeit *nichts als* pathologische Veränderungen ihres Gesichtsfeldes, hervorgebracht von eben jenen neurophysiologischen Prozessen, die das Krankheitsbild der klassischen Migräne hervorrufen.« Bei genauerer Betrachtung erweist sich aber, daß in dieser Erklärung die semantische Dimension des Phänomens, der subjektiv artikulierte Sinn, gerade nicht erklärt, sondern zum Verschwinden gebracht wurde. Das Explanandum sind nicht mehr die Visionen Hildegards, sondern ihre Migräneauren, für die als Explanans die korrelierten neurophysiologischen Prozesse angeführt werden können. Die – höchst plausible – These, Hildegards Visionen hingen mit ihren Migräneattacken zusammen, hat für sich genommen keine kausal erklärende Kraft, weil sie nicht die Artikulationsleistung erklären kann, die darin besteht, ein neurophysiologisches Geschehen zum Ausdruck einer religiösen Wirklichkeitsdeutung zu machen. Eine Erklärung, die dem Explanandum deskriptiv adäquat ist – sich also auf Visionserlebnisse, nicht auf Migräneauren bezieht – müßte auch für die faktische, erklärungsbedürftige Artikulationsgestalt aufkommen und für diese eine Lesart entwickeln, die sie verständlich macht. Ein solches Vorgehen ist keineswegs darauf angewiesen, den Erlebnisgehalt im artikulierten Sinn gelten zu lassen. Es muß aber den artikulierten Sinn – und nicht allein dessen physiologisches Substrat – als Explanandum anerkennen. Wer beispielsweise der Ansicht ist, religiöse Sinndeutungen seien als Ausdrucksgestalten spezifisch menschlicher Lebensvollzüge adäquat verstehbar, genügt diesem Kriterium vollständig. Auch naturalistische Erklärungsmodelle schließt es keineswegs vorab aus, sondern verpflichtet diese lediglich darauf,

---

anschließend ein negatives Skotom folgte.« Sacks liefert also eine neurophysiologische Erklärung, die jedoch in seinem Fall keinen reduktionistischen Charakter hat. Seine medizinische *Interpretation* der Erfahrungen Hildegards verwechselt den somatischen Befund nicht mit dessen *artikulierender Deutung:* »Hildegards Visionen – mit dem Gefühl der Ekstase und voll tief empfundener Theosophie und voller philosophischer Bedeutung – lenkten ihr Leben in eine Richtung, die von Heiligkeit und Mystik erfüllt war. Diese Visionen sind ein einzigartiges Beispiel dafür, wie ein physiologisches Geschehen, das so banal, gräßlich oder bedeutungslos für die meisten Menschen ist, bei einer herausragenden Persönlichkeit die Grundlage überwältigender ekstatischer Inspirationen werden kann.«

ihre explanatorischen Bemühungen auf den Prozeß der Artikulation von Erfahrung auszudehnen.[3]

Den Gegenstand des religionsphilosophischen Verstehens bilden also die Phänomene der religiösen Erfahrung, letztere gefaßt als Strukturbegriff für den internen Zusammenhang von subjektiver Perspektive und objektivierender Symbolbildung. Damit verbindet sich die theoretische Überzeugung, daß ein rein symboltheoretischer Zugang zu religiösen Phänomenen – wie auch zu allen anderen kulturellen Formen – ungenügend bleibt, weil ihm die Perspektive der ersten Person aus dem Blick geraten muß. Der hier vertretene, von der Hermeneutik inspirierte Ansatz sucht hingegen, die semantische Dynamik der sich intern differenzierenden Zeichensysteme mit der Selbsterfahrung bewußten Lebens zu vermitteln. Zentralbegriff dieser Vermittlungsbemühung ist die Kategorie der *Artikulation*, deren genauere Bestimmung in diesem Kapitel versucht werden soll. Die symbolischen Formen des religiösen Lebens sind Artikulationsgestalten, in denen sich bewußtes, subjektiv erfahrenes Leben selbst auslegt, wobei es auf die traditionsvermittelten Artikulationsleistungen der Vergangenheit zurückgreift. Die Rede von Erfahrung als dem Elementarvollzug bewußten Lebens fungiert als Korrektiv. Sie bezieht die Sinngestalten des »objektiven Geistes« auf die Perspektive lebensweltlicher Selbstwahrnehmung, ohne doch die Eigendynamik der Zeichenprozesse in einem »expressivistischen Fehlschluß« dem Ausdruckshandeln der Subjekte auflasten zu wollen. Nicht alles ist Ausdruck, aber jede symbolische Form hat eine expressive Dimension – die freilich auch, etwa im Fall mathematischer Algorithmen, nahezu vollständig in den Hintergrund gedrängt sein kann. Die existenzielle Relevanz von Symbolsystemen ist mit ihrem expressiven Gehalt innerlich verknüpft, und schon aus diesem Grund bleibt es theoretisch höchst unbefriedigend, religiöse Symbole unter Absehung von ihrem Artikulationscharakter zu thematisieren. Eine phänomengerechte Analyse der Ausdrucksdimension muß aber zunächst jene »Perspektive der ersten Person« genauer zu fassen suchen, in deren Artikulation die Eigentümlichkeit lebensweltlicher Erfahrung bestehen soll.

---

[3] Eine detaillierte Analyse des Reduktionismusproblems, die an die hier skizzierten Erwägungen anknüpft, lege ich unten, Abschnitt 3.2.1., vor.

3.1.1. Die Perspektive der Ersten Person

Mit dem Titel »Perspektive der Ersten Person« soll hier zunächst ganz unspezifisch der grundlegende Sachverhalt bezeichnet werden, daß bewußtes Leben von jedem Individuum unvertretbar als sein eigenes gelebt werden muß. In der Sprache Heideggers: das Dasein hat den Charakter der »Jemeinigkeit«[4]. Und spätestens seit Kierkegaards existenzieller Einsprache gegen Hegel ist es fast ein philosophischer Gemeinplatz, daß diese »Jemeinigkeit« des Existierens zum Allgemeinheitsanspruch begrifflichen Denkens in einer schwer oder gar nicht auflösbaren Spannung steht. In der kontinentaleuropäischen Philosophie hat dieser Gedanke die verschiedenen Varianten existenzbezogenen Denkens nachhaltig beeinflußt. Kierkegaards Erinnerung an Subjektivität als der Grenze begrifflicher Allgemeinheit war religiös motiviert und entsprechend existenziell getönt. Den *erkenntnistheoretischen* Implikationen seiner Einsicht schenkte der dänische Philosoph daher wenig Beachtung. Eine geltungsorientierte Analyse religiöser Erfahrung muß sich jedoch gerade auf diesen Aspekt konzentrieren. Sie hat der Frage nachzugehen, welche Konsequenzen sich aus der Eigenständigkeit jener »Perspektive der ersten Person« für die Beschreibung, Strukturanalyse und rationale Überprüfung religiöser Überzeugungen ergeben. In der neueren analytischen Philosophie ist die Frage nach dem erkenntnistheoretischen Status der ersten Person meist unter dem Stichwort »privileged access« verhandelt worden.[5] Ein kurzer Seitenblick auf diese Debatte und ihre Voraussetzungen wird die Konturen des hier in Anspruch genommenen Artikulationsbegriffs schärfer hervortreten lassen.

Als Ausgangspunkt der analytischen Diskussion können Wittgensteins Einsichten in die »logical powers of first-person statements and the role played by the first-person pronoun in communication«

---

[4] *M. Heidegger, Sein und Zeit,* op. cit., 41: »Das Seiende, dessen Analyse zur Aufgabe steht, sind wir je selbst. Das Sein dieses Seienden ist *je meines.* Im Sein dieses Seienden verhält sich dieses selbst zu seinem Sein.«

[5] Diese Diskussion steht im weiteren Zusammenhang der analytischen Philosophie des Geistes, in der auch die »existenziellen« Fragen der kontinentaleuropäischen Tradition wieder zunehmend an Gewicht gewinnen. *P. Bieri* geht sogar soweit, hier von einer »neuen Existenzphilosophie« (*Vorwort* zu: *Analytische Philosophie des Geistes,* hg. von *P. Bieri,* Bodenheim ²1993, X) zu sprechen.

gelten[6]. »The mysteriousness which surrounds the use of the word ›I‹«[7] hat zu zahllosen sprachphilosophischen Klärungsversuchen, zumal hinsichtlich des referentiellen Charakters des Pronomens der ersten Person geführt, deren Relevanz auch für die kontinentale Tradition der Subjektivitätstheorie außer Frage stehen dürfte.[8] Im Zusammenhang der Suche nach einer religionsphilosophisch tragfähigen Konzeption von Erfahrung drängt sich jedoch ein anderer Aspekt der analytischen Diskussion in der Vordergrund: die Frage danach, ob – und wenn ja, in welcher Weise – Personen einen privilegierten Zugang zu ihren inneren Erlebnissen haben.[9] Die erkenntnistheoretische Beurteilung mystischer Erfahrungen ist von dieser Diskussion ebenso betroffen wie die Bestimmung des Verhältnisses von Symbolform und Subjektivität. Schließlich sind auch alle fundamentalistischen Ansätze zur Glaubensbegründung, soweit sie erfahrungsbezogen argumentieren, von einer bestimmten Variante dieser These abhängig – wenn Individuen keinen privilegierten Zugang zu ihren Bewußtseinszuständen hätten, könnte ihr Wissen von diesen Zuständen auch nicht für die Rechtfertigung ihrer subjektiven Überzeugungen herangezogen werden.

Gibt es also einen besonderen Zugang von Personen zu ihren Gedanken, Gefühlen, Erlebnissen – kurz: zu ihren Bewußtseinszuständen –, der diesen ein »epistemisches Privileg« verschafft, ihnen also Kenntnisse über diese Bewußtseinszustände vermittelt, die anderen Personen nicht in derselben Weise zugänglich sind? Die bejahende Antwort auf diese Frage legt sich dem »common sense« ebenso nahe wie allen im weitesten Sinn »cartesianischen« philo-

---

[6] *S. Shoemaker, Self-reference and self-awareness*, in: *Identity, cause and mind.* Philosophical essays, Cambridge: Cambridge University Press 1984, 6.

[7] Ebd., 6f.

[8] *M. Frank* hat in seinem Buch *Selbstbewußtsein und Selbsterkenntnis* (Stuttgart 1991) die einschlägige Diskussion aufgearbeitet. Die wichtigsten Quellentexte der verzweigten Debatte versammelt der von ihm herausgegebene Band *Analytische Theorien des Selbstbewußtseins*, Frankfurt 1994.

[9] Wichtige Beiträge zur neueren Diskussion sind: *W. Alston, Varieties of Priviledged Access*, in: American Philosophical Quaterly, Volume 8, Number 3 (1971); *Th. Nagel, What is it like to be a bat?*, in: *Philosophical Review* LXXXIII (Oktober 1974); *P. Bieri, Nominalismus und innere Erfahrung*, in: *Zeitschrift für Philosophische Forschung* 36 (1982); *D. Davidson, First Person Authority*, in: *Dialectica 38 (1994)* (dt. unter dem Titel *Die Autorität der ersten Person* in dem o. g. Sammelband von *Frank, Analytische Theorien des Selbstbewußtseins); S. Shoemaker, First-Person Access*, in: *Philosophical Perspectives* 4 (1990).

sophischen Positionen. William Alston faßt die hier gemeinte Überzeugung folgendermaßen zusammen: »It is a very common … view that the kind of knowledge a person has of his own mental (psychological) states, such as thoughts and feelings, is in principle not only fundamentally different from but also superior to the knowledge of his thoughts and feelings that is available to anyone else.«[10] Unschwer ist zu erkennen, wie sich diese weithin konsensfähige These in religionsapologetischer Absicht ausweiten ließe: wenn ein bestimmtes Individuum durch »direct acquaintance« in seinem Bewußtsein die Präsenz des Göttlichen erfahre, sei diese Erfahrung durch sich selbst aufgrund der inneren Superiorität des besonderen Wissenstyps »Wissen von den eigenen mentalen Zuständen« gerechtfertigt. Die Schwierigkeiten dieser Argumentation sind mit Blick auf Diltheys methodischen Ausgang vom ›Satz der Phänomenalität‹ schon ausführlich behandelt worden. Schließlich ist die Sicherheit des Wissens von den eigenen Bewußtseinszuständen keine Wahrheitsgarantie für die intentionalen Gehalte dieses Bewußtseins.[11] Wie ist also die These vom ›privilegierten Zugang‹ genauer zu verstehen? In welchem Sinn verfügen Subjekte über ein Verständnis ihrer selbst, das irreduzibel an die Perspektive der ersten Person gebunden ist?

William Alston hat in seinem Artikel über die *Varieties of Priviledged Access* gezeigt, daß diese Rede von einer verwirrenden Mehrdeutigkeit betroffen ist. Durch Anwendung eines analytischen Diffe-

---

[10] *W. Alston, Varieties of Priviledged Access,* op. cit., 223. Dieses »Wissen« wird, dem sprachphilosophischen Ansatz entsprechend, meist als eine eigentümliche Sprecherkompetenz gedeutet; so in der Problembeschreibung von *D. Davidson:* »Wenn ein Sprecher versichert, daß er eine Überzeugung, eine Hoffnung, einen Wunsch oder eine Absicht hat, dann wird angenommen, daß er sich nicht im Irrtum befindet … (*Die Autorität der ersten Person,* op. cit., 635). Diese Formulierung hat den Vorteil, den Zusammenhang von »inneren Zuständen« und sprachlichen Äußerungen ins Zentrum zu rücken.

[11] Eine empirische Stütze dieses Arguments sehe ich in der experimentalpsychologischen Arbeit von *R. E. Nisbett* und *T. DeCamp Wilson, Telling more than we can know: Verbal reports on mental processes,* in: *Psychological Review* 84 (1977), Nr. 3., 231–259. Die Autoren konzedieren ein Privileg des privaten Wissens in Bezug auf die phänomenalen Qualitäten des Bewußtseins, leugnen es jedoch hinsichtlich aller kognitiven Prozesse. Der intentionale Gehalt des Bewußtseins nämlich wird der Studie zufolge nicht unmittelbar gewußt, sondern mit Hilfe unbewußt bleibender »a priori theories about the causal connection between stimulus and response« (ebd. 232) *erschlossen.* Daß solche Prozesse des Schließens stattfinden, ist dabei in aller Regel nicht selbst Erfahrungsgegenstand.

renzierungsverfahrens gelangt er zur Unterscheidung von nicht weniger als 34 (!) Varianten dieses Ausdrucks.[12] Alston sucht zunächst nach einer genaueren Bestimmung desjenigen psychischen Phänomens, für das die Perspektive der ersten Person epistemisch entscheidend sein soll. Da es um Wissen geht, ist eine reflexive Komponente unentbehrlich. Alston schlägt daher die Formel »first-person-current-mental-state-belief (FPCMSB)«[13] vor. Der sachliche Zusammenhang mit Diltheys »gewahrten Bewußtseinszuständen« und James' »retrospective awareness« – im Unterschied zur »direct awareness« des unmittelbaren Perzeptes –, ist offensichtlich. Mit skrupulöser Genauigkeit analysiert Alston dann das Bedeutungsspektrum, innerhalb dessen sich die These von der Überlegenheit bzw. Unersetzbarkeit der Perspektive der ersten Person hinsichtlich der FPCMSB bewegen muß. Unfehlbarkeit (»infallibility«)[14], Unbezweifelbarkeit (»indubitability«)[15], Unkorrigierbarkeit »incorrigibility«)[16], Sicherheit (»certainty«)[17] und schließlich Allwissenheit (»omniscience«)[18] werden in ihren modalen Differenzierungen betrachtet und nach epistemischen Kriterien (Glaubens-, Rechtfertigungs- und Wahrheitsbedingungen) aufgeschlüsselt.

Dabei geht Alstons Studie freilich von einer Voraussetzung aus, die nicht mehr eigens thematisiert wird: sie behandelt nämlich Bewußtseinszustände von Individuen als in sich konstituierte Sachverhalte, die von ihrer Explikation durch das reflexive Bewußtsein unabhängig sind und zu denen die betreffenden Subjekte in einer kognitiven Relation des Erkennens stehen können. Erklärungsbedürftig ist immer nur die genaue Art und Weise, in der Subjekte einen *privilegierten* Zugang zu ihren Bewußtseinszuständen haben, nicht aber die formale Struktur des *Zugangs* selbst. Daß der Selbstbezug von Subjekten unter der Form des *Wissens von …* analysiert werden sollte, wird, wenn ich recht sehe, in der analytischen Diskus-

[12] Ebd., 240: »Our list of varieties of priviledged access has now swollen to a staggering 34: 16 modal principles, 6 *de facto* unrestrictedly universal principles, 6 ›by and large‹ principles, and 6 ›normal conditions‹ principles. No doubt with sufficient ingenuity the list could be further expanded … «

[13] Ebd., 236.

[14] Ebd., 225.

[15] Ebd., 225 f.

[16] Ebd., 226.

[17] Ebd.

[18] Ebd., 228.

sion meist unproblematisch vorausgesetzt: »it seems to be as undeniable as anything could be that persons normally do know what mental states they are in at a given moment.«[19] Die oben zitierten Differenzierungen Alstons nach Kriterien wie Unfehlbarkeit, Unkorrigierbarkeit usw. dienen lediglich dem subtileren Verständnis dessen, was als unleugbare Selbstverständlichkeit vorausgesetzt wird: das Wissen von den je eigenen Bewußtseinszuständen.

Genauer gesagt sind es eigentlich die differenzierten epistemischen Modi, von denen aus die Struktur des unproblematisch Vorausgesetzten implizit gedeutet wird. In allen von Alston benannten Varianten des epistemischen Privilegs wird die Beziehung des Bewußtseins auf seine einzelnen Zustände als Wissen eines logisch und semantisch *wissensunabhängigen* Gehalts verstanden. Die verschiedenen Unterscheidungen innerhalb dieser Beziehung sind ebensoviele Weisen des ›Habens‹ eines solchen Gehalts. Entsprechend müßten als die linguistisch-pragmatischen Korrelate dieses Habens Akte der *Beschreibung* angesetzt werden. Alstons Modi des privilegierten Zugangs sind auf ein deskriptiv-propositionales Wissen zugeschnitten. Kriterien wie Unkorrigierbarkeit oder Unfehlbarkeit müssen auf mentale Zustands*beschreibungen* bezogen werden, um anwendbar zu sein. Aus hermeneutischer Sicht ist es freilich genau diese propositional-deskriptive Auffassung des Wissens von den eigenen Bewußtseinszuständen, die sich als höchst einseitig erweist. So hat schon der mittlere und späte Dilthey, seine frühen ›bewußtseinsphänomenologischen‹ Neigungen korrigierend, vorgeschlagen, das Verhältnis des Selbst zu seinen inneren Zuständen (Erlebnissen) nicht primär als ein (deskriptives) Wissen, sondern als *Artikulation* zu betrachten. Bewußtseinszustände waren für ihn keine in sich bereits bestimmten Vorkommnisse, die dann in einem reflexiven Akt nur noch einer adäquaten Erfassung bzw. sprachlichen Darstellung zugeführt werden müßten. Im hermeneutischen Modell erscheinen sie als Grenzbegriffe eines dynamischen Kontinuums – des Selbstvollzugs bewußten Lebens –, in dem eine ständige *Wechselbewegung* zwischen gefühlten Qualitäten und den Ausdrucksgestalten prädiskursiv-bildlicher wie diskursiv-sprachlicher Art stattfindet. Es ist der Prozeß der Artikulation, der mentalen Zuständen allererst Prägnanz verleiht, sie als intentional gehaltvoll bestimmbar macht, durch Aus-

[19] Ebd., 224.

schaltung, Steigerung und Ergänzung subjektiven Sinn erzeugt.[20] Aus dieser Perspektive erscheint es als eine Verzerrung, die Innenansicht der ersten Person primär unter dem Gesichtspunkt eines privilegierten *Wissens* von sich zu behandeln. Global und mit allem Nachdruck formuliert: Nicht (deskriptives) Wissen, sondern *Artikulation* ist der Schlüsselbegriff, unter dem die Perspektive der Ersten Person zur Entfaltung kommen muß. Dies gilt zumal dann, wenn die in Frage stehenden Bewußtseinsphänomene, wie im Fall religiöser Erfahrung, emphatisch auf die Lebensinteressen von Individuen bezogen sind.

Die Besonderheiten der Perspektive der Ersten Person erscheinen also für die Zwecke einer erfahrungsorientierten Religionstheorie in einer verzerrenden Beleuchtung, wenn sie primär im Sinne eines privilegierten *Wissens* von Bewußtseinszuständen gedeutet werden und dieses Wissen dann als konstitutives Merkmal des ›Mentalen‹ gilt. So zu sprechen, läuft auf eine Verdinglichung von Subjektivität hinaus. Das hier vorgeschlagene hermeneutische Modell behandelt ›Wissen‹ als den unselbständigen Teilaspekt einer ursprünglicheren subjektiven Selbstbeziehung, die als Artikulation verstanden werden muß und die Subjekte schon in der Intimität ihres Erlebens mit ihrer jeweiligen kulturellen Umgebung verknüpft. Wenn ein Individuum sich auf seine subjektiven Bewußtseinszustände zurückwendet, vollzieht es immer eine Selbstauslegung im Medium symbolischer Formen, durch die erlebte Qualitäten deutend auf größere Zusammenhänge bezogen werden. Umgekehrt sind es diese Kontexte kultureller Deutungsmuster, die in der psychischen Organisation des Erlebnissubjekts bereits den phänomenalen Gehalt des Erlebens mitprägen. In seinen bekannten Bemerkungen zum balinesischen Hahnenkampf hat es der hermeneutische Ethnologe Clifford Geertz auf den Punkt gebracht: »Streichquartette, Stilleben und Hahnenkämpfe sind nicht einfach Widerschein einer vorweg existierenden Empfindung, die analog wiedergegeben wird; sie sind für die Hervorbringung und Erhaltung solcher Empfindungen konstitutiv.«[21]

Erst der Prozeß der Artikulation, der schon auf der Ebene des

---

[20] Die einzelnen Aspekte des Artikulationsprozesses werden hier nur andeutend benannt, im nächsten Abschnitt jedoch ausführlicher behandelt.

[21] *C. Geertz, »Deep Play«. Bemerkungen zum balinesischen Hahnenkampf,* in: *Dichte Beschreibung.* Beiträge zum Verstehen kultureller Systeme, Frankfurt 1987, 257.

prädiskursiven Bildbewußteins einsetzt, erlaubt es den Subjekten, sich zu den eigenleiblich und eigenpsychisch spürbaren Phänomenen zu verhalten und damit die Perspektive der Ersten Person zu entfalten. Hierbei ist es hermeneutisch entscheidend, diesen Prozeß als streng reziproke Beziehung von subjektiven Erleben und intersubjektivem Ausdruck zu verstehen. Am Subjektpol des Erlebens artikulieren sich die symbolischen Vorgaben einer Kultur ebensosehr, wie sich in den Bedeutungshorizonten der sozialen Wirklichkeit individuelle Erfahrung artikuliert. Wer Artikulation zum Grundbegriff macht, optiert also keineswegs für eine intentionalistische Semantik, die Bedeutungen allein an den bedeutungsverleihenden Intentionen bewußter Subjekte festmachen will. Deshalb dürfen sich auch Analysen der Perspektive der Ersten Person nicht, wie dies in der neueren Diskussion häufig der Fall war, auf die Erste Person Singular beschränken. Ohne die Erste Person *Plural*, das soziale »Wir« einer Welt geteilter Sinnperspektiven, kann der Begriff der Artikulation gar nicht gedacht werden. Ich schlage daher vor, Artikulation geradezu als Titel für die Übergänge vom Erlebnis zum Ausdruck und vom Ausdruck zum Erlebnis, also für die bedeutungsschaffenden Transformationen der Ersten Person Singular in die Erste Person Plural und umgekehrt, zu gebrauchen. Damit erscheint die Perspektive der Ersten Person in einer neuen Beleuchtung: der Zusammenhang von Individuum und »objektivem Geist« (Dilthey) übergreift im System der Personalpronomina die Differenzen von Ich, Du und Wir und konstituiert den Bereich sinnhafter, erfahrbarer Realität, der von der Perspektive der unbeteiligten dritten Person unterschieden werden muß, für welche die lebensweltlichen Sinnzusammenhänge objektivistisch suspendiert sind. Einer solchen Position stellt sich auch die epistemische Eigenart der Ersten Person (Singular!) anders dar: Individuen werden nicht mehr als Subjekte einer besonderen Form von Wissen über bestimmte (nämlich mentale) Phänomene betrachtet, sondern als die verantwortlichen Schöpfer von Ausdrucksgestalten. Die hermeneutische Lesart der *priviledged access*-Thematik macht die epistemische Rolle des Individuums als Individuum daran fest, daß dieses je für sich selbst die Vermittlung seiner gelebten Erfahrung mit den symbolisch strukturierten Sinndeutungen seiner Kultur leisten kann und muß. Aus einem Privileg wird damit eine unabschließbare Aufgabe.

Die Ausdrucksgestalten, in denen sich bewußtes Leben deutet, schließen immer eine kognitive Komponente ein. Der Ausdruck ist die Gegebenheitsform des in ihm Ausgedrückten, und insofern die Art und Weise, in der ein Subjekt seine Bewußtseinszustände ›weiß‹. Freilich ist dieses *artikulierende* Wissen durch eine unaufhebbare Ambiguität von ›Hervorbringen‹ und ›Beschreiben‹ gekennzeichnet. Artikulation meint immer die symbolische Darstellung eines Gehalts und dessen Evokation im Subjekt *als Einheit*. In seinem großen Entwurf zu einer hermeneutischen Logik spricht Georg Misch vom »Bewußtwerden des Erlebten durch die Kraft des Ausdrucks, des produktiv-objektivierenden, die Bedeutung des Erlebten hervorholenden Ausdrucks.«[22] Streng genommen gehen kulturelle Symbolformen und subjektive Empfindungsqualitäten aus dem Prozeß der Ausdrucksbildung allererst – als Pole eines irreduziblen Verhältnisses – hervor. Wo der Bezug der Subjekte zu ihrem ›inneren Leben‹ vorab als eine Form des ›Wissens‹ angesetzt wird, gerät eben jener eigentümliche *Wechsel*bezug von interpretierend-artikulierenden und qualitativ erlebten Komponenten aus dem Blick, durch den sich subjektive Erfahrung im Vollzug von objektivierbaren Wissenformen unterscheidet. Es gilt daher, einen hinreichend weiten Begriff lebensweltlicher Erfahrung zu entwickeln: Erfahrung als Konstitution einer sinnhaften Wirklichkeitsdeutung, in der sich die Perspektiven der Ersten Person Singular und Plural miteinander verschränken. Der kognitive Aspekt des Wissens von mentalen Zuständen figuriert dann als ein Spezifikat des Artikulationsprozesses, dessen vollständige Struktur die Verstehensbedingungen seiner Teilaspekte festlegt.

Die hermeneutische Konzeption von Erfahrung hält also daran fest, daß es ein eigensinniges, durch die Perspektive(n) der Ersten Person konstituiertes Weltverhältnis gibt, das nicht reduktionistisch dem wissenschaftskonstitutiven Standpunkt des neutralen Dritten assimiliert werden darf. Es gilt vielmehr, die verschiedenen Perspektiven, wie sie durch das System der Personalpronomina dargestellt werden können, unterscheidend in Beziehung zu setzen. Hierbei ist nun die »priviledged-access«-Debatte der analytischen Philosophie vor allem deshalb von Bedeutung, weil sie die theoretischen Ansprüche des strengen Objektivismus endgültig obsolet gemacht hat. Wenn Subjekte nämlich einen Zugang zu bestimmten Aspekten der Realität – ihren eigenen Bewußtseinszuständen – haben, der sich nicht auf die Perspektive eines unbeteiligten, objektiv-distanzierten

[22] *G. Misch, Der Aufbau der Logik auf dem Boden der Philosophie des Lebens*, op.cit., 72.

Dritten abbilden läßt, dann kann eben nicht alles Reale objektiv dargestellt werden. Von dieser prinzipiellen Insuffizienz des Objektivismus aus erhellt sich schlagartig die Bedeutung eines Begriffs lebensweltlicher Erfahrung, der nichtobjektivierbare Subjektivität mit den Strukturen des ›objektiven Geistes‹ in Beziehung zu setzen vermag. Am nachdrücklichsten sind die Grenzen der Objektivität nun aus analytischer Perspektive in den neueren Schriften Thomas Nagels erörtert worden. Nagel argumentiert für die Unauflöslichkeit der Differenz zwischen subjektiven und objektiven Standpunkten, woraus sich eine Reihe grundsätzlicher Konsequenzen für alle Bereiche der Philosophie ergeben.[23] Eine hermeneutisch umfassende Erfahrungskonzeption, in deren Rahmen sich das Spezifikum religiöser Erfahrung bestimmen läßt, findet hier zahlreiche Anknüpfungspunkte.

Nagels Argumentation setzt an der subjektiven Erlebnisperspektive an. Diese, so zeigt er in seinem bekannten Aufsatz *What is it like to be a bat?* darf nicht als ein kognitiv-propositionales Phänomen – als Fall von ›Wissen‹ verstanden werden. Aus diesem Grund führt Nagel die Erlebnisperspektive am Beispiel von nichtmenschlichen Lebensformen ein. Für jedes Lebewesen hat es eine bestimmte Qualität, fühlt es sich so-und-so an, dieses Lebewesen zu sein. Es gibt hier eine subjektive Erlebnisperspektive, die einer objektiven, etwa neurophysiologischen Erklärung prinzipiell unzugänglich bleibt. Damit soll natürlich nicht die kausale Rolle des Nervensystems für Empfindungen geleugnet werden. Die *Qualität* dieser Empfindungen jedoch ist Nagel zufolge irreduzibel. Wenn wir alles über die neuronalen Strukturen einer bestimmten Lebensform wüßten, wüßten wir immer noch nicht, wie es sich anfühlt, diese Lebensform zu sein.[24] Im

---

[23] Vgl. *Th. Nagel, Mortal Questions,* Cambridge: Cambridge University Press 1979 (darin vor allem der vieldiskutierte Aufsatz *What is it like to be a bat?*); *ders., The Limits of Objectivity.* The Tanner Lectures on Human Values (1979), dt. unter dem Titel *Die Grenzen der Objektivität.* Philosophische Vorlesungen, Stuttgart 1991; *ders., The View from Nowhere,* New York/Oxford: Oxford University Press 1986, dt. unter dem Titel *Der Blick von Nirgendwo,* Frankfurt 1992; die sozialphilosophischen Aspekte des Problems behandelt *Equality and Partiality,* New York/Oxford: Oxford University Press 1991.

[24] Nagel betont verschiedentlich, daß Subjektivität als Erlebnisperspektive nicht mit Individualität verwechselt werden darf. Subjektivität kann sich bereits in einem »species-specific viewpoint« (*What is it like to be a bat?,* op. cit., 175) äußern und ist in diesem Sinn allen Lebewesen gemeinsam. Subjektivität im emphatischen, spezifisch menschlichen Sinn ist dann freilich, worauf Nagel an dieser Stelle nicht eingeht, eng

Selbstgefühl eines Lebewesens liegt eine phänomenale Erfahrung vor, die nicht durch Objektivierung korrigiert werden kann: Bewußtseinsphilosophisch gesprochen: ›An-sich-Sein‹ und ›Für-sich-Sein‹ fallen hier zusammen.«The idea of moving from appearance to reality seems to make no sense here. (…) If the subjective character of experience is fully comprehensible only from one point of view, then any shift to greater objectivity – that is, less attachment to a specific viewpoint – does not take us nearer to the real nature of the phenomenon: it takes us farther away from it.«[25]

Im Falle von Lebewesen im allgemeinen bezieht sich, wie Nagel ausführt, die subjektive Erlebnisperspektive der Ersten Person primär auf die Gattung. Im Falle menschlicher Subjekte differenziert sich aber diese Perspektive nach Singular und Plural in die Standpunkte der Individuen einerseits und die Spezifika der verschiedenen sozialen Aggregationsformen andererseits aus. Im Übergang von der Ersten Person Singular zur Ersten Person Plural liegt bereits eine Objektivierung, denn dieser Übergang setzt immer voraus, daß ein Individuum von seiner spezifischen Perspektive zugunsten dessen, was es mit anderen verbindet, absieht. Schließlich macht der Prozeß der Objektivierung jedoch auch vor der sinnhaften sozialen Welt nicht halt. Selbst die humanspezifische Sichtweise – die Betrachtung der Realität als einer Welt von *Bedeutungen* – kann zugunsten einer radikal neutralisierten Perspektive verlassen werden, was in den Naturwissenschaften unentwegt geschieht. Es ist genau dieser ungeheuer folgenreiche Schritt, den Dilthey durch die Unterscheidung von Natur- und Geisteswissenschaften in seiner Bedeutung präzise erfassen und eingrenzen, den auch James mit seinem pragmatistischen Wissenschaftsverständnis lebensweltlich einholen wollte. Durch die Dynamik fortschreitender Objektivierung entsteht jedenfalls eine irreversible Vielfalt bestenfalls teilkompatibler Wirklichkeitsdeutungen, deren Grenzen von der Perspektive eines einzelnen Menschen einerseits und jenem »Blick von Nirgendwo« distanzierter Objektivität andererseits gebildet werden. In seinen jüngeren Veröffentlichungen hat Nagel ausführlich die Konsequenzen dieser Einsicht in die Dynamik der Objektivierung und in ihre inneren Grenzen entwickelt. Dabei plädiert er für einen nichtreduktionistischen Realis-

mit Individualität verknüpft. Dieser Zusammenhang ließe sich hermeneutisch durch die humanspezifische Wechselbeziehung von Erlebnis und Ausdruck erläutern.

[25] *What is it like to be a bat?*, op. cit., 174.

mus, der sich im Geltenlassen der verschiedenen subjektiven und objektivierenden Weltperspektiven in ihrem Eigenrecht wie in ihrer Interdependenz äußert.[26] Bedeutsam für das hermeneutische Erfahrungsmodell ist Nagels Weigerung, die Irreduzibilität der Binnenperspektive von Individuen *ursprungsphilosophisch* zu deuten. ›Innere Erfahrung‹ ist eben nicht die reiche Quelle ursprünglichen Wissens, dergegenüber alles andere als abgeleitet und defizient erscheinen muß. Sie stellt eine wichtige und irreduzible Dimension von Erfahrung dar, die jedoch mit objektivierenden Sichtweisen koexistieren muß, ohne sich mit ihnen jemals ›objektiv‹ versöhnen zu können.

Für die Analyse religiöser Erfahrung von erheblicher Bedeutung ist ferner Nagels Einsicht, daß alle Wirklichkeitsdeutungen korrelativ zu einem bestimmten Grad an Objektivierung – im Sinne eines schrittweisen Absehens von subjektiven Binnenperspektiven – sind. Vor allem gibt es zahlreiche Sichtweisen, deren Sinnkriterium geradezu in der Bindung an die Perspektive der Ersten Person besteht. Die Suspendierung dieser Perspektive – etwa in einer naturwissenschaftlichen Betrachtungsweise – löst dann zwangsläufig auch die Voraussetzungen auf, die den Verstehenshorizont dieser Sichtweise ausgemacht und sie so überhaupt erst ermöglicht haben. So kann man mit Nagel ethische und sozialpolitische Fragestellungen als Konflikte zwischen den Standpunkten der Ersten Person Singular und Plural formulieren: »the unsolved problem is the familiar one of reconciling the standpoint of the collectivity with the standpoint of the individual …«[27] Wenn man wie jedoch nicht nur von den Kontingenzen des individuellen Standpunktes, sondern auch von der Sinnperspektive der Ersten Person als solcher absieht, dann löst sich, wie Nagel zeigt, das Ethische überhaupt auf.[28] Es gibt dann keine Frage mehr und entsprechend keine Antworten. Die religionsphilosophische Pointe dieser Einsicht liegt auf der Hand: Sofern Religionen mit den Lebensinteressen vergesellschafteter Individuen zu tun haben, sind

[26] Programmatisch der Schluß der Vorlesung über *Das Subjektive und das Objektive*, in: *Die Grenzen der Objektivität*, op. cit., 128: »Die Koexistenz einander widersprechender Standpunkte, die sich durch den Grad ihrer Distanz von einem kontingenten Selbst unterscheiden, diese Koexistenz ist nicht nur bloß eine aus praktischen Gründen notwendige Ilusion, sondern sie ist selbst eine unerschütterliche Tatsache des Lebens.«

[27] *Thomas Nagel, Equality and Partiality*, op. cit., 3.

[28] »… In pursuit of the kind of objectivity needed in the physical sciences, we abstract even from our humanity. But nothing further than abstraction from our identity (that is, *who* we are), enters into ethical theory.« (Ebd., 10.)

sie an den Standpunkt der Ersten Person Singular und Plural gebunden. Jede Objektivierung über die sinnhafte Welt des ›objektiven Geistes‹ hinaus läßt den Horizont kollabieren, in dem religiöse Wirklichkeitsdeutungen als sinnvoll oder sinnlos erscheinen können. Dem kann ein Angemessenheitskriterium für Religionskritik entnommen werden: der interne Zusammenhang mit der Perspektive der Ersten Person muß bei der Beschreibung und Erklärung des zu kritisierenden Phänomens beachtet werden. Radikalobjektivistische Erklärungen von Religion sind häufig schon deshalb so unbefriedigend, weil sie, technisch gesprochen, ihr Explanandum verfehlen, sofern sie menschliche Realität ›von außen‹ in einer naturalistischen Sprache beschreiben, in der die Frage gar nicht mehr formulierbar ist, auf die Religionen eine Antwort geben wollten. Religionskritik trifft nur dann ihren Gegenstand, wenn sie eine nichtreligiöse Erklärung für die sinnhaften Strukturen der Religion selbst anzubieten vermag.[29]

Die Perspektive der Ersten Person ist also für das Verständnis religiöser Erfahrung konstitutiv. Der Begriff *Verständnis* zielt hierbei auf die Fähigkeit, ein fragliches Phänomen so aufzufassen, daß es in seiner Eigenbestimmtheit – also im Horizont derjenigen Sinnbezüge, die ihm aus der Perspektive der jeweiligen Erfahrungssubjekte zukommen – sichtbar wird. *Verständnis* in diesem methodischen Sinn

---

[29] Vor diesem Hintergrund zeigt sich der philosophische Rang der Religionskritik eines *Ludwig Feuerbach,* deren Methode die lebensweltliche Sinnperspektive mit naturalistischen Argumenten in einer höchst differenzierten Weise in Beziehung setzt. Vgl. dazu die programmatischen Formulierungen aus dem *Wesen des Christentums* (Werke in sechs Bänden, hrsg. v. *Erich Thies,* Bd. 5, Frankfurt 1976, 406): »… ich sage keineswegs – wie leicht hätte ich es mir dann machen können! – Gott ist *nichts,* die Trinität ist *nichts,* das Wort Gottes ist *nichts* usw., ich zeige nur, daß sie *nicht das sind,* was sie in der Illusion der Theologie sind – nicht ausländische, sondern einheimische Mysterien, die Mysterien der menschlichen Natur … Der Vorwurf, daß nach meiner Schrift die Religion Unsinn, nichts, pure Illusion sei, hätte nur dann Grund, wenn ihr zufolge auch *das,* worauf ich die Religion zurückführe, was ich als ihren *wahren Gegenstand* und *Inhalt* nachweise, der Mensch, die Anthropologie, *Unsinn, nichts, pure Illusion* wäre.« Alfred Schmidt hat deshalb Feuerbachs theoretische Grundüberzeugungen glücklich als »anthropologischen Materialismus« (so der Untertitel seiner Schrift: *Emanzipatorische Sinnlichkeit.* Ludwig Feuerbachs anthropologischer Materialismus, München/Wien 1973) gekennzeichnet. Feuerbachs Schrift *Das Wesen des Christentums* erscheint mir als Musterbeispiel für einen religionskritischen Zugang, der um die konstitutive Rolle der subjektiven Perspektive weiß und diese berücksichtigt. Diese Einsicht ist es, die Feuerbachs Materialismus als anthropologisch qualifiziert und ihn von jenen rein naturalistischen Spielarten des Materialismus unterscheidet, die sich dem Problem der subjektiven Binnenperspektive gar nicht erst stellen.

ist von *Einverständnis* – der Übernahme einer Artikulationsgestalt als gültigem Ausdruck der eigenen Erfahrung – streng zu unterscheiden. Genauer betrachtet wird Erfahrung zwar im Kontext einer einschlägigen, sozial etablierten Symbolform allererst als religiöse verstehbar (Erste Person Plural); diese Symbolform hat jedoch ihrerseits individuelle Artikulationsleistungen zur Verständlichkeitsbedingung (Erste Person Singular). Solche Ausdrucksgestalten sind wiederum geprägt von der Erfahrung der Individuen mit den verschiedenen Objektivierungsformen ihrer kulturellen Umgebung, die – wenigstens seit dem Durchbruch der ›okzidentalen Rationalität‹ – auch die sinnhafte Welt des Sozialen noch überschreiten. Wie Nagel eindrucksvoll gezeigt hat, ist es gerade diese Objektivierungsdynamik in ihrer unauflöslichen Spannung zum Standpunkt der Ersten Person, die den ›existenziellen‹ Fragen, und damit auch religiöser Erfahrung, ihren Horizont vorgibt. Schließlich stehen rationales Handeln und Orientierung an Objektivität in einem so engen Verhältnis, daß beides geradezu für identisch gehalten werden konnte. Rationalität impliziert immer ein objektivierendes Transzendieren des eigenen Selbst im Sinn des Absehens von persönlichen Eigenarten, des Sich-öffnens für anderere Perspektiven, des Überschreitens ethnischer, politischer, kultureller Grenzen usw. Und im Falle naturwissenschaftlicher Rationalität kommt sogar – wenigstens als regulative Vorstellung – der Verzicht auf die Einnahme eines spezifisch menschlichen Standpunktes hinzu.[30] »Wir fliehen«, wie Nagel sagt,

[30] Die radikalobjektivistische Weltauffassung impliziert also die Loslösung von allen spezifisch menschlichen Wahrnehmungsperspektiven. »Die materielle Welt, wie sie eigentlich oder an sich beschaffen sein soll, enthält keine Perspektiven; und sie enthält nichts mehr, das nur einer besonderen Perspektive erscheinen könnte.« (*Th. Nagel, Der Blick von Nirgendwo,* op. cit., 29) Diese aperspektivische Welt wäre streng sinnfrei (weder sinnvoll noch sinnlos) und daher auch kein mögliches Korrelat einer religiösen Wirklichkeitsdeutung. – Die Irreduzibilität des sinnhaften Standpunktes der Ersten Person macht sich jedoch in diesem Zusammenhang in einer Vielzahl populär- und pseudowissenschaftlicher Schriften eindrucksvoll deutlich. Diese Weltanschauungsliteratur projiziert die Sinnperspektiven der Lebenswelt in die sinnfreien Formeln etwa der modernen Physik hinein, um sich dann die eigenen Sinnbedürfnisse in Gestalt ›unanfechtbarer wissenschaftlicher Wahrheiten‹ von diesen Wissenschaften zurückspiegeln zu lassen, die doch ihrer Theorieform nach dazu völlig ungeeignet sind. *H.-D. Mutschler* hat in zahlreichen Veröffentlichungen immer wieder auf diesen fatalen Projektionsmechanismus aufmerksam gemacht: vgl. *ders., Physik, Religion, New Age,* Würzburg 1990; *Mythos ›Selbstorganisation‹,* in: Theologie und Philosophie 67 (1992); *Zwei Kulturen sind besser als keine.* Wider die physikalistischen Ganzheitslehren, in: Merkur, Heft 536.

»das Subjektive unter dem Druck der Überzeugung, daß alles, was es gibt, *an sich*, also unabhängig von jeder Perspektive, irgendwie sein muß.«[31] Das Ideal der Objektivität hat Nagel zufolge in der abendländischen Wissenschaftskultur zu einer Privilegierung der neutralen Perspektive der Dritten Person geführt, die in Vergessenheit geraten ließ, daß bestimmte Sachverhalte nicht objektivierbar sind, weil sie nur aus der Perspektive der Ersten Person überhaupt *bestehen*. »… wenn es stimmt, daß die Art und Weise, wie die Dinge *für* diese Subjekte sind, nicht zu der Art und Weise gehört, wie die Dinge *an sich* sind, dann läßt das objektive Bild, was immer es auch zeigen mag, etwas aus. Also besteht die Wirklichkeit nicht bloß aus der objektiven Wirklichkeit, und das Streben nach Objektivität ist nicht in allen Bereichen eine gleichermaßen geeignete Methode, die Wahrheit zu ermitteln.«[32]

Eine weitere Überlegung Nagels zum Verhältnis subjektiver und objektiver Perspektiven führt noch näher an die hermeneutische Konzeption religiöser Erfahrung heran. Wenn Subjektivität nämlich einerseits irreduzibel ist, andererseits jedoch nicht – wie in den idealistischen Lösungsversuchen – zum Urquell von Objektivität stilisiert werden darf, entsteht bereits an der Wurzel unserer Weltperspektiven ein folgenschweres Vermittlungsproblem: die Unvermeidlichkeit *beider* Standpunkte[33] ist es, die den Bedeutungshorizont der menschlichen Lebensfragen aufspannt und offenhält. Nagel hat dies im Blick auf die Frage nach dem Sinn des Lebens eindringlich gezeigt. So ist das Leben eines jeden Menschen in sich selbst zentriert, von dessen kontingenten Wünschen und Bedürfnissen bestimmt, mit dem Index der Einmaligkeit und Unverwechselbarkeit gekennzeichnet. In der formalontologischen Sprechweise Heideggers: »Das Sein dieses Seienden ist *je meines*.«[34] »Dennoch gibt es einen Standpunkt, aus dessen Blickwinkel all dies offenbar völlig gleichgültig ist. Betrachten wir unsere Anstrengungen wie aus großer Höhe und sehen

---

[31] *Th. Nagel, Das Subjektive und das Objektive*, op. cit., 119.

[32] Ebd., 126. – Kierkegaard hätte sich sicher gefreut, in der Schrift eines analytischen Philosophen diesen fernen Widerhall seiner *Abschließenden unwissenschaftlichen Nachschrift* … zu vernehmen.

[33] Wenn hier stark vereinfachend von zwei Standpunkten – dem subjektiven und dem objektiven – die Rede ist, sollen diese immer nur als die Grenzmarken eines Kontinuums verstanden werden, in dem die verschiedensten Formen der Nähe und Ferne zu diesen beiden Eckpunkten anzutreffen sind.

[34] *M. Heidegger, Sein und Zeit*, op. cit., 41.

wir von der Anteilnahme ab, mit der wir dieses Leben führen, weil es das unsere ist, … so verspüren wir höchstens noch eine schwache Sympathie für den armen Bettler, ein läppisches Vergnügen an seinen Siegen oder eine flaue Enttäuschung bei seinen Niederlagen. Gewiß, da diese Person nun einmal da ist, hat sie wohl kaum eine andere Möglichkeit, als in Gang zu bleiben, bis sie stirbt, und sich abzustrampeln … Doch wäre es nicht weitgehend egal, wenn ihre Bemühungen sich als vergeblich herausstellten, und wäre es nicht noch gleichgültiger, wenn es sie gar nicht erst gegeben hätte?«[35] Der Zusammenprall der subjektiven Binnenperspektive mit dem »Blick von Nirgendwo« kann – ganz unabhängig vom konkreten Gelingen oder Mißlingen des je eigenen Lebens – jenes Gefühl der Absurdität erzeugen, das dazu nötigt, die Frage nach dem Sinn des Lebens zu stellen.[36]

Nagels Analyse des Sinnproblems läßt sich mit dem hermeneutischen Ansatz verknüpfen, der religiöse Erfahrung von den Ausdrucksgestalten der Teil-Ganzes-Beziehung her deutet. Für die Hermeneutik Diltheys sind religiöse Praktiken und Überzeugungen nämlich jene Symbolprozesse, in denen sich die Subjekte ihren Bezug zum Ganzen der Wirklichkeit als solchen vorstellig machen. Und für Nagel entsteht die Frage nach dem Sinn des Lebens aus dem Zusammenprall der konfligierenden Perspektiven von Individuum und Objektivität. Religiöse Erfahrungen können dann als Versuche zur deutenden Hervorbringung von Ausdrucksgestalten verstanden werden, in denen diese konfligierenden Perspektiven so zur Vermittlung gebracht werden sollen, daß sich das Sinnproblem aus der Sicht des Erfahrungssubjekts nicht mehr stellt. Nagels konfliktorientierte Darstellung der Perspektiven Erster und Dritter Person ist dem hermeneutischen Ansatz strukturell verwandt – in beiden Fällen wird die Beziehung der Subjekte zu den intersubjektiven wie transsubjektiven Formen der Objektivität als konstitutiv und irreduzibel behandelt. Anders als die hermeneutische Tradition arbeitet Nagel aber in erster Linie die unauflösliche *Spannung* zwischen Subjektivität und Objek-

35 *Th.Nagel, Der Blick von Nirgendwo*, op. cit., 372.

36 Die französischen Existentialisten haben dieses Gefühl eindringlich dargestellt – am dichtesten wohl in der Schilderung, die *Sartre* von dem »Existenzerlebnis« seines Protagonisten Roquentin gibt: *Der Ekel*, Reinbeck bei Hamburg 1982, 144 ff. Nagels Überlegungen gestatten es, das existentialistische Grundgefühl als Ausdruck des Zusammenpralls zweier Perspektiven zu deuten, die gleichermaßen unvermeidlich sind: des subjektiven Binnenstandpunkts und der desengagierten Objektivität.

tivität, Teil- und Gesamtperspektive heraus. Sein ›differentialdiagnostischer‹ Blick läßt die kulturellen Ausdrucksgestalten als fragile Vermittlungsbemühungen sichtbar werden, die durch den Druck individueller Perspektiven ebenso wie durch die Forderungen der Objektivität ständig vom Auseinanderbrechen bedroht sind.

Andererseits läßt sich jedoch vom hermeneutischen Erfahrungsbegriff her auch Nagels Perspektivenpluralismus ausdruckstheoretisch differenzieren. Daß die Perspektive der Ersten Person irreduzibel ist, wird bei Nagel in erster Linie an präsymbolischen Phänomenqualitäten festgemacht. An der Frage »Wie ist es (wie fühlt es sich an, spürt es sich von innen, etc.), eine bestimmte Erfahrung zu machen?« scheitern für ihn die Prätentionen einer vollständigen objektiven Weltauffassung. Wenn man jedoch mit der Hermeneutik solche phänomenalen Qualitäten als Grenzphänomene eines *Artikulationskontinuums* begreift, verschiebt sich der Akzent. Subjektive Erfahrungen sind dann intern mit Artikulationsgestalten verknüpft, weil Artikulation nicht nur nachkommende Symbolisierung, sondern genauso auch Präfiguration des erfahrenen Gehalts bedeutet. Im Bild gesprochen: Die Verkehrswege zwischen Erlebnis und Ausdruck sind keine Einbahnstraßen, sie werden in beiden Richtungen befahren.

Das Phänomen der *Mystik* exemplifiziert diese reziproke Struktur in aller Deutlichkeit: mystische Erlebnisse gelten im emphatischen Sinn als religiöse Erfahrungen, und sie sind offenkundig in der Intimität binnenperspektivischer Wahrnehmung angesiedelt. Das Standardmerkmal der »Unsagbarkeit« kennzeichnet in ihrem Fall sogar explizit die Inkommensurabilität von gefühlter Qualität und objektivierendem Ausdruck.[37] Dennoch wäre eine Rekonstruktion mystischer Phänomene völlig unangemessen, wenn sie sich auf die Sinnrichtung vom Subjekt zum Symbol, also auf die Struktur der scheiternden Ausdrucksbemühung beschränken würde. Schon dieses Scheitern muß nämlich, wie Reinhard Margreiter gezeigt hat,[38] als Grenzfall des Symbolprozesses selbst aufgefaßt werden. Es fällt nicht aus dem Ausdruckskontinuum völlig heraus, sondern bedarf gerade einer forcierten Artikulationsanstrengung, um als sol-

---

[37] Vgl. die Diskussion dieses Merkmals in meiner Analyse von *James' Varieties*, oben, Abschnitt 2.4.

[38] Vgl. *R. Margreiter, Erfahrung und Mystik.* Grenzen der Symbolisierung, Berlin 1997.

ches im je besonderen Fall sichtbar zu werden. Schließlich ist bereits die Kennzeichnung bestimmter Erfahrungsqualitäten als »mystisch« mit der Behauptung ihrer schlechthinnigen Unsagbarkeit unverträglich. Einzelne Menschen können allein deshalb herausgehobene Aspekte ihres Erlebens durch das Negationsvokabular der Mystik von ihren Alltagserfahrungen unterscheiden, weil ihnen die kulturelle Form der mystischen Tradition als eine Deutungskategorie vorgegeben ist, die die Aufmerksamkeit auf bestimmte Erfahrungsqualitäten lenkt und deren Identifizierung erlaubt. Umgekehrt verdankt sich die Entstehung der Symbolform ›Mystik‹ dem deutenden (selektierenden, pointierenden, allgemein prägnanzstiftenden[39]) Ausdruckshandeln von Individuen, dessen fixierte Gestalten in die symbolischen Resourcen des sozialen ›Wir‹ Eingang finden. So verbindet die Kategorie des Ausdrucks die Erste Person Singular mit der Ersten Person Plural. Sie impliziert ein *Objektivierungsschema*, dessen Dynamik von den kontingenten Perspektiven der Individuen auf den raumzeitlich entgrenzten ›objektiven Geist‹ im Sinne Diltheys hinzielt. Umgekehrt schließt sie auch ein *Subjektivierungsschema* ein, durch das alle symbolischen Formen auf die individuellen Sinnperspektiven als deren Ausdruck bezogen werden.

In beiden Richtungen betrachtet, erweist sich die Perspektive der Ersten Person somit als notwendiges Korrelat religiöser Erfahrung. Damit wird die Dynamik der Perspektivenentschränkung jedoch keineswegs willkürlich abgebrochen. So läßt sich Erfahrung im naturwissenschaftlichen Sinn methodisch geregelter Empirie angemessen wohl nur aus der Perspektive eines neutralen, desengagierten Beobachters rekonstruieren, für den die Sinnzusammenhänge der Lebenswelt suspendiert sind. Sofern aber die Erkenntnisse der Naturwissenschaften religiöse Erfahrung betreffen sollen, müssen sie in ihrer Lebensbedeutsamkeit aufgefaßt, mithin durch Interpretation in Sinnkategorien wieder in die Perspektive der Ersten Person einbezogen werden. Religionsphilosophische Analysen, die beispielsweise Geltungsfragen behandeln, ohne über ein Strukturmodell der

---

[39] Mit dem Gedanken der »Prägnanzstiftung« knüpfe ich an Überlegungen *Ernst Cassirers* an. Dieser hatte im dritten, *Phänomenologie der Erkenntnis* betitelten Teil seiner *Philosophie der symbolischen Formen* (zit. nach der 9. Aufl., Darmstadt 1990) »symbolische Prägnanz« als *terminus technicus* für die »Wechselbestimmung»(235) von phänomenaler Beschaffenheit und symbolischer Ordnung eingeführt. Das Verhältnis der hermeneutischen Konzeption zu diesem Cassirerschen Konzept wird unten, S. 304f., noch genauer analysiert werden.

perspektivischen Modi von Erfahrung zu verfügen, bleiben deshalb defizient. Religiöse Symbolismen müssen als Ausdrucksformen einer eigentümlichen Erfahrungsgestalt verstanden werden, die sich im Horizont der Ersten Person, in der Spannung von Individualität und sinnhafter sozialer Welt vollzieht. Aus diesem Horizont heraus machen sie das Verhältnis von (formal:) Teil und Ganzem (inhaltlich: Individuum und Glaubensgemeinschaft, Kontingenz und Transzendenz, Welt und Gott ...) ausdrücklich vorstellig.[40] Unter dem Leitbegriff der *Artikulation* möchte ich nun diese Konzeption von Erfahrung weiter entfalten.

3.1.2. Artikulation und Bedeutung

Die eigensinnige Logik der Wechselbeziehung von binnenperspektivischem Erleben und symbolischer Ausdrucksgestalt wird in der Standardauffassung des deskriptiven Wissens von mentalen Zuständen verfehlt. Dem hermeneutischen Ausdruckskonzept gelingt es sehr viel besser, der Perspektive der Ersten Person gerecht zu werden. Für eine hermeneutisch inspirierte Theorie religiöser Erfahrung bedeutet dies zunächst, daß sie sich entschieden von all jenen fundamentalistischen Begründungsfiguren trennen muß, die den Begriff der Erfahrung seit seiner Entstehung begleitet haben. Sowenig, wie ›äußere‹ Erfahrung auf eine fundamentale Schicht schlechthin gegebener, irrtumsimmuner Daten stößt, sowenig läßt sich auch aus den Eigentümlichkeiten der Erste-Person-Perspektive eine letzte Sicherheit des Wissens um ›innerlich‹ gegebene Gehalte gewinnen. Dieser kritische Gesichtspunkt ist in den historischen Analysen zu Dilthey und James bereits ausführlich entwickelt worden. Das Mißlingen der Versuche, religiöse Erfahrung als selbstbegründend zu rekonstruie-

[40] Da es sich bei solchen Symbolismen um Vorgriffe auf Totalität handelt, besteht freilich auch ein innerer Bezug zu den ausdrucksfremden Objektivierungsformen der Naturwissenschaft, ein Bezug, der konkret die Form einer lebensweltlichen Interpretation annimmt. So wird ein gläubiger Naturwissenschaftler die Naturgesetze und Naturkonstanten, die in sich semantisch neutral und extensional beschreibbar sind, als *Ausdruck* eines göttlichen Plans deuten und dadurch radikale Objektivität wieder in die sinnhafte, den Lebensinteressen der Subjekte korrespondierende Realität der geschichtlich-sozialen Welt einbeziehen. – Eine der wichtigsten kritischen Aufgaben hermeneutischer Erfahrungstheorie besteht darin, diese Interpretationsleistungen zu benennen und sie damit ihres objektivistischen Scheins zu berauben.

ren, macht jedoch den Begriff als solchen keineswegs obsolet. Im Gegenteil: erst durch die konsequente Umstellung vom Beschreibungs- auf das Artikulationskonzept werden die theoretischen Möglichkeiten der Kategorie religiöser Erfahrung freigesetzt. Daß dieses Konzept nämlich eigens auf die Ausdrucksperspektive der Ersten Person zugeschnitten ist, ermöglicht eine genauere Bestimmung der ›existentiellen‹ Eigentümlichkeiten religiöser Wirklichkeitsdeutung, die sich dem Wissensmodell entziehen. So läßt sich etwa der spätestens seit Kierkegaard immer wieder betonte *Entscheidungscharakter* des religiösen Glaubens strukturell als die existentiell riskante Transformation von gelebter in artikulierte Erfahrung verständlich machen. Dieser Aspekt wird im nächsten Abschnitt dieses Kapitels noch ausführlicher behandelt.

Eine weitere wichtige Frage betrifft das Verhältnis des Artikulationskonzepts zu der propositionalen Dimension der religiösen Ausdrucksgestalten. Denn es wäre, wie Lebensphilosophie und Pragmatismus gleichermaßen gezeigt haben, ein ›expressivistischer‹ Fehlschluß, solche symbolischen Gestalten ausschließlich auf das psychische Innenleben der Erfahrungssubjekte oder die kulturelle Innenwelt des obektiven Geistes zu beziehen. Was zum Ausdruck gelangt, ist ein durch die Perspektive der Ersten Person bestimmtes *Realitätsverhältnis*. Deshalb kann es nicht wundern, daß religiöse Überzeugungen vielfältige Geltungsansprüche anmelden, unter denen auch solche auf propositionale Wahrheit sind. Im Artikulationskonzept werden solche Geltungsansprüche als Teilaspekte des hermeneutischen Prozesses situiert. Damit ergibt sich eine Spannung zwischen dem interpretativen Aspekt jeder Artikulation, die gelebte Erfahrung prägnanzstiftend bestimmt, und dem universalistischen Charakter von Geltungsansprüchen. Wer sich beispielsweise sein gelebtes Leben unter dem Aspekt seines Verhältnisses zu Gott verständlich macht, bringt kognitive Voraussetzungen ins Spiel des symbolischen Ausdrucks ein. Diese bleiben einerseits zwar intern auf die Perspektive der Ersten Person bezogen (›man‹ ist kein denkbares Subjekt eines Gottesverhältnisses), sind andererseits jedoch mit starken, universalistischen Wahrheitsansprüchen verknüpft (Jemeinigkeit ist eben nicht ›Nurmeinigkeit‹). Eine hermeneutisch verfahrende Theorie religiöser Erfahrung muß für diese Spannung begrifflich aufkommen. In den bedeutungstheoretischen Analysen des folgenden Abschnitts, aber auch in den systematischen Erwägungen zum theoretischen Status einer erfahrungsbezogenen Religionsphilosophie wird die Frage nach dem Verhältnis von Artikulation und Geltung immer wieder auftauchen.

Am Anfang einer angemessenen Konzeption von Ausdrucksbedeutung muß die kritische Einsicht stehen, daß sie jedenfalls nicht im Sinn von mentaler Referenz verstanden werden kann. Wenn Subjekte sich aus der Perspektive der Ersten Person äußern, referieren sie nicht auf mentale Zustände, von deren Beschaffenheit sie ein deskriptives Wissen haben. Bei genauerem Hinsehen erweist sich dieses gängige ›Wissensmodell‹ der Ersten Person zudem als Ausdruck einer globalen philosophischen Sichtweise, die sich zu weitgehend an der Idee der *Repräsentation* von Sachverhalten orientiert. Ein kognitiv gehaltvoller Wirklichkeitsbezug ist nach dieser Vorstellung immer dadurch gekennzeichnet, daß er eine vom Vollzug der Aussage unabhängige Realität wiedergibt. Entsprechend wird dann Bedeutung als eine Funktion der Referenz begriffen: was ein Satz bedeutet, hängt von den außersprachlichen Sachverhalten ab, die er repräsentiert – von den Dingen der Welt bei externer, von psychischen Zuständen bei interner Referenz. Charles Taylor hat in einer Arbeit mit dem Titel *Bedeutungstheorien* versucht, die impliziten Voraussetzungen und Grenzen dieser Konzeption herauszuarbeiten. Nach seiner Darstellung weisen »die gegenwärtig in der angelsächsischen Welt vorherrschenden Bedeutungstheorien zwei entscheidende Merkmale« auf: »ihre Betonung der Repräsentation und ihre Übernahme der externen Einstellung des Beobachters«[41]. Beide Merkmale sind eng miteinander verknüpft. Wenn Sprache nämlich primär der Repräsentation sprachexterner Dinge bzw. Sachverhalte dient, dann kann ihr Funktionieren prinzipiell auch vom Standpunkt eines unbeteiligten Beobachters rekonstruiert werden.[42] Die methodische Dominanz der Beobachterperspektive, so hat sich im vorangegangenen Abschnitt gezeigt, liegt auch dem Wissensmodell des ›priviledged ac-

---

[41] *Ch. Taylor, Bedeutungstheorien,* in: *Negative Freiheit?* Zur Kritik des neuzeitlichen Individualismus, Frankfurt 1992, 62. ›Repräsentation‹ versteht Taylor als Referenz auf Außersprachliches. Ein kontextualistischer, vom Zeichenzusammenhang her entworfener Repräsentationsbegriff, wie ihn etwa *Ernst Cassirer* in seiner *Philosophie der symbolischen Formen* entwickelt, wird von Taylors kritischen Erwägungen daher nicht direkt getroffen.

[42] In diesem Sinn deutet Taylor das ursprünglich von *Quine* eingeführte und von *Davidson* wieder aufgenommene Gedankenexperiment der »radikalen Interpretation«, in dem ein »Feldlinguist« (der externe Beobachter) eine fremde Sprache enträtseln muß.

cess‹ zugrunde: das epistemische Privileg innerer Erfahrung besteht diesem Modell zufolge gerade darin, daß Individuen die privilegierten *Beobachter* ihrer psychischen Zustände sind.

Gegen diese ›designativistische‹ Auffassung von Bedeutung setzt Taylor ein alternatives Modell, das sich am Artikulationsbegriff orientiert.[43] Und tatsächlich muß eine Bedeutungstheorie, die auf die Spezifität der Perspektive der Ersten Person zugeschnitten ist, auch der hermeneutischen Analyse religiöser Ausdrucksgestalten als ein Desiderat ersten Ranges erscheinen. In welchem Sinn soll hier also von ›Bedeutung‹ die Rede sein? Taylor hat in einer früheren Arbeit gezeigt, daß der Bedeutungsbegriff der hermeneutischen Wissenschaften auf einer phänomenologischen Ebene bestimmt werden muß. Auf dieser Ebene ist »ein gewisser Begriff von Bedeutung wesentlicher Bestandteil der Charakterisierung von menschlichem Verhalten … In diesem Sinn können wir davon sprechen, daß eine Situation, eine Handlung, eine Forderung, eine Aussicht für die Person eine bestimmte Bedeutung haben.«[44] Diese Bedeutung von ›Bedeutung‹ ist also von der linguistischen Verwendung des Terminus zu unterscheiden, wie er etwa in der analytischen Sprachphilosophie im Vordergrund steht. Wie Taylor hervorhebt, muß der hermeneutische Bedeutungsbegriff durch drei Relationen charakterisiert werden: »a) Bedeutung ist für ein Subjekt gegeben (…) b) Bedeutung ist Bedeutung von etwas (…) c) Dinge haben nur Bedeutung innerhalb eines Feldes, d. h. in Beziehung zu den Bedeutungen anderer Dinge.«[45] Bedeutung ist eine *dreistellige* Relation, die nicht in eine zweistellige Beziehung zwischen Zeichen und Bezeichnetem, wie sie sich dem designativistischen Sprachverständnis nahelegt, aufgelöst werden kann. Dieser zuerst von Peirce in aller Klarheit gesehene relationslogische Grundsachverhalt, dem im hermeneutischen Denken Diltheys die Trias von Erlebnis-Ausdruck-Verstehen zugeordnet werden kann, bestimmt die semiotische Struktur des Ausdrucks-

[43] Das Verhältnis dieser beiden Konzeptionen bleibt dabei leider ungeklärt. Soll die alternative Bedeutungstheorie den Designativismus *ersetzen*, mit ihm schiedlich-friedlich *koexistieren*, oder in Abhängigkeit vom Kontext mit ihm *konkurrieren?* Für eine Religionsphilosophie, die auch den propositionalen Geltungsansprüchen religiöser Sinngestalten gerecht werden will, ist die Analyse dieses Verhältnisses von entscheidender Bedeutung.

[44] *Ch. Taylor, Interpretation und die Wissenschaft vom Menschen,* in: *Erklärung und Interpretation in der Wissenschaft vom Menschen,* Frankfurt 1975, 164.

[45] Ebd., 164 f.

begriffs. Von hier aus ergeben sich Bezüge zu kultur- und symboltheoretischen Deutungen religiöser Phänomene, auf die ich gegen Ende dieses Abschnitts zurückkommen werde. Vor allem aber kann der dreistellige Bedeutungsbegriff als Leitfaden dienen, an dem entlang sich ein hermeneutisch angemessenes Modell sprachlicher Artikulation entwickeln läßt.

Wenn die Bedeutung religiöse Erfahrungsausdrücke, wie gezeigt, nicht darin gesucht werden kann, daß sie eine innerpsychisch gewahrte Realität beschreibend kennzeichnen, worin besteht sie dann? Vorgreifend habe ich bereits versucht, hier mit dem Hinweis auf den Artikulationsbegriff – auf die selektierenden, interpretierenden, prägnanzbildenden, symbolschaffenden Übergänge zwischen den Perspektiven der Ersten Person Singular und Plural – zu antworten. Diese Konzeption läßt sich an jener ›expressivistischen‹ Alternativauffassung von symbolischer Bedeutung näher erläutern, die Taylor als die »Herder-Humbold-Hamann-Theorie«[46] bezeichnet. Sprache wird in ihr nicht vom Lexikon, von der referentiellen Bedeutung der Wörter, sondern von der Aktivität des Sprechens her verstanden. Es gelte, mit den Worten Humboldts, »Sprache als *energeia*, nicht bloß als *ergon* aufzufassen«[47]. Taylor hebt nun an dieser Bedeutungskonzeption drei wichtige Aspekte hervor: »die Erzeugung von Artikulationen und damit das Hervorbringen expliziten Bewußtseins; das Hineinstellen der Dinge in den öffentlichen Raum und auf diese Weise die Konstitution eines solchen öffentlichen Raums; das Treffen von Unterscheidungen, die grundlegend für die menschlichen Anliegen sind und uns daher für diese Anliegen öffnen. Dies sind Funktionen, für die die Sprache unentbehrlich erscheint.«[48]

(1) Der Prozeß der Artikulation bewirkt die *Formulierung* – im Wortsinn von »eine Form geben, eine Grenze ziehen« – des aus der Binnenperspektive eines Individuums Erfahrenen, die dessen impli-

---

[46] Ebd., 63. Auch *Heidegger* steht nach Taylor in dieser Theorietradition, und *Dilthey*, der von ihm nicht erwähnt wird, hat den romantischen Expressivismus ebenfalls beerbt, indem er ihn zu einer ›entplatonisierten‹, radikal immanentistischen Konzeption sozialer Ausdrucksgestalten weiterentwickelt hat. – Im Zusammenhang mit Taylors Untersuchungen hat *H. Joas* auf die wichtige Rolle hingewiesen, die *Herders* »Ausdrucks*anthropologie*« für die Entwicklung eines differenzierten Bedeutungsbegriffs gespielt hat. Vgl. *ders.*, *Die Kreativität des Handelns*, Frankfurt 1996, 113–127, hier: 117.

[47] *W. v. Humboldt, Über die Verschiedenheiten des menschlichen Sprachbaus*, zit. bei *Ch. Taylor, Bedeutungstheorien*, op. cit., 62. Man könnte genauso mit *Saussure* vom Vorrang der »Parole« gegenüber der »Langue« sprechen.

[48] Ebd., 74.

zite Bedeutung expliziert. Es handelt sich dabei um eine Transformation zwischen der Erlebnisperspektive und den sozialen Symbolgestalten, die je individuell vollzogen werden muß. Taylor konzentriert sich in seiner Darstellung, an Herder orientiert, nur auf die vom Individuum zur Ausdrucksgestalt laufende Sinnrichtung. Diltheys Hermeneutik ermöglich hier jedoch eine umfassendere Sichtweise, weil sie das Verhältnis von Erlebnis und Ausdruck streng reziprok auffaßt. Artikulation bedeutet eben nicht nur Formung des Erlebten durch ein Erlebnissubjekt, sondern ebensosehr Präformierung der Erlebnisstruktur durch die dem Subjekt in seinem Sinnhorizont vorgängigen Artikulationsformen. Wo dieser zweite Aspekt expressivistisch verkürzt wird, droht der symbolische Kontext von Erfahrung verlorenzugehen, wodurch die erklärende Kraft des Artikulationsbegriffs unnötig eingeschränkt würde. Zudem lassen sich zahlreiche soziale Praktiken, unter ihnen solche religiöser Natur, am besten durch die Annahme eines Wechselverhältnisses von Erlebnis und Ausdruck verständlich machen. Ein Beispiel mag hier genügen: die Phänomene der Verkündigung und speziell der paränetischen Rede stellen strukturell symbolische Präformierungen des individuellen Erlebens dar, die dann, wenn die Verkündigung Erfolg hat, im Gegenzug von ihrem Hörer als gültige Ausdrucksgestalten dieses Erlebens anerkannt werden können.

Durch Artikulation wird dem implizit Empfundenen eine Form verliehen – eine Form freilich, die nicht äußerlich zu den subjektiven Qualia hinzutritt, sondern mit ihrem jeweiligen Gehalt eine Einheit bildet, an der sich nur rekonstruktiv, nicht im Vollzug von Erfahrung, differente Aspekte abheben lassen. In diesem Prozeß manifestieren sich – subjektiv im Ausdruckswillen des Individuums, intersubjektiv durch die konkrete Gestalt der jeweiligen Deutungstradition – seine Bedeutungen mittels der Herausarbeitung der als relevant erachteten Züge. Wie Taylor betont, ist »das Artikulieren unserer Auffassung von einer Sache … untrennbar verknüpft mit der Identifikation ihrer Wesensmerkmale«[49]. Was Artikulation von Beschreibung unterscheidet, ist nun gerade die Unmöglichkeit, diese Wesensmerkmale als präsymbolische Eigenschaften des erfahrenen Gehalts zu beschreiben. Beschreibungen lassen sich durch die Metapher des »Findens« charakterisieren, während Artikulationen stets die Aspekte des

[49] Ebd., 65.

»Findens« und »Herstellens« miteinander verbinden.[50] Von einem »Finden« kann insoweit gesprochen werden, als das am Subjektpol des Erfahrungsprozesses Empfundene einen Horizont der Deutung ›vorgibt‹, durch den der Spielraum der Artikulation begrenzt wird. Auf der anderen Seite handelt es sich jedoch um ein »Herstellen«, da Ausdruckgestalten die Offenheit dieses Horizontes reduzieren, Möglichkeiten in eine bestimmte Wirklichkeit verwandeln und also einem kreativen Prozeß der Selektion, Pointierung, Vereindeutigung usw. unterliegen.

Erst durch den Prozeß des Formulierens wird es möglich, auf gelebte Erfahrung ständig zurückzukommen und sich damit auf sie zu konzentrieren. Als *Objektivierungsschemata* bewirken die Ausdrucksgestalten eine Verstetigung und mithin die Identifizierbarkeit und Reidentifizierbarkeit des Erlebens, ohne welche die kulturellen Deutungssysteme der Religion nicht denkbar wären. Als *Subjektivierungsschemata* hingegen strukturieren sie den Erfahrungshorizont des Individuums, indem sie ihm vorgeprägte Symbole zur Verfügung stellen, die mit einem hermeneutischen Vorgriff auf Gültigkeit als Erlebnisausdrücke ausgestattet sind. Erst als artikulierte kann Erfahrung subjektiver Selbstverständigung dienen und Identität erzeugen. Diesen Sachverhalt hat Dilthey immer wieder hervorgehoben, wenn er nicht Erlebnisse, sondern Erlebnisausdrücke zum

---

[50] In wichtigen Aspekten berührt sich diese hermeneutische Deutung innerer Erfahrung mit Überlegungen, die innerhalb der analytischen Philosophie vor allem durch den späten *Wittgenstein* angestoßen wurden. So schlägt *H. J. Schneider* (*»Den Zustand meiner Seele beschreiben« Bericht oder Diskurs?*, in: Dtsch. Z.Philos., Berlin 44 [1996] 1, 117–133) vor, sich von dem objektivistischen Modell des »Berichtens« völlig zu verabschieden, weil es nicht in der Lage ist, für die konstitutive Rolle der sprachlichen Artikulation bei der Bestimmung der fraglichen Phänomene aufzukommen. Er erläutert diese Kritik am Beispiel eines therapeutischen Diskurses: »… es geht hier nicht um eine möglichst genaue Beschreibung von etwas fertig Vorhandenem. Vielmehr ändert sich das, was der Patient zunächst als seine ›Lage‹ zu beschreiben versucht, im Laufe der sprachlichen Erfassung. (…) Es ist also die Auseinandersetzung mit dem Therapeuten, in der die seelische … Seite des Klienten, als das, was sie am Ende beiden Partnern zu sein scheint, erst konstituiert wird. Und dieser konstitutive Charakter ist derjenige Aspekt, der die Sprachform des Berichts sprengt.« (ebd., 126) Schneider favorisiert daher ein Diskurs-Modell des Seelischen. Ihm entspricht aus hermeneutischer Perspektive das Wechselverhältnis von Erster Person Singular und Erster Person Plural, in dem sich Ausdrucksgestalten ausbilden. Dieser wesentlich intersubjektive Artikulationsprozeß bestimmt die Bedeutung des Erinnerten: »Wir erfinden die Vergangenheit zwar nicht, wir haben von ihr aber nur *Versionen,* und der Diskurs hat die Aufgabe, die angemessenste erreichbare Version zu erzeugen.« (ebd.)

Gegenstand des Verstehens gemacht hat.[51] Die Konzentration auf das Erfahrene, die durch dessen Formulierung möglich wird, betrifft jedoch nicht nur das Erlebnissubjekt, sondern ebensosehr den *Gehalt* des Erlebens. Durch die Erzeugung von Ausdrucksgestalten wird dieser Gehalt innerhalb eines semantischen Feldes kontrastiver Begriffe[52] bestimmt. »Die Begriffe, die ich verwende, besitzen ihre Bedeutung nur im Kontrast zu anderen Begriffen. Indem ich bestimmte Beschreibungen verwende, lasse ich bestimmte Merkmale hervortreten, Merkmale, die meine Beschreibung nun identifiziert und damit abgrenzt hat.«[53] Eine Bedeutung bestimmen heißt, konkurrierende Deutungen auszuschließen und damit eine Form der Eindeutigkeit zu erzeugen, die dem präsymbolischen Erleben als solchem schon deswegen nicht zukommen kann, weil Unmittelbarkeit und intentionale Bestimmtheit unvereinbar sind.[54] In jeder Artikulation liegt somit eine Interpretation, die nicht auf eine von der Erlebnisperspektive semantisch schon determinierte Beschreibung reduziert werden kann.

Diese Einsicht erlaubt es, den kommunikativen Status religiöser Erfahrung präziser zu fassen, nämlich im Sinne einer interpretierenden Transformation von Erlebnis in Ausdruck und umgekehrt. Eine solche Transformation, von Dilthey als »Schillersches Gesetz«[55] bezeichnet, ist auch für die Produktion und Rezeption von Kunstwerken charakteristisch, und in der Tat machen sich hier unübersehbare strukturelle Zusammenhänge geltend. Häufig ist den Parteigängern des Konzeptes religiöser Erfahrung daher eine hinreichende trennscharfe Abgrenzung von ästhetischen Phänomenen mißlungen. Ein treffendes Beispiel bieten Schleiermachers *Reden über die Religion.* Im Unterschied zu *ästhetischen* Ausdrucksgestalten, deren Wahrheitsanspruch durch eine offen fiktionale Form vermittelt ist, schließen religiöse Symbole freilich propositionale Gehalte ein, für die die

---

51 Vgl. den *Aufbau der geschichtlichen Welt in den Geisteswissenschaften*, op. cit., 86 f. u. passim.

52 Taylor diskutiert die Problematik nur im Hinblick auf *sprachliche* Symbole. Kontrastivität kann aber auch als ein allgemeines Merkmal von Zeichensystemen gefaßt werden, das in je spezifischer Weise liturgische Vollzüge, sprachliche Äußerungen, musikalische Strukturen etc. bestimmt.

53 *Taylor, Bedeutungstheorien*, op. cit., 66.

54 Vgl. dazu meine kritische Analyse von James' Deutung der mystischen Erfahrung, oben, S. 177 ff.

55 Gesammelte Schriften V*I, 117.*

Symbolverwender direkte Wahrheitsansprüche erheben.[56] Es ist dieser interne Zusammenhang mit objektiver Referenz, durch den sich religiöse Erlebnisausdrücke vom künstlerischen Symbolisierungsprozeß unterscheiden. Die Vereindeutigung der gelebten Erfahrung kann daher in letzter Konsequenz dann auf streng universalistische Ausdrucksgestalten führen. Das ist beispielsweise bei den christlichen Glaubensbekenntnissen der Fall, in denen ein raumzeitlich entgrenztes Wir als Subjekt des Ausdrucks erscheint, die Singular- mit der Pluralform der Ersten Person also gewissermaßen zusammenfällt. Diese Form eines hochreligiösen Universalismus ändert jedoch nichts an dem kommunikativen Status religiöser Überzeugungen. Bei ihnen handelt es sich nicht um Realitäts*beschreibungen*, sondern um Ausdrucksgestalten des menschlichen Selbst- und Weltbezugs. Ihrem Strukturbegriff nach müssen sie deshalb im Übergang zwischen den Perspektiven der Ersten Person Singular und Plural situiert werden, und ihr pragmatischer Sinn kann sich nur dadurch erfüllen, daß sie je einzelnen Subjekten als der gültige Ausdruck ihrer gelebten Erfahrung erscheinen. Die Transformation von objektiven in vollständige Ausdrucksgestalten ist kein objektivierbares Geschehen mehr. Universalistische Geltungsansprüche, wie sie beispielsweise für das Christentum charakteristisch sind, können in diesem Rahmen als das kommunikative Ansinnen[57] verstanden werden, die betreffen-

---

[56] In Weiterführung von Überlegungen *A. Kaplans* sehe ich den entscheidenden Unterschied zwischen ästhetischen und religiösen Ausdrucksgestalten darin, daß erstere den propositionalen Gehalt ihrer Symbolgebilde nicht assertorisch – also in der propositionalen Einstellung des Behauptens – vertreten, letztere hingegen wohl. Vgl. *ders.*, *Referenz in der Kunst*, in: *Theorien der Kunst*, hrsg. von *D. Henrich* u. *W. Iser*, Frankfurt [4]1993, 491–523; bes. 508 f. – Ähnlich argumentiert auch *E. Cassirer:* »Die künstlerische Anschauung blickt nicht durch das Bild hindurch auf ein anderes, das in ihm ausgedrückt und dargestellt wird, sondern sie versenkt sich in die reine Form des Bildes selbst und beharrt in ihr.« (*Der Begriff der symbolischen Form im Aufbau der Geisteswissenschaften*, in: *Wesen und Wirkung des Symbolbegriffs*, Darmstadt [8]1994, 190) Im Abschnitt 3.2.2.1. wird die Frage nach dem Verhältnis der beiden Erfahrungsformen nochmals ausführlicher behandelt.

[57] So sinnt beispielsweise der Prediger seinen Zuhörern ein biblisches Gleichnis als die treffende Ausdrucksgestalt für deren eigenes Welt- und Selbstverständnis an. Mit dieser etwas altertümlichen Redeweise knüpfe ich an die Terminologie *Kants* aus der *Kritik der Urteilskraft* an. Kant expliziert dort, »daß man durch das Geschmacksurteil (über das Schöne) das Wohlgefallen an einem Gegenstand *jedermann* ansinne, ohne sich doch auf einen Begriff zu gründen.« (*KdU* A 21) Im Begriff des ›Ansinnens‹ sucht Kant die kommunikative Eigenart ästhetischer Geltungsansprüche zu fassen, ihre Universalität ebenso wie ihre Einbindung in die Perspektive der Ersten Person Singular. Da beide Aspekte

den religiösen Symbole und Vollzüge stellten für jedes einzelne Subjekt diejenige Ausdrucksgestalt dar, die dieses aus seiner – durch die Verkündigung belehrten – Binnenperspektive als gültig anerkennen kann. Im Vollzug dieser Anerkennung – oder in ihrer Zurückweisung – realisiert sich erst der Ausdruckscharakter religiöser Sinndeutungen, ihre Einbettung in die Perspektive der Ersten Person.

Demnach müssen an allen Ausdrucksgestalten zwei Bedeutungsdimensionen unterschieden werden, die ich terminologisch durch die Differenz zwischen *objektiven* und *vollständigen* Ausdrucksgestalten fasse: auszugehen ist von einem streng intersubjektiven Bedeutungsbegriff: ›Bedeutung‹ als jenes spezifische Ensemble kognitiver, affektiver und volitionaler Verweisungszusammenhänge, die einem konkreten Ausdruck in seinem relevanten Kontext *objektiv,* d. h. kraft seiner Formung durch die lebensweltlich gültigen Regeln seiner Erzeugung zukommen. Das Verstehen solcher objektiven Bedeutungen muß zwar jeweils von Individuen geleistet werden; diese sind dabei jedoch nur als im Prinzip beliebige Teilnehmer jener sozialen Praxis gefragt, in der sich die konstitutiven Verweisungszusammenhänge bilden. Anders gesagt: objektive Bedeutung ist Korrelat der Ersten Person *Plural.* Auf subjektive Erfahrung können sich diese objektiven Bedeutungen jedoch nur dann beziehen, wenn sie aus der Perspektive der Ersten Person Singular, also von konkreten Individuen, als authentische oder nichtauthentische Ausdrucksgestalten geltend gemacht werden. Objektive Bedeutung ist also pragmatisch ungesättigt und intern auf den Selbstvollzug von Subjektivität verwiesen. Wo diese interne Beziehung realisiert ist, liegt eine *vollständige* Ausdrucksgestalt vor. Ob und wann dies allerdings der Fall ist, läßt sich durch religionsphilosophische Analysen prinzipiell nicht ausfindig machen. Theorie vermag zwar die Strukturmerkmale des Erfahrungsprozesses analytisch zu bestimmen und kann die Geltungsansprüche artikulierter Erfahrung einer rationalen Überprüfung zuführen, die faktische Vermittlung zwischen objektiver Bedeutung und subjektivem Lebensvollzug aber bleibt allein Sache der Praxis.

---

ebensosehr für religiöse Erfahrungsmuster kennzeichnend sind, läßt sich Kants Redeweise auf diese übertragen. Jemandem eine religiöse Ausdrucksgestalt anzusinnen bedeutet, eine Form der Zustimmung geltend zu machen, die den Zustimmenden nicht alleine als Träger von Gattungseigenschaften (wie beim begrifflichen Denken) oder als Stellvertreter der Menschheit (wie in moralischen Urteilen), sondern als Individuum in Anspruch nimmt.

Daß der kommunikative Horizont, in dem religiöse Wirklichkeitsdeutungen situiert sind, durch die Logik des Ausdrucksverstehens bestimmt wird, muß vor objektivistischen ebenso wie vor ›expressivistischen‹ Mißdeutungen geschützt werden. Unter ›Expressivismus‹ verstehe ich hier die Auffassung, Erlebnisausdrücke bezögen sich ausschließlich auf eine psychische oder soziale ›Innenwelt‹. Auch Diltheys hermeneutische Konzeption ist, wie ich gezeigt habe, von solchen ›expressivistischen‹ Neigungen keineswegs frei. Die pragmatistischen Züge seines Denken bilden jedoch ein starkes Gegengewicht zur semantischen Geschlossenheit des objektiven Geistes. Vollends hat die pragmatistische Religionsphilosophie eines William James die ›Welthaltigkeit‹ des Ausdruckshandelns herausgearbeitet. Die Perspektive der Ersten Person und die ihr zugehörige Bedeutungsform der Artikulation können deshalb Bezugnahmen auf Außersubjektives aller Art einschließen – und bei religiöser Erfahrung ist dies ganz offensichtlich der Fall. Entscheidend bleibt die deutende Artikulation der jeweiligen ›Sache‹ aus dem Blickwinkel vergesellschafteter Individuuen, die am Gelingen ihres eigenen Lebens interessiert sind – im Bild gesprochen: nicht der Blick *nach* innen, sondern der Blick *von* innen. Wenn Ausdrucksverstehen in dieser Weise aufgefaßt wird, dann kann es nicht mehr als ein Mittel erscheinen, die Frage nach der Wahrheit religiöser Überzeugungen zu umgehen. Die propositionalen Gehalte solcher Überzeugungen sind nicht bereits durch ihre Stellung als Teilaspekt einer vollständigen Ausdrucksgestalt verbürgt. Daß ich mir im Licht bestimmter Symbole meine Lebenserfahrung verständlich machen kann, validiert für sich alleine noch keineswegs die Referenzen dieser Symbole. Deshalb bleibt die rationale Analyse religiöser Wahrheitsansprüche eine zentrale Aufgabe auch der hermeneutischen Religionsphilosophie. Es macht freilich einen gravierenden Unterschied, ob diese Wahrheitsansprüche in Gestalt isolierbarer Propositionen diskutiert werden, oder, wie hier vorgeschlagen, als irreduzible Teilaspekte einer gleichfalls irreduziblen Bedeutungsstruktur, die sich durch die Einnahme der Perspektive der Ersten Person allererst konstituiert.

(2) Daß diese Perspektive nur unter dem Druck des designativen Sprachmodells auf den Standpunkt einzelner Personen verkürzt werden konnte, macht Taylor deutlich, indem er Sprache als »Einrichtung eines öffentlichen Raums« – eines Raums, der »bestimmte Dinge vor *uns* stellt« – expliziert. Formulieren erzeugt »die spezifisch menschliche Art der Beziehung, des Miteinander im gemeinsamen

Gespräch. Etwas ausdrücken, etwas formulieren, das kann nicht nur darin bestehen, uns explizit auf etwas zu richten, sondern ebensosehr darin, es in den öffentlichen Raum zu stellen, und uns daher *als* Teilnehmer des gemeinsamen Aktes des Sich-auf-etwas-Richtens zusammenzubringen.«[58] Ganz auf der Linie des hier vertretenen hermeneutischen Strukturbegriffs von Erfahrung liegt es, diesen öffentlichen Raum mit Taylor als genuine Leistung der Perspektive der Ersten Person zu verstehen, die nicht aus den Leistungen der Individuen zusammengesetzt werden kann, genausowenig aber in den sedimentierten Symbolgestalten des objektiven Geistes für sich zu finden ist. Öffentlichkeit in diesem Sinne konstituiert sich nur durch die *Transformationen* zwischen gelebter und symbolisch bereits geformter Erfahrung. »Der objektive Geist«, so drückt es Dilthey aus, »und die Kraft des Individuums bestimmen *zusammen* die geistige Welt.«[59] Damit wird ein Begriff von Bedeutung sichtbar, »die nicht einfach für ein individuelles Subjekt gegeben wäre, sondern für ein Subjekt, das sowohl ›wir‹ als auch ›ich‹ sein kann.« Wir brauchen daher »die Unterscheidung zwischen dem, was bloß in dem Sinne geteilt wird, daß wir alle es in unseren individuellen Welten haben, und dem, was in der gemeinsamen Welt ist.«[60]

Diese Unterscheidung, deren Relevanz Taylor am Beispiel der politischen Wissenschaften verdeutlicht, muß auch in eine umfassende Konzeption religiöser Erfahrung aufgenommen werden. Im hermeneutischen Denken entspricht ihr die Reziprozität von Erlebnis und Ausdruck. Solange davon ausgegangen wird, daß die Artikulation des erfahrenen Gehalts die Veröffentlichung privater Empfindungen darstellt, bleibt der hier gemeinte Begriff der Öffentlichkeit unterbestimmt. Erst eine Konzeption, die Ausdrucksgestalten als jene Vermittlungsfigur erfaßt, die gelebte Erfahrung und objektiven Geist nach beiden Richtungen zusammenschließt, vermag die Dimension gemeinsamen Sinns begreiflich zu machen, durch die Glaubensgemeinschaften sich von Zweckverbänden unterscheiden. Der empiristische Individualismus William James' gerät hier an seine theoretischen Grenzen. Indem er religiöse Symbolisierungslei-

---

[58] *Taylor, Bedeutungstheorien*, op. cit., 69.

[59] *Der Aufbau der geschichtlichen Welt in den Geisteswissenschaften*, op. cit., 213 (Kursivierung M. J.).

[60] *Ch. Taylor, Interpretation und die Wissenschaft vom Menschen*, in: *Erklärung und Interpretation in der Wissenschaft vom Menschen*, Frankfurt 1975, 192 f.

stungen als sekundäre Phänomene begreift, die dem individuellen Gewahren existenziell relevanter Gehalte gleichsam aufmoduliert sind, kann er nicht zu einem genuinen Begriff religiöser Gemeinschaft vorstoßen. Taylors Rede von »dem, was bloß in dem Sinn geteilt wird, daß wir alle es in unseren individuellen Welten haben«, verdeutlicht diejenige Form von geteiltem Sinn, die sich in der Begrifflichkeit von James allein darstellen ließe. Das individuelle, mystische Gewahren des Göttlichen bleibt als Begründungsfigur bestimmend, so daß Glaubensgemeinschaften nach dem Muster sekundärer Vereinigungen religiös autarker Privatmystiker gedacht werden müßten. Besonders augenfällig zeigt sich dieses Defizit, wenn James in der Einleitung seiner *Varieties* vorschlägt, den Begriff ›Religion‹ durch die Beschreibung *»the feelings, acts, and experiences of individual men in their solitude, so far as they apprehend themselves to stand in relation to whatever they may consider the divine«*[61] zu definieren. Nur deshalb nämlich, weil Artikulation einen öffentlichen Raum von individuell zugänglichen Ausdrucksgestalten erzeugt, können die Subjekte der im ersten Teil der Definition charakterisierten phänomenalen Qualitäten *(»feelings, acts and experiences«)* diesen jene intentionale Bestimmtheit *(»relation to the divine«)* zusprechen, durch die sich religiöse Erfahrung von anderen Erfahrungsformen unterscheidet. Die spezifizierende Kennzeichnung *(»so far as …«)* James' setzt das ›Wir‹ der Ersten Person Plural bereits voraus.

Wiederum besteht hier freilich die Pointe des Artikulationsbegriffs darin, daß er die Unhintergehbarkeit der Wechselbeziehung von subjektiver Binnenperspektive und sozialer Sinngestalt betont. Nicht als *sedimentierte* gehen entsprechend die Ausdrucksgestalten des objektiven Geistes in den öffentlichen Raum ein, sondern nur durch die Bedeutungen hindurch, die sie jeweils aktuell aus der Perspektive derjenigen Individuen gewinnen, die sich mit ihrer Hilfe ihre gelebte Erfahrung deuten. Dieser Sachverhalt verleiht auch James' methodischem Individualismus eine relative Berechtigung. Der durch Artikulation erzeugte öffentliche Raum lebt von der je individuellen Übernahme (Aspekt der Präformation von Erfahrung) und schöpferischen Weitergestaltung (Aspekt des Erlebnisausdrucks) der einschlägigen Symbolismen. Wenn eine Symbolgestalt von einem Individuum nicht mehr als gültiger Ausdruck seiner Lebens-

---

[61] *The Varieties of Religious Experience*, op. cit., 36 (Kursiv im Original).

erfahrung verstanden werden kann, dann verliert sie, mit James zu sprechen, ihren Charakter als »living option«[62]. Der propositionale Gehalt mag unverändert bleiben, die ›expressive‹ Angemessenheit verschwindet jedoch. Diese Angewiesenheit der sozialen Symbolismen auf ihre Transformation in und aus der Binnenperspektive Einzelner ist keineswegs eine geisteswissenschaftliche Subtilität. Sie erlaubt es beispielsweise, ein religionssoziologisch viel besprochenes und statistisch gut belegtes Phänomen wie den sozialen Geltungsverlust der Großkirchen unter Jugendlichen[63] hermeneutisch zu analysieren. Wenn die traditionellen Gestalten religiösen Glaubens von immer mehr Jugendlichen nicht mehr als eine gültige Artikulation dessen verstanden werden können, was sich ihnen im Vollzug ihres Lebens als wesentlich aufdrängt,[64] dann dissoziieren sich Binnenperspektiven und objektiver Geist, der öffentlich-kirchliche Raum geteilter Bedeutungen droht – wenigstens für bestimmte Altersgruppen – zu kollabieren. Diesen Prozeß gilt es wieder in seinen beiden Sinnrichtungen zu verstehen: aus der Perspektive der Ersten Person *Singular* verschiebt sich die Dynamik der Ausdrucksschöpfung in eine andere Richtung (die andauernde Konjunktur der Esoterik dürfte mit dieser Verschiebung eng zusammenhängen); aus der Perspektive der Ersten Person *Plural* verlieren die tradierten Ausdrucksgestalten ihre prägende Kraft für die Lebenserfahrung der einzelnen Menschen.

(3) Die fundamentalste Leistung sprachlicher Artikulationen, in der sich die beiden ersten Aspekte in gewisser Weise bündeln, besteht nach Taylor darin, daß sie das Medium liefert, »durch das einige unserer wichtigsten Anliegen, die den Menschen charakterisierenden Anliegen, uns überhaupt erreichen können«[65]. Die sprachliche Durchdringung der Perspektive der Ersten Person macht es möglich, die Handlungsziele, Bewertungen, Präferenzen, kurz: die Maßstäbe menschlichen Welt- und Selbstbezugs als solche zu artikulieren.

---

[62] *The Will to Believe*, op. cit., 3.

[63] Vgl. etwa den ersten Band *Religion ohne Institution?* der zweibändige Studie *Jugend und Religion* von *H. Barz*, Opladen 1992.[tab

[64] So stimmten nach einer Untersuchung von *A. Feige* bereits 1982 ca. 80% der bundesdeutschen Jugendlichen Formulierungen zu, in denen die christliche Religion als veraltet, wenig zeitgemäß, unmodern u. ä. bezeichnet wurde (zit. bei *H. Barz*, op. cit., 67). Diese Kennzeichnungen paraphrasieren jenen Sachverhalt, den ich hier als Kollaps des öffentlich-kirchlichen Raums beschrieben habe.

[65] *Bedeutungstheorien*, op. cit., 70.

»Daher ist der Mensch ein sprechendes Tier nicht nur deshalb, weil er Dinge formulieren und Repräsentationen bilden kann und daher an Dinge zu denken vermag und sie berechnen kann, was Tiere nicht können, sondern auch deshalb, weil das, was wir als die grundlegenden menschlichen Anliegen betrachten, nur innerhalb der Sprache enthüllt werden und nur das Anliegen sprechender Tiere sein kann.«[66] Während die designativen Sprachfunktionen auch aus der Perspektive eines unbeteiligten Beobachters rekonstruiert werden können, ist die Artikulation der uns *als* Menschen eigentümlichen Sichten der Dinge nur einem symbolverwendenden Wesen möglich, dem es, mit Heidegger zu sprechen, »in seinem Sein um dieses selbst geht«[67]. Diese Funktion der Sprache, in einer spezifisch menschlichen Weise Wirklichkeit zu erschließen, ist an ein lebensweltliches Verständnis von Erfahrung gebunden, die sie in dem oben erläuterten Doppelsinn von ›präformieren‹ und ›artikulieren‹ *formuliert.* Vollständige Ausdrucksgestalten bringen demnach zweierlei zur Vermittlung: zum einen die Erfahrung der einzelnen Subjekte. In ihr wird die begegnende Wirklichkeit in ihrem Verhältnis zum individuellen Lebensvollzug als bedeutsam oder bedeutungslos, immer aber im Horizont selbstbewußten und endlichen Lebens erfahren. Zum anderen die symbolischen Formen des objektiven Geistes, in denen diese Selbsterfahrung eine prägnanzstiftende *Auslegung* erhält.

Taylor hat in einem Aufsatz mit dem Titel *Was ist menschliches Handeln?* versucht, den Begriff eines menschlichen Selbst explizit auf diese interpretative Funktion von Artikulationen zu beziehen.[68] Dazu greift er auf eine Unterscheidung zwischen »Wunschen erster Ordnung und Wünschen zweiter Ordnung«[69] zurück, die Harry Frankfurt[70] entwickelt hat. Wünsche erster Ordnung – der Begriff des »Wunsches« muß hier in einem weiten Sinn verstanden werden – beziehen sich direkt auf Gegenstände, Wünsche zweiter Ordnung haben Wünsche erster Ordnung zu ihrem Gegenstand. Wünsche er-

---

[66] Ebd., 74.

[67] *Sein und Zeit*, op. cit., 42.

[68] Sein monumentales Werk *Sources of the Self.* The Making of the Modern Identity (Cambridge: Harvard University Press 1989) entfaltet die systematischen Grundthesen dieses und anderer Aufsätze zu einer großangelegten historischen Rekonstruktion der Genese der modernen Selbstbilder.

[69] *Ch. Taylor, Was ist menschliches Handeln?*, in: *Negative Freiheit?*, op. cit., 9.

[70] Vgl. *H. Frankfurt, Willensfreiheit und der Begriff der Person,* in: *P. Bieri* (Hg.), *Analytische Philosophie des Geistes,* op. cit., 287–302.

ster Ordnung entstehen bereits dadurch, daß menschlichen Subjekte die umgebende Wirklichkeit aus ihrer Binnenperspektive heraus bewerten, also auch begehren, verabscheuen etc. In einem gewissen Sinn können auch Tieren solche Wünsche zugeschieben werden – insofern sie nämlich, wie Thomas Nagel analysiert hat, über eine subjektive Perspektive verfügen. Taylor folgt nun Frankfurt darin, daß er die Konstitution des menschlichen Selbst mit der Fähigkeit zusammenbringt, Wünsche *zweiter* Stufe zu haben, sich also bewertend auf die *intentione recta* gespürten Wünsche zu beziehen. Das Verhältnis von Wünschen erster und zweiter Stufe läßt sich demnach hermeneutisch deuten: es erscheint als Submodus der Erlebnis-Ausdruck-Relation. Wünsche zweiter Stufe sind »Selbstinterpretationen«, Artikulationsgestalten, die »teilweise die Bedeutung (formen), die die Dinge für uns besitzen.«[71] Sofern sie dies tun, sind sie »für unsere Erfahrung konstitutiv« in dem genauen Sinne, daß »bestimmte Erfahrungsmodi ohne bestimmte Selbstbeschreibungen nicht möglich sind«[72] – und *vice versa*, wie der Hermeneutiker sich beeilt, hinzuzufügen. Eine Person beispielsweise, die sich ihre erotischen Bedürfnisse ausschließlich mit Hilfe eines triebhydraulischen Abfuhrmodells interpretiert, wird für die symbolische Prägnanz von Jane Austens *Sense and Sensibility* wenig Verständnis aufbringen. Zwischen Ausdrucksgestalten und Erlebnisqualitäten bestehen interne Relationen wechselseitiger Interpretation, die sich dadurch auszeichnen, daß kein Relat sich das jeweils andere zu subordinieren vermag. Genausowenig, wie die präformierende Kraft der symbolischen Formen für subjektive Erfahrung deterministisch zu denken ist, erschöpft sich umgekehrt die Bedeutung jener Formen in der getreuen Darstellung rein subjektiver Phänomenqualitäten. Schließlich stellt die Perspektive der Ersten Person eine spezifische Form des *Welt*bezugs dar.

Aus dem Gesagten ergeben sich für die religionsphilosophische Arbeit zwei methodische Konsequenzen: Die Ausdrucksgestalten religiöser Erfahrung sind, *erstens*, als vereindeutigende Interpretationen zu behandeln, in denen die Subjekte ihre gelebte Erfahrung *als* religiös bedeutsam verstehen und sie dadurch mit symbolischer Prägnanz ausstatten. Als »Wünsche zweiter Stufe« schließen solche Interpretation immer ein Moment bewußter Entscheidung unter

[71] *Ch. Taylor, Was ist menschliches Handeln?,* op. cit., 19.
[72] Ebd., 40.

mehreren Möglichkeiten ein. Auf diesen ›Wahlcharakter‹ der Artikulationen wird im nächsten Abschnitt noch ausführlicher eingegangen. Daß religiöse Ausdrucksgestalten Interpretationen aus der Perspektive der Ersten Person sind, erlaubt jedoch, *zweitens*, wegen des Weltbezugs dieser Perspektive keineswegs den Schluß, sie bezögen sich ausschließlich auf Innerpsychisches. Die hier vorgeschlagene Deutung religiöser Erfahrung kann also sprachpragmatisch nicht in einem Schema dargestellt werden, das den verschiedenen, im System der Personalpronomina indizierten Sprecherperspektiven jeweils nur *einen* charakteristischen Geltungsanspruch und *einen* entsprechenden Referenzbereich zuordnet. Unter Heranziehung der von Habermas entwickelten diskurstheoretischen Terminologie zur Klassifizierung von Geltungsansprüchen[73] könnte man sagen: in den Ausdrucksgestalten religiöser Erfahrung dienen der Geltungsanspruch auf *subjektive Wahrhaftigkeit* (expressive Authentizität) und die Bezugnahme auf individuelles Erleben als Medien der Vermittlung einer Realitätsauffassung, die Ansprüche auf normative Richtigkeit, Referenz auf die soziale Welt, und Ansprüche auf propositionale Wahrheit, in diesem Fall also Bezugnahmen auf subjektunabhängige Realität, einschließt.

Auch dann also, wenn Repräsentation für eine ausdruckstheoretisch erweiterte Bedeutungstheorie nicht mehr als das sprachkonstitutive Phänomen schlechthin gelten kann, behält sie doch auch innerhalb der Perspektive der Ersten Person ihr Recht, solange diese nicht psychologistisch mißverstanden wird. Erlebnisausdrücke können das gesamte Spektrum von Geltungsansprüchen *sub specie* einer individuellen Artikulation umfassen, wie beispielsweise die Phänomene religiöser Prophetie eindrucksvoll bezeugen. In ihnen sinnt ein einzelnes Individuum den Ausdruck seines Erlebens dem Adressatenkreis als gültige (wahre, normative, aufrichtige) Symbolgestalt deren eigener Lebenserfahrung an. Den *expressivistischen* Fehlschluß – die Verwechslung des Blicks *von* innen mit dem Blick *nach* innen – gilt es daher ebenso zu vermeiden wie sein *designativistisches* Gegenstück, das alle Bedeutung als Beschreibung externer Entitäten auffaßt. Eine Bedeutungstheorie, die sich, wie diejenigen der Romantik, auf die Taylor in seinem Aufsatz zurückgeht, am Maßstab künstlerischer Produktionen orientiert, ist in der Gefahr, diesem er-

[73] Vgl. *Theorie des kommunikativen Handelns*, Band 1: Handlungsrationalität und gesellschaftliche Rationalisierung, Frankfurt 1981, 35 f.; 369 ff.; passim.

sten Fehlschluß zu erliegen. Denn Referenz spielt in den Künsten tatsächlich eine dem Ausdruck völlig untergeordnete Rolle: der propositionale Bestandteil künstlerischer Ausdrucksgestalten wird nicht assertorisch vertreten. Wenn etwa, wie Dieter Henrich gezeigt hat, Hölderlins Ode *Heidelberg* mit deskriptiver Präzision den Schwung einer Neckarbrücke ins Bild des Vogelfluges faßt[74], ist diese Bezugnahme auf Sachverhalte in der Welt doch durch ihre Einbindung in den künstlerischen Ausdruck entscheidend modifiziert. Auch eine rein fiktionale Gestaltung wäre möglich gewesen.[75]

Anders verhält es sich bei den Ausdrucksgestalten religiöser Erfahrung. Sie artikulieren gelebte Erfahrung durch symbolische Formen, in denen objektive Referenz eine entscheidende Rolle spielt. Taylor spricht in diesem Zusammenhang von der »exploration of order through personal resonance«[76]. Diese Formulierung verdeutlicht, daß die Kategorie der Artikulation als Alternative zum Objektivismus der Dritten Person einerseits *und* zum Subjektivismus weltloser Innerlichkeit andererseits begriffen sein will. Freilich ist es hier entscheidend, die Erkundung von Ordnung durch individuelle Erfahrung nicht wieder unter der Hand zur Entdeckung eines Vorhandenen umzustilisieren. So hat religiöse Erfahrung immer die formale Struktur, daß Subjekte sich im Ausdruck ihrer Innenperspektive für die Gültigkeit solcher Symbolgestalten entscheiden, in denen das Bestehen einer transzendenten Ordnung mit Geltungsanspruch vertreten wird. Diese Artikulationsleistung hat für das Subjekt selbst dann die Gestalt der Anerkennung einer von ihm selbst unabhängigen und jedenfalls nicht hervorgebrachten Ordnung. Auf der Ebene einer formalen Strukturbeschreibung von Erfahrung stellt sich diese Anerkennung jedoch als ein prägnanzschaffender Selektionsprozeß dar, in dem sich Eindeutigkeit durch interpretierende Wahl einer symbolischen Form erst *erzeugt*. Formalhermeneutisch betrachtet, ist individuelle Erfahrung immer mehrdeutig und gewinnt Prägnanz, Be-

---

[74] Vgl. *D. Henrich, Der Gang des Andenkens,* Bemerkungen und Gedanken zu Hölderlins Gedicht, Stuttgart o.J., 22f.

[75] Hier schließe ich mich wieder an *Abraham Kaplan* an. »... Referenz, wo sie in den Künsten auftritt«, so schreibt er »ist tatsächlich wesentlich ..., aber nicht *als* Referenz, sondern als etwas, das zum Ausdruck beiträgt; Ausdruck andererseits kann es geben ohne irgendwelche Referenz.« (*Referenz in der Kunst,* in: *Theorien der Kunst,* op. cit., 492; Kursiv im Original)

[76] *Ch. Taylor, Sources of the Self,* op. cit., 511.

stimmtheit, Stabilität allein durch Vermittlung mit den kulturellen Ausdrucksgestalten – wie diese dadurch umgekehrt zu vollständigen, den Vollzug des Lebens artikulierenden Symbolformen geschlossen werden.

Daß religiöse Erfahrungen nur über den vermittelnden ›Umweg‹ der Ausdrucksbildung religiöse Überzeugungen freisetzen, präjudiziert, wie schon mehrfach betont, nicht die Wahrheit oder Unwahrheit letzterer. Es läßt jedoch den argumentativen Status der religionsphilosophischen Diskurse nicht unberührt, in denen auf solche Erfahrungen rekurriert wird. Solche Diskurse folgen der hermeneutischen Logik des *Ausdrucksverstehens.* Für diese sind die Geltungsansprüche auf propositionale Wahrheit und normative Gültigkeit tief ins Medium expressiver Authentizität eingelassen. Auch für das Verstehen schon geformter Erlebnisausdrücke macht sich also die Individualität der Diskursteilnehmer als unhintergehbare Voraussetzung geltend. Hierbei müssen zwei Formen des Verstehens klar unterschieden werden: grundlegend ist das Verstehen im Sinne der Fähigkeit, eine bestimmte Ausdrucksgestalt überhaupt *als* symbolische Formung des in ihr vorstellig gemachten Erfahrungsbereiches zu erkennen. Wer dazu nicht in der Lage ist, der muß nach Max Webers ironischer Formulierung als »religiös unmusikalisch« gelten: er kann die eigene Lebenserfahrung, um im Bild zu bleiben, nicht als Resonanzkörper des Verstehens nutzbar machen. Hermeneutische Religionsphilosophie vermag in diesem Zusammenhang dadurch zu einer Erweiterung des Verständnishorizontes beizutragen, daß sie eine möglichst ›formale Anzeige‹ dieses Bereiches zu entwerfen sucht. Im Schlußkapitel dieser Schrift werde ich versuchen, ausgehend von Diltheys Konzeption der Wechselbeziehung zwischen Teil und Ganzem einige Schritte in die angedeutete Richtung zu gehen. – Verständnis kann aber auch in einem massiveren Sinne aufgefaßt werden und bedeutet dann die individuelle Übernahme einer Ausdrucksgestalt als gültig für die eigene Lebenserfahrung – Verständnis als Einverständnis. Daß jedes Einverständnis ein Verständnis objektiver Ausdrucksgestalten im ersten, ›horizontalen‹ Sinn einschließt, darf nicht dazu führen, beide zu identifizieren. Jede Kritik an einer religiösen Ausdrucksgestalt, jede alternative Erklärung ihrer Deutung gelebter Erfahrung setzt nämlich jenes basale Verständnis genauso voraus. Technisch gesprochen, muß vor jeder Erklärung das Explandum identifiziert werden. Diese Identifizierung aber kann nur gelingen, wenn die jeweils bedeutungskonstitutive soziale Praxis verstanden worden ist, die den Erfahrungssubjekten einen Spielraum der Artikulation eröffnet.

Das so gewonnene hermeneutische Verständnis religiöser Erfahrung als Ausdrucksgestalt berührt sich in vielen Aspekten mit symboltheoretischen Konzeptionen, in denen die symbolischen Formen als Konstitutionschemata je spezifischer Weisen der Weltbeziehung gedeutet werden. An erster Stelle ist hier an Ernst Cassirer zu denken, auf den die Begriffe der symbolischen Form und vor allem der symbolischen Prägnanz zurückgehen. Cassirers monumentale *Philosophie der symbolischen Formen* weitet den transzendentalphilosophischen Ansatz Kants zu einer radikalen Kritik an dem starren Dualismus von – modern gesprochen – Begriffsschema und Wirklichkeit aus. Mit Diltheys hermeneutischer Konzeption ist Cassirers Symboltheorie vor allem durch die lebensphilosophische Kritik am szientifischen Erkenntnisideal verbunden, die letzten Endes auf beider Einsicht in die Dreistelligkeit der Bedeutungsrelation[77] zurückgeht: Bedeutungen können nicht objektivistisch, auf der Basis der zweistelligen Relation Zeichen-Bezeichnetes rekonstruiert werden, sondern müssen immer auch auf ein interpretierendes Subjekt bezogen werden. Damit setzt sich die Mehrdimensionalität des symbolischen Weltverhältnisses gegen ein designativistisches Zeichenverständnis durch. »Nicht nur der Wissenschaft, sondern auch der Sprache, dem Mythos, der Kunst, der Religion ist es eigen, daß sie die Bausteine liefern, aus denen sich für uns die Welt des ›Wirklichen‹, wie die des Geistigen, die Welt des Ich aufbaut.«[78]

Wie später Taylor, beruft Cassirer sich für seine Einsichten auf die Sprachphilosophie Humboldts mit ihrer Unterscheidung von *ergon* und *energeia*.[79] Nur von der Aktivität des Symbolisierens her

---

[77] Daß Cassirers Symbolbegriff auf eine dreistellige, die Pragmatik einbeziehende Relation abzielt, ist in der Forschung der letzten Jahre immer deutlicher herausgearbeitet worden. Nachdem *J. M. Crois* in seiner Schrift *Cassirer: Symbolic Forms and History* (Yale University Press: New Haven /London, 1987, 52) diesen Aspekt betont hatte, wurde es auch in der neueren deutschen Literatur üblich, Cassirer in der Linie der dreistelligen Semiotik von *Peirce* und *Charles Morris* zu deuten. Vgl. *H. Paetzold, Cassirer zur Einführung*, Hamburg 1993, 46. – Inwiefern auch *Diltheys* hermeneutische Konzeption des Verstehens von Erlebnisausdrücken ein triadisches relationslogisches Modell impliziert, ist dagegen in der Forschung bisher noch kaum untersucht worden.

[78] *E. Cassirer, Philosophie der symbolischen Formen, Erster Teil: Die Sprache*, Darmstadt [9]1988, 24.

[79] Unter den zahlreichen Hinweise auf Humboldt vgl. bes. *ebd., 25f.; Der Begriff der*

werde verständlich, wie sich in den symbolischen Formen Wirklichkeit erschließe. Diese Einsicht führt im Verbund mit dem Aufweis einer Mehrzahl symbolischer Formen zur Kritik am Abbildrealismus. Inneres und Äußeres, Subjekt und Objekt verhalten sich nicht äußerlich zueinander, sie sind vielmehr nur durch Vermittlung spezifischer, unhintergehbarer Symbolfunktionen überhaupt als Komponenten unseres Wirklichkeitsverständnisses erkennbar. Dementsprechend tritt für Cassirer die Orientierung an einer univoken Bedeutung von ›Bedeutung‹ zurück gegenüber seinem Interesse an den Transformationen zwischen irreduzibel verschiedenen Weltperspektiven, deren jede durch eine eigene symbolische Form charakterisiert ist. Diese Formen müsse wir als »*Funktionen* begreifen, kraft deren je eine eigentümliche Gestaltung des Seins und je eine besondere Teilung und Scheidung desselben sich vollzieht.«[80] Da es keinen symbolfreien Zugang zur Realität geben kann, erweist sich die epistemologische Alternative zwischen ›Entdecken‹ und ›Herstellen‹ als falsch: »Die Erkenntnis wie die Sprache, der Mythos und die Kunst: sie alle verhalten sich nicht wie ein bloßer Spiegel, der die Bilder eines Gegebenen des äußeren oder des inneren Seins, so wie sie sich in ihm erzeugen, einfach zurückwirft, sondern sie sind statt solcher indifferenter Medien vielmehr die eigentlichen Lichtquellen, die Bedingungen des Sehens wie die Ursprünge aller Gestaltung.«[81]

Indem Cassirer die symbolische Form als bedeutungskonstitutives Grundphänomen herausstellt, gelingt ihm zugleich eine Präzisierung des Verhältnisses von Erlebnis und Ausdruck. »Unter einer ›symbolischen Form‹« so definiert er seinen zentralen Begriff, »soll jede Energie des Geistes verstanden werden, durch welche ein geistiger Bedeutungsgehalt an ein konkretes sinnliches Zeichen geknüpft und diesem Zeichen innerlich zugeeignet wird. In diesem Sinne tritt uns die Sprache, tritt uns die mythisch-religiöse Welt und die Kunst als je eine symbolische Form entgegen. Denn in ihnen allen prägt sich das Grundphänomen aus, daß unser Bewußtsein sich nicht damit begnügt, den Eindruck des Äußeren zu empfangen, sondern daß es jeden Eindruck mit einer freien Tätigkeit des Ausdrucks verknüpft und durchdringt.« Die symbolischen Formen »treten *zwischen* uns

---

symbolischen Form im Aufbau der Geisteswissenschaften, op. cit., 176; *Versuch über den Menschen*, Hamburg 1996, 203.

[80] *E. Cassirer, Philosophie der symbolischen Formen I*, op. cit., 24.

[81] Ebd., 27.

und die Gegenstände; aber sie bezeichnen damit nicht nur negativ die *Entfernung*, in welche der Gegenstand für uns rückt, sondern sie schaffen die einzig mögliche, adäquate *Vermittlung* und das Medium, durch welches uns irgendwelches geistige Sein erst faßbar und verständlich wird.«[82] Die Bedeutung eines Eindrucks liegt also in seinem Ausdruck, einer symbolischen Gestalt, in der vermittelndes Medium und erfahrener Gehalt, Spontaneität und Rezeptivität zur Einheit gebracht sind.

Cassirers *Philosophie der symbolischen Formen* bricht endgültig mit jenem residualen Erlebnispositivismus, der sich bei Dilthey, zumal im Blick auf religiöse Phänomene, gelegentlich noch halten konnte. So erscheint bei diesem zuweilen die symbolische Wirklichkeit des objektiven Geistes als eine Art von uneigentlichem Sekundärphänomen gegenüber der unerschöpflichen Tiefe des subjektiven Erlebens.[83] Damit wird freilich das Erleben hypostasiert, von einer unentbehrlichen, aber unselbständigen Komponente religiöser Erfahrung zu deren alleiniger Basis stilisiert. Unter dem Gesichtspunkt der aus der Perspektive der Ersten Person Singular gewahrten phänomenalen Qualia können ihre Ausdrucksgestalten zwar tatsächlich als defizient gelten – Cassirers Gesichtspunkt der *Entfernung* –, weil jede Artikulation Prägnanz durch Selektion, Rekombination und Steigerung erst erzeugt. Dabei darf aber nicht vergessen werden, daß dieses Defizienzverhältnis symmetrisch ist: die objektiven Sinnbezüge einer Ausdrucksgestalt gehen über das durch sie ausgedrückte subjektive Erleben ebenfalls weit hinaus, so daß eine reziproke Unterbestimmtheit vorliegt.[84] Wichtiger noch ist aber die Einsicht in die

---

[82] *Der Begriff der symbolischen Form im Aufbau der Geisteswissenschaften*, op. cit., 175 f.

[83] Vgl. *Gesammelte Schriften I*, 141: »Das religiöse Erlebnis bleibt vielmehr das ewig Innere; in keinem Mythos und keiner Vorstellung eines Gottes findet es daher einen adäquaten Ausdruck.«

[84] Prägnanzerzeugung und -abbau können auch, wie dies *G. Abel* getan hat, als ein »zuschreibungstheoretisches Dilemma« rekonstruiert werden: »Entweder sind die Zeichen-Differenzen distinkt und disjunktiv, dann sind die Zeichen gegenüber den Zuständen unterbestimmt; oder aber die Zeichen-Unterschiede sind feinkörnig und kontinuierlich, dann ist nicht sicher zu entscheiden, zu genau welchem Zustand die auftretenden Merkmale gehören. Beide Seiten zeigen den interpretatorischen Charakter der jeweils im wirklichen Sprechen und Handeln sowie unter den jeweiligen Zweckgesichtspunkten vorgenommenen Zuordnungen und Korrelationen.« (*ders., Interpretationswelten*, Gegenwartsphilosophie jenseits von Essentialismus und Relativismus, Frankfurt 1995, 78.)

positive *Vermittlungsfunktion* der symbolischen Formen für das subjektive Erleben, welches erst durch die symbolische Distanzierung von seiner instantanen Unmittelbarkeit zu reichen qualitativen Differenzen und intentionalen Bestimmungen gelangen kann. »Gelänge es,« so schreibt Cassirer, »alle Mittelbarkeit des sprachlichen Ausdrucks und alle Bedingungen, die uns durch sie auferlegt werden, wahrhaft zu beseitigen, dann würde uns nicht der Reichtum der reinen Intuition, die unsagbare Fülle des Lebens selbst entgegentreten, sondern es würde uns nur wieder die Enge und Dumpfheit des sinnlichen Bewußtseins umfangen.«[85] Die Präsenz dessen, was ein Individuum im Vollzug seines Lebens als bedeutsam gewahrt, steht ihrer symbolischen Artikulation nicht abstrakt gegenüber, sondern bildet mit ihr eine unhintergehbare Einheit.

Klärungsbedürftig bleibt der genauere Sinn solcher ›Unhintergehbarkeit‹. In seinem späten Aufsatz *Zur Logik des Symbolbegriffs* hat Cassirer darauf hingewiesen, daß die Form der Einheit, die hier als unhintergehbar behauptet wird, nicht identitätslogisch, sondern nur relationslogisch präzisiert werden kann.[86] Ein identitätslogisches Vorgehen verfehlt den eigentümlichen, synthetischen Charakter der konkreten Symbolgestalten, indem es zu einer differenzlosen Einerleiheit erklärt, was doch ein Strukturganzes aus unterscheidbaren, wenngleich unselbständigen Elementen darstellt. Die symbolische Bedeutungsfunktion – und ebenso, wie ich ergänzen möchte, die dreigliedrige Einheit von Erlebnis-Ausdruck-Verstehen – erfordert zur ihrer Explikation eine relationale Logik, die es erlaubt, Einheit nicht als dinghafte Identität, sondern als eine Wechselbeziehung von Teil und Ganzem zu denken. Wie Cassirer gegen seinen Kritiker Marc-Wogau herausarbeitet, erlaubt es dieser struktural-relationale Einheitsbegriff, die Unhintergehbarkeit einer Struktur mit der Bestimmung ihrer Elemente zusammenzudenken und der Hypostasierung dieser Elemente zu selbständigen Entitäten zu steuern. Dann wird es auch möglich, ›Materie‹ und ›Form‹ als Relate innerhalb der Realitätsbeziehung zu differenzieren. Rekonstruktionslogisch lassen sich ebenso Erlebnis und Ausdruck, phänomenale Qualia und Begriffsschemata, individuelle und intersubjektive Perspektiven unter-

---

[85] *Der Begriff der symbolischen Form im Aufbau der Geisteswissenschaften*, op. cit., 199.

[86] Zur Unterscheidung von Identitäts- und Relationslogik vgl. *Zur Logik des Symbolbegriffs*, in: *Wesen und Wirkung des Symbolbegriffs*, op. cit., 204–208.

scheiden, indem sie als »Grenzbegriffe« eines Strukturganzen sichtbar gemacht werden. Ausführlich zeigt Cassirer das am Beispiel der Wahrnehmung. Deren »Materie« ist »kein reales Sein, das sich isolieren und in dieser Isolierung als reine Gegebenheit, als psychologisches Datum aufzeigen ließe. Sie ist vielmehr ein Grenzbegriff, auf den die erkenntniskritische Reflexion und die erkennntniskritische Analyse geführt wird ... Das ›Gesehene‹ erscheint freilich immer nur in einer bestimmten Weise der ›Sicht‹ – nicht vor ihr oder außerhalb derselben. Aber andererseits hängen alle diese verschiedenen Weisen der Sicht derart miteinander zusammen, daß sie sich auf ein bestimmtes Geschehen beziehen und an ihm eine gemeinsame Basis besitzen. Diese Basis behaupten wir nicht als einen an sich seienden absoluten Träger, wohl aber als einen funktionalen Zusammenhang.«[87]

Unhintergehbarkeit heißt demnach keineswegs Unanalysierbarkeit. Nur findet die hermeneutische Analyse eben keine atomaren Bedeutungsträger vor, sondern relationslogisch präzisierbare Elemente eines Strukturganzen. Ausdrucksbedeutung selbst ist nach Cassirers Redeweise ein »Urphänomen«[88], das als »Moment innerhalb einer gegliederten Sinneinheit«[89] phänomenologisch beschrieben, jedoch niemals additiv aus unmittelbar Gegebenem aufgebaut werden kann. Methodisch ist dabei, wie der späte Dilthey gegen die Introspektionspsychologie geltend macht, immer von dem *Mittelglied* der prozeduralen Sinneinheit ›Erlebnis-Ausdruck-Verstehen‹ auszugehen. Die Analyse objektivierter Ausdrucksgestalten führt dann zum Aufweis ihrer relationslogischen Struktur, durch die sie mit dem instantan-qualitativen Aspekt der Erfahrung einerseits, mit der Tätigkeit der Interpretation andererseits verbunden sind. *Innerhalb* dieses hermeneutischen Zirkels ist es immer möglich, einzelne Strukturelemente durch phänomenologische Deskriptionen herauszuheben. Wie Cassirer am Beispiel der Empfindungsmaterie verdeutlicht, ist dieses Vorgehen sogar unerläßlich, um den Einheitsaspekt zu explizieren, der sich im Wechsel der symbolischen Formen geltend macht. Die theoretische Reflexion kann also in einer Art ›for-

---

[87] Ebd., 213.

[88] *Philosophie der symbolischen Formen, Dritter Teil: Phänomenologie der Erkenntnis,* Darmstadt [9]1990, 86 u. passim. Zu Cassirers von *Goethe* übernommener Theorie des Urphänomens vgl. *Krois, Cassirer,* op. cit., 61 f.

[89] *Philosophie der symbolischen Formen III,* op. cit., 32.

maler Anzeige‹ den fraglichen Strukturaspekt isolierend herausheben, darf dabei aber nie aus dem Auge verlieren, daß es sich hierbei um unselbständige Momente eines Ganzen handelt, dem nur *als* Ganzem Bedeutung zukommt. Ein angemessenes Verständnis religiöser Erfahrung kommt daher ohne eine holistische Bedeutungstheorie nicht aus. Bedeutung ist ein konstitutives Merkmal interpretierter Erlebnisausdrücke und kann von den isolierten Momenten dieser Struktur nicht ausgesagt werden. Gleichwohl ist es unter Beachtung der von Cassirer genannten Kautelen möglich, die Perspektive des je für sich vollzogenen Lebens als den ›materialen‹, qualitativ-subjektiven Aspekt dieser Struktur kenntlich zu machen. Denn Bedeutungsbildung ist – als Transformationsprozeß zwischen den Perspektiven der Ersten Person Singular und Plural – immer selektierende, präzisierende und kombinatorische Variation. Und nur als Resultat von Artikulationen, als prägnanzstiftende Transformation gelebter in symbolisierte Erfahrung, wird die Mannigfaltigkeit wie die Familienähnlichkeit religiöser Symbolismen verständlich.

Zur Kennzeichnung der Unhintergehbarkeit von Bedeutung hat Cassirer den Begriff der *symbolischen Prägnanz* eingeführt. »Unter ›symbolischer Prägnanz‹ soll also die Art verstanden werden, in der ein Wahrnehmungserlebnis, als ›sinnliches‹ Erlebnis, zugleich einen bestimmten nicht-anschaulichen Sinn in sich faßt und ihn zur unmittelbaren konkreten Darstellung bringt. (…) Diese ideelle Verwobenheit, diese Bezogenheit des einzelnen, hier und jetzt gegebenen Wahrnehmungsphänomens auf ein charakteristisches Sinn-Ganzes, soll der Ausdruck der ›Prägnanz‹ bezeichnen.«[90] Mit dem Hinweis auf die »unmittelbar konkrete Darstellung« betont Cassirer, daß aus der Perspektive des Lebensvollzugs der Strukturbegriff von Erfahrung gewissermaßen verdeckt bleibt: daß die Bedeutung eines Erlebnisses sich in der »Wechselbestimmung«[91] von phänomenaler Qualität und symbolischer Form konstituiert, wird seinerseits eben nicht erlebt, sondern nur rekonstruktiv erschlossen. Wenn diese Differenz beachtet wird, ist es möglich, beispielsweise ein mystisches Erlebnis auf der phänomenalen Ebene als eine Erfahrung von Unmittelbarkeit gelten zu lassen, ohne ihm auf der strukturanalytischen Ebene den Status einer unmittelbaren Erfahrung zusprechen zu müssen. Nach dem selben Muster läßt sich eine psychologische Er-

---

[90] Ebd., 235.
[91] Ebd.

klärung für die Stärke jener subjektiven Überzeugungen entwickeln, die solche Erlebnisse häufig begleiten. Weil sich nämlich der intentionale Gehalt subjektiv nicht als durch interpretierende Artikulation vermittelt präsentiert, wird er den phänomenalen Qualia des Erlebnisses allein zugerechnet und erscheint als ein reines Selbstgegebenes.

Diesen Schein zerstört die Strukturanalyse der Erfahrung. Sie insistiert darauf, daß Bedeutung ein relationales, kein unmittelbares Phänomen ist. Wenn symbolische Prägnanz allerdings tatsächlich unhintergehbar ist, dann können die Geltungsansprüche von Erlebnisausdrücken nicht bereits durch den Hinweis diskreditiert werden, die prätendierte Unmittelbarkeit der Bedeutung sei illusionär. Formalhermeneutische Einsichten liefern keine ›knock-down‹-Argumente. Ihre religionsphilosophisch folgenreichste Leistung sehe ich darin, daß sie die symbolische Prägnanz religiöser Ausdrucksgestalten als Resultat eines Prozesses begreiflich machen, in dem sich Eindeutigkeit, intentionale Bestimmtheit, soziale und subjektive Geltungsansprüche erst herausbilden. An die Stelle fundamentalistischer Berufung auf Gegebenes hätte damit der hermeneutische Diskurs über die Frage zu treten, welche Ausdrucksgestalten intersubjektive Gültigkeit beanspruchen können. Wenn sich religiöse Prägnanzbildung in einem interpretativen Prozeß vollzieht, der die Perspektiven der Ersten Person im doppelten Sinn – Individuen und Interpretationsgemeinschaften – zur Voraussetzung hat, dann wird ein weltanschaulich-religiöser Pluralismus denkbar, der Variation und Diversität als irreduzible Strukturmerkmale des Religösen anerkennt.

In diesem Sinne bleibt Cassirers Konzeption der symbolischen Prägnanz allerdings nachhaltig unterbestimmt. Sie konzentriert sich fast ausschließlich auf die semantische Dimension und vernachlässigt die Pragmatik. Zwar realisiert Cassirer prinzipiell mit seiner dreistelligen Relationslogik den Bezug zum Zeichenverwender bzw. -Interpreten. Als Subjekt des Symbolprozesses figuriert jedoch in einer befremdlich idealistischen Sprechweise fast durchgängig »der Geist«. So erscheinen denn auch die symbolischen Formen als »autonome Schöpfungen des Geistes selbst«[92] – ein Gedanke, der in unaufgelöster Spannung zu Cassirers Einsicht steht, daß symbolische Prägnanz aus der Wechselwirkung von Form und Inhalt resultiert. Der Tran-

[92] *Philosophie der symbolischen Formen I,* op. cit., 48.

szendentalphilosoph setzt sich häufig gegen den Hermeneutiker durch und an die Stelle einer Durchdringung von Geist und Sinnlichkeit tritt das Motiv einer zunehmenden Abarbeitung letzterer auf dem Weg zur »reinen Form«. Der Mensch, so macht Cassirer in der Davoser Disputation gegen Heideggers Pathos der Endlichkeit geltend, »kann … und muß die Metabasis haben, die ihn von der Unmittelbarkeit seiner Existenz hineinführt in die Region der reinen Form«[93]. Heideggers Existenzbegriff bleibt Cassirer fremd.

Auch in der *Philosophie der symbolischen Formen* spielt die performativ-existenzielle Perspektive keine Rolle. Symbolische Prägnanz erscheint als Funktion einer transzendentalen Subjektivität, nicht als Artikulations- und Interpretationsleistung konkreter Individuen und sozialer Gemeinschaften. Anders gesagt: Zwischen Bedeutungs*funktion* und konkreter Prägnanzbildung herrscht kein relations-, sondern ein subsumptionslogisches Verhältnis: Konkrete Bedeutungen instanziieren ihre symbolische Form, zu der sie sich wie Bedingtes zu Bedingendem verhalten. Deshalb ist bei Cassirer auch nie von Erlebnisausdrücken, häufig jedoch von »Ausdruckserlebnissen«[94] die Rede. Im dritten Band seiner Symbolphilosophie erscheint die Kategorie des Ausdrucks – neben »Repräsentation« und »reiner Bedeutung« – als *eine* elementare, nämlich die expressiv›physiognomische‹ Form des Wirklichkeitsbezugs, deren Eigenart die Erlebnisse selbst vorab bestimmt: »Die Welt wird als Inbegriff physiognomischer Qualitäten objektiviert.«[95] Für die Zwecke einer hermeneutischen Theorie religiöser Erfahrung erweist sich dieser Begriff jedoch als zu eng. Von »Ausdrucksgestalten« kann in ihrem Zusammenhang immer dann gesprochen werden, wenn ein durch die Perspektive der Ersten Person bestimmtes Weltverhältnis vorliegt, ein Verhältnis also, das nach der Einsicht Diltheys affektive, voluntative und kognitive Komponenten einschließt. Typisch für das Ausdrucksverstehen ist – gegen Cassirer – nicht die Dominanz des Affektiven, vielmehr der Bedeutungsholismus. Es gilt also, Prägnanz als Resultat von Artikulationsprozessen zu begreifen, in denen Subjekte sich ihr Selbst- und Weltverhältnis deuten. Religiöse Prägnanzstif-

---

[93] *Ernst Cassirer, Davoser Disputation,* in: *Martin Heidegger, Kant und das Problem der Metaphysik,* Frankfurt [4]1973, 258.

[94] *Philosophie der symbolischen Formen III,* op. cit., 76 u. passim.

[95] *H. Paetzold, Die Realität der symbolischen Formen.* Die Kulturphilosphie Ernst Cassirers im Kontext, Darmstadt 1994, 56.

tung kann nicht allein aus den bedeutungserzeugenden Regeln einer vorgegebenen symbolischen Form erklärt werden, sie ist ebenso Vollzug von Existenz. Objektive Ausdrucksgestalten sind als solche ›ungesättigt‹ und verweisen daher auf die Perpektive von Individuen und sozialen Gemeinschaften, deren Lebensvollzug sie interpretieren.

3.1.3. Artikulation als Selbstvollzug und Entscheidung

Es ist eine wichtige Aufgabe der Strukturhermeneutik religiöser Erfahrung, jenen internen, pragmatischen Zusammenhang zwischen Subjektivität und Bedeutung herauszuarbeiten, den auch die Theoretiker der dreistelligen Zeichenrelation in der Nachfolge von Peirce und Cassirer geltend gemacht haben. Cassirers Erfahrungsbegriff ist freilich transzendentalphilosophisch angelegt und deutet Artikulation primär als Durchgreifen einer vorgängigen symbolischen Funktion durchs Subjekt, weniger als je individuell zu vollziehende Anstrengung des Formulierens und Verstehens. Lebensweltliche Erfahrung unterscheidet sich jedoch von wissenschaftlicher Empirie nicht zuletzt dadurch, daß sie Realität aus der Perspektive der Ersten Person wahrnimmt. Auch solche Erfahrung kann zwar, wie Heidegger eindrucksvoll gezeigt hat, in einer anonymisierten und trivialisierten Form durch das »Man«, die lebensweltliche Defizienzform der objektiven Perspektive, symbolisiert werden.[96] Gerade dieses Verfallsphänomen nutzt Heidegger aber, um »Jemeinigkeit« als konstitutives Merkmal »eigentlicher« Erfahrung herauszustellen. Vollends ist die Kategorie religiöser Erfahrung seit ihren Ursprüngen in Schleiermachers Gefühlstheologie und Kierkegaards existenzieller Einsprache gegen Hegel immer vom Zusammenhang zwischen objektiver Bedeutung und individueller Bedeutsamkeit her gedeutet worden. Diesen Zusammenhang gilt es genauer zu bestimmen. Was bedeutet es, daß die Artikulation religiöser Erfahrung Jemeinigkeit voraussetzt, die Perspektive der Ersten Person Singular also ein irreduzibles Relat ihres Strukturbegriffs ausmacht?

Der Bedeutungsholismus der lebensphilosophischen Hermeneutik Diltheys erlaubt hier eine erste wichtige Präzisierung. Wie ich anläßlich meiner Analyse des Konzeptes innerer Erfahrung ge-

[96] Vgl. *M. Heidegger, Sein und Zeit,* op. cit., § 27.

zeigt habe,[97] ist für Dilthey *jede* Erfahrung, jede Bezugnahme auf Wirklichkeit durch ein Zusammenwirken affektiver, voluntativer und kognitiver Komponenten charakterisiert. »Vorstellen, Wille, Fühlen sind in jedem status conscientiae enthalten und sind in jedem Augenblick des psychischen Lebens fortgehende Äußerungen desselben in seiner Wechselwirkung mit der Außenwelt.«[98] Anders als Schleiermachers »Gefühl schlechthinniger Abhängigkeit«, anders auch als Cassirers »Ausdruckserlebnis«, ist Diltheys »innere Erfahrung« nicht affektlastig konzipiert. Innere Erfahrung ist der Terminus für jenen Wirklichkeitszugang, in dem *alle* Grunddimensionen des ›In-der-Welt-seins‹ ein Strukturganzes bilden. Und erst diese bedeutungsholistische Auffassung ermöglicht es, den internen Zusammenhang religiöser Erfahrung mit der Perspektive der Ersten Person Singular zu rekonstruieren, ohne sich dabei unter der Hand ihrer transsubjektiven Geltungsansprüche auf intersubjektive Richtigkeit und propositionale Wahrheit zu entledigen. Wo nämlich das Spezifikum dieser Perspektive allein im Affektiven gesehen wird, bleibt auch der Gehalt von Erfahrung in den engen Kreis subjektiver Gefühle gebannt. Religionsphilosophisch bleiben dann nur noch zwei Möglichkeiten: entweder wird Affektivität durch Inanspruchnahme einer Hintergrundmetaphysik doch wieder kognitiv aufgeladen – der Weg Schleiermachers in den *Reden über die Religion* –, oder es wird vorab bestritten, daß religiöse Erfahrung überhaupt transsubjektive Geltungsansprüche erheben kann – der Weg der empiristischen Religionskritik, wie sie exemplarisch Alfred Ayer vertreten hat.

Der Bedeutungsholismus entgeht dieser mißlichen Alternative, indem er, wie es auch ein deskriptiver Zugang zum Phänomen nahelegt, an religiöser Erfahrung affektive, voluntative und kognitive Aspekte gleichermaßen gelten läßt und religiöse Bedeutung als Korrelat des vollständigen Strukturzusammenhangs – nicht etwa nur der kognitiven Komponente – faßt. Expressive Authentizität, intersubjektive Normativität und objektive Wahrheit müssen in einer phänomengerechten Analyse solcher Erfahrung als aufeinander bezogene Geltungsansprüche *vollständiger* Ausdrucksgestalten verstanden werden. Gegen jeden Erlebnisfundamentalismus ist dabei zu betonen, daß für Erfahrung Wahrheitsansprüche nur deshalb geltend gemacht werden können, weil dem Erlebnis durch seine symbolische

[97] Vgl. oben, S. 63.

[98] *W. Dilthey, Gesammelte Schriften XIX*, 390.

Form ein intentionaler Gehalt »innerlich zugeeignet« (Cassirers Ausdruck) worden ist. Deshalb ist es auch methodisch entscheidend, den subjektiv-qualitativen Pol der Erfahrung nicht von seinem Zusammenhang mit dem Prozeß der Ausdrucksbildung, der Artikulation zu lösen. Artikulation muß dabei als jenes Geschehen verstanden werden, durch das ein je individuelles Subjekt sich in ein bewußtes, auf Dauer gestelltes und intersubjektiv identifizierbares Verhältnis zu seinen spontanen Erlebnisqualitäten setzt und auf diese damit strukturierend zurückwirkt.[99] Durch reflexive Artikulation konstituiert sich überhaupt erst so etwas wie eine diachron stabile Lebenseinstellung, die konsistentes Handeln und konsistente Überzeugungen jenseits des ständigen Wechsels der phänomenalen Qualitäten möglich macht. Im Prozeß der Artikulation gewinnen, im Ausbleiben der Artikulation verfehlen die Subjekte jene reflexive Distanz und Freiheit gegenüber ihren unmittelbaren Empfindungen, die den Begriff einer menschlichen Person mit ausmacht. Dieser Aspekt religiöser Erfahrung ist seit Kierkegaard immer wieder als der unvertretbare Ernst der Existenz, als ihr Entscheidungscharakter angemahnt worden. Weil der Vollzug des eigenen Lebens, weil die unvertretbar je von einzelnen erfahrene Wirklichkeit erst durch Artikulation eine bestimmbare Bedeutung erhält, gibt dieser Vollzug der Artikulation wohl einen Horizont von Möglichkeiten, jedoch keine eindeutige Sinnfigur vor, die dann nur noch abbildrealistisch in eine symbolische Form gegossen werden müßte. Artikulation ist als reflexive Prägnanzbildung nie durch erfahrene Unmittelbarkeit determiniert und kann deshalb mit einem der Existenzphilosophie entlehnten Ausdruck auch als »Sprung« gedeutet werden.[100] Darunter verstehe

---

[99] Der Artikulationsbegriff erlaubt es also auch, den Subjekten in religiöser Hinsicht ein persönlich verantwortetes, nicht kontingentes Verhältnis zu ihren kognitiven Überzeugungen zuzuschreiben. Damit vermeidet er eine höchst mißliche Konsequenz des in der analytischen Religionsphilosphie dominierenden Wahrnehmungskonzeptes, nämlich die Annahme einer äußerlichen, passiven Beziehung des Glaubenden zu seinen »theistic beliefs«. Besonders deutlich wird dieser »Externalismus« in *A. Plantingas* Denkfigur der »proper basicality«. Analog zu Sinneswahrnehmungen sind es bei Plantinga vom Subjekt gar nicht zu verantwortende, aus der Perspektive der Dritten Person rekonstruierbare »belief mechanisms«, in denen die Rationalität religiöser Überzeugungen gründet. Vgl. *A. Plantinga, Reason and Belief in God,* in: *A. Plantinga u. N. Wolterstorff (Hgg.), Faith and Rationality,* Notre Dame/London: University of Notre Dame Press 1983, 16–93, bes. 78ff. – Für den Hinweis auf Plantinga danke ich Hermann Schrödter.

[100] So spricht *Kierkegaard* im Anschluß an *Jacobi* und *Lessing* vom Sprung als der »Ka-

ich ein Strukturmerkmal von binnenperspektivischer Erfahrung als solcher, das nicht einseitig-apologetisch von der vollzogenen Glaubensentscheidung her gedeutet werden darf, wie dies in der religiösen Existenzphilosophie nicht selten geschehen ist.

Den Gesichtspunkt der reflexiven Distanzierung möchte ich im Rückgriff auf die oben schon herangezogenen Analysen Charles Taylors und Harry Frankfurts zum Begriff der Person erläutern. Harry Frankfurt sieht Personalität in einer besonderen Struktur des Willens – der Fähigkeit zu Wünschen zweiter Stufe – begründet. Personen sind nicht einfachhin in die Unmittelbarkeit ihrer kontingenten Wünsche und Begierden gebannt, weil sie darüber hinaus wünschen können, solche Wünsche und Begierden zu haben oder nicht zu haben – weil sie sich zu ihren Wünschen erster Stufe verhalten können. »Nur weil eine Person Volitionen der zweiten Stufe hat, kann sie sich der Freiheit ihres Willens erfreuen oder auch ihrer ermangeln.«[101] In solchen auf die Unmittelbarkeit des Lebens bezogenen Volitionen zeigt sich nach Frankfurt jene »Fähigkeit zur reflektierenden Selbstbewertung«[102], die wir beispielsweise in jedem Begriff von moralischer Verantwortung immer schon voraussetzen müssen.

Ich schlage nun vor, den Gedanken einer reflexiven Interpretation über Volitionen hinaus zu erweitern und ihn als ein Charakteristikum *aller* Erfahrungsprozesse zu begreifen. Der Bedeutungsholismus der subjektiven Binnenperspektive läßt diese Erweiterung zwingend erscheinen. Auch die affektiven und kognitiven Aspekte von Erfahrung werden durch Artikulation zu einer Prägnanz gebracht, mit der sich das jeweilige Erfahrungssubjekt interpretierend

---

tegorie der Entscheidung« (*Abschließende unwissenschaftliche Nachschrift zu den Philosophischen Brocken*, Erster Teil, Gütersloh [2]1988, 91). Die hier vertretene hermeneutische Konzeption ermöglicht es, diesen Gedanken in einer nicht-dezisionistischen Weise auf Erfahrung zu beziehen: ›Entscheidung‹ meint die bewußte Übernahme bzw. Hervorbringung einer konkreten Artikulationsgestalt, durch die das Subjekt den präreflexiven Horizont seiner gelebten Erfahrung auf seine prägnanten Geltungsansprüche hin interpretiert.

[101] *H. Frankfurt, Willensfreiheit und der Begriff der Person*, op. cit., 295.

[102] Ebd., 288. – Durch seinen Ansatz gerät Frankfurt in die Nähe der Ausdrucksanthropologie *Herders* mit ihrer Betonung der »Besonnenheit« (vgl. die *Abhandlung über den Ursprung der Sprache* von 1772, passim) als dem Spezifikum menschlicher Lebensvollzüge. In dieser werde, so formuliert es *H. Joas*, »eine von den Mängeln erzwungene, den Menschen aber ganzheitlich von den Tieren unterscheidende reflexive Distanz zu den Gegebenheiten der Welt und zu sich zum einheitsstiftenden Prinzip.« (*Die Kreativität des Handelns*, op. cit., 118.)

auf seinen unmittelbaren Lebensvollzug zurückwendet. Die willentliche Komponente steht im Prozeß der Prägnanzbildung für den Selbstvollzug des Individuums ein: vollständige, also objektive und von einem Subjekt als authentisch übernommene Ausdrucksgestalten sind Selbstinterpretationen, in denen dieses Subjekt unter allen möglichen Deutungen seines Erlebens eine bestimmte *Wahl* trifft. Diese Wahl ist ein irreduzibles Merkmal von Erfahrung. Sie vollzieht sich immer in dem doppelten Horizont von Möglichkeiten des präreflexiven Erlebens einerseits und der Vielfalt objektivierter Ausdrucksgestalten andererseits.[103] Mit einem von Umberto Eco im Blick auf ästhetische Erfahrung geprägten Begriff kann Artikulation deshalb als »freie interpretative Wahl«[104] verstanden werden. Die Kategorie der reflexiven Distanzierung pointiert hierbei, daß diese Wahl den Charakter eines elementaren subjektiven Selbstvollzugs hat. Erst durch die Prägnanzbildung in der Artikulation hebt sich nämlich ein Erfahrungssubjekt als dauerndes vom Erlebnisstrom ab und verleiht diesem eine Bedeutung. Indem die Erlebnisse nicht nur einfach vorkommen (erste Stufe: phänomenales Bewußtsein), sondern *als* so-oder-so Bedeutsame (zweite Stufe: reflexives Selbstbewußtsein) eine symbolische Formung erfahren, können sie Bestandteil eines persönlichen Überzeugungssystems werden und damit ihre handlungsorientierende Kraft entfalten.

Daß Subjekte sich für die gültigen Ausdrucksgestalten ihrer Erfahrung im Zusammenhang ihrer Handlungsorientierungen *entscheiden,* ist in Diltheys Hermeneutik, nach ihrer ›pragmatistischen‹ Phase, bald wieder in den Hintergrund getreten. In der pragmatistischen Konzeption von James hingegen steht diese Einsicht im Zentrum. Seine religionsphilosophischen Arbeiten überziehen zwar, wie ich oben gezeigt habe, in einer unhaltbaren Weise den Gesichtspunkt der Handlungskonsequenzen zum epistemischen Rechtfertigungskriterium für religiöse Überzeugungen. Von diesen begründungstheoretischen Mängeln sind die wichtigen Einsichten James' in den Zusammenhang von Handlung, Wahl und Artikulation aber nicht betroffen.

---

[103] Diese modale Struktur einer doppelten Verwirklichung von Möglichkeiten, die ihrerseits *nicht* gewählt werden, scheint mir *Sartres* bekannte Theorie der ›radikalen Wahl‹ zu verfehlen. Vgl. dazu das Kapitel über »existentielle Psychoanalyse« in *Das Sein und das Nichts* (neue Übersetzung), Frankfurt 1993, 956–986 und die Kritik *Taylors* in *Was ist menschliches Handeln?,* op. cit., 29 ff.

[104] Vgl. *U. Eco, Die ästhetische Botschaft,* in: *Theorien der Kunst,* op. cit., 415.

Den Ausgangspunkt seiner Analyse bildet die triadische Grundrelation der menschlichen Weltaneignung: Peirce spricht in seiner pragmatistischen Semiotik meist von der Dreiheit ›Objekt-Zeichen-Interpretant‹, Dilthey betont hermeneutisch den unauflösbaren Zusammenhang von ›Erlebnis-Ausdruck-Verstehen‹. Schon in dem frühen Essay *Reflex Action and Theism* (1881) legt James großes Gewicht darauf, diesen Zusammenhang *handlungstheoretisch* zu deuten, nämlich als eine »triadic structure of impression, reflection, and reaction«[105]. »Reflection« – der Prozeß der Überzeugungsbildung – figuriert als der *terminus medius*, durch welchen »impression« und »reaction« vermittelt werden. Das symboltheoretische Schema konkretisiert James, seinen lebensphilosophischen Neigungen gemäß, zum Muster individuellen Handelns. Bedeutungen sind also nicht etwa nur Ausdruck einer kontemplativen, symbolbildenden Verarbeitung des inneren Erlebens, sie verweisen intern auf die durch sie ermöglichten Handlungen bzw. Habitus-Formationen. Dieser Sachverhalt ist für eine differenzierte »reflex-theory of mind«[106], wie James sie vertritt, von größter Relevanz. Er besagt nämlich, daß die Konstitution von Bedeutungen stets eine von den Lebensinteressen des Subjektes geleitete *Transformation* der sinnlichen oder eigenleiblichen Impressionen einschließt – eine Transformation, die sich im Rahmen der Frankfurt/Taylorschen Theorie der Personalität als reflexive Interpretation des Erlebens erster Stufe durch das Ausdruckshandeln der Individuen begreifen läßt.

Der handlungstheoretische Gesichtspunkt macht es vollends unmoglich, Artikulation als abbildende Beschreibung eines unmittelbar Erlebten zu fassen. »The conceiving or theorizing faculty«, so drückt James sich aus, »functions *exclusively for the sake of ends* that do not exist at all in the world of impressions we receive by way of our senses, but are set by our emotional and practical subjectivity altogether. It is a transformer of the world of our impressions into a totally different world, – the world of our conception; and the transformation is effected in the interests of our volitional nature, and for no other purpose whatsoever.«[107] Diese Argumentation läßt sich über sinnliche Impressionen hinaus auch auf eigenleibliche Regungen, auf Affekte, überhaupt auf alle Manifestationen von Unmittelbarkeit in-

[105] *W. James, Reflex Action and Theism,* op.cit., 116.
[106] Ebd., 117.
[107] Ebd.

nerhalb des Erfahrungsprozesses ausdehnen. Mit Blick auf religiöse Erfahrungen gilt also: Bedeutung kann etwas (erste Stufe) nur haben, insofern sich die »emotionale und praktische Subjektivität« reflexiv dafür entscheidet (zweite Stufe), es als bedeutsam für den eigenen Lebensvollzug anzuerkennen. Solche Anerkennung koordiniert jedoch nicht etwa nur zwei vorab schon feststehende Relata miteinander, sie konstituiert vielmehr die Relation, ist prägnanzbildend und nicht prägnanz-konstatierend. Es handelt sich also um eine *reflexive Wahl: reflexiven* Charakter hat sie deshalb, weil sich in ihr eine bewertende Distanzierung von der Unmittelbarkeit des Erlebens vollzieht;[108] gleichzeitig gibt es keine vorab verfügbaren kognitiven Evidenzen, die aus der *Wahl* eine logische Ableitung machen könnten. Dies zeigt sich besonders deutlich, wenn man religiöse Erfahrung unter dem Gesichtspunkt der an ihr beteiligten kausalen Hypothesen analysiert: wer in einer theistischen Tradition aufgewachsen ist, wird eine bestimmte Erfahrung genau dann als religiös verstehen, wenn er glaubt, sie sei »von Gott bewirkt« worden (oder verweise zumindest über eine kausale Kette auf Gott als ihre Ursache zurück).[109] Diese konstitutive Überzeugung ist jedoch kein internes Merkmal bestimmter präreflexiver Erfahrungsqualitäten, denn Unmittelbarkeit und intentionale bzw. kausale Bestimmheit sind, wie sich schon bei der Diskussion der Jamesschen Auffassung von Mystik gezeigt hatte, nicht vereinbar. Kausale Überzeugungen bezüglich der Ursache von Erfahrungen bilden sich erst durch interpretative Wahlen, in denen sich das Erfahrungssubjekt für die Gültigkeit einer bestimmten Form symbolischer Prägnanz entscheidet.

In seinem berühmten Essay über den *Will to Believe* (1896) hat James den Gedanken reflexiver Wahl auf das Verhältnis von theoretischer und praktischer Rationalität hin zugespitzt. Dabei leitet ihn der Gedanke einer Differenzierung von Rationalitätskriterien

[108] In neopragmatistischer Terminologie könnte man hier von »EVALUATIVER RATIONALITÄT« sprechen. In diesem Rationalitätstypus geht es nach *N. Rescher* (*Rationalität.* op. cit, 1993, 4) um die Frage »*Was sollte man bevorzugen oder wertschätzen?*« Methodisch kommt jedoch alles darauf an, diese Frage wieder in den Bedeutungsholismus der Perspektive der Ersten Person zu integrieren: Wer sich für eine bestimmte Artikulationsgestalt seiner Erfahrung als die religiös gültige entscheidet, bringt damit nämlich unvermeidlich auch »KOGNITIVE RATIONALITÄT: *Was soll man glauben oder akzeptieren?*« und »PRAKTISCHE RATIONALITÄT: *Was soll man tun oder durchführen?*« (ebd.) ins Spiel.

[109] Vgl. *W. Proudfoot, Religious Experience,* op. cit., 107: »The common element in religious experience is likely to be found, not in a particular physiological or even mental state, but in the beliefs held by the subject about the causes of that state.«

am Leitfaden der verschiedenen Dimensionen von Erfahrung. Immer dann, so argumentiert James, wenn es in der Natur der fraglichen Sachverhalte liegt, daß sie als Korrelat eines rein kognitiven Wirklichkeitszugangs gar nicht gegeben sein können,[110] sind Affekt und Wille epistemisch legitime Faktoren der Überzeugungsbildung. Was in hermeneutischer Terminologie als Transformation von Erlebnis in Ausdruck erscheint, wird von James als Entscheidung zwischen mehreren »genuin options«[111] gefaßt, in der sich – im Falle religiöser Überzeugungen – das Subjekt seiner letzten Handlungsorientierungen versichert: »*Our passional nature not only lawfully may, but must, decide an option between propositions, whenever it is a genuin option that cannot by its nature be decided on intellectual grounds.*«[112] Eben dies aber charakterisiere religiöse Fragen. Durch das Kriterium der »genuin option« stellt James dabei die Handlungsrelevanz der Entscheidung sicher. Indem ein Individuum sich für ein statisch-theistisches, »melioristisch«[113]-theistisches, pantheistisches, agnostisches, atheistisches usw. Weltverständnis entscheidet, wählt es nicht primär jene kognitive Gesamtrepräsentation aus, die ihm am angemessensten erscheint, es optiert vielmehr in erster Linie für eine bestimmte Weise, die eigene Lebensführung in ein Verhältnis zum Ganzen der Wirklichkeit zu setzen. »You make one or the other of two possible universes true by your trust or mistrust«[114], beschwört James die Zuhörer seines Vortrags *Is Life worth Living?* (1895).

Der »Will to Believe« wird demnach in seiner Pointe verkannt, wenn man ihn als nachträgliche Verbindung zwischen den psychischen Funktionen des ›Etwas-wollens‹ und des ›Für-Wahr-haltens‹ auffaßt. Seine dezisionistische Interpretation folgt dann fast zwangsläufig. Solche Mißverständnisse lassen sich jedoch dadurch vermeiden, daß James' einschlägige Erwägungen konsequent auf die Per-

[110] Ob es denn überhaupt solche rein kognitiv zugänglichen Wirklichkeitsbereiche geben könne, bleibt bei James letzlich ungeklärt. Einerseits liegt es nämlich in der Logik der radikalpragmatistischen Denkens, auch die Naturwissenschaften in den praktischen (affektiven und willensbestimmten) Weltumgang einzubeziehen. Andererseits ist James sich völlig darüber im klaren, daß wissenschaftliche und lebenspraktische Rationalität nicht einfach miteinander identifiziert werden können.

[111] Vgl. die Analyse dieses Begriffs oben, S. 190 f.

[112] *W. James, The Will to believe,* op. cit., 11.

[113] Zu James' Gegenüberstellung quietistischer und »melioristischer« Formen von Religiosität vgl. oben, S. 161 f., und *Pragmatism,* op. cit., 128 f.

[114] *Is Life worth Living?* in: *The Will to Believe,* op. cit., 59.

spektive der Ersten Person und den Bedeutungsholismus der für sie charakteristischen Form von Erfahrung bezogen werden. In dieser Erfahrungsform besteht ein interner Zusammenhang zwischen Wollen und Glauben in Gestalt der reflexiven Interpretationen, durch die ein Subjekt sich zu seinem unmittelbaren Erleben artikulierend in Beziehung setzt. Wenn die spezifische Rolle der Ersten Person Singular, wie ich oben argumentiert habe,[115] darin gesucht werden muß, daß Individuen die unersetzbaren Schöpfer der authentischen Ausdrucksgestalten ihrer Erfahrung sind, dann hat jede solche Ausdrucksgestalt eine bewertend-affektive und eine entscheidungsmäßig-willentliche Komponente. Diese strukturhermeneutische Deutung der Formel vom »Will to Believe« erzwingt eine Differenzierung dessen, was unter »Believe« verstanden werden soll. Strukturell betrachtet, ist der Zusammenhang von Wollen und Glauben nämlich bereits im Bedeutungsholismus der Perspektive der Ersten Person als solchem enthalten. Diejenigen Individuen also, die bewußt dafür optieren, sich den Vollzug ihres eigenen Lebens in nichtreligiösen Ausdrucksgestalten auszulegen, machen vom »Will to Believe« nicht minder Gebrauch wie ihre religiös gesonnenen Kosubjekte. Der strukturlogische Zusammenhang darf nicht mit seiner spezifisch religiösen Konkretisierung gleichgesetzt werden, wie James dies in apologetischem Eifer nahelegt.

Seine Darstellung entwickelt den Gedanken einer Wahl, in der sich das wählende Subjekt in seinem Verhältnis zum Ganzen der Wirklichkeit interpretiert, vornehmlich mit Blick auf ihre pragmatischen Konsequenzen. Diese Konsequenzen expliziert James anhand recht allgemeiner psychologischer Erwägungen, die darauf abzielen, theistische Religiosität als die einzige oder zumindest die am meisten erfolgversprechende Form humanitärer Handlungsmotivation herauszustellen.[116] Die begründungstheoretischen Schwächen dieser Argumentation sind oben schon ausführlich erörtert worden.[117] Eine anderere Schwachstelle wird sichtbar, sobald die Idee einer unvermeidlichen individuellen Wahl zwischen mehreren genuinen Optionen auf die Konzeption des Ausdrucksverstehens bezogen wird. Hält

---

115 Im Abschnitt 3.1.1.

116 Vgl. *The Will to Believe*, op. cit., 26 f.; *Is Life worth Living?*, op. cit., 54 f.; The Sentiment of Rationality, op. cit., 110, *Reflex Action and Theism*, op. cit., 126; die differenzierteste, über den Individualismus der frühen Essays hinausgehende Darstellung findet sich in *Pragmatism*, op. cit., 128 ff.

117 Vgl. oben, S. 202 ff.

man sich nämlich vor Augen, daß die motivationalen Konsequenzen eines Sachverhalts für eine Person niemals unabhängig vom Kontext ihrer Lebenserfahrung bestimmt werden können, dann darf dieser Aspekt nur als Strukturmoment des komprehensiven Erfahrungsprozesses geltend gemacht werden und kann nicht in der Weise isoliert werden, wie James dies in den frühen religionsphilosophischen Essays tut. Welche motivationalen Konsequenzen eine Überzeugung enfaltet, läßt sich ausschließlich im Zusammenhang der reflexiven Interpretationen bestimmen, durch die der Überzeugungsinhaber seine Erfahrungen artikuliert. Wenn sich Subjekte für die Gültigkeit von Ausdrucksgestalten entscheiden – wenn sie, mit James, zwischen genuinen Optionen eine Wahl treffen – dann interpretieren sie die Bedeutung motivationaler Konsequenzen vor dem Hintergrund bereits gelebter und artikulierter Erfahrung. Es kann daher auch nicht überraschen, daß theistische Überzeugungen sich historisch mit einer Vielzahl von Handlungsorientierungen als vereinbar erwiesen haben. Die vom Ganzen der artikulierten Erfahrung isolierte Kategorie theistischer Handlungskonsequenzen ist schlicht zu abstrakt und allgemein, um verständlich zu machen, was beispielsweise die weltverachtende Kontemplation der frühen Anachoreten mit Thomas Müntzers chiliastischen Bauern- und Fürstenpredigten verbinden könnte. Die motivierende Kraft von Überzeugungen wird erst analysierbar, wo diese als Ausdrucksgestalten historischer Erfahrung erfaßt werden, wie dies etwa in mentalitätsgeschichtlichen Untersuchungen geschieht.

Daß Überzeugungen kraft ihrer pragmatischen Dimension auf die interpretativen Wahlen ihrer Inhaber verweisen, hat James zum ersten Mal nach seinen religionsphilosophischen Konsequenzen bedacht. Noch radikaler wird dieser Gedanke dann in Heideggers frühen Freiburger Vorlesungen, zumal in der *Einleitung in die Phänomenologie der Religion* (1920/21) entwickelt, wo er im Kontext einer »Hermeneutik der Faktizität«[118] auftritt. Die für meine Fragestellung wichtigsten Züge dieses frühen Projektes, aus dem später

[118] So der Untertitel der Frühen Freiburger Vorlesung vom Sommersemester 1923: *Ontologie (Hermeneutik der Faktizität)*, hrsg. von K. Bröcker-Oltmanns, HGA Bd. 63, Frankfurt 1983. – Grundlegend für ein Verständnis der Frühen Freiburger Vorlesungen sind immer noch die – im Hinblick auf den mittlerweile fortgeschrittenen Editionsstand ergänzungsbedürftigen – Beiträge des Bochumer Symposions »Faktizität und Geschichtlichkeit«, enthalten im *Dilthey-Jahrbuch für Philosophie und Geschichte der Geisteswissenschaften, hg. v. F. Rodi, 1986/87.*

die Daseinsanalyse hervorgegangen ist, sind in aller Kürze herauszuarbeiten.

Heideggers Ausgangspunkt ist die ›faktische Lebenserfahrung‹, also zunächst die Art und Weise, in der sich je einzelne Individuen im Vollzug ihres Lebens selbst gegeben sind. ›Faktizität‹ dient ihm hierbei als Gegenbegriff zu theoretischer Reflexion und zu objektivierenden Auffassungen psychophysischer Vollzüge. Mit dem Besen der phänomenologischen Deskription will der frühe Heidegger alle konstruktiven Spinnweben hinwegfegen und die Phänomene in ihrer reinen Selbstgegebenheit freilegen. Die Vorlesung *Grundprobleme der Phänomenologie* (1919/20) greift dabei noch ausgiebig auf das Vokabular der Lebensphilosophie zurück und beschwört in pleonastischen Formulierungen als das »eigentliche *Organon des Lebensverstehens* … die *Geschichte* als gelebtes Leben, wie es im lebendigen Leben mitgeht.«[119] Würde das Faktische freilich nur als unmittelbarer Vollzug gefaßt, dann könnte es keinen Sinn haben, sofern ›Sinn‹ eine allgemeine, jedenfalls transindividuelle Kategorie ist: »Wie soll ich jemals über mein Faktisches hinauskommen? (…) Wie soll ich aus der Vereinzelung der faktischen Lebenserfahrung einen Sinn gewinnen, der allgemein gilt?«[120] Dieses Geltungsproblem läßt sich Heidegger zufolge nur durch eine hermeneutische Wende der Phänomenologie lösen: »Man muß das Faktische selbst verstehen als *Ausdruck.*«[121] Durch Artikulation vollzieht sich der »Prozeß des Gewinnens und Verlierens einer gewissen Vertrautheit des Lebens mit sich selbst«, so daß wir sagen können: »… das Selbst hat eine gewisse Ausdrucksgestalt«[122], die – darauf insisiert Heidegger immer wieder – nicht objektiviert werden darf. Dem entspräche in der hier

---

[119] *Grundprobleme der Phänomenologie,* hrsg. v. H.-H. Gander, HGA Bd. 58, Frankfurt 1993, 256.

[120] Ebd.

[121] Ebd., 257.

[122] Ebd., 258. – Daß Heidegger hier von Dilthey beeinflußt wird, ist schwer zu übersehen, obgleich der Name nicht genannt wird. Es ließe sich leicht zeigen, daß explizite Bezugnahmen auf Dilthey – in den Frühen Freiburger Vorlesungen am ausführlichsten innerhalb der Vorlesung *Phänomenologie der Anschauung und des Audrucks* (1920), hg. v. *C. Strube,* HGA Bd. 59, 193, §§16–19 – meist kritisch gehalten sind, positive Anknüpfungen hingegen keineswegs immer auch durch Namensnennung kenntlich gemacht werden. Zu Heidegger und Dilthey vgl. die beiden letzten Beiträge des o. g. Bochumer Symposiums: *O. Pöggeler, Heideggers Begegnung mit Dilthey; F. Rodi, Die Bedeutung Diltheys für die Konzeption von Sein und Zeit,* beide in: *Dilthey-Jahrbuch für Philosophie und Geschichte der Geisteswissenschaften,* hg. v. *F. Rodi, 1986/87.*

schon erarbeiteten Begrifflichkeit die Ungesättigtheit der objektiven Ausdrucksgestalten: diese müssen durch interpretative Wahlen von je einzelnen Menschen als gültige übernommen werden, um vollständige Ausdrucksgestalten zu bilden. Schließlich zielt Heidegger auf die kategoriale Differenz der Perspektiven von Erster und Dritter Person, wenn er auch die Bedeutungsfunktion des Ausdrucks nachdrücklich von den Klassifikationsprinzipien der Wissenschaft abhebt: »Bestimmen durch *Ausdruck* ist nicht Bestimmen durch *Ordnungsschemata*.«[123]

Da Heidegger sich mit seiner philosophischen Begriffsbildung ganz an die Ausdruckslogik der faktischen Lebenserfahrung anschmiegen möchte, wird ihm, explizit vor allem in der Vorlesung *Phänomenologie der Anschauung und des Ausdrucks* (1920), das neutralisierte Beschreibungsvokabular von Psychologie und Phänomenologie zum Problem: »Die Gegenständlichkeit der Philosophie hat nicht den sachartigen theoretischen Charakter, sondern den der *Bedeutsamkeit* …«[124] Bedeutsamkeit ist der Horizont, konkrete Bedeutung das Resulat der Ausdrucksbildungen aus der Perspektive der Ersten Person. Um nun die so in Bedeutungen investierte Selbstinterpretation des faktischen Lebens terminologisch besser fassen zu können, entwickelt Heidegger seine drei Kategorien ›Gehaltssinn‹, ›Bezugssinn‹ und ›Vollzugssinn‹, die sich wie ein roter Faden durch die sonst terminologisch sehr uneinheitlichen Frühen Freiburger Vorlesungen ziehen. Dieses Schema wird auch in der religionsphänomenologischen Vorlesung von 1920/21 benutzt, um den Vollzugscharakter religiöser Ausdrucksgestalten zu explizieren.

Die triadische Differenzierung verschiedener Sinndimensionen des faktischen Lebens ist in der Forschung schon seit längerem kontrovers diskutiert worden.[125] Hier soll nun versucht werden, Heideggers Schema vor dem Hintergrund der Unterscheidung zwischen Beschreiben und Artikulieren, nämlich als die Einführung der interpretativen Wahl in den Bedeutungsbegriff, zu explizieren. Unproblematisch verständlich ist das Begriffspaar Bezugssinn/Gehaltssinn,

---

[123] *Grundprobleme der Phänomenologie*, op. cit., 262.

[124] *Phänomenologie der Anschauung und des Ausdrucks*, op. cit., 197.

[125] Vgl. die schon genannten Beiträge des Bochumer Symposiums »Faktizität und Geschichtlichkeit«; dort bes. *C.-F. Gethmann, Philosophie als Vollzug und als Begriff*, S. 27–53.; *R. A. Makkreel, The genesis of Heidegger's phenomenological hermeneutics and the rediscovered »Aristotle introduction« of 1922*, in: *Man and World* 23: 305–320, 1990.

mit dem die Differenz von Akt und Gegenstand festgehalten wird. Jeder Gehalt, jedes ›was‹, wird in einer bestimmten Weise (etwa konstatierend, begehrend, verabscheuend usw.) intendiert: Bezugsinn meint die »Weisen des Zugangs zu dem, was und wie es in den genannten Bedeutungen Gemeintes ist«[126]. Husserls noetisch-noematische Korrelationen, aber auch Freges Unterscheidung von Sinn und Bedeutung weisen in eine ähnliche Richtung. Heideggers hermeneutisch-existentiale Wendung des Bedeutungsproblems kommt erst mit der dritten Kategorie, dem Vollzugssinn, ins Spiel. Die Pointe seiner Argumentation besteht darin, daß die zweistellige Relation Gehalt-Bezug noch keine Bestimmung der Bedeutung erlaubt, diese vielmehr erst dort in den Blick kommt, wo der »Bezugsvollzug«[127] Berücksichtigung findet: »Der Bezug wird gehabt *im* Vollzug.«[128] ›Vollzugsinn‹ ist die Art und Weise, in der das Subjekt eines Aktes – man sehe mir die unheideggersche Terminologie nach – diesen Akt (die Einheit von Gehalt und Intention) *als* Ausdruck seines Selbst- und Weltverständnisses vollzieht. Es handelt sich also um eine Intentionalität höherer Stufe, eine Intentionalität, die sich auf die *intentio recta* der ersten Stufe zurückbezieht. Mit Hilfe der Unterscheidung zwischen Wünschen (allgemeiner: psychischen Zuständen) erster und zweiter Stufe läßt sich der Vollzugssinn präzise vom Bezugssinn abheben. Gehalts- und Bezugssinn sind Phänomene erster Stufe: in ihnen sind die Subjekte unmittelbar intentional auf etwas gerichtet. Indem sich aber das faktische Leben artikuliert – präziser müßte man sagen: sich ›je schon‹ artikuliert hat –, werden die intentionalen Phänomene zu Elementen seines Selbstvollzugs. Ausdrucksbildung legt den Vollzugssinn fest, weil sie das sich artikulierende Subjekt auf eine bestimmte Deutung der eigenen Erfahrung verpflichtet.

Von diesem Zusammenhang her gewinnt auch Heideggers Rede von einer ›Hermeneutik der Faktizität‹ ihren genauen Sinn. Im eminenten Sinne faktisch sind zwar zunächst die subjektiven Phänomene erster Stufe: ich habe faktisch Hunger, erlebe faktisch dies und das, neige ›nun einmal‹ dazu, mir Sorgen zu machen oder optimistisch zu sein usw. Diese teils rein qualitativ bestimmten, teils intentionalen Phänomene erster Stufe werden jedoch stets ›so oder so‹ vollzogen,

126 *Phänomenologie der Anschauung und des Ausdrucks*, op.cit., 60.
127 Ebd., 75.
128 Ebd., 62.

d. h. von ihrem Subjekt *als* relevant, oder unwichtig, als bejahte oder zu distanzierende usw. (zweite Stufe) *gedeutet*. Diese Deutung vollzieht sich, indem das Subjekt sein erlebtes Leben artikuliert, und genau dies meint die Formel ›Hermeneutik der Faktizität‹. Faktisches Dasein ist als Ausdrucksbildung in sich hermeneutisch strukturiert. Demgegenüber ist der philosophische Methodenbegriff einer ›Hermeneutik der Faktizität‹ derivativ: er setzt den verstehenden Selbstvollzug bereits voraus, dessen Strukturmerkmale er im Sinne einer ›formalen Anzeige‹ herauspräpariert.

In der Vorlesung *Einleitung in die Phänomenologie der Religion* (1920/21) entwickelt und erprobt Heidegger dieses Methodenverständnis an den Phänomenen der urchristlichen Lebenserfahrung. In ihr manifestiert sich zunächst, wie in jedem Selbstvollzug, die »Bekümmerung des faktischen Daseins«[129]. Dem Dasein geht es immer um es selbst, es findet sich nicht nur in diesen oder jenen Zuständen vor (erste Stufe), sondern setzt sich zu ihnen in ein interessiertes, »bekümmertes« Verhältnis (zweite Stufe). Dieses Selbst*verhältnis* realisiert sich in Ausdrucksgestalten als Selbst*verständnis*. Nun sind vollständige Ausdrucksgestalten zwar immer Vermittlungsfiguren, in denen subjektives Erleben und symbolische Formung durch interpretative Wahl synthetisiert werden. Mit Blick auf das Verhältnis von religiösen Überzeugungen und Lebenserfahrung müssen jedoch zwei verschiedene Möglichkeiten unterschieden werden, von denen nur die zweite bei Heidegger Berücksichtigung findet. Der Akzent kann nämlich entweder auf dem produktiven oder auf dem rezeptiven Verhältnis zu Ausdrucksgestalten liegen. Im ersten Fall werden letztere als vom Individuum ausgehende Sinnfiguren aufgefaßt, in denen dieses seine persönlichen Erfahrungen in den öffentlichen Raum hinein zum Ausdruck bringt. Dieser Aspekt dominiert bei den Phänomenen der religiösen Mystik.[130] Im zweiten Fall hingegen kommt es zur Aneignung eines von dem Subjekt nicht selbst hervorgebrachten, sondern ihm kommunikativ präsentierten Symbolismus (einer objektiven Ausdrucksgestalt), der sich eben dadurch zu einer Ausdrucksgestalt wandelt, die für dieses eine Individuum gesättigt bzw. erfüllt ist. Das zweite Modell dominiert inner-

[129] *Einleitung in die Phänomenologie der Religion* (HGA Bd. 60), op. cit., 52.

[130] ›Mystik‹ wird hierbei nicht als Ende aller Symbolisierungen, sondern als Grenzphänomen innerhalb des symbolischen Universums konzeptualisiert. Für ein solches differenziertes Verständnis mystischer Phänomene argumentiert *Reinhard Margreiter* in seiner Schrift *Erfahrung und Mystik. Grenzen der Symbolisierung*, op. cit.

religiös in Form des Schemas ›Verkündigung des Glaubens/Annahme des Glaubens‹. Der Aspekt der interpretativen Wahl ist freilich in beiden Varianten irreduzibel, denn auch das Modell ›Annahme einer dem Subjekt unverfügbar vorgegebenen Ausdrucksgestalt‹ impliziert eine Entscheidung für die Gültigkeit genau dieser (und keiner anderen) Ausdrucksgestalt. Beide Varianten sind zudem eng aufeinander bezogen. Selbst dann nämlich, wenn vom Primat der Verkündigung ausgegangen wird, müssen bei Strafe des *regressus ad infinitum* irgendwann bestimmte Individuen oder soziale Gruppen identifiziert werden, in deren Ausdruckshandeln das verkündigte *credendum* formuliert worden ist. Dieser hermeneutische Zirkel ist unumgehbar und kann auch durch einen kruden und fundamentalistischen Begriff von verbaler Inspiration nicht beseitigt werden, weil sich das Problem der Identifizierung von Offenbarung immer stellt.

Anders nun als James, der die expressive Freiheit des Individuums akzentuiert, hält Heidegger das zweite Modell für fundamental. »Die christliche faktische Lebenserfahrung ist dadurch historisch[131] bestimmt, daß sie entsteht mit der Verkündigung, die den Menschen in einem Moment trifft und dann ständig mitlebendig ist im Vollzug des Lebens. Diese Lebenserfahrung bestimmt weiter ihrerseits die Bezüge, die in ihr vorkommen.«[132] Im Mittelpunkt der Analysen steht die paulinische Verkündigung. Im Phänomen der Verkündigung wird, so Heidegger, der »Lebensbezug der Selbstwelt des Paulus zur Umwelt und Mitwelt der Gemeinde erfaßbar«[133]. Formal betrachtet, stellt Verkündigung zunächst eine Transformation von gelebter Erfahrung (Erste Person Singular) in artikulierte (Erste Person Plural) dar. Darüber hinaus beansprucht sie autoritativen Charakter: das Subjekt der Ausdrucksbildung sinnt also den Adressaten der Verkündigung Geltungsansprüche als solche an, die auch für deren eigenen Lebensvollzug gültig sein sollen. Dabei handelt es sich um eine zwar asymmetrische, aber dennoch reziproke Form von Anerkennung. Heidegger arbeitet diesen Aspekt an der Beziehung zwischen Paulus und seiner Gemeinde in Thessaloniki heraus. In Apg 17,4 ist von der »Beziehung des Paulus zu den ›Einigen‹, die ›ihm zufielen‹ (και τινες εξ αυτων επεισθησαν και προσεκληρωθησαν τω Παυλω)« die Re-

[131] Die in *Sein und Zeit* scharf ausgeprägte Unterscheidung zwischen »historisch« und »geschichtlich« kennt Heidegger hier noch nicht.
[132] *Einleitung in die Phänomenologie der Religion*, op. cit., 116 f.
[133] Ebd., 80.

de: »In der Beschaffenheit der Gemeinde (der τινες) ist Paulus selbst mitenthalten. Die Thessalonicher sind solche, die ihm zugefallen sind. Er erfährt in ihnen notwendig sich selbst mit.«[134] Indem die Thessalonicher die Verkündigung des Paulus annehmen, bestätigen sie intersubjektiv die Gültigkeit der von diesem geschaffenen Ausdrucksgestalten. Die Pointe besteht nun darin, daß diese Annahme den Charakter einer ›vollzugsmäßigen Interpretation‹ der faktischen, kontingenten und geschichtlich geprägten Situation hat, in der sich die Thessalonicher vorfinden. »Paulus erfährt die Thessalonicher in zwei Bestimmungen: 1. Er erfährt ihr Gewordensein (γενεθηναι). 2. Er erfährt, daß sie ein Wissen von ihrem Gewordensein haben (οιδατε u. ä.)«[135] Das Gewordensein, die geschichtliche Faktizität zählt in meiner Ausdrucksweise zu den subjektiven Phänomenen erster Stufe, während die Phrase »Wissen von ihrem Gewordensein« der reflexiven Interpretation der zweiten Stufe entspricht. Heidegger arbeitet nun in einer ingeniösen Parallelexegese den internen Zusammenhang zwischen diesen beiden durch die Begriffsfelder γενεθηναι und οιδατε angezeigten Aspekten heraus. Im Wissen vom Gewordensein (Hermeneutik der Faktizität!) manifestiert sich der Glaube der Thessalonicher: nach I Thess 1, 6 ist »das γενεσθαι … ein δεχεσθαι τον λογον, ein ›Annehmen der Verkündigung‹«[136]. Durch diese Verkündigung steht Paulus in einem »Vollzugszusammenhang« mit den Thessalonichern.

Daher läßt auch die Zurückweisung des Glaubens den Selbstvollzug des Paulus nicht unbeschädigt: »Das Leben des Paulus hängt ab vom Feststehen der Thessalonicher im Glauben.«[137] Der Selbstvollzug ist intern mit der Perspektive der Ersten Person Plural verkoppelt, und zwar in einer doppelten Weise: zum einen setzt jede Artikulation die Symbolgebilde der geschichtlich-sozialen Wirklichkeit voraus, zum anderen sind die mit ihr verbundenen Geltungsansprüche nur intersubjektiv einlösbar. Der bedeutungsholistischen These gemäß gilt dies auch für den expressiven, streng auf die Perspektive der Ersten Person Singular verweisenden Aspekt der Verkündigung. So steht nach Heideggers Analyse die Erwartung der

[134] Ebd., 93.
[135] Ebd.
[136] Ebd., 94.
[137] Ebd., 97.

Parusie in ihrem Zentrum.[138] Sie bestimmt die ›Selbstwelt‹ des Paulus, den Vollzugssinn seines Lebens: In der Erwartung der Wiederkunft des Herrn zu leben bedeutet, sich die Geschehnisse und Handlungen des eigenen Lebens im Licht einer krisenhaft zugespitzen, ›kairologischen‹ Zeitlichkeit zu deuten: Zeit als Endzeit. In der Verkündigung wird den Adressaten nun angesonnen, diese Ausdrucksgestalt sei nicht nur wahr und normativ gültig, sie stelle auch aus der Perspektive jedes einzelnen Adressaten den authentischen Ausdruck dessen eigener Lebenserfahrung dar.

Der Primat des Vollzugs läuft also darauf hinaus, den Gehalt der Verkündigung, technisch gesprochen ihren propositionalen Kern, als integrales, aber unselbständiges Moment zu behandeln. »Das Dogma als abgelöster Lehrgehalt in objektiv-erkenntnismäßiger Abhebung kann niemals leitend für die christliche Religiosität gewesen sein, sondern umgekehrt, die Genesis des Dogmas ist nur verständlich aus dem Vollzug der christlichen Lebenserfahrung.«[139] Der Vollzug hat den Charakter einer interpretativen Wahl (in diesem Fall der »Annahme der Verkündigung«), in der sich das Subjekt für eine Ausdrucksgestalt entscheidet, die ihm als genuine Option innerhalb seines Lebenszusammenhangs durch charismatische Personen angesonnen wird. Versucht man, diesen Prozeß rekonstruktiv in seine Strukturmomente zu zerlegen, so ergibt sich folgendes Bild: Das gelebte Leben (erste Stufe) konstituiert kraft des kontrastiven Charakters der qualitativ bestimmten psychophysischen Phänomene einen Horizont von Bedeutsam*keit*. Für diesen Möglichkeitshorizont hat Heidegger den Terminus »geöffnete Situation«[140] geprägt. Durch Artikulation des präreflexiv Erfahrenen (zweite Stufe) entsteht dann eine konkrete Bedeutung, in der die geöffnete Situation zu einer Ausdrucksgestalt geschlossen wird. Die geschlossene Ausdrucks-

---

[138] Vgl. ebd., §26.

[139] Ebd., 112. – In der zitierten Passage behauptet Heidegger eine Abhängigkeit des Inhaltlichen vom Vollzug. Daraus folgt aber nicht, daß die Inhaltscharaktere in Vollzugscharaktere aufgelöst werden könnten. Mit Inhalten sind Geltungsansprüche verknüpft, die der Vollzug als solcher noch nicht einlöst. Heideggers inhaltliche Askese (Ebd., 116:»Wir wollen das Problem der Verkündigung weiter so verfolgen, daß wir das Inhaltliche völlig beiseite lassen.«) blendet daher ein entscheidendes Problem aus. Es ist nämlich ein internes Merkmal des Vollzugscharakters ›Parusieerwartung‹, daß in ihm die Parusie erwartet wird. Deren Ausbleiben konstituiert daher ein Geltungsproblem, das völlig unverständlich bleibt, wenn der »Gehaltsinn« vom »Vollzugssinn« isoliert wird.

[140] *Grundprobleme der Phänomenologie,* op. cit., 106.

gestalt bedeutet freilich keinen Abruch des Erfahrungsprozesses, sie geht vielmehr als Vorstruktur des Verstehens in jede neue Erfahrung ein. Der qualitativ-spontane und der symbolisch-reflexive Aspekt von Erfahrung sind nur analytisch unterscheidbar, im konkreten Vollzug hingegen immer verbunden, wobei die Verbindung modal erheblich variieren kann.

So gibt es auch unspektakuläre Formen symbolischer Prägnanz, in denen sich vollständige Ausdrucksgestalten habitusbildend gewissermaßen sedimentiert haben. Hier wäre beispielsweise an traditionelle, habitualisierte Formen von Alltagsfrömmigkeit zu denken. Das Schließen der geöffneten Situation zu einer religiösen Gestalt kann dabei gewohnheitsmäßig erfolgen: jede Überraschung wird zum Wunder, jede leibliche Regung zur Sünde, jede gelungene Handlung zum frommen Werk. In dem Maße, wie sich dabei die Perspektive der Ersten Person Singular in die Gepflogenheiten eines religiösen ›man‹ hinein auflöst, kann auch von Erfahrung im emphatischen Sinn und von interpretativer Wahl kaum mehr die Rede sein. Auf der anderen Seite stehen mystische Erfahrungen und Bekehrungserlebnisse, in denen einem Individuum schlagartig die gültige Ausdrucksgestalt seiner Lebenserfahrung glückt bzw. zuteil wird. Die emphatische Erfahrung des ›Passens‹ von gelebter und artikulierter Erfahrung fällt dann mit dem Vollzug der interpretativen Wahl zusammen.

3.1.4. Strukturen der Prägnanzbildung

In den interpretativen Wahlen der Subjekte werden qualitatives Erleben und symbolische Ausdrucksgestalten zu inhaltlich bestimmter Erfahrung vereinigt. So entstehen vollständige, holistisch bedeutsame Artikulationen, die Bezugnahmen auf Wirklichkeit, Willensorientierungen und affektive Wertungen einschließen. Die Prägnanz unserer Erfahrung resultiert weder allein aus der affektiven Fülle des qualitativ-phänomenalen Erlebens, noch allein aus den semantischen Bezügen ihrer Ausdrucksgestalten, sondern aus der psychischen und sozialen Dynamik der Ausdrucks*bildung*. Aus der Perspektive der Ersten Person gewonnene Bedeutungen entziehen sich also der Alternative von ›machen‹ und ›finden‹, sie sind beides zugleich: Interpretation (Aspekt des ›machens‹) von Vorfindlichem, wobei dieses Vorfindliche in der gedoppelten Gestalt des qualitativ Erlebten einerseits (Erste Person Singular) und der dem Subjekt vorgängigen symbolischen Formen (Erste Person Plural) andererseits auftritt. Nur in seltenen Fällen jedoch – etwa bei einer religiösen Konversion – werden die Phasen dieses hermeneutischen Prozesses vom Subjekt als zeitlich sukzedierende und mit dem Pathos existentieller Entscheidung befrachtete erlebt. Bewußtsein davon, *daß* gewählt wird, ist ein kontingentes Merkmal interpretativer Wahlen, das allein mit ihren emphatischsten Formen verknüpft ist.[141] Der formalhermeneutische Sachverhalt liegt aber bereits immer dann vor, wenn ein Subjekt sich reflexiv distanzierend artikuliert, sein gelebtes Leben also *als* in dieser oder jener Weise bedeutsam auslegt. Interpretative Wahlen setzen einen Horizont von Bedeutsamkeit und ein Subjekt voraus, das zu diesem Horizont mittels *einer* bestimmten Sinngestalt Stellung bezieht; die explizite Reflexion auf dieses reflexive Verhältnis jedoch kann – und wird auch meistens – fehlen: man kann wählen, ohne zu wissen, daß man wählt. Diese Einsicht ist religionsphilosophisch relevant, denn sie erlaubt es, *alle* vollständigen Ausdrucksgestalten mit reflexiver Interpretation zu verbinden, nicht nur solche, bei denen das sich auslegende Subjekt ein begleitendes Bewußtsein davon hat, daß es sich für die Gültigkeit einer Ausdrucksgestalt entscheidet. Formalhermeneutisch betrachtet, sind also dramatische Konversionen genauso durch reflexive Interpretation bestimmt wie etwa das rituelle, biographisch hundertfach wiederholte Mitsprechen des Glaubensbekenntnisses im christlichen Gottesdienst. Der Aspekt authentischer Aneignung verliert freilich an Gewicht, je stärker die habituelle Komponente ausgeprägt ist, und in

---

[141] Ein beeindruckendes Beispiel für eine solche bewußte Wahl und ihre Lebensbedeutsamkeit liefert *W. James.* Am 30.4.1870, nach langem Ringen um die Frage nach dem Verhältnis von Freiheit und kausaler Determination, trägt er in sein Tagebuch ein: »I think yesterday was a crisis in my life. I finished the first part of Renouvier's second ›Essai‹ [Traité de psychologie rationelle d'apres les principes du criticism, Paris 1854ff.; Anm. M. J.] and see no reason why his definition of the Free Will – ›the sustaining of a thought *because I choose* to when I might have other thoughts‹ – need be the definition of an illusion. At any rate, I will assume for the present that it is no illusion. My first act of free will shall be to believe in free will. (…) Today has furnished the exceptionally passionate initative which Bain posits as needfull for the acquistion of habits. I will see to the sequel. Not in maxims, not in Anschauungen, but in accumulated *acts* of thought lies salvation. (…) I will go a step further with my will, not only act with it, but believe as well; believe in my individual reality and creative power.« (*The letters of William James,* ed. *H. James,* Bd. I, London 1929, 147f.) In sehr bewegender Weise schildert James hier, wie er seinem gelebten Leben eine neue Bedeutung gibt, indem er zu dessen Vollzügen in einer freien interpretativen Wahl bewertend und auswählend Stellung nimmt.

diesem Maße nähert sich auch die Perspektive der Ersten Person Singular ihrer objektivistischen Verfallsform, dem ›man‹.

In diesem Abschnitt möchte ich nun die allgemeinsten Strukturmerkmale der Prägnanzbildung mit Blick auf religiöse Ausdrucksgestalten herausarbeiten. Dabei ist im Auge zu behalten, daß qualitatives Erleben und symbolische Formung Prozeßphasen von Erfahrung bezeichnen, deren Vermittlung faktisch ›je schon‹ ein Vorverständnis erzeugt hat. Dieses Vorverständnis konstituiert den semantischen Horizont, den individuelle Ausdrucksbildung mit dem qualitativen Horizont des Erlebens verschmilzt. Prägnanzerzeugung kann wegen dieser Struktur einer vereindeutigenden Interpretation von Horizonten in Anlehnung an Hermann Schrödter als eine *Transformation von Möglichkeit in Wirklichkeit* beschrieben werden. Unter dem Titel einer »modale[n] … Transformation von Wirklichkeit in Möglichkeit« expliziert Schrödter die Aufgabe der Religionsphilosophie, »die komplexe Wirklichkeit faktisch gelebter Religion als verwirklichte Möglichkeit menschenwürdiger Welt- und Lebensgestaltung«[142] zu begreifen. Religionen sind also »verwirklichte Möglichkeiten«, und die inverse Operation der Religionsphilosophie besteht darin, eben dies herauszuarbeiten, indem je eine »wirkliche Religion ihre Bestimmtheit als Glied dieses Möglichkeitsspektrums«[143] erhält. Das Artikulationskonzept von Erfahrung läßt sich mit Hilfe dieses modallogischen Ansatzes noch weiter präzisieren.

Möglichkeit und Wirklichkeit sind korrelative Begriffe, deren Verhältnis analog zu der Beziehung zwischen dem situativ-qualitativen Erleben und der konkretisierenden Ausdrucksbildung gedacht werden kann. Die Erfahrungsperspektive der Ersten Person Singular bleibt – zumal im Blick auf ihren intentionalen Gehalt – unbestimmt, solange von ihrer symbolischen Prägung durch Artikulation abgesehen wird. In affektiver Fülle präsentiert sie einen Horizont von unbestimmten Möglichkeiten (erste Stufe), die freilich nie als solche gegeben sind, sondern immer schon auf eine konkrete Wirklichkeit hin vereindeutigend überschritten werden (zweite Stufe). Entscheidend ist die interne Beziehung der beiden Relate: Wirklichkeit ist verwirklichte Möglichkeit, und Möglichkeit mögliche Wirklichkeit. Den Bezug von Erlebnis und Ausdruck als modale Differenz zu be-

---

142 *H. Schrödter, Erfahrung und Transzendenz,* op. cit., 154. Vgl. zum folgenden 154–174.

143 Ebd., 155.

greifen, impliziert daher zweierlei: Zum einen gilt, daß ohne Verwirklichung auch die Möglichkeit ihren Möglichkeitsstatus einbüßt. Dieser Aspekt tritt in James' Begriff der ›genuine option‹ klar hervor. Sich nicht zu entscheiden, ist auch eine Entscheidung, Erleben ohne Prägnanz gibt es nicht. Wenn aber jede Wirklichkeit realisierte Möglichkeit ist, dann gilt zum anderen auch, daß es immer Alternativen gibt. Schließlich handelt es sich bei den zur Wahl stehenden Optionen eben deshalb um genuine, weil sie für das Subjekt der Wahl tatsächlich als Alternativen in Frage kommen. Hermeneutisch gesprochen: Die Gültigkeit einer Ausdrucksgestalt kann nicht am vorsymbolischen Erleben abgelesen werden, weil dieses Erleben kein Text ist.[144] Ausdrücke bilden nicht ab, sie erzeugen Präganz. Darum schaltet jede konkrete Ausdrucksgestalt präreflexive Bedeutungsmöglichkeiten aus, die in alternativen Ausdrucksgestalten verwirklicht worden wären.

Die Einsicht, daß der Erfahrungsprozeß intern modal differenziert ist, entwertet zwei verbreitete reduktionistische Positionen, die nach Hermann Schrödter dadurch charakterisiert sind, »das Entwerfen des Möglichkeitsspektrums mit der darin begriffenen Distanzierung der Wirklichkeit als undialektisches, durchstreichendes Negieren des Konkreten aufzufassen, oder die Wirklichkeit in Verkennung ihrer als realisierte Möglichkeit ohne Rücksicht auf ihren Kontext von Möglichkeiten als einzig sinnvoll denkbare auszuzeichnen und als ›unmittelbare‹ und ›sich selbst genügende‹ Realität zu setzen.«[145] Immer dann, wenn die phänomenale Erlebenskomponente von Erfahrung fundamentalistisch-selbstgenügsam als Primordialsphäre von ihren sekundären Artikulationsgestalten unterschieden wird, handelt es sich um eine modale Verabsolutierung von Möglichkeit. Man könnte hier auch von *Erlebnisfundamentalismus* sprechen. Diese Form des Reduktionismus scheint zahlreichen esoterischen Phänomenen und Praktiken zugrunde zu liegen. Wenn hingegen ein konkreter Symbolismus unter Abstraktion von seinem Ausdruckscharakter, seiner pragmatischen Beziehung auf den Möglichkeitshorizont erlebender Subjekte als gültig behauptet wird, liegt eine

---

[144] Prägnant die Formulierung *O. Schwemmers:* Wir müssen »das Verstehen als einen Prozeß begreifen …, der Ausdrucksformen schafft, die sich durch ihre innere Struktur absetzen von der geschehenden Welt unserer Erfahrungen.« (*Über das Verstehen des Fremden,* in: Information Philosophie 4/1995, 16.)

[145] H. *Schrödter, Erfahrung und Transzendenz,* op. cit., 163.

modale Verabsolutierung von (symbolisch geformter) Wirklichkeit vor. In seinen offenbarungspositivistischen Spielarten stellt solcher *Symbolfundamentalismus* gegenwärtig ein soziales und politisches Problem ersten Ranges dar. Ein differenziertes Modell religiöser Erfahrung macht es – was hier nur angedeutet werden kann – möglich, *prima facie* ganz heterogene Phänomene wie Esoterik und Fundamentalismus als korrelative Verkürzungen des ›aufgespannten Verhältnisses‹ (Schrödter) von Erlebnis, Ausdruck und Verstehen zu erklären. Technisch gesprochen, wird jeweils durch Elimination eines konstitutiven Relats die triadische Struktur von Erfahrung in ein zweigliedriges Verhältnis aufgelöst. Im Fall der Esoterik sollen Erlebnisse auch ohne fixierte symbolische Form bedeutungshaft und verständlich sein, im Fall des Symbolfundamentalismus wird die Sinnhaftigkeit eines Symbolismus vom Erleben, der Perspektive der Ersten Person Singular, abgetrennt. Der existentiell riskante Aspekt von Erfahrung, die interpretative Wahl des Subjekts als Hervorbringung einer konkreten, verbindlichen Ausdrucksgestalt, wird in beiden Fällen eliminiert.

Wie läßt sich dieser entscheidende Prozeß näher charakterisieren? Seine Darstellung als Transformation von Möglichkeit in Wirklichkeit führt auf eine weitere Beschreibungsebene, die ich im Anschluß an Ferdinand Fellmanns Unterscheidung von *zuständlichem* und *intentionalem* Bewußtsein skizzieren möchte.[146] Als modale Transformation, als Ausdrucksbildung, als reflexive Distanzierung von mentalen Phänomenen erster Stufe usw. kann nämlich der Prozeß der Erfahrung überhaupt nur deshalb beschrieben werden, weil auch das Bewußtsein der Subjekte von Erfahrung relational aufgespannt ist. Eine hermeneutisch angemessene Theorie religiöser Erfahrung bedarf daher einer entsprechenden Theorie des Bewußtseins, deren Konzeptualisierungen den Prozeß der Ausdrucksbildung nachvollziehbar machen. Dies wird nur dort gelingen, wo Bewußtsein nicht paradigmatisch von *einem* Basisphänomen her begriffen wird, sondern als relationale Struktur – in Diltheys Terminologie etwa als Dreischritt von Erlebnis-Ausdruck-Verstehen –, als Einheit von Verschiedenem. Die hier vertretene Auffassung, religiöse Erfahrung

---

[146] Vgl. dazu *F. Fellmann, Symbolischer Pragmatismus.* Hermeneutik nach Dilthey, op. cit.; *ders., Lebensphilosophie.* Elemente einer Theorie der Selbsterfahrung, Reinbek bei Hamburg 1993; *Ders., Intentionalität und zuständliches Bewußtsein,* in: *Bewußtsein.* Philosophische Beiträge, hg. v. *S. Krämer,* Frankfurt 1996, 213–226.

müsse als prägnanzbildende Artikulation des in der Perspektive der Ersten Person Gewahrten verstanden werden, macht zumal die Unterscheidung zwischen einer qualitativ-instantan-phänomenalen und einer symbolisch geformten, intentional gehaltvollen Komponente des Bewußtseins unabdingbar. Diesem Desiderat entspricht das Bewußtseinsmodell Fellmanns. Es läßt sich am besten durch Kontrastierung mit dem dominierenden Intentionalitätskonzept erläutern.

Intentionalität gilt seit Brentano und vor allem seit Husserl häufig als *differentia specifica* des Bewußtseins. So setzt sich Husserl in der fünften *Logischen Untersuchung* ausdrücklich von einer Deutung des Bewußtseins als Gewahren von Zuständen ab und erklärt den intentionalen Charakter zu seiner entscheidenden Bestimmung.[147] Und auch in der analytischen Philosophie des Geistes steht Intentionalität häufig im Zentrum des Interesses.[148] Gegen die Dominanz der Rede vom intentionalen Bewußtsein macht Fellmann nun geltend, daß Bewußtsein vorab immer durch Zuständlichkeit bestimmt ist: »Bewußtsein als die Art und Weise, sich als Individuum in einer bestimmten Situation zu fühlen.«[149] »Bevor es ein Bewußtsein *von etwas* geben kann, muß ein Bewußtsein *für jemanden* da sein.«[150] Dieses präreflexive Bewußtsein der Ersten Person Singular wird von Fellmann als personal, situativ gebunden, im Leibgefühl verankert, qualitativ ständig wechselnd und doch kontinuierlich, holistisch – nicht aus diskreten Zuständen zusammengesetzt – und präsentisch beschrieben. Das zuständliche Bewußtsein repräsentiert »die gesamte Existenzform des Organismus«.[151] Die Kategorie der Zu-

---

[147] Vgl. *E. Husserl, Logische Untersuchungen II/1:* Untersuchungen zur Phänomenologie und Theorie des Erkennens, Tübingen [6]1980, 368: »Die intentionale Beziehung, rein deskriptiv verstanden als innere Eigentümlichkeit gewisser Erlebnisse, fassen wir als Wesensbestimmtheit der ›psychischen Phänomene‹ …« Daß es auch nichtintentionale Erlebnisse gibt, wird von Husserl nicht geleugnet (vgl. ebd., 369), aber als irrelevant betrachtet.

[148] Vgl. etwa die einflußreiche Monographie von *J. Searle, Intentionality,* Cambridge etc.: Cambridge University Press 1983.

[149] *F. Fellmann, Intentionalität und zuständliches Bewußtsein,* op. cit., 216.

[150] *F. Fellmann, Symbolischer Pragmatismus,* op.cit., 34. – Von der hier vertretenen hermeneutischen Position aus legt sich freilich nahe, zuständliches und gegenständliches Bewußtsein als korrelative Phänomene zu betrachten, ohne einem Aspekt den zeitlichen und logischen Primat zuzuerkennen, wie Fellmann dies hier für das zuständliche Bewußtsein tut.

[151] Ebd., 216. – Eine ausführlichere Begründung dieser phänomenalen Beschreibung von Zuständlichkeit liefert Fellmann in seiner Schrift *Symbolischer Pragmatismus,* op. cit., 33–105.

ständlichkeit läßt sich demnach als eine Ausarbeitung dessen interpretieren, was in dieser Arbeit als der instantan-qualitative Aspekt von Erfahrung betrachtet wurde.

Gäbe es kein zuständliches, sondern nur intentionales Bewußtsein, dann würde auch die These obsolet, daß die Perspektive der Ersten Person eine irreduzible Form der Bezugnahme auf Wirklichkeit darstellt. Eine Strukturanalyse intentionaler Akte ist nämlich, wie Husserls *Logische Untersuchungen* zeigen, auch ohne Rekurs auf subjektive Binnenperspektiven möglich. Von daher ist es nur konsequent, daß Husserl sein theoretisches Projekt immer stärker in Richtung auf eine transzendentale Phänomenologie ausgebaut hat. Im begrifflichen Rahmen dieser Phänomenologie ist kein Platz für die psychische und soziale Dynamik der Prägnanzbildung, wie sie sich als modale Transformation zwischen den Perspektiven der Ersten Person Singular und Plural vollzieht. Die sich auf Husserl berufende Religionsphänomenologie hat deshalb bisher auch keinen gehaltvollen Begriff religiöser Erfahrung ausarbeiten können. Intentionalität muß dort, wo von ihrer symbolischen Formung durch die Ausdrucksbildung abstrahiert wird, zwangsläufig rein gegenstandstheoretisch aufgefaßt werden, so daß die Vielzahl intentionaler Akte nur noch als – mit Husserl zu sprechen – eidetische Variationen der Abschattungsmannigfaltigkeiten eines invarianten noematischen Kerns erscheinen. Entsprechend schrumpft dann auch die religionsphilosophische Kritik bedeutungsholistischer Geltungsansprüche auf die Herausarbeitung der ›originär gebenden‹ Noesen zusammen. So schränkt etwa Hans-Jürg Braun den Untersuchungsbereich der Religionsphänomenologie auf die humanspezifischen Weisen der *Erfassung* eines numinosen Selbstgegebenen ein, dessen Selbstgegebenheit dann nicht mehr weiter problematisiert wird.[152]

---

[152] Vgl. *H.-J. Braun, Elemente des Religiösen,* Zürich 1993, 13: »Die Grundfrage, die wir uns zu stellen haben, lautet: Was geschieht auf der Seite des Menschen, damit ein Numinoses bzw. Heiliges als Numinoses und Heiliges im menschlichen Blickfeld zur Artikulation gelangt?« Allein diese *petitio principii* rechtfertigt Brauns Hoffnung, »die subtile Ausleuchtung des Noetisch-Noematischen im Feld religiöser Phänomene könnte ein kriteriologisches Instrumentarium hervorzubringen imstande sein, womit religiös Echtes vom Surrogat zu unterscheiden wäre.« (ebd., 39 f.) – Die Rede vom »religiös Echten« verdeckt hier ein Mehrdeutigkeit, die ein gehaltvoller Begriff von religiöser Erfahrung sichtbar werden läßt: so kann etwa eine religiöse Ausdrucksgestalt *prima facie* ohne weiteres »echt« sein – d. h. dem Geltungsanspruch auf expressive Authentizität genügen – ohne daß diese Authentizität auch schon als rechtfertigende Instanz für die mit ihr verknüpften Ansprüche auf propositonale Wahrheit gelten könnte. Bedeu-

Wo, wie in der intentionalistischen Religionsphänomenologie, die Bedeutung des zuständlichen Bewußseins für die Genese intentionaler Gehalte übersehen wird, bleiben die pragmatisch-hermeneutischen Aspekte religiöser Überzeugungsbildung grundbegrifflich ausgeschlossen. Die Vielfalt religiöser Erfahrungen kann dann nicht mehr systematisch mit der Perspektive der Ersten Person zusammengedacht werden und erscheint als Resultat transzendental-subjektiver Bewußtseinsfunktionen. Zweigliedrige noetisch-noematische Korrelationen überlagen so die dreigliedrige Struktur des Phänomens der Artikulation, in der die Subjekte zu ihrem gelebten Leben durch interpretative Wahlen Stellung beziehen. Dieses Phänomen hat die Zuständlichkeit des Bewußtseins zu seiner Voraussetzung. Für jedes bewußte Individuum fühlt es sich, wie an Thomas Nagel anknüpfend formuliert werden kann,[153] in einer nur diesem Individuum zugänglichen Weise an, es selbst zu sein. Es existiert also ein »Zustand, den ich allein erlebe und in dem und durch den ich mich von allen anderen Lebewesen unterscheide«[154]. Das Frageschema: »Wie ist es, x zu sein?«, ergibt für jede Ersetzung von x durch den Eigennamen einer lebenden Person eine Frage, die nur eben diese Person beantworten kann – freilich gerade nicht durch einfache Beschreibung ihres phänomenalen Bewußtseins, sondern durch die Anstrengung einer Artikulation, die dieses Bewußtsein prägnanzbildend interpretiert.

Es sind vor allem drei Merkmale von Fellmanns Analyse des zuständlichen Bewußtseins, die im religionsphilosophischen Kontext Interesse auf sich ziehen. *Erstens* ist Zuständlichkeit immer situativ, ihre »Erlebnisweise … ist die Gegenwart, die Präsenz«[155]. Lebensphilosophisch formuliert, handelt es sich um das Gewahrsein des faktischen Lebens in seinen ›Bedeutsamkeitszusammenhängen‹ (Heidegger). Zuständlichkeit fungiert also als Titel für das qualitative Erleben eines raumzeitlich situierten Subjektes und hat keine transzendentalphilosophischen Konnotationen. Insbesondere ist sie nicht produziert, weil die sukzedierenden Bewußtseinszustände spontan

tungsholismus meint hier, daß die zweite Form von Geltungsansprüchen intern mit der ersten verknüpft ist und deshalb auch die expressive Authentizität in dem Maße verloren ginge, in dem das Subjekt sich gegen kritische Einwände hinsichtlich der *Wahrheit* seiner Ausdrucksgestalten verschließen würde.

153 Vgl. oben, S. 276f.

154 *F. Fellmann, Intentionalität und zuständliches Bewußtsein*, op. cit., 216.

155 Ebd., 217.

und instantan auftreten. Fellmann spricht in diesem Zusammenhang von »Emergenz«[156]. Durch diese Merkmale steht das zuständliche Bewußtsein für die Erfahrungsoffenheit des subjektiven Weltzugangs, für das qualitativ Neue ein. Der phänomenale Bewußtseinsstrom erlaubt eben keine Extrapolationen von präsenten auf futurische Zustände. Wo im Prozeß der Erfahrung der emergente Aspekt (Erste Stufe) als dominierend erfahren wird, der Aspekt interpretierender Artikulation hingegen für das subjektive Erleben zurücktritt, kann man dementsprechend von *präsentischer Erfahrung* sprechen. In den Phänomen der Mystik ist dieser Typus besonders eindringlich realisiert. Dominiert hingegen die prägnanzbildende Artikulation (Zweite Stufe), so gewinnt ›Erfahrung‹ einen diachronen, kontextuellen Sinn: *Lebenserfahrung*. In dieser unspektakulären Form prägt sie religiöse Überzeugungen nicht minder eindrücklich als ihr präsentischer Gegenpol. Wiederum zeigt sich hier, daß nur ein dreigliedriger Erfahrungsbegriff, der subjektives Erleben und symbolische Form über die Kategorie der Artikulation verbindet, die verschiedenen Manifestationen der subjektiven Perspektive in ein fruchtbares Verhältnis zu setzen vermag.

Zweitens ist das zuständliche Bewußtsein durch die »Qualität der Unbestimmtheit«[157] charakterisiert. Im subjektiven Erleben – hinzuzufügen wäre: soweit es, als unselbständiger Bestandteil von Erfahrung, überhaupt einer Beschreibung zugänglich ist – verbinden sich nach Fellmann affektive Fülle und Fehlen eines eindeutigen, artikulierten Gehalts. Diese Strukturmerkmale erzeugen eine Affinität von Zuständlichkeit und Bildlichkeit, die Fellmann zu einer Theorie der inneren Bilder ausgebaut hat.[158] Das zuständliche Bewußtsein zeigt sich damit im Blick auf Schrödters »modale Transformation« als Bereich qualitativ gewahrter Möglichkeiten, als »gefühlte Bedeutsamkeit«[159] ohne fixierte Bedeutung. Die Kategorie der Unbestimmtheit darf hier aber nicht negativ im Sinn von neutraler Indifferenz verstanden werden, sie hat vielmehr den positiven Sinn von Bestimmbar*keit*, modaler Transformierbarkeit. Das zuständliche Bewußtsein gibt in der Perspektive der Ersten Person Singular einen

[156] Ebd., 218.

[157] Ebd., 224.

[158] Vgl. ebd., 224f. u. vor allem *Symbolischer Pragmatismus*, op. cit., Kap. 1: »Bild und Bewußtsein.«

[159] *F. Fellmann, Intentionalität und zuständliches Bewußtsein*, op. cit., 225.

Möglichkeitshorizont vor, den das Subjekt als Angehöriger einer sozialen Welt symbolischer Traditionen (Erste Person Plural) immer schon auslegend auf konkrete, prägnante Bedeutungen hin verwirklicht hat – Bedeutungen, die Bedeutsam*keit* gewissermaßen ausbuchstabieren. Hier herrscht also ein reziprokes Verhältnis, das Frithjof Rodi folgendermaßen beschreibt: »Es besteht eine Entsprechung zwischen der Bedeutsamkeit eines Sachverhalts und der Prägnanz einer ihn betreffenden Aussage der Art, daß es zur Bedeutsamkeit eines Sachverhalts gehört, nur durch eine prägnante Aussage repräsentiert zu werden, und daß es zu prägnanten Aussagen nur kommt, wenn über bedeutsame Sachverhalte zu reden ist.«[160]

Die zuständlichen Voraussetzungen dieses Prozesses der Bedeutungsfixierung bzw. Prägnanzbildung sind von James pragmatistisch als ›genuine options‹ gedacht worden. Unbestimmt ist der vom gelebten Leben eröffnete Horizont pragmatischer Möglichkeiten, weil sich deren Bedeutung erst über die Konsequenzen ihrer Verwirklichung bestimmen läßt. Diese Unbestimmheit bestimmt aber gerade die interpretativen Wahlen der Subjekte, die eben nicht beliebige Möglichkeiten frei ergreifen können, sondern nur jene, die im Spielraum des zuständlichen Bewußtseins liegen. Die dem Subjekt in Form des ›objektiven Geistes‹ vorgegebenen Sinndeutungen werden also dadurch zu genuinen Optionen, daß sie als *mögliche* Interpretationen zuständlich-unbestimmt erlebter Bedeutsamkeit erfaßt werden: darin besteht die elementare Leistung des Verstehens. Verbindliche Prägnanz wächst dann einer konkreten Sinndeutung zu, indem das Subjekt sie als gültige Ausdrucksgestalt *wählt*. Erst durch diesen Schritt wird Verständnis zum Einverständnis.

Drittens arbeitet Fellmann heraus, daß zuständliches Bewußtsein intern mit intentionalem Bewußtsein verknüpft ist. Intentionale Gehalte explizieren, konkretisieren, interpretieren, verwirklichen die Möglichkeiten des gelebten Lebens. Erst in ihnen – und in den intersubjektiven Geltungsansprüchen, die sie artikulierbar machen – gelangt die Selbst- und Welterfahrung des Individuums zu Prägnanz und Eindeutigkeit. Intentionalität kann als »symbolische Verdichtung der Zuständlichkeit« begriffen werden. Solche Verdichtung ist

---

160 *F. Rodi, Befremdlichkeit und Bedeutsamkeit,* in: *G. Rupp* (Hg.), *Was leisten die Geisteswissenschaften für die Zukunft?* Beiträge zum Modellversuch Geisteswissenschaftliches Studium fundamentale an der Ruhr-Universität Bochum (Schriftenreihe der Ruhr-Universität und der Stadt Bochum 10), Bochum 1992, 103.

immer zugleich »Komplexitätsreduktion« und damit »Entlastung von der Fülle der Reize«[161], wie Fellmann an wahrnehmungspsychologischen Beispielen zeigt. Durch Bildung von Prägnanz entlastet sich das Bewußtsein von der andrängenden Bedeutsamkeitsfülle seiner Zustände. Dies geschieht im Fall sinnlicher Wahrnehmung durch die unbewußte Ergänzung und Strukturierung der mannigfachen Impressionen zur Gestalt.[162] Höherstufige und vor allem existentiell bedeutsame Prägnanzbildungen, wie sie in religiösen Erfahrungen vorliegen, weisen aber einen gedoppelt intentionalen Charakter auf: Indem das Subjekt sein zuständliches Bewußtsein durch Wahl einer Ausdrucksgestalt reflexiv distanziert, bezieht es sich interpretierend auf dieses zurück und legt sich zugleich auf intentionale Gehalte fest, mit denen intersubjektive Geltungsansprüche verbunden sind. Wer in den wechselnden Zuständlichkeiten seines gelebten Lebens etwa eine göttliche Leitung am Werk sieht, der versteht nicht nur seine individuelle Realität in einer bestimmten Weise, er schreibt auch, indem er seine Erfahrung mit Bezug auf die Realität Gottes interpretiert, dieser zwangsläufig einen transindividuellen Status zu.[163]

Erfahrung ist eben immer dadurch charakterisiert, daß irreduzibel individuelle und irreduzibel intersubjektive Komponenten – qualitatives Erleben und symbolische Form – durch reflexive Interpretation zur Einheit gebracht werden. Damit ist der Struktur des Erfahrungsbegriffes selbst eine unauflösbare Spannung zwischen

---

[161] *F. Fellmann, Intentionalität und zuständliches Bewußtsein*, op. cit., 223.

[162] Die Gestaltpsychologie (*von Ehrenfels, Köhler* und deren Schüler), auf die sich *Cassirer* und *Fellmann* berufen, hat die symbolische Durchdringungen selbst elementarer Wahrnehmungen experimentell nachgewiesen.

[163] In dichterischer Form wird die Dynamik von innerem Erleben und universalisierender Ausdrucksgestalt unübertrefflich dargestellt in den *Josephsromanen* von *Thomas Mann*. Besonders im Schlüsselkapitel des zweiten Bandes mit dem Titel »Wie Abraham Gott entdeckte« gelingt Mann eine dichte Darstellung symbolischer Prägnanzerzeugung in ihrem Changieren zwischen den Polen des »Entdeckens« und »Herstellens«. Vgl. *Joseph und seine Brüder II, Der junge Joseph* (Frankfurter Ausgabe, hrsg. v. P. de Mendelssohn), Frankfurt 1983, 40–50, bes. 40f.: »So hatte Abraham Gott entdeckt aus Drang zum Höchsten, hatte ihn lehrend weiter ausgeformt und hervorgedacht und allen Beteiligten eine große Wohltat damit erwiesen: dem Gotte, sich selbst und denen, deren Seelen er lehrend gewann. Dem Gotte, indem er ihm Verwirklichung in der Erkenntnis des Menschen bereitete, sich selbst und den Proselyten aber namentlich dadurch, daß er das Vielfache und beängstigend Zweifelhafte auf das Eine und beruhigend Bekannte zurückführte, auf den Bestimmten, von dem alles kam, das Gute und Böse, das Plötzliche und Grauenhafte sowohl wie das segenvoll Regelmäßige, und an den man sich auf jeden Fall zu halten hatte.«

der Perspektive der Ersten Person Singular und dem Universalismus sprachlicher Symbole eingeschrieben. Worin diese Spannung näherhin besteht, läßt sich vielleicht am besten an der diskursiven Bearbeitung mystischer Erfahrungen verdeutlichen: Diskussionen über dieses Thema führen in der Regel schnell zu einer Spaltung der Teilnehmer in solche, die eigene einschlägige Erfahrungen ins Spiel bringen, und solche, bei denen dies nicht der Fall ist. Ebenso regelmäßig pflegen die Protagonisten des Mystischen dann geltend zu machen, daß die zweite Personengruppe im Grunde außerstande sei, sich am Gespräch kompetent zu beteiligen. Bevor ein Austausch über das fragliche Phänomen in Gang kommt, ist das Gespräch damit oft bereits am Ende. Wer nämlich, so läßt sich dieses Argument in technischer Sprechweise rekonstruieren, die zur Diskussion stehende Erfahrung nicht in der Perspektive der Ersten Person Singular selbst gemacht habe, sei auch nicht in der Lage, den Gegenstand des Gesprächs zu identifizieren, könne also gar nicht wissen, wovon die Rede sei.

Das Argument trifft zwar einen wichtigen Aspekt der Sache, verabsolutiert ihn aber in sachwidriger Weise. Sein Wahrheitskern besteht darin, daß Individuen die privilegierten Schöpfer (bzw. ›Übernehmer‹) der authentischen Ausdrucksgestalten ihrer Erfahrung sind. ›Eine Erfahrung gemacht haben‹ bedeutet: unvertretbar entscheiden können, welche Symbolstrukturen das eigene zuständliche Bewußtsein in der treffendsten Weise artikulieren. In diesem Sinne trifft es tatsächlich zu, daß solche Individuen nicht als kompetente Gesprächsteilnehmer anerkannt werden können, die keine einschlägigen Erfahrungen gemacht haben. Freilich bezeichnet eben die Phrase ›eine Erfahrung machen‹ nach der formalhermeneutischen Analyse kein gleichsam atomares Phänomen, sondern eine dreigliedrige Struktur. Die symbolische Prägnanz des Mystischen ist also Ergebnis von Artikulationsbemühungen und stellt keine emergente Eigenschaft von Zustandsqualitäten des Bewußtseins erster Stufe dar. Auch Mystik muß, wenigstens soweit sie über das instantane ›Aufblitzen‹ von Qualia hinaus überzeugungsprägend wirkt, als ein Phänomen reflexiver Distanzierung von Unmittelbarkeit verstanden werden. Daraus ergibt sich bereits eine wichtige Einschränkung des oben genannten Arguments der Inkompetenz. Wenn nämlich Artikulation als interner Bestandteil mystischer Erfahrung anerkannt wird, dann müssen auch mystisch ›unmusikalische‹ Opponenten vom Mystiker soweit als kompetente Gesprächspartner akzeptiert werden, als die mystischen Artikulationsgestalten kraft ihrer sprachlichen Allgemeinheit über expressive Authentizität hinaus intersubjektive Geltungsansprüche erheben. Letzteres ist aber zumindest in den Zeugnissen der christlichen Mystik regelmäßig der Fall. Wenn ein Mystiker beispielsweise die Formulierung »suddenly, my soul became aware of God«[164] gebraucht, sind seine Leser zwar außerstande, darüber zu urteilen, ob dieser Satz tatsächlich die subjektiv angemessenste Ausdrucksgestalt jenes emergenten Bewußtseinszustandes darstellt, auf den er sich bezieht. Diese Inkompetenz erstreckt sich jedoch nicht auf die intersubjektiven Aspekte der fraglichen Formulierung. Was es bedeutet, hier von ›Gott‹ zu sprechen; welche Geltungsansprüche der Satz impliziert; ob es denkbar ist, daß Individuen in eine direkte Beziehung zu einem transzendenten Wesen treten können – hinsichtlich solcher und weiterer Fragen kann niemandem unter Hinweis auf fehlende mystische Erfahrungen die Gesprächskompetenz abgesprochen werden.

Eine weitere Differenzierung ergibt sich durch die Struktur des Artikulationsprozesses als einer modalen Transformation von Möglichkeit in Wirklichkeit. Das zuständliche Bewußtsein, soweit es ohne seinen reflexiv-intentionalen Gegenpart gedacht wird, ist unbestimmt, gibt der prägnanzbildenden Artikulation einen Horizont von Möglichkeiten vor. Wenn ein Subjekt demnach seine eigene Erfahrung als ›mystisch‹ identifiziert, interpretiert es diesen Horizont von Bedeutsamkeit, indem es ihm eine bestimmte symbolisch codierte Bedeutung zuordnet. Unter Beachtung dieser modalen Differenz ist es nicht erforderlich, im strengen Sinn mystische Erfahrungen gemacht zu haben, um zu verstehen, wovon bei Gespräch über solche Erfahrungen die Rede ist. Es reicht aus, solche Erfahrungen als alternative Symbolisierungen verstehen zu können, die in den unbestimmten Horizont des eigenen zuständlichen Bewußtseins fallen. ›Verstehen‹ in diesem Sinn ist die Fähigkeit einer Person, eine Symbolgestalt als *mögliche* Artikulation des von ihr selbst gelebten Lebens auch dann zu erfassen, wenn sie in ihren eigenen interpretativen Wahlen andere Ausdrucksgestalten bevorzugt hat. Die Struktur der modalen Transformation läßt Familienähnlichkeiten zwischen verschiedenen Ausdruckstraditionen zu – man denke etwa an die vielfältigen Bezüge zwischen religiöser und ästhetischer Erfahrung –, die Verständnis und Einverständnis nachhaltig entkoppeln.

---

[164] *J. A. Symonds;* zit. bei: *William James, The Varieties of Religious Experience,* op. cit., 352.

Das Inkompetenz-Argument erweist sich demnach auch hinsichtlich der Frage nach den Bedingungen individuellen Verstehens als irreführend.

Die Analyse des menschlichen Bewußtseins in den Kategorien von unbestimmter Zuständlichkeit und korrelativer, bestimmender Intentionalität erschließt ein Konzept bewußten Lebens, das dem hermeneutischen Erfahrungsbegriff strukturell weitgehend entspricht. Für sich genommen, blieben selbst die affektiv intensivsten Zustände des individuellen Bewußtseins folgenlos, wären noch die Ekstasen der Mystiker bloße Episoden im »übergänglichen« (Fellmann) Fluß des Bewußtseins, in den man, wie schon Heraklit wußte, nicht zweimal steigen kann. Nur durch die Bildung von Prägnanz, die Transformation von Möglichkeit in Wirklichkeit, Bedeutsamkeit in fixierte Bedeutung, Erlebnis in Ausdruck, Zuständlichkeit in intentionalen Gehalt formiert sich ein diachron stabiles Subjekt, das den ständigen Wechsel mentaler Episoden überdauern und so als Träger von Überzeugungen auftreten kann. Religiös relevant wird individuelles Erleben also erst dann, wenn es sich in verbindlichen Artikulationsgestalten auf Dauer gestellt hat, wenn es zur Erfahrung geworden ist.

Mit Hilfe der oben genannten Begriffe (Bildung von Prägnanz usw.) habe ich versucht, den *Richtungssinn* dieses Artikulationsprozesses genauer zu bestimmen. Das damit gewonnene Verständnis soll nun durch die Herausarbeitung von *Strukturierungsmodi* der Artikulation noch weiter entfaltet werden. Wie entsteht Bedeutung aus Bedeutsamkeit? Um diese Frage einer Antwort näher zu bringen, greife ich auf den Zusammenhang von Zuständlichkeit und Bildlichkeit zurück, wie er von Fellmann herausgestellt worden ist. Dieser spricht von der »Bildlichkeit der primären Repräsentation«, die in zwei konstitutiven Merkmalen der Bildsemantik gründe: ihrer »Unbestimmtheit« und »Unartikuliertheit«[165]. Bildlichkeit ist die erste Stufe symbolischer Formung qualitativen Erlebens. In Bildern ist den Subjekten ein Horizont bestimmbarer und artikulierbarer Möglichkeiten präsent, der sich zu intentional gehaltvollen Repräsentationen ausformen läßt. Der Begriff des Bildes darf hier natürlich

[165] *F. Fellmann, Intentionalität und zuständliches Bewußtsein,* op. cit., 225. In ausgearbeiteter Form legt Fellmann seine Theorie der Bildsemantik im Kap. I des *Symbolischen Pragmatismus.* op. cit, und in *Wovon sprechen die Bilder?* Aspekte der Bildsemantik (in: *Bild und Reflexion,* Paradigmen und Perspektiven gegenwärtiger Ästhetik, hg. v. *B. Rekki* u. *L. Wiesing,* München 1995) vor.

nicht in einem photorealistischen Sinn verstanden werden. In Anlehnung an Dilthey könnte man auch vom »Leben der Bilder«[166] sprechen. »Bilder sind Verknüpfungen von Bewußtseinsgehalten, die je nach Gefühls- und Aufmerksamkeitswert inneren Veränderungen unterliegen und Beziehungen zu anderen Bildern eingehen. In ihnen sind Vorstellungen, Gefühle, Willensimpulse zu einer handlungsorientierenden Einheit gebracht, die über das Gegebene produktiv hinausgeht. … In Bildern entsteht das primäre Welt- und Selbstverständnis, weil sie die erkennenden, wertenden und willentlichen Komponenten unseres Bewußtseinslebens synthetisieren.«[167] Die Genese symbolischer Prägnanz und intentionalen Gehalts aus zuständlichem Bewußtsein läßt sich daher als eine »Metamorphose der Bilder«[168] begreifen. Dabei ist zu beachten, daß es sich auch bei den präreflexiven mentalen Zuständen erster Stufe um Zustände eines weltbezogenen Subjektes handelt, das nicht etwa in monadischer Autarkie ein selbstgenügsames Innenleben kultiviert. Die strukturelle Differenz zwischen Erleben, Symbol und verstehender Ausdrucksbildung darf nicht in einen Hiatus zwischen Innen und Außen umgedeutet werden. Dem entspricht der Bedeutungsholismus der Ersten Person, der es unmöglich macht, die innerhalb seiner Perspektive gewonnenen Ausdrucksgestalten auf intersubjektiv unverbindliche und propositional entleerte Expressivität zu beschränken. Zuständlichkeit ist deshalb intentional zwar unbestimmt, aber bestimmbar, weil welthaltig. Bilder sind als »vorbegriffliche Formen der Bedeutungsbildung«[169] auf Artikulation, auf differenzierende Fixierung des intensiv-bedeutsam Vorschwebenden hin angelegt. Mit Rudolf Makkreels Dilthey-Interpretation unterscheide ich dabei zwischen den drei Strukturierungsmodi der »Ausschaltung«, »Steigerung« und »Ergänzung«[170]:

(1) »Ausschaltung«: »Bilder verändern sich, indem Bestandteile ausfallen oder ausgeschaltet werden.«[171] Dieser Prozeß ist elementar. Die symbolische Konkretisierung des Erlebens engt dessen Horizont ein, indem sie sich auf bestimmte Aspekte konzentriert, andere

---

166 *W. Dilthey, Die Einbildungskraft des Dichters,* Gesammelte Schriften VI, 139.

167 *M. Jung, Dilthey zur Einführung,* op. cit., 101 f. Für eine ausführlichere Analyse des Bildbewußtseins nach Dilthey vgl. ebd., 101–106.

168 *W. Dilthey, Die Einbildungskraft des Dichters,* Gesammelte Schriften VI, 171.

169 *F. Fellmann, Symbolischer Pragmatismus,* op. cit., 52.

170 Vgl. *R. A. Makkreel, Dilthey,* op. cit., 134.

171 *W. Dilthey, Die Einbildungskraft des Dichters,* Gesammelte Schriften VI, 172.

Aspekte hingegen vernachlässigt. Schließlich sind am Präsenzpol des In-der-Welt-Seins aktuelle Impressionen, leiblich-affektive Gestimmtheiten, Erinnerungen, Zukunftserwartungen zu einer qualitativ-fließenden[172] Totalität verschmolzen, die im Verlauf der Ausdrucksbildung in fixierte, diachron sich erhaltende Symbolismen umgearbeitet wird. Bei der Transformation des Erlebens in Erfahrung findet also eine ständige Selektion der Zustandsqualitäten statt, in der das reflexive Bewußtsein Wesentliches von Unwesentlichem sondert und sich eben dadurch bewertend von Unmittelbarkeit distanziert. Das als wesentlich Gewertete wird durch Aufmerksamkeit ins Zentrum gerückt, wodurch gleichzeitig eine Peripherie, ein ›Hof‹ von nur beiherspielenden Qualia entsteht. Eilert Herms hat in diesem Zusammenhang mit Blick auf James sehr treffend von »attentionaler Fixierung«[173] der Vorstellungsgehalte gesprochen. Die Fähigkeit des Erfahrungssubjekts, diese oder jene Aspekte seines zuständlichen Bewußtseins hervorzuheben oder zu vernachlässigen, hat James als die primäre Manifestation der menschlichen Willensfreiheit betrachtet.[174] In der Tat muß bereits der elementare Strukturierungsmodus der Ausschaltung als eine interpretative Wahl verstanden werden, in der unbestimmte Fülle sich mittels attentionaler Fixierung in einzelne Gehalte transformiert.

Was sich aus formalhermeneutischer Distanz als attentionale Fixierung darstellt, würde aus der Vollzugsperspektive von Erfahrung als die ›Bereitschaft, sich einzulassen‹ erscheinen.[175] Strukturlogisch sind Fixierungen der Aufmerksamkeit nämlich nie zu erzwingen. Da sich durch Fixierung ein eindeutig bestimmbarer Erfahrungsgehalt erst ergibt, kann ihr Richtungssinn niemals durch diesen Gehalt bereits vorgezeichnet werden. Ist die Fixierung hingegen vollzogen, präformiert sie im Sinne der Vorstruktur des Verstehens den phänomenalen Bestand des Bewußtseins. Abweichende Zentrierungen der Aufmerksamkeit erscheinen dann durch diesen Habitualisierungseffekt aus der Perspektive vollzogener Fixierung

---

172 Mit Dilthey charakterisiert Fellmann diesen Aspekt des phänomenalen Bewußtseins treffend als »Fortgezogenwerden« (*Intentionalität und zuständliches Bewußtsein*, op. cit., 218).

173 *E. Herms, Radical Empiricism*, op. cit., 80.

174 Und auf sie, wie der oben zitierte Tagebucheintrag (vgl. Anm. 141) eindrucksvoll belegt, seine Lebensführung aufgebaut.

175 Biblisch ausgedrückt: »Wer Ohren hat zum hören, der höre.« (Mk 4,9; Lk 8,8; Mt 11,15; passim)

leicht als depraviert und sachlich haltlos. In der religiösen Tradition entspricht dem das Konzept der ›Verstocktheit‹. Diese wird gewissermaßen als attentionale Fixierung mit negativem Vorzeichen aufgefaßt: willentlich-sündhafte Immunisierung gegen den befreienden Gehalt der religiösen Botschaft. Die formalhermeneutische Analyse hat hier auf die Differenzen zwischen einer erfahrungskonstitutiven Struktur, ihrer Interpretation im Vollzug der Erfahrung und ihre retrospektive Deutung nach vollzogener Wahl hinzuweisen. Ausschaltung macht intentionale Bestimmung erst möglich und ist dementsprechend irreduzibles Moment jeder Erfahrung: *omnis determinatio est negatio* (Spinoza). Aus symboltheoretischer Perspektive hat Ernst Cassirer diesen Grundsachverhalt klar herausgearbeitet: »In Wahrheit zeigt die Analyse der Sprache … daß jeder sprachliche Ausdruck, weit davon entfernt, ein bloßer Abdruck der gegebenen Empfindungs- oder Anschauungswelt zu sein, vielmehr einen bestimmten selbständigen Charakter der ›Sinngebung‹ in sich faßt. Und das gleiche Verhältnis tritt bei den Zeichen der verschiedensten Art und Herkunft hervor. Von ihnen allen läßt sich in gewissem Sinn sagen, daß sie ihren Wert nicht sowohl in dem besitzen, was sie vom konkret-sinnlichen Einzelinhalt und seinem unmittelbaren Bestand festhalten, als in dem, was sie von diesem unmittelbaren Bestand unterdrücken und fallen lassen. Auch die künstlerische Zeichnung wird zu dem, was sie ist … erst durch das, was sie an einem gegebenen Eindruck wegläßt. Sie ist nicht die Wiedergabe des letzteren in seiner sinnlichen Totalität, sondern sie hebt an ihm bestimmte ›prägnante‹ Momente heraus …«[176]

(2) »Steigerung«: »Bilder verändern sich, indem sie sich dehnen oder zusammenschrumpfen, indem die Intensität der Empfindungen, aus denen sie zusammengesetzt sind, sich verstärkt oder vermindert.«[177] Während durch Ausschaltung eine psychische Binnendifferenz zwischen Zentrum und Peripherie entsteht, die den Fokus des Ausdrucksbildung festlegt, wird durch Steigerung die affektive Relevanz des bewußten Erlebens fixiert. Natürlich sind beide Aspekte, dem Bedeutungsholismus der Ersten Person entsprechend, eng miteinander verbunden: hohe affektive Bedeutung impliziert hohe Aufmerksamkeit, wie umgekehrt auch die eher kognitiven Fixierungen

---

[176] *E. Cassirer, Philosophie der Symbolischen Formen Erster Teil:* Die Sprache, op. cit., 44.

[177] *W. Dilthey, Die Einbildungskraft des Dichters,* Gesammelte Schriften VI, 173.

des Bewußtseins affektive Konsequenzen zeitigen. So präformieren die diffus-bedeutungshaften Krankheitsbilder des Hypochonders seine Konzentration auf leibliche Befindlichkeiten, während sich umgekehrt durch Dezentrierung von Aufmerksamkeit (›Sich-ablenken‹) affektive Besetzungen reduzieren lassen. Der Strukturierungsmodus der Steigerung (resp. Verringerung) steht für die affektive Intensität, die dem zuständlichen Bewußtsein durch den »erworbenen Zusammenhang des Seelenlebens« (Dilthey) zuwächst. Es wäre also falsch, Affektivität im Prozeß der Ausdrucksbildung allein dem Aspekt des zuständlichen Bewußtseins zuzuschreiben. In Form habitualisierter Stimmungen färbt Affektivität nicht nur, wie Heidegger zuerst gezeigt hat, alle kognitiven Intentionen im engeren Sinn ein,[178] sie reguliert auch die Intensität der vorbegrifflich-bildhaften Symbolisierungen. *Wie* erlebt wird, welche Aspekte des eigenen Lebens als affektiv bedeutsam erfahren werden (Erste Stufe), ist durch die affektive Tönung des subjektiven Welt- und Selbstbildes (Zweite Stufe) vermittelt.

Die Stilisierung solcher affektiven Dispositionen ist ein offensichtliches Charakteristikum religiöser Ausdrucksgestalten. Religiöse Traditionen sind in diesem Betracht Stilisierungsschemata, die Gefühlsintensitäten kanalisieren und auf normative Bindungen sowie propositionale Gehalte hin orientieren. Am deutlichsten wird dieser Aspekt wohl in den Hochfestliturgien der christlichen Kirchen, denen stets eine affektive Dramaturgie eingeschrieben ist, ein Crescendo bildhaft repräsentierter Welt- und Selbstverhältnisse, die den teilnehmenden Individuen zur Ausdrucksgestalt ihres zuständlichen Erlebens werden. Da affektives Betroffensein Erfahrungsgehalte in unüberbietbarer Weise individuiert, eignen sich die Teilnehmer dabei auch die normativen und propositionalen Komponenten der Liturgie genau in dem Maße zu, als diese bedeutungsholistisch mit der zelebrierten Affektstilisierung verschmelzen. Prägnanzbildung ohne emotionale Steigerung kann es prinzipiell nicht geben, weil Prägnanz, sprachpragmatisch formuliert, immer Bestimmtheit *für* jemanden ist. Affektive Betroffenheit indiziert aus der Perspektive des Individuums das Erfülltsein dieser Relation.

(3) »Ergänzung«: »Bilder und ihre Verbindungen ändern sich, indem in ihren innersten Kern neue Bestandteile und Verbindungen

---

[178] *vgl. Sein und Zeit*, op. cit., 134–140.

eintreten und so diesen ergänzen.«[179] Hier geht es um strukturelle Veränderungen bildlicher Repräsentationen, durch die sich ein typischer, relativ stabiler, ausdrücklich gemachter Kern des Erlebten bildet. Noch offenkundiger als bei den Modi der Ausschaltung und Steigerung sind die interpretativen Wahlen der Subjekte Movens dieser Veränderungen. Nur dadurch nämlich, daß die fixierten und emotional signifikanten Aspekte des zuständlichen Bewußtseins auf die sich bildende Totalität des psychischen Zusammenhangs bezogen werden, kommt es zu dauerhaften Modifikationen im Selbst- und Weltbild des Erfahrungssubjektes, die dann ihrerseits auf künftige Erfahrungen präformierend einwirken. Im Strukturierungsmodus der Ergänzung geht es nicht mehr nur um die Konturierung einzelner Bilder, sondern um Entsprechungsverhältnisse, um die homologischen, kontrastiven, typologischen usw. Bezüge, die diese Bilder miteinander verbinden. Am Beispiel der dichterischen Einbildungskraft hat Dilthey herausgearbeitet, wie durch diese Artikulationsleistung Bilder *für etwas* stehen können: in diesem Fall für die spezifische Weltbeziehung des Dichters. Obwohl Dilthey hier von der poetischen Imagination ausgeht, sieht er in ihr nur die freieste, weil nicht durch objektive Referenz gebundene, Wirkungsform des Artikulationsprozesses. Und indem er seine Argumentation über die Poetik hinaus erweitert, weist er auf einen Aspekt des Ergänzungsmodus hin, der gerade für religiöse Ausdrucksbildungen zentrale Bedeutung hat.

Derjenige Vorgang der Ergänzung nämlich sei besonders wichtig, »in welchem *ein Äußeres durch das Innere beseelt* oder ein *Inneres durch das Äußere sichtbar* und anschaulich gemacht wird. Inhalte und Beziehungen, die in der inneren Erfahrung erworben sind, werden in die äußere getragen. Hierauf beruht schon das metaphysische Bilden innerhalb des natürlichen Denkens. So entstehen die Beziehungen von Ding und Eigenschaft, von Ursache und Wirkung, von Wesen oder Essenz zu dem, was für das Wesen zufällig ist.«[180] Durch Ergänzung, so interpretiere ich diesen Gedanken, werden die Gehalte des Bewußtseins intentional bestimmt, indem ihre Beziehungen zu dem, was nicht mehr Bewußtsein ist, ausdrücklich gemacht werden. Diltheys recht vage Metaphorik des Innen und Außen läßt sich deshalb präzisierend auf die Perspektive der Ersten Person beziehen: Im Prozeß der Erfahrung vollzieht sich eine Transformation zuständli-

[179] *W. Dilthey, Die Einbildungskraft des Dichters,* Gesammelte Schriften VI, 174.
[180] Ebd., 175. Hervorhebungen im Original.

chen Bewußtseins (des ›Innen‹) in symbolische Artikulationen, durch die das jeweilige Individuum sein Erleben *als* Ausdruck des Bezogenseins auf von ihm unabhängige Wirklichkeit (das ›Außen‹) erfährt. ›Ergänzung‹ ist nicht willkürliche Rekombination phänomenaler Bestände, sondern artikulierende Herausarbeitung dessen, was dem Erfahrungssubjekt – hier macht sich wieder der Bezug auf die Totalität bewußten Lebens geltend – als der über es selbst hinausreichende Gehalt der Erfahrung erscheint.

In diesem Kontext bringt Dilthey die Kategorie von Ursache und Wirkung ins Spiel. Eine wichtige Form der Ergänzung – für religiöse Erfahrung wohl die wichtigste – besteht darin, daß der durch Fixierung und emotionale Besetzung herausgearbeitete bildhafte Kern bewußten Erlebens als Wirkung einer extramentalen Ursache gedeutet wird. Hier könnte man von ›intentionaler Ergänzung‹ sprechen. Dabei ist immer im Auge zu behalten, daß die symbolische Formung der Bilder keine nachträgliche Bearbeitung des in sich Bestimmten darstellt, sondern den Prozeß der Bestimmung selbst, der als hermeneutischer Zirkel immer schon begonnen hat. Das sachlich verfehlte Wahrnehmungsmodell religiöser Erfahrung kann sich diesen Prozeß immer nur nach dem Schema des Übergangs von einem in sich bereits wahrheitsfähigen Gehalt zur nachträglichen Deutung verständlich machen. So muß auch die intentionale Ergänzung bestenfalls als entbehrliche Zutat gelten. Realisiert man hingegen, daß die dreigliedrige Struktur von Erfahrung unhintergehbar ist, dann können die hier skizzierten Modi der Artikulation nicht mehr als Gefährdungen religiöser Wahrheitsansprüche erscheinen, sondern als Leistungen einer lebensweltlichen Bezugnahme auf Realität, die solche Geltungsansprüche ebensosehr ermöglicht wie ihre Bestreitung.

3.2. Religionsphilosophie als Interpretation von Erfahrung

Im vorangegangenen Kapitel wurde eine hermeneutische Konzeption religiöser Erfahrung entwickelt, die im Begriff der Artikulation zentriert ist. Durch Artikulation werden subjektives Erleben und soziale Symbolismen aufeinander bezogen und miteinander vermittelt. Die so bestimmte Form des Selbst- und Weltverhältnisses kann nicht nach dem Schema eines deskriptiven Wissens von psychischen Fakten expliziert werden, sie hat vielmehr stets den Charakter einer durch interpretative Wahlen ermöglichten Bildung von symbolischer Prägnanz, die Möglichkeitsspielräume vereindeutigend in Wirklichkeit überführt. Deshalb muß ›religiöse Erfahrung‹ im System der Personalpronomina klar von der Perspektive der Dritten Person abgegrenzt und als kulturelle Realisierung der Erste-Person-Perspektive behandelt werden. Die von der Sache her geforderte Differenzierung zwischen objektiven und vollständigen Ausdrucksgestalten macht es dabei nötig, diese Erfahrungsform als einen in beiden Richtungen ablaufenden Transformationsprozeß zwischen den Perspektiven der Ersten Person Singular und Plural zu denken. In diesem Prozeß entstehen Artikulationen, die im Unterschied zu dem symbolischen Niederschlag der Perspektive des unbeteiligten Dritten bedeutungsholistisch strukturiert sind, also Bezugnahmen auf Privates, Soziales und Objektives gleichermaßen einschließen.

Welche Konsequenzen hat das hier skizzierte Verständnis religiöser Erfahrung für Methode, Gegenstandsbereich und Selbstverständnis des religionsphilosophischen Denkens? Diese Frage steht im Zentrum des folgenden Kapitels. Ich werde zunächst auf Methodenprobleme im engeren Sinn eingehen und dabei exemplarisch die Problematik des methodologischen Reduktionismus behandeln Vor diesem Hintergrund lassen sich dann verschiedene Weisen der Interpretation und des Verstehens gegeneinander abheben. (3.2.1.). Abschließend geht es um die formalhermeneutische Präzisierung der spezifischen Struktur religiöser Erfahrung im Unterschied zu verwandten Erfahrungsweisen, besonders der ästhetischen. Dabei kann auch das Verhältnis dieses Ansatzes zu inhaltlich bestimmten Konzeptionen religiöser Erfahrung genauer gefaßt werden. (3.2.2.).

3.2.1. *Methodische Konsequenzen des hermeneutischen Erfahrungsbegriffs*

3.2.1.1. Das Problem des Reduktionismus

Die Ausdrucksgestalten religiöser Erfahrung sind durch eine höchst komplexe, dreistellige Verweisungsstruktur bestimmt, die sich nicht additiv aus zweistelligen Relationen aufbauen läßt. Private, soziale und objektive Bezugnahmen – geltungstheoretisch gesprochen: Ansprüche auf subjektive Authentizität, normative Richtigkeit und propositionale Wahrheit – konstituieren gerade in ihrer unauflöslichen Verflechtung jene eigentümliche Perspektive der Ersten Person, an deren Vollzug religiöse Erfahrung gebunden ist. Diese Einsichten möchte ich für ein zentrales Methodenproblem religionsphilosophischen Denkens nutzbar machen, das Problem der *theoretischen Distanz*. Welche Zugangsform zu den Phänomenen ist einer begrifflichen Bemühung um Religion angemessen, die sich an einem mit der Perspektive der Ersten Person verkoppelten Erfahrungsmodus abarbeitet, ohne doch, als theoretisch-distanzierende Aktivität, diese Perspektive selbst einnehmen zu können? Plakativ formuliert: Wo ist der Ort von Religionsphilosophie zwischen Theologie und Naturalismus zu finden? Einen Zugang zu diesen Fragen werde ich über das Thema *Reduktionismus* suchen. Was kann mit ›Reduktionismus‹ im Blick auf religiöse Phänomene überhaupt gemeint sein? Wann werden theoretische Zugänge zu diesen Phänomenen reduktionistisch? Muß Reduktionismus um jeden Preis vermieden werden? Ist am Ende, wie dies in affirmativen Ansätzen häufig impliziert wird, Glaubenspraxis oder wenigstens Theologie die einzige Alternative zum Reduktionismus? Es wird sich zeigen, daß ein hermeneutisches Konzept religiöser Erfahrung hier zu fruchtbaren Differenzierungen führt, die eine Auflösung des reduktionistischen Scheindilemmas ›glauben oder mißverstehen‹ erlauben.

Besonders im angelsächsischen Raum hat es sich in der Religionsphilosophie und -wissenschaft eingebürgert, religionskritischen Positionen mit antireduktionistischen Argumenten zu begegnen.[181] Eine klassische Formulierung stammt von Mircea Eliade, der durch seine Lehrtätigkeit in Chicago auch den Diskurs der englischsprachigen Länder entscheidend geprägt hat : »a religious datum reveals its deeper meaning when it is considered on its plane of refe-rence, and not when it is reduced to one of its secondary aspects or its contexts.«[182] Dieses Zitat exponiert auch klar jene selten benannten Prämissen der Reduktionismusdiskussion, die durch das Artikulationskonzept überwunden werden sollen: zum einen die irreführende Vorstellung von (uninterpretierten) ›religious data‹, zum andern die Auffassung, bei der Alternative ›Wortsinn vs. soziologische, psychoanalytische etc. Deutung‹ handele es sich um eine vollständige Disjunktion. Eine wichtige Leistung der hermeneutischen Erfahrungsanalyse besteht ja gerade in der ›Remodalisierung‹ des Faktischen, mithin in der Einsicht, daß immer alternative Interpretationen des gelebten Lebens möglich sind, die nicht mit einer externalistisch-reduktionistischen Erklärung von Erfahrung verwechselt werden dürfen. Auf diesen Punkt wird noch genauer einzugehen sein.

Versucht man, die Pragmatik und Semantik des Reduktionismus-Begriffs möglichst formal zu bestimmen, so geht es meistens um den apologetisch motivierten Vorwurf, die Eigenstruktur eines bestimmten Phänomenbereiches (eben der Religion) werde von ihren Gegnern in unzulässiger Weise mit der Eigenstruktur eines anderen Bereiches gleichgesetzt und jene damit in explanatorischer Absicht auf diese reduziert. In seiner trivialsten Form kann das Schema des Reduktionismus also auf die berüchtigte Formel »x ist nichts anderes als y« gebracht werden. Bei epistemologisch orientierten Autoren tauchen antireduktionistische Argumentationsfiguren häufig auch in Form einer Kritik an sogenannten epistemischen Übergriffen auf. So spricht etwa William Alston von »*epistemic imperialism*«, jenem Fehlverhalten, das im »unwarrantedly taking the standards of one doxastic practice as normative for all«[183] bestehe. An dem Sprach-

[181] Vgl. *W. Proudfoot, Religious Experience*, op. cit., 190: »*Reductionism* has become a derogatory epithet in the history and philosophy of religion. Scholars whose work is in other respects quite diverse have concurred in advocating approaches to the study of religion which are oriented around campaigns against reductionism. These campaigns are often linked to a defense of the autonomy of the study of religion. (…) Although it is difficult to establish exactly what is meant by the term, the label ›reductionist‹ is deemed sufficient to warrant dismissal of any account of religious phenomena.«

[182] *M. Eliade, The Quest*, zit. bei Proudfoot, ebd.

[183] *W. Alston, Perceiving God*, op. cit., 199. Unter einer »doxastischen Praktik« versteht

spiel-Denken des späten Wittgenstein orientierte Autoren wie D. Z. Phillips forcieren die Autonomie des Religiösen so weit, daß sie die Idee einer Erklärung durch anderes prinzipiell ablehnen.[184] Im Extremfall droht ›Reduktionismus‹ zu einem pejorativen Etikett zu werden, das auf alle Deutungen religiösen Glaubens paßt, die nicht mit dessen Selbstverständnis zusammenfallen. Unter Reduktionismus-Verdacht geraten dann zwangsläufig alle Autoren, die aus einer kritischen Distanz zu religiösen Überzeugungen heraus Religionsphilosophie treiben. Im Gegenzug wird der Vorwurf dann als eine irrationale Immunisierungs-Strategie behandelt. »Strictures against reductionism«, so heißt es bei Wayne Proudfoot, »are invoked to preclude critical inquiry from outside the religious life. The result is a powerful protective strategy.«[185]

Auch Proudfoot gesteht freilich zu, daß Reduktionismus tatsächlich eine Gefahr darstellt. »The warnings against reductionism derive from a genuine insight, but that insight is often misconstrued to serve an apologetic purpose.«[186] Dieser sachlichen Einsicht der Reduktionismus-Gegner sucht Proudfoot gerecht zu werden, indem er den Prozeß wissenschaftlicher Bearbeitung religiöser Phänomene zweistufig rekonstruiert und dabei klar zwischen *deskriptivem* und *explanatorischem Reduktionismus* unterscheidet. Während ersterer zu ruinösen Konsequenzen führe, sei letzterer ebenso unvermeidlich wie harmlos. Das Reduktionismus-Problem wird also in Proudfoots Argumentation zunächst nach den beiden Aspekten Beschreiben/Erklären differenziert, dann an dieser Trennungslinie entlang beantwortet, um schließlich seinerseits Gegenstand einer kausalen Deutung zu werden, die den apologetischen Reduktionismusvorwurf als Produkt einer Konfusion der beiden Aspekte erklärt: »In the study of religion considerable confusion has resulted from the failure to distinguish the requisite conditions for the identification of an experience under a certain description from those for explaining the experience.«[187]

Im Zentrum seines Gedankengangs steht die Überzeugung, daß

Alston Systeme von sozial wohletablierten »belief-forming mechanisms« (vgl. ebd., 195 ff.)

[184] Vgl. den programmatischen Titel von *D. Z. Phillips, Religion without Explanation,* Oxford: Basil Blackwell 1976.

[185] *W. Proudfoot, Religious Experience,* op. cit., XVI.

[186] Ebd., 191.

[187] Ebd., 196.

eine wissenschaftliche Analyse mit der korrekten Identifizierung ihres Gegenstandes zu beginnen habe. Nun handele es sich bei religiöser Erfahrung um Phänomene, die uns nur durch sprachliche Beschreibungen ihrer Subjekte (»under a certain description«) zugänglich sind. Proudfoots Einsicht korrespondiert dem hier herausgestellten inneren Verhältnis von subjektiv-qualitativem Erleben und symbolischer Formung dieses Erlebens, wobei dieses Verhältnis freilich im Sinne einer durch die Grammatik der religiösen Sprache gesteuerten *Beschreibung* aufgefaßt wird, das Spezifische eines artikulierenden Selbstverhältnisses also gerade aus dem Blick gerät. Jedenfalls zieht Proudfoot hieraus eine wichtige methodische Konsequenz: »The subject's self-ascription is normative for describing the experience.«[188] Deshalb muß deskriptiver Reduktionismus als ein gravierender Methodenfehler betrachtet werden: »*Descriptive reduction* is the failure to identify an emotion, practice or experience under the description under which the subject identifies it.«[189] Das Explanandum religionsphilosophischer Analysen muß also so geartet sein, daß die Subjekte, deren Wirklichkeitsverständnis analysiert wird, sich in seiner Beschreibung ›wiederfinden‹ können. Wenn bereits im Prozeß der Identifizierung des Untersuchungsgegenstandes mit Kategorien operiert wird, die eine externe Perspektive voraussetzen – prominente Beispiele wären Begriffe wie ›Entfremdung‹, ›Sublimierung‹ oder, weniger offensichtlich, ›Kontingenzbewältigung‹ –, dann muß diese Identifizierung zwangsläufig mißlingen. Da die sprachlichen oder sonstigen Symbole, mit denen das Subjekt einer Erfahrung diese artikuliert, zu ihren internen Konstituentien gehören, gibt es hier einen normativen Vorrang der Perspektive der Ersten Person. Das oben bereits angeführte Beispiel der Visionen Hildegard von Bingens kann diesen Punkt verdeutlichen. Der Versuch, diese Visionen naturalistisch zu *beschreiben* – *beschreiben* hier verstanden als die Identifikation des Gegenstands, die seiner *Erklärung* vorausgeht – führt zwangsläufig zum Verlust des Themas. Im Dritte-Person-Vokabular der Neurophysiologie (mit Begriffen wie ›neuronale Erregungszustände‹ ›intrakranielle Druckschwankungen‹, ›Flimmerskotome‹ etc.) können die Ausdrucksgestalten einer Erste-Person-Erfahrung (mit Begriff wie ›Ich‹, ›Gott‹, ›Nähe‹, ›Herrlichkeit‹)

[188] Ebd., 194.
[189] Ebd., 196.

nicht identifiziert werden. Wird dieser Versuch dennoch unternommen, liegt ein methodisch vitiöser Reduktionismus vor.

Anders steht es nach Proudfoot freilich mit der *Erklärung* der in korrekter Weise, nämlich binnenperspektivisch identifizierten Sachverhalte. Diese Erklärung ist nun nicht mehr an die Selbsteinschätzung der Erfahrungssubjekte gebunden und insofern aus deren Perspektive reduktiv. Hier liege ein epistemologisch harmloser Sinn von Reduktionismus vor: »*Explanatory reduction* consists in offering an explanation of an experience in terms that are not those of the subject and that might not meet with his approval. This is perfectly justifiable and is, in fact, a normal procedure.«[190] Bei solchen Reduktionen werden nach Proudfoot Phänomene zum Zweck ihrer Erklärung in neue, beispielswiese psychoanalytische oder soziologische Kontexte eingebettet. Für dieses Verfahren ist der Lebenskontext des Erfahrungssubjektes nicht mehr normativ, weil das Angemessenheitskriterium für Erklärungen (»how well it can account for all the available evidence«[191]) nicht mit dem Angemessenheitskriterium für Beschreibungen verwechselt werden darf. Kognitive Dissonanzen zwischen der Selbstinterpretation eines Subjektes oder einer sozialen Gruppe und abweichenden Deutungen durch Außenstehende sind also, darin ist Proudfoot zuzustimmen, kein hinreichendes Kriterium für einen reduktionistischen Zugang zum Gegenstand.

Die Berechtigung des entsprechenden Vorwurfs, so resümiert der Autor, sei daher strikt auf den deskriptiven Reduktionismus zu beschränken. »Failure to distinguish between these two kinds of reduction leads to the claim that any account of religious emotions, practices or experience must be restricted to the perspective of the subject and must employ only terms, beliefs, and judgements that would meet with his approval. This claim derives its plausibilty from examples of descriptive reduction but is then extended to preclude explanatory reduction. When so extended, it becomes a protective strategy. The subject's identifying description becomes normative for purposes of explanation, and inquiry is blocked to insure that the subject's own explanation of his experience is not contested.«[192] Dieser Vorstellung zufolge sind also Erklärungen hinsichtlich der Ursache einer Erste-Person-Erfahrung integraler Bestandteil ihrer

---

[190] Ebd., 197.
[191] Ebd.
[192] Ebd.

›identifizierenden Beschreibung‹. Am Beispiel der Schleiermacherschen *Reden über die Religion* hat Proudfoot diesen inneren Zusammenhangs selbst herausgearbeitet: »Reference to a belief about the cause of the experience ist built into the rules for identifying the experience.«[193] Es ist dieser Analyse zufolge aus begrifflichen Gründen unmöglich, eine religiöse Erfahrung zu haben, ohne gleichzeitig Gott – oder ein anderes transzendentes Korrelat – als die Ursache dieser Erfahrung anzusehen.

Dann läßt sich jedoch die These einer klaren und unproblematischen Trennbarkeit von deskriptivem und explanatorischem Reduktionismus so nicht aufrecht erhalten. Wenn nämlich die Identifizierung einer Erfahrung als ›religiös‹ Überzeugungen hinsichtlich der Weisen ihrer Erklärbarkeit einschließt, dann verändert eine abweichende Erklärung auch die identifizierende Beschreibung. Reduktionismus kann also auch innerhalb der Proudfootschen Konzeption nicht schon dadurch vermieden werden, daß die kausalen Hypothesen gewissermaßen erst nach der Identifizierung des Gegenstands aus der Tasche gezogen werden. Durch die Einsicht in die erklärenden Komponenten der Erste-Person-Beschreibungen kommt es vielmehr zu einer Verdoppelung des Explanandums. Es reicht deshalb nicht aus, die lebensweltlichen Überzeugungen durch wissenschaftliche Hypothesen zu ersetzen, *auch die lebensweltlichen Erklärungen selbst müßten erklärt werden*. Die Visionen der Hl. Hildegard können wieder als Beispiel dienen. Zunächst käme es darauf an, diese in einer beschreibenden Sprache darzustellen, die den binnenperspektivischen Standpunkt Hildegard möglichst wenig verzerrt (Vermeidung des deskriptiven Reduktionismus). Dann könnten reduktionistisch-naturalistische Erklärungen des phänomenalen Bestandes – also etwa neurophysiologische Migränetheorien – angeschlossen werden. Selbst wenn die Stichhaltigkeit dieser Erklärungen keinen Zweifel duldete, stünde aber immer noch eine Erklärung für die spezifische symbolische Form dieser Migräneauren aus – für die Tatsache, daß Hildegard selbst religiöse Ausdrucksmittel gewählt und sich ihre qualitativen Bewußtseinphänomene als Erscheinungen des Göttlichen ›erklärt‹ hat. Diese Form von Erklärung hätte auf den kulturellen Kanon der objektiven Ausdrucksgestalten, auf Diltheys objektiven Geist, zurückzugreifen und könnte insofern niemals naturalistisch sein. Vom *naturalistischen Reduktionismus* der Dritten

193 Ebd., 14.

Person muß der *ausdruckstheoretische Reduktionismus* unterschieden werden, der sich noch innerhalb der Perspektive der Ersten Person (Plural) bewegt.

Daß die klare Unterscheidung von Beschreiben und Erklären kein methodisches Patentrezept zur Vermeidung des Reduktionismus liefert, zeigt sich noch deutlicher, sobald man diese Differenz auf den Bedeutungsholismus der Ersten Person bezieht. Die ›Beschreibung‹ (in meinem Konzept: Artikulation), die das Subjekt einer persönlichen Erfahrung von dieser geben kann, wird nämlich immer semantische Komponenten enthalten, die nur unter der Bedingung kommunikativ verständlich sind, daß ihre Rezipienten ihrerseits eine sinnverstehende Haltung innerhalb der Perspektive der ersten Person einnehmen. *Mutatis mutandis* gilt dies dann auch von wissenschaftlichen Beschreibungen, wenn sie den semantischen Gehalt ihres ›Gegenstands‹ adäquat wiedergeben sollen. Affektive Bedeutsamkeiten und Willensorientierungen können eben im Unterschied zur Objektreferenz nicht ›von außen‹ identifiziert werden, weil sie Vollzugsformen von Subjektivität sind. Identifizierende Beschreibungen bedeutungsholistischer Artikulationen können nicht naturalistisch sein, weil ›Bedeutung‹ keine naturalistische Kategorie ist. Die methodische Maxime Proudfoots, daß der Gegenstand subjektiver Erfahrung in einer dem Subjekt ›innerlichen‹ Beschreibungssprache identifiziert werden müsse, hat deshalb Konsequenzen für den Verlauf der philosophischen Analyse, die Proudfoot selbst übersieht. Wenn nämlich zur Identifizierung religiöser Erfahrung eine verstehende Einstellung unabdingbar ist, wie kann dann beim Übergang von ›Verstehen‹ zu ›Erklären‹, von einer internen Perspektive holistischer Bedeutungen zu externen Kausalanalysen, die Identität des Gegenstands bewahrt werden? Proudfoots Zweiphasenmodell wissenschaftlicher Erfahrungsanalyse läßt das Forschungssubjekt als ›weichen‹ Hermeneutiker beginnen[194] und als ›harten‹ Kausalerklärer enden. Dabei entsteht das Problem der Identität des Untersuchungsgegenstands. Es genügt nicht, diesen in einer sinnverstehenden Sprache am Beginn der Analyse zu identifizieren; man muß auch sicherstellen, daß seine Identität im Verlauf der Untersuchung gewahrt bleibt und nicht unter der Hand symbolisch strukturierten Aus-

[194] Vgl. ebd., 72: »The insight of the hermeneutic theorist is that an experience, emotion, intuition or action must be identified under a description and with reference to the rules that can plausibly be ascribed to the subject.«

drucksgestalten kausal erklärbare Substitute untergeschoben werden.

Proudfoot unternimmt mit seinem Zweistufenkonzept der Erklärung einen wichtigen Schritt in Richtung auf eine differenzierte Behandlung des Reduktionismus-Problems, weil er nach dem Recht und der Grenze des binnenperspektivischen Zugangs fragt. Er versteht jedoch den sprachlichen Niederschlag von Erfahrung allein als regelgeleitete kulturelle Praxis (Erste Person Plural), nicht als interpretative Wahl eines verantwortlichen Subjektes (Transformation zwischen den Perspektiven der Ersten Person Singular und Plural), weshalb ihm auch der spezifische Charakter religöser Erfahrung als Transformation von Möglichkeit in Wirklichkeit entgeht. Die Unterschätzung der Rolle des Individuums als Schöpfer seiner Ausdrucksgestalten[195] führt ihn schließlich zu einer befremdlichen These: »… direct acquaintance is neither necessary nor sufficient for understanding religious experience.«[196] Daß der subjektiv-qualitative Aspekt des Erfahrungsprozesses keine ausreichende Verständnisbedingung darstellt, ist nach der hier vorgelegten Analyse selbstverständlich zutreffend. Ihn aber deshalb als überflüssig anzusehen, läuft im Grunde darauf hinaus, den Begriff der Erfahrung aufzugeben und ihn durch ein subjektloses Sprachspiel zu ersetzen.

Die Mängel dieser Konzeption lassen sich vermeiden, wenn man den symbolischen ›Ertrag‹ von Erfahrung als Resultat prägnanzbildender Artikulationen auffaßt. »Direct acquaintance« muß dann nicht mehr als semantisch und referentiell bereits fixiertes Erleben mißverstanden werden, sondern erhält den Status qualitativer Bedeutungsfülle bei intentionaler Unbestimmtheit (im Sinne von Bestimmbar*keit*). Zwischen spontanem Erleben und kulturell etablierten Symbolismen vermitteln die interpretativen Wahlen der

[195] Die systematische Ausblendung individueller Kreativität beschränkt sich nicht auf die religionsphilosophische Theoriebildung, sondern kann beispielsweise auch in vielen handlungstheoretischen Konzepten beobachtet werden. In jüngster Zeit hat deshalb, beeinflußt von Denkmotiven des amerikanischen Pragmatismus, *H. Joas* die *Kreativität des Handelns* (so der Titel seines Buches, op. cit.) als Prinzip der Theoriebildung angemahnt und dabei auch der Kategorie des ›Ausdrucks‹ besondere Beachtung geschenkt (vgl. ebd., 113–127). – Allein die Beachtung der Differenz von Beschreibung und Artikulation im Kontext des dreistelligen Erfahrungsbegriffs ermöglicht eine sachgerechte Deutung religiöser Erfahrung, die dem schöpferischen Charakter der Ausdrucksbildung gerecht wird, ohne ihre rezeptiven Aspekte zu verdrängen.

[196] Proudfoot, op. cit., 132.

Erfahrungssubjekte. Diese Einsicht erlaubt es, die beiden oben[197] erwähnten Prämissen der Diskussion um den Reduktionismus als obsolet zu verwerfen. Weder gibt es uninterpretierte »religious data«, noch ist die Disjunktion ›Binnenperspektive vs. äußerliche Erklärung‹ eine vollständige. Religiöse Erfahrung verschmilzt Erlebnisqualitäten mit kulturellen Symbolen zu vollständigen Ausdrucksgestalten, die modallogisch die Struktur verwirklichter Möglichkeit aufweisen. Abweichende Realisierungen des qualitativen Erlebnishorizonts sind daher immer möglich, und indem Religionsphilosophie diesen Sachverhalt herausarbeitet, entlarvt sie die Alternative von ›Glauben vs. Wegerklären‹ als scheinhaft. In ihr wird jene vermittelnde Dimension alternativer Verstehensleistungen geleugnet bzw. übersehen, die das Artikulationskonzept als entscheidendes *tertium* sichtbar macht.

Das Reduktionismusproblem muß demnach vor dem Hintergrund einer *dreifachen* Differenzierung zwischen der Binnenperspektive des Erfahrungssubjektes (1), dem Aufweis alternativer Artikulationsmöglichkeiten der gelebten Erfahrung (2) und externen Erklärungen (3) behandelt werden:

(1) Die *Binnenperspektive des Erfahrungssubjekts* ist für die Identifizierung des Untersuchungsgegenstandes schon deshalb normativ, weil dieser ›Gegenstand‹ überhaupt erst durch eine Artikulationsleistung hindurch als ein bestimmter und intentional gehaltvoller faßbar wird. Der normative Vorrang ist jedoch anders als bei Proudfoot nicht allein im Rekurs auf die ›governing rules‹ des jeweiligen Sprachspiels zu bestimmen, er gründet vielmehr in der irreduziblen Rolle des Erfahrungssubjektes für die interpretative Wahl einer konkreten Ausdrucksgestalt. Gegenstand der Analyse sind mithin objektive Ausdrucksgestalten in ihrer *pragmatischen Beziehung* auf die subjektiven Wahlen von Individuen oder sozialen Gruppen, durch die sie zu vollständigen Ausdrucksgestalten werden. Diese umständliche Formulierung soll andeuten, daß die hermeutische Analyse zwar das Entsprechungsverhältnis von Erleben und symbolischer Prägnanz als eine Bedingung subjektiver Erfahrung formal rekonstruieren kann, das faktische Erfülltsein dieser Relation sich aber jedem wissenschaftlichen Zugriff entzieht.

(2) Die Rekonstruktion dieses ›aufgespannten Verhältnisses‹ erlaubt eine *Remodalisierung des Faktischen*, durch die sich ein Spiel-

---

[197] S. 351.

raum subjektiver Verantwortlichkeit öffnet. Jede konkrete Artikulation dessen, was einem Subjekt im Vollzug seines Lebens als unüberbietbar bedeutsam aufgeht, schließt durch ihre prägnanzbildend-vereindeutigende Wirkung andere Artikulationen aus, die durch Remodalisierung wieder als ›genuine options‹ (James) sichtbar werden. Wo gewählt wird, gibt es Alternativen, und es ist eine zentrale, Verständigung ermöglichende Leistung der hermeneutischen Analyse, diese *als* alternative Symbolisierungen des gelebten Lebens verständlich zu machen. Hier zeigt sich wieder, wie wichtig es ist, Verständnis und Einverständnis nicht zu identifizieren. Wo dies dennoch geschieht, müssen abweichende Ausdrucksformen zwangsläufig als Mißverständnisse gelten, als fehlerhafte Beschreibungen eines Erlebniskerns, dessen Identität schon vorsymbolisch fixiert ist. Wenn das Subjekt einer religiösen Erfahrung aber um die Vermittlung ihres Gehalts durch seine interpretativen Wahlen weiß, dann kann es auch abweichende Positionen als alternative Ausdrucksmöglichkeiten gelten lassen. Das universalistische Ansinnen an den Gesprächspartner, die eigene Ausdrucksgestalt werde sich auch aus dessen persönlicher Perspektive als treffender und letzthin als intersubjektiv gültig erweisen, wird so mit dem Wissen um den partikularen Charakter interpretativer Wahlen prinzipiell vereinbar. Dadurch öffnet sich die Möglichkeit eines Verständnisses ohne Einverständnis mit dem Verstandenen, das auf dem persönlichen Einverständnis mit einer Ausdrucksalternative basiert. Das Wissen um die vollzogene Wahl *als* Wahl erlaubt die Anerkennung abweichender Wahlen. Durch dieses Wissen unterscheiden sich die Erfahrungsoffenen unter den religiös Glaubenden, agnostischen Skeptikern und bekennenden Atheisten von ihren fundamentalistischen Verwandten.

Religionsphilosophie ist nun zwar eine theoretische und insofern distanzierende Aktivität, die interpretative Wahlen aus der Perspektive der Ersten Person Singular nur analysiert, nicht aber selbst vollzieht. Indem sie dies tut, vermag sie jedoch dem religiösen wie dem skeptischen Bewußtsein einen entscheidenden Dienst zu leisten – den Dienst der Remodalisierung, durch den ein Möglichkeitsspektrum sichtbar wird, das den Artikulationen von Erfahrung den Schein der Alternativenlosigkeit entzieht. Ein derart hermeneutisch aufgeklärter Glaube müßte darauf verzichten, alternative Sinnentwürfe als reduktionistisch zu diskredieren. Umgekehrt müßte eine entsprechend reflektierte Skepsis davon Kenntnis nehmen, daß die Zurückweisung einer religiösen Deutung des gelebten Lebens keineswegs auch die Erfahrungsdimension der Ersten Person Singular als solche verneint.

Die formalhermeneutische Rekonstruktion der Binnenstruktur religiöser Erfahrung ist für alle weiteren, insbesondere die geltungsorientierten Untersuchungen der Religionsphilosophie fundamental. Ohne selbst inhaltlich für konkrete Ausdrucksgestalten zu optieren, stellt sie allererst die begrifflichen Mittel bereit, die eine Analyse konkreter Ausdrucksgestalten möglich machen. Zum Kernbestand dieses methodischen Instrumentariums gehören die Unterscheidung von Beschreiben und Artikulieren, die Spezifität der Perspektive der Ersten Person, die dreipolige Konfiguration des Erfahrungsprozesses, die dadurch mögliche Remodalisierung faktischer Ausdrucksgestalten, das Konzept der interpretativen Wahlen, schließlich der Bedeutungsholismus mit dem Aufweis interner Bezüge zwischen Geltungsansprüchen. Auch Proudfoots methodische Maxime, den deskriptiven Reduktionismus zu vermeiden, ist ohne eine angemessene Rekonstruktion der *Struktur* religiöser Erfahrung gar nicht einzulösen. Verfügt man nämlich nicht über die Unterscheidung von zuständlichem und intentionalem Bewußtsein und den *terminus medius* der Artikulation, dann läuft diese Maxime darauf hinaus, faktische Ausdrucksgestalten als normativ unhintergehbar zu behandeln – mit dem höchst unerwünschten Effekt eines Identitätsproblems beim Übergang von der Beschreibung zur Erklärung des fraglichen Phänomens.

Ebenso profitieren geltungskritische Analysen religiösen Glaubens von der formalhermeneutischen Rekonstruktion des Erfahrungsprozesses. Solange diese nämlich propositionale Wahrheitsansprüche als isolierbare Behauptungen behandeln, verfehlen sie gleichsam den *modus operandi* religiöser Erfahrung und müssen dann für die Erklärung ihrer affektiven und sozialen Komponenten zu (sozial-)psychologischen Stützhypothesen greifen. Damit geraten aber die internen Bezüge zwischen den Geltungsansprüchen von Ausdrucksgestalten der Ersten Person (der Bedeutungsholismus) aus dem Blick. Schon Schleiermacher hatte deshalb in den *Reden über die Religion* gegen metaphysisch-objektivierende Auffassungen (Leibniz-Wolffsche Schulphilosophie) ebenso wie gegen moralisierende Deutungen (Kant) polemisiert und der Religion eine »eigne Provinz im Gemüte«[198] zugewiesen, ohne dabei allerdings einen dif-

[198] *F. D. E. Schleiermacher, Über die Religion,* op. cit., 40.

ferenzierten, von apologetischen Interessen freien *Strukturbegriff* dieser Provinz zu entwickeln. Nur auf der Basis eines solchen Strukturbegriffs sind phänomengerechte Analysen jenseits von Apologetik und krudem Reduktionismus möglich.

(3) Als *externe Erklärungen* hätten schließlich jene Interpretationen zu gelten, die weder vom Standpunkt einer religiösen Wirklichkeitsauslegung, noch von dem einer alternativen Sinndeutung aus argumentieren. Objektivierende Erklärungen beziehen sich aus der Perspektive der Dritten Person auf die Perspektive der Ersten Person. Hierbei ist es hilfreich, sich an die Argumentation Thomas Nagels zur Objektivierungsdynamik zu erinnern[199] und mit ihr zwischen einer Methodik, die innerhalb der humanspezifischen Sichtweise objektiviert, und einem naturalisierenden Verfahren zu unterscheiden. In religionsphilosophischer Hinsicht entsprechen dem zwei Weisen der Reduktion, die ich oben als *ausdruckstheoretischen* bzw. *naturalistischen Reduktionismus* bezeichnet habe (›Reduktionismus‹ ist hier in einem deskriptiv-neutralen Sinn gemeint.) Der ausdruckstheoretische Reduktionismus argumentiert zwar nicht aus einer persönlich verantworteten Sinndeutung heraus, trägt aber in seinen Analysen dem Sachverhalt Rechnung, daß es sich bei dem symbolischen Niederschlag religiöser Erfahrung eben um subjektive Selbstinterpretationen handelt, die in der Einstellung des Sinnverstehens (Verstehen unabhängig von Einverständnis) untersucht werden müssen. Diltheys Geisteswissenschaften, James' antiszientifischer Pragmatismus, Max Webers sinnverstehende Soziologie und Heideggers Hermeneutik der Faktizität liefern prominente Exempel für solche methodischen Konzeptionen, in denen die objektivierende Sichtweise *innerhalb* des ›objektiven Geistes‹, der kulturell verkörperten subjektiven Perspektive verbleibt. Das herausragende Beispiel einer sinnverstehenden Religionskritik findet sich, wie oben schon erwähnt,[200] im Werk Ludwig Feuerbachs, das die Ausdrucksdimension religiöser Erfahrung geradezu ins Zentrum rückt. Allerdings läßt sich bei Feuerbach eine deutliche Entwicklung vom ausdruckstheoretischen Reduktionismus im *Wesen des Christentums* zu einem naturalistischen Reduktionstyp in den Spätschriften beobachten.[201]

---

[199] Vgl. oben, S. 276.

[200] vgl. oben, Anm. 29.

[201] *A. Schmidt* hat – im Blick auf Feuerbachs Gesamtwerk – von einem »Übergang« vom anthropologischen zum »physiologischen Materialismus« gesprochen. Vgl. *L. Feuer-*

Eine eigentümliche Zwischenstellung zwischen ausdruckstheoretischem und naturalistischem Reduktionismus nimmt die psychoanalytische Religionskritik Sigmund Freuds ein. Religiöse Vorstellungen werden zwar kulturalistisch als Ausdrucksgestalten gedeutet, deren Genese aber gleichzeitig kausalistisch-triebdynamisch erklärt. Aus der Perspektive der Ersten Person sind religiöse Symbolismen nicht mehr dechiffrierbar, dem analytischen Blick des Wissenschaftlers aber enthüllt sich eben doch ihr *Sinn,* nicht etwa nur ihre kausale Vergangenheit.[202]

Wenn schließlich subjektive Erfahrung überhaupt nicht als irreduzible Perspektive anerkannt wird und auch der Eigensinn kultureller Symbole einheitswissenschaftlich naturalisiert werden soll, liegt

---

bach, Anthropologischer Materialismus, Ausgewählte Schriften II, hg. u. eingel. von *A. Schmidt,* Frankfurt 1987, 211. – Zwei Belegstellen mögen genügen, um diesen Übergang zu illustrieren: Im *Wesen des Christentums* präsentiert Feuerbach seine anthropologische Reduktion durchgängig als das Mittel einer *authentischen Einlösung* der symbolischen Prägnanz religiöser Praktiken: »Wie nämlich das Wasser der Taufe, der Wein und das Brot des Abendmahls, in ihrer natürlichen Kraft und Bedeutung genommen, unendlich mehr sind und wirken als in einer supranaturalistischen, illusorischen Bedeutung, so ist überhaupt der Gegenstand der Religion, im Sinne der Schrift, also im anthropologischen Sinne aufgefaßt, ein unendlich ergiebigerer und reellerer Gegenstand der Theorie und Praxis als im Sinne der Theologie … (Vorwort zur 2. Auflage, 1843, im Anhang zu: *Das Wesen des Christentums,* op. cit., 408). Schon 1850 aber, in der Schrift *Die Naturwissenschaft und die Revolution,* wird die Himmelsvorstellung, ohne positive Aufnahme ihrer symbolischen Prägnanz, astronomisch naturalisiert: »Der Himmel galt sonst in der Religion für den Thron und Sitz der Gottheit, den Wohnort der Seeligen, … kurz: für ein heiliges göttliches Wesen. Aber alle diese süßen, heiligen Vorstellungen und Aussichten, die sich sonst an den Himmel knüpfen, hat die moderne Astronomie … schonungslos vernichtet.«(in: *Anthropologischer Materialismus,* op. cit., 218.)

202 Der Titel von Freuds bekannter Schrift über religiöse Fragen ist in dieser Hinsicht höchst instruktiv: *Die Zukunft einer Illusion.* Religionen sind nach Freud keine Irrtümer, sondern eben Illusionen, und der Unterschied zwischen diesen beiden Begriffen besteht gerade darin, daß Illusionen *Ausdruckscharakter* haben. Vgl. *Die Zukunft einer Illusion,* in: *Kulturtheoretische Schriften* (Band IX der Studienausgabe), Frankfurt 1974, 139–167, hier: 164 ff.: »Eine Illusion ist nicht dasselbe wie ein Irrtum, sie ist auch nicht notwendig ein Irrtum. (…) Wir heißen also einen Glauben eine Illusion, wenn sich in seiner Motivierung die Wunscherfüllung vordrängt, und sehen dabei von seinem Verhältnis zur Wirklichkeit ab … Es liegt nicht im Plane dieser Untersuchung, zum Wahrheitswert der religiösen Lehren Stellung zu nehmen. Es genügt uns, sie in ihrer psychologischen Natur als Illusion erkannt zu haben. (…) Wir sagen uns, es wäre ja sehr schön, wenn es einen Gott gäbe als Weltenschöpfer und gütige Vorsehung, eine sittliche Weltordnung und ein jenseitiges Leben, aber es ist doch sehr auffällig, daß dies alles so ist, wie wir es uns wünschen müssen.«

der naturalistische Reduktionstyp vor. In seiner wohl frühesten und vielleicht reinsten Form findet er sich in dem *System der Natur* des Barons D'holbach, dem zufolge die Gottesvorstellungen *nichts anderes als* kausale Lückenbüßer sind, dazu bestimmt, einem umfassenden Wissen von natürlichen Ursachen endgültig Platz zu machen.[203] Wie der radikale Naturalismus von der verbannten humanspezifischen Perspektive in Form einer insgeheim humanistisch aufgeladenen Natur wieder eingeholt wird, läßt sich am Schlußkapitel dieses Werks, dem *Kurzen Abriß des Gesetzbuches der Natur* nachvollziehen.[204] Der naturalistische Reduktionismus ist in besonderem Maße von der Gefahr bedroht, bei der Identifizierung des Explanandums zu scheitern (Proudfoots deskriptiver Reduktionismus). Er bedürfte dazu nämlich einer Beschreibungssprache, die sich eben jener lebensweltlich-sinnverstehenden Begriffe bedienen muß, von denen die Erklärungssprache gereinigt sein soll. Dadurch entsteht das Problem der Bewahrung des Explanandums beim Wechsel vom Beschreiben zum Erklären, ein Problem, dem sich naturalistische Konzeptionen nur scheinbar entziehen können, indem sie die naturalistische Erklärungssprache bereits für die Identifizierung des Explanandums verwenden. Wie aber könnte eine solche Sprache aussehen, die dennoch so beschaffen wäre, daß das Subjekt einer Erfahrung sie als deskriptiv

[203] Vgl. *Baron D'Holbach, System der Natur oder von den Gesetzen der physischen und der moralischen Welt*, Frankfurt 1978, 310: »Wenn wir uns über unsere Ideen von der Gottheit Aufklärung verschaffen wollen, so werden wir zugeben müssen, daß die Menschen mit dem Wort ›Gott‹ immer nur die verborgenste, entfernteste und unbekannteste Ursache der ihnen sichtbaren Wirkungen bezeichnen konnten; sie machen von diesem Wort nur dann Gebrauch, wenn sie das Spiel der natürlichen und bekannten Ursachen nicht mehr durchschauen können; sobald sie den Faden dieser Ursachen verlieren oder sobald ihr Geist deren Kette nicht mehr verfolgen kann, gehen sie der Schwierigkeit aus dem Wege und beenden ihre Nachforschungen, indem sie sich auf *Gott* als die letzte aller Ursachen berufen; … auf diese Weise geben sie einer unbekannten Ursache … lediglich einen leeren Namen.«- Es versteht sich von selbst, daß eine angemessene Würdigung der Schrift von Holbach eine zeitgeschichtliche Situierung und zumal die Herausarbeitung ihres polemisch-antiklerikalen Charakters erforderlich machen würde. Hier wie auch bei den übrigen genannten Autoren geht es aber nur um eine möglichst plastische Exemplifizierung der verschiedenen Formen des religionsphilosophischen Reduktionismus.

[204] Vgl. ebd., 606: »… ich bin es, die Natur, die zuverlässiger als die Götter alle auf Erden begangenen Verbrechen bestraft; der Bösewicht kann den Gesetzen der Menschen entrinnen, niemals aber den meinigen.« – ›Wishful thinking‹ kann offenbar nicht nur in religiösen, sondern auch in naturalistischen Varianten auftreten.

adäquat anerkennen würde? Die beiden Prämissen ›Beschränkung auf eine von Erste-Person-Ausdrücken freie Sprache‹ und ›Identifizierung des Phänomens aus der Perspektive des Erfahrungssubjektes‹ sind offenkundig unvereinbar. Kulturalistische Deutungen sind hier insofern im Vorteil, als sie zwar die Geltungsansprüche religiöser Ausdrucksgestalten bestreiten, nicht aber die Existenz eines durch Subjektivität konstituierten Weltverhältnisses.

Der Begriff ›Reduktionismus‹ wird in religionsphilosophischen Kontexten normalerweise für die Bezeichnung solcher Positionen reserviert, die sich kritisch-distanziert zu den Geltungsansprüchen religiösen Glaubens verhalten. Wenn man jedoch, wie ich dies hier versucht habe, reduktionistische Argumentationen am Maßstab ihrer Angemessenheit an die differenzierte Struktur binnenperspektivischer Erfahrung mißt, dann ist es unausweichlich, *alle* Formen mißlingender Vermittlung einzubeziehen. Wo immer die dreigliedrige Struktur von Erfahrung – meist durch Tilgung des pragmatischen Aspekts der interpretativen Wahl – aufgelöst und als vollständig objektivierbar behandelt wird, liegt ein im pejorativen Sinn reduktionistischer Zugang vor. Wo hingegen das ›aufgespannte Verhältnis‹ der Erfahrungsmomente die Deutung der Phänomene bestimmt, kann von vitiösem Reduktionismus keine Rede sein – auch dann nicht, wenn die konkrete Ausdrucksgestalt einer religiösen Erfahrung mit ihren Geltungsansprüchen in einer alternativen Interpretation zurückgewiesen wird. Ob eine religionsphilosophische Argumentation apologetisch oder kritisch motiviert ist, stellt in diesem Zusammenhang einen denkbar schlechten Indikator dar. Polemisch formuliert: fromme Absichten schützen nicht vor reduktionistischen Methoden. Beispielsweise kann szientifischer Reduktionismus – also die Naturalisierung subjektiver Erfahrung – gerade durch apologetische Interessen motiviert sein.

In dieser Hinsicht höchst instruktiv ist die Kritik, die William Alston in seinem Hauptwerk *Perceiving God. The Epistemology of Religious Experience* an Proudfoots kritischer Analyse religiöser Erfahrung übt. Proudfoot argumentiert für den Primat kognitiver, nach den Regeln eines Sprachspiels hervorgebrachter Überzeugungen bei der Identifizierung solcher Erfahrungen: »The logic that governs the concepts by which people interpret their experience in different traditions shape those experiences. Any attempt to differentiate a core from its interpretations, then, results in the loss of the very experience one is trying to analyze. The interpretations are themselves constitutive of the experiences.«[205] Diese treffenden Einsichten werden jedoch zu einer Leugnung des subjektiv-qualitativen Moments im Strukturganzen der Erfahrung überzogen. Weil Proudfoot Erfahrung nicht als Zusammenspiel von qualitativem Erleben, kulturellen Symbolismen und individueller Artikulation erfaßt, muß er die Identifizierung ihres Gehalts zu einem *Produkt* der religiösen Sprache machen. Interpretation büßt ihren Charakter einer Verwirklichung von Möglichkeiten des zuständlichen Bewußtseins ein und wird zum alleinigen Konstitutum.

In seiner Kritik bezieht sich Alston nun auf diesen Schwachpunkt aus der Perspektive des umgekehrten Fehlers, Erfahrung von Interpretation zu *trennen:* »In Proudfoot 1985 we find some interesting confusions that undoubtedly contribute to the failure to recognize the essentially nonconceptual, nonjudgmental character of *appearance* or *presentation,* both in SP and MP[206], and contribute to the supposition that these putative experiential presentations really involve an *interpretation* of an essentially subjective experience. In particular there is a confusion between what is involved in identifying an experience as of a certain sort and what the experience *is* or consists of.«[207] Während für Proudfoot Prägnanz von Sprache produziert wird, sieht Alston sie als vorsymbolische Qualität des Erlebens an. In beiden Fällen wird, weil ein Begriff vermittelnder Artikulation nicht verfügbar ist, das ›aufgespannte Verhältnis‹ der Erfahrung auf eines seiner Strukturmomente reduziert. Für Alston ist symbolische Form ein kontingentes Additiv, weshalb das hermeneutische *als* zum Unding eines phänomenalen *als* zusammenschrumpft, zu einer »direct awareness«, deren intentionale Unbestimmtheit schon mehrfach im Blick auf die Konzeptionen Diltheys und James' kritisch herausgestellt wurde. »… at the heart of perception, on my view, is a direct awareness of something's appearing to one *as so-and-so.* This fact of

---

205 *W. Proudfoot, Religious Experience,* op. cit., 123.

206 Diese Kürzel stehen für *Sense Perception* und *Mystical Perception.* Der szientifische Reduktionismus Alstons manifestiert sich vor allem darin, daß er religiöse (mystische) Erfahrung an sinnliche Wahrnehmung assimliert (»… non-sensory direct awareness can be properly construed as another species of the same genus to which vision, audition, and the other modes of sense perception belong.« [*W. Alston, Perceiving God,* op. cit, 36]), mit dem Effekt eines rein äußerlichen Verhältnisses von religiösem Wahrnehmungssubjekt und wahrgenommenem Gehalt. »Being-appeared-to« ist etwas, das Subjekten *zustößt.*

207 *Alston,* op. cit., 40.

X's appearing to S as F is, in principle, independent of any conceptualisation or judgment, independent of S's taking X to be F or believing or judging X to be F, or even thinking of X as F.«[208] Wer subjektive Erfahrung an derart bestimmte äußere Wahrnehmung assimiliert,[209] der durchschneidet nicht nur den Zusammenhang von Erfahrung und Reflexivität – den Übergang von Bewußtseinszuständen erster zu solchen zweiter Stufe –, er naturalisiert auch die Perspektive der Ersten Person zum Beobachterstandpunkt gegenüber den eigenen Eindrücken, seien sie nun sinnlicher oder mystischer Art. Was sich für das Artikulationskonzept als interpretative Wahl des Individuums, als Ausdruck seines bewußt übernommenen Selbst- und Weltverhältnisses darstellt, erscheint im Wahrnehmungskonzept Alstons als prinzipiell kontingent. Dem obigen Zitat zufolge ist es beispielsweise möglich, daß einem Subjekt etwas *als* Gott erscheint (»something's appearing to one as so-and-so«), ohne daß das Subjekt dieses etwas für Gott hält, glaubt oder urteilt, daß es sich um Gott handelt, und sogar nicht einmal *denkt,* was ihm erschienen ist, sei Gott.

Hier wird auch deutlich, daß Alston der Notwendigkeit einer interpretativen, vom Subjekt zu verantwortenden Wahl durch die naturalistische Reduktion von Erfahrung nicht entkommen kann. Selbst dann nämlich, wenn es möglich wäre, Gott bereits phänomenal – in meiner Ausdrucksweise: als Bewußtseinstatsache erster Stufe – zu erfahren, würde diese Erfahrung doch wohl völlig folgenlos bleiben, solange ihr Subjekt gar nicht wüßte, daß es sie gemacht hat. Für anonyme Qualia, die kein Subjekt sich vindiziert hat, ist niemand verantwortlich – erst nach erfolgter Selbstzuschreibung sind die sinnlogischen Bedingungen erfüllt, unter denen überhaupt von ›Erfahrung‹ die Rede werden kann. Nur dann also, wenn es das reflexive Bewußtsein unternimmt, die phänomenalen Gehalte zu artikulieren, können sie in das Selbst- und Wirklichkeitsverständnis eines konkreten Menschen eingehen. Einem szientifischen Reduktionismus jedoch, der aus apologetischen Motiven religiöse Erfahrung an eine – zudem empiristisch enggeführte – Epistemologie der Wahrnehmung assimiliert, entgleitet gerade dasjenige, was Erfahrung zu einem lebenspraktisch eminenten Phänomen macht: die Tatsache nämlich,

[208] Ebd., 186. Kursivierung M. J.

[209] Wenn man dem Gedankengang zuliebe einmal die höchst umstrittene Vorstellung akzeptiert, Sinneswahrnehmung sei wesentlich ein von perzeptiven Schemata freies Hinnehmen in sich bestimmter Qualitäten.

daß Wirklichkeit durch sie aus der Perspektive konkreter, in ihrem Lebensvollzug zentrierter Subjekte angeeignet wird. Religiöse und weltanschauliche Überzeugungen sind in einem anderen Sinn ›je meine‹ als Wahrnehmungsgegenstände. Wie die Erwägungungen Frankfurts und Taylors gezeigt haben,[210] konstituiert sich der Begriff einer menschlichen Person geradezu durch die Unterscheidung zwischen kontingent auftretenden mentalen Episoden und jenen höherstufigen Bewußtseinszuständen, in denen wir diese Episoden interpretieren und dadurch Verantwortung für unser Selbst übernehmen. Diese Form von ›Jemeinigkeit‹ ist für die Ausbildung handlungsorientierender Überzeugungen entscheidend, kann aber im Perzeptionskonzept von Erfahrung prinzipiell nicht rekonstruiert werden.[211]

Zusammenfassend läßt sich sagen, daß das Problem des methodischen Reduktionismus im Blick auf den dreistelligen Strukturbegriff religiöser Erfahrung analysiert und von der Unterscheidung affirmativ/kritisch losgekoppelt werden sollte. An den Argumentationen Proudfoots und Alstons wollte ich verdeutlichen, wie reduktionistische Tendenzen ganz unabhängig von persönlichen Hintergrundüberzeugungen einer Vernachlässigung dieses Strukturganzen entspringen und welche korrigierende Rolle die formalhermeneutische Analyse in diesem Zusammenhang spielen kann. Erst die methodische Grundoperation einer Remodalisierung faktischer Ausdrucksgestalten macht es möglich, die religionsphilosophische Interpretation von Erfahrung begrifflich hinreichend klar von weltanschaulichen Pro- und Contra-Argumentationen abzugrenzen. Indem sie Wirklichkeit als ergriffene Möglichkeit sichtbar werden läßt, entschränkt sie zugleich Verständnis und Einverständnis, wodurch ein Spielraum für interpretative Diskurse über die holistisch verflochtenen, subjektiven, sozialen und objektiven Bedeutungen

---

[210] Vgl. oben, S. 299f.

[211] Daß die Begriffe der Perzeptionstheorie keine angemessene Rekonstruktion religiöser Erfahrung erlauben, zeigt sich an dem Beitrag *A Philosopher's Way back to the Faith*, den Alston für den Sammelband *God and the Philosophers* (The Reconciliation of Faith and Reason, ed. *T. V. Morris*, New York/ Oxford: Oxford University Press 1994) geschrieben hat. Um den Erfahrungsprozeß, der ihn zum religiösen Glauben geführt hat, zu beschreiben, erzählt Alston eine *Geschichte* (»the narrative of my way back«, ebd., 25) – eben die Geschichte jener Selbstinterpretationen, in denen sich Alston der Bedeutung seines gelebten Lebens vergewissert. Sobald die Perspektive der Ersten Person ins Spiel kommt (»Was bedeutet es *für mich*, diese oder jene Erlebnisse gehabt zu haben?«), versagt die Wahrnehmungsanalogie vollständig.

von Ausdrucksgestalten entsteht. In solchen Diskursen werden interpretative Wahlen eben nicht vollzogen – die lebenspraktisch motivierte Entscheidung für eine bestimmte Ausdrucksgestalt ist keine Sache theoretischer Reflexion –, sondern verständlich gemacht.

3.2.1.2. Die Modi des Verstehens

Die Unterscheidung zwischen dem Vollzug einer interpretativem Wahl und dem Verstehen dieses Vollzugs ist allerdings, genauer betrachtet, ihrerseits verstehens-intern. Sie entfaltet sich innerhalb einer Realitätsperspektive, die bereits in ihrem primären Vollzug, in den interpretativen Wahlen der Erfahrungssubjekte, den Charakter des Sich-so-oder-so-Verstehens hat. Die methodischen Fragen der Religionsphilosophie – zumal die Frage nach reduktionistischen Zugängen – müssen also in eine Theorie des Verstehens und Interpretierens inkorporiert[212] werden. In Erweiterung der bekannten Formel

[212] Zwischen ›verstehen‹ einerseits und ›deuten‹/›interpretieren‹ andererseits ist hier terminologisch nicht streng differenziert worden, weil, bezogen auf den Erste-Person-Begriff von Erfahrung, jede *vollständige* Ausdrucksgestalt nicht nur Realität interpretiert, sondern auch ein bestimmtes Selbst- und Weltverständnis des sie schöpfenden oder aneignenden Subjektes einschließt. Verstehen und Intepretieren implizieren sich im Rahmen des hier entwickelten Begriffs von Erfahrung gegenseitig. *G. Abel* (in: *ders., Interpretationswelten*, op. cit., 16) hat im Rahmen des von ihm vertretenen »pragmatischen Interpretationismus« einen sachlichen wie methodischen Vorrang des Interpretierens gegenüber dem Verstehen angemahnt. »Interpretativität« bezeichne »den Grundcharakter der Lebenspraxis sowie des Gebrauchs symbolisierender Zeichen selbst«, während nicht alle Weltbezüge den Charakter des Verstehens hätten. So schließe etwa Wahrnehmung immer aktive Kategorialisierung etc. ein, sei aber kein Verstehen. Dabei sind jedoch zwei differenzierende Aspekte zu beachten. *Zum einen* bietet der pointierte Gebrauch von ›verstehen‹ die Möglichkeit, den Eigensinn symbolisch strukturierter Zusammenhänge gegenüber unseren Interpretationen der nicht in sich symbolisch geformten Natur zu markieren. So verstanden, behält *Diltheys* bekannte Unterscheidung von Erklären und Verstehen auch dann ihr begrenztes Recht, wenn die interpretativen Komponenten der Erklärung kausaler Zusammenhänge, wie bei *Abel*, nachdrücklich herausgestellt werden. *Zum anderen* jedoch lehnt sich die Interpretationsphilosophie selbst noch an die Semantik von ›Interpretieren‹ im engeren, kulturwissenschaftlichen Sinn an. Die basalsten Kategorien der menschlichen Weltaneignung als Interpretationen zu kennzeichnen, ist eine methodische Entscheidung, deren Plausibilität vom kulturalistisch-verstehensorientierten Interpretationsbegriff zehrt. Dieser weist jedoch gerade jenes Charakteristikum einer Wahl zwischen mehreren Möglichkeiten auf, das beim Kategorienproblem wegfällt. Der kategoriale Apparat des Erkennens wird nicht gewählt (vgl. dazu ebd., 487.) Ein Resümee der einschlägigen Diskussion findet sich bei *A. Graeser, Interpretation, Interpretativität und Interpretationismus*, in: AZP 21.3 (1996), 254f.

August Boeckhs von der »Erkenntnis des Erkannten«[213] könnte man von einer »Interpretation des Interpretierten« sprechen und damit der elementaren Tatsache Rechnung tragen, daß religiöse Erfahrung eben nicht Wahrnehmung, sondern Deutung des gelebten Lebens ist. Freilich legitimiert diese hermeneutische Einsicht nicht den äquivoken Gebrauch von Ausdrücken wie ›verstehen‹, ›deuten‹ und ›interpretieren‹ in Alltagspraxis und theoretischer Reflexion. Es gilt daher, die verschiedenen Formen noch genauer herauszuarbeiten, in denen die triadische Struktur von Erfahrung praktisch, inhaltlich-hermeneutisch und formal-hermeneutisch in Anspruch genommen wird. So lassen sich unterschiedliche, jedoch aufeinander bezogene Weisen des Verstehens abheben, deren Verdeutlichung dann auch den theoretischen Status einer erfahrungsorientierten Religionsphilosophie klarer hervortreten läßt.

Die hier versuchte Rekonstruktion binnenperspektivischer Erfahrung kreist um den Begriff der Artikulation. Indem Personen unter Rückgriff auf soziale Gewohnheiten des Symbolgebrauchs (Ausdruckstraditionen) ihr gelebtes Leben artikulieren, verleihen sie dem affektiv Gespürten eine bestimmte Form, die es individuiert, konstituieren einen öffentlichen Raum der Verständigung über Erfahrung und gewinnen reflexive Distanz zu ihrem qualitativen Erleben, indem sie dieses *als* so-und-so bedeutsam interpretieren. Ohne diese Dimension einer Auslegung des unmittelbar-unbestimmt-bedeutsam Erlebten kann Erfahrung gar nicht rekonstruiert werden, weil ohne sie unverständlich bleibt, wie es dem erfahrenen Gehalt gelingen soll, in das Selbstverständnis, die Handlungsorientierungen und kognitiven Überzeugungen des Erfahrungssubjektes einzugehen. Hier ist nochmals an die oben entwickelte Kritik an der Position Alstons zu erinnern: wäre – zumal religiöse – Erfahrung im selben Sinne kontingent wie die wechselnden Qualitäten der Sinneswahrnehmung, dann bliebe sie der Selbstinterpretation ihres Subjektes äußerlich. Phänomenologisch formuliert: auch jedes gelingende Sich-selbst-zeigen des Absoluten für ein Subjekt X stünde unter der Bedingung, daß X das sich ihm Zeigende *als* Sich-selbst-zeigen des Absoluten anerkennt, sich also in einer interpretativen Wahl dafür

---

[213] *A. Boeckh, Encyclopädie und Methodologie der philologischen Wissenschaften,* Leipzig 1877, zit. nach *F. Rodi, Erkenntnis des Erkannten,* August Boeckhs Grundformel der hermeneutischen Wissenschaften, in: *ders., Erkenntnis des Erkannten.* Zur Hermeneutik des 19. und 20. Jahrhunderts, Frankfurt 1990, 70.

entscheidet, diese Deutung seines zuständlichen Bewußtseins als die wahre gelten zu lassen. Auf der Ebene individueller Erfahrung beziehen sich Interpretationen demnach auf zuständliches Bewußtsein (Bewußtseinsphänomene erster Stufe). Verstehen hat auf dieser Ebene entsprechend den elementaren Sinn, eine identitätsbildende *Selbstverständigung* zu ermöglichen. Elementares Verstehen transformiert die intensiv-unbestimten Möglichkeiten des erlebten Lebens in ergriffene Wirklichkeit. Diesen ›performativen‹ Aspekt des Verstehens hat zumal James in seinen populärphilosophischen Schriften immer wieder betont: »You make one or the other of two possible universes true by your trust or mistrust, – both universes having been only *maybes*, in this particular, before you contributed your act.«[214]

In der Intimität solcher Selbstverständigung/Selbstbestimmung ist jedes Individuum an seine Mitsubjekte verwiesen, mit denen es eine Praxis des Zeichengebrauchs und ein kulturelles Vorverständnis teilt, ohne die keinerlei Selbstverhältnis möglich wäre. »Das Verstehen«, so heißt es bei Dilthey, »ist ein Wiederfinden des Ich im Du.«[215] Zwischen den sozialen Trägern derjenigen Ausdruckstraditionen, auf die ein Individuum bei der Artikulation der Bedeutsamkeit seines Lebens zurückgreift, und diesem Individuum selbst kommt es zu *konsensorientierten* Verständigungsprozessen, die auf die Erlangung von *Einverständnis* abzielen. Im Fall religiöser Überzeugungen wird es sich dabei meistens um Interaktionen zwischen Mitgliedern einer auch institutionell abgesicherten Glaubensgemeinschaft, einer Kirche oder Sekte handeln. Wie engmaschig das Netz von Lebensformen, Handlungsorientierungen, Überzeugungen gesponnen sein muß, um einverständliches Verstehen zu ermöglichen, läßt sich aber nicht formalhermeneutisch präjudizieren, sondern variiert in Abhängigkeit von globaleren sozialen Veränderungen. Traditionale Gesellschaften werden die Grenzen des Einverständnisses rigider definieren als pluralistische. Säkularisierungsprozesse und kulturelle Verschiebungen leitender Symbole können sogar, wie das Beispiel ›Jugend und Kirche‹ eindrucksvoll zeigt, die Möglichkeit konsensuellen Verstehens *innerhalb* von Religionsgemeinschaften erodieren. In pluralistischen Gesellschaften stellt eine religiöse Sozialisation kei-

---

[214] *W. James, Is Life Worth Living,* op. cit., 59.
[215] *W. Dilthey, Der Aufbau der geschichtlichen Welt in den Geisteswissenschaften (Gesammelte Schriften* Bd. VII), 191.

nerlei Garantie dafür dar, daß die so sozialisierten Personen die einschlägigen Symbolismen als gültigen Ausdruck des eigenen Selbst- und Weltverhältnisses übernehmen. Andererseits erweitern die Prozesse der ökonomisch-kulturellen Globalisierung und transkulturellen Kommunikation den Spielraum konsensträchtiger religiöser Ausdrucksformen beträchtlich. So wird das soziale ›Wir‹, dessen symbolische Praktiken einzelne Personen in ihrer Lebenserfahrung transformieren, über partikulare Traditionen hinaus soweit gedehnt, daß es prinzipiell die ganze Menschheit umfaßt.

Die sich daraus ergebende Erweiterung des konsensuellen Verstehens läßt sich im Rückgriff auf James' Konzept der ›genuin option‹ verdeutlichen. In formalhermeneutischer Sprechweise sind ›genuin options‹ objektive Ausdrucksgestalten, die einer Person als *mögliche* authentische Artikulationen ihrer Erfahrung erscheinen. ›Genuin options‹ können demnach jene Möglichkeiten symbolischer Prägnanz genannt werden, zwischen denen sich eine Person in einer konkreten Lebenslage durch interpretative Wahl entscheidet. *Ob* eine Option genuin ist oder nicht, steht dieser Person jedoch nicht zur Disposition, sondern hängt von sozialen Bestimmungsfaktoren ab. James' Beispiel: »If I say to you: ›Be a theosophist or be a Mohammedan‹, it is probably a dead option, because for you neither hypothesis is likely to be alive. But if I say: ›Be a agnostic or be a Christian‹, it is otherwise: trained as you are, each hypotheses makes some appeal, however small, to your belief.«[216] Die Grenze zwischen lebendigen und toten Hypothesen, also konsensorientiert und nicht konsensorientiert verstehbaren Ausdrucksgestalten, ist, wie James durch die Formulierung »trained as you are« andeutet, nicht dauerhaft fixierbar, sondern relativ zu den Hintergrundüberzeugungen, die sich der Teilnahme an einer sozialen Praxis verdanken.

In pluralistisch geprägten sozialen Lagen ist es daher möglich, daß eine Vielzahl von buntscheckigen religiösen Sinndeutungen tatsächlich als genuine Optionen zugänglich sind und ergriffen/verstanden werden können. Transkulturelle Religionsformen und intrakulturelle Plausibilitätsverluste der jeweiligen Herkunftsreligionen sorgen für ständige Modifikationen des Horizonts möglicher Ausdrucksgestalten. Schließlich ist auch das Ausmaß kulturell variabel, in dem religiöse Praktiken und Überzeugungen als Ausdruck persönlicher Erfahrung gelten und demgemäß dem Kriterium expressiver

---

[216] *W. James, The Will to Believe,* op. cit., 3.

Angemessenheit unterstellt werden. So können liberale Gesellschaftsformationen individuelle Expressivität prämieren und umgekehrt fundamentalistische Sozialstrukturen den Spielraum interpretativer Wahlen bis an die Grenze des Verschwindens einengen. Individuelle Erfahrung wird dann subsumptionslogisch einem als verbindlich behaupteten Symbolsystem untergeordnet, der Aspekt der Expressivität soll zum Verschwinden gebracht werden. Selbst in solchen Verhältnissen setzt sich freilich die Struktur der Ausdrucksbildung insofern durch, als der fundamentalistisch erzwungene Kollaps des Möglichkeitshorizonts auf den einen Punkt alternativenloser Glaubensbindung hin nur dadurch überzeugungsbildend wirken kann, daß er in das Selbstverständnis von Personen aufgenommen und also gewählt wird. Faktisch konkurrieren die Leugner religiöser Pluralität mit ihren Verteidigern auf demselben Terrain, das eben in der Moderne unhintergehbar durch die Existenz zahlreicher religiöser Ausdrucksalternativen gekennzeichnet ist.

Konsensorientiertes Verstehen ist demnach zwar sozial und kulturell im Blick auf die Spielräume einbezogener Ausdrucksgestalten hochgradig variabel, immer jedoch durch die Möglichkeit individuellen Einverständnisses, also durch Integration kognitiver und sozialnormativer Bezüge in die expressive Selbstinterpretation von Personen, charakterisiert. Die Konsensorientierung solchen Verstehens hängt intern mit Individualität zusammen; wer konsensuell-einverständlich eine religiöse Ausdrucksgestalt versteht, der tut dies eben im emphatischen Sinn als unvertretbares Individuum, nicht als vertretbares Mitglied etwa einer Forschergemeinschaft. Im Unterschied zu ästhetischer Erfahrung freilich sind die Individuum und Totalität vermittelnden Ausdrucksgestalten des Religiösen *referentiell gebunden.*[217] Die Wahl einer symbolischen Form zum Ausdruck dessen, was es mit dem Vollzug des eigenen Lebens schließlich und letztlich auf sich hat, schließt insofern stets die Anerkennung einer vom wählenden Subjekt nicht frei geschaffenen, es übersteigenden Realität ein.

Konsensorientiertes Verstehen ist Selbst- und Fremdverstehen zumal: *Selbst*verstehen, weil Personen ein diachron stabilisiertes Ich durch Interpretation ihres zuständlichen Bewußtseins erst entstehen lassen; *Fremd*verstehen, weil die interpretative Wahl einer Ausdrucksgestalt *ipso facto* auch die Wahl einer sozialen Gruppe dar-

---

[217] Vgl. unten, Abschnitt 3.2.2.1.

stellt, deren Selbst- und Weltverhältnis durch die nämliche Ausdrucksgestalt symbolisiert wird. Dies gilt zumal dann, wenn es sich, wie im Fall religiöser Symbole, um basale Fragen der Lebensorientierung handelt. Dennoch darf aus der Konsensorientierung solcher lebensweltlichen Verstehensprozesse nicht geschlossen werden, es könne jemals zu einer völligen, den Prozeß der Bedeutungsbestimmung sistierenden Übereinstimmung kommen. Dies würde nämlich voraussetzen, daß individuelle Erfahrung und mithin auch ihr Subjekt zum Ende gekommen wären. Die Zeitlichkeit des Lebenszusammenhangs und der negatorische Charakter interpretativer Wahlen verbürgen jedoch strukturell, daß der subjektkonstitutive Ausgriff auf eine sich bildende Totalität endlich bleibt. Sofern religiöse Symbole also nicht nur kognitive und normative Gehalte haben, sondern auch gültiger Ausdruck der Lebenserfahrung individuierter Personen sein sollen, ist vollständiger Konsens nicht zu erwarten.

An die Innenperspektive der Lebenspraxis bleibt das konsensorientierte Verstehen stets gebunden. Religionsphilosophie hingegen, als ein durch Lebenspraxis motiviertes, aber nicht selbst lebenspraktisches Unterfangen, bezieht sich auf deren Ausdrucksgestalten in *modaler Transformation*. Sie deutet Religion als verwirklichte Möglichkeit. Ihren Ausgangspunkt bilden stets bereits vorfindliche, objektive Ausdrucksgestalten, in der Regel also sprachliche Symbole. Diese konkreten Formen symbolischer Prägnanz interpretiert sie dadurch, daß sie herausarbeitet, welche Möglichkeiten menschlichen Selbst- und Weltverständnisses in ihr realisiert, welche anderen Möglichkeiten in ihr negiert worden sind. Religionsphilosophische Hermeneutik kehrt also den lebensweltlichen Prozeß des Verstehens gerade um, weshalb sie aus der Vollzugsperspektive als reduktionistisch empfunden werden kann. Vom »höheren«, also nicht primären Verstehen sagt schon Dilthey, es sei »an sich eine dem Wirkungsverlauf selber inverse Operation.«[218] Während die basale Ausdrucksbildung den Möglichkeitshorizont des gelebten Lebens vereindeutigend auf *eine* bestimmte Interpretation hin Wirklichkeit werden läßt, vollzieht die theoretische Deutung dieses Prozesses immer eine Remodalisierung: sie tastet sich verstehend von der konkreten Gestalt zu den in ihr verwirklichten und negierten Möglichkeiten

[218] *W. Dilthey, Der Aufbau der geschichtlichen Welt in den Geisteswissenschaften* (*Gesammelte Schriften* Bd. VII), 214.

der kognitiven Weltauffassung, intersubjektiven Orientierung und personalen Identitätsstiftung zurück.

Weil aber diese Möglichkeiten niemals *als* Möglichkeiten, sondern immer nur als verwirklichte Alternativen zugänglich sind – das Unbestimmt-Intensive des zuständlichen Bewußtseins kann als solches kein Gegenstand von theoretischer Reflexion werden – ist Religionsphilosophie nur in sozialen Zusammenhängen möglich, in denen es religiöse Alternativen gibt.[219] Gegenstand ihrer Verstehensbemühungen sind in den Horizont alternativer Möglichkeiten zurückgestellte Ausdrucksgestalten. In solcher Remodalisierung kehrt auch das für die religiöse Konstellation entscheidende Verhältnis von Allgemeinheit und Partikularität wieder, freilich in inverser Form: während es bei der primären Ausdrucksbildung gerade die Universalität der symbolischen Formen ist, durch die der vital präsente Horizont von Bedeutsamkeiten intentional bestimmt wird, interpretiert das religionsphilosophische Verstehen die jeweils gewonnene symbolische Prägnanz als ein Partikulares, das sich am Möglichkeitshorizont humaner Selbst- und Weltdeutungen messen lassen muß. Da die religionsphilosophische Denkbewegung gegenläufig zum Vollzug der Artikulation angelegt ist, steht sie immer in einer Spannung zum unmittelbaren religiösen Bewußtsein, das sich zwar interpretativen Wahlen verdankt, eben dies aber nicht weiß und deshalb auch keine Erfahrung seiner eigenen Modalstruktur kennt.

In geschlossenen Gesellschaften wird sich die mit Individualität strukturell gesetzte Grenze des konsensuellen Verstehens nicht weiter bemerkbar machen. In offenen, pluralistischen Gesellschaften indessen sehen sich Individuen und soziale Gruppen ständig mit abweichenden weltanschaulichen Positionen konfrontiert. Diese können zwar teilweise durch Erweiterung der sozialen Spielräume für genuine Optionen im Sinne James' aufgefangen und damit dem Bereich konsensuellen Verstehens zugeführt werden. So ist der Buddhismus für viele Mitglieder westlicher Gesellschaften in den letzten Jahrzehnten zu einer realen Möglichkeit weltanschaulich-religiöser Orientierung geworden, was sicherlich um die Jahrhundertwende, als James seine Überlegungen entwickelte, noch nicht der Fall war. Kon-

---

[219] Dem entspricht auch der historische Befund, wie besonders eindringlich die Studie von *K. Feiereis* unter dem Titel *Die Umprägung der natürlichen Theologie in Religionsphilosophie* (Ein Beitrag zur deutschen Geistesgeschichte des 18. Jahrhunderts, Leipzig 1965) zeigt.

sens*orientiertes* Verstehen wird zum *Einverständnis,* indem die zunächst als ›genuine option‹ betrachtete Ausdrucksform tatsächlich als der unüberbietbar gültige Ausdruck der eigenen Lebenserfahrung anerkannt wird. Wo dieser Übergang jedoch unterbleibt, entsteht im Blick auf die zugunsten einer Alternative verworfene Ausdrucksform eine andere Möglichkeit des Verstehens, die strukturelle Parallelen zum religionsphilosophischen Verstehen aufweist: das *dissensanerkennende* Verstehen.

›Etwas als genuine *Möglichkeit* verstehen‹ und ›etwas als *verwirklichte* Möglichkeit verstehen‹ sind eben zwei verschiedene Sachverhalte, die die Hermeneutik religiöser Erfahrung klar unterscheiden muß. Die lebenspraktische Basis dieser Unterscheidung sind die interpretativen Wahlen, in denen Personen den Gehalt ihrer Erfahrung bestimmen und sich damit für eine Deutungsmöglichkeit entscheiden. *Ex post* freilich, aus der Perspektive der vollzogenen, auf Dauer gestellten Entscheidungen und etablierter symbolischer Prägnanz verblassen die Alternativen und die faktisch gewählte Ausdrucksgestalt erscheint, zumal in homogenen und statischen Gesellschaften, oftmals als die einzig mögliche. Dies hängt zum einen mit dem Stilisierungs-Aspekt jeder interpretativen Wahl zusammen, die symbolische Prägnanz schließlich gerade dadurch erzeugt, daß sie *ausschaltet, steigert* und *ergänzt;*[220] in diesem Kontext hat Oswald Schwemmer von den »schöpferischen Vereinfachungen« gesprochen, die aus der »Prägnanzbedingung«[221] menschlichen Handelns resultieren. Zum anderen fungieren Ausdrucksgestalten stets auch als Subjektivierungsschemata, weshalb sie, einmal internalisiert, die symbolische Prägnanz des präsentischen Lebensvollzugs mitprägen, immer also auch als Filter für neue Erfahrungen wirksam sind.

Das modale Gefälle von Erfahrung liegt eben ihrem symbolischen Ertrag immer schon im Rücken und ist deshalb normalerweise selbst kein Erfahrungsgegenstand. Anders formuliert: die religiöse Kontingenzerfahrung, hervorgebracht durch die Dialektik von individuellem Lebensvollzug und symbolisch repräsentierter Unendlichkeit, erzeugt bzw. akzeptiert symbolische Formen, die ihrerseits *nicht* als kontingent erfahren werden. Diese Erfahrung einer Kontingenz

---

[220] Vgl. dazu oben, S. 343–348.

[221] *O. Schwemmer, Handlung und Struktur.* Zur Wissenschaftstheorie der Kulturwissenschaften, Frankfurt 1987, 273. Zum stilisierenden Charakter des Handelns vgl. ebd., 116f.

der eigenen Ausdrucksgestalten wird jedoch durch die inter- und intrakulturelle Konfrontation mit Diversität und Alterität fast zwangsläufig induziert.[222] In pluralistischen Gesellschaften kann symbolische Prägnanz kontrastiv als verwirklichte Möglichkeit erfahren werden. Pluralität konterkariert den Stilisierungseffekt fixierter Wirklichkeitsdeutungen auf persönliche wie soziale Erfahrung. Es ist daher kein Zufall, daß soziale Pluralisierung, pluralistische Weltbilder und im Erfahrungsbegriff zentrierte Konzeptionen des Religiösen in ihrer Genese eng zusammenhängen. So steigt ›Pluralität‹ bei William James und F. C. S. Schiller erstmals zu einem philosophisch zentralen Begriff auf.[223] Wo alternative Symbolgestalten und Lebensformen präsent sind, büßen Traditionen den Anschein unmittelbarer Selbstverständlichkeit ein.

An dieser Stelle kann nun die religionsphilosophische Remodalisierung ansetzen, indem sie an den interpretativen Charakter religiöser Ausdrucksbildungen erinnert und damit das modale Gefälle der Erfahrung expliziert. Wenn die Unmittelbarkeit des religiösen Bewußtseins zerbrochen ist, vermag das reflektierte Bewußtsein vom konsensorientierten zum dissensanerkennenden Verstehen überzuleiten. Solches Verstehen ist nur möglich, wo Erfahrung als Transformation von Möglichkeit in Wirklichkeit erfaßt wird. Dabei kann religionsphilosophische Interpretation dem religiösen Bewußtsein in zweifacher Weise reflexive Distanz verschaffen: durch Herausarbeitung der Erfahrungsstruktur läßt sich *formal-hermeneutisch* aufzeigen, *daß* jede Ausdrucksgestalt Möglichkeiten verwirklicht und also von anderen Möglichkeiten gerahmt ist. *Inhaltlich-hermeneutisch* arbeitet sie heraus, *wie* im konkreten Fall ein religiöser Symbolismus als vereindeutigende Fixierung von Mög-

---

[222] *W. James* hat dieses Problem früh erkannt und radikale – nämliche polytheistische – Konsequenzen aus ihm gezogen. Vgl. dazu oben, S. 207.

[223] Vgl. *W. James, A Pluralistic Universe* (1909), dt.: *Das pluralistische Universum*, op. cit.; Schon in dem Vorwort (1896) zum *Will to Believe* schreibt James (VIII:) »The difference between monism and pluralism is perhaps the most pregnant of all the differences in philosophy. *Prima facie* the world is a pluralism …« Auf diesen Passus bezieht sich auch *J. Dewey* in seinem Artikel *Pluralism* im *Dictionary of Philosophy and Psychology, hrsg. v. J. M. Baldwin*, New York 1902. Vgl. auch *F. C. S. Schiller, Humanismus.* Beiträge zu einer pragmatischen Philosophie, Leipzig 1911, zit. in: *Pragmatismus*, hg. v. E. Martens, op.cit., 188–204. Vgl. bes. 197: »… die Wahrheit (ist) gewissermaßen eine Vielheit. (…) Die Gesellschaft kann nur dann bestehen, wenn in der Praxis die Vielheit der Wahrheit anerkannt wird.« – Die philosophiehistorischen Entwicklungen rekonstruiert *W. Kerber* in dem Artikel *Pluralismus* des *Hist. Wb. Philos. 7*, Sp. 988 f.

lichkeiten humaner Selbst- und Weltdeutung begriffen werden muß. Pluralität macht sich dabei schon darin geltend, daß das theoretische Verstehen weder positive Religionen noch den Spielraum menschlicher Wirklichkeitsdeutungen am Schreibtisch ersinnen kann. Sie ist auf faktisch vorfindliche Symbolformen angewiesen, um sie in ihrer Diversität und Alterität als Verwirklichungen – und damit je spezifische Einschränkungen – dieses Spielraums sichtbar werden zu lassen.

In diesem Zusammenhang müssen freilich zwei verschiedene Weisen des Abstand-Nehmens von Unmittelbarkeit unterschieden werden, die *lebenspraktisch-existenziell* und die *theoretisch-wissenschaftlich* motivierte. Beide sind aufeinander bezogen, jedoch keineswegs identisch. Die lebenspraktisch-existenziell motivierte Distanzierung vom Innestehen in positiven Religionen, Überzeugungssystemen etc. ist, wie ich oben schon angedeutet habe, ein Effekt sozialer Pluralisierung. Sie setzt als solche auch keineswegs schon die Einsicht in das modale Gefälle von Erfahrung voraus, sondern kann vielmehr im Sinne eines naiven Alltagsrealismus die konkurrierenden Symbolwelten als alternative Beschreibungen einer völlig beschreibungsunabhängigen Realität auffassen und nach der einzigen wahren Beschreibung fragen. Dissensanerkennendes Verstehen ist aber nur möglich, wo die Erfahrung von Pluralität wenigstens ansatzweise auch eine Einsicht in den deutenden Charakter von Artikulation hervorgebracht hat. Solche *reflexive* Distanzierung aus der Perspektive der Ersten Person Singular suspendiert nicht die verantwortliche Entscheidung für die Gültigkeit einer bestimmten Wirklichkeitsdeutung, nimmt aber das Wissen um ihre Rahmung durch Alternativen in sich auf, wobei ihr natürlich Philosophie und Wissenschaften des Religiösen einen wichtigen Dienst leisten können.

Die *theoretisch-wissenschaftlich* motivierte Distanzierung unterscheidet sich von solchen lebenspraktischen Bemühungen vor allem dadurch, daß sie eine *Objektivierung* innerhalb der beibehaltenen Perspektive der Ersten Person vornimmt. Ihre Analysen sind nicht – zumindest nicht direkt und primär – von dem existenziellen Interesse einzelner Personen bestimmt, einen verantworteten Stand in religiösen Dingen und ein verantwortetes Verhältnis zu alternativen Positionen zu finden. Religionsphilosophie argumentiert ohne lebenspraktischen Entscheidungsdruck. Deshalb kann die hermeneutische Interpretation objektiver Ausdrucksgestalten auf ihren Möglichkeitshorizont hin auch ohne Rekurs auf die persönlichen Glaubensüberzeugungen des Interpreten auskommen, sofern diese als *verwirklichte Möglichkeit* verstanden werden. Als – *sit venia verbo* – *vermöglichte Wirklichkeit* hingegen tragen sie zur Füllung des Möglichkeitshorizontes bei, auf den hin konkrete Glaubensformationen untersucht werden. Eben dieses Postulat, daß die persönlichen interpretativen Wahlen des Interpreten, seien sie nun positiv-religiöser, agnostischer oder atheistischer Natur, nur in remodalisierter Stellung auftauchen dürfen, steht systematisch für die theoretische Distanz des religionsphilosophischen Diskurses ein und unterscheidet ihn von der Theologie. Gleichzeitig markiert es auch eine spezifische, unersetzbare Leistung hermeneutischer Religionsphilosophie: den – strukturalen wie inhaltlich-konkreten – Nachweis, daß die Disjunktion von einverständlichem Verstehen und externem Erklären unvollständig ist. Nur dann nämlich, wenn religiöse Ausdrucksgestalten als Schöpfungen symbolischer Präganz erkannt werden, entkommt man der mißlichen Alternative zwischen existentieller Zustimmung und naturalistischer Reduktion.

Eine solche Konzeption hermeneutischen Argumentierens *übergreift* die Unterscheidung von Religionsphilosophie und Religionskritik. Weil sie die Geltungsansprüche religiöser Ausdrucksformen weder subjektivistisch vergleichgültigt, noch objektivistisch aus ihrem Bedeutungsholismus herauslöst, kommt alles auf den Ertrag der konkreten Interpretation an. Wenn etwa die Auslegung einer bestimmten Ausdrucksgestalt auf die in ihr verwirklichten und abgeblendeten Möglichkeiten hin zu dem Ergebnis gelangt, die dort vertretenen Geltungsansprüche ließen sich erschöpfend als Objektivierungen humaner Prägnanzerzeugungen verständlich machen, dann trägt dieses Ergebnis natürlich religionskritische Züge. In diesem Sinne müssen beispielsweise die oben von mir so genannten Spielarten des *ausdruckstheoretischen Reduktionismus*[224] aufgefasst werden. Wenn hingegen eine andere Interpretation die miteinander verwobenen Geltungsansprüche einer konkreten Erfahrungsgestalt als Manifestation des Transzendenten verstehen zu sollen glaubt, dann handelt es sich um affirmative Religionsphilosophie. Der Hinweis auf diese gegensätzlichen Möglichkeiten sollte verdeutlichen, daß sich die Entscheidung für kritische oder affirmative Stellungnahmen nicht bereits auf der Ebene einer methodischen Analyse der

[224] Vgl. oben, S. 356.

Struktur von Erfahrung, sondern eben erst im Vollzug konkreter Interpretationen treffen läßt, die konkrete Geltungsansprüche vor dem Hintergrund der in ihnen positivierten Möglichkeiten behandeln. Die Orientierung des hier exponierten Ansatzes an der Struktur von Erfahrung darf nicht mit einer inhaltlichen Metaposition verwechselt werden; sie weist im Gegenteil darauf hin, daß alle inhaltlichen Debatten solche über Ausdrucksgestalten sein müssen.

3.2.2. Die formale Struktur der Ausdrucksbildung und ihre Spezifizierungen

Wie ist diese methodische Zentralstellung remodalisierter Ausdrucksgestalten genauer zu verstehen? Wie können religiöse Erfahrungsweisen von verwandten Formen, etwa ästhetischen und ethischen, abgegrenzt werden, wenn sich eine essentialistische Bestimmung des Gehalts verbietet? Diese Fragen sollen im Rückgang auf den hermeneutischen Grundgedanken behandelt werden, Erfahrung habe stets einen totalisierenden Charakter, weil in ihr Partikulares – die Eindrücke des gelebten Lebens – auf eine sich eben dadurch bildende Totalität bezogen werde. Da sich diese Relation nur durch kulturell verfügbare Symbole herstellen läßt, in denen die Partikularität des individuellen Lebens transzendiert wird, vollzieht sich jede Erfahrung vor dem entschränkten Horizont dessen, was, via Symbolizität, überhaupt erfahrbar werden kann. Damit ist ihr strukturlogisch ein Verhältnis zu nicht überbietbarer Totalität eingeschrieben.

Wann immer diese strukturlogische Notwendigkeit positiviert wird, sich also in Ausdruckstraditionen konkretisiert, entstehen totalisierende Modi von Erfahrung, in denen sich Einzelne vermittels sozial verfügbarer Bedeutungen zum Ganzen in ein bewußtes, symbolisch gestaltetes Verhältnis setzen. *Ethische, ästhetische* und *religiöse* Erfahrungen können typologisch als unterschiedliche Realisierungen dieser Grundstruktur rekonstruiert werden. Da sich zumal der hermeneutische Erfahrungsbegriff in erster Linie an ästhetischen Erfahrungsweisen orientiert, werde ich zunächst, Überlegungen zum Verhältnis von Artikulation und Referenz aufgreifend, eine ›differentialdiagnostische‹ Analyse ästhetischer und religiöser Erfahrung versuchen. Eine weitere Differenzierung wird dann innerhalb des religiösen Erfahrungstyps durch die Frage möglich, in welchem Verhältnis der Strukturbegriff solcher Erfahrungen zu seinen konkreten Instantiierungen steht.

3.2.2.1. Ästhetische und religiöse Erfahrung

Schon im historisch-rekonstruktiven Teil dieser Arbeit ist deutlich geworden, daß sich die hermeneutische Erfahrungskonzeption Diltheys in erster Linie an produktions- und rezeptionsästhetischen Sachverhalten orientiert.[225] Innerhalb des amerikanischen Pragmatismus war es dann freilich nicht William James, sondern John Dewey, der »Kunst als Erfahrung« – so der Titel seiner bekannten Schrift – gedeutet hat und damit Erfahrung als solche von der Vermittlung Teil-Ganzes her begreiflich machen will.[226] Die *prima-facie*-Affinität zwischen künstlerischer Gestaltung und biographischer Erfahrung, die bei Dilthey theoriebildend gewirkt hat, erweist sich aber im Blick auf eine umfassende Theorie des verstehend-interpretierenden Weltzugangs als eine höchst problematische Erblast der Hermeneutik. Sie nötigt Dilthey nämlich – wie oben gezeigt – dazu, seinen Erfahrungs- und Wahrheitsbegriff dem fiktionalen Charakter der Kunst gemäß zu modellieren und damit den objektiven Geist als semantisch geschlossen zu konzipieren. Weil er die spezifische Totalitätsbeziehung ästhetischer Erfahrung zum Modell aller Totalisierungsweisen macht, übernimmt Dilthey auch für seinen allgemeinen Bedeutungsbegriff jene eigentümliche Freisetzung des Referentiellen, die er zu Recht als Merkmal künstlerischer Produktionen herausstellt. Diese grundbegriffliche Konfundierung gilt es rückgängig zu machen, um dem hermeneutischen Erfahrungsbegriff seine volle

---

[225] Vgl. oben, Abschnitt 1.2.4.: »Die ästhetische Grundform der Erfahrung«.

[226] Da auf *Dewey* nicht weiter eingegangen werden kann, sollen einige Zitate die von ihm eingeschlagene Argumentationsrichtung verdeutlichen (alle aus: *Kunst als Erfahrung* [*Art as Experience*, 1934], Frankfurt 1988). So zitiert er Hudson, der »den mystischen Zug in der radikalen Hingabe an das Ästhetische erkannte, der diese als eine Erfahrung stark in die Nähe dessen rückte, was religiöse Denker als ekstatische Vereinigung bezeichnen.« (39) Weiter heißt es: »Jede Erfahrung besitzt eine Einheit, die ihr den Namen gibt« (49); es »soll gezeigt werden, … daß … keine wie auch immer geartete Erfahrung eine Einheit darstellt, wenn sie nicht ästhetischen Charakter trägt.« (53) »Jede integrale Erfahrung besitzt Form, weil sie eine dynamische Organisation ist. Die Form des Ganzen ist … in jedem Einzelteil präsent.« (70 f.) Deshalb dürfe auch das letzte Element einer künstlerischen Verlaufsfolge nicht als etwas resultathaft Ablösbares verstanden werden: »Das Ende, der Schluß, ist nicht durch sich selbst, sondern als Integration der Teile von Bedeutung. Eine andere Existenz hat es nicht.« (70)

religionsphilosophische Bedeutung zurückzugeben. Insbesondere muß zwischen den hermeneutischen Theoriestücken ›Bedeutungsholismus‹ und ›semantische Geschlossenheit des objektiven Geistes‹ eine klare Zäsur gesetzt werden, die dann auch einige Modifikationen am hermeneutischen Wahrheitsbegriff erzwingt. Letzterer wird dadurch unnötig belastet, daß Dilthey zwar die Idee einer uninterpretierten Realität als unsinnig verwirft – es gibt in diesem Sinne für endliche Subjekte nur ›phänomenale Realität‹ –, daraus aber überschießend schlußfolgert, das Problem objektiver Referenz sei unexplizierbar, statt dieses *innerhalb* des Verstehensprozesses zu reformulieren.[227] Dadurch verwischt sich die entscheidende Differenz zwischen einem immanenten Phänomenalismus (Bedeutungen ohne Referenz) und einem internen Realismus (Referenz innerhalb der Bedeutungen).

Bedeutung, daran ist hier nochmals zu erinnern, ist für Dilthey ein semantischer Effekt von Kontextbildung: »die Bestimmtheit des Bedeutungsgliedes aus dem Ganzen«.[228] Die Teil-Ganzes-Relation wird von Dilthey mit der bedeutungsholistischen Grundthese verknüpft – mit der Annahme also, in der für Erfahrung konstitutiven Perspektive der Ersten Person seien affektive, volitionale und kognitive Aspekte untrennbar miteinander verwoben. Der methodische Fokus liegt daher auf denjenigen psychischen Leistungen, durch die instantanes Erleben und symbolische Prägnanz in einen Lebenszusammenhang verschmolzen werden. Da Dilthey der Ansicht war, das Fungieren dieser Leistungen könne am reinsten dort beobachtet werden, wo der Handlungsdruck der Alltagspraxis sistiert ist, rückt die »Einbildungskraft des Dichters« in den Vordergrund. Der Dichter ist der »vollkommene Mensch«[229], weil sein »Werk mittels des freien Schaffens des Bedeutungszusammenhangs den Sinn des Lebens«[230] ausspricht. Ästhetische Erfahrung wird von der poetischen Einbildungskraft her gesehen und diese als paradigmatische Realisierung der »höchste[n] und schwierigste[n] Leistung des See-

---

227 Daß wir nie auf uninterpretierte Realität stoßen, nötigt im übrigen auch nur dann zu einem diltheyschen Skeptizismus hinsichtlich des Naturerkennens, wenn Natur immer noch auf der Folie eines metaphysischen Realismus, als Ensemble von Dingen-an-sich, gedacht wird.

228 *Der Aufbau der geschichtlichen Welt in den Geisteswissenschaften, (Gesammelte Schriften VII)*, 240. Vgl. zu diesem Themenkomplex oben, S. 45 f.

229 *Dichterische Einbildungskraft und Wahnsinn (Gesammelte Schriften VI)*, 94.

230 *Der Aufbau …*, op.cit.

lenlebens«, die darin bestehe, »den erworbenen Zusammenhang desselben auf die gerade im Blickpunkt des Bewußtseins befindlichen Wahrnehmungen, Vorstellungen und Zustände wirken zu lassen.«[231] Das eigentümliche Fungieren dieser poetischen Kreativität grenzt Dilthey nach zwei Seiten hin ab. Einerseits sei »dem Träumenden, dem Hypnotischen, dem Irren mit dem Künstler oder Dichter (sic!) ... eine freie Gestaltung der Bilder und ihrer Verbindungen, uneingeschränkt von den Bedingungen der Wirklichkeit«[232], gemeinsam. Technisch gesprochen handelt es sich in beiden Fällen um nichtreferentielle – genauer: nicht primär referentielle – Modi der Symbolproduktion. Während aber nach Dilthey Traum und Wahnsinn durch das freie Flottieren der Vorstellungsbilder bei Ausfall der Kontroll- und Integrationsinstanz »erworbener Zusammenhang des Seelenlebens« gekennzeichnet sind, verhalte es sich beim Dichter anders. Die Suspendierung des referentiellen Außenbezugs, so läßt sich Diltheys zentrales Argument für den paradigmatischen Rang der poetischen Produktion rekonstruieren, setzt in ihrem Fall die integrierende und totalisierende Kraft des erworbenen Zusammenhangs zu eigensinnigem Fungieren frei. Da solches Fungieren jedoch, wie er gut pragmatistisch formuliert, seine Struktur der »Wechselwirkung zwischen dem Eigenleben und dem Milieu«[233] verdankt, bleibt die suspendierte objektive Realität in Geltung – als mitkonstituierender Faktor des seelischen Zusammenhangs liegt sie dem Wirken der dichterischen Einbildungskraft immer schon voraus. Der Realitätsbezug von Dichtung besteht im Zuge dieser Argumentation darin, daß sie Einzelnes und Allgemeines im Besonderen eines *Typus* vermittelt, »der alle Erfahrung überschreitet und durch welchen wir doch die gemeinen Erfahrungen besser begreifen und sie näher an unser Herz heranziehen.«[234]

Die exemplarische Bedeutung des Poetisch-Ästhetischen für den Erfahrungsbegriff gründet für Dilthey also im eigensinnigen Fungieren der sich artikulierenden Einbildungskraft. Die entsprechende reziproke Beziehung von qualitativem Erleben und symbolischer Form hat er als das »Schillersche Gesetz«[235] bezeichnet. Ob es freilich ge-

---

[231] *Dichterische Einbildungskraft und Wahnsinn (Gesammelte Schriften VI)*, 94.
[232] Ebd., 93.
[233] Ebd., 95.
[234] Ebd., 92.
[235] *Die Einbildungskraft des Dichters (Gesammelte Schriften VI)*, 117.

lingt, vom Blickpunkt der dichterischen Einbildungskraft, oder allgemeiner von *einer* einzigen Perspektive aus den Horizont ästhetischer Erfahrung auszumessen, muß hier dahingestellt bleiben.[236] Jedenfalls dürften die vorstehenden Ausführungen deutlich gemacht haben, daß dichterische Einbildungskraft für Dilthey die Perspektive der Ersten Person, ihren totalisierenden Charakter und ihren Bedeutungsholismus, unüberbietbar exemplifiziert. Die poetische Produktion wird, mit nachhaltigen Folgen, heuristisch dem Verständnis von Erfahrung überhaupt zugrunde gelegt. Um es in dem aristotelischen Begriffsschema auszudrücken: die Art soll die Gattung als ganze verständlich machen, das Verhältnis Art-Nebenart bleibt ausgeblendet. In meinem Zusammenhang besteht die fatalste Konsequenz dieser Entscheidung darin, daß ein Proprium dichterischer Erfahrung, die semantische Geschlossenheit, mit den beiden wichtigsten Struktureigenschaften von Erste-Person-Erfahrung überhaupt – Bedeutungsholismus und Totalisierung durch Vermittlung von Teil und Ganzem – konfundiert wird.

Wie meine Rekonstruktion von Diltheys hermeneutischem Erfahrungsbegriff ergeben hat, ist dieser nämlich durch das Prinzip der ›Verstehensimmanenz‹ (M. Riedel) gekennzeichnet: an die Stelle der Referenz tritt im semiotischen Dreieck seiner Bedeutungstheorie das Verstehen.[237] Über die Kategorie des (instantanen, nicht produzierbaren, in Handlungszusammenhänge integrierten) Erlebens ist freilich auch die Triade von ›Erlebnis-Ausdruck-Verstehen‹ an transsubjektive Realität angeschlossen. Daß diese nur innerhalb des Lebenszusammenhangs auftauchen kann, muß als epistemologische, nicht als ontologische These gelesen werden, die freilich einen metaphysischen Realismus ausschließt. Grundbegrifflich wäre also Diltheys ›Verstehensimmanenz‹ ebensosehr mit einer intern-realistischen Position zu vereinbaren wie etwa Peirce' Prozeß der Semiosis, der Referenz als inneres Moment der Zeichenfunktion begreift. Dilthey selbst ist jedoch, wie schon gezeigt, einen anderen Weg gegan-

[236] In jüngster Zeit ist das *pars pro toto*-Denken in der Ästhetik von *J. Kulenkampf* scharf kritisiert worden. Am Beispiel der Rezeptionsästhetik von *H. R. Jauß* zeigt er, wie Charakteristika literarischer Werke zu Grundbestimmung aller ästhetischen Phänomene extrapoliert werden – ein Verfahren, das auch Dilthey ausgiebig praktiziert hat (vgl. *J. Kulenkampff, Ästhetische Erfahrung,* in: *Der Begriff der Erfahrung in der Philosophie des 20. Jahrhunderts,* hrsg. v. *J. Freudiger, A. Graeser* u. *K. Petrus,* München 1996, 196 ff.).

[237] Vgl. oben, S. 79.

gen. Indem er die Zirkelstruktur des Verstehens von der Modellgeisteswissenschaft der Ästhetik (Poetik) her auffaßte, geriet ihm die referentielle Dimension zusehends aus dem Blick, und die Verstehensimmanenz rückte in die Nähe der – im schlechten Sinne geisteswissenschaftlichen – These hermeneutischer Autarkie des objektiven Geistes. Diese methodische Depotenzierung der pragmatistischen Ansätze der mittleren Phase dürfte in der poetischen Distanzierung des Referentiellen gründen. Denn die Dynamik der inneren Bilder wird im poetischen Prozeß, wie Dilthey in seinen Schriften zur Theorie der Dichtkunst gezeigt hat, nur vom Fungieren des erworbenen seelischen Zusammenhangs bestimmt, nicht aber von den präsenten Erlebnissen und der aktualen Lebenspraxis des Subjektes, die sich in diesen geltend macht.

Daß die poetische Produktion zum Leitfaden eines Konzeptes unreduzierter Erfahrung gewählt wird, hat also eine Abschwächung der pragmatischen Dimension zur Folge. Dichtung kennt keinen lebenspraktischen Handlungsdruck, sie verarbeitet allein *erinnertes* Erleben und unterwirft dieses zudem, wie der späte Dilthey unter dem Einfluß Husserls gegen den Psychologismus betont, der Eigengesetzlichkeit des poetischen Prozesses. Der methodische Fehler besteht nun darin, letztere als Strukturmerkmale von Erfahrung überhaupt aufzufassen. Zumindest in die Nähe einer solchen fehlerhaften Argumentation gerät Dilthey in seinen dichtungstheoretischen Schriften, die den Dichter als paradigmatisch »gesunde[n] und vollkommene[n] Menschen«[238] feiern. Daraus, daß der poetische Prozeß charakteristische Merkmale humaner Erfahrung in besonders plastischer Weise exemplifiziert, darf nicht geschlossen werden, jedes ihrer Merkmale sei auch im ästhetischen Vollzug realisiert. Begriffslogisch gesprochen: zwischen den begrifflichen Merkmalen einer Art und denen ihrer Gattung besteht auch dann ein Privationsverhältnis, wenn die Art als Paradigma der Gattung gelten kann. Insbesondere ist es wichtig, die Beziehung Art-Nebenart nicht mit der Beziehung Art-Gattung zu verwechseln.[239] Im Hinblick auf das Verhältnis zwi-

---

[238] *Dichterische Einbildungskraft und Wahnsinn (Gesammelte Schriften VI)*, 98.

[239] Mit dieser Argumentation greife ich auf die begriffslogischen Analysen *B. v. Freytag-Löringhoffs* zurück, deren religionsphilosophische Relevanz *H. Schrödter* sichtbar gemacht hat (vgl. *ders.*, *Erfahrung und Transzendenz*, op. cit., 155 f.). Während zwischen Nebenarten ein Verhältnis *limitativer* Negation besteht, handelt es sich bei der Beziehung von Gattung und Art um eine *privative* Negation. Nur dann, wenn diese beiden Negationsweisen sorgfältig unterschieden werden, vor allem also die Umdeutung der

schen ästhetischer und religiöser Erfahrung bedeutet dies: es ist möglich, semantische Geschlossenheit als Merkmal des Poetischen zu akzeptieren, diese aber als einschränkende Bestimmung der Art (ästhetische Erfahrung) zu fassen, die der Gattung (Erfahrung als Titel für die Perspektive der Ersten Person) nicht zukommt. Damit können *genus proximum* und *differentia specifica* so konstelliert werden, daß zwischen ästhetischer und religiöser Erfahrung kein Gattungs-Art-, sondern ein Art-Nebenart-Verhältnis besteht. Durch diese methodische Operation wird es möglich, die Einsichten des hermeneutischen Artikulationskonzepts zu übernehmen, ohne die beiden Modi von Erfahrung zu konfundieren.

Hinsichtlich des nicht (direkt) referentiellen Charakters ästhetischer Erfahrung ist Dilthey zuzustimmen. Seine Auffassung gehört hier in den Kontext einer langen Tradition, die ihren prominentesten Ausdruck wohl in Kants berühmter Analyse der Geschmacksurteile, »wodurch gar nichts im Objekte bezeichnet wird«[240], gefunden hat. Eine besonders klare Analyse neueren Datums findet sich in Abraham Kaplans schon erwähntem Aufsatz *Referenz in der Kunst*.[241] Kaplan schließt zunächst das Mißverständnis aus, Referenz spiele in ästhetischen Kontexten überhaupt keine Rolle. Vielmehr finden sich häufig referentielle Aspekte, die das Kunstwerk auf raumzeitliche Gegebenheiten beziehen. Wer den Spuren Gerd Aschenbachs in Thomas Manns Erzählung *Der Tod in Venedig* folgt, der erfährt auch einiges über die Topographie des realen Ortes. Entscheidend ist aber, daß in poetischen Kontexten Bezugnahmen auf Objektives funktional dem Ausdruckscharakter des Textes untergeordnet sind. Als Schlüssel für die kontrastive Bestimmung von ästhetischer und religiöser Erfahrung (limitatives Negationsverhältnis) erweist sich die Stellung der Referenz innerhalb des Ausdrucksgeschehens. Sie ist Kaplan zufolge für den Bereich des Ästhetischen dadurch gekennzeichnet, »daß Referenz, wo sie in den Künsten auftritt, auch tatsächlich wesentlich ist, aber nicht *als* Referenz, sondern als etwas, das

---

limitativen Beziehung in eine privative unterbleibt, können mehrere Modi von Erster-Person-Erfahrung – etwa ästhetische, ethische, religiöse – ohne wechselseitige Subsumptionen spezifiziert werden. – Da es sich bei menschlicher Erfahrung immer um einen modal gestuften Prozeß unter Einschluß freier interpretativer Wahlen handelt, verbietet sich im übrigen jede Auffassung, die solche Spezifizierungen im Sinne überzeitlicher Wesensaussagen deutet.

[240] *Kritik der Urteilskraft,* A 4.

[241] Vgl. oben, Anm. 56 u. 75.

zum Ausdruck beiträgt.«[242] »Die Grundform von Bedeutung in der Kunst ist Ausdruck.«[243] Gerd Aschenbach flaniert durch ein imaginäres Venedig, dessen Ähnlichkeit mit der italienischen Stadt im Dienst einer poetischen Absicht steht – einer Absicht, die sich der deskriptiv-referentiellen Komponenten frei bedient.

Anders verhält es sich im Fall religiöser Erfahrung. In ihr erfährt sich das Subjekt *im Ausdruck* seines vollzogenen Lebens gerade nicht als freier Schöpfer von Bedeutungen, denen die referentielle Komponente der verwendeten Symbole subordiniert ist, sondern als *referentiell gebunden*. Weil ästhetische und religiöse Erfahrung als Realisierungen der Erste-Person-Perspektive durch Bedeutungsholismus gekennzeichnet sind, liefe es nämlich auf ein gravierendes Mißverständnis hinaus, wollte man die Kategorie ›Ausdruck‹ hier limitativ als *terminus technicus* für die expressiven Komponenten von Erfahrung verwenden. ›Ausdrucksbildung‹ bezeichnet die Relation, durch welche zuständliches und intentionales Bewußtsein vermittelt werden und schließt expressive, volitionale und kognitive Dimensionen ein. Das ›aufgespannte Verhältnis‹ von Erfahrung wird reduktionistisch verfehlt, wo die spezifische Differenz der verschiedenen Erfahrungsmodi durch Isolierung eines einzelnen Aspekts markiert werden soll. Dies gilt in ästhetischen Kontexten nicht minder wie in religiösen – und ebenso, worauf ich hier nicht näher eingehen kann, in ethischen. Für die Kunsttheorie schlägt Kaplan vor, solche nicht bedeutungsholistischen Konzeptionen als »Emotivismus« bzw. »Literalismus« zu klassifizieren. *Emotivismus* ist die Überzeugung, »daß die Referenz weder für den Wert noch für die Bedeutung des Kunstwerks eine wesentliche Rolle spielt« und es allein auf nichtreferentielle Emotionen ankomme, *Literalismus* hingegen steht für die Ansicht, »daß alle nur irgend in verschiedenen Künsten vorkommenden Zeichen referentielle Bedeutung haben und daß Referenz allein die Grundlage ihres ästhetischen Wertes ist.«[244] Unschwer lassen sich diese Fehlformen mit ihren Entsprechungen im religiösen Bereich verknüpfen, der Isolierung des Erlebens bzw. der fixierten Symbole, wie ich sie oben als *Erlebnisfundamentalismus* bzw. *Symbolfundamentalismus* charakterisiert habe.[245]

---

242 *A. Kaplan, Referenz in der Kunst,* op. cit., 492.
243 Ebd., 498.
244 Ebd., 493.
245 Vgl. oben, S. 332f.

Religiöse und ästhetische Erfahrung können also nicht dadurch unterschieden werden, daß man sie auf Teilaspekte der komprehensiven Struktur reduziert und etwa religiöse nur mit den kognitiven, ästhetische Erfahrung hingegen allein mit den expressiven Aspekten assoziiert. Es kommt darauf an, die Differenzen als solche der *Konstellation* innerhalb der ausdrucksbildenden Vermittlung von Erlebnis und symbolischer Form zu fassen. Von diesen Überlegungen ausgehend, bietet es sich an, religiöse Erfahrung durch einen Modus der Ausdrucksbildung zu bestimmen, in dem die Bezugnahme auf das Ganze der Wirklichkeit eine entscheidende Rolle spielt.[246] Wo religiöse Erfahrung vollzogen wird, entscheiden sich Subjekte durch interpretative Wahlen für solche symbolischen Transformationen ihres zuständlichen Bewußtseins, in denen eine das Subjekt übergreifende Realität und damit dessen eigene Endlichkeit anerkannt wird. Was sich formal als eine *Erzeugung* von Prägnanz durch Wahl konkreter symbolischer Formen darstellt, muß inhaltlich als *Anerkennung* einer nicht erzeugten, sondern vorgefundenen Realität verstanden werden. Ein religiöser Modus von Erfahrung liegt demnach immer dann vor, wenn Subjekte in reflexiver Distanzierung vom Vollzug ihres eigenen Lebens diejenigen Ausdrucksgestalten als gültig präferieren, die dieses Leben durch Bezugnahmen auf eine letzte Realität interpretieren. Während sich die totalisierende Kraft ästhetischer Erfahrungen, wie ich in Anlehnung an Dilthey sagen möchte, den imaginativen Synthesen der produktiven oder rezeptiven Einbildungskraft verdankt, sind religiöse Erfahrungen totalisierend, weil sich ihr Subjekt in ihnen als Teil einer transsubjektiven, unüberbietbaren Realität deutet und anerkennt. Die Bezugnahme auf solche Realität wird in ihrem Fall zum dominierenden Medium, in dem sich die expressiven und volitionalen Aspekte von Erfahrung artikulieren.

Mit diesen Überlegungen ist natürlich nicht beabsichtigt, so etwas wie die ›Essenz‹ religiöser Erfahrung im Unterschied zu den Essenzen anderer Erfahrungsmodi herauszupräparieren. Ein essentialistisches Verständnis von Erfahrung verbietet sich im Blick auf ihren Charakter als modale Transformation ohnedies. Die hier vorgelegte formalhermeneutische Rekonstruktion von Erste-Person-Erfahrung verlagert die Unterschiede zwischen ihren verschiedenen Erscheinungsformen in die jeweils dominierenden, historisch wandelbaren

---

[246] In der treffend-lapidaren Formulierung *W. Proudfoots:* »Religious experience includes a judgment about how things actually are.« (*Religious Experience*, op. cit., 173.)

Artikulationsschemata hinein, durch die existenzielle und semantische Bedeutung miteinander vermittelt werden. Diese stilisieren als *Subjektivierungsschemata* die reflexiven Interpretationen des zuständlichen Bewußtseins über die Semantik und Grammatik der verwendeten Symbole und wirken umgekehrt als *Objektivierungsschemata* vom gelebten Leben aus auf den ›objektiven Geist‹, den kulturellen Inbegriff von Bedeutungen ein.[247] Die soeben skizzierten Eigentümlichkeiten religiöser vs. ästhetischer Erfahrung müssen daher als stilisierte Artikulationsschemata aufgefaßt werden, die geschichtlichen Modifikationen unterliegen können und auch faktisch unterliegen. Jede menschliche Erfahrung kann religiöse Qualität gewinnen, wenn sich ihr Subjekt für die Gültigkeit eines religiösen Artikulationsschemas entscheidet, und Entsprechendes gilt vom Ästhetischen. Es wäre daher, eine Anregung von H. Schrödter aufgreifend,[248] die präzisere, wenn auch unhandlichere Diktion, statt von ethischer, ästhetischer, religiöser etc. Erfahrung von ›Erfahrung mit ethischer, ästhetischer, religiöser etc. Bedeutung‹ zu sprechen, um den inneren Bezug des situativen Erlebens zu den konkreten Artikulationsweisen stets präsent zu halten.

Wie bei der Diskussion des Reduktionismus-Problems sichtbar wurde, ist mit dieser Präzisierung freilich nur dann etwas gewonnen, wenn der *doppelte* Richtungssinn von Artikulation mitbedacht wird, der ihr Subjekt mit dem sozialen Zeichengebrauch verbindet. Gegen Autoren wie Proudfoot mußte darauf bestanden werden, daß symbolische Prägnanz nicht nur ein Subjektivierungsschema bereitstellt, sondern auch umgekehrt der Symbolgebrauch von der Weise beeinflußt wird, in der sich Subjekte ihr gelebtes Leben deuten. Wer nur die *governing rules* des religiösen Sprachspiels beherrscht, hat noch keine religiöse Erfahrung gemacht. Gegen Autoren wie Alston war hingegen geltend zu machen, daß perzeptiv gedeutete Bewußtseinsqualitäten erst durch Wahl eines Objektivierungsschemas als intentional gehaltvoll bestimmbar sind. Wer nur gewahrter Qualitäten inne wird, kann sich niemals ihrer religiösen Bedeutung versichern.

Religiöse und ästhetische Erfahrung können demnach in typologischer Vergröberung als spezifizierende Artikulationsschemata der Ersten Person verstanden werden, die im Bedeutungsholismus

---

[247] vgl. dazu oben, S. 291.

[248] Vgl. *H. Schrödter*, Erfahrung und Transzendenz, op. cit., 136 f. (mit Bezug auf *P. Donovan*).

und in ihrem totalisierenden Charakter übereinkommen, sich aber in der Weise der Bezugnahme auf transsubjektive Realität unterscheiden (Fiktionalität vs. referentielle Gebundenheit). Weil es sich jeweils um reale, kulturell höchst wirkmächtige Vermittlungsformen von existentieller und semantischer Bedeutung handelt, sind weitgehende Transformationen, Inklusionen und kulturelle Modifikationen zwischen ihnen möglich und in hermeneutischen Analysen des kulturgeschichtlichen Wandels von Dilthey[249] bis zu Hans Robert Jauss[250] und Charles Taylor[251] auch tatsächlich nachgewiesen worden.

3.2.2.2. Strukturanalyse und inhaltliche Bestimmungen

Die formalhermeneutische Rekonstruktion religiöser Erfahrung konkurriert nicht mit inhaltlich orientierten Bestimmungsversuchen auf der selben Ebene. Sie vermag aber solche Bestimmungen in ein neues Licht zu setzen, indem sie auf den interpretativen Charakter des Übergangs zwischen qualitativem Erleben und symbolischer Form hinweist. Damit wird auf der strukturlogischen Ebene eine Pluralität von Ausdrucksgestalten sichtbar, die religionsphilosophische Interpretation durch Remodalisierung verstehbar machen, d.h. als Realisierung des Strukturbegriffs von Religiosität aufzeigen kann. Wie die Logik der Artikulation eine präzisierende Klärung inhaltlicher Deutungsversuche ermöglicht, möchte ich zunächst am Beispiel von Joachim Wachs *Universals in Religion* zeigen. Von Dilthey, Husserl und Rudolf Otto geprägt, sucht Wach nach einem integrativen Konzept religiöser Erfahrung und nennt dabei vier Kritierien, die

---

[249] vgl. vor allem die Untersuchungen des zweiten Bandes der *Gesammelten Schriften: Weltanschauung und Analyse des Menschen seit Renaissance und Reformation* sowie die beiden Bände über das *Leben Schleiermachers* (Bde. XIII u. XIV der *Gesammelten Schriften).*

[250] In seinem Hauptwerk *Ästhetische Erfahrung und literarische Hermeneutik* (Frankfurt 1991) zeigt Jauß am Beispiel der Entwicklung von Augustinus zu Rousseau im Detail, wie sich »die ästhetische Erfahrung … der Prädikate der göttlichen Identität bemächtigt, um sie zu Normen der Selbsterfahrung des *individuum ineffabile* auszumünzen.« (ebd., 207). Durchgeführt wird die Untersuchung in dem Abschnitt *Religiöser Ursprung und ästhetische Emanzipation der Individualität,* 232–243. Von besonderem Interesse im Zusammenhang meiner Fragestellung ist die ästhetische Transformation des Gottesprädikates »allumfassende Ganzheit« (233) durch Rousseau, die nach Jauß auf den Versuch einer Totalisierung des Individuums hinausläuft.

[251] vgl. ders., *Sources of the Self,* op. cit., Part V: »Subtler Languages«.

jeweils für sich notwendig und zusammengenommen hinreichend sein sollen.

»1. Religious experience is a response to what is experienced as ultimate reality; that is, in religious experience we react not to any single or finite phenomenon, material or otherwise, but to what we realize as undergirding and conditioning all that constitutes our world or experiences.«[252] Der Totalitätsbezug, auf den hier hingewiesen wird, muß nach der hier vorgelegten Analyse formal als Totalisierungsleistung der Artikulation verstanden werden. »Ultimate reality« begegnet nicht einfach gegenständlich, sie wird erfahrbar einzig innerhalb der strukturellen Spannung von universellem Symbol und partikularem Lebensvollzug, die sich in religiösen Ausdrucksgestalten positiviert und artikuliert.

»2. Religious experience is a total response of the total being to what is apprehended as ultimate reality. That is, we are involved not exclusively with our mind, or affections, or our will, but as integral persons.«[253] Dieser Bedeutungsholismus kennzeichnet jedoch nicht allein religiöse Erfahrung, sondern alle Bezugnahmen auf Realität, die in der Perspektive der Ersten Person geschehen.

»3. Religious experience is the most intense experience of which man is capable. (…) The modern term ›existential‹ designates the profound concern and the utter seriousness of this experience.«[254] Wie Wach selbst im folgenden zugibt, ist existentielle Intensität auch im Bereich des Ästhetischen charakteristisch. Strukturell läßt sich diese Intensität in beiden Fällen als Verbindung von affektiver Individuation (Selbstübernahme des gespürten Lebens) und totalisierender Weltaneignung plausibel machen.

»4. Religious experience is practical, that is to say it involves an imperative, a commitment which impels man to act. This activistic note distinguishes it from aesthetic experience, with which it shares the intensity, and joins it with moral experience.«[255] Daß Erfahrungen in den handelnden Weltbezug des Menschen eingelassen sind, wird von William James, aber auch von dem Dilthey der pragmatistischen Phase unentwegt betont. Darüber hinaus macht aber der drei-

---

[252] *J. Wach, Universals in Religion,* in: *ders., Types of Religious Experience,* Christian and Non-Christian, Chicago: The University of Chicago Press, [5]1972, 32.
[253] Ebd.
[254] Ebd., 32 f.
[255] Ebd. 33.

stellige Strukturbegriff von Erfahrung sichtbar, wie dieser selbst ein intern pragmatischer Charakter zukommt. Weil Artikulation nämlich immer Möglichkeiten in Wirklichkeit transformiert, muß sie selbst als ein Handeln, genauer gesagt: als ein interpretierendes *Wählen* begriffen werden. Indem Subjekte sich für die Gültigkeit von Ausdrucksgestalten entscheiden, verwirklichen sie praktisch ihre Selbst- und Wirklichkeitsdeutung. Dies trifft für alle interpretativen Wahlen zu, besonders prägnant jedoch im Fall religiöser Erfahrung, die das endliche Subjekt auf Totalität bezieht.

Diesen vier Charakteristica fügt Wach zwei weitere, höchst instruktive Bestimmungen bei. Zum einen sei religiöse Erfahrung universal: »the empirical proof of this statement can be found in the testimonies of explorers and investigators.«[256] Solche Universalität gründet dem hier Ausgeführten zufolge in der Unausweichlichkeit von Artikulation als einer Vermittlung symbolischer Allgemeinheit mit empirisch-kontingenter Subjektivität. Im Strukturbegriff endlicher, sich selbst interpretierender Wesen ist diese Vermittlungsaufgabe gesetzt. *Wie* sie jedoch bewältigt wird, kann diese Einsicht nicht präjudizieren. Insbesondere darf nicht einfachhin von Totalität als einem Relat innerhalb des Artikulationsgeschehens auf Totalität im Sinne eines transzendent Göttlichen geschlossen werden. Es sind immer die konkreten Artikulationsschemata innerhalb einer religiösen Tradition, in denen dieser Übergang vollzogen wird. Die kognitiven Überzeugungen, affektiven Stilisierungen und volitionalen Normierungen jedoch, auf die sich die Teilnehmer einer solchen Deutungstradition verpflichten, sind alles andere als uinversal; sie variieren vielmehr transkulturell, wie die Religionswissenschaft gezeigt hat, in einem erstaunlichen Ausmaß. Für die Universalität der Struktur religiöser Erfahrung kann es gar keinen direkten empirischen Beweis geben, weil sie erst durch die hermeneutische Operation der Remodalisierung, nicht jedoch an der Oberfläche konfligierender Weltdeutungen sichtbar wird.

Daß Wach die Bedeutung Pluralität erzeugender Artikulation nicht tief genug ansetzt, zeigt sich auch in seinem zweiten Hinweis: »religious experience tends towards *expression.* This tendency is universal. Only in and through its expression does any of our experiences exist for us, the students of the history of religion. The religious experience of another person can never become the object of

[256] Ebd.

direct observation.«[257] Ohne symbolischen Ausdruck könnte es jedoch weder für observierende Dritte, noch für das Subjekt selbst religiöse Erfahrung geben. Die ›Existenz‹ solcher Erfahrungen fällt mit dem Vollzug ihrer Artikulation zusammen. Sinnlogisch betrachtet, läßt sich die Erste-Person-Aussage »Ich habe eine Erfahrung gemacht« überhaupt nur als ein gegliedertes Ganzes explizieren, das keine vorgängigen Teile kennt: ›Erleben-cum-Interpretationspraxis‹. Von einer bereits gemachten Erfahrung zu sprechen, die *post festum* auf Artikulation hindrängt, ist unsinnig.

In religiösen Erfahrungen manifestiert sich eben die Perspektive der Ersten Person in besonders eindringlicher Weise, so nämlich, daß Individuen, die solche Erfahrungen machen, sich in ihrem Weltbezug gleichzeitig als unvertretbare Interpretationssubjekte erfahren. Religiöse Artikulationsschemata pointieren dabei den Bezug der Subjekte zu einer transsubjektiven Realität unter dem Gesichtspunkt ihrer Anerkennung (referentielle Gebundenheit). Damit machen sie freilich eine strukturlogische Notwendigkeit explizit, die Erfahrung als solche kennzeichnet, sofern diese als Spezifikum personaler Existenz gefaßt wird. Wenn diese Auffassung richtig ist, dann individuiert Erste-Person-Erfahrung in einer prinzipiell anderen Weise als wissenschaftliche Dritte-Person-Erfahrung. Ein Mitglied der *scientific community* instantiiert als Beobachter oder Interpret eines Experimentes Gattungskompetenzen und ist in dieser Eigenschaft wesentlich vertretbar, auch wenn faktisch immer ein konkretes Individuum eine bestimmte Raum-Zeit-Stelle einnehmen muß. Das Subjekt einer persönlichen Erfahrung jedoch entscheidet sich wesentlich unvertretbar für eine bestimmte Deutung seines zuständlichen Bewußtseins und übernimmt damit die Verantwortung, ein Selbst zu sein. ›Jemeinigkeit‹ von Erfahrung ist demnach keine bloße Instantiierung von – *sit venia verbo* -›Jeunsrigkeit‹, sondern bringt zum Ausdruck, daß sich Subjekte durch interpretative Wahlen individuieren. Dies können sie freilich nur vollbringen, indem sie Symbole verwenden, die raumzeitliche Kontingenzen transzendieren und dadurch eine totalisierende Kraft entfalten. Durch symbolische Artikulation, also gerade durch das interpretierende Ergreifen *einer* Möglichkeit, öffnet sich die Schere zwischen Möglichkeiten und Wirklichkeit,

[257] Ebd., 33 f.

wird die Spannung zwischen konkretem Lebensvollzug und horizonthaftem Ausgriff auf Totalität *als solche* erfahrbar.

Diese Überlegungen machen deutlich, daß religiöse Erfahrung Strukturmerkmale pointiert, auf die jede Rekonstruktion binnenperspektivischer Erfahrung zwangsläufig stoßen muß – Strukturmerkmale, ohne die der Begriff einer menschlichen Person unverständlich bleibt. Soweit nämlich, wie ich mit Frankfurt und Taylor argumentiert habe,[258] Personalität mit der Fähigkeit zu Bewußtseinszuständen zweiter Stufe zusammengeht und solche Bewußtseinszustände via Artikulation eine symbolische Prägnanz hervorbringen, ist die Vermittlung von partikular-präsentischer Existenz mit dem symbolisch repräsentierten Ganzen der Wirklichkeit dem Begriff einer Person eingeschrieben. Indem ein Subjekt den Möglichkeitshorizont seines zuständlichen Bewußtseins durch Wahl einer symbolischen Form positiviert, übernimmt es sich als Endliches vor dem Hintergrund einer es transzendierenden Realität. Da die Alternative, auf Artikulation zu verzichten, nicht besteht, läßt sich sagen, daß die Interpretationspraxis *jeder* menschlichen Person ein Strukturmerkmal aufweist, dessen Verstetigung in konkreten Artikulationsschemata positive Religion erzeugen *kann*. Die Möglichkeit positiver Religionen ist demnach im Ausdruckscharakter des menschlichen Welt- und Selbstverhältnisses angelegt. Sie kann jedoch in zweifacher Weise unverwirklicht bleiben.

Zum einen ist zwar der Verzicht auf Artikulation selbstwidersprüchlich – Menschen sind sich selbst interpretierende Tiere – und das aufgespannte Verhältnis von Individuum und symbolisch repräsentierter Totalität insofern in jeder Ausdrucksbemühung präsent. Daraus folgt aber nicht schon, daß jeder Mensch dieses Strukturmerkmal auch explizit zu symbolischer Prägnanz ausformen bzw. sich einer schon bestehenden Ausdruckstradition anschließen müßte. Die Möglichkeit der Konkretisierung kann unverwirklicht bleiben, was zumal dann der Fall ist, wenn die kulturell verfügbaren religiösen Symbole von vielen Menschen nicht mehr als gültiger Ausdruck ihrer eigenen Lebenserfahrung verstanden werden. Für die religionssoziologische Relevanz dieses Aspekts bieten die zahlreichen Studien zum Verhältnis von Jugend und Kirche, etwa die schon erwähnte Arbeit von Heiner Barz,[259] überzeugende Belege. Wenn die symboli-

[258] vgl. oben, S. 315 f.

[259] *Jugend und Religion* Bd. 1 u.2. op. cit.

sche Konkretisierung und damit Verarbeitung eines wesentlichen Strukturmomentes von Subjektivität unterbleibt, sind freilich Verschiebungseffekte zu erwarten – etwa sekundäre Symbolisierungen, die sich dann aus der Perspektive einer positiven Religion als pseudoreligiös darstellen. Auch hier ließen sich im Bereich der Jugendkultur unschwer einschlägige Phänomene – etwa der transgressive Charakter exzessiven Tanzens – aufweisen.

Ein methodischer Fehler wäre es aber, wollte man deshalb die Disjunktion positive Religion/Pseudoreligion für vollständig halten. In klassischer Form hat diese Position Max Scheler in seiner Schrift *Vom Ewigen im Menschen* vertreten. »*Der religiöse Akt*«, so schreibt Scheler dort, »*wird von jedem Menschen notwendig vollzogen.*[260] Da der religiöse Akt eine wesensnotwendige Mitgift der menschlichen geistigen Seele ist, kann gar nicht die Frage ergehen, ob er von einem Menschen vollzogen wird oder nicht. Es kann nur die Frage ergehen, ob er das ihm *adaequate* Objekt findet, das Ideenkorrelat, zu dem er wesensmäßig gehört, oder ob er auf ein Objekt zielt und es als heilig und göttlich, als absolutes Wertgut bejaht, das seinem Wesen *widerstreitet*, da es der Sphäre endlicher, kontingenter Güter angehört. – Es besteht das Wesensgesetz: Jeder endliche Geist glaubt entweder an Gott oder an einen Götzen.«[261] Schelers Argumentation rekonstruiert den »religiösen Akt« als fixe Wesenskorrelation von intentionalem Bewußtsein und intentionalem Gegenstand und macht damit die interpretativen Wahlen unsichtbar, durch die ein intentionaler Gehalt allererst bestimmt wird. Dieses objektivistische Mißverständnis nötigt ihn dann dazu, ein Strukturmoment personaler Existenz in seinem Möglichkeitscharakter mit der Wirklichkeit positiven Glaubens zu identifizieren. Die Alternative (wahrer) Gott/Götze ist nur aus der Binnenperspektive positiven Glaubens formulierbar und darf deshalb nicht einer Rekonstruktion des Religiösen unterlegt werden, die, wie Scheler dies beansprucht, phänomenologisch bzw. anthropologisch argumentiert.

Religionen sind nämlich, *zum zweiten*, schon deshalb nicht die einzigen Formen totalisierender symbolischer Prägnanz, weil die Unumgänglichkeit einer symbolischen Formung der Dialektik von endlicher Existenz und Totalität keineswegs notwendig zur Positivierung dieser Totalität selbst führen muß. Es besteht also prinzipiell immer

[260] Im Original gesperrt gedruckte Überschrift.
[261] *M. Scheler, Vom Ewigen im Menschen,* Berlin 1923, 559.

die Möglichkeit einer bewußten Selbst- und Weltauslegung endlicher Subjektivität, die ohne die Annahme einer göttlichen Dimension auskommt oder diese explizit vergleichgültigt. Historisch betrachtet, können der antike Skeptizismus bzw. Atomismus als Beispiele für eine nichtreligiöse Positivierung der Endlichkeitsdialektik gelten. Solche Weltanschauungen mit Hilfe des Schemas ›Gott vs. Götzen‹ erfassen zu wollen, führt zu massiven Projektionen des Eigenen ins Fremde, die jedes Verstehen unmöglich machen. Hier zeigt sich wieder, wie wichtig es ist, zwischen Verstehen im Sinn der Anerkennung einer Symbolgestalt als für den Anerkennenden gültig (Einverständnis) und Verstehen im Sinn der Anerkennung einer Symbolgestalt als möglicher Realisierung des aufgespannten Verhältnisses zu unterscheiden.

Daß die Möglichkeit religiöser Erfahrung der symbolischen Vermittlung von Personalität eingeschrieben ist, stellt also selbst im Verbund mit einer expliziten Symbolisierung des Totalitätsbezugs keine hinreichende Bedingung für das Vorliegen religiöser Erfahrung dar. Denn von solchen Erfahrungen kann sinnvoll nur dort gesprochen werden, wo ihr Subjekt die Erfahrung auch in den Begriffen einer religiösen Tradition artikuliert, seinen eigenen Lebensvollzug also so interpretiert, daß ihm ein bestimmter Glaube als dessen gültiger (expressiv authentischer, normativ bindender, propositional wahrer) Ausdruck erscheint. Die Selbstzuschreibung des Individuums als Mitglied einer Auslegungsgemeinschaft ist in diesem Sinn, wie Proudfoot zurecht betont hat,[262] normativ für die Außenzuschreibung, und es wäre widersprüchlich, zugleich »x hat eine religiöse Erfahrung gemacht« und »davon weiß x nichts« zu vertreten. Selbst Alston sieht sich gezwungen, sein perzeptivistisches Konzept durch den Gedanken einer symbolischen Identifizierung in den Begriffen einer Tradition zu erweitern: »We can just refer to the characteristics deemed to be the most central to God in the leading theistic religions – Judaism, Christianity, and Islam – and say that so long as the subject is thinking of the perceived object in some such terms, she is identifying that object as God.«[263] Ein Subjekt A kann also zwar Erfahrungen machen, von denen ein Subjekt B in Kenntnis ihrer (areligiösen) symbolischen Form meint, sie ließen sich eben nicht in

[262] Vgl. *W. Proudfoot, Religious Experience,* op. cit., 183: »A religious experience is an experience that is identified by its subject as religious.«
[263] *W. Alston, Perceiving God,* op.cit., 29.

dieser, sondern nur in einer positiv-religiösen Form gültig artikulieren. Wenn B nun A diese religiöse Form als Ausdruck dessen eigener Erfahrung ansinnt und A dies akzeptiert, kommt es zu einer Konversion, in welcher der Konvertit das neue, religiöse Symbolsystem übernimmt. Diese Übernahme schließt den Glauben ein, recht verstanden seien auch schon die biographisch früheren Symbolisierungen der Bedeutsamkeit des eigenen Lebens im Verhältnis zu der religiösen Symbolform inadäquat gewesen. Anonyme religiöse Erfahrung kann es jedoch prinzipiell nicht geben, weil Identifizierung in den Symbolen einer religiösen Tradition zu ihren begrifflichen Merkmalen zählt.

Wo die hier genannten Differenzierungen nicht beachtet werden, können den Erfahrungssubjekten unter Mißachtung ihrer autonomen Auslegungspraxis beliebige Inhalte angesonnen werden, unter die ihr Selbstverständnis subsumptionslogisch befaßt wird. Agressive Missionsstrategien liefern abschreckende Beispiele für die handlungspraktischen Folgen solcher Mißachtung. Methodisch betrachtet läuft es auf einen Fehlschluß hinaus, aus der Unumgänglichkeit einer *wie immer gearteten* Positivierung der Erfahrungsstruktur auf die Möglichkeit einer *einzigen, universell gültigen* Symbolform von Erfahrung – und darüber hinaus noch auf die Identität der eigenen Tradition mit dieser Symbolform – zu schließen. Die Dialektik von Totalitätsbezug und Individualisierung erzwingt notwendig eine Pluralität von Ausdrucksgestalten. Daß die religionsphilosophische Interpretation unterschiedliche Ausdrucksgestalten als konkrete Realisierungen derselben Grundstruktur von Erfahrung sichtbar machen kann, verringert die inhaltlichen Differenzen zwischen diesen Gestalten nicht im mindesten. Denn Aussagen darüber, was die Wirklichkeit ist, normative Orientierungen des intersubjektiven Handelns, Stilisierungen affektiver Betroffenheit entstehen erst *nach* der Positivierung dieser formalen Struktur und *durch* diese. Die Berufung auf eine identische Form religiöser Erfahrung ist als Gegenmittel zum religiösen Pluralismus bestenfalls wirkungslos, schlimmstenfalls ein verdeckter Versuch, die Positivität der eigenen Überzeugung zur anthropologischen Universalie umzuwidmen.

Es kommt also darauf an, Strukturbegriff und inhaltliche Realisierung konsequent zu unterscheiden, gleichzeitig aber die Unumgänglichkeit und Unhintergehbarkeit konkreter interpretativer Wahlen zu betonen. Nur so können Erlebnisfundamentalismus und Symbolfundamentalismus gleichermaßen vermieden werden, kann die Anerkennung von Pluralität mit der bewußten Option für *eine* konkrete Ausdrucksgestalt mit ihren Geltungsansprüchen zusammengehen. Die Differenzierung zwischen Strukturmerkmalen menschlicher Erfahrung und ihren positiv-religiösen Realisierungen ist also unerläßlich, erlaubt jedoch keineswegs die Einnahme eines universalen Standpunktes jenseits interpretativer Wahlen. So zielt ja auch das von mir Remodalisierung genannte Verfahren eines Rückgangs von konkreten Ausdrucksgestalten auf den Möglichkeitshorizont vollzogenen Lebens nicht etwa auf eine höherstufige Alternative zu den Einseitigkeiten konkreter Religionen, sondern auf den Nachweis strukturell irreduzibler Pluralität. Wenn sich die Hoffnung auf ›Die Eine Universale Ausdrucksform‹ von Erfahrung prinzipiell als trügerisch erweist, werden die bestehenden Traditionen in eine neue Beleuchtung gerückt, die ein Innenverhältnis zwischen der Ausdruckspraxis der Individuen und der Geltung religiöser Symbolsysteme sichtbar macht. So steht die Rede von religiöser Erfahrung dafür ein, daß die personale Ausbildung bzw. Aneignung komprehensiver Weltbilder nicht erschöpfend als theoretisch-rationale Zustimmung zu propositionalen Behauptungen und/oder als praktisch-rationale Zustimmung zu normativen Sätzen rekonstruiert werden kann, sondern auch als expressiv-schöpferischer Akt begriffen werden muß, in welchem ein Individuum die eigene Lebenspraxis in einer bestimmten Weise aus- und festlegt.

Die Differenz zwischen formaler Erfahrungsstruktur und inhaltlicher, positivierender Füllung muß möglichst trennscharf bestimmt sein, damit beide Aspekte sachgemäß aufeinander bezogen werden können. Dies bedeutet religionsphilosophisch vor allem die Notwendigkeit, den Erfahrungsbegriff wirklich rekonstruktiv aus den Eigenarten des subjektiven, auf Artikulation angewiesenen Weltverhältnisses zu gewinnen. Die Transformationen zwischen zuständlichem und intentionalem Bewußtsein (Subjektivierungs- bzw. Objektivierungsschemata) müssen *strukturlogisch* bestimmt werden, damit das Verhältnis von symbolischer Totalitätsrepräsentation und kontingenter Individualität als Kristallisationskern religiöser Erfahrung sichtbar werden kann. Verzichtet man auf diese formale Analyse, kann der ›gemeinsame Kern‹ religiöser Erfahrung eben nicht mehr strukturell, sondern nur noch inhaltlich, durch Generalisierungen positiver Religionen gewonnen werden.

Seit Rudolf Ottos gleichnamiger Schrift ist es üblich geworden, »Das Heilige« als Titel für ein solches inhaltliches Apriori zu gebrauchen.[264] Die Differenz zwischen dem allgemeinen Begriff religiöser Erfahrung und seinen positiven Realisierungen wird dann zum »Unterschied des Heiligen als einer Kategorie des vernünftigen Geistes a priori und des Heiligen in der Erscheinung«[265] – wobei Otto den apriorischen Charakter der erstgenannten Kategorie ständig konterkariert, indem er religionswissenschaftliche Generalisierungen mit ins Spiel bringt. Ist »das Heilige« aber erst einmal als eine quasimetaphysische Grunderfahrung eingeführt, hat man sich um jede Möglichkeit gebracht, zwischen religionsermöglichenden Erfahrungsstrukturen und konkreter Religion sinnvoll zu unterscheiden. Jede Thematisierung religiöser Problemlagen steht dann im Zeichen einer Ontologie des Heiligen, dessen Realität einfachhin vorkritisch unterstellt werden muß. Die hypostasierende Sprechweise ist kein Zufall, sondern Konsequenz der objektivistisch-intentionalistischen Erfahrungstheorie, die Ausdruck als symbolschaffende Reaktion auf intentionale Gegenstände mißversteht. Auf den naheliegenden Einwand, daß es offensichtlich keine universale Erkenntnis des Heiligen gibt, antwortet Otto mit einer fatalen Unterscheidung zwischen religiösen Normalverbrauchern und Virtuosen, die den egalitären Zug des Erfahrungsbegriffs bis zur Unkenntlichkeit entstellt.[266] Der unkritische Grundzug einer Religionstheorie, die den Begriff des »Heiligen« zum selbstverständlichen Ausgangspunkt wählt, zeigt sich besonders deutlich bei Mircea Eliade, der mit ausdrücklichem Bezug auf Otto[267] das Heilige als eine ontologische Selbstmanifestation, als »Hierophanie«[268] expliziert. Das stupende religionskundliche Wis-

---

[264] *R. Otto, Das Heilige,* Über das Irrationale in der Idee des Göttlichen und sein Verhältnis zum Rationalen (1917), München 1979. Einen differenzierten Überblick über die Problemlage vermittelt *C. Colpe, Über das Heilige,* Versuch, seiner Verkennung kritisch vorzubeugen, Meisenheim 1990.

[265] *R. Otto, Das Heilige,* op.cit., 202.

[266] Ebd., 204: »Erkenntnisse a priori sind nicht solche die jeder Vernünftige *hat* (das wären ›angeborene‹), sondern die jeder *haben kann.* Höhere Erkenntnisse a priori sind solche, die jeder haben kann aber erfahrungsgemäß nicht durch sich selber sondern ›erweckt‹ durch andere höher Befähigte. Die allgemeine ›Anlage‹ ist hier nur das allgemeine Vermögen der *Empfänglichkeit* und ein *Prinzip der Beurteilung* nicht aber der eigenen selbständigen Hervorbringung der betreffenden Erkenntnisse. Solche Hervorbringungen hat nur statt in den ›Begabten‹.« Religiös Begabte heißen »Profeten« (Ottos Schreibweise). Was aber, wenn das religiöse Fußvolk sein Beurteilungsvermögen gegen die Propheten kehrt?

[267] Vgl. *M. Eliade, Das Heilige und das Profane,* Vom Wesen des Religiösen (1957), Frankfurt 1990, 13 f.

[268] Ebd., 14. Vgl. auch ebd., 181: »Wie wir gesehen haben, begründet die Erfahrung des

sen, das Eliade den Lesern seiner Standardwerke *Die Religionen und das Heilige* (1948) und *Geschichte der religiösen Ideen* (3 Bde., 1976 ff.) zugänglich macht, ist von einem robusten Realismus durchdrungen, der von kritizistischen Erwägungen unbeeinflußt erscheint.[269]

Gegenüber solchen inhaltlichen Versuchen, »das Religiöse« von »den Religionen« zu unterscheiden, wird hier für den methodischen Vorrang einer formalen Rekonstruktion von Erfahrung mittels der Triade von qualitativem Erleben, interpretierender Artikulation und symbolischer Form plädiert. Methodisch primär ist die Differenz zwischen Struktur und unumgänglicher, jedoch immer von Alternativen gerahmter Positivierung, nicht diejenige zwischen generalisierter und partikularer Inhaltlichkeit.[270] Die Debatte über inhaltliche

---

Heiligen die Welt, und auch die elementarste Religion ist in erster Linie eine Ontologie.«

[269] So erklärt sich das scharfe Urteil von C. Colpe (*Über das Heilige*, op. cit., 74.): »Es ist gleichwohl zu argwöhnen, daß die ungeheure Wirkung, die sein Werk ausübt, nicht auf das Vorhandensein theoretischer Errungenschaften zurückgeht, sondern eher auf deren Mangel. Denn das Ganze wird vorgetragen, die Phänomene aus aller Welt werden immer wieder hinreißend ausgebreitet, als sei der ontologische Gottesbeweis nie kritisiert worden. Es wäre nicht das erstemal, daß eine Majorität sich eine kantische Anstrengung erspart. Es scheint dieser Majorität nun nichts mehr dagegen zu sprechen, aus den Phänomenen und ihrer Geschichte, besonders aus ihrer Archaik, wenigstens einen ontologischen Gottesbeweis anzutreten.«

[270] In verwandten Zusammenhängen, wenngleich aus einer religionssoziologischen Perspektive, hat sich *U. Oevermann* für eine klare Distinktion von Strukturbegriff (»Religiosität«) und inhaltlicher Bestimmung (»Religion«) ausgesprochen (in: *Ein Modell der Struktur von Religiosität.* Zugleich ein Strukturmodell von Lebenspraxis und von sozialer Zeit. MS Juli 1994). Für Oevermann ist die »Dialektik von Endlichkeit und Unendlichkeit« zentral, wie sie sich aus jener »Aufspaltung von Welt in präsente und repräsentierende [repräsentierte?] Wirklichkeit« zwangsläufig ergibt, die die »Emergenz von Sprachlichkeit« (7) begleitet. Diese erzwinge Endlichkeitsbewußtsein gerade dadurch, daß sie die Überschreitung des unmittelbar im Hier und Jetzt Gegebenen möglich macht. Die Konstitutionsbedingungen von Religiosität sind also nach Oevermann in dem sprachlichen Weltverhältnis endlicher Subjekte universell verankert. Die »Dialektik von Endlichkeit und Unendlichkeit, von Diesseits und Jenseits des Lebens liegt nicht nur am Grunde jeglicher Erscheinungsform von Religiosität, sondern sie erzwingt universell Religiosität, so daß selbst dort noch diese erzwungene Struktur von Religiosität nachweisbar ist, wo tatsächlich die säkularisierende Verdiesseitigung der Identitätsformationen so weit gediehen ist, daß alle religiösen Inhalte dieser Formationen getilgt sind.« (9) Wenn es freilich, wie Oevermann hier konstatiert, Instantiierungen von Religiosität auch ohne religiöse Inhalte geben kann, dann ist nicht mehr plausibel, warum der Strukturbegriff dann sprachlich als Derivat seiner inhaltlichen Füllungen gefaßt werden muß. Oevermann betont verschiedentlich, daß der Struktur einer symbolver-

Gemeinsamkeiten setzt nämlich immer schon voraus, daß fremde Ausdrucksgestalten *als solche* verstanden worden sind, d. h. als alternative Realisierungen derselben strukturellen Notwendigkeit, von der auch die eigene Ausdruckstradition bestimmt ist.

Ein differenzierter Strukturbegriff von Erste-Person-Erfahrung ist auch in der Lage, zur methodischen Klärung jener religionsphilosophischen bzw. -soziologischen Ansätze beizutragen, die Religion als eine Weise des Umgangs mit *Kontingenz* explizieren wollen.[271] Autoren wie Lübbe und Wuchterl suchen nicht wie Otto und Eliade die ›Abschattungsmannigfaltigkeit‹ (Husserl) des intentionalen Objekts religiöser Erfahrung durch ein Generalisat (»das Heilige«) zu erfassen, sie möchten vielmehr eine inhaltliche Grundbestimmung des Erfahrungsvollzugs selbst fixieren, die in den positiven Religionen konkretisiert wird. Als diese Bestimmung nennen sie die unvermeidliche, also nicht handlungspraktisch abzuarbeitende und in diesem Sinne absolute Kontingenz der menschlichen Selbst- und Welterfahrung. Dabei finden sich freilich wichtige Unterschiede zwischen den Vertretern dieses Paradigmas. Während es etwa bei Lübbe den Anschein hat, als mache die Unentbehrlichkeit religiöser Kontingenz*bewältigung* eine rationale Debatte über die Geltungsansprüche überflüssig, die mit der bekenntnisförmigen Ausdifferenzierung von Religionen verbunden sind,[272] legt Wuchterl größten Wert

---

mittelten Dialektik von Endlichkeit und Unendlichkeit ein ableitungstheoretischer Vorrang zukommt. Dies zugestanden, müßte man nicht nur die Persistenz der Struktur in postreligiösen, säkularen Kontexten betonen, sondern auch ihre Wirksamkeit in solchen Weltanschauungsformationen herausstellen, die normalerweise nicht unter das Rubrum »Religion« fallen – etwa die hellenistische Popularphilosophie oder *Foucaults* daran anknüpfende »Ästhetik der Existenz«. Die hier sichtbar werdenden strukturellen Affinitäten hat Foucaults Lehrer *P. Hadot* in seiner Schrift *Philosophie als Lebensform.* Geistige Übungen in der Antike (Berlin ²1987) herausgearbeitet. Zu den – in der Terminologie Oevermanns – strukturell religiösen Zügen im Denken des späten Foucault, vgl. ebd., 178 ff.

[271] Vgl. vor allem *H. Lübbe, Religion nach der Aufklärung,* Graz/Wien/Köln 1986; *K. Wuchterl, Philosophie und Religion:* zur Aktualität der Religionsphilosophie Bern/Stuttgart 1982; *ders., Analyse und Kritik der religiösen Vernunft,* Bern/Stuttgart 1981; *ders., Religionsphilosophie im Spannungsfeld von Wissenschaft und Innerlichkeit,* in: *Theologie und Philosophie* 68 (1993), 82–88; aus religionssoziologischer Sicht: *N. Luhmann, Funktion der Religion,* Frankfurt 1977. Eine kritische Deutung des Kontingenz-Paradigmas findet sich in: *M. Jung, Zur Konjunktur von Kontingenz.* Tendenzen gegenwärtiger Religionsphilosophie, in: Merkur 525 (1992), 1126–1131.

[272] Vgl. dazu den Abschnitt 4.3 in *Religion nach der Aufklärung* zur von Lübbe so

auf eine differenzierende Behandlung der Kognitivität von religiösen Weisen der Kontingenz*anerkennung*.[273]

Unabhängig davon nun, ob Kontingenz nun eher im Rahmen handlungstheoretischer Erwägungen (Lübbe), modallogischer und ontologischer Reflexionen (Wuchterl) oder in systemtheoretischen Bezügen (Luhmann) entfaltet wird, stets muß sie als ein Phänomen angesetzt werden, daß in der Perspektive der Ersten Person universal erfahrbar ist. Die Zugänglichkeit des Phänomens ›Kontingenz‹ muß von der Verfügung über den kategorialen Rahmen ihrer Thematisierung vollständig entkoppelt werden; andernfalls ergäbe sich der absurde Befund, daß die Genese religiöser Überzeugungen ohne modallogische Kenntnisse unmöglich wäre. Hier stellt sich aber die Frage: *was* ist es eigentlich, von dem gesagt werden kann, es sei ein Fall von religionsphilosophischer Kontingenz? Nach Kurt Wuchterl handelt es sich hier um »Sachverhalte, Gegenstände oder Ereignisse mit folgenden Eigenschaften: an ihnen muß Nicht-Notwendigkeit feststellbar sein; sie müssen dem Versuch einer Transformation dieser Nicht-Notwendigkeit in Handlungssinn widerstehen …; sie werden von einem existentiellen Interesse begleitet, das auf die Bedeutsamkeit für die jeweilige Lebensform verweist, und sie bewirken einen reflexiven Impuls, sich mit dem erfaßten Sinndefizit auseinanderzusetzen.«[274]

Aus der Perspektive einer strukturhermeneutischen Deutung religiöser Erfahrung ist dieser Klärungsversuch insofern unbefriedigend, als er Kontingenz durch Bestimmung einer definiten Klasse von Sachverhalten zu erfassen sucht. Dadurch erscheint diese als etwas in sich bestimmtes, gleichsam dinghaft fertig vorliegendes, auf das zu reagieren die Subjekte von Erfahrung dann nicht umhin können. In dieser Fassung des Kontingenzbegriffs geht sein interpretativer Charakter verloren.[275] Kontingenzerfahrung ist nicht Perzeption kontingenter Sachverhalte, sondern eine Erfahrung, die sich ein-

---

genannten (und damit sprachlich gleich zweifach distanzierten) »sogenannten ›Wahrheitsfrage‹« (ebd., 240), 240–255.

[273] Hierzu führt er im Zuge weitausgreifender epistemologischer und rationalitätstheoretischer Erwägungen den Begriff des »bewährten Paradigmas« ein. Vgl. dazu *Analyse und Kritik der religiösen Vernunft*, op. cit., Abschnitt 10: Die Frage nach der Wahrheit, 229–283.

[274] Ebd., 71.

[275] Ähnlich argumentiert, in anderem Zusammenhang, *G. Abel* gegen *R. Rortys* Inanspruchnahme des Kontingenzbegriffs; vgl. *G. Abel*, *Interpretationswelten*, op.cit., 487 f.

stellt, indem Subjekte die Bedeutsamkeit ihres eigenen Lebens durch Symbole artikulieren, die diese Bedeutsamkeit universalistisch transzendieren. Wäre Kontingenz ein artikulationsunabhängiger Sachverhalt, dann könnte sie überhaupt nicht *erfahren* werden. Erfahrung vermittelt stets symbolische Bedeutung und aktuales Erleben (Bedeutsam*keit*) durch die von Alternativen gerahmten Interpretationen ihrer Subjekte. Sie schließt, subjektphilosophisch gesprochen, Bewußtseinszustände erster mit solchen zweiter Stufe (Bewußtseinszustände *über* Bewußtseinszustände) zusammen und vermag dies nur, indem sie die Präsenz des gelebten Lebens in einen transzendierenden Horizont repräsentierter Realität hineinstellt. Es ist diese *Form* des Wirklichkeitszugangs aus der Perspektive der Ersten Person, die Kontingenz allererst erfahrbar werden läßt, nicht irgendein inhaltlich »Gegebenes«. Wer Kontingenz erfährt, beschreibt nicht einen kontigenten Zustand seiner Seele, er stößt in reflexiver Distanzierung von der Unmittelbarkeit des Bewußtseinsstroms auf die modale Differenz von zuständlicher Möglichkeit und intentional bestimmender Wirklichkeit, die jedem artikulierenden Weltzugang immer schon im Rücken liegt. Wann immer dieses Strukturmerkmal *jeder* Artikulation inhaltlich positiviert wird, kann von religionsphilosophisch relevanter Kontingenz im engeren Sinn gesprochen werden.[276] Inhaltlich orientierte Interpretationen religiöser Erfahrung sind immer in Gefahr, in modaler Transformation erzeugte Ausdrucksgestalten als invariante, sich von selbst verstehende anthropologische Konstanten zu mißdeuten. Dies gilt in besonderem Maße für objektivistisch fixierende Analysen in der Art Schelers, Ottos oder Eliades. Aber auch die neueren kontingenztheoretischen Ansätze, die sich nicht mehr an objektiven Gehalten, sondern an der inhaltlichen Bestimmtheit des Erfahrungsvollzugs selbst orientieren, bleiben von diesem epistemischen Fundamentalismus bedroht, soweit sie Kontingenz als schlicht gegebenes Substrat wechselnder Interpreta-

[276] Mit diesen Überlegungen soll nicht bestritten werden, daß es inhaltlich bestimmte Kontingenzerfahrrungen sind, von denen aus sich die symbolbildende Arbeit der Religionen vollzieht: Leid, Sterben, unverfügbares Glück, Unermeßlichkeit des Kosmos usw. Solche Erfahrungen könnten jedoch niemals gemacht werden, wenn Subjektivität nicht ein Welt- und Selbstverhältnis darstellte, in welchem partikular-präsentisches Erleben mit symbolisch repräsentierter Realität vermittelt werden muß. So ist beispielsweise die Erfahrung des Todes nur deshalb möglich, weil leibliche Wesen, deren gespürte Lebendigkeit ans Hier und Jetzt gebunden ist, dennoch durch zeichenvermittelte Bezugnahme auf Zukunft ein Verhältnis zu ihrem eigenen Nicht-mehr-Sein aufnehmen können.

tionen betrachten. Die ausdrucksorientierte Hermeneutik hingegen kommt ohne einen Begriff des Selbstgegebenen aus. Sie deutet alle Symbolformen religiöser Erfahrung als bestimmende Artikulationen vollzogenen Lebens. Weil sie nicht mehr davon ausgeht, daß anderes zur Verfügung stünde, nimmt sie diese Artikulationen in ihren Geltungsansprüchen ernst. Weil sie aber auch davon weiß, daß jede Artikulation von alternativen Möglichkeiten gerahmt ist, hält sie religiöse und weltanschauliche Pluralität prinzipiell für unhintergehbar.

Literaturverzeichnis

G. Abel, Interpretationswelten. Gegenwartsphilosophie jenseits von Essentialismus und Relativismus, Frankfurt 1995.

H. Albert, Traktat über kritische Vernunft, Tübingen [4]1980.

W. P. Alston, Perceiving God. The Epistemology of Religious Experience, Cornell University Press, Ithaca/N.Y. 1991.

– Varieties of Priviledged Access, in: American Philosophical Quarterly, Volume 8, Number 3 (1971).

– A Philosopher's Way back to the Faith, in: God and the Philosophers, The Reconciliation of Faith and Reason, ed. Thomas V. Morris, New York/Oxford: Oxford University Press 1994.

K. O. Apel, Der Denkweg von Charles S. Peirce. Eine Einführung in den amerikanischen Pragmatismus, Frankfurt 1975.

R. Avenarius, Kritik der reinen Erfahrung, Leipzig 1888–1890

H. Barz, Jugend und Religion. Bd. 1: Religion ohne Institution?; Bd. 2: Postmoderne Religion, Opladen 1992.

H. Bergson, Essai sur les donées immédiates de la conscience, Paris 1889.

– Die beiden Quellen der Moral und der Religion, Jena 1933.

P. Bieri (Hg.), Analytische Philosophie der Erkenntnis, Frankfurt 1987.

– Nominalismus und innere Erfahrung, in: Zeitschrift für Philosophische Forschung 36 (1982).

G. Bird, William James (The Arguments of the Philosophers), Routledge and Kegan: London/New York 1986.

J. Bixler, Religion in the Philosophy of William James, Boston 1926.

A. Boeckh, Encyclopädie und Methodologie der philologischen Wissenschaften, Leipzig 1877.

O. F. Bollnow, Dilthey. Eine Einführung in seine Philosophie, Stuttgart etc. [3]1955.

– Die Lebensphilosophie, Berlin/Göttingen/Heidelberg 1958.

H.-J. Braun, Elemente des Religiösen, Zürich 1993.

R. Carnap, Der logische Aufbau der Welt, Hamburg [2]1962.

E. Cassirer, Philosophie der symbolischen Formen, 3 Bde. Erster Teil: Die Sprache, Darmstadt [9]1988; Zweiter Teil: Das mythische Denken, Darmstadt [8]1987; Dritter Teil: Phänomenologie der Erkenntnis, Darmstadt [9]1990.

– Der Begriff der symbolischen Form im Aufbau der Geisteswissenschaften, in: Wesen und Wirkung des Symbolbegriffs, Darmstadt [8]1994.

– Zur Logik des Symbolbegriffs, in: Wesen und Wirkung des Symbolbegriffs, Darmstadt [8]1994.

– Davoser Disputation, in: Martin Heidegger, Kant und das Problem der Metaphysik, Frankfurt [4]1973.

– Versuch über den Menschen, Hamburg 1996.

H. Cohen, Kants Theorie der Erfahrung, Berlin 1871.

C. Colpe, Über das Heilige. Versuch, seiner Verkennung kritisch vorzubeugen, Meisenheim 1990.
K. Cramer, »Erlebnis«. Thesen zu Hegels Theorie des Selbstbewußtseins mit Rücksicht auf die Aporien eines Grundbegriffs nachhegelscher Philosophie, in: Hegel-Studien (hg. v. F. Nicolin u. O. Pöggeler), Beiheft 11, Bonn 1974.
K. Cramer, Art.: »Erlebnis«, in: Hist. Wb. Phil 2, Basel 1972.
C. Cüppers, Die erkenntnistheoretischen Grundgedanken Wilhelm Diltheys, dargestellt in ihrem historischen und systematischen Zusammenhange, Leipzig/Berlin 1933.
I. U. Dalferth, Theology and Philosophy, London/New York 1988.
A. C. Danto, Analytische Philosophie der Geschichte, Frankfurt 1980.
D. Davidson, Was ist eigentlich ein Begriffsschema (1974), in: Wahrheit und Interpretation, Frankfurt 1986.
– First Person Authority, in: Dialectica 38 (1994) (dt. unter dem Titel »Die Autorität der ersten Person« in dem Sammelband von Frank, Analytische Theorien des Selbstbewußtseins, Frankfurt 1994).
J. Dewey, Kunst als Erfahrung, Frankfurt 1986.
– Artikel »Pluralism« im Dictionary of Philosophy and Psychology, hg. v. J. M. Baldwin, New York 1902.
U. Dierse, Artikel »Religion«, in: Hist Wb. Phil. 8, Basel 1992.
W. Dilthey, Einleitung in die Geisteswisenschaften. Versuch einer Grundlegung für das Studium der Gesellschaft und der Geschichte (1883) (Gesammelte Schriften I), Stuttgart/Göttingen [8]1979.
– Die Jugendgeschichte Hegels und andere Abhandlungen zur Geschichte des deutschen Idealismus (1900 ff.) (Gesammelte Schriften IV), Stuttgart/Göttingen [2]1959.
– Die Geistige Welt. Einleitung in die Philosophie des Lebens, Erste Hälfte: Abhandlungen zur Grundlegung der Geisteswissenschaften (Gesammelte Schriften V), Stuttgart/ Göttingen [2]1957. Darin enthalten: »Erfahrung und Denken« (1892); »Beiträge zur Lösung der Frage vom Ursprung unseres Glaubens an die Realität der Außenwelt und seinem Recht« (1890); »Ideen über eine beschreibende und zergliedernde Psychologie« (1894); »(Über vergleichende Psychologie) Beiträge zum Studium der Individualität« (1895/96).
– Die Geistige Welt. Einleitung in die Philosophie des Lebens, Zweite Hälfte: Abhandlungen zur Poetik, Ethik und Pädagogik (Gesammelte Schriften VI), Stuttgart/ Göttingen 1957. Darin enthalten: »Dichterische Einbildungskraft und Wahnsinn« (1886); »Die Einbildungskraft des Dichters. Bausteine für eine Poetik« (1887); »Das Problem der Religion« (1911).
– Der Aufbau der geschichtlichen Welt in den Geisteswissenschaften (1926) (Gesammelte Schriften VII), Stuttgart/Göttingen [8]1992.
– Weltanschauungslehre. Abhandlungen zur Philosophie der Philosophie (Gesammelte Schriften VIII), Stuttgart/ Göttingen 1960. Darin enthalten: »Das geschichtliche Bewußtsein und die Weltanschauungen.«
– System der Ethik (1890) (Gesammelte Schriften X), Stuttgart [4]1981.
– Leben Schleiermachers (1870) (Gesammelte Schriften XIII,), Göttingen [3]1979.
– Grundlegung der Wissenschaften vom Menschen, der Gesellschaft und der Geschichte. Ausarbeitungen und Entwürfe zum zweiten Band der Einleitung in die Geisteswissenschaften (ca. 1870–1895), hg. v. H. Johach u. F. Rodi (Gesammelte Schriften XIX), Göttingen 1982. Darin enthalten: »Breslauer Ausarbeitung« (ca. 1880); »Berliner Entwurf« (ca. 1893).

– Logik-Vorlesungen 1864–1868, in: Logik und System der philosophischen Wissenschaften. Vorlesungen zur erkenntnistheoretischen Logik und Methodologie, hg. v. H.-U. Lessing u. F. Rodi (Gesammelte Schriften XX), Göttingen 1990.
– Briefwechsel Wilhelm Dilthey und Graf Paul Yorck von Wartenburg, Halle (Saale) 1923.
– Briefwechsel Husserl-Dilthey, in: F. Rodi u. H.-U. Lessing (Hg.). Materialien zur Philosophie Wilhelm Diltheys, Frankfurt 1984.
M. Dummett, Ursprünge der analytischen Philosophie, Frankfurt 1988.
H. Ebbinghaus, Über erklärende und beschreibende Psychologie, in: Zeitschrift für Psychologie und Physiologie der Sinnesorgane 9 (1896).
M. Eliade, Das Heilige und das Profane, Vom Wesen des Religiösen (1957), Frankfurt 1990.
– The Quest, zit. bei: W. Proudfoot, Religious Experience, Berkeley/Los Angeles: Univ. of California Press, 1985.
K. Feiereis, Die Umprägung der natürlichen Theologie in Religionsphilosophie. Ein Beitrag zur deutschen Geistesgeschichte des 18. Jahrhunderts, Leipzig 1965.
F. Fellmann, Symbolischer Pragmatismus. Hermeneutik nach Dilthey, Reinbeck b. Hamburg 1991.
– Lebensphilosophie. Elemente einer Theorie der Selbsterfahrung, Reinbek bei Hamburg 1993.
– Wovon sprechen die Bilder? Aspekte der Bildsemantik, in: Bild und Reflexion, Paradigmen und Perspektiven gegenwärtiger Ästhetik, hg. v. B. Recki u. L. Wiesing, München 1995.
– Intentionalität und zuständliches Bewußtsein, in: Bewußtsein. Philosophische Beiträge, hg. v. S. Krämer, Franfurt 1996.
M. Ferguson, Die sanfte Verschwörung, Basel 1982.
L. Feuerbach, Das Wesen des Christentums, in: Werke in sechs Bänden, hg. v. E. Thies, Bd. 5, Frankfurt 1976.
– Theogonie nach den Quellen des klassischen, hebräischen und christlichen Altertums, in: Werke in sechs Bden, hg. v. E. Thies, Bd. 4, Frankfurt 1975.
– Anthropologischer Materialismus, Ausgewählte Schriften II, hg. u. eingel. von A. Schmidt, Frankfurt 1987.
H. Fink-Eitel, Angst und Freiheit. Überlegungen zur philosophischen Anthropologie, in: Zur Philosophie der Gefühle, hg. v. H. Fink-Eitel und G. Lohmann, Frankfurt 1993.
M. Frank, Selbstbewußtsein und Selbsterkenntnis. Essays zur analytischen Philosophie der Subjektivität, Stuttgart 1991.
– (Hg.): Analytische Theorien des Selbstbewußtseins, Frankfurt 1994.
H. Frankfurt, Willensfreiheit und der Begriff der Person, in: P. Bieri (Hg.), Analytische Philosophie des Geistes, Königstein [2]1993.
E. W. Freigang, Das Problem der Religion bei Dilthey. Lodz 1937.
S. Freud, Die Zukunft einer Illusion, in: Kulturtheoretische Schriften (Band IX der Studienausgabe), Frankfurt 1974.
A. Funkenstein, The Polytheism of William James, in: Journal of the History of Ideas 55 (1994).
H. G. Gadamer, Wahrheit und Methode. Grundzüge einer philosophischen Hermeneutik, Tübingen [4]1975.
C. Geertz, »Deep Play«. Bemerkungen zum balinesischen Hahnenkampf, in: Dichte Beschreibung. Beiträge zum Verstehen kultureller Systeme, Frankfurt 1987.

C.-F. Gethmann, Philosophie als Vollzug und als Begriff, in: Dilthey-Jahrbuch für Philosophie und Geschichte der Geisteswissenschaften, hg. v. F. Rodi, 1986/87.

S. Gosepath, Aufgeklärtes Eigeninteresse. Eine Theorie theoretischer und praktischer Rationalität, Frankfurt 1992.

A. Graeser, Interpretation, Interpretativität und Interpretationismus, in: AZP 21.3 (1996).

J. Habermas, Erkenntnis und Interesse, Frankfurt ^{9}1988.

– Theorie des kommunikativen Handelns, Frankfurt 1981.

P. Hadot, Philosophie als Lebensform. Geistige Übungen in der Antike, Berlin ^{2}1987.

M. Heidegger, Grundprobleme der Phänomenologie, hrsg. v. H.-H. Gander, HGA Bd. 58, Frankfurt 1993.

– Phänomenologie der Anschauung und des Ausdrucks. Theorie der philosophischen Begriffsbildung [Frühe Freiburger Vorlesung 1920, GA Bd. 59], hg. v. C. Strube, Frankfurt 1993.

– Einleitung in die Phänomenologie der Religion (Frühe Freiburger Vorlesung Wintersemester 1920/ 21), hg. v. Matthias Jung u. Thomas Regehly, in: Phänomenologie des religiösen Lebens, HGA Bd. 60, Frankfurt 1995.

– Ontologie (Hermeneutik der Faktizität), hg. von K. Bröcker-Oltmanns, HGA Bd. 63, Frankfurt 1983.

– Sein und Zeit, Tübingen 151979.

G. W. F. Hegel, Die Verfassung Deutschlands (1800–1802), in: Frühe Schriften (Werke 1), hg. v. E. Moldenhauer u. K. M. Michel, Frankfurt 1986.

– Die Positivität der christlichen Religion (1795/96): Werke 1.

– Fragment über Volksreligion und Christentum v. 1793–1794, Werke 1.

– Über die wissenschaftlichen Behandlungsarten des Naturrechts …
(1802/3), in: Jenaer Schriften 1801–1807 (Werke 2) hg. v. E. Moldenhauer u. K. M. Michel, Frankfurt 1986.

– Phänomenologie des Geistes (Werke 3, hg. v. E. Moldenhauer u. K. M. Michel), Frankfurt 1970.

– Vorlesungen über die Philosophie der Religion II (Werke 17, hg. v. E. Moldenhauer u. K. M. Michel), Frankfurt 1986.

E. Herms, Radical Empiricism. Studien zur Psychologie, Metaphysik und Religionstheorie William James, Gütersloh 1977.

– Nachwort zu: W. James, Die Vielfalt religiöser Erfahrung, Olten/Freiburg 1979.

J. Hick, Faith and Knowledge. A Modern Introduction to the Problem of Religious Knowledge, Ithaca 1957.

– An Interpretation of Religion. Human Responses to the Transcendent. New Haven: Yale University Press 1989.

J. M. Hinton, Experience. An Inquiry into Some Ambiguities, Oxford: Clarendon Press [1973.

J. Höfer, Das Lebenswerk Wilhelm Diltheys in theologischer Sicht. In: Theologische Quartalsschrift 115 (1934) u. 116 (1935).

Baron D'Holbach, System der Natur oder von den Gesetzen der physischen und der moralischen Welt, Frankfurt 1978.

A. Honneth, Moralische Entwicklung und sozialer Kampf. Sozialphilosophische Lehren aus dem Frühwerk Hegels, in: Ders. et. al. (Hgg.), Zwischenbetrachtungen. Im Prozeß der Aufklärung (FS Habermas), Frankfurt 1989.

P. Hoßfeld, Wilhelm Diltheys Stellung zur Religion und seine philosophischen Voraussetzungen. In: Theologie und Glaube 52 (1962).

E. Husserl, Logische Untersuchungen II/1: Untersuchungen zur Phänomenologie und Theorie des Erkennens (1901), Tübingen [6]1980.
– Philosophie als strenge Wissenschaft, in: Logos 1 [1911] (Nachdruck Frankfurt 1965).
– Vorlesungen zur Phänomenologie des inneren Zeitbewußtseins (1928), Tübingen [2]1980.
– H. Ineichen, Erkenntnistheorie und geschichtlich-gesellschaftliche Welt. Diltheys Logik der Geisteswissenschaften, Frankfurt 1975.
W. Jaeschke, Die Vernunft in der Religion. Studien zur Grundlegung der Religionsphilosophie Hegels. Stuttgart-Bad Cannstatt 1986.
F. Jaeger, J. Rüssen, Geschichte des Historismus. Eine Einführung, München 1992.
W. James, The Mind and the Brain, Nation 24 (1877)
– The Principles of Psychology (1890), Volume I, Harvard University Press: Cambridge/ London 1981.
– The Will to Believe and other Essays in popular philosophy (1897). Human Immortality. Both books bound as one, New York: Dover 1956. Darin enthalten: »The Will to Believe«; »Is Life Worth Living«; »The Sentiment of Rationality«; »Reflex Action and Theism«.
– The Varieties of Religious Experience (1902), New York 1987. Dt. v. E. Herms: Die Vielfalt religiöser Erfahrung. Eine Studie über die menschliche Natur, hg. v. E. Herms, Olten/ Freiburg 1979.
– Pragmatism, Indianapolis/Cambridge: Hackett Publishing Company [4]1988.
– Writings 1902–1910, ed. Bruce Kuklick, The Library of America: New York 1987. Daraus zitiert werden: »The Meaning of Truth«; »Some Problems of Philosophy«, »Answers to a Questionnaire«; »Does ›Consciousness‹ exist?«
– A Pluralistic Universe (1909), dt.: Das pluralistische Universum, Darmstadt (Nachdruck der Ausgabe Leipzig 1914 mit neuem Vorwort) 1994.
– The Thing and its Relations, in: The Writings of William James, ed. J. J. McDermott, Chicago: University of Chicago Press, 1977.
– The letters of William James, ed. H. James, Bd. I, London 1929.
H. R. Jauss, Ästhetische Erfahrung und literarische Hermeneutik, Frankfurt 1991.
H. Joas, Praktische Intersubjektivität, Die Entwicklung des Werkes von G. H. Mead, Frankfurt 1989.
– Die Kreativität des Handelns, Frankfurt 1996.
H. Johach, Handelnder Mensch und objektiver Geist. Zur Theorie der Geistes- und Sozialwissenschaften bei Wilhelm Dilthey. Meisenheim am Glan 1974.
– Lebensphilosophie und Kritische Theorie. Zur Dilthey-Rezeption der Frankfurter Schule, in: Dilthey-Jahrbuch für Philosophie und Geschichte der Geisteswissenschaften, hg. v. F. Rodi, Bd. 5/1988.
– H. Johach u. F. Rodi, Vorbericht der Herausgeber zu Bd. XIX von Diltheys Gesammelten Schriften, Göttingen 1982.
M. Jung, Zur Konjunktur von Kontingenz. Tendenzen gegenwärtiger Religionsphilosophie, in: Merkur 525 (1992).
– Der Blick von Nirgendwo – Wilhelm Dilthey zur Perspektivität von Weltanschauungen, in: Im Netz der Begriffe, Religionsphilosophische Analysen, hg. v. L. Hauser u. E. Nordhofen, FS Hermann Schrödter, Altenberge 1994.
– From Dilthey to Mead and Heidegger. Systematical and Historical Relations, in: Journal of the History of Philosophy XXXIII (Number 4), October 1995.
– Dilthey zur Einführung, Hamburg 1996.

F. Kambartel, Erfahrung und Struktur. Bausteine zu einer Kritik des Empirismus und Formalismus, Frankfurt ²1976.
I. Kant, Kritik der reinen Vernunft (Werkausgabe Bde 3 u. 4) hg. v. W. Weischedel, Frankfurt 1980.
– Kritik der Urteilskraft (Werkausgabe Bd. 10), hg. v. W. Weischedel, Frankfurt 1981.
A. Kaplan, Referenz in der Kunst, in: Theorien der Kunst, hg. von D. Henrich u. W. Iser, Frankfurt ⁴1993.
W. Kerber, Artikel »Pluralismus«, in: Hist. Wb. Philos. 7, Basel 1989.
K. Ch. Köhnke, Entstehung und Aufstieg des Neukantianismus. Die deutsche Universitätsphilosophie zwischen Idealismus und Positivismus, Frankfurt 1986.
J. H. Krahmer, Wilhelm Dilthey und die religiöse Frage. Bamberg 1949.
A. Kreiner, Demonstratio religiosa, in: H. Döring, A. Kreiner, P. Schmidt-Leukel, Den Glauben denken. Neue Wege der Fundamentaltheologie (Quaestiones disputatae 147), Freiburg/Basel/ Wien 1993.
J. Kulenkampff, Ästhetische Erfahrung, in: Der Begriff der Erfahrung in der Philosophie des 20. Jahrhunderts, hg. v. J. Freudiger, A. Graeser u. K. Petrus, München 1996.
F. v. Kutschera, Vernunft und Glaube, Berlin/New York 1990.
Ch. Ladd-Franklin, Charles S. Peirce at The John Hopkins, in: Journal of Philosophy and Scientific Methods 12 (1916).
H. H. Lieb, Das »semiotische Dreieck« bei Ogden und Richards: eine Neuformulierung des Zeichenmodells von Aristoteles, in: Logos Semantikos. Studia Linguistica in Honorem Eugenio Coseriu, Vol. I, Berlin/New York/ Madrid 1981.
A. Liebert, Das Problem der Geltung, Berlin 1914.
H. Lotze, Mikrokosmos. Ideen zur Naturgeschichte und Geschichte der Menschheit, Versuch einer Anthropologie, Leipzig ⁶1923, Bd. III.
– Geschichte der Ästhetik in Deutschland, München 1868
– Metaphysik, Leipzig 1879.
A. Lovejoy, The thirteen pragmatisms, in: The Journal of Philosophy 5 (1908).
H. Lübbe, Religion nach der Aufklärung, Graz/Wien/Köln 1986.
N. Luhmann, Funktion der Religion, Frankfurt 1977.
– Soziale Systeme, Grundriß einer allgemeinen Theorie, Frankfurt 1984.
G. Lukács, Der junge Hegel. Über die Beziehungen von Dialektik und Ökonomie, Frankfurt 1973.
E. Mach, Beiträge zur Analyse der Empfindungen, Jena 1886.
R. A. Makkreel, Dilthey. Philosoph der Geisteswissenschaften, Frankfurt 1991.
– The genesis of Heidegger's phenomenological hermeneutics and the rediscovered »Aristotle introduction« of 1922, in: Man and World 23: 1990.
R. A. Mall, The God of phenomenology in comparative contrast to that of philosophy and theology, in: Husserl-Studies 8 (1991).
Th. Mann, Joseph und seine Brüder II, Der junge Joseph (Frankfurter Ausgabe, hg. v. P. de Mendelssohn), Frankfurt 1983.
H. Marcuse, Hegels Ontologie und die Theorie der Geschichtlichkeit (Schriften I), Frankfurt 1989.
R. Margreiter, Erfahrung und Mystik. Grenzen der Symbolisierung, Berlin 1997.
G. H. Mead, Geist, Identität und Gesellschaft, Frankfurt 1973.
– Gesammelte Aufsätze, hg. v. H. Joas, Bd. 1, Frankfurt 1980.
– The Philosophies of Royce, James and Dewey in Their American Setting, in: Selected Writings, Chicago: University of Chicago Press 1981.

J. Meyer zu Schlachtern, Glaube-Sprache-Erfahrung. Zur Begründungfähigeit der religiösen Überzeugung. Frankfurt etc. 1978.
G. Misch, Die Idee der Lebensphilosophie in der Theorie der Geisteswissenschaften, in: Materialien zur Philosophie Wilhelm Diltheys, hg. v. F. Rodi u. H.-U. Lessing, Frankfurt 1984.
– Der Aufbau der Logik auf dem Boden der Philosophie des Lebens, Göttinger Vorlesungen über Logik und Einleitung in die Theorie des Wissens, hg. v. G. Kühne-Betram u. F. Rodi, Freiburg/ München 1994.
R. G. Meyers, Meaning and Metaphysics in James, in: William James. Pragmatism in Focus, ed. D. Dolin, London/New York: Routledge 1992.
H.-D. Mutschler, Physik, Religion, New Age, Würzburg 1990.
– Mythos ›Selbstorganisation‹, in: Theologie und Philosophie 67 (1992).
– Zwei Kulturen sind besser als keine. Wider die physikalistischen Ganzheitslehren, in: Merkur, Heft 536.
G. E. Myers, William James, His Life and Thought, Yale University Press: New Haven/ London 1986.
Th. Nagel, The View from Nowhere, New York/Oxford: Oxford University Press 1986, dt: Der Blick von nirgendwo, Frankfurt 1992.
– Mortal Questions, Cambridge: Cambridge University Press 1979, darin enthalten: »What is it like to be a bat?«
– The Limits of Objectivity. The Tanner Lectures on Human Values (1979), dt. unter dem Titel »Die Grenzen der Objektivität. Philosophische Vorlesungen«, Stuttgart 1991.
– Equality and Partiality, New York/Oxford: Oxford University Press 1991.
L. Nagl, Charles Sanders Peirce, Frankfurt/New York 1992.
P. Natorp, Einleitung in die Psychologie nach kritischer Methode, Freiburg 1888.
R. E. Nisbett u. T. DeCamp Wilson, Telling more than we can know: Verbal reports on mental processes, in: Psychological Review 84 (1977).
K. Oehler, Der Pragmatismus des William James, in: ders., Sachen und Zeichen. Zur Philosophie des Pragmatismus, Frankfurt 1995.
U. Oevermann, Genetischer Strukturalismus und das sozialwissenschaftliche Problem der Erklärung der Entstehung des Neuen, in: S. Müller-Doohm (Hg.), Jenseits der Utopie, Theoriekritik der Gegenwart, Frankfurt 1991.
– Ein Modell der Struktur von Religiosität. Zugleich ein Strukturmodell von Lebenspraxis und von sozialer Zeit, MS Juli 1994.
C. K. Ogden, I. A. Richards, Die Bedeutung von Bedeutung, Frankfurt 1974.
E. W. Orth (Hg.), Dilthey und der Wandel des Philosophiebegriffs seit dem 19. Jahrhundert (Phänomenologische Forschungen Bd. 16), Freiburg/ München 1984.
R. Otto, Das Heilige. Über das Irrationale in der Idee des Göttlichen und sein Verhältnis zum Rationalen, München 1979.
S. Otto, Rekonstruktion der Geschichte. Zur Kritik der historischen Vernunft, Erster Teil, München 1982.
– Rekonstruktion der Geschichte. Zur Kritik der historischen Vernunft. Zweiter Teil: Systematische Ausarbeitung, München 1992.
W. Pannenberg, Wissenschaftstheorie und Theologie, Frankfurt 1987.
Ch. S. Peirce, Was heißt Pragmatismus, in: Pragmatismus. Ausgewählte Texte von Ch. S. Peirce, W. James, F. C. S. Schiller und J. Dewey, hg. v. E. Martens, Stuttgart 1992.

– Über die Klarheit unserer Gedanken (How to Make Our Ideas Clear), Frankfurt [3]1985.
– Die Festlegung einer Überzeugung (The Fixation of Belief), in: Pragmatismus, hg. v. E. Martens.
J. Pelikan, Introduction, zu: William James, The Varieties of Religious Experience, New York: Vintage Books, 1990.
R. B. Perry, The Thought and Charakter of William James, Volume II, Boston/Toronto 1935, 73.
D. Z. Phillips, Religion without Explanation, Oxford: Basil Blackwell 1976.
O. Pöggeler, Heideggers Begegnung mit Dilthey; in: Dilthey-Jahrbuch für Philosophie und Geschichte der Geisteswissenschaften, hg. v. F. Rodi, 1986/87.
W. Proudfoot, Religious Experience, Berkeley/Los Angeles: Univ. of California Press, 1985.
H. Putnam, Die bleibende Aktualität von William James, in: Dtsch. Z. Philos. 41 (1993).
– Realism with a Human Face, Harvard University Press, Cambridge 1990.
K. Rahner, Grundkurs des Glaubens. Einführung in den Begriff des Christentums, Freiburg/ Basel/Wien 1976.
N. Rescher, Rationalität. Eine philosophische Untersuchung über das Wesen und die Begründung der Vernunft, Würzburg 1993.
– Die Kriterien der Wahrheit, in: Wahrheitstheorien. Eine Auswahl aus den Diskussionen über Wahrheit im 20. Jahrhundert. Hg.: G. Skirbekk, Frankfurt 1977.
M. Riedel, Verstehen oder Erklären. Zur Theorie und Geschichte der hermeneutischen Wissenschaften, Stuttgart 1978.
– Einleitung zu: Der Aufbau der geschichtlichen Welt in den Geisteswissenschaften, Frankfurt 1981.
F. Rodi, »Der Rhythmus des Lebens selbst«. Hegel und Hölderlin in der Sicht des späten Dilthey, in: Ders., Erkenntnis des Erkannten. Zur Hermeneutik des 19. u. 20. Jahrhunderts, Frankfurt 1990.
– Erkenntnis des Erkannten, August Boeckhs Grundformel der hermeneutischen Wissenschaften, in: Ders., Erkenntnis des Erkannten. Zur Hermeneutik des 19. u. 20. Jahrhunderts, Frankfurt 1990.
– Die Bedeutung Diltheys für die Konzeption von Sein und Zeit, in: Dilthey-Jahrbuch für Philosophie und Geschichte der Geisteswissenschaften, hg. v. F. Rodi, 1986/87.
– Befremdlichkeit und Bedeutsamkeit, in: G. Rupp (Hg.), Was leisten die Geisteswissenschaften für die Zukunft? Beiträge zum Modellversuch Geisteswissenschaftliches Studium fundamentale an der Ruhr-Universität Bochum (Schriftenreihe der Ruhr-Universität und der Stadt Bochum 10), Bochum 1992, 103.
R. Rorty, Der Spiegel der Natur. Eine Kritik der Philosophie, Frankfurt 1981.
B. Russell, History of Western Philosophy, New York: Simon and Schuster 1943.
– Brief an Lady Ottoline Morrell vom 20. 12. 1919, in: Wittgenstein's Letters to Russell, Keynes, and Moore, ed. G. H. von Wright, Ithaca: Cornell University Press 1974.
– The Autobiography of Bertrand Russell, vol. 1, Boston: Little, Brown & Company 1967.
K. Sachs-Hombach, Philosophische Psychologie im 19. Jahrhundert, Entstehung und Problemgeschichte, Freiburg/München 1993.
O. Sacks, Migräne. Evolution eines häufigen Leidens, Stuttgart/Berlin/Köln/Mainz 1985.

G. Santayana, Charakter and Opinion in the United States, Garden City: Anchor Books 1956.

J.-P. Sartre, Der Ekel, Reinbeck bei Hamburg 1982.

R. Schaeffler, Erfahrung als Dialog mit der Wirklichkeit. Eine Untersuchung zur Logik von Erfahrung, Freiburg/München 1995.

F. C. S. Schiller, Humanismus. Beiträge zu einer pragmatischen Philosophie, Leipzig 1911.

F. D. E. Schleiermacher, Über die Religion. Reden an die Gebildeten unter ihren Verächtern (1799), hg. v. R. Otto, Göttingen [6]1967.

– Der christliche Glaube (1821/22), hg. v. H. Peiter, Berlin/New York 1984.

N. D. Schmidt, Philosophie und Psychologie. Trennungsgeschichte, Dogmen und Perspektiven, Reinbeck bei Hamburg 1995.

A. Schmidt, Geschichte und Struktur, Fragen einer marxistischen Historik, München/Wien [3]1977.

– Die Wahrheit im Gewande der Lüge. Schopenhauers Religionsphilosophie, München/Zürich 1986.

– Emanzipatorische Sinnlichkeit. Ludwig Feuerbachs anthropologischer Materialismus, München/Zürich 1988.

H. J. Schneider, »Den Zustand meiner Seele beschreiben« Bericht oder Diskurs?, in: Dtsch. Z.Philos., Berlin 44 (1996).

A. Schopenhauer, Sämtliche Werke, hg. v. A. Hübscher, Bd. 3, Wiesbaden 1949.

– Der handschriftliche Nachlaß, IV. Band, 1. Teil, hg. v. A. Hübscher, Frankfurt 1966.

H. Schrödter, Analytische Religionsphilosophie, Hauptstandpunkte und Grundprobleme, Freiburg/ München 1979.

– Erfahrung und Transzendenz. Ein Versuch zu Anfang und Methode von Religionsphilosophie, Altenberge 1987.

H. Schnädelbach, Philosophie in Deutschland 1831–1933, Frankfurt 1983.

H. W. Schneider, Healthy minds with sick souls, in: The Philosophy of William James, hg. v. W. R. Corti, Hamburg 1976.

O. Schwemmer, Handlung und Struktur, Zur Wissenschaftstheorie der Kulturwissenschaften, Frankfurt 1987.

– Über das Verstehen des Fremden, in: Information Philosophie 4/1995.

M. Scheler, Vom Ewigen im Menschen, Berlin 1923

J. Searle, Ausdruck und Bedeutung. Untersuchungen zur Sprechakttheorie, Frankfurt 1982.

– Intentionality, Cambridge etc.: Cambridge University Press 1983.

S. Shoemaker, Self-reference and self-awareness, in: Identity, cause and mind. Philosophical essays, Cambridge: Cambridge University Press 1984.

– First-Person Access, in: Philosophical Perspectives 4 (1990).

B. de Spinoza, Die Ethik nach geometrischer Methode dargestellt, hg. v. Carl Gebhardt, Hamburg 1976.

G. Steiner, Von realer Gegenwart. Hat unser Sprechen Inhalt?, München/Wien 1990.

H. Sundén, Religionspsychologie. Probleme und Methoden, Stuttgart 1992.

St. R. Sutherland, Religion, Experience and Privacy, in: Religious Studies 20 (1980).

Ch. Taylor, Interpretation und die Wissenschaft vom Menschen, in: Erklärung und Interpretation in der Wissenschaft vom Menschen, Frankfurt 1975.

– Bedeutungstheorien, in: Negative Freiheit? Zur Kritik des neuzeitlichen Individualismus, Frankfurt 1992.

– Was ist menschliches Handeln?, in: Negative Freiheit? Zur Kritik des neuzeitlichen Individualismus, Frankfurt 1992.
– Sources of the Self. The Making of the Modern Identity, Cambridge: Harvard University Press 1989.
J. Taubes, Abendländische Eschatologie, München 1991.
H. S. Thayer, Meaning and Action. A Critical History of Pragmatism, Indianapolis/New York 1968.
E. Troeltsch, Empirismus und Platonismus in der Religionsphilosophie. Zur Erinnerung an William James, in: ders., Zur religiösen Lage, Religionsphilosophie und Ethik (Gesammelte Schriften II), Tübingen [2]1922.
J. Wach, Universals in Religion, in: ders., Types of Religious Experience, Christian and Non-Christian, Chicago: The University of Chicago Press, [5]1972.
P. Yorck von Wartenburg, Bewußtseinsstellung und Geschichte. Hg. v. I. Fetscher, Hamburg 1991.
P. Winch, Versuchen zu verstehen, Frankfurt 1992.
L. Wittgenstein, Philosophische Untersuchungen, Frankfurt [3]1983.
K. Wuchterl, Philosophie und Religion: zur Aktualität der Religionsphilosophie Bern/Stuttgart 1982.
– Analyse und Kritik der religiösen Vernunft, Bern/Stuttgart 1981.
– Religionsphilosophie im Spannungsfeld von Wissenschaft und Innerlichkeit, in: Theologie und Philosophie 68 (1993).
K. E. Yandell, Religious Experience and Rational Appraisal, in: Religious Studies 10 (1974).
H. Zinser, Art.: Religionspsychologie, in: Handbuch religionswissenschaftlicher Grundbegriffe, hg. v. H. Cancik, B. Gladigow u. M. Laubscher, Band I, Stuttgart etc. 1988.

Personenregister

Adorno, T. W. 81, 176
Alston, W. 138, 148, 269–277, 351 f., 364–367, 369, 388, 395
Apel, K.-O. 211
Aristoteles 79, 127, 245
Austen, J. 300
Austin, J. L. 87
Avenarius, R. 36
Ayer, A. 313

Bachelard, G. 137
Bahnsen, E. 18
Barz, H. 298, 393
Bergson, H. 100, 245 f., 251
Berkeley, G. 97, 115, 180, 184
Bingen, H. v. 265 f., 353, 355
Bixler, J. S. 150, 183, 214, 219, 235
Boeckh, A. 369
Bollnow, O. F. 93, 142
Bradley, F. H. 136
Braun, H.-J. 335
Brentano, F. 155, 162, 334
Büchner, L. 18

Carnap, R. 61, 147
Cassirer, E. 284, 287, 293, 304–314, 339, 345
Cohen, H. 36, 151
Comte, A. 50
Cramer, K. 59 f., 63

Descartes, R. 20, 122
Dewey, J. 46, 133, 179, 226, 376, 380
Dilthey, W. 9–15, 18–147, 149, 155, 158, 161, 174, 176, 180, 183–186, 189, 203, 210, 212, 221, 227, 237 f., 242, 246, 250, 259, 262 f., 270–274, 277, 282, 284 f., 288 f., 291 f., 295 f., 303 f., 306, 308, 311 ff., 316 f., 322, 333, 343–348, 355, 361, 365, 368, 370, 373, 380–385, 387, 389 f.

Ebbinghaus, H. 73, 117
Eckhart (Meister) 241
Eco, U. 316
Eliade, M. 351, 398 ff., 402
Engels, F. 18

Fellmann, F. 28, 78, 123, 333–338, 342 ff.
Feuerbach, L. 18, 47, 140, 163 ff., 196, 205, 279, 361 f.
Fichte, J. G. 25, 28 f., 38
Fischer, K. 24 ff.
Frank, M. 101, 269
Frankfurt, H. G. 299 f., 315, 317, 367, 393
Frege, G. 324
Freud, S. 362
Funkenstein, A. 164, 207

Gadamer, H.-G. 10, 25, 27, 49, 64, 81, 104 f.
Geertz, C. 273
Groethuysen, B. 24, 74

Habermas, J. 25, 31, 48, 67, 74, 103 f., 301
Hartmann, E. v. 18
Hegel, G. W. F. 13, 18 f., 22–35, 44, 46, 60, 73, 136 f., 146, 172, 183, 235, 241, 258, 268, 312
Heidegger, M. 27, 35, 92, 96, 109, 119, 123, 125, 168, 268, 281, 289, 299, 311 f., 321–328, 336, 346, 361
Henrich, D. 293, 302
Heraklit 342
Herder, J. G. 289, 315
Herms, E. 139, 158, 185, 199, 220, 231, 344
Holbach, P. B. v. 363
Honneth, A. 30 ff.

Humboldt, W. v. 289, 304
Hume, D. 40, 62, 86
Husserl, E. 24, 37 f., 44, 52 f., 72 f., 88, 157, 233, 324, 334 f., 384, 389, 400

Ineichen, H. 100 f., 109

Jaeschke, W. 22, 32 ff., 136
James, W. 9–15, 19, 28, 54, 56, 59, 70, 96, 98, 101 f., 109, 117, 121, 126, 134–259, 262, 277, 285, 292, 295–298, 316–321, 326, 330, 333, 338, 341, 344 f., 359, 361, 365, 370 f., 374, 376, 380, 390
Jauss, H. R. 383, 389
Johach, H. 31, 35, 68, 70, 72, 102, 108

Kant, I. 25, 29, 33, 36, 38, 60, 62, 64, 70, 85 f., 91, 93 f., 128 f., 151, 165, 188, 202 f., 217, 264, 293 f., 304, 311, 360, 385
Kaplan, A. 293, 302, 385 f.
Kierkegaard, S. 268, 281, 286, 312, 314
Kutschera, F. v. 73

Leuba, J. H. 221, 257
Liebert, A. 60
Locke, J. 62, 86, 147, 158, 167
Lotze, H. 63–67
Lovejoy, A. O. 199, 215, 231
Lübbe, H. 400 f.
Luhmann, N. 400 f.
Lukács, G. 27

Mach, E. 36
Mainländer, P. 18
Makkreel, R. 41, 45, 54, 86, 103, 109, 128 f., 323, 343
Marcel, G. 207
Marc-Wogau, C. 307
Margreiter, R. 283, 325
Marx, K. 18, 35, 219
Mead, G. H. 28, 51, 65, 118 ff., 226
Mill, J. S. 167
Misch, G. 59, 70, 73, 117, 240, 275
Moleschott, J. 18
Münsterberg, H. 152
Myers, G. E. 152, 155 ff., 167 f., 171, 176, 180, 189, 199 f., 248

Nagel, T. 20, 85, 142, 209, 239, 269, 276, 278, 280–283, 300, 336, 361
Nietzsche, F. 197
Nohl, H. 26

Otto, R. 19, 59, 62, 116, 174, 221, 389, 397 f., 400, 402

Pannenberg, P. 96
Peirce, C. S. 80, 121–125, 136, 170, 179, 188, 209, 211, 288, 304, 312, 317, 383
Phillips, D. Z. 352
Philon 244
Platon 240, 245
Plotin 189
Proudfoot, W. 184, 242 f., 251, 318, 351–358, 360–367, 387 f., 395
Putnam, H. 138 ff., 213

Reinhold, K. L. 38
Rescher, N. 84, 112, 318
Riedel, M. 44, 47–50, 90, 117, 383
Rodi, F. 24 f., 36, 68, 102, 108, 240, 321 f., 338, 369
Royce, J. 136, 226
Russell, B. 61, 192, 236

Santayana, G. 176
Sartre, J.-P. 207, 282, 316
Scheler, M. 394, 402
Schiller, F. C. S. 179, 376
Schleiermacher, F. E. D. 20, 23, 30, 51 f., 54, 56, 58 f., 67, 69, 115 f., 133, 135, 147, 245, 292, 312 f., 355, 360, 389
Schopenhauer, A. 18, 54, 194, 237
Schrödter, H. 23, 57, 115, 142, 146, 228, 256, 314, 331 ff., 337, 384, 388
Schwemmer, O. 125, 332, 375
Spinoza, B. d. 90, 345
Starbuck, E. D. 221
Steiner, G. 128
Strauss, D. F. 18, 30
Sutherland, S. R. 240 f.

Tarski, A. 81
Taylor, C. 81, 252, 287–292, 295–302, 304, 315 ff., 367, 389, 393
Troeltsch, E. 19, 96, 222, 225

Uexküll, J. v. 125

Vico, G. 48, 92
Vogt, K. 18

Wach, J. 389 ff.
Weber, M. 67, 176, 303, 361
Wittgenstein, L. 75 f., 115, 236 f., 242, 268, 291, 352
Wobbermin, G. 220
Wuchterl, K. 400 f.
Wundt, W. 152

Yorck, v. W., P. G. 21, 53, 63, 74, 99

Sachregister

Abhängigkeitserfahrung 52, 54
Adäquationstheorie 38, 114, 161
Affektivität 187, 313, 346
Agnostizismus 206
Anerkennung 13, 31, 35, 95, 121 f., 206, 294, 302, 318, 326, 359, 372, 387, 392, 395, 397, 401
Anpassung 118
Ansinnen 293, 359
Artikulationskontinuum 283
Artikulationsschema 388 ff.
artikulationszusammenhang 153
Aufmerksamkeit 145, 157, 178, 284, 343 f., 346
Ausdrucksverstehen 20, 71, 295, 303, 320
Auslegung 36, 94, 134, 256, 273, 299, 361, 369, 378, 395 f.
Ausschaltung 76, 343 ff., 347
Außenwelt 42 f., 63, 80, 83, 91, 94, 107, 115, 117, 122 ff., 156, 158, 184, 286, 313
Authentizität, expressive 301, 303, 313, 341

Bedeutsamkeit 12, 45 f., 55, 63, 75, 131, 133, 143 f., 165, 211, 215, 284, 312, 323, 328, 336, 338F., 341 f., 356, 370, 374, 396, 401 f.
Bedeutungsholismus 63, 83, 311, 313, 320, 345, 356, 360, 378, 386, 388, 390
Bedeutungsimmanenz 82, 116
Bedeutungstheorie 47, 77, 79, 83, 138, 144, 287 f., 301, 383
Begründungsinstanz 12, 45
Betroffenheit, affektive 144, 164, 346
Bewußtsein der Gemeinde 28 f., 31
Bewußtseinsimmanenz 37, 39, 43, 56, 106, 124, 168, 187
Bewußtseinsphilosophie 125
Bewußtseinsstrom 158 f., 161, 165 f., 168, 170 f., 177–180, 184, 187, 199, 224 f., 230, 233, 238
Bewußtseinstatsache 41, 43, 55, 66, 76, 82, 86, 93–112, 118, 121, 123 f.,126, 149, 183, 187, 262, 366
Bezugssinn 323 f.
Bildlichkeit 337, 342
Binnenperspektive 12, 75 f., 90, 99, 101, 103 f., 155 f., 174, 190, 203, 209, 224, 278, 282, 289, 294, 297 f., 300, 315, 335, 358, 394

Christentum 18, 33, 47, 53 f., 99, 164, 293, 361

Dekontextualisierung 228
Deskription 26, 39, 174, 223, 308, 322
Deskriptivismus 165, 231
Dispositionsprädikat 188
Dissonanzen, kognitive 354
Dualismus 64, 92 ff., 123, 154, 160 f., 168 f., 227 f., 245, 296 f., 304

Einbildungskraft, dichterische 129, 383
Einverständnis 280, 303, 338, 341, 359, 361, 367, 370, 372, 375, 378, 395
Empfindung 43, 64 f., 122, 273, 275 f., 296, 308, 314, 345
Empirie, empirisch 10 ff., 58 f., 65, 137, 141, 146, 151–154, 159 f., 166, 171, 184, 186, 199, 207, 211 f., 216 ff., 221, 224, 228, 230, 233, 252, 284, 312
Empirizismus, empirizistisch 136 f., 144, 147, 151, 159, 172, 175, 177, 179–189, 215, 219, 222, 227–232, 235, 246, 248–255, 259, 296
Entwicklung 10 f., 19, 20, 25, 28, 32 f. 50, 55, 57, 65, 91, 102, 116, 122, 142, 167, 229, 246, 361
Epistemologie 34, 59, 93, 169, 210, 215, 219, 227, 248, 262, 351, 354, 364, 366, 383
Erfahrungsweisen 15, 349, 379
Ergänzung 273, 339, 343, 347 f.

Erkenntnistheorie 22, 43, 59 f., 66, 73, 87 f., 90 f., 98 f., 106, 112, 114, 134, 138, 171, 174, 176, 269
Erlebnis-Ausdruck-Verstehen 13, 23, 62, 134, 242, 288, 307 f., 317, 333, 383
Erlebnisausdruck 77, 80, 92, 297
Erlebnisfundamentalismus 62, 68, 73 f., 153, 313, 332, 386, 396
Erscheinung 113, 126, 163, 207, 227, 276, 309
Esoterik 298, 332 f.
Ethikotheologie 19, 38
Evidenz 22, 48, 56, 143 f., 175 f., 186, 188, 191 f., 199 f., 200, 236, 250, 253, 318
Explanandum 39, 265 f., 279, 353, 355, 363
Experience, pure 109, 167 f., 170 ff., 178, 180, 229, 233, 247
Expressivität, expressiv 15, 102, 131, 289, 295, 298, 301, 311, 313, 326 f., 341, 343, 371 f., 386 f., 395, 397

Faktizität 72, 321 f., 324 f., 327, 361
Fehlschluß 140, 157, 267, 286, 301 f., 396
Form, symbolische 267, 305, 311, 316, 331, 333, 339, 348, 355, 365, 375
Formalhermeneutisch 302, 330, 340, 344 f., 349, 360, 369, 370 f., 387, 389
Fundamentalismus 59, 227, 242, 333, 386, 396, 402

Gattungstotalität 47
Gegenstandsbezug 80 f., 88, 107
Gehaltssinn 323
Geistbegriff 25, 136
Geisteswissenschaften 6, 13, 19 f., 34, 42, 44, 48–50, 56–70, 75, 77 f., 80, 91, 94–100, 103–108, 112, 115 f., 121, 125, 127 f., 134 f., 143, 150, 158, 180, 185, 263, 277, 298, 361
Gemeinde 29 f., 226, 326 f.
Gemütskräfte 50, 63, 140, 188
Gewahrsein 143, 155 f., 175, 183, 187, 336
Glaubensentscheidung 180
Gotteserfahrung 102, 169
Gotteserkenntnis 34

Handlung 31, 43, 49, 68, 75 f., 90, 116 f., 124, 126, 143–146, 203 f., 211, 214, 228, 288, 316 f., 329
Handlungseffekt 143
Handlungsfolgen 187, 198
Handlungskonsequenz 182, 184, 201, 204, 215, 316, 321
Handlungsorientierung 13, 316, 319, 321, 343, 369 f.,
Handlungstheorie 12, 30 ff., 42 ff., 66, 116–126, 317, 401
Handlungszusammenhang 14, 118, 126, 201, 383
Historismus 83
Holismus 63, 167, 311 f., 315, 320, 345, 356, 360, 378, 381, 383, 386, 388, 390

Idealismus 26, 29 f., 106, 115, 171, 183
Immanentismus 51, 74, 77, 121
Immanenzprinzip 23, 50, 97
Immanenzzusammenhang 13, 44
Innenperspektive 137, 158, 165, 182, 186, 239, 250, 254 f., 302, 373
Innenverhältnis 397
Innerlichkeit 26, 41, 56, 66, 104, 132, 245, 302
Innewerden 41, 48, 88, 93, 100–104, 108 ff., 113, 115, 124 f., 127, 143
Intentionalität 154, 160, 168–171, 247, 254, 258, 324, 334 f., 338, 342
Interaktion 14, 42, 78, 120, 125, 370
Interaktionszusammenhang 31, 42
Introspektion, introspektiv 48, 70, 75, 105, 155–158, 308

Jemeinigkeit 268, 312, 367, 392

kognitiv, kognitivistisch 11–15, 41, 43, 47, 50, 57, 62 f., 80, 83–89, 96, 98, 106 f., 112 f., 118, 122, 124, 140–143, 149 ff., 154, 159 ff., 170, 186, 189, 192, 197 ff., 224, 233, 244, 246, 259, 263, 271, 274 f., 286, 294, 311, 315, 318 f., 345 f., 354, 364, 369
Kohärentismus 114, 116, 159
Kohärenz 14, 45, 55, 72, 81 f., 87 f., 91, 94, 97, 106 f., 110–114

Konsequentialismus 166, 262
Konsequenzkriterium 214, 218, 223, 230–234
Konsistenz 81, 156, 161
Konstruktivismus 90
Kontextualitätsprinzip 55
Kontingenz 84, 278, 285, 375, 392, 400 ff.
Kontingenzbewältigung 353
Korrespondenz 38 f., 45, 81 f., 87 f., 91, 94 f., 106 f., 110 ff., 128 f., 145, 149
Kosubjekt 52, 229
Kritizismus 62, 64
Kultur, kulturell 21, 53, 58, 68, 96, 118, 143, 149 f., 174, 241, 250, 263 f., 273 f., 280, 283, 286, 289, 291, 303, 349, 355, 357 f., 361–365, 370 f., 376, 379, 388–391, 393 f.
Kultursystem 31, 73

Lebenserfahrung 11, 146, 265, 295, 298, 301, 303, 321–329, 337, 371, 373, 375, 393
Lebensform 35, 116, 229, 239, 276, 376, 400 f.
Lebensfülle 72, 106
Lebensphilosophie 83, 142, 286, 322
Lebensprozeß 84, 86, 90, 116, 118, 129, 148, 186
Lebenswelt, lebensweltlich
10 f., 57, 69, 78, 83, 89, 106, 136 f., 151, 190, 209, 215, 262 f., 267, 274, 277, 284, 294, 299, 312, 348, 355, 373
Letztbegriff 23, 46, 97, 230

Materialismus 18, 164, 171, 205, 210 ff., 279, 362
–, anthropologischer 164, 205, 279, 362
–, reduktiver 210
Menschheit 28, 48 ff., 75, 225, 230, 240, 294
Metaphysik 19 ff., 24 f., 29 f., 33, 50, 52, 74, 84 f., 88 ff., 127, 136, 140, 142, 153 f., 170, 210, 262, 313
Metaphysikkritik 19 f., 27, 86
Methodologie 13
Modellgeisteswissenschaft
103, 128
Mystical States 231 ff., 239, 243, 251–256
Mystik 156, 174, 179, 229, 231, 236 f., 239 f., 246, 248, 253 ff., 283 f., 318, 325, 337, 340 ff.
Mythos 29 f., 52, 63, 71, 170, 280, 304 ff.

Naturwissenschaften 11, 47, 77 f., 91 f., 95, 134, 136, 203, 278
Nicht-Objektivierbarkeit 101
Normativität, normativ 9, 197, 209, 211, 225, 230 f., 301, 303, 313, 328, 346, 350–354, 358, 360, 372 f., 395 ff.

Objektivation 35, 53, 71, 95, 103 f., 132
Objektivierung 52, 54, 74, 89, 95, 105, 277–280, 377
Objektivierungsschema 284, 291, 388, 397
Objektivität 20, 41, 84 f., 88, 101, 104, 106, 152, 239, 276, 280 ff.
Observabilitätspostulat 158, 161
Ontologie, ontologisch 37–40, 44, 51, 59, 65, 92 f., 95, 97, 112 ff., 122, 124, 134, 136, 139, 160, 163, 167–171, 180, 184, 189 f., 195, 221 f., 230, 248, 281, 383, 398, 401
Option 9 f., 26, 71, 91, 93, 191–196, 226, 298, 319, 321, 328, 332, 338, 359, 371, 374 f., 397

Paradigmenwechsel 22, 26
Person, Personalität 9–13, 15, 63, 77, 83, 99, 101 f., 106, 144, 149, 156 f., 176, 188 f., 200 f., 204 ff., 226 f., 231 f., 237, 247, 250, 253, 262, 267–289, 293–302, 309–323, 326–331, 334–341, 343, 345, 349 f., 353–362, 366, 369
Personalpronomina, System der
274 f., 301, 349
Perspektivenpluralismus 283
Perzeption 46, 133, 171, 219, 230, 367
Pluralisierung 376 f.
Pluralismus, pluralistisch 13, 142, 224 f., 245, 310, 370 f., 374
Pluralität 13, 164, 207, 372, 376 f., 391, 396 f., 403
Phänomenalismus 40, 43, 51, 66, 121, 138 f., 146, 223
Phänomenologie, phänomenologisch 24,

30, 39, 41, 44, 51, 85, 105, 126, 138, 142, 145, 156, 158, 172, 184, 221, 272, 284, 288, 308, 321–325, 335 f., 369, 394
Polytheismus 164, 207, 220, 230
Positivierung 394 ff., 399
Positivismus 40, 151–155, 158, 160 f., 306
Pragmatismus, pragmatistisch 11, 14, 28 f., 34, 43, 82, 84, 90, 92, 94, 98, 117, 119–126, 135 ff., 143–147, 151, 158, 165, 179, 181, 183, 185–188, 193, 195–198, 203 f., 206, 209 f., 212, 214, 216, 218 f., 222, 227 ff., 231, 234, 242, 251, 262 f., 277, 295, 316 f., 338, 382, 384, 390
Prägnanz, symbolische 284, 299–306, 309 f., 314 f.
Prägnanzbildung 289, 310 f., 316, 318, 329, 331, 334–339, 346, 359
Präsentation 63, 137, 148, 219, 229, 231
Projektionsverdacht 54, 164
Protestantismus 99
Psychologie 29 f., 37, 62, 68–72, 127, 152–155, 221 f., 226, 308, 323
Psychologismus 74, 117, 164, 222 f., 384

Qualia 174, 290, 306 f., 310, 340, 344, 366

Rationalitätstypen 67, 84
Realismus 48, 57, 111, 139 f., 163, 167, 223, 377, 381, 383, 399
Realitätsgefühl 162 f., 166
Realitätsverhältnis 140, 286
Rechtfertigungsproblem 115, 144
Reduktionismus 151, 205, 332, 349–367, 374, 378
Referenz 15, 46, 78, 105 f., 108, 111 f., 169, 175, 177, 179–182, 185, 243, 247 f., 262 f., 287, 293, 295, 301 f., 347, 356, 379–386
Referenzproblem 41, 78, 114 f., 144, 171, 179, 248, 259
Reinheit 54, 173, 177, 184, 238, 250 f.
Rekombination 306, 348
Rekonstruktion 12, 14, 26, 65, 68, 73, 186, 190, 216, 307, 358, 360, 367, 369, 383, 387, 389, 393 f., 399
Rekontextualisierung 228 f.
Relation 20, 30, 39, 45 f., 78 f., 84, 114, 119, 154, 158, 165, 170, 191, 212, 228, 246, 248, 250, 271, 288, 297, 300, 304, 307, 310, 312, 317 f., 324, 333, 346, 350, 358, 379, 386
Religionskritik 9, 16, 18, 22, 47, 163–166, 197, 205, 279, 361 f.
Remodalisierung 351, 358 ff., 360, 367, 373 f., 389, 397
Repräsentation 35, 47, 64, 81, 87, 111–114, 207, 299, 301, 311, 319, 342, 347, 397
Romantik, romantisch 48, 64, 92, 289

Säkularisierung 207
Schillersches Gesetz 292
Selbstauslegung 94, 273, 389
Selbstbezüglichkeit 27, 47, 109
Selbsterfahrung 49, 267, 299
Selbstinterpretation 77, 105, 144, 225, 316, 354, 367, 369, 372
Selbstverhältnis 46, 75, 78, 80, 173, 199 f., 264, 346, 353, 370
Selbstverifikation 55, 59
Selektionsprozeß 206, 302
Semiosis 80, 383
Sinnkonstitution 57, 120, 147
Sinnkriterium 80, 198, 205, 212, 219, 222 f., 278
Sittlichkeit 31 ff., 186
Skeptizismus 40, 103, 210, 381, 395
Sprachspiel 115, 242 f., 357 f., 364, 388
Steigerung 273, 306, 345 f.
Strukturbegriff 12, 14, 39, 61 f., 67, 70, 72, 117, 153, 256, 267, 293, 296, 309, 312, 361, 380, 389, 391, 396, 399 f.
Strukturdenken 36
Strukturzusammenhang 36, 69–72, 78, 116, 118, 127, 143, 313
Subjekt-Objekt-Spaltung 100, 109, 122
Subjektivierungsschema 284, 375, 388
Subjektivismus 127, 302
Symbolfundamentalismus 333, 396
Symbolprozeß 282 f., 310
symbolsystem 236, 239, 251, 263, 267, 372, 396
System 23–27, 30 f., 37, 50, 67–72, 83 ff.,

137, 156, 174, 233, 282 f., 310, 316, 363, 372, 377, 396 f., 401

Tatsache 20, 37–43, 46, 48, 55, 65–68, 70, 76, 86, 93–113, 116, 118, 121–128, 131, 149, 157, 159, 176 f., 183, 187, 229, 242, 262, 366, 369
Teil und Ganzes 45 f., 75, 78, 80 ff., 85, 91, 95, 98, 113 f., 116, 118, 123, 128, 130–134, 145, 148 f., 282, 285, 303, 307 ff., 380 f., 392
Theologie, theologisch 18–28, 33 ff., 53, 55, 57, 60, 96, 136, 146, 163, 180, 204, 230, 252, 279 f., 312, 350, 362, 374, 378
Totalität 29, 32, 34, 47, 63, 69, 84–88, 95, 97, 128, 134 f., 140, 145, 149, 158, 212, 229, 285, 344–348, 372 f., 379, 390–397
Transsymbolizität 240
Transzendentalismus 36
Typologie, typologisch 24, 26, 219, 347, 379

Umwelt 14, 43, 118 ff., 126, 143, 151, 326
Universalismus 49, 293, 340
Unmittelbarkeit 60 f., 65, 119, 144, 148, 156, 170 f., 176, 183, 232, 250, 257, 292, 307, 310, 314–318, 340, 344, 376 f., 402
Unsagbarkeit 239–243, 283 f.
Urteilswahrheit 112

Verifikationszusammenhang 116
Verstehen 15, 44, 46, 50, 52 f., 70–74, 77–80, 89, 92, 95 f., 99, 103 ff., 124, 128 ff., 137 f., 228, 237, 242, 267, 275, 278, 293 ff., 303, 311 f., 320, 325, 329, 338, 341 f., 349 f., 356, 361, 368 ff., 372–378, 383 f., 395
–, dissensanerkennendes 376
–, konsensorientiertes 372–376
Verweisungszusammenhang 57, 106, 294
Volitionen 85, 106, 118, 186 f., 192, 203–207, 294, 315, 317, 381, 386 f.
Vollzug 15, 118, 137, 149, 151, 156, 166, 173 ff., 189 f., 228, 231, 233, 247, 250 f., 257, 264, 267, 272, 275, 287, 290, 294, 298 f., 303, 307, 309, 314, 318, 320, 322, 326, 328 f., 345, 350, 359, 367, 369, 372–375, 384, 387, 392, 400, 402
Vollzugssinn 323 f., 328
Vorstellung, Vorstellen 18, 43, 52, 63, 81, 86 f., 111, 113 f., 166 f., 169, 198, 202, 211, 214, 218, 222, 225, 227, 230, 235, 248 f., 253, 262, 280, 306, 343 f., 351, 362 f., 382

Wahrheit 13 f., 23, 25, 39, 41, 56 f., 67, 81 f., 85–100, 106, 110–117, 122, 124–127, 131–136, 144 ff., 150, 155, 161, 163, 167, 177, 185, 204, 212–217, 222, 251–255, 259, 286, 295, 301, 303, 313, 350, 380 f.
Wahrheitsanspruch 9, 24, 28, 53, 89, 96, 102, 105, 115, 131, 134, 149, 159, 263, 286, 293, 295, 313, 348, 360
Wahrheitsbedingungen 78, 108, 112, 271
Wahrheitstheorie 23, 112, 127, 129
Wahrnehmung 13, 36, 39, 64, 72, 76, 85 ff., 97, 109 ff., 127, 139 f., 144, 147 ff., 159, 161, 167, 169 f., 172, 174, 178, 181, 211, 213 f., 218–224, 227, 229 f., 246–249, 256, 258, 263, 267, 283, 308 f., 339, 348, 366, 369, 382
Weltanschauung 11, 20, 24, 26, 47, 67, 85, 89, 142 f., 170, 206, 395, 400
Weltanschauungslehre 24, 26, 85, 112, 210
Weltbild 20, 37, 118, 193, 347, 397
Weltverhältnis 9, 13, 77, 83, 87, 89, 106, 125, 135, 140, 183, 187, 203, 233, 275, 304, 311, 349, 364, 371, 373, 397, 399
Wertungen 86–89, 109, 329
Widerstand 10, 43, 51, 88, 90, 94, 106, 122, 124 ff., 183, 242
Willensakte 107, 109
Wirkungszusammenhang 31, 75, 134, 185
Wünsche, erster und zweiter Stufe 299 f., 315, 324, 366, 393, 402

Zirkel, Zirkelstruktur 36, 44, 59, 77, 126, 130, 134, 145, 308, 326, 348, 384
Zweckzusammenhang 67, 72
Zustände, mentale 148, 154, 160 ff.

Die neue These der christlichen Religionsphilosophie

Michel Henry

„Ich bin die Wahrheit."

Für eine Philosophie des Christentums

Aus dem Französischen übersetzt von Rolf Kühn
Vorwort von Rudolf Bernet

2. Auflage 1999. 406 Seiten. Gebunden. *In der Reihe Phänomenologie. Texte,* herausgegeben von Karl-Heinz Lembeck, Ernst Wolfgang Orth und Hans Rainer Sepp. ISBN 3-495-47856-6

Michel Henry, Begründer einer *Radikalen Lebensphänomenologie,* spricht in seiner Analyse von der Selbstoffenbarung Gottes. Er fragt nicht, ob das Christentum wahr oder falsch sei, sondern welche Art Wahrheit es zu denken und zu glauben aufgibt. Die provozierende These Henrys heißt: Der Mensch ist Gottes Sohn, weil er im Leben Gottes gezeugt wird. Im Vergleich zu Christus ist er ‚Sohn im Sohn'. Diese These kehrt nicht nur alle Auffassungen vom Menschen als kausalem Weltwesen um, sondern sie enthält auch eine Ethik der Intersubjektivität und des Weltbezugs, in der Gesetz und Sorge den ‚Werken der Barmherzigkeit' weichen.

„Bewundernswert an Henrys jüngstem Werk ist die Organisation des eigenständigen Gedankengangs."
Frankfurter Allgemeine Zeitung

Lieferung über den Buchhandel.

Verlag Karl Alber Freiburg / München